敦煌・吐魯番文書の世界とその時代

土肥　義和
氣賀澤保規　編

汲古書院
2017年 4 月

Documents from Dunhuang and Turfan: Their World and Time

Edited by DOHI Yoshikazu and KEGASAWA Yasunori

Kyukoshoin
Tokyo 2017

序――論集の發刊に寄せて

東洋文庫の内陸アジア研究班（内陸アジア出土古文獻研究會）は2009年３月、多くの方々の協力を得て『敦煌・吐魯番出土漢文文書の新研究』（土肥義和編）を刋行し、廣く内外の評價を得ることができた。その實績と自信をもって、次の５年という研究期閒が終了となる2015年を目途に、また研究成果としての論文集を刋行したい、そう話し合いがなされたのは、忘れもしない東日本大震災に見舞われた翌日、2011年３月12日であった。當日、震災の餘震による大きな搖れが頻發し、電氣も消え、街中の人通りが途絶えたなか、東洋文庫の７階會議室には６名ほどの顏が揃い、それぞれ震災の深刻な狀態を心配しながら今後の計畫について意見交換した。私はといえば、震災のため歸宅できずに一夜を過ごした大學研究室から會議の場に赴いた。本論集のための第一歩はここから始まった。

それから２年閒、まず懸案であった前論集の「修訂版」を汲古書院と共同出版する準備を進め、その閒、本論集の執筆者の人選や方向づけなどを詰め、それらがすべて終わった2013年４月に關係各位に執筆依賴狀を發送し、いよいよ本論集の計畫が始動することになった。この依賴にたいし、多くの方々から氣持ちよく執筆を承諾いただけたことは本當に幸いであった。周知のごとく、現今の大學を取り卷く狀況は大變嚴しく、教員たちは教育と日々の業務に忙殺され、自身の研究に割ける時閒は制約され、まして敦煌や吐魯番を專門とする研究者が減少傾向にあるなかで、どこまで執筆に協力いただけるかを心配したからである。

本論集の刋行を進めるに當たり、私どもは一つの試みを計畫した。單に原稿を出し合うだけでなく、それぞれ一度は研究會の場で報告し、お互いに認識を深め合うとともに、議論や助言を論文に反映させられないかというものである。それができればわれわれの論集は、單なる論文の寄せ集めではない意味をもち、そうした積み重ねが當該分野の質的向上と裾野の廣がりにつながるはずとの期待もあった。だがその計畫は實際には容易なことではなかった。執筆を引き受けていただいた方々がすべて東京・關東周邊にいるのではなく、しかも上述のように誰もが大變忙しく、研究もそのテーマだけに集中しているわけではない。每月の研究會で報告していく形式は早くに頓挫を餘儀なくされた。そこで代わって、長期の休みに集中的に報告し合う形はとれないだろうかと模索し、2014年の夏、參加が可能な範圍でそれを實施した。２日閒にわたって行ったその試みでは、出席者は10名ほどになり、それぞれの考えているところが確認でき、論文執筆への一定の彈みになった。

しかしそうした試みにもかかわらず、最初に豫定していた2015年３月の刋行は難しくなり、結局２年遲れで、ここに刋行を迎えることとなった。期限通り提出いただいた方々には多大なご迷惑をおかけしたことに、この場を借りてお詫び申し上げたい。

また當初執筆を豫定しながら、諸般の事情によりこの場に間に合わなかった關係者が多くいる。かく申す私もその一人で、諸事に紛れあと一歩のところで完成に至らなかったことを恥じている。このことの埋め合わせは後日きちんと果たす所存である。

さて、提出いただいた原稿は全部で20本に上った。そのうちの１本は「史料紹介」として、私どもの研究班が進めてきた「サンクトペテルブルグ東洋學研究所所藏內陸アジア出土漢語文獻マイクロフィルム目錄のデータベース化」計畫にもとづく漢語文獻の整理作業のうちの、ほぼ整理が完了した非佛教漢語文書の全容を報告するものである。執筆は整理の中心を擔ってきた吉田章人氏（新潟大學）にお願いした。それ以外の19本は、一々內容を紹介する餘裕はないが、表題から見ていずれも興味深く、力作が揃っている。そこで前論集に倣って、それらを大きく「I 制度・行政文書」、「II 地域と社會」、「III文化と思想」の３部に分類し、各部のなかでは年代順、時代順を意識して配列した。この分類の仕方にはやや異論もあるだろうが、各論文の大きな位置づけのためとご了解願いたい。

執筆者のなかで、４人の中國人研究者がいる。そのうち王素氏（中國故宮博物院）は以前より私ども研究班と交流があり、吐魯番文書の研究や資料提供などで支援をいただいてきた。他の劉安志（武漢大學）、朱玉麒（北京大學）、余欣（復旦大學）の３氏は、京都（京都大學）に來ていて東京に出られた機會に東洋文庫で講演をいただき、それを機緣に執筆をお願いすることになった。４氏の原稿はそれぞれ密度が濃く、本論集に重量感を與えるものであるが、ただしそれぞれ內容に難しいところも多く、著者と確認のやり取りも必要になり、翻譯には相當苦勞した。翻譯にあたっていただいた若手研究者には感謝申し上げたい。當初私どもはこの翻譯文を原文（中文）と竝べて出すことを考えたが、スペースの關係からそれは斷念した。外國語論文の翻譯には人を得る必要があり、その翻譯の業績は正當に評價されてよいと改めて認識した次第である。

３部に分類した構成では、Iが７名、IIが６名、IIIが６名とほぼうまく均分できたが、これは無理にそう振り分けたのではない。本論集で扱うのは、上は五胡・高昌國期から下はモンゴル期の吐魯番まで、地域的には西はコータンから日本にまでおよび、中心は唐代となる。このことは、本論集の人選が全體にバランスがとれ、多樣な角度から時代や地域を考察しようとする姿勢の表れと評價されるかもしれないが、しかしこうしたなかで課題も見えてくる。何よりも佛教（史）の面からの考察の少なさである。本論集では、張娜麗氏（筑波大學）が佛教文獻を取り上げられただけで、敦煌・吐魯番文書で中心を占める佛教の問題は中心的テーマになっていない。これが當該分野の現狀の反映でもあるが、今後は少しでもこの現狀を變えていく取り組みが求められることになる。

また年代構成でいえば、若手を代表して赤木崇敏氏（四國學院大學）が、中堅世代では松井太氏（大阪大學）や岩本篤志氏（立正大學）が、それぞれ手堅い考察を出されているが、全體としてはやはりこれだけでは寂しい。中堅・若手にはもっとこの領域に踏み出してもらえることを期待している。なお幸いなことに、今回も日本史（古代史）の側から二人の方に協力いただけた。古瀬奈津子氏（お茶の水女子大學）と丸山裕美子氏（愛知縣立大學）である。中國本土を挾んで東の日本と西の敦煌の位置關係、また敦煌文書や吐魯番文書に殘された制度や法律、佛典や文化などのナマの一次史料の存在から、日本史研究に關わる様々な素材を引き出すことができる。これからも多くの方々が關與されることを願いたい。

敦煌や吐魯番というと、私たちはただちに石窟や壁畫の存在を意識するが、從來から私どもの企畫では佛教美術や考古方面は外されてきた。本論集でも漢語文獻を柱にして從來の方針は踏襲されたが、ぼつぼつそうした斷絶狀態は修正されてもよい時期に差しかかっているように思われる。文書史料を通して私たちが見つめようとする先にあるのは、如何にしてその時代像、地域社會像、そこに生きた人々の姿を浮き彫りにするか、という課題である。その課題は美術史や考古學でも共有する。本論集の多彩な研究テーマを前にして、さらに一歩進んだ敦煌・吐魯番研究の可能性を考えた次第である。

私ども內陸アジア研究班（內陸アジア出土古文獻研究會）では、今後も敦煌や吐魯番など中國西北地域から發見された漢語文獻を主體に、さらに現地に殘る石窟文化や墳墓などに關わる文物、石刻資料などを取り込んで、特色ある歷史研究を着實に進め、當該分野研究の中心としての役割を果たしていきたいと願っている。その上で、次の論集や別の新たな成果も世に問いたいと考えている。大方の積極的な關與と支援をお願い申し上げる。

なお本書の編集に當たっては、各論者の表記を尊重し、あえて全體の統一をとらなかった。ただし漢字は全體を通して舊字體（繁體字）を採用したが、文書史料の錄文では原文の俗字は一部そのまま殘したところがある。「爾」に對する「尔」といった例である。圖版（文書寫眞）については、カラー・モノクロともに編集の都合上、本書の卷末に一括したが、王素論文だけは行論の都合にあわせ、すべてモノクロにして本文中に揭載した。これら編集上の體裁については、ご了解いただきたい。また、圖版の轉載を許諾してくださった關係機關には謝意を表する。

最後に、本論集の刊行は多くの方々の協力のもとで實現した。なかでも編集の責を擔っていただいた中村威也氏（跡見學園女子大學、東洋文庫囑託職員）、その下で編集業務を補佐した速水大氏（國學院大學、東洋文庫臨時職員）、進行全體を背後から支えていただいた研究部部長代理・主幹研究員の會谷佳光氏に研究部事務の山村義照氏、これら各位には心から感謝申し上げる。

編者　　氣賀澤　保規 識

敦煌・吐魯番文書の世界とその時代

目　次

Ⅲ　文化と思想

史料紹介

Documents from Dunhuang and Turfan: Their World and Time

Introduction of Materials

I　制度・行政文書

樓蘭出土漢文文字資料中の簿籍と公文書について
——殘紙の簿籍と公文書を中心に——

伊　藤　敏　雄

はじめに

本稿は、魏晉期に關する樓蘭出土漢文文字資料中の簿籍や公文書とその實態について、特に殘紙中の簿籍と公文書について檢討しようとするものである。

樓蘭出土漢文文字資料（以下、行論に應じて「出土文字資料」と略稱）は、周知のように1901年にスウェン・ヘディンによって發見・將來されたのを嚆矢として、オーレル・スタインや橘瑞超によって將來されたほか、1980年に新疆樓蘭考古隊によっても發掘されている(1)。

從來、これらの出土文字資料を利用するに當たって、簡牘が主に公文書で、殘紙は私文書（信書・草稿など）が多いと漠然と認識するにとどまり、出土文字資料自體を具體的に分類することなく、研究が進められてきた(2)。

これに對し、漢簡研究者の冨谷至2001・2003は書寫材料の變遷に焦點を當てながら、出土文字資料の古文書學的研究と分類を行ない、①書籍、②手紙、③簿籍、④符・檢、⑤公文書(3)、⑥分類の手がかりを缺くものの六種類に分類して簡牘と殘紙を檢討した上で、樓蘭出土の簡を見る限り公文書は簡牘であったと指摘しながら(4)、漢～晉時期の出土文字資料について、内容と書寫材料の關係を以下の表のように整理した(5)。古文書學的に初めて出土文字資料を分類したことは意義深いと言える(6)。

分類	形態	材質（漢）	内容	材質（晉）
I	單獨簡	木簡	各種證明書 封檢など	木簡
II－A	編綴簡	竹簡	書物	紙
II－B	編綴簡	竹簡	簿籍 公文書	木簡（紙）

しかし、木牘（牘の定義については後述）に言及していないので、より詳細な分類も可能と思われる。特に簿籍には簡牘と紙の兩方が使用されており、紙木併用期の實態を示すものとして注目できるので、木牘等を含めた檢討が必要であろう。また、拙稿1995で報告として取り上げた殘紙（Co.P.14-2、後掲［紙５］）も存在するので、公文書がすべて簡牘であったと斷定して良いか檢討の餘地が殘る。

そこで、本稿では、紙木併用期の實態と使い分けの手がかりを示すものとして、まず出土文字資料中の簡牘と殘紙の簿籍について、木牘等も含め、その實態を検討することにしたい。次に、これまで餘り言及されることの無かった殘紙中の公文書の存在とその實態について検討することにしたい。

1．樓蘭出土漢文文字資料中の簿籍

（1）木簡の簿籍

先ず木簡の簿籍は多く散見し、若干例示すると、以下のような簡が見られる。

［簡１］Ch.778-LA.III.i.4 〈林345、孟343、西C75、胡Ch.58〉 165×12mm

［承］　前駱他帶一枚麁索三枚故絶不任用

［簡２］Ch.807-LA.VI.ii.047 〈林461、孟372、西B4、胡Ch.87〉 91×12mm

〈卩〉　〈卩〉

吏唐循　吏左睢　吏☐

吏張龜　吏申□　吏☐

〈卩〉〈傅卩〉

［簡３］Ch.847-LA.VI.ii.013 〈林440、孟412、西C89、胡Ch.132〉 197×13mm

〈。〉　〈。〉

兵呉鼠　兵郭得受　兵常沙□☐

［簡１］が物品の簿、［簡２］［簡３］がそれぞれ吏・兵の名籍の例で、［簡２］［簡３］にはそれぞれ「卩」「。」というチェックのしるしが附されている。［簡２］に見える「吏張龜」は泰始二・三年（266・267）頃に主簿・功曹として現れるので（拙稿1983)、［簡２］は泰始年間の記録と思われる。［簡１］［簡３］の書寫時期は不明であるが、西川寧1991は書風から考えて泰始年間としている。

集計簡の例として［簡４］［簡５］が見られる。

［簡４］Co.W.92 〈林281、孟257、書教W85、胡Co.W92〉 234×13mm

・右出小麥三斛六斗

［簡５］Ch.839-LA.VI.ii.09 〈林439、孟404、西B52、胡Ch.124〉 231×14mm

右驢十二頭駝他二匹將朱游部

［簡４］の冒頭にまとめの簡のしるしとして「・」が附され、［簡５］では「・」のしるしが無く中段からの記載になっているが、いずれも「右」というまとめの記載で始まっている。［簡４］は小麥の支出の集計簡、［簡５］は飼育・管理している驢馬・駱駝の集計簡である。［簡５］に見える「朱游」は、馬厲宛の書信に名が見え（Co.P.5-2)、馬厲は泰始五年（269）十一月、六年三月に従掾位として見えるので（Co.W.102、Co.W.107、拙稿1983)、［簡５］は泰始年間頃の記録と思われる。［簡４］の書寫時期は不明である(7)。

内譯簡の例として［簡６］［簡７］が見られる。

［簡６］Co.W.48 〈林237、孟214、書教W44、胡Co.W49〉(8) 99×13mm

其七十☐

徐部百一人
　　　　卅一人留□

［簡７］Ch.823-LA.III.i.13　〈林353、孟388、胡Ch.108〉　122×10mm

其十枚貸督杜…〈□□□〉

また、［簡８］のような表題簡も見られ、以上の簿籍が編綴簡として使用されていたことを物語る。

［簡８］Ch.758-LA.VI.ii.05　〈書2、林435、孟323、西C3、胡Ch.38〉　119×12mm

鎧曹謹條所領器杖〈及〉刃亡失簿　□

（２）木牘の簿籍

牘について様々な定義がなされてきたが（角谷常子2013・高村武幸2013など參照）、高村武幸2013は「三行以上にわたって文字が書寫されているか、書寫されることを前提としていると考えられる簡」を牘とし、秦漢時代に牘が、①公文書類、②書信類、③簿籍類、④書籍類に利用されたことを整理した。角谷常子2003は單獨使用簡や單獨簡の名稱を使用し、單獨使用簡には板狀のものと多面體の二種類があるとし、記された内容は書信、書き付け、帳簿の類、證明書等であったとしている(9)。長沙呉簡には、後掲の［木牘６］のように竹簡と編綴され、編綴が解かれた後に單獨簡として機能した例が見られる（拙稿2013・2015）。そこで本稿では、長方形の板狀の木札（幅廣が多い）で單獨でも機能し得るものを木牘と稱することにする。

樓蘭出土文字資料について、冨谷至2001・2003は單獨簡としての簿に言及していないが、木牘中に簿に相當する［木牘１］が見られる。側面にも文字が記され、厚さもあるので、觚に相當する可能性もある。

［木牘１］M.198-LA.IV.v.041　〈林411、孟532、西B2、胡M.37〉　195×35×15mm

（面）１　買布四斗　　　勞文〈效?〉□二斗　　　前幾取廿八斗〈・叔?〉
　　　２　買履二斗　　　復□□□□斗
　　　３　勞陽〈胡?虎?〉□二斗　　共［廿］□□□　□□□□
　　　４　　　　　　　　共曹李…
（背）１　阿部戈阿幾取十六斗　　　梁功曹取一斗
　　　２　復勞益〈孟?〉取四斗　　　　楊通二斗
　　　３　復共張祿吳□〈醫?穀?〉餘二斗　　價〈儹?〉單子二斗
　　　４　復勞仁子四斗　　　　　勞子脩四斗
（側）　　曹倉曹廿斗

拙稿1995・1999で取り上げたことのある［木牘１］は、穀物を支出して布や履を購入したことや個人宛に穀物を支出した記録で、穀物の出納を擔當する倉曹等の支出の控の簿と思われる。背面三行目の「張祿」は、景元四（263）年の紀年を持つ簡（Ch.738-LA.II.v.3）に「兼將張祿」として見える。同一行目下段の「梁功曹」は泰始四・五年（268・269）に主簿であった梁鸞の可能性があり、側面の「曹倉曹」は泰始四年に倉曹掾であった曹顔の可能性があるので（拙稿1983參照）、泰始年閒頃の記錄と思われる。龍谷大學所藏マイクロ・フィルムの寫眞版で編綴痕が確認できず、その厚さから他の簡牘との編綴は考えにくいので、單獨で機能していたと思われる。

ところで、穀物や物品の個々の具體的支出は、以下のような券（符）によって行われていたことが分かっている（長澤和俊1975、拙稿1983・1991・1995・1999、冨谷至2001・2003など）。

［簡９］Co.W.50 〈林239、孟216、西A15、書教W45、胡Co.W51〉 248×15mm

　　　　　　　　　　　　〈宜〉　　　　　　　　　　　　　　　　　　　　　　〈咸〉
（面）　穈卌一斛七斗六升給稟將尹　部兵胡支　　‖泰始二年十月十一日倉曹史申傳監倉史翟同
　　出
　　　鸞十二人〃日食一斗二升起十月十一日盡十一月十日‖□　　　　闞攜付書史林阿
　　　　　　　　　　　　　　　　　　　　　　　　　　　　　　　　　　〈杜〉
（背）［錄事］掾闞淩　　卩

［簡10］Co.W.102 〈書19簡付、林291、孟267、西A38、書教W96、胡Co.W102〉
243×14mm

　　　　〈度〉
　　敦煌短綾綵廿匹　‖　泰始五年十一月五日從掾位馬厲主者王貞從
（面）出
　　給吏宋政糴穀　　‖　掾位張辯付從史位宋政

（背）功曹闞

［簡11］Ch.738-LA.II.v.3 〈書７・８簡、林330、孟303、西A1、胡Ch.18〉 243×13mm

（面）出佰師一口磑一合　‖景元四年八月八日幕下史索盧靈付兼將張錄

（背）錄事掾闞　□

［簡９］は穀物を支出した際の券で、［簡10］は綵を支出した際の券、［簡11］は佰師（篩い）と磑（石臼）を貸し出した際の券である（拙稿1983・1991・1995・1999參照）。これらの券で穀物や物品を支出した後に、支出記錄を集約・整理し、簿として殘していたと想定できる。支出記錄を集約・整理したり控えたりする際、［木牘１］のように幅廣の木牘（または觚）を使用して多くの記錄を一覽できるようにする場合があったことが想定される。

ところで、次の［木牘２］［木牘３］のように、記錄を３行にわたって羅列したやや幅廣の木簡も存在する（３行記されているので、前揭の高村武幸2013を參照して［木牘］と假稱）。

［木牘２］Ch.798-LA.VI.ii.055 〈林467、孟363、胡Ch.78〉 64×21mm

1　四月二日賜于竇□▨

　　　　　　〈［三］〉
2　三日賜行書兵□▨

　　　　　　　　〈▨〉
3　四日賜于竇使三升

［木牘３］Ch.753-LA.VI.ii.0107 〈書・簡21付・簡27付、林479、孟318、西C6、胡Ch.33〉 約232×約16～19mm(10)

(面)
将張僉部見兵廿一人
大麥二頃已截廿畝　　〈穈〉下庄穈九十畝溉七十畝
小麥卅七畝已截廿九畝
禾一頃八十五畝溉廿畝莇九十畝

(背)
將梁[襄]部見兵廿六人
〈六十六〉大麥七十七畝已截五十畝　　〈穈〉下庄八十畝溉七十畝
小麥六十三畝溉五十畝
禾一頃七十畝莇五十畝溉五十畝

［木牘２］は斷簡であるが、４月２日～４日に于闐使や行書兵に食料を支給した記錄簿と思われる。４月２日～４日の記錄で、「四月二日」で始まり、２行目から月が省略されているので、５日以降の記錄が下部に記されていたか、他の簡と編綴されていた可能性がある。［木牘３］は、將張僉部と將梁襄部という部隊のそれぞれの現有兵士數、栽培種別農地面積と各作業面積の記錄で(11)、簡の表裏に將張僉部と將梁襄部に關して記錄されているので、作業狀況報告のまとめの簿か作業狀況調査報告簿と思われる（拙稿1991・1999）(12)。IDP（International Dunhuang Project）のWeb上の寫眞版によると編綴痕らしいものが窺えるので、編綴されていた可能性もあるが、將張僉部と將梁襄部の農地面積と作業狀況がそれぞれ一面で分かるのが特徵的で、單獨でも機能したように思われる。［木牘２］は單獨で機能したかどうか不明なところがあるが、［木牘３］は單獨でも機能したと思われる。ともかく記錄を集約・整理した木牘またはやや幅廣の木簡の存在が確認できる。

以上のことから、樓蘭出土文字資料でも、簿籍は漢代同樣に木簡（編綴簡）が基本的に使用されたが、漢代同樣に記錄を集約・整理した木牘も簿として使用されていたことが分かる。

（３）殘紙中の簿籍

次に、殘紙中の簿籍について檢討したい。先ず代表的な穀物支給簿で、長澤和俊1975以來良く取り上げられ、冨谷至2001・2003も取り上げているのが［紙１］の背面である(13)。

［紙１］Ch.928-LA.VI.ii. 〈林1、孟491、西B31、胡Ch.219B〉 225×110mm

(面)　(前缺)

〈▨詔〉　〈▨　▨所〉〈[還?]量▨〉
1　□□書下州攝郡推官□□□□上不□量□□
2　寫郡答書草幷遣兵上尙書草呈當及賈胡還府君
〈後〉
3　勑與司馬爲伴輒住留司馬及還其餘淸靜沒有異復

4　白樞死罪死罪

　　　〈[足?]〉
5　樞死罪□□□□下萬福

（後缺）

（背）　（前缺）

1　出糜廿八斛六▨

　　〈[六]〉　　　　　　　〈▨[盡]〉
2　出糜三斛七斗稟□□□兵胡虎等▨　　　▨十日

　　　　　　〈佰程□〉
3　出糜五十斛四斗稟兵賈秋伍何錢虎等廿八人人日食六升

4　出糜四斛稟兵曾虜王羌奴二人起九月一日盡廿日人日食六升▨　▨人日食八升

5　　　行書入郡

　　　　〈定〉
6　出糜四斛四斗稟兵孫包吳仁二人起九月一日盡十日〻食六升□□□盡月卅日人日

7　　　八升行書入郡

　　　　〈芒〉〈 七 〉
8　出糜十二斛六斗稟兵衞它等七十人〻日食六升起九月一日盡卅日

9　出糜五斛四斗稟高昌土兵梁秋等三人日食六升起九月一日盡卅日

〈。〉
10　　出雜穀百八十七斛四斗

　　　　　　〈[斗]▨〉
11　　其二斛麥　百八十五斛四斗□

（後缺）

背面は個々の穀物支出狀況を箇條書きに記し、10行目が編綴簡の集計簡に相當し、11行目が内譯簡に相當する記載になっていて、9月の穀物支給狀況を整理した簿になっている(14)。［簡9］のような券による穀物支給記錄を集約・整理したものと思われる。記載内容から考えて、11行目の「百八十五斛四［斗］」の後には「糜」字が續くはずである。1～9行目で支出した糜の合計が「百九斛」になり、10行目の「雜穀」の集計が「百八十七斛四斗」なので、この殘紙の前には七十八斛四斗分（麥二斛、糜七十六斛四斗）の數行の記載があったはずである。このことは、正面5行目の後にも數行分の記載または餘白があったことを示す。

正面5行目は1行空けて記載され、そこに記されている「死罪」「萬福」は書信の冒頭部分や挨拶で使用される常用句なので、5行目から別の書信の冒頭部分が書き始められたと想定できる。一紙に二種類の書信が記載されているので、正面の書信は草稿と確定できる。また、1～4行目の書信草稿に冒頭部分に相當する記載が見られないので、正面の前の部分（背面の後の部分）が缺落したものと考えられる。冨谷至2001は、「先に背面が官署の帳簿として作成され、それが用濟みになった段階で、その裏面に手紙の草稿が書かれたと想定しつつ、その逆の可能性を完全に消去することはできない。」としているが、背面が先に書寫され、後に正面の書信の草稿が書寫されたとして大過あるまい。

なお、背面9行目に見られる「梁秋」は泰始三年頃に領功曹掾であった梁鸞と同時に記載されている簡があり（Ch.734、拙稿1983）、正面の4・5行目の「樞」は「吳樞」の可能性があり（胡平生1991、冨谷至2001・2003）、「吳樞」は泰始六年に錄事掾であった梁鸞と同時に記載されている簡がある（Ch.736、737、拙稿1983）。したがって、正面・背面とも泰始年間のものであり、背面の書寫の方が早いと想定できる(15)。

このほか、殘紙に記された簿の例としては、拙稿1995・1999で取り上げたM.237（LA.VI.ii.060）、M.239（LA.VI.ii.064）もあるが（書寫時期不明）、紙幅の都合により省略するので、拙稿1995・1999を參照されたい。

次に、［紙2］のような名籍の事例も見られる。紙幅の都合により、マスペロの釋文を修正した池田溫1979の釋文を掲載すると以下のようになる。池田溫1979は「晉（四世紀？）樓蘭戶口簿稿」とし、沙知・吳芳恩2005は「蒲隊戶口簿」としている。

［紙2］M.260-LM.I.i.018et022　〈林664、孟584、沙Or.8212/518、胡M.125〉

230×250mm

（前缺）

1		…
2		虎女姪申金年七丶
3	蒲?緣?富成年卌丶	
4		息男蒲?能?年六物故丶
5	蒲?緣?槍?林年卅丶	
6		妻勾文年廿五　丶
7		息男皇可羅年五丶
8	蒲?緣?潬?支年廿五一?	物故丶
9		妻溫宜未年廿丶自入之彊?
10	蒲?緣?□富年七十二	物故
11		息男奴□年卅五物?故?丶死
12		□男弟□得年卅物故丶
13		得□□阿罔?年?□物故丶
14	…匈奴年五十?	物故　　　丶
15		妻勾文年卌　丶
16		息男口科年二十五丶
17	勾文口安生年卅	死
18	五十二　除十一	
19	〈餘?〉□合卌一口在?	

（以下、餘白）

この文字資料について、冨谷至2001・2003は次の4點を指摘している。

1．6箇所に家族構成員の死亡が記され、「物故」と「死」の2種類の表記方法がある。

2．「物故」と「死」は書き手を異にしている。「死」は濃墨で字體も異なり別筆である。

3．初め「物故」と書いたものを、後で消して「死」と書き直している。

4．各段の年齢を記した下に、濃墨のチェックが打たれている。

いずれの指摘も上揭のように池田溫1979の釋文で示されていることであるが、なぜか池田溫1979への言及は見られず、9行目の別筆「**自入之彊?**」への言及もない。ともあれ、「**死**」や「**丶**」が追記されているので、冨谷至2001・2003が指摘するように一定期間保管された公的な簿籍と言えよう。なお、當該資料が出土したLM遺址は住居群の遺跡で(16)、「蒲?緣?富成」等は現地人名の漢字音寫と思われるが、書寫時期は不明である。

名籍と思われる殘紙に次の［紙3］も見られる。

［紙3］Or.8212/1864a-LA.VI.ii.0221-0227〈To.88、郭144、沙Or.8212/1864、胡Or.61注〉55×38mm

（面）　（前缺）
1　⧄□郡▯里郭凱年卅⧄
2　⧄□(年)四
3　⧄[二?]
（後缺）

（背）　（前缺）
⧄東(東)朱⧄
（後缺）

正面について、東洋文庫1984・1985は「樓蘭出土某里戶口記錄（年次不詳）」とし、沙知・吳芳恩2005は「晉郭凱殘籍」としているが、斷片に過ぎないので詳細は不明で、書寫時期も不明である。樓蘭で郡縣制が施行されていた事實は確認できないので、郭凱の本籍地の里名を記載したものと思われる。

また、沙知・吳芳恩2005が「晉長發等人名殘片」とした名籍も見られ、人名が列擧されているが、書寫時期は不明である。

［紙4］Or.8212/1873-LA.VI.ii.c　〈沙Or.8212/1873、胡Or.78〉　98×111mm

（前缺）
1　⧄□⧄
2　⧄長發　⧄
3　⧄令伯　⧄
4　⧄翟武　⧄
5　⧄士旌(旌)　□⧄
6　⧄▯呵□⧄
（後缺）

以上のように、紙の簿籍の事例が數例見られるので、簿籍は漢代同様に木簡（編綴簡）が基本的に使用され、漢代同様に記録を集約・整理した木牘も使用されていたが、より面が廣く一覽を示し易い紙が、より多くの記録を集約・整理したり控えたりする際の簿籍として使用されるようになっていたと考えられる。木簡・木牘に比べて書寫面積を限定されない紙が、簿籍として記録を集約・整理するのに自由度があるとして使用されるようになった可能性もある。

なお、木簡・木牘（または觚）の簿籍で書寫時期が判斷できたり、想定できるものは泰始年閒（265～274）のものが多く、殘紙の簿籍で書寫時期が判斷できるものは泰始年閒の［紙１］の１點である。

２．樓蘭出土漢文文字資料中の公文書

（１）木簡の公文書

公文書の一部をなす木簡は多く散見し、若干例示すると、以下のような簡が見られる。

［簡12］Ch.750-LA.II.v.2 〈書4、林329、孟315、西B56、胡Ch.30〉 236×15mm

〈[盛]〉

從掾位趙辯言謹案　文書城南牧宿以去　六月十八日得水天適咸

［簡13］Co.W.1b 〈林190、孟167、西A36、書教W2、胡Co.2〉 238×14mm

未欲訖官穀至重　不可遠離當　須治大麥訖乃得

［簡14］Ch.754-LA.III.i.16 〈書5、林356、孟319、西C80、胡Ch.34〉 233×15mm

〈拜〉　〈[決?]〉

帳下將薛明言謹案文書前至樓蘭□還守堤兵廉□▨

［簡15］M.228-LA.VI.ii.046 〈書25、林584、孟562、胡M.71〉 246×18mm

水曹掾左朗白前府掾所食諸部瓜菜賈絲一匹付客曹

［簡12］［簡14］は、それぞれ「職名＋姓名＋『言』」で始まり、次の「謹案文書」は上級官廳の命令に對し下級官廳が答申する場合の常用語なので、上行文書の冒頭部分に當たる(17)。［簡13］は文中に「遠く離るるべからず。當に須く大麥を治すべし。」とあるので、下行文書の一部と思われる。［簡12］［簡13］にそれぞれ二箇所の空格があるので、それぞれ編綴して使用されていたことが分かる。［簡14］には編綴用空格は見られないが、ほぼ完全な簡で末尾は「[決?]」で終わっていて、この一簡のみでは完結していないので、編綴して使用されたと思われる。［簡15］は「職名＋姓名＋『白』」で始まり、食した瓜菜の賈として絲一匹を客曹に付したことなどを報告した上行文書の冒頭と思われる。木簡の公文書は、冨谷至2001・2003も指摘するように漢簡と同様に基本的に編綴して使用されていたと思われる。

なお、［簡12］の趙辯は泰始五・六年（269・270）頃に從掾位であり、［簡15］の左朗は泰始二年頃に水曹掾であったので（拙稿1983）、［簡12］は泰始五・六年頃、［簡

15］は泰始二年頃書寫の可能性が高い。［簡13］［簡14］の書寫時期について、西川寧1991は泰始年間としている。

（2）木牘の公文書

木牘で公文書と思われるものに、次の［木牘４］［木牘５］が擧げられる。

［木牘４］ Ch.768-LA.VI.ii.0193 〈林540、孟333、西C15、胡Ch.48〉 190×29mm(18)

〈⧄□言…訁□□□〉〈亻□〉 〈追賊於犭□〉
1 □□□□□□□□□長史□還告□□□□開⧄

〈獲賊〉〈悉〉
2 □□□馬送還所掠記到令所部咸使聞知斂⧄

〈書〉
3 會月廿四日卯時謹案文書 節日申時到斯由神竹⧄

〈⧄□□□□振旅遠□里閭□□道涂稱⧄〉
4 □□□□□□襄旅…

［木牘４］は、前後が不明で下部が缺けているが、３行目に「謹案文書」とあるので上行文書であることが分かる。書道全集で大庭脩が解説したように、出動している部隊に向かって賊が平定されたので引き揚げるように命が下り、それを受領したという回答と解されよう(19)。

下された命は、２行目に「記到らば」とあるように、「記」として下され、その内容は３行目に「謹案文書」の前までである。角谷常子2003によると、漢簡では「記」と自稱する文書はほとんどが幅廣の單獨簡であるという。また、角谷常子2013は「單獨簡は記と稱せられる簡略な書式の文書に、册書は整った書式の文書に用いられる。」としている(20)。したがって、［木牘４］２行目の「記」も木牘で送付されたと想定される。［木牘４］は、緊急時の木牘の「記」による命令に對する回答として、木牘が使用された可能性が想定できる。あるいは、出動時のため、木簡を編綴して回答する餘裕が無く、簡略な書式として木牘を使用したという可能性も殘る。

［木牘５］ Ch.761-LA.VI.ii.056 〈林468、孟326、西C70、胡Ch.41〉 90×30mm

1 ⧄東空決六所并乘堤已至大決中作⧄

2 ⧄五百一人作

〈兵〉
3 ⧄□增長

（以下、１行分餘白）

［木牘５］は、大水のために東方で六箇所決潰し、水が堤防を乘り越えて既に大洪水となっている、そこで五百一人で…を作った、（しかし足りなかったのか）兵を增やせ（あるいは增やした）というもので、公文書と思われるが、上部が缺けていて、上行文書か下行文書の何れかは不明である。なお、堤防決壞という緊急時なので、木牘が使用された可能性も想定されよう。

以上のように、［木牘４］は明らかに公文書であり、［木牘５］は内容的に公文書と思われるので、樓蘭出土文字資料でも、漢代同様に公文書に木牘が使用される場合があったことが判明した。特に［木牘４］は「記」による命令に對する回答であり、漢簡で木牘が「記」と稱する公文書に使用されたこととの關連を示唆している。

なお、［木牘４］［木牘５］の書寫時期について、西川寧1991は泰始年閒としている。木簡・木牘の公文書で書寫時期が判斷できたり、想定できるものは泰始年閒のものが多い。したがって、泰始年閒には、木簡（編綴簡）が基本的に公文書に使用され、木牘も使用されていたと言える。

（３）殘紙の公文書

では、次に、殘紙中における公文書の存在について檢討したい。まず、公文書の可能性のある殘紙として、拙稿1995・1999で報告として取り上げた殘紙を示すと以下の通りである。

［紙５］Co.P.14-2 〈林57、孟25、西B58、書教P16、胡Co.P25〉 120×96mm

（前缺）

1 八月十日督武詡於樊?▨

2 八月十二日督武詡於白□▨

3 八月十二日都佰樊陽等四人於胡□▨

4 從史位宋政白謹條督武詡於?▨

5 物穀食與胡牛買綾綵匹數▨

6 〈▨〉九月廿日▨

４行目に「從史位宋政」の名が見え、泰始五年11月５日の日付のある簡（Co.W.102）に「從史位宋政」の名が見えるので、泰始五年頃の記錄と思われる（拙稿1983參照)。從史位の宋政が督の武詡等の活動について報告したものと思われ、下部が缺損しており不明な點も多いが、１～３行に八月十日、十二日の督の武詡や都佰の樊陽等の活動をそれぞれ記し、行閒を空けて４・５行目に報告という形でまとめ、若干行閒を空けて６行目に日付が記されている。５行目に「物」「穀食」「胡牛」「綾綵」のことが見えているので、武詡らの活動で、あるいはその活動に關わって、物品、穀食、胡牛（西域產の牛）を買い求め、それらの價として使用した綾綵の匹數を箇條書きに記したもののようである（拙稿1995・1999)。

ところで、［紙５］が公文書かどうかを判斷する手掛かりとなる長沙吳簡が存在する。長沙吳簡中に種糧貸出に關して、種糧貸出簿と木牘を編綴したであろう事例が見られ、それを示すと以下の通りである（拙稿2013・2015)。

［竹簡１］ ▨男子誦成三斛　　｜男子誦十五斛　　【注】「十五」前或脱人名。

（肆三八九四）

［竹簡２］　男子□恆卌二斛　｜男子潭山六斛　｜男子潭角艓十斛
(肆三八九六)

［竹簡３］　男子誦喜三斛五斗　｜男子王慮（?）□斛　｜吏潭□十五斛
(肆三八九七)

［竹簡４］　男子區既九斛八斗　｜　｜
(肆三八九八)

［竹簡５］　·右十六人乞貸種糧｜禾二百七十六斛七斗　｜帥　劉　租　主
(肆三八九五)

［木牘６］　肆三九〇四（一）　245×75×8mm

1　從掾位劉欽叩頭死罪白。謹達所出二年稅禾給　貸民爲三年種糧、謹羅列

2　人名爲簿如牒。請以付曹拘　校。欽惶怖、叩頭死罪死罪。

3　詣　倉　曹

4　八　月　四　日　白

從掾位の劉欽、叩頭死罪して白す。謹みて出す所の二年稅禾を民に給貸して三年種糧と爲すを達し、謹みて人名を羅列して簿と爲すこと牒の如し。以て曹（倉曹）に付して拘校せられんことを請ふ。欽、惶怖、叩頭死罪死罪す。　倉曹に詣す。　八月四日白す。

［竹簡１］～［竹簡４］は貸出對象の人名と種糧禾の量を列記し、［竹簡５］は集計簡となっていて人數と種糧禾の合計量を記している。［木牘６］は業務內容の概要の報告であるとともに、簿の送り狀（送達文言）を兼ねている（拙稿2013・2015）。

この事例と［紙５］の記載狀況を比較すると、［紙５］に［竹簡５］のような集計簡に相當する部分が見られないが、ほぼ類似した構成になっていることが分かる。［木牘６］１行目の「從掾位劉欽叩頭死罪白」に［紙５］４行目の「從史位宋政白」が對應し、［木牘６］１～２行目の「謹羅列～」に［紙５］４行目の「謹條～」が對應し、［竹簡１］～［竹簡４］の人名と種糧禾の量の列記の代わりに、［紙５］１～３行目が日付ごとに督の武誧らの活動を列記したものとなっている。言い換えると、［紙５］４行目が「從史位宋政白」で始まり、「謹條」（謹んで箇條書きにして報告いたします）と續き、送り狀に相當する記載になっている（「職名＋人名＋『白』」で始まっている）。［紙５］５行目の記載から、１～３行目の武誧らの活動の列記についても、武誧らが物品、穀食、胡牛を買い求め、それらの價として使用した綾綵の匹數を日付毎に列記した簿になっていると想定できる。したがって［紙５］は簿とその送り狀が記載された上行文書であることが明白である(21)。

なお、６行目の「九月廿日」が他と比べて濃墨書である。別筆かどうかは判別しがたいが、別筆であれば、この上行文書を受領した者が受領の日付を記したと考えられる。墨色は異なるが、同筆とすれば、「九月廿日」の後に「白」字があり、報告した日付と考えられるが、現時點では何とも言えない。

ところで、角谷常子2013が里耶秦簡中の「帳簿本文と送り狀を書いた」單獨簡を整

理・検討しているので、簿とその送り狀が記載された上行文書の木牘が里耶秦簡段階で存在していたことが分かる。簿とその送り狀が記載された上行文書は、漢簡の編綴簡のほかに、里耶秦簡で木牘が確認でき、長沙呉簡では木牘と竹簡の編綴が確認できるが、西晉の泰始年間には紙も使用されるようになっていたと言える。言い換えると、かつて木牘が使用されたことのある簿とその送り狀に、泰始年間に紙が使用されるようになっていたと言える。

［紙５］以外に公文書の可能性のある殘紙として、［紙６］なども見られる。次の［紙６］は斷片に過ぎず詳細は不明であるが、２行目に下行文書の常用文言である「如詔書律令（詔書律令の如くせよ）」が記載されているので、下行文書と想定できる。あるいは「如詔書律令」という命を受けたことに關する上行文書の可能性もある。いずれにしても公文書の殘紙斷片と考えて良い。但し、書寫時期は不明である。

［紙６］Or.8212/1874a-LA.VI.ii.4-7d　〈郭171、沙Or.8212/1874、胡Or.84〉　123×38mm

（前缺）

1　⧄都留蒲絹露⧄

2　⧄［到?］錄受如詔書律令

3　⧄氵□（窪?）幹仁⧄

［紙７］も、１行目が［簡15］と同様に「兵曹史高徽白」（職名＋人名＋『白』）で始まり、２行目に「教如右（教は右の如し）」とあるので、教令を受けたことに對する上行文書と考えられるが(22)、書寫時期は不明である。

［紙７］Ch.920-LA.VI.ii.　〈林428、孟483、胡Ch.211〉　105×87mm

1　兵曹史高徽白

2　教如右前於候上臨⧄

3　人皆級頭請内本⧄

［簡15］と［紙７］の事例から、「職名＋人名＋『白』」で始まる木簡・殘紙を上行文書として考えて大過ないとすれば、斷片ではあるが［紙８］の正面も上行文書の冒頭部分と考えられる(23)。１行目に見える水曹掾の左朗は前述のように泰始二年頃に水曹掾として現れるので（拙稿1983）、［紙８］正面は泰始二年頃書寫の上行文書で、背面は後に書寫された草稿の可能性が高い。

［紙８］Co.書教P107・108・111　〈胡Co.149〉

（面）

1　水［曹］⧄⧄［掾］左朗白前［日］□

2　考［安］⧄⧄□□辭語⧄

3　⧄□⧄

（後缺）

（背）

（前缺）

1　⧄□⧄

2　歸□⧄　⧄□□而已□□⧄

3　致□⧄　⧄梁君□□□□□⧄

次の［紙９］は２行目に「右輒承教（右、輒ち教を承る）」とあるので、上行文書の可能性がある。１行目最後の「向」字は、寫眞版によると「向」字と讀めるが、「白」字の可能性も殘る。「白」字だとすれば、「職名＋人名＋『白』」で始まる上行文書に相當することになる[24]。１行目の某曹掾の馬厲は、泰始四年に監倉史、泰始五・六年頃に從掾位、泰始六年に某曹として現れるので（拙稿1983)、［紙９］は泰始五・六年頃書寫の可能性が高い。

［紙９］Co.P.18-3　〈林67、孟35、西B41、書教P21、胡Co.35〉　84×72mm

　　〈[曹]〉
1　⧄□掾[馬]厲向⧄

　　　　〈[兵]〉
2　右輒承教今在⧄

　　〈煞〉
3　⧄□胡駝他宣告?⧄

4　⧄□大刑獄竊聞⧄

5　⧄□□⧄

また、「移」字を有する［紙10］も見られる。

［紙10］Co.P.20-1　〈林79、孟47、西A51、教書32、胡Co.45〉　245×95mm

　　〈嘉〉
1　永喜四年八月十九日己酉安西和戎從事軍

　　　〈令〉
2　謀史含?副溥督察移

　〈⧄□□⧄　　⧄□〉
3　　　　　　⧄之義人道所重

　　　　　　　　〈置〉
4　　　　⧄□値寇亂

永嘉四年（310）八月十九日己酉の日に安西和戎從事・軍謀史令副の溥が督察して「移す（通知する）」というもので、公文書と考えて大過あるまい。

更に、前涼時期の李柏文書斷片中に明らかな公文書が存在する。李柏主文書と筆跡が類似していて、主文書の理解と關わって使用されてきた斷片で、西川寧1962・1991と藤枝晃1991が本國宛の報告書の斷片としたものの中に、以下の斷片がある。

［李柏１］Ot.8033　〈林625、孟609(3)、西A59、胡Ot.16〉　102×70mm

1．　⧄達海頭□⧄

2．　⧄威?命慰[勞]⧄

　　〈[柏?]〉
3．⧄□誠惶誠恐□⧄

［李柏２］Ot.8036　〈林628、孟609(1)、西A57、胡Ot.14〉　120×56mm

1．[臣]⧄

2．尙書

3．臣柏言焉耆王□⧄

4．[月]十五日共[發]□⧄

西川寧1962・1991と藤枝晃1991は［李柏２］を上表文の首部、［李柏１］を末尾と解したが、片山章雄1995は、逆に［李柏１］の後に［李柏２］を接續した。［李柏２］

の冒頭1行目に「臣□」、2行目に「尙書」とあり、1行目の下に［李柏1］の末尾「□□誠惶誠恐□□」（最初の□は「［柏?］」）を接續すると、「臣［柏?］誠惶誠恐□～」となり、次の行の「尙書」が宛先となり、蔡邕『獨斷』に記す「表式」に合致し、それぞれの接合部分の切斷狀況がほぼ一致するとし、二通文の草稿が一枚に續けて記されていた可能性を指摘した。

蔡邕『獨斷』巻上に、次のようにあり、上掲の片山章雄1995の指摘が確認できる。

表者不需頭。上言「臣某言」、下言「臣某誠惶誠恐頓首頓首死罪死罪」。左方下附曰、「某官臣甲上」。（中略）詣尙書通者也。（表は需頭せず。上に「臣某言ふ」と言ひ、下に「臣某、誠惶誠恐、頓首頓首、死罪死罪す」と言ふ。左方下に附して曰く、「某官臣甲上る」と。（中略）尙書に詣して通ずる者なり。）

そこで、2片を接續すると以下のようになる。なお、小田義久2003も2片を接續している。

［李柏1・2］Ot.8033・8036

1．　□達海頭□□
2．　□威?命慰［勞］□
3．臣［柏?］誠惶誠恐□□
4．尙書
5．臣柏言焉耆王□□
6．［月］十五日共［發］□□

3行目が蔡邕『獨斷』に記す「表式」の末尾に合致し、5行目が同じく表式の冒頭に合致するので、明らかに上行文書の一部であることが分かり、しかも3行目以前の部分と4行目以後の部分が別々の上行文書の一部である。二通文の上行文書が一枚に續けて記されているので、草稿か發出文書の控えとしての保管用の副本（底本・案文）かもしれない(25)。斷片のため、草稿か副本か判斷が困難であるが、『獨斷』記載の左方下の「某官臣甲上」の文言が［李柏1・2］の3行目の後ろに見られないのを重視すれば、草稿のため「某官臣甲上」を省略した可能性もあるので、草稿の可能性の方が高いと言えよう(26)。

ともかく、［李柏1・2］は李柏文書主文書と同時期の可能性が高く、主文書は323～328年頃の書寫であるので（拙稿2002）、323～328年頃書寫の李柏文書斷片中に蔡邕『獨斷』の「表式」通りの上行文書が存在していたことが明白である。

以上より、樓蘭出土文字資料において紙が公文書に使用される場合があったことが確定できる。特に［紙5］は泰始五年前後の簿と送り狀が記載された上行文書である。［紙6］［紙7］の書寫時期は不明であるが、［紙7］と同樣に「職名＋人名＋『白』」で始まる［紙8］正面は泰始二年頃書寫の上行文書である。泰始五・六年頃書寫の可能性が高い［紙9］も同樣の書式で始まる可能性もあるので、泰始年間には「職名＋人名＋『白』」で始まる上行文書が存在していたことは確實である。永嘉年間（307～

313）には「移」字を有する［紙10］も見られた。前涼の323～328年頃書寫の李柏文書斷片［李柏１・２］は、明らかに蔡邕『獨斷』の「表式」に合致する上行文書である。

おわりに

以上検討してきたことを整理すると、以下のようになる。

（１） 樓蘭出土文字資料には、木牘の簿籍の事例が見られたほか、紙の簿籍の事例も數點見られた。泰始年閒（265～274）には、簿籍は漢代同様に木簡（編綴簡）が基本的に使用され、漢代同様に記錄を集約・整理した木牘も使用されていたが、より面が廣く一覽を示し易い紙が、より多くの記錄を集約・整理したり控えたりする際の簿籍として使用されるようになっていたと考えられる。

（２） 樓蘭出土文字資料中の［木牘４］は明らかに公文書であり、［木牘５］も内容的に公文書と思われる。特に［木牘４］は「記」による命令に對する回答であり、漢簡で木牘が「記」と稱する公文書に使用されたこととの關連を示唆している。泰始年閒には、漢代同様に木簡（編綴簡）が基本的に公文書に使用されるとともに、漢代同様に公文書に木牘が使用される場合があったことが判明した。

（３） 樓蘭出土文字資料において、事例は少ないが、紙が公文書に使用される場合があったことが確定できた。泰始年閒には、漢代同様に木簡（編綴簡）が基本的に公文書に使用され、木牘も使用されていたが、［紙５］の簿と送り狀が記載された紙の上行文書や、［紙８］の如く「職名＋人名＋『白』」で始まる紙の上行文書が使用されている。

（４） 永嘉年閒（307～313）には「移」字を有する公文書［紙10］も見られた。前涼の323～328年頃書寫の李柏文書斷片［李柏１・２］は、明らかに蔡邕『獨斷』の「表式」に合致する上行文書である。

なお、樓蘭出土文字資料殘紙には、以上の簿籍や公文書のほか、冨谷至2001・2003も指摘するように書信（手紙）や書籍（書物）がより多く含まれていて、秦漢時代に牘が公文書類・書信類・簿籍類・書籍類に利用されていたことと共通する。殘紙のうち泰始年閒の［紙５］は簿とその送り狀になっていて、同様の例は里耶秦簡の木牘にも見られた。泰始年閒の樓蘭出土文字資料殘紙の種類は、秦漢時代の牘の種類の系譜を引く傾向にあったと言える。秦漢時代に書籍は牘に記される場合もあったが、書籍の多くは、牘１點で完結できないので、編綴簡が多く使用され續けていたと考えられる。したがって、秦漢時代に牘を使用することのあった公文書類・書信類・簿籍類・書籍類と、編綴簡を使用していた書籍が、樓蘭出土文字資料ではより廣い面の利用可能な紙を使用する傾向にあったと言えよう(27)。

【基本的釋文掲載書略號一覽】

コンラディ（またはCo.）：Conrady, August ; *Die Chinesischen Handschriften und Sonstigen Kleinfunde Sven Hedins in Lou-lan.* Stockholm, 1920.

シャヴァンヌ（またはCh.）：Chavannes, Édouard ; *Les documents chinois découverts par Aurel Stein dans les Sables du Turkestan oriental.* Oxford, 1913.

マスペロ（またはM.）：Maspero, Henri ; *Les documents chinois de la troisième Expédition de Sir Aurel Stein en Asie Centrale.* London, 1953.

大谷（またはOt.）：香川默識編『西域考古圖譜』上・下卷、國華社、1915年。表示に當たっては、「Ot.」の後に、所謂李柏文書と斷片群は龍谷大學西域資料番號で示すことにする。

東洋文庫1984・1985（または To.）：Yamamoto, Tatsuro & Dohi, Yoshikazu (eds.) ; *Tun-huang and Turfan Documents: Concerning Social and Economic History II.* 2Vols. THE TOYO BUNKO.

羅振玉（または羅）：王國維・羅振玉『流沙墜簡』1914年影印本、1934年校正重印本。中華書局、1993年。

林梅村（または林）：林梅村（編）『樓蘭尼雅出土文書（秦漢魏晉出土文獻）』文物出版社、1985年。

孟凡人1995（または孟）：孟凡人『樓蘭鄯善簡牘年代學研究』新疆人民出版社、1995年。

侯・楊：侯燦・楊代欣（編）『樓蘭漢文簡紙文書集成』天地出版社、1999年。

沙知・吳芳思（または沙）：沙知・吳芳思（編）『斯坦因第三次中亞考古所獲漢文文獻』上海辭書出版社、2005年。

書道全集（または書）：神田喜一郎・田中親美（監修）『書道全集　第三卷』平凡社、1959年。大庭脩・内藤乾吉・森鹿三・米田賢次郎「解說」。

胡平生2005（または胡）：胡平生（主編）「新疆維吾爾自治區卷」（中國簡牘集成編輯委員會編（初師賓主編、胡平生・陳松長校註）『中國簡牘集成　2編　第20册　新疆維吾爾自治區・四川省・北京市卷』敦煌文藝出版社、2005年）。

日本書道教育會議（または書教）：日本書道教育會議（編）『スウェン・ヘディン樓蘭發現殘紙・木牘「スウェン・ヘディンと樓蘭王國展」（1988－89）記念出版』日本書道教育會議、1988年。

西川寧1991（または西）：西川寧『西川寧著作集 第四卷 西域出土晉代墨蹟の書道史的研究』二玄社、1991年。

小田義久2003：小田義久（責任編集）『大谷文書集成　第三卷』（龍谷大學善本叢書23）法藏館、2003年。

【主な參考文獻】

〈邦文〉

池田溫1979『中國古代籍帳研究　概觀・錄文』東京大學出版會。

伊藤敏雄1983「魏晉期樓蘭屯戍の基礎的整理（一）」『東洋史論』（東アジア史研究會）第5號。

伊藤敏雄1991「魏晉期樓蘭屯戍における水利開發と農業活動——魏晉期樓蘭屯戍の基礎的整理（三）——」『歷史研究』（大阪教育大學）第28號。

伊藤敏雄1992「魏晉期樓蘭屯戍の諸活動——魏晉期樓蘭屯戍の基礎的整理（四）——」『東洋史論』第8號。

伊藤敏雄1995「魏晉期樓蘭屯戍における交易活動をめぐって」『小田義久博士還曆記念　東洋史論集』龍谷大學東洋史學研究會。

伊藤敏雄1999『鄯善國及び樓蘭屯戍と周邊諸地域との關係に關する研究　1997年度～1998年度

科學研究費補助金 基盤研究（C） 研究成果報告書 （課題番號 09610365)』。
伊藤敏雄2002「李柏文書小考——出土地と書寫年代を中心に——」野口鐵郎先生古稀記念論集刊行委員會（編）『中華世界の歴史的展開』汲古書院。
伊藤敏雄2009「樓蘭出土の魏晉期書信の書式をめぐって——上書きと冒頭部分を中心に——」土肥義和（編）『敦煌・吐魯番出土漢文文書の新研究』東洋文庫。
伊藤敏雄2013「長沙吳簡中の生口賣買と『估錢』徵收をめぐって——『白』文書木牘の一例として——」『歴史研究』第50號。
伊藤敏雄2015「長沙吳簡中の『叩頭死罪白』文書木牘」伊藤敏雄・窪添慶文・關尾史郎（編）『湖南出土簡牘とその社會』汲古書院。
伊藤敏雄2017「李柏文書の性格をめぐって——李柏文書斷片群との關連で——」『中國古代史研究會創立70周年記念：中國古代史研究第八』（假題）研文出版（豫定）。
鵜飼昌男1988「漢代の文書についての一考察——『記』という文書の存在——」『史泉』第68號。
片山章雄1995「樓蘭出土李柏文書の缺損補充と斷片接合」「中國西域樓蘭學與中亞文明學術討論會」（中國・庫爾勒、10月26～28日、口頭發表及び配布資料）。
佐藤進一1971『古文書學入門』法政大學出版局。新版1997年、新裝版2003年。
佐藤達郎2010「漢六朝期の地方的教令について」『東洋史研究』第68卷第４號。
佐藤達郎2011「魏晉南北朝時代における地方長官の發令『教』について」冨谷至（編）『東アジアにおける儀禮と刑罰』日本學術振興會科學研究費基盤研究（S)「東アジアにおける儀禮と刑罰」研究組織（代表 冨谷至）。
角谷常子2003「簡牘の形狀における意味」冨谷至編『邊境出土木簡の研究』（京都大學人文科學研究所研究報告）朋友書店。
角谷常子2013「里耶秦簡における單獨簡について」『奈良史學』第30號。
鷹取祐司2003「漢簡所見文書考——書・檄・記・符——」冨谷至（編）『邊境出土木簡の研究』（京都大學人文科學研究所研究報告）朋友書店。『秦漢官文書の基礎的研究』（汲古書院、2015年）所收。
高村武幸2013「秦漢時代の牘について」『人文論叢』（三重大學人文學部文化學科）第30號。『秦漢簡牘史料研究』（汲古書院、2015年）所收。
冨谷至1988「21世紀の秦漢史研究——簡牘資料——」『岩波講座世界歴史３ 中華の形成と東方世界』岩波書店。
冨谷至2001「３世紀から４世紀にかけての書寫材料の變遷 樓蘭出土文字資料を中心に」冨谷至（編）『流沙出土の文字資料 樓蘭・尼雅文書を中心に』京都大學學術出版會。
冨谷至2003『木簡・竹簡の語る中國古代 書記の文化史』岩波書店。
長澤和俊1975「魏晉樓蘭屯戍攷」『史觀』第92册。『シルク・ロード史研究』國書刊行會、1979年、『樓蘭王國史の研究』雄山閣、1996年、所收。
長澤和俊1990・91「魏晉樓蘭屯戍の實態（上）（下）」『早稻田大學大學院文學研究科紀要』（哲學・史學）35・36。『樓蘭王國史の研究』雄山閣、1996年、所收。
西川寧1962「李柏書稿年代考」『東京教育大學教育學部紀要』８卷。西川寧1991、所收。
藤枝晃1991「李柏文書」『佛教東漸——祇園精舍から飛鳥まで——」思文閣出版。
籾山明2001「魏晉樓蘭簡の形態 封檢を中心として」冨谷至編『流沙出土の文字資料 樓蘭・尼雅文書を中心に』京都大學學術出版會。『秦漢出土文字史料の研究——形態・制度・社會——』（創文社、2015年）に改訂・所收。

〈中文〉
胡平生1991「魏末晉初樓蘭文書編年繫聯（上）（下）」『西北民族研究』1991年第1期・第2期。『胡平生簡牘文物論稿』（中西書局、2012年）所收。
邢義田2011「漢代簡牘公文書的正本、副本、草稿和簽署問題」『中央研究院歷史語言研究所集刊』第82本第4分。邦譯（中村威也譯）「漢代簡牘文書における正本・副本・草稿と署名の問題」籾山明・佐藤信（編）『文獻と遺物の境界——中國出土簡牘史料の生態的研究——』六一書房、2011年。

注

(1)　樓蘭出土漢文文字資料の出土狀況と整理狀況については、拙稿2009の注（1）を參照されたい。本稿では、後掲の【基本的釋文掲載書略號一覽】掲載の文字資料を用い、當該文字資料の利用に當たって、コンラディ、シャヴァンヌ、マスペロ、大谷の編號と釋文をもとにし（コンラディ未收のものは書教、マスペロ未收のものは東洋文庫1984や沙知・吳芳恩2005をもとにする。）、以上の文獻などでの整理番號を併記するとともに、以上の文獻などを參照しつつ加えた補正を上部に〈　〉で示すことにする。

なお、上下端の斷簡（缺落）と途中の斷簡（缺落）を「〼」、推定の文字を「[　]」、不明な文字を「□」、字數不明な不明文字を「…」で示し（コンラディ、シャヴァンヌ、マスペロに斷簡の記載が無かったものについても、寫眞版によって斷簡の記號を付したものがある。）、別筆や自署、墨色の異なるものをゴチック體、墨で消したあとを網掛け（■）で示すことにする。

(2)　例えば、長澤和俊1975、拙稿1983・1995・1999など。なお、羅振玉1914が出土文字資料を內容から分類している。シャヴァンヌから寫眞版を提供された羅振玉は、敦煌漢簡も含め、出土文字資料をその內容から小學術數方技類・屯戍叢殘・簡牘遺文に分類し、殘紙についてはCh.903・913背・914・928背・933を除く殘紙を簡牘遺文に分類した。

(3)　冨谷至2001・2003では、詔をはじめとした下行文書、上奏文などの上行文書を公文書としている。本稿でも、上行文書・下行文書・平行文書を公文書として扱うことにする。

(4)　樓蘭出土文字資料中の封檢について詳細な古文書學的研究を行った籾山明2001も、その中で、冨谷至2001を踏まえ、公文書類がすべて簡牘に記されたことを特筆している。

(5)　下記の表は、冨谷至2003掲載の表による。冨谷至2001掲載の表では、分類II－Bの內容に公文書が記載されていない。

(6)　ただし、樓蘭出土文字資料の釋讀や內容解釋において先行研究にほとんど言及していない上、釋讀が概ね林梅村1985に依據している點で問題がある。

(7)　なお、以下の［簡6］［簡7］［簡8］の書寫時期は不明であるが、西川寧1991は［簡8］を書風から泰始年間としている。

(8)　「其七十」を拙稿1983では「[見]七十」としたが、日本書道教育會議の寫眞版によりコンラディ原釋文通りとする。

(9)　なお、冨谷至1988が簡牘を單獨簡と編綴簡に分け、冨谷至2001・2003は單獨簡として具體的に檢・楬・符・券を取り上げている。

(10)　シャヴァンヌにもIDP（International Dunhuang Project）のWeb上の情報にも寸法が掲載されていないが、IDPのWeb上の寫眞版に付されているスケールから換算すると長さ約232、幅約16～19mmである。

(11)　その具體的內容については、紙幅の都合により拙稿1991・1999を參照されたい。

(12)　長澤和俊1975は月每の作簿、長澤和俊1990・91は作業報告簿としている。

(13) 背面の「糜」は、シャヴァンヌ原釋文は「禾」とするが、寫眞版により改める（拙稿1983)。
(14) 長澤和俊1975は、9月の食料支給を箇條書きにしたものとしている。
(15) なお、胡平生1991は背面を泰始三年、正面を泰始六・七年書寫としている。
(16) なお、LM.I住居址の北のゴミ溜から當該資料とともに、寫本『春秋左氏傳』昭公八年四月條殘片（M.253-LM.I.i.016、沙Or.8212/511)、古籍殘片（M.254-LM.I.i.017、沙Or.8212/512)、寫本『說苑』第十九修文殘片（M.255-LM.I.i.020、沙Or.8212/513、M.256-LM.I.i.021、沙 Or.8212/514）が出土しているので、LM.I住居址は西域長史府の出張所として漢人官員が滯在していた可能性が高い。
(17) ［簡12］［簡14］の内容については拙稿1991・1999を參照されたい。
(18) シャヴァンヌにも IDP の Web 上の情報にも幅の寸法が掲載されていないが、IDP の Web 上の寫眞版に付されているスケールから換算すると29mmである。
(19) ［木牘4］の内容については拙稿1992・1999を參照されたい。
(20) 「記」については、鵜飼昌男1988・鷹取祐司2003も參照。特に、鷹取祐司2003は「記は、太守や都尉などの長官の指示を承けて長史や丞などの吏が作成・發信した文書と考えられ、書に比べると記載や發送方法が省略・簡略化されている。」と述べている。
(21) このような上行文書があったとすると、前掲の［紙1］の背面の前後が缺落しているので、［紙1］の背面も、後缺部分に送り狀が記載された、同樣の上行文書であった可能性もある。
(22) 教令については、佐藤達郎2010・2011參照。
(23) 書教ではP107・108・111の三紙に分けているが、胡Co.149は一紙に接續しているので、それに從う。
(24) 胡Co.35は「向」を「白」に修正している。
(25) 副本・底本については邢義田2011、案文については佐藤進一1971參照。
(26) ［李柏1・2］の問題の詳細については、拙稿2017を參照されたい。なお、このほか、Ot.8001も文中に「教命」の文字があり、書き直しが見られ、末尾が「任白」で終わっているので、上行文書の草稿の可能性があるが、上部が缺けていて不明な點があり、書信の可能性も殘るので、本稿では紙幅のこともあって除外した。
(27) ただし、木牘の種類との關係が不明の殘紙も見られる。例えば、泰始六年の紀年のある Ch.896-LA.II.ii.2.(a)と年代不詳の Ch.913-LA.VI.ii.(0232)は、合同の符號が見られるので、簡牘の券（莂）に相當するかも知れない。

〈附記〉 本稿は2013〜2016年度科學研究費補助金・基盤研究（A)「新出簡牘資料による漢魏交替期の地域社會と地方行政システムに關する總合的研究」(研究代表者：關尾史郎／課題番號25244033）の分擔研究の成果の一部である。

河西出土五胡時代「板」(官吏辭令書)小攷

町　田　隆　吉

はじめに

河西地域の古墓から出土する魏晉・五胡十六國時代の漢語文書には、武威の隨葬衣物疏（以下、衣物疏と略記）・官吏辭令書（墳墓埋納用の寫し）、臨澤の田產訴訟文書、高臺の衣物疏・墓券・柩銘、玉門の衣物疏・官吏辭令書（同前）・「晉律注」、酒泉・瓜州・敦煌の鎭墓文（解除文を含む）など多樣なものが存在する。これらの出土文書は、死者のために、あるいは死者の禍が生者に及ばないようになどさまざまな理由から墓室內に納められたものとされる。このなかには陶瓶や紙・帛などに書かれているものも存在するが、この地域の場合、その多くは簡牘に記されており、書寫材料が木（地域によっては竹を含む）から紙へと移行する時期の墳墓への埋納文書の具體的事例として貴重である［町田2013］。

魏晉・五胡十六國時代に限ったとき、河西地域での衣物疏（木牘）の出土は、現在のところ武威・高臺・玉門の3地區の古墓に限られている。このうち武威の古墓から出土した五胡十六國時代の前涼時期の衣物疏には、副葬品のひとつとして「官名+〔板〕」と記された官吏の辭令書が認められる。小稿では、この衣物疏の記述をいとぐちに同墓から出土した官吏辭令書と、玉門の古墓から出土した同じく前涼の官吏辭令書をあわせて取り上げて檢討してみたい。というのは、書寫材料が木から紙へと移行する時期の官吏の辭令が、どのような書寫材料にどのように書かれていたのかという點については、これらの出土文物が公表される以前に、夙に大庭脩氏によっておもに編纂史料にもとづく研究がなされているのであるが［大庭1964］、あらためて出土文物をふまえて檢討しておくことも意味があると考えるからである。したがって、小稿では、大庭氏の研究に導かれながら、これらの出土した官吏辭令書（いずれも墳墓埋納用の寫し）をもとに、ささやかな考察を試みようとするものである。

ところで、越智重明氏は、大庭氏と同樣に編纂史料にもとづき、魏晉南朝時代における「板」字による官吏任命のあり方を分析し、皇帝と各官府の長官とによる官吏任命の對抗關係に言及し、この點に（東晉）南朝の地方官界の實態を解明するいとぐちがあると述べられた［越智1967］。その後、吐魯番盆地（新疆ウイグル自治區）のアスターナ177號墓から出土した「追贈且（沮）渠封戴敦煌太守木表」（小稿では「且（沮）渠封戴追贈敦煌太守板」と稱する）（木牘、72TAM177:17）が公開されると、出土史料と編纂史料を結びつけた王去非氏の「版（板）授」研究が現われた［王去非1982］。王去非氏は、晉南朝時代の編纂史料から板授の事例を取り上げて檢討するとともに、同じく吐魯番盆地のカラホージャ88號墓出土の西部平水の任命にかかわる文書（紙、75TKM88:1（a））を紹介し、西北の地方政權でも板授の制度が存在した證左とする。また、中村圭爾氏は、魏晉南北朝時代における公文書と文書行政を研究するなかで、『宋書』巻15禮志の「皇太子監國儀注」、『隋書』巻26百官志の陳朝「用官式」などを分析し、東晉・南朝における官吏任命の手續きを含む文書行政について研究されている［中村2001・2013］。さらに、近年では、2012年に鄭州大學に提出された付曉惠氏の修士論文「魏晉南北朝板授制度探析」［付2012］があり、板授制度を魏晉南北朝時代に行われた重要な任官制度と位置づけ、地方の軍政長官が吏部の正式な任命を通さないで自ら行ったものであるといい、こうして任命された板官はこの時代の特殊な官吏の集合體で、南朝における寒門政治の形成をうながし、當時の社會に大きな影響を及ぼしたという。以上は、「板」による官吏任命にかかわる研究のあらましであるが、ここでは、大庭氏の研究に加えてこれらの先行研究についても必要に應じてふれながら論を進めたいと考えている。

1．衣物疏に記された官吏辭令書―「板」

1985年に武威市松樹鄉上畦村旱灘坡古墓群で28基の古墓の發掘調査が行われた。そのほとんどは盜掘されていたが、19號墓だけは未盜掘の夫婦合葬墓（形狀は土洞墓）で、夫婦はそれぞれの木棺に埋葬されていた。ここからは、木製の馬・牛・一角獸・屛風・連枝燈、陶器、毛筆、木牘など30點餘りの副葬品が出土したとされる［何2004］。このうち木牘は5點あり、4點は男性の棺內に、1點は女性の棺內に置かれていた。その內譯は、男・女の衣物疏が各1點、殘りの3點は男性の「板」（2點が辭令、1點が察擧にかかわる）であった(1)。

ここでは、まず衣物疏の紹介から始めたい。2點の衣物疏には次のような表題がつけられている（以下、小稿で出土史料を引用する場合、括弧內に形狀や大きさなどを記し、そうした情報がない場合は無記入とする。また、【圖】には寫眞などの圖版が、【文】には釋文が掲載されている主な出典を示している）。

①東晉咸康四年（338）十一月十日姬瑜妻正某隨葬衣物疏（85WHM19:5、木牘〔松材、殘損〕、縱27cm×横7cm×厚？cm、墨書、棺內の胸前より出土。【文】［李・何1990］、［王・李1997］、［何2004］、［張2005］、［吳2010、2012a、2012b］、［町田2013］）(2)

②前涼升平十三年（369）七月十二日姬瑜隨葬衣物疏（85WHM19:4、木牘〔松材〕、縱27cm×横11.5cm×厚0.6cm、墨書、棺內の頭部左側より出土。【圖】［何2004］、［張2005］／【文】［李・何1990］、［王・李1997］、［何2004］、［張2005］、［吳2010、2012a、2012b］、［町田2013］）

このうち②夫・姬瑜の衣物疏は、①妻・正某の衣物疏から31年のときを經て作成されたことがわかる。ここでは②姬瑜の衣物疏の記載をいとぐちに検討を始めることにしたい。そのため、まず②の釋文から取りあげることにする(以下、史料の掲示に際しては、印刷の都合上、異體字については正字で表わす場合もある)。

【史料1】前涼升平十三年(369)七月十二日姫瑜隨葬衣物疏

1	故白練尖一枚	故練兩當一領	故白絹帢一枚	故壘單衣一領
	故黄白絹三百匹			
2	故巾幘一枚	故碧襦一領	故青訾衣一枚	故白練衾袍一領
	故縹百匹			
3	故練面衣一枚	故白練襦一領	故青頤衣一枚	故黄絹審遮各一枚
	故黄柏器一口			
4	故練褕一領	故白練橦裙一立	故練褌一立	故駙馬都尉青銀印一紐
	故駙馬都尉板一枚			
5	故牧?綿四斤	故練袜一量	故練衫一領	
	故奮節將軍長史金印一紐		故建義奮節將軍長史板一枚	
6	故本郡清行板一枚	故黄柏覇?二枚	故練袴一立	故黄金百斤
	故雜黄卷書二卷			
7		故蒲席一領	故青獨履一量	故白銀百斤
	故紙三百張			
8				故筆一枚
9	升平十三年七月十二日、涼故駙馬都尉、建義奮節將軍長史、武威姫瑜隨身物疏令卅五種			

【史料1】姫瑜衣物疏は、棺内の頭部左側より出土した。寫眞[何2004:82、圖18]をみる限り、この木牘(松材)は柾目の板で、大きさは縦27cm・横11.5cm・厚0.6cmである。墨書9行、各行は5段からなり、個々の物品の前に「故」字を冠して墓主の姫瑜自身に歸屬するものであることを明示している。また、末尾(9行目)の記述をふまえれば、姫瑜は武威郡の出身で、生前に前涼の駙馬都尉、建義奮節將軍長史の官にあり、前涼の升平13年(369)7月12日に逝去(もしくは埋葬)したと考えられる。このふたつの官職については、衣物疏末尾の記述と符合するように、4行目に「故駙馬都尉青銀印一紐　故駙馬都尉板一枚」、5行目に「故奮節將軍長史金印一紐　故建義奮節將軍長史板一枚」(但し印の官名は「建義」の2字を缺いている)と記されており、生前の官職を示す官印とその辭令書とが埋納されたことになっている。こうした記述は、この時期にあって當該人物の官職を示す上で官印と辭令書とがセットになって意味をもっていたことをうかがわせる。ただし、ふたつの官印については、「故黄金百斤」(6行目)、「故白銀百斤」(7行目)などと同樣に埋納されなかったようで、出土したとの報告はない。あるいは、衣物疏における官印の記述は文字の上だけだったのかもしれない。その一方で、男性の棺内(頭部左側)からは、衣物疏とともに「駙馬都尉板」と「建義奮節將軍長史板」及び「本郡清行板」に該當する3點の木牘

（いずれも埋納用の寫しとされる）が出土している［何2004］。このうち官吏辭令書２點に對する衣物疏上の表記から、前涼時期の武威郡では、こうした文書が實際に「板」と呼ばれ、「○○（官名）＋板」という形式で記されていたことが確認できる（これを假に「任官（授官）板」と稱する）。これらは、唐代にあっては「告身」と呼ばれる官吏辭令書に相當するものである。告身の場合、例えば吐魯番盆地のアスターナ古墓群の唐代墳墓からも紙に書かれた告身（寫し）が出土している。こうした現世での告身（寫し）は、來世での地位や身分を保證するものとして埋納されたと考えられ、旱灘坡19號墓からの「板」の出土によって、そうした事例が前涼の時期にまでさかのぼることが知られるようになったのである。こうした墳墓から出土する「板」は、副葬品のひとつとして眞物の「板」を模して作成し埋納されたと考えられる。その後、2009年になって甘肅省の玉門市清泉鄉金鷄梁墓群の21號墓（M21、礫石洞室墓）からも同じ前涼時期の「板」（木牘、M21:5）が出土したことによって、現在では前涼時期の官吏任命用の「板」３點を確認できるようになった。これにくわえて、先にふれたように1972年に吐魯番盆地のアスターナ177號墓から出土した官職を追贈する承平13年（455）の紀年をもつ木牘があり（形狀から「板」であるので、同じく「追贈板」と稱する）、ここではこれもあわせて檢討の俎上にのせたいと思う。このほかに【史料１】姬瑜衣物疏の６行目には、察擧にかかわる「故本郡淸行板一枚」という記述があり、これに對應する「板」が出土している（これを「察擧板」と稱する）。小稿では、行論の都合上、この時期の「板」を大別して「任官（授官）板」「追贈板」「察擧板」とに分けて檢討を試みたい。

２．五胡時代の「板」の事例とその檢討

（1）任官（授官）板

すでに大庭脩氏が述べておられるように、魏晉南北朝時代の官吏の辭令書が木に書かれていたか紙に書かれていたかを、これまで出土文物から確認することはできなかった［大庭1964］。しかしながら、近年、古墓から出土した「板」により（それは時期も地域も限定されているが）、その形式を知る手掛かりの一部を得ることができるようになった。それは、五胡十六國時代の河西地域に樹立された漢人の前涼政權にかかわる３點の「板」である。もちろんこれらが古墓から出土している以上、冥界に旅立つ墓主のために埋納されたものであり、葬送のための物品であるという視點で取り扱わなければならないことはいうまでもない。つまり、これらの「板」が埋納品として必要とされたことは、生前の官職が冥界における墓主にとって何らかの利益をもたらすと當時の人々に意識されていたからにほかならない(3)。ここでは、この問題の檢討は別の機會にゆずることとし、この時代の官吏の辭令書の樣式を考える具體的な手懸りの一つとして前涼政權の「板」３點を取り上げることにしたい。

先に述べたように、武威地區では【史料１】姬瑜衣物疏に記された「故駙馬都尉板

一枚」「故建義奮節將軍長史板一枚」の２種類の「板」が姫瑜の棺内から出土しており、これが大庭氏のいう官吏の辭令書（寫し）に當たると考えられる。その後、玉門地區の古墓（M21）からも、同樣の「板」１點が出土している。これらの出土地は離れているものの、ともに前涼政權の支配領域內であり、いずれも「建興」という元號が使用されている。まずは、これらの「板」の釋文を紹介することから始めたい。

【史料２】前涼建興卌四年（356）九月十五日姫瑜拜駙馬都尉板

（85WHM19:2、木牘〔松材〕、墨書３行：縱27.8cm×橫5.6cm×厚１cm、棺內の頭部左側より出土。【圖】［大阪1994］、［何2004］、［張2005］／【文】［李・何1990］、［大阪1994］、［王・李1997］、［何2004］、［張2005］、［王・吳2011］、［町田2013］）

1　有
2　令、武厲將軍都戰帥武威姫瑜、今拜駙馬都尉
3　建興卌四年九月十五日戊子下　　　　　　起東曹

【史料３】前涼建興卌八年（360）年四月廿九日姫瑜建義奮節將軍長史板

（85WHM19:3、木牘〔松材〕、墨書３行：縱28cm×橫5.2cm×厚１cm、棺內の頭部左側より出土。【圖】［大阪1994］、［何2004］、［張2005］／【文】［李・何1990］、［大阪1994］、［王・李1997］、［何2004］、［張2005］、［王・吳2011］、［町田2013］）

1　有
2　令、齋直軍議掾武威姫瑜、今建義奮節將軍長史
3　建興卌八年四月廿九日辛未下　　　　　　起東曹

【史料２】【史料３】の「板」は、いずれも柾目の木牘に墨書３行が記されており、その２行目冒頭に「令」字が見える。ともに前涼政權（張玄靚）から「令」によって武威出身の姫瑜に對して、建興44年（356）９月15日に駙馬都尉が、同じく建興48年（360）４月29日に建義奮節將軍長史の官職が與えられたことを示している。このふたつの「板」は、【史料１】の衣物疏及び後述する【史料７】の「前涼建興卌三年（355）十二月廿七日欒？瑜（姫瑜）察淸白異行板」とともに同じ材質（松材）であることから、埋葬にあたってつくられたものとされる［何2004］。とはいえ、これら４點の木牘に記された文字の筆跡は必ずしも同じように見えないので、あるいは別筆が含まれているかもしれない。

次に【史料２】【史料３】の書式を確認しておきたい。冒頭の２行に「有／令」とあり、「令」字の次に現在の官名＋本貫＋姓名、ついで「今」字を記したあとに新たに授けられる官名が記されている。最後の行に元號・年月日・干支が記され、ついで下方に長く伸びる獨特な書體の「下」字が書かれている。その下方に伸びる一畫の先端は「起東曹」の「起」字にまで及ぶほどである(4)。また、末尾は「起」＋「東曹」（起案した部署）で結ばれている。これらの大きさは、【史料２】が縱27.8cm×橫5.6cm×厚１cm、【史料３】が縱28cm×橫5.2cm×厚１cmで、ほぼ同じ大きさといってよい。こうした書式を見る限り、このふたつの「板」（寫し）は、できるだけ忠實に眞物の

「板」を模したもののように思われる。その記載内容から推測できる「板」授與の手續きは、東曹が起案した人事案件に對して、それが裁可された場合、「有令」と「下」字が書き加えられ當人に手渡されていたように思われ、それを模して作成し埋納したのではないかと推測される（但し、この「板」が具體的にどのような部署を介して當人に手渡されたかなどについては未詳である）。

この時期の前涼政權は、第８代の張玄靚（建興43年〔355〕に５歳で擁立、升平７年〔363〕14歳で叔父・張天錫に殺害される）が幼少であったことから實權は重臣に掌握され、かつ重臣間の權力争いが熾烈であった。『晉書』巻86張玄靚傳には、張玄靚は「自ら大都督・大將軍・校尉・涼州牧・西平公を號した」とあるが、當初は張瓘、ついで宋混・宋澄兄弟、その後、張邕及び張天錫の手に實權が握られており、おそらくこうした重臣たちによって人事を含む諸案件はそのときどきに裁可され、「令」として發布されていたものと思われる。なお、『晉書』を見る限りでは張玄靚が王號を僭用していたかどうかは明らかでない(5)。くわえて前涼政權の具體的な官制の推移についても明らかでなく、また編纂史料からは、これまで東曹の存在は確認できていなかった。ただ西曹については『太平御覽』巻124偏覇部８に引かれた崔鴻『十六國春秋』前涼錄に第４代の張駿時代のこととして「命西曹掾集閤内外事付索綏、以著涼春秋」とあり、その存在は知られていた。したがって、これを根據に東曹の存在を推測できたのであるが、【史料２】【史料３】の「板」は、前涼政權における東曹の存在とその機能を示したことになる。

それでは、東曹とは具體的にどのような部署であったのであろうか。ここでは、上記張玄靚傳に記された大將軍府に東曹が置かれたとひとまず假定して『晉書』巻24職官志をひもといてみると、まず「大將軍、古官也。漢武帝置、…及晉受命、猶依其制」とあり、同時期の晉政權に大將軍が置かれていたことが確認できる。さらに「大司馬、大將軍、太尉…、開府位従公者爲武官公、…」とあり、また「諸公及開府位従公者、品秩第一、…置長史一人、秩一千石。西東閤祭酒、西東曹掾…各一人…」などと記されていることから、張玄靚の大將軍府にも西曹と東曹が置かれていたと考えてよいように思われる。ただし、その機能について『晉書』は述べていないので、ここでは『續漢書』百官志１の太尉の條の「掾史屬二十四人。本注曰、漢舊注、東西曹掾比四百石、餘掾比三百石、屬比二百石、…西曹主府史署用。東曹主二千石長吏遷除及軍吏」という記事をひとまず援用しておきたい。ここには「東曹は、二千石の長吏の遷除及び軍吏を主る」と見え、その對象は限られているが人事に關與していたことが確認できる。したがって、時代は異なるが、この時期の前涼政權で、東曹が【史料２】の駙馬都尉、【史料３】の建義奮節將軍長史の人事の起案にかかわっていることは、この記事を念頭において考えると問題はないだろう(6)。

それでは、次に【史料２】【史料３】と同じ前涼政權下で作成されたもうひとつの「板」について見ておきたい。それは、玉門市清泉鄉金鷄梁墓群の趙憲夫婦の合葬墓

(M21、礫石洞室墓) から出土した「板」(M21:5) であり、以下に釋文を移錄する。

【史料4】前涼建興卅？五年 (347？) 十月八？日趙憲部曲將板

(M21:5、木牘、墨書3行：縱25cm×橫8.7cm×厚1cm【圖】[甘文2011] ／【文】[王・吳2011]、[町田2013])

1 有

2 令、鐵騎玉門趙憲、今部曲將

3 建興卅？五年十月八？日甲子下　　　　起左兵曹

【史料4】の木質は不明であるが、やはり柾目の板が使用されているように見える [甘文2011:35、圖21]。これも「令」によって建興35？年 (347？) 10月8？日に鐵騎である玉門出身の趙憲を部曲將に任命した辭令書である。なお、「卅？五年」の「卅？」については、「十月」に「甲子」の干支をもつ日のある年という觀點から「卅？」を導き出した [王・吳2011] の考證は適當であろう(7)。【史料4】は時間的には【史料2】【史料3】より以前のものであるが、形式は同一である。但し、「板」の大きさについていえば、【史料2】【史料3】と比べて【史料4】は縱が少し短く、橫幅が廣い。兩者に若干の大きさの差は認められるが、これも「板」の眞物を模して作成された寫しと見なしてよいであろう。また、「建興卅五年」の紀年が正しいとすれば、この前年、張駿のあとを繼いだ第5代張重華によってこの「板」は發給されたことになる。『晉書』卷86張重華傳によれば、このとき張重華は「持節・大都督・太尉・護羌校尉・涼州牧・西平公・假涼王」を自稱しており、左兵曹が起案した人事案件に對する假涼王の「令」であると考えてよいように思われる。この場合は、部曲將の任命といった軍事にかかわる人事案件であったので、左兵曹が起案したと考えてよいだろう。

ところで、こうした任官のための「板」の作成過程にかかわる史料が、吐魯番文書のなかに存在する。それは、かつて拙稿で5世紀の吐魯番盆地における水利灌漑を檢討する際に取り上げたことのある紙の文書のひとつである [町田1984]。また、この文書は、これより先に王去非氏によって「版授の制度が當時の西北地區の割據政權下で行われた」事例として紹介されたことがある [王去非1982]。ここでは、1975年に吐魯番盆地のカラホージャ88號墓から出土したこの文書を取り上げ、河西出土の任官板授與に關連させてふれておきたい。その釋文は次の通りである。

【史料5】高昌建初二年 (490) 九月廿三日功曹書佐左謙奏爲以散翟定□補西部平水事

(75TKM88:1 (a)、紙、6行、勾勒あり。【圖】[吐壹1992:86-87]) ／【文】[吐一1981:179-180]、[吐壹1992:86-87]

1 謹案嚴歸忠傳口

2 令「以散翟定□□補西部平水」、請奉

3 令、具刺板題授、奏諾紀職 (＝識) 奉行。

4 　　　　建初二年歲在庚午九月廿三日功曹書佐左謙奏。

5　揚武長史　　　　圂　子

6　　　　　　　　功曹史　　　安

この文書は、當初、整理者によって西涼の建初2年（406？）のものとして表題がつけられたが［吐一1981・吐壹1992］、その後、先行研究をふまえた詳細な考證が王素氏によってなされ、張氏高昌國時代の建初2年（490）とされた經緯がある［王素1997・1998］。ここでは王素氏の所説により、5世紀末の張氏高昌國時代の文書として扱うことにしたい。

この文書は、その4行目から明らかなように、建初2年（490）9月23日に功曹書佐の左謙が作成し、揚武將軍長史の圂子と功曹史の安が署名して上奏したもので、「奏」字の使用からその宛先は高昌王であると考えられる。また、この功曹は郡の功曹ではなく、直接、王に上奏できたことから王府の功曹とみなしてよい(8)。そもそもこの人事は、嚴歸忠が口頭で傳えた王令である「以散翟定□□（＝今？）補西部平水（散吏の翟定□を〔今、〕（西部平水に補任する）」という内容に對して、「具刺板題授（つぶさに板に刺（＝書）して題授）」（＝板授）してよいかどうかという點について功曹書佐の左謙から上奏がなされたものである。この場合、嚴歸忠が口頭で傳えた王令（翟定□を西部平水に補任するという王の意向）を受けた功曹が、その王令の確認をかねて板授してよいかどうかについて上奏したものと考えられる。すなわち、この場合、通常行われるような功曹から王に對し任官について起案した文書ではない點に特徴がある。こうした人事のありようは、あるいは河西地域での任官においても行われていたかもしれない。さらに、この上奏が裁可された證しが同文書に附された勾勒記號であったとすれば、その後に翟定□に對して「西部平水板」が授與されることになったであろう(9)。

(2) 追贈板

現在のところ、河西地域から追贈板（追贈文書）は出土していないが、先にふれたように吐魯番盆地のアスターナ177號墓から承平13年（455）4月21日の紀年をもつ追贈板（木牘）が出土している。これは、ときの王族のひとりで、亡くなった且（沮）渠封戴に對して敦煌太守を追贈するという内容であり、その様式は冒頭2行に記された「有／令」の文言から始まり、末尾を元號＋年月日＋「起」＋「尚書吏部」（起草部署）と結んでいる。最後の行の年月日のあとに干支と「下」字はないが、全體として上記3例（【史料2】【史料3】【史料4】）の任官板と同じ形式であるといってよい。以下、參考までに且（沮）渠封戴の追贈板の釋文を取り上げる。

【史料6】大涼承平十三年（455）四月廿一日且（沮）渠封戴追贈敦煌太守板

（72TAM177:17、木牘、墨書7行、縦24.2cm×横11.3cm前後？×厚？cm【圖】［新疆1975］、［新疆社會1985］／【文】［王素1998］、［王・吳2011］、［町田2013］）

1　有

2　令、故冠軍將軍・都郎中・高昌太守封戴、夫功高德卲、好
3　爵亦崇、惟君誕秀神境、文照（＝昭）武烈。協輔余躬、熙繼
4　絕之美、允釐庶績、隆一變之祚。方遵舊式、褒賞勳庸。
5　策命未加、奄然先逝、眷言惟之、有恨乎心。今遣使者陰
6　休贈君敦煌太守、魂而有靈、受茲嘉寵。
7　　　　　　　承平十三年四月廿一日起尙書吏部

【史料6】の追贈板は、北涼政權が439年に北魏政權によって滅ぼされたあと、その王族が吐魯番盆地に逃れて再興した政權（涼政權）の第2代涼王・且（沮）渠安周の時期のものである。「板」の大きさは、縱が24.2cmあり、【史料2】【史料3】【史料4】と比べてやや短い。但し、追贈する理由を明記する必要から、當然、横幅が廣くなっている。［王去非1982］は、公表されている寫眞（例えば［新疆1975］）と縱の長さから、横幅を11.3cm前後と推測するが、厚さは未詳である。また、この追贈板の起草部署は尙書吏部で、吐魯番盆地に據った涼政權では、前涼政權と異なり、王府に人事擔當の部署として尙書吏部を置いていたことが確認でき、さらに冒頭の「有／令」の2字によって、起草された人事案件が涼王による裁可を得て發給されたことが明らかである。追贈理由を詳細に綴った部分をのぞけば、起案部署は異なるが、骨子となる內容、書式は任官板と同じであると考えてよい(10)。

(3) 察擧板

先に述べたように、姬瑜の棺內からは、【史料1】姬瑜衣物疏に「故本郡淸行板一枚」と記された木牘が出土しており、察擧の場合も「板」が授けられていたことがわかる。その釋文は次の通りである。

【史料7】前涼建興卌三年（355）十二月廿七日欒？瑜（姬瑜）察淸白異行板
（85WHM19:1、木牘〔松材〕：縱28.5cm×横10.2cm×厚1cm、墨書2行、棺內の頭部左側より出土。【圖】［大阪1994］、［何2004］、［張2005］／【文】［李・何1990］、［大阪1994］、［王・李1997］、［何2004］、［張2005］、［町田2013］）

1　武威欒？瑜、今察本淸白異行
2　　　　　　　建興卌三年十二月廿七日起撫軍將軍西曹

【史料7】の1行目に「今察本淸白異行」とあり、【史料1】姬瑜衣物疏に記された「故本郡淸行板一枚」とを照らし合わせると、武威郡出身の欒？瑜（姬瑜）は、「本郡（＝武威郡）の淸白異行（淸廉潔白で優れた行いの人物）」として推擧されたことがわかる。この「板」も【史料2】【史料3】と同樣に柾目の松材であるが、任官板に比べて縱はやや長く、横幅は倍ほどに廣い。さらに木目の幅が次第に廣くなっていることから［大阪1994:69寫眞］、松材の芯部から外側にむかう部位を使用したように見える。これに對して任官板は、木目が狹く均等につまっていることから芯部を利用して作られていたようである。また文字も察擧板の方が大きいが、その理由は不明であ

る。ここで氣になるのは「欒？瑜」と記された姓の部分である。【史料１】の衣物疏も【史料２】【史料３】の任官板もともに「姫」姓であるのに、なぜ察擧板だけが「欒？」姓なのか明らかではない。建興43年（355）12月27日に察擧された時點では「欒？」姓で、翌建興44年（356）９月15日に武厲將軍都戰帥から駙馬都尉に任じられたときには「姫」姓に變わっているわけで、この一年足らずの間に改姓した可能性が高い。２行目に記されているように、これは撫軍將軍府の西曹が起案し、「欒？瑜」（姫瑜）を本郡（＝武威郡）の「淸白異行」な人物として（涼州？に）推擧したというものである。そうした察擧の評價がどのような手續きをへて本人に通知されたかは詳らかでないが、【史料７】は「欒？瑜」（姫瑜）に通知された「板」の寫しであろう[11]。

ところで、吐魯番文書のなかにも察擧に關連する文書が存在する。それは、カラホージャ96號墓から出土したものであり、その釋文は以下の通りである。

【史料８】高昌郡功曹下田地縣符爲以孫孜補孝廉事

（75TKM96:31（b）【圖】［吐壹1992:41］／【文】［吐一1981:87］、［吐壹1992:41］）

1　［　　　］田地縣主者、今以孫孜補孝廉。符到

2　［　　　　　　　　　　　　］奉行。

3　　　　　　　　　　　　□曹書佐　　王覝

カラホージャ96號墓出土文書を檢討して編年された王素氏は、【史料８】を「龍興（438〜440年）前」と比定しており［王素1997］、ここではひとまず王素氏の編年にしたがっておきたい。これは、高昌郡の功曹書佐の王覝によって田地縣主者に下された符（下行文書）で、「今以孫孜補孝廉（今、孫孜を以て孝廉に補す）」とあるように、孫孜を孝廉に察擧したことを傳えたものと考えられる。中村圭爾氏によれば、孝廉の場合、通常は郡守が當人の姓名と履歷を付して州に推擧するもので、その後、推擧された人名は、當人が居住する縣に報告されて推擧後の措置がなされることになっており、【史料８】の符は、その際の手續きを示しているとされる［中村2001］。この場合、推擧された當人への傳達が「板」で行われたのか、「紙」で行われたかは明らかでないが[12]、前涼政權下での河西地域では【史料７】のように「板」によってその內容が當人に傳えられていたと考えられる。

３．五胡時代の「板」出土の意義

大庭氏は、魏晉南北朝時代の「板」の書式と文體に言及するなかで、『宋書』卷15禮志２の關連部分を整理して「板」の書式を復元された［大庭1964］。『宋書』の當該箇所は、南朝・劉宋の元嘉26年（449）、文帝の東巡にあたって皇太子が監國したおり有司が奏した儀注にみえるものである。ここでは、小稿にかかわる部分に限って大庭氏の復元例を引用してみたい。このうち「板」によって官を授ける文として、

　令書、前某官某甲、令以甲爲某官、如故事。

　　右令書板文、準於詔事板文。

があげられている。これは皇太子にかかわる文書なので冒頭に「令」字が記されているが、通常は詔書で授けるので「詔書、前某官某甲、…」のように「詔」字になる(あるいは令書が制詔となるかもしれない)という。【史料2】【史料3】【史料4】の場合は、ときに王號を自稱することもあった前涼政權の君主が裁可したものであるから、任官に際してその任命書に「令」字が記されている。それは【史料6】の吐魯番盆地に再興された涼政權が發給した追贈板についても同じである。したがって追贈板も任官板と基本部分は同じであるので、「板」による通常の官號授與に關する【史料2】【史料3】【史料4】に限って儀注との比較を試みたい。なお、大庭氏は2字目の「令」を漢簡の事例などをふまえて「今」と讀むべきことを主張しておられたが、このことは【史料2】【史料3】【史料4】の出土によって、「今」字で正しいことが證明されたことになる。このように儀注から復元された書式は、【史料2】【史料3】【史料4】の2行目におおむねあてはまるといえよう。とはいえ、これだけでは任官板の文面全ての書式にあてはまらないため、ここでは大庭氏が復元したほかの箇所から該當する文を探ってみたい。今、復元された書式のなかから、【史料2】【史料3】【史料4】の表現に近い文を取り上げるとすれば、大庭氏が「授詔官」の場合としてあげる、

令司徒、某事云云、令如是、某下所屬奉行、如故事、文書如千里驛行。

年月日子下起某曹。

右令書自内出下外儀。

の後段部分が注目されよう。このうち2行目は【史料2】【史料3】【史料4】の3行目の表現に類似している。ここでは、【史料2】【史料3】【史料4】の文例をふまえ、前涼政權での「板」によって官を授與する際の「令」の書式を、大庭氏の復元案をふまえ、ひとまず、

有

令、前某官本貫某甲、今某官。

年月日子下起某曹。

というように整理しておきたいと思う。

ところで、大庭氏によれば、官吏の辭令書の文體は、「(制詔云々…今)以某爲某官」という漢形式から「何某可某官」という唐形式へと移行したとされ、唐形式は晉代から見られるようになり、劉宋になると完全に唐形式になったとする[大庭1964]。上記のように、河西地域から出土した五胡時代の前涼政權による任官板の文體は、吐魯番盆地から出土した涼政權の追贈板も含めて、おおむね大庭氏のいう漢形式をふまえて記されていたということができよう(13)。さらに大庭氏は、漢制では「印・綬」を授かり帶びることが官を授けられる根據であり(14)、唐制では「告身」を與えられることが官を授けられる根據とされたと述べている。これらのことを念頭においたとき、【史料1】姬瑜衣物疏の4行目に「故駙馬都尉青銀印一紐」と「故駙馬都尉板一枚」

が、5行目に「故奮節將軍長史金印一紐」と「故建義奮節將軍長史板一枚」が記されているように、前涼時期において「印」と「板」とが併記されている點は注目されてよい。この一例から結論を導き出すことには無理があるかもしれないが、五胡時代の前涼政權下に生きた姫瑜やその近しい人びとのあいだにあっては、當該人物の政治的な身分標識としての「印」(印・綬)と「板」の兩者があわせて意識されていたことは確かであり、さらにこの兩者が墓主の冥界における身分標識としても機能することが期待されていたと考えてよいだろう。ただ墳墓に埋納する副葬品とはいえ、官印を納めることは無理であり、その模造品であってもやはり支障があったと思われ、「印」の埋納は差し控えられたのであろう。こうした「印」と「板」をセットとして考えるありようは、大庭氏のいう「印・綬」を授かり帯びる漢制から「告身」を與えられる唐制へと、さらに漢形式から唐形式の文體へと移行する過渡期の狀況と符合するようで興味深いものがある。

なお、大庭氏によれば、晉代には公府の府主による任命と、朝廷による任命＝吏部直接の任命との區別があり、前者は「板」によって行われたという。このことをふまえると、前涼政權で行われた「板」による任官のありようは、その君主が王號を稱していようがいまいが、あくまでも一地方政權(公府の府主)による任官であり、中央(朝廷)のそれとは異なることを自ずと示していることになろう(15)。

むすびにかえて―「印」と「板」

これまで河西地域の古墓から出土した前涼時期の姫瑜衣物疏とその任官板の内容を中心に基礎的な整理を進めてきた。最後に、こうした出土史料に見える記述と、編纂史料に見える4～5世紀の任官に關する記述との比較を試みておきたい。具體的には姫瑜衣物疏に「印」と「板」が併記されている點をいとぐちに、これを編纂史料における任官の記述と比較し、その手續きの内容を中心に檢討してみたい。

ここではまず、姫瑜と同じ前涼時期の任官にかかわる編纂史料の事例として、前涼第4代の張駿が東晉の成帝から大將軍に任命されたときの記述を取り上げてみたい。それは咸和9年(334)2月のことで、『晉書』卷56張駿傳に、

> (張)駿受詔、遣部曲督王豐等報謝、幷遣陵歸、上疏稱臣、而不奉正朔、猶稱建興二十一年。(咸和)九年、復使(耿)訪隨(王)豐等齎印・板進駿大將軍。自是每歲使命不絕。

と記されている。ここには「復使訪隨豐等齎印・板進駿大將軍」とあるように、張駿に大將軍の官職が與えられようとしたとき、「印」と「板」がともにもたらされている。ここからも、任官の手續きにあたって「印」(＝印・綬)だけでなく「板」も必要とされたことが確認でき、先に述べた任官手續きにおける漢制から唐制への移行期の樣子が見て取れる。この「板」とは、後述する陸機の「謝平原內史表」の記述にならえば、東晉・成帝の「板詔書」であったろう。さらに、その內容に卽して、姫瑜衣

物疏に記された呼び方を借用すれば、「大將軍板」とでも呼ぶことができるであろう。ここで、上記張駿傳の引用箇所に卽して姫瑜衣物疏に記された「印」と「板」について考えてみると（實際、姫瑜の「板」は寫しで、「印」は埋納されていなかったが）、これらを受け取ることが官職を受け入れた（つまり政治的身分をもった）證しであった。ちなみに姫瑜衣物疏における「印」→「板」の記載順は、上記『晉書』張駿傳でも同じである。この點は、先にふれた漢代における任官で「印・綬」を授けることが根據とされていたことをふまえれば、「印」と「板」のうち「印・綬」がより強く意識されているように見える。その一方で同じ『晉書』巻7成帝紀には、

（咸和九年）二月丁卯、加鎭西將軍張駿爲大將軍。

と記されているのみで、張駿傳のような具體的な手續きには言及されていない(16)。また、この記事は、時代がくだって北宋の司馬光が撰した『資治通鑑』巻95晉紀の成帝・咸和9年（334）條に繫年されているが、そこには、

（咸和九年）二月丁卯、詔遣耿訪・王豐齎印・綬授張駿大將軍、都督陝西・雍・秦・涼州諸軍事。

とあり、大將軍の任命にあたって「印・綬」のみがもたらされたように記されていて、「板」についての言及はない(17)。『資治通鑑』の場合、「板」字を省いてしまったことで、當該時代における任官手續きに必要な「板」のもつ意味を失うことになってしまっている。これは司馬光が「印」と「板」のうち「印」を重視したためかもしれない。

さらに「印」と「板」が併記されている事例として、『文選』巻37の「表」の部分におさめられた西晉・陸機の「謝平原內史表」を取り上げておきたい。これは、西晉の惠帝に上表されたものであるが、このなかには齊王の司馬冏によって死罪にされそうになった陸機を、成都王の司馬穎が救ってくれたうえに、平原內史に取り立ててくれたことに感謝する意もこめられている。その冒頭は次のように始まる。

陪臣陸機言、今月九日、魏郡太守遣兼丞張含齎板詔書・印綬、假臣爲平原內史。拜受祗竦、不知所裁。…

ここでも、張駿の大將軍任命の場合と同樣に、陸機を平原內史に任命するにあたって兼丞の張含が派遣され、「板詔書」と「印綬」が陸機のもとにもたらされていたことがわかる。これらを省略して表記すれば、まさしく「板」と「印」であり、張駿のときとは逆に、ここでは「板」が先に記されている。この陸機の表に記された內容は、『晉書』巻54陸機傳に見える、

（司馬）穎以（陸）機參大將軍軍事、表爲平原內史。

という記事と符合するが、ここでも成都王の司馬穎が上表して陸機を平原內史にしたと記すのみで、陸機の表に示された司馬穎による上表後の陸機任官の具體的な手續きについてはふれられていない。この記事は同じく『資治通鑑』巻84晉紀の惠帝・永寧元年（301）6月條に繫年されており、そこでも陸機傳と同じように、

初、大司馬（司馬）冏疑中書郎陸機爲趙王（司馬）倫撰禪詔、收、欲殺之。大將

軍（司馬）穎爲之辯理、得免死、因表爲平原内史、…。

と記されるのみである。したがって、陸機が平原内史に任命される手續きについては、『文選』所收の陸機の手になる「謝平原内史表」の冒頭部分の内容が、その詳細を傳えていることになる。

したがって、これらの事例から、西晉・東晉及び河西地域の前涼における任官の具體的な手續きでは、「印」（＝印・綬）と辭令書である「板」とがもたらされ、それらを當人が受け取ることで完了するといってよいだろう。

前涼政權下の姫瑜の場合も、「印」と「板」を授與される手續きをへて任官していたことは明らかであり、そのことは姫瑜衣物疏の「故駙馬都尉靑銀印一紐　故駙馬都尉板一枚」と「故奮節將軍長史金印一紐　故建義奮節將軍長史板一枚」の記述によって確かめられる。このような「印」と「板」の併記は、官吏任用手續きにおける漢代の「印」から唐代の「告身」への過渡的狀況を示しているといってよいだろう。さらに、こうした現實世界における政治的身分をあらわす「印」と「板」を、副葬品のリストである衣物疏に記載し、かつそれらを埋納することによって（といっても、「板」は寫しで、「印」は埋納されなかったが）、死者が冥界における身分的な保證を得られるものと當時の人びとは考えていたようである。

以上、かつて大庭氏が指摘されたことに對して、出土文物の示す情報を新たにくわえることで、わずかではあるが、この分野における知見を增やすことに寄與できたのではないかと考えている。ひきつづき出土文書の檢討をふまえながら編纂史料の讀み直しを進めてゆきたいと思っている。

注

(1)　旱灘坡19號墓出土の副葬品のうち、木牘については夙に關尾史郎氏が注目し紹介されている［關尾1991］。また、大阪府立近つ飛鳥博物館での開館記念特別展に同墓の副葬品が展示され、その圖錄［大阪1994］には木製の連枝燈、毛筆及び木牘のうち「板」3點の寫眞が掲載されている。

(2)　「東晉咸康四年（338）十一月十日姫瑜妻正某隨葬衣物疏」の圖版は未公開。この衣物疏に記された「咸康」は東晉・成帝の元號である。旱灘坡古墓群が存在する武威は、この時期、前涼治下にあり、前涼では依然として西晉の「建興」の元號が使用されていたため（前涼治下での「建興」使用については、例えば鎭墓文に建興25年（337）、建興26年（338）、建興27年（339）などが存在［關尾2005］）、この地での「咸康」使用の説明が求められている。この點について、例えば、王素氏は、河西出身の墓主・姫瑜が晉室に從い江南に移住したが仕官できなかったため、咸康４年以前に涼州にもどり、その直後に妻の死に遭遇したため「咸康」を使用したという［王・李1997］。

(3)　冥界でも現實世界の身分秩序が反映され、現世での身分や官職などが冥界でも機能するといった言說は少なくない。例えば、『三國志』魏書卷14蔣濟傳の裴松之注所引の『列異傳』には、蔣濟の亡くなった息子がその母の夢に現れ、地下で受ける苦役からの解放を訴え（泰山の伍伯とされたことによる）、泰山令の孫阿に樂なところに移れるよう賴んでほしい旨、傳えてきたので、そのようにはかったところ、錄事に轉じられたという話が載せられている。なお、同様の話は、晉の干寶の撰とされる『捜神記』（8巻本）の巻4などにも見える。

(4) ちなみに、こうした「下」字の書法は、墳墓に埋納された名刺簡にも認められ［王彬2015］、あるいは何らかの意味をもっているのかもしれない。

(5) なお、『太平御覽』巻124偏霸部8張玄靖（ママ）（靚）所引崔鴻『十六國春秋』前涼錄には「張瓘至姑臧、推立（張）玄靖（ママ）爲大將軍・涼王」と見え、張玄靚の時期に王號が使用された可能性も考えられる。そうであれば王命＝「令」と表記されても不思議ではない。

(6) なお、嚴耕望は、魏晉南北朝時代の州府僚佐を検討するなかで、『通典』巻32職官14州郡上などを利用しながら、漢代に州には功曹書佐が置かれ選用を主（つかさど）ったが、晉代以來、功曹を西曹書佐に改めたとする。なお、また東曹については漢代の公府に東西曹掾が置かれ、後漢末に州牧も置いたが、魏晉南朝では州府が時に置くこともあったと述べる。ただその役割については言及されていない［嚴1963］。

(7) ちなみに［王・吳2011］では、「鐵騎」「部曲將」などの語をはじめとする【史料4】の内容が検討されており、あわせて參照されたい。

(8) この點については［王素1998］を參照されたい。

(9) この場合、假に功曹書佐の上奏によって西部平水の官が翟定□に授けられるとしたら、河西出土の「板」の書式に倣えば次のようなものであったかもしれない。

　　有
　　令。散〔本貫〕翟定□、今西部平水。
　　建初二年九月廿三日〔干支〕下　功曹書佐左謙奏。

なお、任官の際の起案擔當部署についていえば、漢代に選用を主った州レベルの功曹書佐が、晉代以來、西曹書佐に改められたとの［嚴1963］の指摘をふまえれば、張氏高昌國では5世紀末においても依然として功曹書佐が任官の起案を擔當していたことになる。ちなみに、このことは後述する5世紀前半と思しき【史料8】の吐魯番盆地における察擧についても功曹の關與が指摘できる。

(10) ちなみに麴氏高昌國時代における「追贈令」もほぼ同様の書式である。例えば、「高昌延和十八年（619）張師兒追贈明威將軍令」の場合、

○高昌延和十八年（619）張師兒追贈明威將軍令（86TAM386:18、紙、縱26.7cm×橫38.2cm。【圖】［柳1997:417］／【文】［柳1997:49］）

1　［令］、故虎牙張師兒、昔曾從駕、躍
2　　涉山河。宜延遐筭、享茲顯
3　　任。不啚一旦奄尔潛沒、
4　　孤聞矜昔（＝惜）、情用悼焉。
5　　故遣虎牙法悅、李延仲二人等、
6　　追贈明威將軍。魂神
7　　有靈、承茲榮號、嗚呼
8　　哀哉。
9　　　　九月八日

と記されている。このうち1行目の冒頭が破損しており、また寫眞畫像が不鮮明なこともあって「令」字の確認はできない。本文書は、各行の冒頭が左にいくに従って下がっており、とりわけ5行目にいたってはまっすぐに書かれていない。こうした形狀からもこの文書が追贈令の寫しであることは明らかである。

(11) 欒？瑜（姬瑜）と同じように、前涼政權下で「清白異行」によって察擧されたと思しき

人物の事例が、玉門市清泉鄕金鶏梁墓群の５號墓から出土した封檢に認められる。同墓は夫婦合葬墓で、夫の棺には「升平六年九月五日大男趙□」の文字が記されている［甘文2011］。ここからは、その趙某を宛名とする次のような封檢が出土している。

○前涼建興卌八年（360）八月廿二日趙清行封檢（M5:15、木封檢、墨書３行：縱27cm×横9.5cm×厚１～1.5cm【圖】［甘文2011］／【文】［甘文2011］、［町田2013］）

1　　　　　　酒泉國相章
2　趙　清　行　□
3　　　　　　建興卌八年八月廿二［

このうち２行目の宛名の部分に記された「趙清行」とは、「趙」（姓）＋「清行」（「清白異行」の省略された表現）とされる［王・吳2011］。つまり察擧された德目を姓の次に加え、敬稱として使用しているわけで、金鶏梁５號墓の墓主・趙某も姫瑜と同じように「清白異行（清行）」に察擧されたことがあると考えられる。

(12)　樹木の少ない吐魯番盆地の場合、木牘の「板」である可能性は小さかったのではないかと推測される。

(13)　なお、河西地域に樹立された北涼政權において、官號以外の稱號を授與するにあたって唐形式の文體で授與したと推測できる事例を、編纂史料（崔鴻『十六國春秋』北涼錄）からうかがうことができる（下線部參照）。例えば、

崔鴻北涼錄曰、且渠蒙遜令曰、<u>祕書郎中燉煌劉彥明</u>、學冠當時、道先區內、<u>可授玄虛（ママ）先生</u>。拜以三老之禮、起陸沈觀於東苑、以處之。（『太平御覽』卷474人事部115禮賢）

とあるのが、それである。これは涼王・且（沮）渠蒙遜の令によって祕書郎中で燉煌出身の劉彥明に「玄虛（ママ）先生」の稱號を授けたときのものである。この劉彥明とは、『魏書』卷52及び『北史』卷34に立傳された劉昞（字は延明）のことで、『晉書』に傳はない。また『魏書』と『北史』は字を「延明」、贈られた稱號を「玄處先生」に作る。

(14)　このことと關係するが、阿部幸信氏は、漢の支配機構の秩序構造を分析するにあたり、任官・封爵時に賜與される印・綬に着目し、それらに關係する諸制度の檢討をすすめておられる［阿部2014］。あわせて參照されたい。

(15)　このことは越智氏、付氏の所說とも關連する［越智1967］［付2012］。

(16)　編纂史料に見られる任官の記述は、例えば『晉書』卷３武帝紀に「（咸寧二年）冬十月、以汝陰王駿爲征西大將軍、平南將軍羊祜爲征南大將軍」とあるように「以□□（＝現官職）○○（＝人名）爲△△（＝新官職）」という表現を採ることが多く、その閒の手續きに言及されることはほとんどない。

(17)　この記事と同じ內容を取りあげる王隱『晉書』（『太平御覽』卷693服章部・袍）は、

江東賜涼州刺史張駿<u>眞金印</u>・<u>大袍</u>。

と記して眞金印と大袍をあげている（但し、類書引用の記事には節錄の可能性もあるので、「板」が略されているかもしれない）。ちなみに、北宋の王欽若等編『册府元龜』卷232僭僞部14稱藩の記述は『晉書』卷56張駿傳を引用しているが、「（咸和）九年」を「九月」に誤っている。

史　料

國家文物局古文獻研究室・新疆維吾爾自治區博物館・武漢大學歷史系（編）
1981　『吐魯番出土文書』第一册、文物出版社（→「吐一」と略記）
唐長孺（主編）、中國文物研究所・新疆維吾爾自治區博物館・武漢大學歷史系（編）
1992　『吐魯番出土文書』［壹］、文物出版社（→「吐壹」と略記）

参考文獻

日文（五十音順）

阿部幸信

　2014　「漢晉閒における綬制の變遷」、『アフロ・ユーラシア大陸の都市と國家』（中央大學人文科學研究所研究叢書59）、中央大學出版部

大阪府立近つ飛鳥博物館

　1994　『大阪府立近つ飛鳥博物館圖録3　開館記念特別展　シルクロードのまもり――その埋もれた記録――』、大阪府立近つ飛鳥博物館

大庭　脩

　1964　「魏晉南北朝告身雜考――木から紙へ――」、『史林』第47卷第1號（『唐告身と日本古代の位階制』、學校法人皇學館出版部、2003年所收）

越智重明

　1967　「魏晉南朝の板授について」、『東洋學報』第49卷第4號

關尾史郎

　1991　「覺書：武威出土の前涼木牘について」、『吐魯番出土文物研究會會報』第52號、吐魯番出土文物研究會

　2005　新潟大學大域プロジェクト研究資料叢刊VII『中國西北地域出土鎭墓文集成（稿）』、新潟大學「大域的文化システムの再構成に關する資料學的研究」プロジェクト（代表：關尾史郎）

中村圭爾

　2001　『魏晉南北朝における公文書と文書行政の研究』（平成10年度～平成12年度科學研究費補助金（基盤研究（C）（2））研究成果報告書）、大阪市立大學

　2013　『六朝政治社會史研究』、汲古書院

町田隆吉

　1984　「五世紀吐魯番盆地における灌漑をめぐって――吐魯番出土文書の初歩的考察――」、中國水利史研究會（編）『佐藤博士退官記念　中國水利史論叢』、國書刊行會

　2013　「河西出土魏晉・五胡十六國時代漢語文獻の基礎的整理」、渡邉義浩（編）『第四回日中學者中國古代史論壇論文集　中國新出資料學の展開』、汲古書院

中文（畫數順）

王去非

　1982　「"版授" 和有關出土物」、『考古與文物』1982年第2期

王　素

　1997　『吐魯番出土高昌文獻編年』、新文豐出版公司

　1998　『高昌史稿　統治編』、文物出版社

王素・李方

　1997　『魏晉南北朝敦煌文獻編年』、新文豐出版公司

王策・吳葒

　2011　「玉門金鷄梁出土的木牘和封檢」、『文物』2011年第2期

王　彬

　2015　「漢晉閒名刺・名謁的書寫與官場交游」（2015年1月15日、長沙吳簡研究會〔櫻美林大學四谷キャンパス〕での報告原稿）

甘肅省文物考古研究所
　2011　「甘肅玉門金鷄梁十六國墓葬發掘簡報」、『文物』2011年第2期
付曉惠
　2012　「魏晉南北朝板授制度探析」（鄭州大學提出の修士論文）http://cdmd.cnki.com.cn/article/cdmd-10459-1012352513.htm（http://www.doc88.com/p-187634366690.htmlまたはhttp://www.docin.com/p-611315258.htmlなどで閲覧できる）
何雙全
　2004　『簡牘』（遙望星宿：甘肅考古文化叢書）、敦煌文藝出版社
吳浩軍
　2010　「『魏晉南北朝敦煌文獻編年』增補——河西出土墓葬文獻研究系列之一——」、『高臺魏晉墓與河西歷史文化國際學術研討會論文集』、高臺縣委・縣政府・甘肅省敦煌學會・敦煌研究院文獻所
　2012a　「『魏晉南北朝敦煌文獻編年』增補——敦煌墓葬文獻研究系列之一——」、『高臺魏晉墓與河西歷史文化研究』、中共高臺縣委・高臺縣人民政府・甘肅敦煌學學會・敦煌研究院文獻所・河西學院（編）、甘肅教育出版社
　2012b　「河西衣物疏叢考——敦煌墓葬文獻研究系列之三——」、張德芳（編）『甘肅省第二屆簡牘學國際學術研討會論文集』、上海古籍出版社
李均明・何雙全
　1990　『散見簡牘合輯』、文物出版社
柳洪亮
　1997　『新出吐魯番文書及其研究』、新疆人民出版社
張俊民
　2005　「武威旱灘坡十九號前涼墓出土木牘考」、『考古與文物』2005年第3期
新疆維吾爾自治區社會科學院考古研究所（編）
　1985　『新疆古代民族文物』、文物出版社
新疆維吾爾自治區博物館（編）
　1975　『新疆出土文物』、文物出版社
嚴耕望
　1963　『中國地方行政制度史』上編（三）（四）、卷中、魏晉南北朝地方行政制度（上、下册）、中央研究院歷史語言研究所

「貲簿」の周邊
――北涼時代の簿籍と税制――

關　尾　史　郎

はじめに

かつて私は、「北涼年次未詳（5世紀中期）貲簿殘卷」（以下、表題も含めて「貲簿」と略記）について、全斷片の釋文を提示するとともに、それが作成された時期と場所とについて、基礎的な檢討を行なったことがある［關尾2005］（以下、「前稿」）。しかしその後ほどなくして、主に今世紀になってからトゥルファンで出土した文書や墓誌を收錄した『新獲吐魯番出土文獻』（以下、『新獲』）が刊行されたため、貲簿の內容や性格・機能についての檢討を見合わせざるをえなくなってしまった。この新たな圖錄本には、「前秦建元廿（384）年三月高昌郡高寧縣都鄉安邑里籍」（以下、「建元籍」）や、「北涼承平七（449）年前後高昌計貲出獻絲帳」（以下、「計貲帳」）など、貲簿に關聯すると思われる簿籍[1]が複數收錄されていたからである。そればかりか、これらを用いた成果が短期間のうちに續出するに至ったことも一因となった。またこれらの成果によって、前稿における釋讀が批判されもした[2]。

このうち建元籍、ならびにそれと關聯する簿籍についてはようやく見解をまとめることができたので［關尾2014A, 2014C］、本稿においては、もう一つの新出史料である計貲帳を取り上げることにしたい。これは、貲簿の性格と機能について檢討するための前提作業でもある[3]。

1．計貲帳の概觀

檢討に先だち、計貲帳の釋文を掲げるとともに、關聯のデータを整理しておきたい。最初に釋文から[4]。

①**「北涼承平七（449）年前後高昌計貲出獻絲帳」**（全5斷片）（『新獲』下册278-281頁。「計貲帳」。なお釋文中、『』の部分は朱筆を示す）

（前　　　　缺）

石八家貲

李謐六十六斛

嚴經十六斛

貫先五斛　　　　　　趙定六斛

宋充七十四斛五斗　　李愼十九斛　　　　成麴安十二斛

索盧法生十二斛　　韓相十三斛　　張宴二斛乙
　　　　　　　　　　　　　　　『除宋充・李慎・蘇□』
　　　　　　　　［　　　］□□□□斛出獻糸五斤
王寧八十三斛　　嚴袪六十斛［　　　　　　　　］王萁十七斛五斗
西郭奴十七斛五斗　　宋越十二斛　　張遠安十一斛　　張仁子十一斛
□□十斛五斗　　趙相受十斛五斗乙　　索君明廿六斛　　趙士進九斛
［　　　　］　　張淸九斛　　嚴延十四斛　　劉奴朴三斛
□□□廿斛五斗　　嚴邏七斛五斗　　許通十二斛　　李弘長六斛
張撫三斛　　李奣十斛　　　　『除嚴袪・張遠安・許通』
　右廿二家貲合三百七十斛出獻糸五斤
杜司馬祠百五十三斛［　　　　　　　　　　　　］六斛
孫國長六斛　　王模六斛　　路晁六斛　　范周會五十九斛
□□十八斛　　荊佛須十一斛　　張玄通四斛五斗　　宋棱四斛五斗
□□□斛五斗　　令狐男四斛五斗　　田槃安六斛　　成崇安四斛五斗

［　　］四斛五斗　　唐暖四斛五斗　　『除□□・范周會・宋□』
　右十八家貲合三百七十斛出獻糸五斤
宋平八十五斛五斗　　□□五十七斛五斗　　張崇七斛　　宋獪三斛
孔奣廿八斛乙［　　　　　　　　　　　　　　　　］
王場十九斛　　孫孜十斛五斗　　帛軍弘三斛　　王圓二斛乙
　右十二家貲合三百七十斛出獻糸五斤　　『除□□・□□安』
［　　　　　　　　　　　　］　　范通□四斛五斗　　樂勝五十九斛五斗
［　　　　　　］斛　　田玫九十一斛五斗　　韓釗八斛　　王遂二斛
　右八家貲合三百七十斛出獻糸五斤　　『除范□・樂勝』
王奴安八十八斛　　廉德五十四斛五斗　　劉□□□［　　　　］□□廿五斛五斗
闞岌廿二斛　　□□［　　　　　　　　　］　　□豹四斛
［　　　　］　　□□□斛　　闞錢四斛　　樊秉三斛
張士奴三斛乙　　路魚三斛　　令狐寵三斛　　左臭九斛
隗登卅斛乙　　雷持六斛乙
　右十八家貲合三百［　　　］
尙能七十二斛　　［　　］
廉遂四斛　　［　　］
□□十七斛　　［　　］
　　　（後　　　缺）
　　　　　　　　（以上、第 1 斷片。06TZJI:185, 173, 172, 186, 189）
　　　（前　　　缺）

□□□

楊田地祠六十七斛五斗

宋旌々廿一斛

（後　　　　缺）

（以上、第２斷片。06TZJI:174）

（前　　　　缺）

闞彊百五斛

麹▯黄廿一斛

（後　　　　缺）

（以上、第３斷片。06TZJI:175）

（前　　　　缺）

宋琍廿

（後　　　　缺）

（以上、第４斷片。06TZJI:188）

（前　　　　缺）

和▯□

□□

（後　　　　缺）

（以上、第５斷片。06TZJI:187）

計貲帳を構成していたと考えられるのは上の５斷片だが、一見して明らかなように、第１斷片が37行と突出して長巻である。第１斷片はさらに４つの小斷片からなるが、そのうち06TZJI:173と06TZJI:172の紙縫部分（破線）の背面には、「李欽」の２字が確認できる。これは２紙を貼り繼いだ人物の自署だが、表面の計貲帳と同じ書風である(5)。この背面の自署や後述の朱筆などから、計貲帳が官府で作成された公的な簿籍であったことがわかる。隷書の影響を殘している書體と丁寧な書風は、貲簿のそれを彷彿とさせるものがあり、このことも、傍證材料になるかもしれない。

形態や樣式（記載事項と記載順序）については、既に裴成國による詳細な分析があるが［裴2007（榮他（編）2010）］(6)、本文部分は「姓名（杜司馬祠や楊田地祠のような寺院名(7)を含む。以下、同じ）＋斛斗數」というのが基本的事項に關する樣式であり、寫眞からはよくわからないが、多くの姓名は上から朱筆で塗抹されているという。また一部には塗抹されていない姓名もあるが、その場合は斛斗數の直下に墨筆で橢圓形や弧形のチェック記號（勾劃符號）が入っているという。裴は記號の形狀が劃一的ではないことから、複數の書者（すなわちチェック擔當者）の存在を想定している。

この基本的事項の部分は各行４項で、２行から６行にわたって書寫されているが（以下、「本文行」）、それに續き、「右」字で家數と斛斗數とを集計した１行がある

(以下、「集計行」)。本文行と集計行で構成されるグループ(掲載順にアルファベットを附す)は、全部で13に上る[表Ⅰ]。また集計行は、第1斷片に7か所確認されるが[(8)]、家數は8から22とまちまちなものの、「貲合」で導かれる斛斗數は370斛と一律で、最後は「出獻糸五斤」で結ばれている。集計行の「貲」字が計貲帳なる表題の根據となっているわけだが、「糸」字が「絲」であることは『新獲』が指摘する通りだろう。さらに、これも寫眞では必ずしも明瞭ではないが、この集計行の直前ないしは直下に、朱筆により「除」字で導かれる姓名が複數確認される。除が復除を意味することは疑いないところだが、いずれも基本的事項のところでは、朱筆でその姓名が塗抹されている[(9)]。

なおチェック擔當者は複數だった可能性が高いが、簿籍の本文自體は全5斷片とも同じ書風なので、同一人の手になったと考えられる。また姓名が塗抹されたり、チェック記號が入れられたりしているので、基本臺帳として官府内で嚴重に保管されていたものというよりも、實際の業務に使用された帳簿と判斷できる。計貲「帳」という表題も、このような判斷に由來しているのであろう。なお、裴は朱筆による塗抹、墨筆

表Ⅰ　グループの斷片・行對照表

グループ	本文／集計	斷片・行
グループA	本　文	Ⅰ前缺部分
	集　計	Ⅰ-1
グループB	本　文	Ⅰ-2〜6
	集　計	Ⅰ-8
グループC	本　文	Ⅰ-9〜14
	集　計	Ⅰ-15
グループD	本　文	Ⅰ-16〜20
	集　計	Ⅰ-21
グループE	本　文	Ⅰ-22〜24
	集　計	Ⅰ-25
グループF	本　文	Ⅰ-26〜27
	集　計	Ⅰ-28
グループG	本　文	Ⅰ-29〜33
	集　計	Ⅰ-34
グループH	本　文	Ⅰ-35〜37*
	集　計	Ⅰ後缺部分
グループI	本　文	Ⅱ前缺部分
	集　計	Ⅱ-1
グループJ	本　文	Ⅱ-2〜3*
	集　計	Ⅱ後缺部分
グループK	本　文	Ⅲ-1〜2*
	集　計	Ⅲ後缺部分
グループL	本　文	Ⅳ-1*
	集　計	Ⅳ後缺部分
グループM	本　文	Ⅴ-1〜2*
	集　計	Ⅴ後缺部分

*は，缺損部分があることを示す。

によるチェック記號、そして朱筆による復除對象者の追記が、それぞれ時間的間隔をおいて插入された可能性を指摘しているが、卓見と言うべきである。

ところで、この計貲帳は、2006年に吐魯番博物館に收納された文物に含まれていたもので、1足の紙鞋から析出されたものである。この紙鞋の底面からは6點の官文書が析出されており、計貲帳は側面を構成していた。出土狀況の詳細が不明瞭なのが悔やまれるが、作成年代については、同じ紙鞋から析出された官文書が手がかりを提供してくれる。すなわちこのうち「北涼承平七（449）年八月三日高昌郡倉曹掾杜頊符爲宋平差遣事」（06TZJI:183）と「北涼承平七（449）年八月五日高昌廉和辭爲診病事」（06TZJI:182）の2點[10]に、「七年八月」という紀年を示す文字が確認されており、當該官文書の分析を擔當した孟憲實は、これが北涼の承平7（449）年に相當すると考えた［孟2007（榮他（編）2010）］。孟が掲げた根據は複數あり、第一に、同じ紙鞋から本計貲帳が析出されたが、これと密接に關聯して機能したと思われる貲簿が朱雷によって承平年間（443～460年）のものと推定されていること［朱1980（朱2012）］、第二に、6點のうちの1點「北涼承平？七（449）年八月高昌某人啓爲廉和得病以他人替代事」（06TZJI:165）に、「交河（屯）」なる地名が見えているが、交河こそ漢代以來一貫して車師前王國の王城だった地であり、ここが北涼に征服されるのはまさに449年かその翌年であること、この2點が主たる根據となっている。孟の所說は基本的に首肯される。ただ6點の官文書はいずれも符・辭・啓などではなく、等しく上行文書の白であり[11]、今までのところ、白文書は北涼の420年代から440年代のものが集中的に出土していることも傍證にはなるだろう。したがってこれらの官文書と同一の紙鞋を構成していた計貲帳をはじめとする簿籍の斷片も、官文書と直接の關聯はないとしても、これらと前後して作成されたものと考えても大過ないだろう。

2．その他の主要簿籍

本稿では、計貲帳以外に何點かの簿籍に言及するが、そのなかでも重要な2點の簿籍についても、釋文を掲げておく。

②**「北涼承平七（449）年前後計口出絲帳」**（全3斷片）（『新獲』下册282-284頁。以下、「計口帳」）

（前　　　　缺）

□□　韓通七口　解勘

五口　　牛國十二口　闞釗十四口　李遷三口

五口　　王竝一口

家口合六十八出糸四斤四兩嚴銳・牛國入□

王並殘八口　張端五口　張定二口　張安世五口　闞萬虎四口

五口　□奴三口　宋純四口　王邈四口　令狐□

（後　　　　缺）

（以上、第 1 斷片。06TZJI:170,179）

（前　　　　缺）

［　　　　］□甒六口　宋遷五口　張赤子五口　萬宗三口　孫□［　　　］

［　　　］乾奴五口　張虎安六口　王方五口　張和豊五口　馮顯通［　　　］

［　　　　］郭弥十二口　解遺六口　賈虎子二口　孫計三口　趙［　　　］

［　　　　］□□　　趙亮二口　□□［　　　　　　　　　　］

（後　　　　缺）

（以上、第 2 斷片。06TZJI:169）

（前　　　　缺）

孫屬十三口　張萬長四口　竇虎［　　　］

──右廿五家口合百六十出糸十斤田七子［　　　］

□□□六口　［　　　］

（後　　　　缺）

（以上、第 3 斷片。06TZJI:178,177）

これも、計貲帳と同じ紙鞋から柝出されたもので、その底面を構成していた廢紙である。一見して明らかなように、本文部分は「姓名＋口數」が基本的な様式である[12]。そしてこれにはさまれるようにして、「右」字で家數と口數とを集計し、「出糸（絲であろう）」でその數量が記されている。これが集計行ということになる。計貲帳の場合は斛斗數が370斛と一律で絲額も全て 5 斤だったが、こちらは 2 か所だけだが、口數も絲額もまちまちだったようである。また集計行の末尾には、「嚴鋭・牛國入□」（第 1 斷片の第 4 行）、「田七子［　　　］」（第 3 斷片の第 2 行）といった語句が見られる。このうち牛國については、基本的事項の部分にもその名が見えている。また事項ごとに個別の朱筆やチェック記號などはないが、集計行には 2 か所とも、「了」字が朱筆で大書されている。

3 斷片とも同じ書者の手になることは疑いないが、書風は計貲帳に比べるとやや雜で、文字の大きさも紙の下端に近づくと小さくなるなど、嚴正さに缺ける。また第 1 斷片も第 3 斷片も、紙縫部分の背面に自署は確認されていない。

③**「北涼建平？年間（437～442年）按貲配生馬帳」**[13]（全 2 斷片）（『文書壹』68頁。以下、「按貲帳」）

建□［　　　　　　　　　　　　］到六月［　　　］

煎蘇獦亡馬鞍韉、至今不得。

□張有貲六斛、配生馬。去年五月廿九日買馬□

(後　　缺)

(以上、第1斷片。75TKM91:34(b))

(前　　缺)

貲一斛。次八月内買馬幷賃馬都□[貲]□

二月、馬穀草一皆不得。

趙士有貲六斛、配生馬。去八月内買馬、賈幷

(後　　缺)

(以上、第2斷片。75TKM91:33(b))

③は2斷片からなるが、その別面はいずれも、「北涼年次未詳兵曹下八幢符爲屯兵値夜守水事」(75TKM91:33(a),34(a)、『文書壹』70頁)で(14)、中閒の4～5行が缺損していると判斷される(15)。したがってこの按貲帳も元來は同一の簿籍であったと考えられる。この按貲帳については早くに朱雷が注目し、貲額により「生馬」の飼養が義務づけられていたことを明らかにしている[朱1981(朱2012)]。ただし第1行冒頭には紀年が明記されていたようなので、ほんとうに簿籍だったのか、疑問が殘るところである(16)。官文書の背面に書寫されている點にも留意しておく必要があろう。

3. 先行研究の問題點と本稿の課題

ここでは、本稿が主題とする計貲帳をめぐる先行研究を要約し、それを通じて本稿の課題を明らかにしておきたい。

今までのところ、裴成國の論稿[裴2007(榮他(編)2010)]が、計貲帳に關するほとんど唯一の專論である。裴は、新出トゥルファン文書中の計貲帳と計口帳すなわち①と②を取り上げ、形態や様式について詳細に分析した上で、その作成手順や内容について檢討を試み、さらには北涼時代の税制についても論及している。

計貲帳の作成手順と税制上の位置から。裴は、先ず計貲帳が、保有する田種の廣狹や肥瘠の内譯とともにそれを根據として算出された貲額を各戶ごとに列擧した貲簿に依據して作成されたこと、そして賦税を徵收するための基本臺帳であったのみならず、徵收過程でも用いられ、納入濟みの戶については朱筆でその姓名を塗抹し、未納の戶については墨筆でチェック記號が入れられたこと、また朱筆で書かれた復除對象者も本文中では塗抹されているので、納入濟みだったと解釋できるため、この復除は更なる徵收に備えるためだったと考えられること、とすれば、この綵の徵收(出獻糸)は臨時的な性格なものではなく、正規にして固定化された負擔(常規的固定税目)ということになること、にもかかわらず「獻」字があるのは、②の計口帳による綵の徵收と區別するためだったことなどを指摘している。そして、計貲帳が戶を單位としていること、戶ごとに貲額すなわち資産の多寡を列記していることなどを根據として、これは戶調であったという結論を導き出している。編纂史料に記されている魏晉以降の

戶調は定額だが、實際の收取は、資産を根據に定められた品第（戶等）によっていたことが明らかになっているからである(17)。

また計口帳についても裴は、2か所の集計行（68口で4斤4兩／25家160口で10斤）がいずれも口當たりに換算すると1兩と同額であることや、後者の25家がほぼ一里の規模に相當することなどから、里を單位として、家ごとの口數を列記し、最後に口數の總數と1兩にこれを乘じた絲額を明記したもので、朱筆で大書された「了」字は、當該の里からの納入が完了したことを示しているとする。また集計行の下端にある牛國らは、里内を取りまとめ、代表して納入した人びとで、唐西州時代の某頭のような役割を負っていたという(18)。さらに同じような樣式を有する5世紀前期の簿籍(19)が出土していることから、口數を基準にした徵税が一貫して行なわれていた可能性を指摘し、本計口帳は、北涼時代に漢代の算賦・口賦に淵源を有する口税（ただし、漢代のような錢ではなく絲）が行なわれており、それを徵收するためのものであったと結論づける。

ようするに、計貲帳は戶調の、そして計口帳は口税の、賦課と徵收に關わる簿籍ということだが、裴はさらに、「北涼年次未詳嚴奉租絲殘文書」（75TKM91:23/1）に見える「租糸（絲）」の2字から、北涼時代には戶調と口税だけではなく、一部だが田租も絲で收取されたことを説く。そして最後に、既に5世紀段階ではトゥルファンの養蠶業と紡績業が一定の發展を遂げており、絲に代表される紡績品が貨幣として機能していたことを指摘している。

この裴成國の論稿は、計貲帳と計口帳に對する丁寧な古文書學的な分析を起點とし、廣範圍に及ぶ先行研究にも目配りしつつ、漢唐閒の税制史上に北涼の税制を位置づけようとした意欲的で、しかも說得力を有する優れた成果と評價することができるものである。裴の成果以降、計貲帳や計口帳を取り上げた專論が生まれていない一因もそこにあるように思われる。しかし、北涼時代に、戶調と口税が併存しており、一部とはいえ田租も含めてこれらの基本的な（と裴が考える）税負擔がいずれも絲で納入されたという結論にはやはり不自然さが殘る。裴は、口税の絲が口當たり1兩であるのに對し、戶調の絲は斛當たり0.2兩强にすぎないこと（貲額は、高い地目（常田・桑田・ぶどう園ほか）でも畝當たり3斛に設定されている）から、負擔としては口税のほうが戶調よりもはるかに重く、口税が戶調よりもより基本的な税目であったこと、兩者を區別するために、より附加的な戶調に對して單なる糸（絲）ではなく、「獻糸（絲）」という名稱が用いられたとも述べている。總じて裴の税制史に對するこのような考え方の背景には、戶調のように戶を單位とする税の賦課は、三國時代のような戶口の把握や管理を徹底できない際に行なわれた、いわば應急の一時的な施策だったという理解が存するようである。しかしこれはどうだろうか。魏晉時代に戶を單位とした税すなわち戶調が成立したのは、戶の構造が固定化し、規模も均一化していくという長期的な趨勢に對應するためであったと考えるべきであろう。漢代に口税が行なわれてい

表II　貲額別分布狀況

No.	貲額（斛）	所屬グループと姓名（寺院名）
1	153	D**杜司馬祠**
2	105	K闞彊
3	91.5	F田玫
4	88	G**王奴安**
5	85.5	E**宋平**
6	83	C**王寧**
7	74.5	B宋充
8	72	H**尙能**
9	67.5	I**楊田地祠**
10	66	B**李謐**
11	60	C**嚴袪**
12	59.5	F樂勝
13	59	D范周會
14	57.5	E□□
15	54.5	G**廉德**
16	30	G*隗登*
17	28	E*孔奣*
18	26	C索君明
19	25.5	G□□
20	24.5	F范通
21	22	G闞岌
22	21	J宋旌々／K麴▯潰
23	20.5	C□□□
24	20 + α	L宋琍
25	19	B李愼／E王瑒
26	18	D□□
27	17.5	C王萁／C西郭奴
28	17	H□□
29	16	B嚴經
30	14	C嚴延
31	13	B韓相
32	12	B成麴安／B索盧法生／C宋越／C許通
33	11	C張遠安／C張仁子／D荊佛須
34	10.5	C□□／C*趙相受*／E孫孜
35	10	C李奣
36	9	C趙士進／C張淸／G左臭
37	8	F韓釗
38	7.5	C嚴邏
39	7	E張崇
40	6	B趙定／C李弘長／D□□／D孫國長／D王模／D路晃／D田檠安／G*雷持*
41	5	B貫先
42	4.5	D張玄通／D宋棱／D令狐男／D成崇安／D□□□／D唐晙
43	4	G□豹／G闞錢／G廉遂
44	3	C劉奴朴／C張撫／E宋獪／E帛軍弘／G樊秉／G*張士奴*／G路魚／G令狐寵
45	2	B*張寔*／E*王圓*／F王遂

各グループの冒頭にある姓名・寺院名をゴチックで、また2番目にある姓名をボールドで示す。
また斜字で示した姓名は、墨筆でチェック記號が附されたもの。

たのは、戸の構造が依然として流動的で、構成員が絶えず變動を繰り返していたこと、そしてそれにもより戸の規模も一定かつ一律ではなかったこと、そして何よりも戸内部の秩序も未成熟だったことが最大の原因だったと考えるべきではないか[20]。戸と口との關係性をこのように考えるならば、計貲帳と計口帳、ならびにそこに記された負擔についても、自ずと裴とは異なった理解に歸着するはずである。以下、本稿ではこのような觀點に立ち、計貲帳について檢討を試みる。

4．計貲帳の檢討

最初に、あらためて計貲帳に記されている貲額について確認しておきたい。この點についても、既に裴が一覽を作成しているが［裴2007:86頁表（榮他（編）2010:104頁）］、最多額は寺院である杜司馬祠の153斛、民戸では闞彊の105斛である［表II］。100斛超はこの２例だけで、他は全て100斛未滿である。また最少額は、張宴、王圓、および王遂の２斛である[21]。斛數がわかるのは80戸（寺院を含む）であり[22]、１戸當たりの貲額の平均は23.3斛となる[23]。しかし表IIから明らかなように、50斛以上100斛未滿の家が13（100斛以上の家を合わせて80家中15）、20斛以上50斛未滿が10家、10斛以上20斛未滿が20家に過ぎず、10斛未滿が35家にも上っており、本計貲帳の貲額から判斷する限りでは、「均等的な土地保有」とはほど遠い狀況にあったことが確認できよう。

ところで、桑田や常田の貲額は１畝當たり３斛なので［池田1973］、この平均額は桑田・常田８畝弱に相當することになる。この平均貲額23.3斛という數字を、貲簿に掲載されている19家の貲額と比較してみよう［表III］[24]。このなかには、宋通息のように「貲盡」と記されて資産を全て失ってしまったような例もあるが、某人の263斛を筆頭にして100斛以上が10例（このうち７例が200斛以上）、80斛が２例、その他の６例が28～３斛となる。兩極分解ともいうべき狀況は、計貲帳と似ているが、貲額の平均は、117.6斛となり、計貲帳の平均貲額23.3斛のほぼ５倍に相當する。このことは計貲帳に記された貲額が、各戸が保有する全田土ではなく、絲の生産に必要となる桑田だけを對象にしたものだったことを示唆している。麥や粟といった主穀栽培用の常田とは異なり、全家が桑田を保有していたのか、また保有していたとしてその面積はいかほどだったのか、という問題もあろう。この問題については、裴も紹介している某預の事例（表IIIの３）が參考になる[25]。

某預の貲額は合計で257斛だが、保有していた桑田は８畝半（貲額で25.5斛）、そのほか４畝（このうち２畝半は田地縣所在）を手放し、新たに１畝半（なぜか貲額は4.5斛ではなく、５斛と特記されている）の桑田を入手している。したがって貲額にすると、桑田分が30.5斛となる。下部が缺損しているので、全容は不明だが、おおよそのところは理解できよう。貲簿に記載されている他の家も含めて、桑田の記載はほぼ全家に確認できるので、保有する桑田の貲額に應じて、絲の納入が求められたものと考

表III　貲簿に見えている貲額一覧

No.	貲　額	姓　名	出　典
1	263	不　明	科圖 1 (a)
2	257	馮　照	科圖 1 (a)
3	257	□　預	北大圖 1 (a)
4	233.5	不　明	科圖 2 (a)
5	228.5	不　明	北大圖 1 (a)
6	221.5	不　明	科圖 2 (b)
7	201	不　明	北大圖 5 (a)
8	103	不　明	趙舊藏 1 (a)
9	100＋α	不　明	趙舊藏 5 (a)
10	100＋α	□　遠	趙舊藏 5 (a)
11	80	齊　都	科圖 1 (b)
12	80	潘　靖	北大圖 5 (a)
13	28	不　明	北大圖 5 (b)
14	26	不　明	北大圖 4 (b)
15	20	不　明	北大圖 3 (b)
16	20	侯　暹	北大圖 5 (b)
17	12	馮法政	北大圖 1 (b)
18	3	不　明	趙舊藏 1 (a)
19	0（貲盡）	宋通息	北大圖 5 (b)

出典欄の略號は以下の通り。
科圖：中國科學院圖書館。北大圖：北京大學圖書館。趙舊藏：趙星緣舊藏。なおそれぞれの番號と記號については、前稿［關尾2005］を參照願いたい。

えることができよう。

しかし、裴が指摘するように、計貲帳に記載された斛當たりの絲額は0.2兩强にすぎない。これは約2.78gで、1畝の貲額が3斛なので、1畝で8.34gとなる。このような輕微な負擔が戶調だとすると、なぜあえてそのような税目を設定したのか、という疑問が生じる。口税と區別するために「獻」字を附して「獻糸（絲）」と呼んだというが、戶調であるのならば、「戶糸（絲）」（あるいはより直截的に「戶調」）と明記すればすむはずである。「獻」字が、諸税の負擔に係わって使われた事例は、少なくとも五胡十六國時代には知られていない。むしろ「獻上」のような意味合いで用いられたと理解するほうが自然であろう。また、正規の税負擔であれば、なぜ貲額が370斛になるようなグルーピングを行なう必要があったのだろうか。裴も認めているように、このようなグループは里の組織を基礎にして編成されたとは考えがたく、これとはべつの、言い換えれば機械的に操作された編成だったと思われる(26)。あらためて［表II］をみると、多くのグループで冒頭に姓名が上がっているのは、とりわけて貲額が高い例ばかりで、2番目に姓名があるのも、50斛以上の貲額を有する例である。もちろん全ての高貲家が、各グループの前方部分に集中的に掲載されているわけではないが(27)、前方部分に低貲家が配列されることはない。それに對して、各グループの後方部分には低貲家が中心に配列されている。例えば、グループBでは10斛臺の家を、グループDでは6斛と4.5斛の家を、またグループGではさらに低額になり、4斛と3斛の家を多數寄せ集めたような構成になっている。グループの編成にあたっては、先ず核となるような高貲家を決定し、370斛の殘額部分を、低貲家を組み合わせることによって埋め合わせるような方法がとられたことがわかろう。またグループごとに埋め合わせ方に特色があったこともわかる。このような措置をしてまで、正規の戶調を收取しなければならなかったとすれば、その理由が問われる必要がある。むしろこのようなグルーピング自體、計貲帳にもとづく收取が臨時的・非日常的なものだったことを示しているのではないか。「獻」字もそのことを示唆させる。この問題に關しては、麴氏高昌國末期のものだが、次の簿籍がヒントを提供してくれよう。

④**「高昌延壽八（631）年六月□幢質等田畝出銀錢帳」**（『文書壹』434頁。以下、「出錢帳」）

□幢質田四 史阿種田四畝[半]六十步 和悔願田六十步 高延歡
□□ 朱海忠田二 氾元海田三畝四十步 馮方武田五畝六十步
□懷儒田二半 張元悅田三半 李善守田三半 黄奴々
[田]二半伯步 [樊]慶延田二半 賈善來田二半六十步 康
延隆田七 系保悅田二半 延壽八年辛卯歲六月七日、出銀
錢二文。
[廣]昌寺田四五孟叉𢧐田五 左武相田三 白牧祐田二 禿發伯
□田四 [曹]□□□四 員延伯田二畝六十步 趙衆養田四半
○○○○○ 周慶懔田六 夏永順田三半 賈𤙖女
田四 樊慶隆田二半 良朋悔田三半
延壽八年辛卯歲六月七日、出銀錢二文。

（68TAM99:2）

この出錢帳は、全11行からなるが、某幢質を筆頭とするグループ（第1～第6行）と、廣昌寺を筆頭とするグループ（第7～第11行）の二つのグループについて、それぞれの內譯が、「姓名＋畝數」という様式で列記されている。畝數の最大値は康延隆の7畝、最小値は和悔願の60步で、田土の保有額としては總じて狹少である。また後者のグループは13名（寺院を含む）から構成され、畝數の合計額は48畝60步、前者は15名で、合計額は46畝140步とやや少ない。しかし1名（高延歡）の畝數が不明なので、これを合わせると、合計額はほぼ同じになるのではないか（缺損が2字分と釋されているので、完全な同額にはなりえない）。そして兩グループの末尾に、等しく「延壽八年辛卯歲六月七日、出銀錢二文」と明記されているのである。おそらくは田土の畝數の合計が48畝強になるように民戶をグルーピングし(28)、各グループから一律2文の銀錢を收取した記錄ということになろう。

620年代以降の麴氏高昌國の基本的な税種は、納税證明書ともいうべき條記文書から、田租・丁税・刺薪・遠行馬錢の4種だったと考えられるので［關尾1989］、この税種不明の銀錢は、それ以外という意味においては、民戸にとっては附加的な負擔であったということになる。このことはまた、銀錢の額からも指摘できる。48畝で銀錢2文として比較してみると（銀錢1文が24畝に對應）、丁税の一種である丁正錢が6文なので(29)、その1/3にすぎない。出錢帳では、民戸ごとの畝數は最大でも7畝なのであるから、その負擔額は1文の1/3以下（1文×7/24）である。正規の税種である丁税と比較するといかに輕微であるか、明白だろう。

この出錢帳に見えている民戸のグループも、畝數が48畝強になるように、機械的に編成されたもので、このようにして造られた單位に對して一律に2文の銀錢が賦課されたということではないだろうか。おそらく計貲帳に見えているグループも同じような性格を有していたのであろう。負擔額が輕微であるという點も共通している。少なくとも、計貲帳が正規な税種である戸調の賦課と納入に係わる簿籍であったという裴の所說は成立しがたい、これが本稿の理解である。

裴はまた、漢代以降、田土のみならず、家屋・奴婢・家畜・車輛なども資產として評價の對象となったのに對し、貲簿から明らかなように、北涼では田土だけが對象になっている點に、北涼の特殊性と制度の變質を指摘している(30)。しかし貲簿があくまでも田租を賦課するための簿籍であったとすれば、これは當然と言うべきだろう。もちろん臨時的ないしは附加的な收取が行なわれる場合にも、貲簿に記された貲額が根據とされることがあったことは、計貲帳や按貲帳の存在が教えているところである。裴が着目した朱筆による復除對象者の追記の意味を尊重すれば、計貲帳の「獻糸（絲）」は、必ずしも臨時的な收取というわけではなく、むしろ附加的な收取だったということになろう。

5．計口帳と口税に對する私見

以上、本稿では、計貲帳が戸調を收取するための簿籍であったとする裴成國の所說が成立しがたいことを述べてきた。それでは裴が口税を收取するための簿籍であったとした計口帳についてはどう考えるべきであろうか。これについても私見を述べておきたい。

結論から言えば、この解釋も成立しがたいように思う。裴は、ここに記されている口數が各家の全口數だと考えているようだ。しかし男女の性別ばかりか、成年未成年の違いを超え、全口に同額の税負擔を課すということはありえないのではないか。この時代に漢代に淵源を有する口税が行なわれていたという理解からして再考を要するが、ましてや全家口同額というのは、少なくとも基本的な税種ではありえないだろう。漢代の口税である算賦（口算）は、15歳から56歳までの成年男女を對象として均等に課されたものだが［重近1984（重近1999）］、これは三國時代にも繼承された。湖南省長沙市の走馬樓街の古井J22から出土した、いわゆる長沙呉簡によれば、230年代の孫呉支配下でも、15歳から60歳までの成年男女に口算（口筭）が賦課されていた［凌2013］。

計口帳に見えている各家の口數が、家内の成年男女だけに限定された數とするには多すぎることは確かで(31)、裴のように解釋するのがより妥當と思われる。しかしそうであれば、正規の税種ではなく、やはり臨時的ないしは附加的という意味で特殊な収取と考えるべきであろう。

裴は、計貲帳を戸調の、計口帳を口税の、それぞれ簿籍と考え、戸調・口税という基本的な税負擔がともに絲で納入され、さらには田租も一部だが絲で納入されていたことを、北涼の税制の特質として强調する。そしてその背景には、トゥルファン地域における養蠶・紡績業の成長があったことに注意を喚起している。客觀的なデータは乏しいが、魏晉時代に比べれば、五胡十六國時代にトゥルファンの産業が發展したことは閒違いないだろう。貲簿による限り、ほとんどの家が桑田を保有してもいた。しかし某預の例が端的に示しているように、それは保有する田土のごく一部にすぎず、多くを占めたのは、常田をはじめとする主穀生產用の田土や特產のぶどう酒づくりのためのぶどう園だった。にもかかわらず、戸調と口税（このような税種があったと假定して）、さらには田租の一部までも絲で納入されたと考えるのはやはり整合的ではないだろう。そもそも不可能なのではないだろろうか(32)。

この問題に關して、もう一點指摘しておくべきことは、計貲帳と同時代の契約文書、すなわち「北涼建平四（440）年十二月支生貴夏田券」や「北涼建平五（441）年正月張鄯善奴夏蒲萄園券」（ともに、香港クリスティーズ・オークション出品）［關尾2004］から判斷する限りでは、絲ではなく、毯が貨幣としての役割を果たしていた事實である。契約文書によれば、4世紀末期から5世紀中期にかけての時期、貨幣的機能を有していたのは毯か床のいずれかであり(33)、絲がこれにとってかわるのは6世紀の初頭を俟たなければならなかったのである(34)。

トゥルファンに據った北涼亡命政權にとって、中國内地との關係繼續は喫緊の課題であったものと思われるが、裴自身が述べているように、必ずしも順調に事態が推移したわけではない。そのような狀況下にあって、政權の物質的な基盤を構築するためにも、また西方諸地域との交易を强力に推進するためにも、支配下にあった民戸からさまざまな機會と口實を利用して絲を収取しようとする企圖が政權に働いたことは想像にかたくない。またそのような収取を媒介として、絲を以て毯に置換させようとする意圖もあったのかもしれない。しかし、桑田の保有狀況や毯の普及狀況から判斷する限りにおいては、基本的な税種によって絲が収取され、かつ納入されたと考えることはやはりできないのである。

おわりに

本稿では、裴成國の研究成果に私見を代置させようと試みた結果、副題に揭げた北涼の稅制については議論を振り出しに戻すことになってしまった。

ただトゥルファン文書のような一次史料は、民戶が負っていた稅負擔がけっして編纂史料に述べられている（あるいは律令に規定されている）ような基本的な稅種にとどまらないことを私たちに教えてくれる[35]。その意味においても、一次史料への接近と分析はひじょうに重要な營爲なのである（むしろ、おいてこそと言うべきかもしれない）。『新獲』に收錄されている新出のトゥルファン文書も、既知である編纂史料の記事や豐かな研究成果に引きつけてその內容を解釋するのではなく、新たな史實を發掘できる可能性を探る姿勢がなによりも肝要であることを再確認して筆を擱く。

圖版・釋文

『新獲』：榮新江・李肖・孟憲實（主編）『新獲吐魯番出土文獻』全2册、北京：中華書局・吐魯番學研究叢書甲種2、2008年。

『文書壹』：唐長孺（主編）『吐魯番出土文書』壹、北京：文物出版社、1992年。

参考文獻

日文（著者五十音順）

阿部幸信

2008 「長沙走馬樓吳簡所見調納入簡初探」、『立正史學』第103號。

池田溫

1973 「中國古代の租佃契」（上）、『東京大學東洋文化研究所紀要』第60册。

重近啓樹

1984 「秦漢における賦制の展開」、『東洋學報』第65卷第1・2號。

1999 『秦漢稅役體系の研究』、東京：汲古書院・汲古叢書17。

關尾史郎

1989 「トゥルファン出土高昌國稅制關係文書の基礎的研究――條記文書の古文書學的分析を中心として――」（二）、『人文科學研究』（新潟大學人文學部）第75輯。

1998 『西域文書からみた中國史』、東京：山川出版社・世界史リブレット10。

2004 「トゥルファン將來、「五胡」時代契約文書簡介」、『西北出土文獻研究』創刊號。

2005 「「北涼年次未詳（5世紀中頃）貲簿殘卷」の基礎的考察」（上）、『西北出土文獻研究』第2號。

2009 「「五胡」時代、高昌郡文書の基礎的考察――兵曹關係文書群の檢討を中心として――」、土肥義和（編）『敦煌・吐魯番出土漢文文書の新研究』、東京：（財）東洋文庫・東洋文庫論叢72（修訂版：2013年）。

2014A 「「前秦建元廿（三八四）年三月高昌郡高寧縣都鄉安邑里戶籍」新釋」、『東方學』第127輯。

2014B 「穀物の貸與と還納をめぐる文書行政システム一斑――東アジア古文書學の起點としての長沙吳簡――」、角谷常子（編）『東アジア木簡學のために』、東京：汲古書院。

堀敏一
1974 「魏晉の占田・課田と給客制の意義」、『東京大學東洋文化研究所紀要』第62册。
1975 『均田制の研究――中國古代國家の土地政策と土地所有制――』、東京：岩波書店。
町田隆吉
2001 「中國古代佛寺稱謂攷――祠と寺――」、『國際學レヴュー』(櫻美林大學) 第13號。

中文（著者拼音順）

關尾史郎
1997 「唐西州“某頭”考」、朱雷（主編）『唐代的歷史與社會――中國唐史學會第六屆年會暨國際唐史學術研討會論文選集――』、武漢：武漢大學出版社。
2006 「從吐魯番帶出的“五胡”時期戶籍殘卷兩件――柏林收藏的“Ch6001v”與聖彼德堡收藏的“Дx08519v”――」、新疆吐魯番地區文物局（編）『吐魯番學研究――第二屆吐魯番學國際學術研討會論文集――』、上海：上海辭書出版社。
2014C 「“五胡”時代戶籍制度初探――以對敦煌・吐魯番出土漢文文書的分析爲中心――」、饒宗頤（主編）『敦煌吐魯番研究』第14卷、上海：上海古籍出版社。
韓樹峰
2011 「從“戶人”到“戶主”――兼論中古時期國家對民戶控制方式的變化――」、袁行霈（主編）『國學研究』第27卷、北京：北京大學出版社。
凌文超
2013 「走馬樓吳簡“小”“大”“老”研究中的若干問題」、『中國國家博物館館刊』2013年第11期。
孟憲實
2007 「吐魯番新出一組北涼文書的初步研究」、沈衛榮（主編）『西域歷史語言研究集刊』第1輯、北京：科學出版社、2007年。
裴成國
2007 「吐魯番新出北涼計貲・計口出絲帳研究」、『中華文史論叢』2007年第4期。
榮新江・李肖・孟憲實（榮他）
2010 （主編）『新獲吐魯番出土文獻研究論集』、北京：中國人民大學出版社・西域歷史語言研究叢書。
王素
1985 「高昌佛祠向佛寺的演變――吐魯番文書札記（二）――」、『學林漫錄』第11集。
1998 『高昌史稿』統治編、北京：文物出版社・中國文物研究所出土文獻研究。
2011 『漢唐歷史與出土文獻』、北京：故宮出版社・故宮博物院學術文庫。
朱雷
1980 「吐魯番出土北涼貲簿考釋」、『武漢大學學報』（哲學社會科學版）1980年第4期。
1981 「北涼的按貲“配生馬”制度」、『魏晉南北朝隋唐史資料』第3輯。
2012 『朱雷敦煌吐魯番文書論叢』、上海：上海古籍出版社・當代敦煌學者自選集。

注

(1) 本稿では、特定の送信者と受信者の間で交わされる「文書」に對して、特定の送信者も受信者も想定されていない文字列（數字を含む）を「簿籍」と總稱する。この兩者は個別に獨立して存在・機能するわけではなく、簿籍を本文內容として文書が作成されることも少なくない。

(2) 裴成國は、計貲帳をはじめとする新出の簿籍を分析する過程で複數の拙稿を批判しており［裴2007（榮他（主編）2010)］、前稿に關しても、貲簿の釋讀の誤りが指摘されている。

(3) 本稿は、「トゥルファン出土、“五胡” 時代簿籍研究――「貲簿」とその周邊――」と題した內陸アジア研究班における報告（2014年９月６日、於東洋文庫）を基礎にしているが、構成については大きくあらためた。

(4) 以下、釋文を本稿で揭げる文書はいずれも實見の機會を得ていない。したがって圖錄の寫眞に依據したが、文字の位置關係など一部既發表の釋文を修正した箇所がある。

(5) 本稿では、「書風」を書者ごとの書き癖や巧拙などの特徵を示す概念として用いる。

(6) 同樣な指摘は、『新獲』の題解（下册、279頁）にも見えているが、裴の說明がより詳しいので、本稿ではこれによる。

(7) 當時、佛教寺院が祠と呼ばれていたことについては、王素や町田隆吉らの成果［王1985（王2011)、町田2001］による。

(8) 第２斷片の第１行も紙の上端からではなく、約３字分ほど下げて書かれているようなので、「右」字で導かれた集計行だったと考えておく。

(9) 朱筆の姓名のうちで釋讀されているのは、姓もしくは名だけが明らかなものも含めて11例だが、このうち、基本的事項の部分に見えているのは９例（宋充、李愼、嚴袪、張遠安、許通、范周會、宋□＝宋棱、范□＝范通、樂勝。殘りの蘇□と□□安の２例については缺損部分に記載があったものと考えられる）で、いずれもチェック記號は認められない。

(10) 以下、紀年も含めて文書の表題は、『新獲』に從ったが、06TZJI:183は下達文書の符ではなく、上行文書の白である。また06TZJI:182も上行文書であることはまちがいないが、辭ではなく、これも白であろう。

(11) 白文書については、舊稿［關尾2009］を參照願いたい。

(12) 計貲帳とは異なり、この計口帳は姓名だけで寺院名はないが、常住の僧侶がいたとすれば、寺院名も揭載されていた可能性はある。

(13) 建平紀年の西曆への比定については、王素の所說［王1998］に從った。

(14) これも舊稿［關尾2009］で取り上げたように、整理小組の定名では下行文書の符であるが、實際は上行文書の白である。

(15) 別面の第二斷片34（a）は、上行文書である白の末尾にある吏員の押署の部分だが、先頭にあるのは司馬（上段）と功曹史（下段）である。この前に校曹主簿・長史の押署（上段）と年月日（下段）・主簿の押署があり（計３行)、さらにその前に白の主體である兵曹掾と兵曹史による主文が１～２行あったと考えられる。

(16) 『文書壹』は、「建」字に續く２字目が「平」字である可能性を指摘しており（68頁、注釋［一］)、第１行冒頭に元號が記されていたことは否定できない。ただ同行下半に、「到六月」ともあるので、第１行には、簿籍の表題の一部として期間が明記されていたと考えることもできる。

(17) 國內における代表的な研究は、堀敏一のそれである［堀1974（堀1975)］。

(18) 唐西州時代の某頭については、舊稿［關尾1997］で論じたことがある。裴もこの舊稿を引用しているが、７世紀中期以降とは時間的な間隔が大きすぎるのではないか。むしろ、３世紀の長沙吳簡に見えている歲伍や月伍のような存在に近いのではないだろうか。なお歲伍や月伍については、阿部幸信による檢討があり［阿部2008］、私もその職掌の一端について言及した［關尾2014B］。

(19) 「北涼年次未詳（５世紀中期）蔡暉等家口帳」（75TKM91:3/1(a),3/2(a))、「北涼年次未詳（５世紀中期）魏奴等家口帳」（79TAM382:4-6,5-6)、「北涼年次未詳（５世紀中期）李超

等家口殘帳」(66TAM59:4/4-5(a))、および「北涼年次未詳(5世紀中期)昌居等家口殘帳」(66TAM59:4/7(b))などで、裴が引用しているように、かつて私も言及したことがあり[關尾2006]、戶籍との關聯で再論もした。このうち前2者は、家ごとに改行されているが、後2者は、本計口帳と同じように、「姓名+口數」が連記されており、同じような機能を有していた可能性がある[關尾2014C]。

(20) その所説の要約からもわかるように、裴は計貲帳を分析する場合も、「戶」という文字をなんら躊躇することなく用いているが、計貲帳や計口帳にあるのは「戶」字ではなく、「家」字であり、前注で言及したように、「戶口帳」ではなく「家口帳」なのである。戶調という税種があったことまで否定するつもりはないが、五胡十六國時代の戶籍には、唐代のそれとは異なり、「戶主」というタームはない。そこに歷史性を讀み取る必要があるというのが私の立場である。その意味では、漢代を中心に用いられていた「戶人」というタームが、やがて「戶主」によって代置されていく歷史的意義に着目した韓樹峰の論稿[韓2011]は有意義である。

(21) このうち、張宴と王圓には朱筆のかわりにチェック記號が入っており、未納だったものと思われる。

(22) グループFの范通については、斛數を「廿」と釋讀した。また、グループDの最終行冒頭は、「四斛」の直上に姓名があったと判斷して、4斛5斗とした(その前後も同じく4斛5斗というのが根據である)。

(23) グループLの宋琍については、20斛5斗として平均値を出した。なお裴は家數を77とし、その平均値を23.5斛としている[裴2007:86頁(榮他(編)2010:104頁)]。

(24) 貲簿に見えている貲額については、中國科學院圖書館藏の第2斷片(a)以外は、前稿[關尾2005]の釋文に從う。また裴も一覽表を作成しているが[裴2007:80頁表(榮他(編)2010:99頁)]、中國科學院圖書館藏第1斷片(a)冒頭の馮照の貲額などに誤解がある。

(25) 貲簿に記載されている各家のなかで、貲額とその內譯がわかる例は、裴も注目した某預以外には、馮照だけである。馮照の家は、照のほか馮興と馮泮の3名の貲額が統合されており、257斛の貲額中、桑田は3名合計で6畝半、貲額にすると19.5斛である。この桑田の面積はぶどう園の7.5畝に比べても狹少である。

(26) このようなグルーピングが地緣的な社會關係を直接には反映していなかったことが、納入者が個人單位で納入することにつながり、その結果として各姓名ごとに朱筆が插入されたと考えることができるのではないか。ようするに取りまとめ役の不在ということであり、ここに計口帳との違いが認められる。

(27) 105斛の闞彊はグループKの冒頭に記されていた可能性があるが、91.5斛の田玫はグループFの第2行目(グループ內で通算6人目)、74.5斛の宋充はグループBの第4行目(通算13人目)である。

(28) あるいは50畝が目標額だったのかもしれない。

(29) 丁稅には、丁正錢以外に丁束があった。また丁正錢は1回ごとの納入額は等しく6文だが、この額が一年の納入額なのか、その一部なのかは殘念ながらよくわからない[關尾1989]。ただ最少でも年間6文だったことは確かである。

(30) 裴はまた、魏晉以降の戶調が戶等に依據して收取されたのに對し、計貲帳から、北涼では戶等が設定されず、貲額に直接對應して收取されたものと解釋し、そこにも北涼の稅制の特質を指摘しているが、これも成り立たないことは明らかである。計貲帳から、直ちに戶等の存否を證明することは不可能なのである。

(31) 計口帳のうち、最大の口數は闞剣の14口で、孫屬の13口、牛國・郭弥の12口がこれに續く。これが成年男女だけの口數だとすると、全家で20口を超える大家族になる。また最少は、張定・賈虎子の2口である。

(32) 本稿では、計貲帳の貲額が桑田のものであったと推測してみた。貲額の最高額である153斛は、桑田の面積に換算すると51畝となるが、このような廣大な桑田を保有していた例は貲簿にはない。したがって貲額が桑田以外の田土も含めて算出された可能性も捨てきれない。しかしその場合、絲の納入には一層の困難がともなうことになったであろう。

(33) 本文に掲げた以外にも、契約において毬が貨幣的機能を果たした例については、舊稿[關尾2004]を參照願いたい。また床についても、「前涼年次未詳殘券」(一)(64TKM3:50)や「前涼年次未詳殘券」(二)(65TAM39:21/1)など4世紀後期から末期のものが、『文書壹』に收録されている。

(34) 裴が447年に比定する「承平五年正月道人法安弟阿奴擧錦券」(75TKM88:1(b))には確かに「錦」が出てくるが、この「承平」は本稿で言及した北涼のそれではなく、麴氏高昌國最初の元號で、5年は506年に比定される[王1998]。

(35) このような趣旨のことはかつて述べたことがあるが[關尾1998]、このことは、トゥルファン文書と同じ一次史料である長沙吳簡にもあてはまる。

高昌王令形式總論

王　素（河内桂譯）

一　序言

中國古代の封建國家における儀禮規定では、諸王の言と天子の言とにはその呼稱に區別がある。天子の言は「制」や「詔」と稱し、諸王や皇后・太子の言は「令」とのみ稱す。ただしその制度がいつ始まったのかは史籍に明確な記載がない。賈誼『新書』卷一「等齊」には「天子之言曰令、令甲・令乙是也。諸侯之言曰令、令儀・令言是也。」とあり、前漢ではまだ嚴格な區別は無いようである。當代一の知識人として知られた姚華は、その著作『論文後編　目錄上』において、秦法では后及び太子は“令”とし、漢王が天下に赦し淮南王が群公に謝す時にすべて“令”といっており、おそらく“令”がおこり“教”が減ったのだろう、と述べる(1)。姚華の『論文後編』における多くの見解はいずれも自身の史書研究から導き出されたものであり、具體的な實證には缺ける。しかし最後の「“令”がおこり“教”が減った」は、當を得ているようである。“教令”は元來は1つの語彙であり、命令をさしている。例えば『晏子春秋』「問上十八」では「明其教令」とある。『漢書』文帝紀十四年冬條では「上親勞軍、勒兵、申教令」とする。教と令の意味するところは等しく、ゆえに語彙を分けて用いても互いに解釋できるのである。例えば、程大昌『演繁露』卷三「卜教」に引く『荊楚歲時記』佚文には「教、教令也。」とあり、『漢書』高帝紀上の四年八月「漢王下令」條の顏師古注には「令、教命也。」とある。“令”は諸王と皇后・太子の言を表す專門の用語となった後、“教”は彼らより地位の低い封爵や官員の命令を表す專門用語となった。これこそ姚華のいう「“令”が起こり“教”が減った」ということであろう。

『隋書』百官志上には梁朝における諸王および公侯の公文書制度についてのもっとも古い記述がある。

> 諸王言曰令、境內稱之曰殿下。公侯封郡縣者、言曰教、境內稱之曰第下。自稱皆曰寡人。相以下、公文上事、皆詣典書。世子主國、其文書表疏、儀式如臣、而不稱臣。文書下群官、皆言告。諸王公侯國官、皆稱臣。上於天朝、皆稱陪臣。有所陳、皆曰上疏。其公文曰言事(2)。

この文章は、『通典』に2箇所見える。一つは卷一九「職官封爵」の注釋で、省略された部分も幾分あるが、その本文に「宋皆因晉…齊因之、梁因前代。」とある。もう一つは卷三一「職官歷代王侯封爵」の本文で、全文を寫してその前に「梁封爵亦如晉宋之制」とする。梁朝の諸王及び公侯の公文書制度はすべて晉・宋・齊以來の制度を繼承していることが分かる。晉の制度が何を繼承しているのかについて『通典』には說明がないが、秦漢以來のものを承けていると推測できよう。このほかに、『唐六典』卷四「尙書禮部」にも關連記事があり、特に公文書の「平闕之式」について見えるのだが、これもまた秦漢以來の制度を繼承していると考えられる。すなわち前揭姚華『論文後編』が述べる內容は、根據のあることなのだ。

以上をまとめると、中國古代において、一つの地方割據政權がその公文書で“令”・“臣”・“殿下”等を稱するか否かは、彼らが獨立した王國を建設したか否かを判斷する重要な指標となると考えてよい。高昌地區も無論この例に漏れない。ただし實際の狀況については具體的に分析をせねばならない。吐魯番出土文獻では高昌郡時期から“令”・“臣”等の呼稱が見える。例えば「北涼殘文書」には「▭□□令往▭」(新文獻、220頁)、「□願殘辭」には「▭田地如令、行人同▭」(圖文一、23頁)、「翟彊辭爲征行逋亡事」には「▭令、逋不往、還卽白逋」(圖文一、48頁)、「下二部督郵・縣主者符」には「行軍之具、□令備辦」(圖文一、73頁)とある。そのうち、前の3點の“令”は破損が著しいために意味は不明なのだが、最後の1點の“令”はその內容からみて軍令を指すようである。要するに、どれも王令とは無關係である。そのほか、「西涼建初四年(408)秀才對策文」にはしばしば“臣”・“臣某言”と“伏惟殿下”等と稱する(圖文一、56〜60頁)。ただし研究によれば、“伏惟殿下”の“殿下”は西涼王李暠を指し、秀才の試驗である對策が西涼の都城である酒泉で當時行われており、「對策文」は吐魯番で出土したとはいえ高昌の物ではなく、高昌に流傳した酒泉の物と考えるべきである[3]。要するに、この文書は高昌とは無關係である。高昌には王令があるのだが、王國の公文書制度としては闞爽が最初に割據政權を立てた時期に始まったにちがいない。ただし闞爽政權時期の出土文獻は史料が極めて少ないために研究ができず、實際には沮渠氏北涼流亡政權時期からしか俎上に載せることができない。

とは言え高昌王令についての典型的な史料は、吐魯番での出土は決して多くない。私の1997年の統計ではわずか2件である(文獻編年、389頁)。關尾史郎氏の2001年の統計でもわずかに3件のみである[4]。いずれも追贈令である。しかし、高昌王令についての典型的とは言えない史料ならば、分類してみるとむしろ豐富にある。それゆえ、高昌王令の研究は、可能性に富んでいるのである。特に擧げておきたいのは、高昌王令は高昌の“文書行政”において極めて重要なもので、高昌の“文書行政”に關心を持つ日中の研究者に重視されてきたことである。彼らの研究は、すでに高昌王令の樣々な側面にわたっている。それにもかかわらず、高昌王令に關しては研究を繼續すべき餘地が依然として存在している。高昌王令はその形式から考えるに「下令」と「傳令」の二つに分類できると私は考える。「下令」とは高昌王の名を以って直接公布されるもので、完全に原文を備え王令の典型的な史料となるものである。傳世の文獻としては『隋書』卷八三「西域高昌傳」に麴伯雅が「下令國中」した改革令があり、また出土文獻では高昌王が直接下した追贈令が主である[5]。一方、「傳令」は王國中央の出納審査機關の官員が傳えるもので、おおよそ口令の形であり、王令についての非典型的史料に屬する。それらは公文書の辭・奏・符や一部の帳などに散見される。本論は高昌王令の形式を手がかりに、高昌王令に關する典型的・非典型的史料について研究史の整理をした上で、分類して分析と解説とを加えるものである。

二　沮渠氏北涼流亡政權の王令形式

沮渠氏北涼流亡政權の王令はわずかに一點、「下令」に屬する木牘の追贈令が有るのみである。1972年に吐魯番アスターナ177號墓から出土した有名な「承平十三年（455）四月廿一日追贈且渠封戴敦煌太守令」（新疆文物、53號、33頁；文獻編年、132頁）（圖１）である。本件は７行で、首尾完備し、釋文は以下のとおりである。

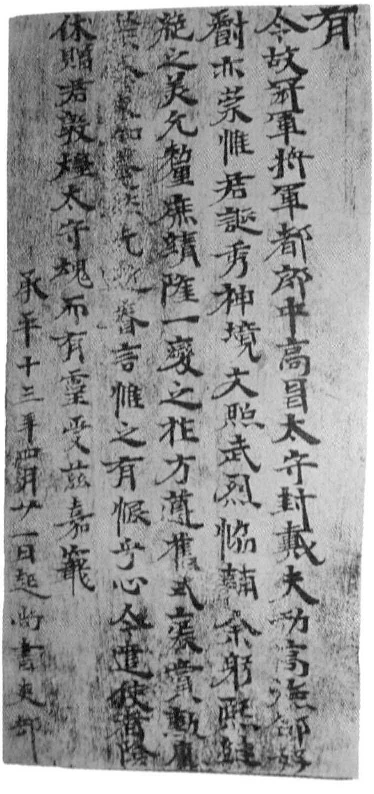

圖１　承平十三年（455）四月廿一日追贈且渠封戴敦煌太守令

1 有
2 令：故冠軍將軍・都郎中・高昌太守封戴：夫功高德卲、好
3 爵亦崇。惟君誕秀神境、文照（昭）武烈。協輔余躬、熙繼
4 絕之美：允釐庶績、隆一變之祚。方遵舊式、褒賞勳庸：
5 策命未加、奄然先逝。眷言惟之、有恨乎心。今遣使者陰
6 休、贈君敦煌太守。魂而有靈、受茲嘉寵。
7 　　　　承平十三年四月廿一日、起尙書吏部。

本件の圖版は1975年に初めて發表され、當時は「追贈且渠封戴敦煌太守木表」と命名されていた。「表」と稱された理由はおそらく、同墓に出土した「承平十三年（455）四月廿四日且渠封戴墓表」（新疆文物、52號、33頁；文獻編年、132頁）の命名の影響を受けたのであろう。この墓表は全５行で、全文は「大涼承平十三年歲在乙未四月廿

四日、冠軍將軍・涼都高昌太守・都郎中大且渠封戴府君之墓表也」とある。墓表の日付が本件より遲いにもかかわらず追贈官號を記していないのは、後の麴氏王國の墓表がすべて追贈官號を記すのと明らかに異なっている。この點は注目に値する。墓表は墓室の男女の木棺付近で出土した。本件の出土が墓葬の中でどのような位置だったのかは詳らかでない。周偉洲氏が言うには「墓室の一角にて發見した」のである(6)。しかし圖版が最初に出た時にこの語は無く、かなり長く經た後に發表された「發掘簡報」とそこに附された「72TAM177墓葬平剖面圖」でも觸れてはおらず、これは今後の課題の一つとなっている(7)。

本件は最初の圖版の發表以來常に學界の大きな注目を集め續け、先賢は多くの研究をなし成果も豊富であったが、中でも、沮渠封戴の身分、涼王沮渠安周との關係、竝びに敦煌太守追贈の意義、等々については、私は『高昌史稿　統治編』の中で研究史をやや詳細に整理したのでここでは重ねて述べず(8)、形式に關する研究について紹介するにとどめたい。

池田溫氏は最も早くに本件を「王令」とし、「尚書吏部」が公布したものであり「當時の辭令の様式」を備えている、と考えた(9)。「尚書吏部」が公布したものとは、追贈令の公布は尚書吏部の職掌である、という意味だと思われる。また、日本語の「辭令」は、中國語の「辭令」という單語が持つ「言葉づかい」という語義とは意味内容が異なり、官職を任免する際に任免の内容を記載して本人に交付する一種の文書を意味している。

白須淨眞・萩信雄の二氏は、「且渠封戴墓表」中の「都郎中」(筆者注：本件に同じく見える) は麴氏王國の「(都) 綰曹郎中」と比較が可能であり、中央王朝の尚書令にあたる可能性があると考えている。本件第1行が「有」1字が書かれてすぐに改行擡頭しているのは、王令に敬意を表する「書式」であるからかもしれない。その中の「余」は當時の統治者である沮渠安周の自稱のはずで、本文書の形式は『魏書』世祖紀下の正平元年 (451) 六月庚午條にある太武帝謚皇太子晃册文と同じである(10)。「令」字が改行擡頭している點で、實際に平闕式であることを指摘しておかねばならない。本件が「余」と稱するのは、前掲の『隋書』百官志上の言う「自稱皆曰寡人」に照らすと本來の制度とは合っていない。

黄烈氏は劉宋王朝による無諱・安周への相次ぐ授官を根據に、「北涼政權の繼續として承認した」と考えた。續いて前掲「且渠封戴墓表」及び「涼王大且渠安周」の造像碑や寫經の題記などの史料において「大涼」や「涼」と稱することから、「無諱と安周の政權が依然として涼と號していたことを物語る」とした。さらに本件に基づいて「令文の"熙繼絶之美"や"隆一變之祚"という語句は、安周が自身の政權を北涼の繼續と復興の政權であると見なしていたことを明確に表している。北涼政權の傳統をも繼承したので、"方遵舊式"(舊式に方遵す) と稱したのだ。」と考えた。最後に前掲の各種史料に見える「尚書吏部」・「都〔官〕郎中」・「中書郎中」・「典作御史」・

「高昌太守」等の官號から、無諱と安周の政權は北涼の中央と地方の兩レベルを保持していて、それゆえに封戴は死後にまた敦煌太守を授官し、封戴が都郎中と高昌太守の兩職を兼ねていることから、北涼後期においては領域が小さいので中央と地方の兩レベルを設けてあっても實際のところ中央官と地方官は一身で兼ねることも多かったことが分かる、としている(11)。

王去非氏は、以下のように考える。兩晉南北朝時代において皇帝が詔を下さずに王府・將軍府・地方政府が授官や追贈官を行なうことを版授という。『資治通鑑』卷一三一に「版不能供、始用黃紙」とあり、これは本來の正しい制度では版を用い、黃紙を用いるのは臨機應變の措置であることを示している。本件は北涼末期の物であり、內容は追褒の言葉が多い。この地方割據政權は制度面では複雜で、その點は以上の(本件の)文章からも少しく窺うことができる。一方では獨自の年號を建て、尙書吏部を置き、策命と稱するなど、帝王に擬すが、その一方で命と言って詔とは稱さず、余と言って朕とは稱さず、高昌は太守と言って尹とは稱さず、追贈は敦煌太守にとどまり封爵・諡法は無い。これらのことは明らかに地方政權の性質であって、中原の朝廷とは異なっている。程大昌『演繁露』卷一〇「白板天子」條に「魏晉至梁陳、授官有板、長一寸二尺、厚一寸、闊七寸、授官之辭在於板上、爲鵠頭書。」とあり、本件の高さ・幅は『演繁露』の言うのに比べるとそれぞれ二寸ばかり小さいが、本件は當時の人が授官に用いるところの版を模して作成したのだと推測して良かろう(12)、としている。

「版授」に關しては、王去非氏以前に大庭脩・越智重明・坂本義種の三氏も研究を行った(13)。特に大庭脩氏は告身の起源を遡り、宋の洪适の『隸釋』卷六に記載する後漢「延熹元年(158)八月二十四日追贈中常侍樊安騎都尉制詔」を引いた。

制詔。中常侍樊安、宿衞歷年、恭恪淑愼。嬰被疾病、不幸蚤終。今使湖陽邑長劉摻、追號安爲騎都尉、贈印綬。魂而有靈、嘉其寵榮。嗚呼哀哉。

延熹元年八月二十四日丁酉下(14)。

その形式と字句の用法を見ると、當該制詔は本件とほとんど完全に一致する。しかしながら當該制詔では「制詔」と稱するのに對し、本件は「有令」と稱しており、中央と地方には制度の差異があることを示している。

白須淨眞・萩信雄の二氏の前掲論文では、北魏正平元年(451)六月庚午太武帝諡皇太子晃册文に觸れている。原文は以下のとおり。

嗚呼。惟爾誕資明叡、岐嶷夙成、正位少陽、克荷基構。賓于四門、百揆時敍、允釐庶績、風雨不迷。宜享無疆、隆我皇祚、如何不幸、奄焉殂殞。朕用悲慟于厥心。今使使持節兼太尉張黎・兼司徒竇瑾奉策、即柩賜諡曰景穆、以顯昭令德。魂而有靈、其尙嘉之。

構成と語句からみるとこの册文は本件と似た部分があるが、册文では「册」・「朕」とするのに對し本件では「令」・「余」と稱しており、これもまた中央と地方とに制度の差異があることを明らかに示している。

ただし本件には僭越的な内容も少なくない。例えば、白須淨眞・荻信雄の二氏は「都郎中」は中央王朝の尙書令に當たる可能性があるとし、また王去非氏は「尙書吏部」を置き「策命」と稱するのは帝王に擬しているのだとする。さらに、黄烈氏の擧げた「中書郎中」・「典作御史」等の官もある。また、私が以前に研究した吐魯番出土沮渠蒙遜「畫可」文書に見える各種の僭越的な様子がある(15)。本件の僭越的な內容は河西沮渠蒙遜時代の僭越的な様子に非常に良く合致する。これにより黄烈氏は、令文の「熙繼絕之美」・「隆一變之祚」及び「方遵舊式」云々から、沮渠安周が自らの政權について河西北涼政權の延長と復興として河西北涼政權の政治的傳統の踏襲であると見なしていたことの證左であると考えている。この點は非常に重要である。すなわち、沮渠安周政權は制度から政治的傳統まで河西北涼政權と同じ流れをくむものであり、後の高昌王國の制度や政治傳統とは同じ概念ではなく、そこには變化があったのである。無諱・安周兄弟の政權を私があくまで沮渠氏北涼流亡政權と稱す理由の一つは、これである。

しかしここ數年、沮渠氏北涼流亡政權の性質に關して、さらに一つ注目を集めているテーマがある。このテーマが生じたのは、榮新江氏の研究と關連している。私は『高昌史稿　統治編』の中で高昌が建國された時期について考證を行い、馮承鈞氏が、高昌の建國は沮渠無諱（442）において始まり無諱はすでに王を稱しており、闞伯周（460）から始まったのではないと最初に說き、侯燦氏はその說を繼承したが、實はそれは史實と異なっており、沮渠氏北涼流亡政權が稱したのは「涼王」や「大涼王」にすぎず、承平十八年（460）に沮渠安周が柔然に殺されて柔然が初めて闞伯周を「高昌王」と爲したのであり、史書にはすべて「高昌が王を稱するのはここから始まる」と記載があるのがやはり正しいのである、と指摘した(16)。これに對し、榮新江氏は異なる見解を示した。彼は拙著『高昌史稿　統治編』に對する書評において、評者は舊作『吐魯番の歷史と文化』と近作『〈且渠安周碑〉と高昌大涼政權』とでこの點に關して幾分論じたが、しかし全般に十分行ったとはいえず、『高昌史稿　統治編』に擧げられた史實は、この點で重要な論據を提供した、と述べた。そして、沮渠無諱・安周兄弟は「大涼」として呼びかけたとはいえ、再び河西に戻って北魏の統治に反抗したことはなく、劉宋の詔書もすでに安周に戊己校尉を與えて高昌に置いており、さらに重要なことは、安周が車師國を壞滅させて吐魯番盆地を統一し、高昌を一郡五縣の郡府規模から三郡八縣の王國編成へと擴大し、これによって後の高昌の基礎を築いたことで、この史實から考えれば、闞・張・馬・麴氏の類型的な高昌國は、沮渠氏時代から正式に始まったとすべきである、としている(17)。この後、沮渠氏北涼流亡政權を「高昌大涼政權」と稱することが一種時代の流行のようになった。論著は多く枚擧にいとまが無い（以下に引く蓋金偉論文を參照）。しかしこの說は實際の史實と乖離が甚だしいので、蓋金偉は巧みに調整した。彼は、高昌王國の歷史は460年（闞伯周の稱王）

から始まるとすべきではあるが、實際の狀況からみて、「沮渠氏高昌郡國時代」と呼ぶのがおそらくは史實と比較的符合するのではないか[18]、とした。ただし、「高昌大涼政權」と「沮渠氏高昌郡國」とでは、强調しているのはいずれも「高昌」であり、「高昌」の２字の位置の違いに過ぎず、實際にはそれほど大きな相違は無い。私はこの點について一言述べなければならないと思う。

周知の如く、中國は常に極端に「正統」を重視する國家である[19]。沮渠氏北涼流亡政權の年號である「承平」がもともと河西北涼政權の年號「建平」を承けたものであり[20]、また沮渠氏北涼流亡政權はその制度から政治傳統までみな河西北涼政權の流れをくみ、後の闞・張・馬・麴四氏の王國の制度設計や政治傳統とは違うものであって同列には語れない。それゆえ「正統」か否かの點からいえば、「高昌大涼政權」や「沮渠氏高昌郡國」という表現は、やはり受容しがたい。この問題に關して斷言してしまうことは簡單だが、しかし古今の知識に精通した上でなければならない。臺灣を例にとってみよう。中華民國政府は臺灣に亡命しても「中華民國」と稱したのは、沮渠氏北涼政權が高昌に流亡しても「涼」や「大涼」と稱したのと同じである。臺灣の「中華民國」を「臺灣國」とすることには、大陸・臺灣の雙方ともに絕對に同意できないのと同じように、北朝も沮渠氏北涼流亡政權も高昌の「涼」・「大涼」を「高昌國」と稱することに同意できないのだ。では、「臺灣中華民國政權」や「中華民國臺灣政權」と稱するのは可能だろうか。明らかに、大陸・臺灣のいずれも絕對に同意しないだろう。なぜなら、それは形を變えた新しい「臺灣國」だからだ。同じ道理で、「高昌大涼政權」や「沮渠氏高昌郡國」と稱するのも、變化した「高昌國」であるがゆえに、北朝・沮渠氏北涼流亡政權どちらの立場からもともに承服できない。これは「正統」・「非正統」の大問題にまで波及することなのでなおざりにできないことである。

三　闞氏、張氏王國の王令の形式

沮渠氏北涼流亡政權の後、麴氏王國の前に、闞・張・馬の三氏の王國があり、闞・張の二氏の王國の時期は吐魯番で文獻が出ており、王令の形式をうかがい知ることができる。

（一）闞氏王國の傳令制度

闞氏王國の下令文獻はまだ發見されていない。傳令文獻が２件だけあり、形式が異なっている。

（１）「永康十七年（482）三月廿□日殘文書」（圖文一、117頁；文獻編年、136～137頁）（圖２）

本件は２片に切れていて、存文は７行、首尾をほぼ備え、中間の文字はつながらないが、釋文は以下のとおりである。

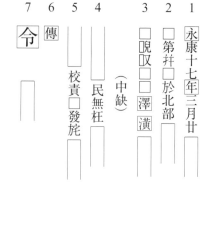

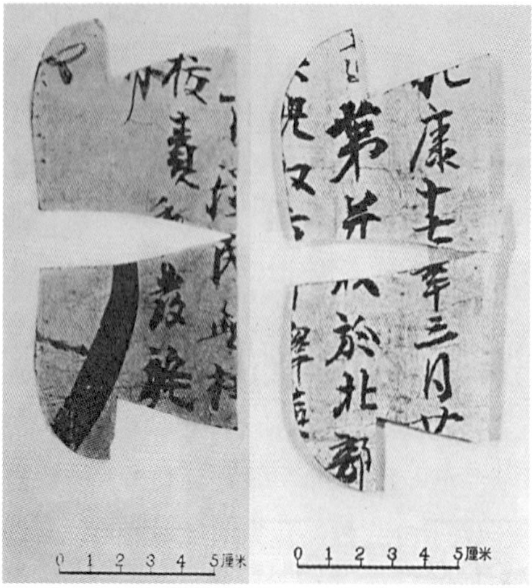

1 永康十七年三月廿□
2 □第幷□於北部□
3 □□兒□又□□澤漬□
（中缺）
4 □民無枉□
5 □校責□發旋□
6 傳
7 令□

圖 2　永康十七年（482）三月廿□日殘文書

本件は内容から考えて、某人が耕作地の問題のために當時の高昌王闞伯周に訴えた文書である。第 1 行冒頭の「永康」は柔然受羅部眞可汗の年號であり、闞伯周が高昌王だった時に施行したもので、もともとの解題に説明が附されている。第 2 行の「北部」は後漢において縣が屬する五部の一つであった。『後漢書』巻二五「卓茂傳」注引『續漢志』に、「郡監縣有五部、部有督郵掾、以察諸縣也。」とあり、高昌郡は闞・張二氏の高昌王國時代にもずっと用いられた。吐魯番出土文獻にはこの時期の「東部督郵」・「西部平水」・「中部督郵」等が見られる。第 3 行の「澤漬」はもとは缺文であったが、私がここで殘筆をもとに補釋した。それぞれ耕作地の呼稱で、吐魯番出土文獻には比較的よくみられるものである(21)。第 6 行の「傳」の字ももとは缺文で、これも私が殘筆をもとに補釋した。第 7 行は太筆大文字の「令」で、墨色からして別筆であるかどうかは定かでない。この點は注意に値する。解題では「令」の下に墨筆の批字の殘跡と勾勒がある、とする。ただし圖版では、勾勒は太筆ではっきりしているが批字はあまり鮮明ではない。この勾勒は高昌王闞伯周の「畫」いた「諾」であろう。

吐魯番出土の高昌郡時期の文書における勾勒の意義に關して、唐長孺氏が主導した「吐魯番出土文書整理組」は、高昌郡太守の「畫」いた「諾」ではないかとした(22)。その後、柳洪亮氏が研究を進め、公文書における勾勒は、明らかに太守がチェックした時に描いたものであり、「畫諾」と同等のものである、と結論づけた(23)。私は長沙吳簡の「畫諾」問題を研究した折、柳洪亮氏の上述の考えに贊同し、更に當時は郡太守が「畫諾」するのみならず皇太子・宗室藩王及び州刺史・縣令長など地方各レベルの行政長官も皆、「畫諾」の制度があったと指摘した(24)。本件は闞氏王國時期の公文書とされ、その中の勾勒は闞氏高昌王の「畫」いた「諾」ということになる。注目に値するのは、當時の宗室藩王の「畫」くところの「諾」は、「鳳尾」の形を意圖して描いており、これを「鳳尾諾」という[25]。この「鳳尾諾」の特徴は「尾」があることであり、「尾」は勾勒の形狀と非常によく似ている。この點から推測するに、勾勒は「鳳尾諾」の符號化であろう。

本件はその形式からして、「辭」に屬する性質のもので、前の高昌郡時代の「辭」と後の麴氏王國時代の「辭」とに繼承・發展の關係を持っている。

高昌郡時代の「辭」は、吐魯番からの出土は多く、最も集中しているのは關尾史郎氏が「翟彊文書群」と呼ぶところの「辭」を主とする公文書の1グループである。惜しむらくは首尾の揃ったものが少なく、形式をうかがい知るのは難しいことである[26]。わずかに1件、「緣禾六年（437）二月廿日闞連興辭」（新文書、9［文］・392［圖］頁；文獻編年、113～114頁）（圖3）だけが首尾を備えている。本件は4行を存し、釋文は以下のとおりである。

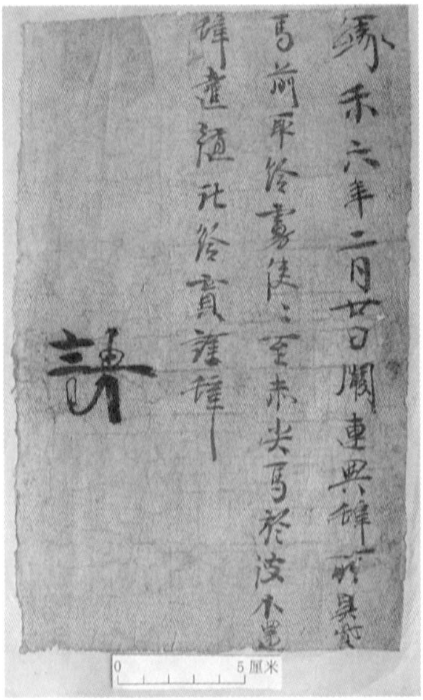

圖3　緣禾六年（437）二月廿日闞連興辭

1 緣禾六年二月廿日、闞連興辭：所具貲
2 馬、前取給虜使。使至赤尖、馬於彼不還。
3 辭達、隨比給賈（價）。謹辭。
4 諛[27]

本件の内容からみて、闞連興が自分の資金で養っていた馬が徴用されて返ってこないことに對し賠償を要求する文書である。その具體的な形式は、(1) 辭の時（年號＋年數＋月日）を述べ、(2) 辭の本人の身分と姓名を述べ（下文に引く『養老律令』辭式では辭の本人の姓名の前には「位」字があり、それは身分を指している。同墓出土の《民杜犢辭》に見える「民」字もまた身分である）、(3) 辭の内容（「辭」でもって始め、「謹辭」で終わる）を述べ、(4) 管轄の官員のサイン、である。この管轄官員の「諛」は、吐魯番出土高昌郡時期の文獻中では5件見られ、本件以外は（1）「建□某年兵曹下高昌横截田地三縣符爲發騎守海事」、サインする官は「校□□簿」（圖文一、67頁）、すなわちこれは「校曹主簿」、（2）「兵曹行罰幢校文書」、サインする官は「主簿」（圖文一、71頁）、（3）「兵曹條次往守海人名文書」、サインする官は「校□□□」（圖文一、73頁）、これもまた「校曹主簿」、（4）「相辭爲共公乘芆與杜慶毯事」、サインはやはり「諛」ただ1文字（圖文一、105頁）、である。これら5つの文獻のうち本件と「相辭爲共公乘芆與杜慶毯事」だけが同じ性質を持ってどちらも「辭」であり[28]、サインも同じ「諛」1文字であるのは、偶然の一致ではなく制度によるものである。この「諛」の時の官は校曹主簿であろう[29]。「校曹」とは沮渠氏北涼が遠く孫呉の置いた官を受け繼ぎ、高昌郡後期から高昌國前期まで門下系統に屬して公文書の審査修正と傳達を職掌としたことが分かっている[30]。本件の「緣禾六年」は闞爽政權の統治の時期に屬するとはいえ、その法令制度はやはり沮渠氏北涼以來のものを繼承している。本件と「相辭爲共公乘芆與杜慶毯事」はどちらも校曹主簿の「諛」という審査のサインを受けてはいるが、傳達するかどうかは不詳で、長官による批示も未だなく、また處置についての意見を提議していることから、これはまだ最終的には完成していないようである。これから推測すると、「永康十七年（482）三月廿□日殘文書」の具體的な形式は、（1）辭の時（年號＋年數＋月日）を述べ、（2）辭の本人の身分姓名を述べ、（3）辭の內容を述べ（「辭」で始め、「謹辭」で終わる）、（4）傳令の者の職官・姓名（「謹辭」の下に續けて書く）、（5）「傳令」の2字（この2字は同じ行ではなく、それぞれ改行擡頭する）及び令文、（6）高昌王の決裁の「畫諾」、となるであろう。この種の「辭」に見られる傳令の形式を、本論では「傳辭令」と呼ぶこととする。麴氏王國時代の「辭」と闞氏王國時代の「辭」とにはどんな關係があるかは、後述に任せここでは觸れないでおく。

高昌郡時期の「辭」の持つ意味に關して祝總斌氏が最も早くに解釋しているのだが、しかし氏は辭の性質を訴訟における釋明や供述だと考えており、一部分だけをもとに全體を考えてしまったようである[31]。「辭」は多くの意味を含むが、高昌郡時期の「辭」にはおおよそ2種類ある。一つは訴訟であり、一つは告知である。訴訟のみではないことをはっきりさせておきたい。特に注意せねばならないのは、「辭」は元來公文書の一種であるという點だ。日本の『養老律令』の公式令第十五「辭式」條には形式について以下のように述べている。

辭式
年月日位姓名辭（此謂、雜任初位以上、若庶人稱本屬）
其事云々。謹辭。
　　右內外雜任以下、申牒諸司式。若有人物名數者、件人物於云々前。

ここの「辭式」の形式は、主管する官員のサインの前に限って言えば、見て分かる通り、前述の「辭」の形式と完全に一致している。主管する官員のサインの後ろは、等級（縣・郡・州・王國等）の違いによってであろうが、いささか變化がある。『養老律令』記載のこの「辭式」は、唐代の律令を基としたもののはずで(32)、唐代の雜任と庶民が用いるものである(33)。そして唐代の律令はそれ以前からのものに則り繼承している。吐魯番出土の高昌郡から高昌國に至る時期の「辭」も確かにすべて、雜任と庶民が官府に提出した各種の申請書である。そうしてみると、池田溫氏が麴氏高昌國時代の「辭」の性質は「申請書」である（池田1984、279～280頁）と考えたのは、非常に正確だったといえる。川村康氏の見解も概ね一致している（川村1987、191頁）。私の意見もおよそ同じく、また私はかつて出納辭令の基本的な書式に對して概略を述べ解說した(34)。本閒寛之氏の意見もだいたい同じで、「辭運用模式圖」を作り、出納辭令の基本的書式について更に明らかにした（本閒1997、10頁）。

（２）「闞氏王國（460～488）主簿張綰等傳供帳」（圖文一、122頁；文獻編年、138頁）

本件は17行を存し、前部・中部は缺くが、最後の２行は裏面に續けて書かれており、そのうち二つは明らかに「傳令」であり、釋文は以下のとおりである。

3　□□出行緤卌匹、主簿張綰傳令：與道人曇訓。

15　□□張綰傳令：出疏勒錦一張、與處論無根。

本件は内容から見ると、供與する緤・錦等の織物の帳簿を主簿張綰等が傳令するものである。その中で左に始まり錢を得る人名があるのだが、それはまた1997年洋海１號墓出土の「永康年閒（466～485）供物・差役帳」（新文獻、129～145頁）にも見える。本件には様々な人物が登場する。錢伯泉氏はすべて柔然の使者であると考えている(35)。王欣氏はすべて柔然人と考える(36)。榮新江氏は、柔然の使者が主要なものであろうがその他の地方からの使者である可能性も排除できない、とした上で、中でも道人曇訓の受供した額が最も多く、あるいは柔然の國師といった一流の人物であるかもしれない、とする。また、この中の「處論無根」と1997年洋海１號墓出土の「永康九年・十年（474・475）送使出人・出馬條記文書」中の「處羅幹無根」とを比較檢討できる、とも指摘する(37)。羅新氏は「處論」は柔然の官號、「無根」が柔然の人名であると論述している(38)。張綰が任じられている主簿とは、やはり校曹主簿であろう。行緤・疏勒錦を供給する闞氏高昌王の令を傳える必要性からみて、道人曇訓・處論無根は一般の人民ではなく、柔然の使臣であると考えて問題あるまい。

「帳」に見うけられるこの種の傳令の形式は、本論では「傳帳令」と呼んでおく。ただしこの種の「傳帳令」にはいまだ定まった書式が成立していないようで、隨意性がある。例えば、15行目の「張綰傳令：出疏勒錦一張、與處論無根」の形に従うなら、３行目の「出行緤卌匹、主簿張綰傳令：與道人曇訓」は「主簿張綰傳令：出行緤卌匹、與道人曇訓」としても良いのである。この類の「傳帳令」が傳えるのは概ね高昌王の口令であり、書式が定まっていないのである。

（二）張氏王國の傳令制度

張氏王國には傳令制度があるが、唯一見えるのは「建初二年（490）九月廿三日功曹書佐左謙奏爲以散翟定□補西部平水事」（圖文一、86～87頁；文獻編年、142～143頁）（圖４）である。六行を存し、首尾を備えており、釋文は以下のとおりである。

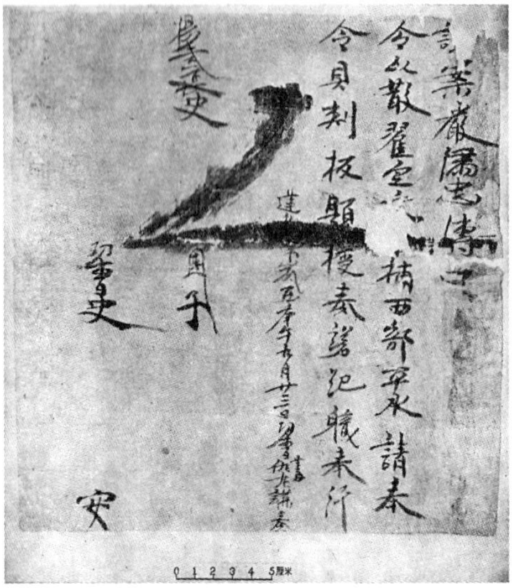

圖４　建初二年（490）九月廿三日功曹書佐左謙奏爲以散翟定□補西部平水事

1　謹案：嚴歸忠傳口
2　令：以散翟定□□補西部平水。請奉
3　令具剌板題授、奏諸紀職（識）奉行。
4　　　建初二年歲在庚午九月廿三日功曹書佐左謙奏
5　揚武長史　　來　子
6　　　功曹史　　安

本件の「建初」年號の歸屬についてはかつて多方面での研究を引き起こしたが、最終的には張氏王國のものとされ、これはすでに定説なのでここで多くは說かない(39)。本件の前４行は功曹書佐左謙の上奏した文である。公文書が「書佐」によって起草されている點は、前掲『隋書』百官志上に言う「相以下、公文上事、皆詣典書」とほぼ一致する。「奏」と稱することからみてその對象は當時の高昌王張孟明のはずであるが、前掲『隋書』百官志上に諸王公侯國の官は「有所陳、皆曰 上疏。其公文曰 言事。」とあるのとは合わない。奏文は「謹案」で始まり續けて嚴歸忠の傳える口令を記す。前後にふたつの「令」の字を改行擡頭してあり、いずれも平闕式をとっており、この令が高昌王張孟明の下したものであることを示している。令文は「以散翟定□□補西部平水」の僅か11字のみである。祝總斌氏は、「請奉令」、つまりあなたの命令を私が執行することに對する許可を請う、という意味である（祝1983、470頁）、とする。「具剌板題授」とあるが、前に觸れた「版授」が「板授」である。祝總斌氏は「奏諸紀職（識）奉行」は「もしこの奏があなた様の畫諾を得たなら、管轄の人員に公文書へ記錄させ執行させることを請います。」との意だと考える（同前）(40)。高昌は乾燥し少雨なので用水はつねに重大事である。高昌郡時期に「守水」事業は軍事との關係が密接であった。「平水」官の補任に揚武長史の決裁を經ねばならないのは、道理である[41]。また、任免は功曹の職掌なので「平水」官を補任するにも功曹史を經ねばならないのもまた當然である。更に、本件中上部にある太筆の勾勒は、「奏諾紀職(識)奉行」云々によった高昌王張孟明の「畫諾」と考えられる。日本『養老律令』の公式令第三「論奏式」條謂年月日等の後に「御畫」とあるのが參考になる。

「奏」に見られるこういった傳令の形式について、本論では「傳奏令」と呼んでおく。本件で最も重要な點は、「傳」が「口令」であることが明記されている點だ。實際には、凡そ「傳令」において「傳」えられるのはすべて「口令」で、本件には「口」字が殘り他の公文書には「口」字が省略されているだけのことである。中央の王朝では常に皇帝の「口諭」を「傳」える制度がある。地方の王國の國王の「口令」を「傳」える制度は、それらに源をもつものであろう。

四　麴氏王國の王令の形式

麴氏王國の王令といえばまず想起するのは、序言で觸れた『隋書』高昌傳に載せる、高昌王麴伯雅が「解辮削衽」を實行する爲に「下令國中」した改革令である。この他には、『大慈恩寺三藏法師傳』卷一記載の高昌王麴文泰が唐僧玄奘を送迎する爲に伊吾や國內および西域諸國に發した諸々の「敕」がある。これらの敕文は『大慈恩寺三藏法師傳』には記載が無いので、その形式を窺い知ることはできない。しかし改革令の文は『隋書』高昌傳に完全に保存されており、平闕式に則って復元すると以下のようになる。

［令］：夫經國字人、以保存爲貴。寧邦緝政、以全濟爲大。先者以
　　國處邊荒、境連猛狄、同人無咎、被髮左衽。今
　　大隋統御、宇宙平一、普天率土、莫不齋向。
　　孤既沐浴和風、庶均大化、其庶人以上、皆宜解辮削衽。
　　　　　　　　　　　　　　　［延和十二年某月某日］

その中で、麴伯雅が「孤」と自稱し、これは後述する２件の追贈令でも同樣で、これは興味深いことである。麴伯雅が自稱する「孤」は前揭「追贈且渠封戴敦煌太守令」で沮渠安周が自稱する「余」とは言葉の概念が異なる。「孤」は、前揭『隋書』百官志上で諸王公侯が「自稱皆曰寡人」とあるのと同じ概念で、皇帝の存在を前提とした語である。『孟子』梁惠王上「寡人之於國也」條趙岐注に「王侯自稱孤寡。」、『呂氏春秋』君守の「君民孤寡」條高誘注に「孤寡、人君之謙稱也。」とあり、「稱孤道寡」とは、「孤」と「寡」は意味が同じで通用することを示している。

吐魯番出土の麴氏王國時代の文獻史料は比較的豐富で、麴氏王國の王令の形式について明らかにされた部分は多い。本開寛之氏は、麴氏王國の「文書行政」は上行文書２種：「辭」・「奏」、下行文書１種：「符」というように三分できる、とした（本開2003、22～29頁）。麴氏王國の王令とは、高昌王の名で直接「令を下」した「解辮削衽」に

關する改革令や追贈令を除けば、「文書行政」に關係する「傳令」であり、それには先述した傳辭令・傳奏令・傳帳令のほかに傳符令がある。

（一）追贈令

吐魯番出土の麴氏王國時期の墓磚には、死者の卒後の追贈官號が多く記されている。最も早い「章和七年（537）張文智墓表」の「追贈建威將軍・吏部郎中」や、その二十數年後の「建昌四年（558）張遁墓表」の「追贈淩江將軍・屯田司馬」(42)など約40點あるが、追贈令は以下に紹介する2件のみである。

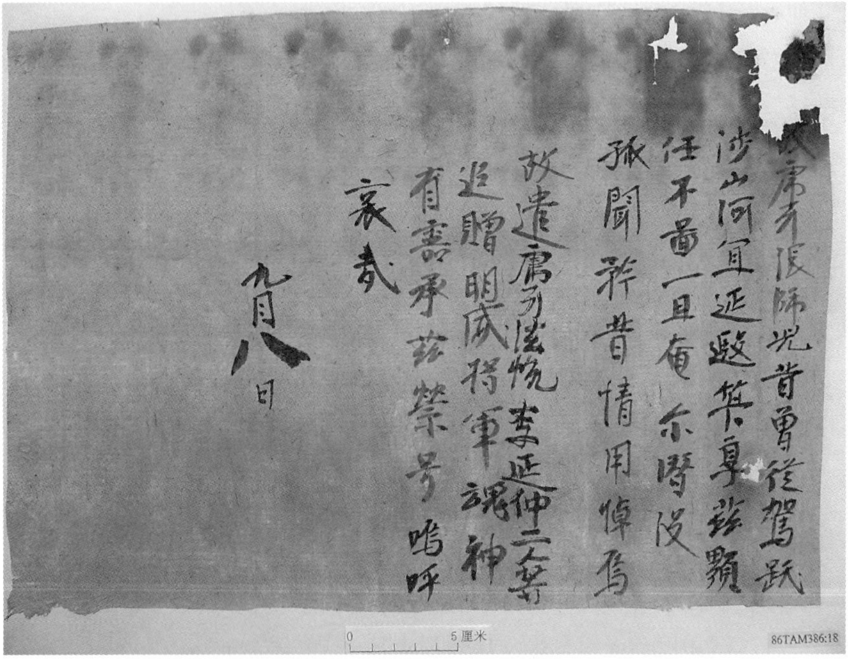

1 令：故虎牙張師兒：昔曾從駕、躍
2 涉山河、宜延遐算、享茲顯
3 任。不圖一旦奄爾潛沒、
4 孤聞矜昔（惜）、情用悼焉。
5 故遣虎牙法悅・李延仲二人等、
6 追贈明威將軍。魂神
7 有靈、承茲榮號。嗚呼
8 哀哉。
9 九月八日。

圖5　延和十八年（619）九月八日追贈張師兒明威將軍令

（1）「延和十八年（619）九月八日追贈張師兒明威將軍令」（新文書、49［文］、417頁［圖］）（圖5）

本件は9行を存し、首尾を備え、釋文は先のとおりである。

本件は1986年に吐魯番アスターナ386號墓で出土し、紀年は無い。同時に出土した(1)延和十八年（619）九月六日「張師兒隨葬衣物疏」では、張師兒について「今於田地城內奄梗命終」と記し、(2)延壽十四年（637）五月二日「張師兒與妻王氏墓表」では「追贈明威將軍」とある(43)ので本追贈令の「九月八日」は、延和十八年（619）の九月八日であろう。本追贈令の形式と語句の使い方は、前掲「追贈且渠封戴敦煌太守令」と大同小異である。ただ「令」の字は頂格して高くはみ出し「孤」の字は改行擡頭する點で、「追贈且渠封戴敦煌太守令」よりも更に傳統的な儀禮に適っている。

孟憲實・姚崇新の兩氏はかつて張師兒は義和政變の政權の官員であるとし、衣物疏と墓表にある延和年號はすべて延壽年閒の追記と重ね書きであると考えた(44)。張銘心氏はこの意見に完全には贊同しない。彼は墓表が延壽年閒の重ね書きであることには同意するが、衣物疏は延和十八年九月に埋葬する際に書かれたものだとし、追贈令中の「昔曾從駕、躍涉山河」云々は麴伯雅が隋に入朝したのにつき從ったことを指すから、追贈令は麴伯雅復辟政權の時に出されたことを示しており、張師兒が復辟政權の官員である、とした。また彼は、張師兒が田地城で沒したのは延和十八年九月八日より前であると推測し、田地城は既に麴伯雅復辟政權によって占領されており、「重光復辟」とは一つの「局部的勝利」を言ったものだ、と考えた(45)。これは肯定し得る考えである。

（2）「重光三年（622）後追贈宋懷兒虎牙將軍令」（圖文一、380頁；文獻編年、268頁）（圖6）

本件は9行を存し、首尾を備え、釋文は次頁のとおりである。

本件は1966年に吐魯番アスターナ50號墓出土である。形式は前掲「追贈張師兒明威將軍令」と同じであり、「令」字はやはり頂格して飛び出し、「孤」字は改行擡頭し、日付の「四」の字は明らかに別筆である。語句の使い方も前掲「追贈張師兒明威將軍令」と更に近い。

孟憲實氏は麴氏王國の追贈制度について緻密な考察を行い、多くの非常に建設的な見解を明らかにした。この2件の追贈令については、最後の日付は別筆であり、これは令文の形式の最後の決まりで、國王の自筆ではないかと思われる。唐朝の文書制度には皇帝による「御畫日」があったとし、更に、この2件の追贈令は、追贈令がいずれの部署により完成されたのかに關しては記載が無いとは言え、前掲「追贈且渠封戴敦煌太守令」の末尾に「起尙書吏部」とあるのを參考にすればこの追贈の業務も麴氏王國においてもやはり吏部によって處理された可能性が高い、としている(46)。この二つの見解はどちらも高い見識を備えている。麴氏王國の2件の追贈令はいずれも、「令」字が頂格して高く飛び出し、「孤」字は改行擡頭し、最後の日付は別筆であるこ

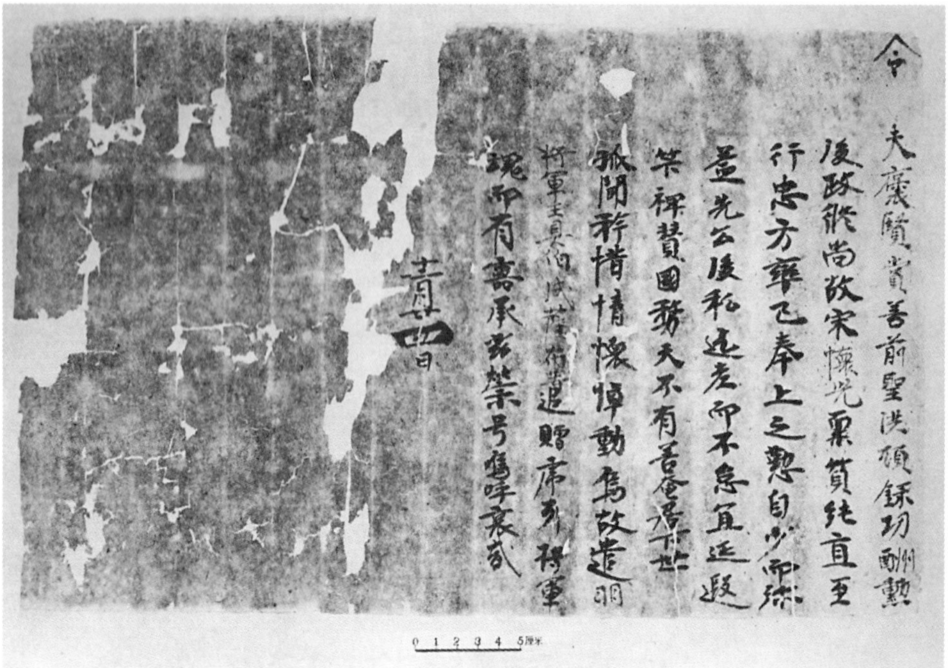

1 令：夫褒賢賞善、前聖洪願：錄功酬勳。
2 後政修尚。故宋懷兒稟質純直、至（志）
3 行忠方、率己奉上之懃、自少而彌
4 益、先公後私、迄老而不怠。宜延遐
5 算、裨贊國務；天不有（祐）善、奄居下世。
6 孤聞矜惜、情懷悼動（慟）焉。故遣明［威］
7 將軍王具伯・成薩布等、追贈虎牙將軍。
8 魂而有靈、承茲榮號。嗚呼哀哉。
9 十二月廿四日。

圖 6　重光三年（622）後追贈宋懷兒虎牙將軍令

とが見てとれる。「追贈且渠封戴敦煌太守令」の「令」字は頂格せず、「余」字は改行擡頭せず、最後の日付は別筆ではない。麴氏王國の追贈令の形式は沮渠氏北涼流亡政權の追贈令の形式とは異なっており、この二者の間に直接的な淵源關係は無い、と考えることができる。先に、沮渠氏北涼流亡政權は制度設計から政治傳統までみな河西北涼政權と相通じ、後の闞・張・馬・麴四氏の高昌王國の制度や政治傳統とは異なっており同列に語れないと述べたが、ここにも更にまた一つの論據を得ることとなった。

この他に、本間寛之氏もまたこの2件の追贈令を研究した。しかし彼は國家と人民の關係という角度からこれらの追贈令を研究した。張師兒の追贈令には生前の官號が記載されるのに対して宋懷兒の追贈令にはそれが無いことに注目し、宋懷兒は生前は官職に就いていなかったのだろうと考え、また當時、生前の官の有無により追贈の待遇に差がある（本間2006、77～80頁）と考察した。

（二）傳辭令

吐魯番出土の麴氏王國時期の傳辭令の「辭」の文書は少なくない。本間寛之氏が制作した「麴氏高昌國時代の辭一覧表」は、8件を収錄する（本間1997、4頁）。出土が最も早かったのは、記者李帆群が1947年に得た「重光二年（621）正月十九日張養子辭」である(47)。ただし發表の時には圖版が附されておらず、釋文に幾つか問題があり、復元するのが非常に難しい。現在のところ最も良い復元は本間寛之氏が入念に行ったものだが、しかしその中にも誤った文字と不確定な文字がある（本間1997、11～12頁注⑨）。私の理解に基づき標點を加えたものを以下に掲げる。

1　重光二年辛巳歳正月十九日、張
2　養子辭：子年向秋方、氣力憡弊、怖惟
3　聖顏、特乞入養、伏願聽許。謹辭。
4　　　　　　行門下事侍郎高衆　傳
5　令　聽入養

本件の第3行の「願」はもとは「顚」と釋していたが、改める。第3・5行の「入養」の「養」はもとは「尨」とされているが、補釋する。「入養」の「養」と「張養子」の「養」は同じ字であるのに、李帆群はなぜ判斷できなかったのだろう。張養子という人名は、「延昌卅六年（596）前入作人・畫師・主膠人等名籍」（圖文一、282頁；文獻編年、214頁）と「延和三年（604）四月廿日前後將保謙等所領人名籍」（圖文一、352頁；文獻編年、230頁）、「畫師」のカテゴリーに屬する人物であるようだ(48)。本件の「秋方」は晩年をさす。「憡弊」は衰弱を言う。「入養」は家に戻る、すなわち養う、の意味である。近年出土した「高昌延昌四年（564）某人辭爲入養事」（新文獻、285頁）では、損傷が甚だしいものの、最後の太筆大字の「令」は別筆でその下に「聽入養」の3文字が續いているのが非常に鮮明で、これと比較検討することができる。

吐魯番出土麴氏王國時代の傳辭令の「辭」文書で、最も重要視されているのは以下の２件である。

（１）「延昌六年（566）□月八日呂阿子求買桑葡萄園辭」（圖文二、140頁；文獻編年、171頁）（圖７）

本文は６行を存し首尾を備え、釋文は次頁のとおりである。

（２）「延昌十七年（577）正月十七日史天濟求買田辭」（圖文二、141頁；文獻編年、181～182頁）（圖８）

本文は６行を存し首尾を備え、釋文は次頁のとおりである。

この２件の「辭」文書の圖版はいずれも1975年に初めて發表され、當時は前後の順序が逆で、それぞれ「史天濟請取永業田辭」と「呂阿請買葡萄園辭」（新疆文物、68・69號、42頁）と名付けられていた。いずれも、耕作地を買い求めるために當時の高昌王麴乾固に對して申請を提出した辭である(49)。前者の第４行の「殿下」という呼稱は前揭『隋書』百官志上の言うところの「境內稱之曰殿下」と符合し、正統な王國の公文書の形式に則っている。ここの「殿下」と後者第４行の「聖顏」はどちらも改行擡頭している。これは平闕式に則したものである。第５行では傳令する者の職官・姓名と「傳」字を１行に書く。前揭「永康十七年（482）三月廿□日殘文書」第６行の「傳」字が改行擡頭し、傳令者の職官・姓名をおそらく第５行の下に續けるのとは、その點で異なっている。この２件の文書の傳令者は「中兵參軍」と「門下校郎」というように異なっている。私はかつて、麴氏王國の中央において出納審査機構は文・武の二つの機關に分かれており、文は門下機關、武は中兵機關であると指摘した（王1989、42～45頁）。ここの「門下校郎」と「中兵參軍」は、まさしく門下機關と中兵機關にそれぞれ屬す。第６行は太筆大字で「令」とあり、どちらも別筆である。その下に「聽買取」３字の令文が續く。內容はほぼ同じで形式もほとんど一致している。

しかしながら學界ではこの二つの求買田園辭の形式については様々な異なる解説がなされてきた。

最も早くに史天濟が田を買うことを求める辭を釋文し標點を加えたのは馬雍氏で、「傳令」の２行を續けて讀み、「傳」するところを「令」と爲すと彼が考えたことを示しているが、これは彼の他には無い（馬1976、161頁）。

池田溫氏はやや遲れてこの２件の求買田園辭に釋文を作り標點を加えたが、その「傳令」の２行の釋文・標點はそれぞれ（1）「中兵參軍智壽傳。合聽買取」、（2）「□下校郎高慶傳。合聽□□（取）。」とした（籍帳研究、102・103號、308・309頁）。その後あまり時を經ずに、池田溫氏は「合」を「令」に改めたが、しかし標點は從來のまま改めなかった。彼は、「殿下」は「高昌王ないし太子」を指すと解釋した。「傳」は「傳達」の意味とし、「令聽買取」は「購入を許可する。可（よろしい）」の意味であり、「令」字は別筆でおそらくは「殿下の裁決」であろう、と解釋した（池田1984、279～280、295頁注㉜）。池田溫氏が、「令」字が別筆であることを「殿下」と關係づ

1 延昌六年丙戊□□□八日、呂阿□
2 辭：子以人微、產□尠少、見康□
3 有桑蒲（葡）桃（萄）一園、□求買取、伏願
4 殿下照茲所請、謹辭。
5 中兵參軍張智壽　傳
6 令　聽買取。

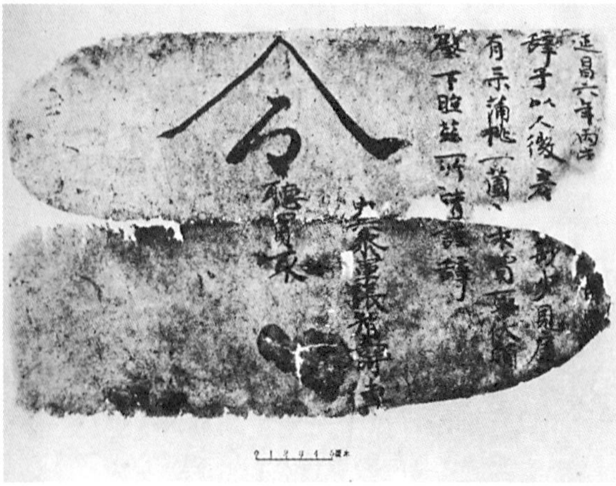

圖 7　延昌六年（566）□月八日呂阿子求買桑葡萄園辭

1 □□□七年丁酉歲正月十七日、史天濟辭：濟［　　　］
2 □□薄、匱乏非一、今見任苟蹄有常田少畝於外、［　　　］
3 □□惟
4 □（聖）顔、矜濟貧窮、聽□□（買）取、以爲永業、謹辭。
5 □（門）下校郎高慶　傳
6 令　聽□（買）□（取）。

圖 8　延昌十七年（577）正月十七日史天濟求買田辭

けて解釋したのは卓見であった。ただし「傳」の下に句點をつけ「令」と切り離したのは、この「傳」える內容は前の「辭」であり、後ろの「令」ではないと考えたからで、その點は問題であろう[50]。その他、「令」については皇帝が「畫可」する「可」だと理解しており、傳統的な制度と合わないと言えよう。

荒川正晴氏もこの2件の求買田園辭について釋文を作り標點を加えたが、彼は「傳令」2字は分斷せず、「傳」える內容は後ろの「令」であると考えているので、解釋が池田溫氏のものとは異なるのは明らかである（荒川1979、80〜81頁）。

唐長孺氏は吐魯番出土の左佛得・康保謙・張元相等の買賣田園券（圖文一、337頁；圖文二、23・195頁）と呂阿子・史天濟・呂浮圖の求買田園辭（圖文二、142頁）をあわせて考察して、荒川氏同様にやはり「傳」える內容は後ろの「令」だと考え、更に、高昌には田園賣買活動があり、契券の內容からはどのような條件の制限があるのかは見て取れないが、（呂阿子・呂浮圖の）文書からは當時の田園賣買には高昌王の認可が必要であったことが分かる、としている（唐1982、326〜327頁注①）。

川村康氏は「傳令」の2字を分けるか否かは判斷し難いと考えているようで、この2件の求買田園辭について釋文を作ったが標點は加えず、この問題には意圖して踏みこまなかったようだ（川村1987，183〜184頁）。

姚崇新氏は史天濟の求買田辭を引いて、末尾に「令、聽買取」という國王の朱批がある、として[51]、最も早くに麴氏王國の「辭」文書中の「令」は國王の決裁だと考えており、これは間違いなく非常に正しい判斷である。ただし「令、聽買取」4字全てが國王の「朱批」であるとするのは、問題がある。「令、聽買取」の4字はいずれも朱筆でなく、また「聽買取」3字は「令」と別筆でないからである。

白須淨眞氏もこの2件の求買田園辭に釋文を作り標點を加え、「傳令」の2字を分斷せず、誤解を避けんがために、特別に日本語譯まで附けている。(1)「中兵參軍の張智壽が、“[王の] 令（すなわち)、買い取りを聽せ。” を傳える」、(2)「□（門）下校郎の高慶が、“[王の] 令（すなわち)、買い取りを聽せ。” を傳える」と譯している。明らかに、「傳」える內容は前の「辭」ではなく、後ろの「令」と考えている。また、「令」の字は別筆であり高昌王による「親畫」だと指摘している（白須1997、143〜144頁）。

本閒寬之氏は辭およびその構成・辭の作成過程・辭の運用の三つの觀點から、麴氏王國の辭と文書行政について包括的な研究を行った。その中で、前揭『養老律令』所載の「辭式」に基づき、呂阿子の求買園辭を見本として辭の形式について「モデル化」を行った。彼も「傳」える內容は前の「辭」ではなく後ろの「令」であると考えていることが見て取れる。更に、彼は「令」以下は高昌國王の「判斷」だと考え、それゆえ「辭」を「判辭」と名付けるべきだとした。（本閒1997、3〜5頁）。また、彼は以前に作った圖表に「令」の傳達過程を反映した（本閒2003、32頁）。

麴氏王國時代の傳辭令は、前述の闞氏王國時代の傳辭令と比較すると、形式は完全に同じというわけではない。具體的に言えば、(1) 時間を述べ (年號＋年數＋月日)、(2) 辭の本人の身分姓名を述べ、(3) 內容を述べる (「辭」で始まり、「謹辭」で終わる)。以上 3 つのルールは二者に共通である。(4) 傳令する者の職官・姓名について、麴氏王國は一行に獨立して書くが、闞氏王國では「謹辭」の下に續けて書く。(5)「傳令」の 2 字を特別に書く。この 2 字は別々の行とする。麴氏王國の「傳」字は傳令する者の職官・姓名の下に書き、闞氏王國の「傳」字は改行擡頭する。二者の「令」字はどちらも太筆大字で改行擡頭する。(6) 令文については、麴氏王國では令文が書かれており、それは別筆ではなく書吏がまとめて書き寫しているが、闞氏王國では現在のところ令文が無く、比較が難しい。特に異なっているのは、前述の通り闞氏王國の「令」字は必ずしも別筆ではなく、高昌王の親書ではない可能性が高いが、麴氏王國の「令」字は確かに別筆で、これは高昌王の親書であろう。

他にも 1 點、異なっている點がある。闞氏王國の勾勒は高昌王の親書であるが、麴氏王國では勾勒が無く、これには理由があるに違いない。「傳令」には高昌王による最後の確認が必要であることから推測するに、もし「令」字が高昌王の親書ならば、勾勒も高昌王の親書であり、これでは明らかに重複する。そのため、闞氏王國の勾勒が高昌王の親書なら、「令」字は高昌王の親書ではない方が合理的である。同樣に麴氏王國の「令」字が高昌王の親書ならば、高昌王親書の勾勒が無いのは道理である。そればかりでなく、「傳令」に高昌王の最後の確認が必要ならば、闞氏王國の勾勒は「傳令」と「令文」がみな完成した後に高昌王が親書し、麴氏王國の「令」字は「傳」と「令文」がみな完成した後に高昌王が親書するのだと推測できる。麴氏高昌王の「御畫日」が追贈令の最後の手續きであるのと同樣に、闞氏高昌王が勾勒を書き麴氏高昌王が「令」字を書くのもそれぞれ傳辭令の最後の手續きなのだ。こうしてみると、麴氏王國時代の傳辭令は闞氏王國時代の傳辭令とは形式は完全に同一ではないが、この兩者の閒にはやはり繼承發展の關係があるようだ。

吐魯番出土の麴氏王國時代の傳辭令の「辭」文書は少なくなく、中でも「延壽十七年 (640) 四月九日前後麴季悅等三人辭爲請授官階事」(圖文二、72頁；文獻編年、319頁) は取り上げる價値がある。本件は 7 行を存し、上半分は失われたが、釋文は以下のとおりである。

1 ［　　　　　］麴季悅・麴相岳三人等辭：
2 ［　　　　　］官、加是麴王族姓、依舊法時、若
3 ［　　　　　］卽得異姓上品官上坐、若得內官者
　　　　　　兵馬下
4 ［　　　　　］歲已來、至今盡是白民。今蒙
5 ［　　　　　］依舊階品與官。諸官無一人
6 ［　　　　　］到司馬前頭訴已、司馬許爲
7 ［　　　　　］悕恳（懇？）舊階。請裁。謹辭。

本件は非常に重要である。孟憲實・姚崇新の兩氏は、これは義和政變と重光復辟を一部に反映した辭であると早くから考えた。私も以前、この辭と義和政變と重光復辟との關係を考察したことがある(52)。しかし初めにこの辭の釋文を收錄した『吐魯番出土文書』では、「前缺」・「後缺」の表記が無く、首尾が備わっているものだと考えられたようである（文書四、126頁）。「前缺」の表記が無いのは正しいのだが、「後缺」の表記が無いのが問題である。というのも「謹辭」の後ろに少なくとも2行が失われているはずだからである。1行は「某官某人傳」であり、もう1行は高昌王麴文泰が描く太筆大字の「令」及び書吏がまとめて寫した令文である。

この種の「辭」文書は唐の西州時期まで存在し續けたが、「謹辭」の後ろの「某官某人傳」と高昌王の畫く太筆大字の「令」及び書吏がまとめて書く令文は、地方長官の批示とサインへと變わった。前述の「唐麟德二年（665）牛定相辭爲請勘不還地子事」（圖文二、216頁）がそれである。首尾を備え、8行を存し、釋文は以下のとおり。

1　唐麟德二年十二月　日、武城鄉牛定相辭：
2　　寧昌鄉樊糞塠父死退田一畝
3　縣司：定相給得前件人口分部［田］一畝、逕（經）今五年
4　有餘、從嗦（索）地子、延引不還。請付寧昌鄉本
5　里追身、勘當不還地子所由。謹辭。
6　　　　　　付坊追糞塠過縣
7　　　　　　對當。果　　示
8　　　　　　　　　　十九日

本件は形式の上から見ると、第1行から第5行は辭の時閒・辭の本人の身分姓名・辭の內容を述べ、高昌郡から高昌國時代の「辭」文書と完全に同じである。第6行から第8行の形式では變化が起き、地方長官の「果」という別筆大字による批示とサインとなっている。李方氏はこの「果」を西州高昌縣の縣令あるいは縣丞によるものであろうと考えている(53)。高昌郡から高昌國、更に高昌國から唐西州と、この種の「辭」文書の形式の變化については、今後研究を深める意義の大きい課題である。

（三）傳奏令

吐魯番出土の麴氏王國時代の傳奏令の「奏」文書は少なくない。白須淨眞氏は以前「門下官制機構官員・尙書官制機構官員通判諸官司上奏文書表」を制作し、2グループに分けて16件を收錄した（白須1984、17～18頁）。關尾史郎氏はその後「上奏文書一覽」を作り、3グループに分けて26件を收錄した（關尾2002、411～415頁）。時期はおよそ建昌・延昌・義和・延壽年閒であり、中でもアスターナ48號墓出土の、延昌年閒に兵部が買馬用錢頭數（購入する馬の頭數と金額）を列記し奏行した文書群が最も注意を引く。ただしこの「奏」文書中に「傳令」があるが否かは、論爭を惹起してきた。ここでは「延昌二十七年（587）六月十五日（？）兵部條列買馬用錢頭數奏行文書」

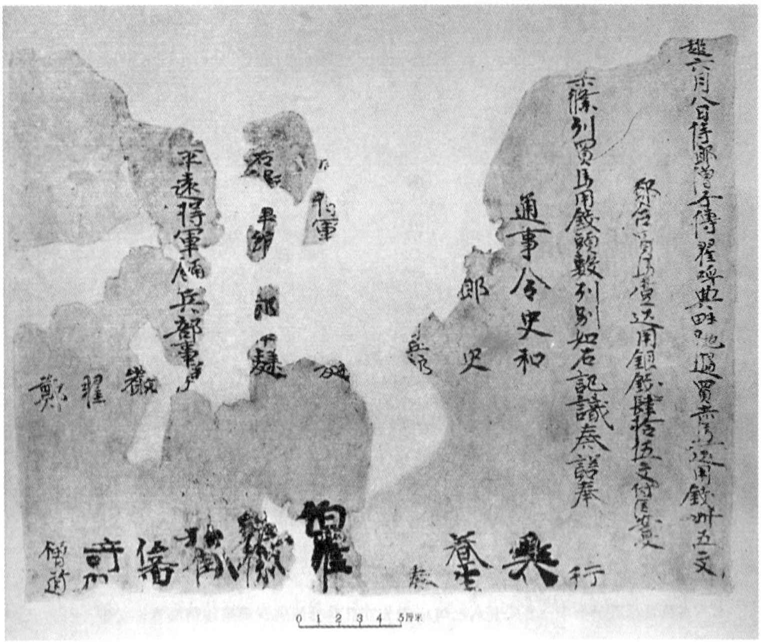

起六月八日、侍郎僧子傳：翟呼典畔陀邊買赤馬一匹、用錢卌五文。
都合買馬壹匹、用銀錢肆拾伍文、付匡安受。
謹案條列買馬用錢頭數、列別如右、記識奏諾奏行。
通　事　令　史　和　　樂
侍　　郎　　史　　養生
延昌廿七年丁未歲六月十五日兵部　奏
中軍將軍高昌令尹麴　伯雅
右衛將軍綰曹郎中麴　紹徽
平遠將軍領兵部事麴　歡
嚴　佛圖
翟　奇乃
鄭　僧道

圖 9　延昌二十七年（587）六月十五日（？）兵部條列買馬用錢頭數奏行文書

（圖文一、339頁；文獻編年、193頁）（圖９）を例に紹介しよう。本件は首尾を完全に備え（釋文も「前缺」・「後缺」の表記無し、文書三、75～76頁參照のこと）、わずかに中ほどの上部に缺損があるものの12行を存し、同類の文書を參考に補った釋文は前頁のとおりである。

この類の奏行文書の形式・用語・淵源・影響について多くの學者が研究してきたが、ここでは紹介しない(54)。祝總斌氏が最初にこの奏行文書の第１行の「傳」字の意味を解釋した。氏は、「侍郎僧子傳」の五字は同墓出土の同類の文書に散見される「傳」字で、カラホト88號墓の西涼建初二年文書「謹案嚴歸忠傳口令」の句を例とすれば傳口令を指し、それは高昌王による口令に違いない、としている。然る後に３點の根據を擧げる。第一は「侍郎」の職掌が高昌王に代わって文書を起草し、時には高昌王の口令を廣く傳えること（祝1983、467頁）である。白須淨眞氏はこの考えについて傾聽に値すると考える（白須1984、66頁補②）。孟憲實氏も贊同している（紹介は後述）。ただし異なる意見もないわけではない。

延昌年閒の兵部條列買馬用錢頭數奏行文書について最も早くに研究したのは、馬雍氏である。彼は別の「延昌二十七年（587）四月廿九日兵部條列買馬用錢頭數奏行文書」（圖文一、338頁；文獻編年、192頁）を引用しており、そこに「傳」字についての解說は無いものの注目に値する。關尾史郎氏はかつて麴氏王國時代の侍郎について考察し、まず、麴氏王國時代の侍郎は門下系統だけでなく尙書系統にもある、と指摘し大きな成果を得、これはすでに定說となっている。加えて、延昌年閒の兵部條列買馬用錢頭數奏行文書における「侍郎僧子傳」については、「僧子」が任じられた「侍郎」はすべて兵部の「侍郎」であると指摘した。また、祝總斌氏が「令」字の有無によらず全て王の口令を傳達するものと解釋したのに對し、文書の形式と傳達する人物からみてその解釋は成り立たないと考えた(55)。關尾史郎氏は他の論文中でも同じ考えを述べているが、それは後述する。本閒寬之氏はこの２件の兵部條列買馬用錢頭數奏行文書を引用して「侍郎僧子傳」に觸れているが、非常に愼重に、口頭の「傳」ではあるまいかと述べるのみである。「奏」文書の傳達過程を反映した圖表においても「傳達者が傳える」とするのみである（本閒2003、22～24、32頁）。「令」字についてはまったく觸れない。明言を避ける必要はないが、これもまた一つの態度であろう。

私自身は關尾史郎氏の見解が合理的であると考える。つまるところ、前掲「延昌二十七年（587）六月十五日（？）兵部條列買馬用錢頭數奏行文書」の「侍郎僧子」と「侍郎史養生」は前者が兵部官員で後者は門下官員であり、兵部の官員は傳令を管轄できず、門下の官員でないと傳令を扱えない、ということがはっきり分かる。殘る問題は、本件にもとづいて麴氏王國時代の「奏」文書中には「傳令」が無いのだと考えてよいのか、という點である。私は、それほど單純なことではないと考える。特に前掲「建初二年（490）九月廿三日功曹書佐左謙奏爲以散翟定□補西部平水事」に「嚴歸忠傳口令」とあり、「奏」文書中に「傳令」があることは明白である。また、孟憲實氏も「奏」文書中に「傳令」があることを主張している。彼はまず上述の傳辭令の辭令形式をもとに、「延昌二十七年（587）七月十五日兵部條列買馬用錢頭數奏行文書」（圖文一、342頁；文獻編年、194頁）の第1行に「起七月一日侍郎僧子傳」とあるのを例に、

アスターナ152號墓出土の一群の文書（前揭の呂阿子・史天濟等の辭か。）は、ある人が辭を上申して國王に土地賣買と租税減免の裁可を求めたことに對して、高昌王が賣買等に同意する令を下した。このように個人の經濟活動にさえ高昌王の裁可が必要とされ、ましてや軍馬の購入といった大事は國王に對して申請せねば更に不可能であった。兵部の奏請報告は、先例に従って裁可された。報告は門下により國王に傳えられ、國王裁可の後、王令もまた門下から兵部に傳達され、王令の内容はおよそ「聽買取」というものであった。王令を傳達する門下官員及び傳令の日時は公文書に記錄され、同時に王令の執行が開始された。本論で論證に引いた文書の第1行の「起七月一日侍郎僧子傳」とはすなわち王令傳達の日時と傳令者とを表している。この二つの内容はただ客觀的に記錄しておくということではなく、兵部が王令を執行するにあたって監督を受ける日時を表している。

と述べている(56)。この後に傳符令の「符」文書を考察し、高昌國の官文書は王令を中心に進行し、以前に考察した上奏文書は國王へと集まった報告であり、國王が決裁して指示を出したのが王令である、とし、他の箇所では高昌國の官文書は、當然王令を中心に進行したのだ(57)、というように「當然」の2字を加え、このことに疑いのないことを强調した。孟憲實氏がこのように確信するのには、氏自身に論據があるからだろう。

吐魯番では「延壽十年（633）前後諸臣條列得破被氈・破褐囊・絕便索・絕胡麻索頭數奏一」（圖文一、429頁；文獻編年、298頁）（圖10）が出土した。前の上部の缺損が大きいものの、21行を存する。ここでは中ほどに殘る門下の地位の署名5行を取り上げ通假字を正字に改めると、釋文は次頁のとおりである。

この5行の門下の位置にある署名は、官名と姓との間に「臣」1字が加わっていること以外にも(58)、注目すべき點が2點ある。1點目は門下の位置にある5つの官名のうち、門下官は1つだけであること、2點目は末尾に3つの「宣」字と2つの「傳」字が見えることである。孟憲實氏は、1點目については門下の位置に見える酒泉令等は門下差遣職の一種の略稱で、「威遠將軍麴」と同様であるとし、2點目については門下の場所の署名の後に「宣」・「傳」の字を加えるのは、これまで未見で、傳はすなわち「傳令」、宣はすなわち「宣令」だが、同欄中に「宣」と「傳」とが混在することの解釋が難しいが、「宣」が前で「傳」が後ろなのは、王令出納の制度の强化が官文書上に具體的に表れているのであろう、と解釋する。孟憲實氏がこのように解釋する根據として、「延壽十年（633）前傳始昌等縣車牛子名及給價文書」（圖文一、428頁；文獻編年、294頁）という別の史料がある。「酒泉令陰世皎宣、門下校郎司空明舉・通

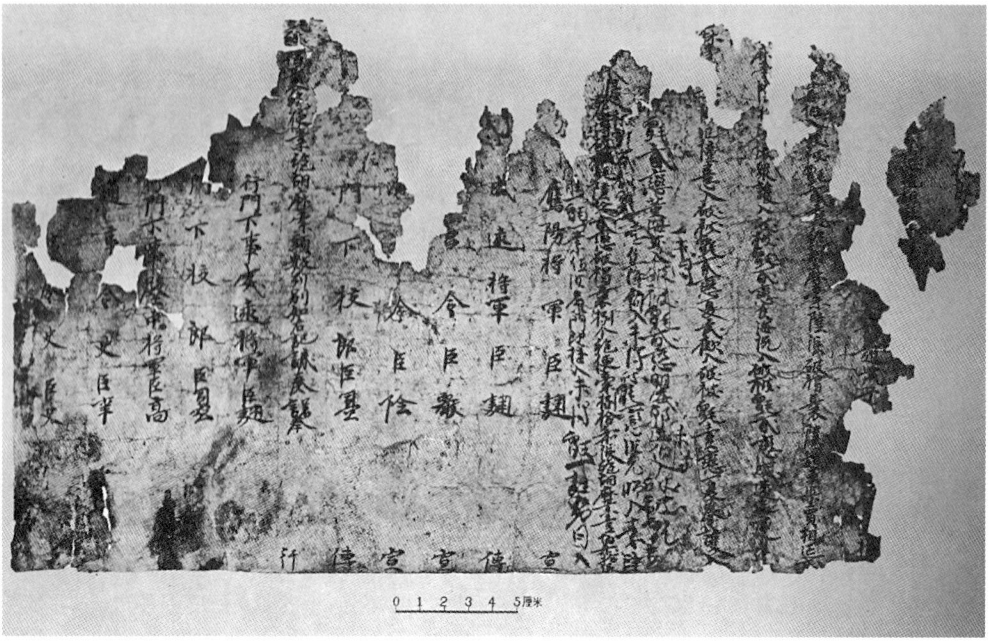

11 鷹揚將軍臣麴　宣
12 得 威遠將軍臣麴　傳
13 □昌令臣嚴　宣
14 酒泉令臣陰　宣
15 門下校郎臣司空　傳

圖10　延壽十年（633）前後諸臣條列得破被氎・破褐囊・絕便索・絕胡麻索頭數奏一

事令史辛孟護貳人傳」等の記載が見える[59]。荒川正晴氏は以前この「傳始昌等縣車牛子名及給價文書」を詳細に研究した。彼は前述の祝總斌氏の見解に基づきこの「宣」と「傳」について、「宣」する内容は高昌王の「令」であり。「傳」える内容も高昌王の「令」であると考えた（荒川1989、4～5頁注①）。しかしながら、關尾史郎氏はこの考え方を受け入れられないとしている。彼は、この「宣」と「傳」の正確な意味は未詳だが國王の「令」に限定してよいのかどうかには更なる検討が必要だ、としている（關尾1998、196～197頁注⑱）。荒川正晴氏も後に再檢討することに贊同する[60]。このように、奏行文書中の「宣」と「傳」が「宣令」と「傳令」なのかどうかは、いまだ定説がない。この問題はどのように解決すべきだろうか。

私は、前述のように傳奏令の「奏」文書中に「傳令」が見え根據があるので、安易に否定することは絕對にできないが、しかし延昌の舊制の「奏」文書にも延壽の新制の「奏」文書にも、「宣」字はさておき、「傳」字だけあって「令」字が無いことは、決して看過できない客觀的事實である、と考える。私も以前、「宣」・「傳」は、高昌王の「令」を「宣」・「傳」するのに多く用いられたと考えたが[61]、しかし現在最も妥當な解決方法は論爭を續けることではなく、まずはこの問題を一旦措くことのように思う。研究を更に深めつつ、新史料の出土を待つべきである。遠からずこの問題が解決できることを願うものである。

（四）傳符令

吐魯番出土の麴氏王國時代の傳符令の「符」文書は少なくない。荒川正晴氏はかつて「中央官司下郡・縣符文書一覽表」を作成し、11件を收錄した（荒川1986、47頁）。關尾史郎氏も「高昌國時代の“符”一覽（“遠行馬價錢敕符”を除く）」を作成し８件を收錄した（關尾1994、71頁）。その中から、首尾を備え、ある程度代表的なものを４件移錄する。

（１）「章和十一年（541）三月卅日都官下交河郡司馬主者符爲檢校失奴事」（圖文一、128頁；文獻編年、150～151頁）（圖11）

（２）「章和十一年（541）三月卅日都官下柳婆・無半・鹽城・始昌四縣司馬主者符爲檢校失奴事」（圖文一、128頁；文獻編年、151頁）（圖11）

（３）「義和二年（615）十月九日前都官下始昌縣司馬主者符爲遣弓師侯尾相等詣府事」（圖文二、98頁；文獻編年、244頁）

1　令：吳善熹傳：
2　　　敕始昌縣司馬主者：彼縣今須弓師侯尾相・侯
3　　　元相二人、符到、作具・糧食自隨、期此月九日來詣府、
4　　　不得違失、承　　旨　　奉　　　　　　　　　行。
5　義和二年乙亥歲十月　　　日起工相兒 侯阿伯□□□
6　　凌江將軍兼都官事史　　　　　　　　　　　洪信

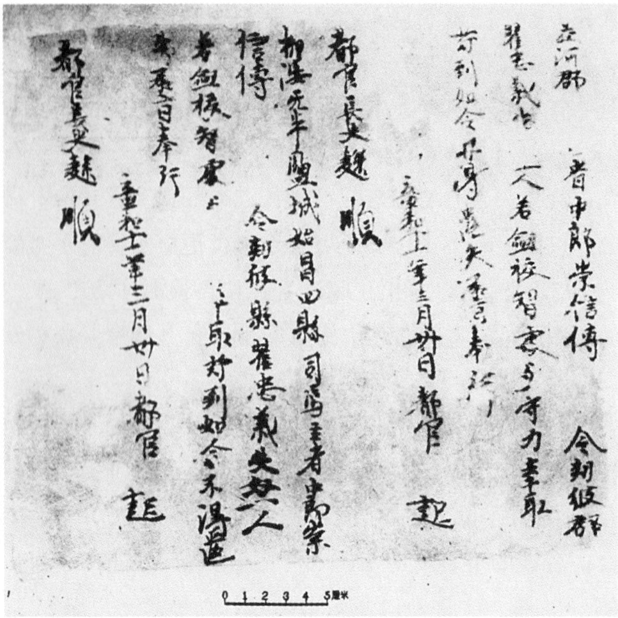

1 交河郡□馬［主］者：中郎崇信傳　令：刺彼郡、
2 翟忠義失□一人、若劍（檢）校智（知）處、與守（手）力牽取。
3 符到如令、不得遣（違）失、承旨奉行。
4 章和十一年三月卅日都官　起
5 都官長史麴　順

1 柳婆・無半・鹽城・始昌四縣司馬主者：中郎崇
2 信傳　令：刺彼縣、翟忠義失奴一人、
3 若劍（檢）校智（知）處、與□□牽取。符到如令、不得遣（違）
4 失、承旨奉行。
5 章和十一年三月卅日都官　起
6 都官長史麴　順

圖11　章和十一年（541）三月卅日都官下交河郡
（左）柳婆・無半・鹽城・始昌四縣（右）司馬主者符爲檢校失奴事（2件）

（4）「延壽十七年（640）四月九日屯田下交河郡・南平郡及永安等縣符爲追麹文玉等勘青苗事」(圖文二、98頁；文獻編年、318〜319頁)

1　令：敕交河郡・南平郡・永安縣・安樂縣、洿林縣・龍泉縣・安昌縣・□□□、□（始）

2　　　昌縣、郡縣司馬主者：彼郡縣、今遣麹郎文玉・高[　　　　]

3　　　青苗去、符到奉　　　　　　　　　　　　　　　　□。

4　　　　　　　　　　威遠將軍門下校郎麹　　　　　　　□□

5　延壽十七年庚子歲四月九日　　起

6　　　　　　　　　　虎賁將軍屯田□□高　　　　　　　□□

7　　　　　　　　　　屯　田　司　馬司空　　　　　　　□□

8　　　　　　　　　　虎賁將軍中兵校郎張　　　　　　　世隆

これら4件の「符」文書はかつて幅廣く關心を集めた。第1件と第2件が麹氏王國初期の同一の事柄に關するもので、郡と縣とにそれぞれ分けて「符」が出され、それらが同じ紙に記されている。第3件は義和政變政權の時代のもので、解題には、本件第3行の「此月九日」の「九」の字は墨が薄く、後から記入したもので、第5行の下端の「工相兒・侯阿伯」及び他の一人の人名3字も墨が薄く、後からの署名であり、そのもう一人の人名は墨が淺すぎて字が讀み取れない、とある。第4件は麹氏王國末年に、郡と縣に合わせて「符」を下したもので、制度が以前とは變化したことが分かる。解題は、本件には「奏聞奉信」という印文の朱印がおそらく四方にあった、とする。「奏聞奉信」の官印については多くの研究があり、ここでは觸れない(62)。この4件の「符」文書の第1・2件は明らかに「傳令」であり、第3件は「令」字が前にあり「傳」字が後ろにあるが、これも間違いなく「傳令」である。第4件は「令」字があって「傳」字が無いのだが、「門下校郎」の署名からみて、實際にはやはり「傳令」に屬する。これらの「符」文書にみられる傳令の形式を、本論では「傳符令」と呼んでおく。

荒川正晴氏は早くに第1・2件を合わせて1件だと考えて「章和十一年（541）都官下交河郡及柳婆・無半・鹽城・始昌四縣司馬主者符爲檢校失奴事」と命名し、第4件とあわせて比較檢討しながら研究した。彼の關心は、前者は郡縣にそれぞれ分けて「令」が中郎を通して下されたが、後者は郡縣に對して併せて「令」が「傳」されずに直接下されたことに注目した（荒川1986、44〜49頁）。

關尾史郎氏は第1・3・4件を特に取り上げ、その際この4件を互いに比較しながら考察した。彼は符文末尾の書式・用語の變化を含めて符文全體の形式の變化に注目した。第1・2件の「符到如令、不得違失、承旨奉行」から、第3件の「符到…不得違失、承旨奉行」、また第4件の「符到奉行」は、書式・用語がそれぞれ異なっている。特に「令」字の位置の變化について、彼は、第1・2件の「令」の前は空格であるのに對し第3・4件では「令」字は頂格であるのは、王權が强化したことの反映である、と考えた（關尾1994、70～77頁）(63)。

白須淨眞氏は論文中では第１・４件について論じ、注において第２件についても補充しながら、第１・２件と第４件の形式の變化について研究している。特に注目すべきは、彼がP.2819唐令殘卷中の「符式」を麴氏王國の「符」文書の形式と比較したことである（白須1997、152～160、169頁注51）。ただしこれは唐王朝の中央尚書省の下符式であり、形式の點からみて麴氏王國の「符」文書との違いが大きい。日本『養老律令』の公式令第十三「符式」條の記録する形式とほぼ一致する。これは中央王朝と地方王國における制度上の差異を表している。

本開寛之氏はその多くの論文の中で常にこの４件を論じており、主に中央行政機構の機能や國家と人民の關係・麴氏王國の地方統治などの視點からこれらの内容について研究を進めている。彼もまた「令」字の位置の變化、更には官印の位置の變化に注目して、これらの變化を反映させた圖を作成した（本開2003、24～27、32頁；本開2006、80～81頁；本開2007、48～50頁）。

孟憲實氏は麴氏王國の「符」文書を３つに分類した。それぞれの分類に含まれる例として第１類には第２件が、第２類には第３件が、第３類には第４件が擧げられる。第１類には第１件も入ると思われ、第３類は大谷文書の1310・1311・1466・1487・1497・1501號、すなわち「延壽元年（624）六月勾遠行馬價錢敕符」も含む。この他、「民部索送安昌去人符」（圖文一、363頁）・「刺交河郡殘文書」（圖文一、363頁）・「敕下田地郡司馬主者符」（新文書、66［文］・435［圖］）の分類についても考證した。彼はこの３分類の「符」文書について、高昌における「符」發展の３つの段階を表すとし、その發展の過程を考察した(64)。

孟憲實氏が擧げた「延壽元年（624）六月勾遠行馬價錢敕符」は、もともと「８つの斷卷」であったのを池田溫氏が氣付き、整理したものである。池田溫氏は大谷文書1310・1311・1464・1466・1487・1497・1501・2401の８個の編號（大谷一、圖版一～三・五、47・64～65・68・70～71・97頁）について、1310・1466・1311・1487・1497・1501・1464・2401（表面・背面）の順が正しいとし、連結して「高昌延壽元年（624）六月勾遠行馬價錢敕符」と命名した（籍帳研究、108號、312～313頁）。

關尾史郎氏はこの「勾遠行馬價錢敕符」について、改めて整理をし、池田溫氏の竝べた順序に從いつつ、大谷1310・1466・1311・1487・1497・1501の６斷片を一組とし、大谷1464・2401の２斷片を別の一組とした。また釋文にも池田溫氏とは增減が幾つかある。特に注意すべきは、2401の表面・背面を池田溫氏の考える表面・背面とは逆にしたことだ。彼は、６つの斷片は前揭の第４件と同類の「符」文書で、「延壽元年（624）六月勾遠行馬價錢敕符」である、と考えた。後の２斷片、すなわち1464と2401の表面は、内容がつながった「奏」文書である。2401の背面の内容からすると、「勾遠行馬價錢敕符」と關連はしているが、「符」文書ではない。彼は自ら、別に「延壽元年（624）六月勾遠行馬價錢敕符に關する諸問題」という一文を書いて2401背面の問題に觸れる、と言った。しかしこの文は現在に至るまで未發表である。彼が復元した「延壽元年（624）六月勾遠行馬價錢敕符」の形式は甚だ細心の注意を拂ったものであり、ここに移錄して、前掲の第4件と比較してみよう（關尾1994、62～82頁；關尾1998、189～197頁注㉛）。

令　　敕××郡（縣）司馬主者：彼郡（縣）、今須甲申歲六月劑遠行
　　　馬價錢、沿三月劑逋錢。前有符去、至今不畢。今重（更）遣符
　　　去、符到、期此月廿×日、仰儻事人、送來詣府、輸入使畢、不
　　　得違失。承　旨、奉　　　　　　　行。
　　　　　　　通　事　令　史　辛　　　　孟　護
延　壽　元　年　六　月　廿　×　日　起
　　　　　　　寧遠將軍吏部郎中兼兵部事麴　　　□　□

白須淨眞氏もこの「勾遠行馬價錢敕符」について改めて整理した。ただし彼が用いたのは前3つの斷片のみで、かつまた順序を大谷1311・1310・1466號へと改め、池田溫氏や關尾史郎氏とは異なる見解を示した。彼は前掲第1・2件を連續させ、この「勾遠行馬價錢敕符」もまた續けて書かれた「符」文書である、と考えた。そして更に、「勾遠行馬價錢敕符」の「出符日」は別筆ではないかと推測した（白須1997、160～163頁）。しかし、荒川正晴・關尾史郎兩氏が同類型である前掲第4件の日付を實見した結果、その可能性は排除された(65)。

本間寛之氏もこの「勾遠行馬價錢敕符」を改めて整理した。大谷1310・1466・1311・1487・1497・1501號という排列順序は、池田溫氏や關尾史郎氏の考えに等しい。異なるのは、大谷1310號をA斷片とし、A斷片の後ろに關尾史郎氏の實見調査の成果に基づいてわずかに2行だけ存するB斷片を補った點である(66)。彼は「勾遠行馬價錢敕符」等の文書に基づいて、麴氏王國の各職掌における文書の實態について研究を進めた（本間2007、50～51・60～61・63頁注⑲）。

以上をまとめると、麴氏王國時代において、傳符令の形式には二度の大きな變化があったように見える。第1・2件は「傳令」の間に空格があるだけで王權はまだ特に强化はされてはおらず、これは初期の形式を反映している。第3件では「令」字が頂格し、「傳」字は（傳令人の）下にあり、王權の强化が始まっていて、これは義和政變政權が集權を强めた形式が反映しているようだ。第4件の「令」は頂格で「傳」字を省略しており、形は「下令」と同じで、王權は一歩强化されており、これは「延壽改制」により高度に集權化した時期における形式の反映であろう。

（五）傳帳令

吐魯番出土の麴氏王國時代の傳帳令の「帳」文書は少なくないように思われるが、「帳」だと確定できないものもある。前掲の「延壽十年（633）前傳始昌等縣車牛子名及給價文書」は、一見「帳」文書のようであるが、關尾史郎氏は實際には「奏」文書

の殘片だと考えている（關尾1998、193頁）。「帳」文書として確定できるものは多くはないが、たとえば「延壽八年（631）前後侍郎焦朗等傳尼顯法等計田承役文書」（圖文一、441頁；文獻編年、288頁）（圖12）はそれである。本件は『吐魯番出土文書』の釋文では「前缺」・「後缺」の表示がある（文書四、補遺、64～65頁）。10行を存しており、通假字を正字に改めると釋文は次頁のとおりである。

本件には解題があり、本件は多くの箇所に赤線があるとする。また第1・10行の前に繼ぎ目があり、それぞれ「背部に“方竣”二字が署されている」との注がある。

唐長孺氏が吐魯番出土の左佛得・康保謙・張元相等買賣田園券と呂阿子・史天濟・呂浮圖求買葡萄園辭についてまとめた關連論文については、前に述べた。彼は、上述の買田園契券には官府が許可した痕跡はもとより見出せないが、土地賣買の契約ができた後に、少なくともある狀況下では、國王の裁可を承けて初めて效力が發生するのだということが他の文書から分かっている、と指摘する。然る後に、本件の第6・7行の「次依券聽張零子買張永守永安佛圖渠常田一分、承四畝役；次買東高渠桃一園、承一畝半卅步役、永爲業」を例に、これもまた聽買田園であろうとし、これによって、田地の賣買は契約成立していても國王の裁可を得なくてはならないことが分かる、としている。呂阿子・呂浮圖が購入の前に辭を提出して許可を願い、張零子が契約の後に國王が「依券聽買」するこの2つの手續きは、まず辭を提出して賣買の許可を請い、裁可を得て初めて契約を交わし、後に再び辭を提出して契約にともないこの土地に關する變更について臺帳への記載を請うという形であり、この「侍郎焦朗等傳土地轉移及計畝承役文書」は傳王令がひとまとめに下達されたもので、もって管轄官府が登記するのに便するのである、と述べている。續けて本件の登記項目について特に分析・統計し（唐1982、326～328頁）、その中では、本件が「傳」えた內容はすべて「王令」だったと斷定している。唐長孺氏の分析に基づけば、本件の名稱は「侍郎焦朗等傳土地轉移及計畝承役帳」と改めることができよう。

小田義久氏は本件を日本語に翻譯し、前掲の呂阿子・史天濟求買田園辭と大谷1500號の「永爲業」等の記載を參照して、土地に關する變更は麴氏王國の大事であり、最終的にはやはり國王の裁決を得ることが必須であった、と考えた(67)。明らかに、彼も本件が「傳」える內容はすべて「王令」であると考えている。池田溫氏は本件の內容について侍郎焦朗・通事張益・侍郎明犖・通事張益4人の「傳」する者の分類を考え、前掲の呂阿子・史天濟・求買田園辭等の記載を分析し、例を擧げて解說する。「依券」とは契約に基づいて、ということであり、張零子は張永守のところから常田と桃（葡萄）園を買い、通事張益は2件の賣買を記載した券について傳達し、殿下の決裁を經て張零子の永業へと改め公文書に登記したのだ、と述べている（池田1984、281～282頁）。明らかに、彼も本件が「傳」える內容はすべて「王令」だと考えている。川村康氏は、本件と前揭呂阿子・史天濟求買田園辭等の記載とを比較し、いささか異なる見解を述べている。それについては本論の主旨には關わらないのでここでは紹介

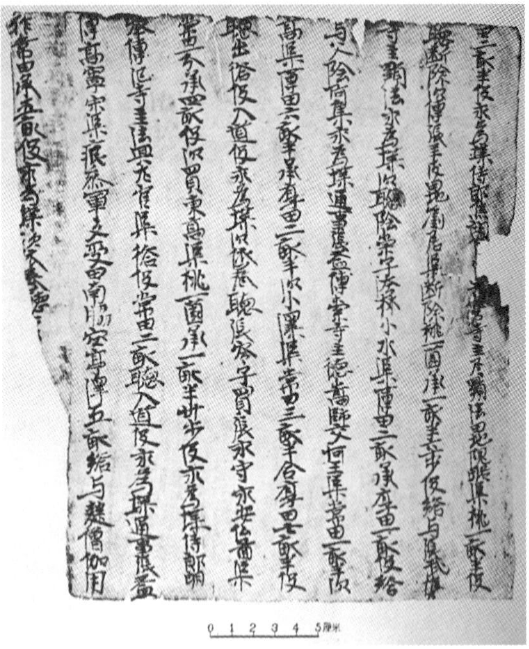

1 田二畝半役、永爲業。侍郎焦朗傳：張武儁寺主尼顯法田地隗略渠桃一畝半役
2 聽斷除；次傳張羊皮田地劉居渠斷除桃一園、承一畝半六十歩役、給與張武儁
3 寺主顯法永爲業；次聽陰崇子洿林小水渠薄田二畝、承厚田一畝役、給
4 與父陰阿集永爲業。通事張益傳：索寺主德嵩師交何（河）王渠常田一畝半、次
5 高渠薄田六畝半、承厚田二畝半、次小澤渠常田三畝半、合厚田七畝半役、
6 聽出俗役、入道役、永爲業；次依劵聽張夲子買張永守永安佛圖渠
7 常田一分、承四畝役；次買東高渠桃一園、承一畝半卅歩役、永爲業。侍郎明
8 塋傳：氾寺主法興左官渠俗役常田二畝、聽入道役、永爲業。通事張益
9 傳：高寧宋渠底參軍文受田南脇空亭澤五畝、給與麹僧伽用
10 作常田、承五畝役、永爲業；次依卷劵聽□

圖12　延壽八年（631）前後侍郎焦朗等傳尼顯法等計田承役文書

しないが、彼も唐長孺・小田義久・池田溫三氏が主張するように、「傳」えるのは「王令」だとする考え方には異議が無いことを強調しておきたい（川村1987、183～193頁）。

白須淨眞氏の記述は最も當を得ている。まず、彼は本件が7世紀前期の侍郎焦朗等が傳達した「田園への課役に關する王令」を整理した文書であることを指摘し、特に「王令」という2字を强調した。次に、彼は本件の一部を日本語に翻譯する際、2箇所において「[令すなわち]」と補足した。彼は明らかに、本件の「傳」・「次傳」の下には「令」字が省略され、「次」の下には「傳令」2字が省略されていると考えている。最後に、彼は本件と前掲傳辭令とを比較對照し、本件における「令」字の省略以外は二者は同一のタイプに屬し、本件は前掲傳辭令にもとづいて作成した文書であろう、と考えた（白須 1997、149～151頁）。要するに、本件が傳帳令に屬することは疑いを容れない。

この他にも、「傳」字を含む「帳」文書は少なくない。例えば「延昌八年（568）十月十六日前建文等傳供糧食帳」（圖文一、203～204頁；文獻編年、173頁）である。本文書は4片に斷たれているが、その第1片の第1・2行の釋文は、以下のようである。

1　起十二月一日、□□建文傳：一斛五斗、□

2　薄（簿）永受傳：一斛五斗、供公主十五日食。□

また、「延昌卅一年（591）十月廿五日前曹石子等傳供食帳」（圖文一、263頁；文獻編年、208頁）もそうである。本文書2片となっているが、その第1片の第1から3行は以下のようになっている。

1　起正月十六日、校尉傳：一斛二斗、供□

2　盡。次傳：三斗、供珂寒寺中□

3　四斗、供令尹盡。曹石子傳：二斗、供□

構成と內容において、前掲「闞氏王國主簿張綰等傳供帳」と「延昌二十七年（587）六月十五日（？）兵部條列買馬用錢頭數奏行文書」の冒頭部分は非常に酷似している。しかし傳帳令の「帳」文書であるか否かは斷定しがたい。「傳」の下に「令」字があるかどうかは、判斷基準とならない。なぜなら前掲「延壽八年（631）前後侍郎焦朗等傳尼顯法等計田承役文書」の「傳」の下にも「令」字は無いからである。傳者が誰かということの方がむしろ重要である。計田承役文書の傳者は侍郎・通事であり、彼らはいずれも出納審查機關の官員なので、それによって當該文書が傳帳令の「帳」文書であると判定できる。この2件の傳供帳の傳者は「[主]簿」と「校尉」であり、管轄もその性質も不明瞭である。本論では先に前掲「闞氏王國主簿張綰等傳供帳」中の張綰が任じられた主簿は校曹主簿だったのではないかと考えた。しかし麴氏王國ではいまのところ校曹主簿を見たことがない。「校尉」は傳統的には軍職に屬すので出納審查機構とは一見關係が無いように思えるが、しかしよくよく考察すれば、その「校」字はまた出納審查機構の職掌に屬する。例えば『梁書』巻五四「諸夷高昌傳」には「官有四鎭將軍及雜號將軍・長史・司馬・門下校郎・中兵校郎・通事舍人・通事令史・諮議・校尉・主簿。」とある。ここで校尉・主簿は出納審査機關の官員である門下校郎・中兵校郎・通事舍人・通事令史・諮議（參軍）等の下に竝んでおり(68)、校尉・主簿も出納審査機關の官員である可能性が排除できないのである。つまるところ、傳帳令の「帳」文書に關しては、研究すべき課題がいまだ多く殘っているのである。

五　小結

高昌の文書行政に關しては、周知の如く、『周書』巻五〇「異域下高昌傳」に麴氏王國について「其大事決之於王、小事則子及二公隨狀斷決。平章錄記、事訖即除。籍書之外、無久掌文桉」とあるのみである。この記載は、吐魯番出土文獻と對照すれば大部分實證できる。この中の「籍書」とは戶籍であると思われ、長期にわたって保管する必要があることから一件も發見されていない。「平章錄記、事訖即除」とある文中に廢棄される「文桉」とは前掲の辭・奏・符・帳の諸文書等を含み、目にすることが大變多い。辭狀・奏狀・訴狀・供狀等は、ここでは前掲の辭・奏・符・帳等の諸文書の總稱である。但し「小事則子及二公隨狀斷決」の例はまだ發見されていない。「延昌二十七年（587）兵部條列買馬用錢頭數奏行文書」（圖文一、338～345頁；文獻編年、192～196頁）を總合すると、「中軍將軍高昌令尹麴伯雅」・「右衛將軍綰曹郎中麴紹徽」・「平遠將軍領兵部事麴歡」等の所謂「世子及二公」が共同で奏行文書中に署名している例が確かにあるが、しかし奏行文書に記すところの「記識奏諾奉行」に據れば、最後はやはり高昌王の同意があって初めて官員は實行できたのであり、「世子及二公」は「斷決」の權利を決して持たないようである(69)。かくして、この記載の冒頭第一句すなわち「其大事決之於王」に戻らなければならない。歷代の中國大陸政府には「外交に小事無し」という言い方があり、外交はいかなることでもその內容にかかわらずすべからく大事で、必ずまずは上司に報告しその後に處理せねばならないとされる。私が思うに、高昌は「小國寡民」であるゆえにすべてにおいて高昌王の集權體制を實行し、王權の及ばないところが無かった(70)。ただし麴文泰が世子で「監國」したのは特殊な時期であり、これは問題とはならない。その他の時期は、高昌ではすべての事が大事であり、すべて高昌王の許可を得る必要があり、それに則って官民は初めて實行できたのである。この點は本論において掲げた各種「下令」と「傳令」を根據として推察するに難くない。このように、高昌王の王令は高昌文書行政を構成する極めて重要な一要素であり、高昌の官民の生活に影響する大變重要な要素であったに違いない。これは、高昌史研究において強く關心を拂う必要のある事象なのである。

文獻略稱

（一）資料

文書三：唐長孺主編『吐魯番出土文書』第三册、北京、文物出版社、1981年

文書四：唐長孺主編『吐魯番出土文書』第四册、北京、文物出版社、1983年
圖文一：唐長孺主編『吐魯番出土文書』［壹]、北京、文物出版社、1992年
圖文二：唐長孺主編『吐魯番出土文書』［貳]、北京、文物出版社、1994年
大谷一：小田義久主編『大谷文書集成』第一卷、京都、法藏館、1984年
新文書：柳洪亮『新出吐魯番文書及其研究』、ウルムチ、新疆人民出版社、1997年
新文獻：榮新江・李肖・孟憲實主編『新獲吐魯番出土文獻』、北京、中華書局、2008年
新疆文物：新疆維吾爾自治區博物館編『新疆出土文物』、北京、文物出版社、1975年
籍帳研究：池田溫『中國古代籍帳研究　概觀・錄文』、東京、東京大學出版會、1979年
文獻編年：王素『吐魯番出土高昌文獻編年』、臺北、新文豐出版公司、1997年

（二）論文

唐1982：唐長孺「新出吐魯番文書簡介」、原名「新出吐魯番文書發掘整理經過及文書簡介」（『東方學報』第54號、1982年、83～100頁)、改名再刊『唐長孺文集・山居存稿』（北京、中華書局、2011年、320～344頁)。別に池田溫「中國における吐魯番文書整理研究の進展——唐長孺教授講演の紹介を中心に」（『史學雜誌』第91編第３號、1982年）59～85頁參照。

祝1983：祝總斌「高昌官府文書雜考」(『敦煌吐魯番文獻研究論集』第２輯、北京大學出版社、1983年）478～482頁。

王1989：王素「麴氏高昌中央行政體制考論」(『文物』1989年第11期、39～52頁）(中國人民大學書報資料中心『魏晉南北朝隋唐史』1990年第１期所收、のち『新疆歷史研究論文選編・魏晉南北朝卷』、ウルムチ、新疆人民出版社、2008年、43～62頁)。

馬1972：馬雍「略談有關高昌史的幾件新出土文書」、原載は『考古』1972年第４期、46～53、63頁。のち『西域史地文物叢考』、北京、文物出版社、1990年、163～173頁。

馬1976：馬雍「麴斌造寺碑所反映的高昌土地問題」原載は『文物』1976年第12期、51～58頁。のち『西域史地文物叢考』、北京、文物出版社、1990年、154～162頁。

池田1984：池田溫「中國古代買田、買園劵の一考察——大谷文書三點の紹介を中心として』（『西島定生博士還曆記念　東アジア史における國家と農民』、東京、山川出版社、1984年、259～296頁)。

川村1987：川村康「麴氏高昌國における土地賣買についての一考察」(『法硏論集』第41號、1987年、171～199頁)。

白須1984：白須淨眞「麴氏高昌國における上奏文書試釋——民部、兵部、都官、屯田等諸官司上奏文書の檢討」(『東洋史苑』第23號、1984年、13～66頁)。

白須1997：白須淨眞「麴氏高昌國における王令とその傳達——下行文書“符”とその書式を中心として」(『東洋史研究』第56卷第３號、1997年、141～170頁)。

荒川1979：荒川正晴「高昌國における土地制度について」(『史觀』第101册、1979年、80～84頁)。

荒川1986：荒川正晴「麴氏高昌國における郡縣制の性格をめぐって——主としてトゥルファン出土資料による」(『史學雜誌』第95編第３號、1986年、37～74頁)。

荒川1989：荒川正晴「麴氏高昌國の遠行車牛について——〈高昌某年傳始昌等縣車牛子名及給價文書〉の檢討を中心にして」(一)・(二)（『吐魯番出土文物研究會會報』第16・17號、1989年）１～４、４～６頁。

關尾1994：關尾史郎：「〈高昌延壽元年（624）六月勾遠行馬價錢敕符〉をめぐる諸問題』(上)、(要旨は『吐魯番出土文物研究會會報』46號、1990年、４頁、全文は『東洋史苑』第42、43合併號、1994年、62～82頁に掲載)

關尾1998：關尾史郎著・黃正建譯「有關高昌國“遠行馬價錢”的一件史料——大谷一四六四、

二四〇一號文書及其意義」（『出土文獻研究』第３輯、北京：中華書局、1998年、189～197頁）

關尾2002：關尾史郎「高昌國上奏文書管窺」（『日中律令制の諸相』、東京：東方書店、2002年、407～428頁）

關尾2008：關尾史郎「高昌郡時代の上行文書とその行方」（『古代東アジアの情報傳達』、東京：汲古書院、2008年、75～89頁）

本開1997：本開寛之「麹氏高昌國の文書行政――主として辭をめぐって」（『史滴』第19號、1997年、２～13頁）。本開寛之には他に「麹氏高昌國の一側面――文書形式“辭”から」（『史觀』第138册、1998年、119～121頁）がある。重要なのは白須1984との「辭」と「奏」に關する理解の異同である。ここでは觸れない。

本開2003：本開寛之「麹氏高昌國の中央行政機構とその官制について」（『史觀』第149册、2003年、16～32頁）

本開2006：本開寛之「麹氏高昌國における人民把握の一側面」（『史滴』第28號、2006年、66～85頁）

本開2007：本開寛之「麹氏高昌國の地方支配について――文書よりみた一試論」（『史滴』第29號、2007年、44～63頁）

注

(1)　蘇華「姚華：舊京都的一代通人」（『書屋』1998年第３期、40～43頁）。姚華『論文後編目錄上』（『弗堂類稿』十五卷本の卷一、中華書局、1930年聚珍仿宋版三十一卷本による改編影印本、14頁）。

(2)　筆者は最も早くにこの記載を引いて麹氏王國中央行政體制を考察した。王1989、42頁參照。

(3)　陸慶夫「吐魯番出土西涼〈秀才對策文〉考略――兼論漢晉隋唐時期策試制度的傳承」（『敦煌學輯刊』1989年第１輯、79～89頁）。李步嘉「一份研究西涼文化的珍貴資料――建初四年秀才對策文書考釋」（『武漢大學學報』社會科學版、1990年第６期、114～121頁）。大西康裕・關尾史郎「〈西涼建初四年秀才對策文〉に關する一考察」（『東アジア――歷史と文化』第４號、1995年、１～20頁）。

(4)　關尾史郎「高昌國の成立をめぐって」（東洋史研究會大會論文、日本京都京大會館、2001年11月３日、２頁。要旨は『東洋史研究』第60卷第３號、2001年、561～562頁に掲載）。筆者は2001年10月15日から11月30日まで訪日の折に、この日午前、京大會館にて關尾史郎氏の講演を拜聽し、その統計に強い印象を受けた。

(5)　中原王朝ではしばしば「下詔追贈」が見られる。例えば『後漢書』卷一三「公孫述傳」には「初、常少・張隆勸（公孫）述降、不從、並以憂死。帝下詔追贈少爲太常、隆爲光祿勳。」とある。『晉書』卷九三「外戚・庾琛傳」には「卒官、以后父追贈左將軍……。咸和中、成帝又下詔追贈琛驃騎將軍・儀同三司。」とある。また『隋書』卷七九「外戚・獨孤羅傳」には「既受禪、下詔追贈羅父信官爵。」とある。これらから推測すれば、地方王國では「下令追贈」と稱するのであろう。

(6)　周偉洲「試論吐魯番阿斯塔那且渠封戴墓出土文物」（『考古與文物』1980年第１期、99～102頁）。

(7)　新疆文物考古研究所「阿斯塔那古墓群第十次發掘簡報（1972～1973年）」（『新疆文物』2000年第３・４期合刊、84～167頁）。周偉洲は前揭論文にて「且渠封戴墓表」は「在墓道中部墳土中」に發見したとしている。「發掘簡報」にはその記述はなく、附されている「72TAM

177墓葬平剖面圖」では第３號とし、「墓誌」と名付けており、墓室の男女の木棺の北面の遠くないところに標されていたとするが、これが墓室中で發見されたのであろう。

(8) 王素『高昌史稿　統治編』(北京、文物出版社、1998年)、254～263頁。

(9) 池田溫「新疆維吾爾自治區博物館編〈新疆出土文物〉」(書評)（『東洋學報』第58巻第３・４號、1977年、123～130頁)。

(10) 白須淨眞・萩信雄「高昌墓塼考釋（二)」(『書論』第14號、1979年、185～186、189～190頁注㊲・㊸)。周偉洲も本件を「完全に且渠安周本人の言葉である」と考えている。前揭注(6)論文、99頁參照。

(11) 黃烈「北涼史上的幾個問題」(初出は『中國古代史論叢』1982年第１輯、後に解題して「北涼與高昌」、『中國古代民族史研究』に再收、北京、人民出版社、1987年、322～323頁)。

(12) 王去非「"版授" 及有關出土物」(『考古與文物』1982年第２期、103～106頁)。

(13) 大庭脩「魏晉南北朝告身雜考――木から紙へ」(『史林』第47巻第１號、1964年、68～92頁)。越智重明「魏晉南朝の板授について」(『東洋學報』第49巻第４號、1967年、１～39頁)。坂本義種「五世紀の日本と朝鮮――中國南朝の封册と關連して」(『史林』第52巻第５號、1969年、１～31頁)。

(14) この制詔は唐の編者未詳『古文苑』巻一九にあり、『隷釋』は『古文』からの抄寫である可能性が高い。明梅鼎祚『東漢文紀』巻二八・清倪濤『六藝之一錄』巻四一もまたこの制詔を載せ、文字の異同も無い。

(15) 王素「吐魯番出土沮渠氏北涼眞興年閒 "畫可" 文書初探」(初出は『華學』第４輯、北京、紫禁城出版社、2000年、127～130頁。『漢唐歷史與出土文獻』に再收、北京、故宮出版社、2011年、284～288頁)。

(16) 王素『高昌史稿　統治編』、254～265頁。

(17) 榮新江「吐魯番的歷史與文化」(胡戟等編『吐魯番』、西安、三秦出版社、1987年、34～36頁)。同「〈且渠安周碑〉與高昌大涼政權」(『燕京學報』新５期、北京大學出版社、1998年、65～92頁)。同「王素〈高昌史稿　統治編〉」(書評)（『歷史研究』1999年第３期、186～188頁)。

(18) 蓋金偉「沮渠氏高昌政權性質考論」(『西域研究』2005年第３期、49～57頁)。

(19) 饒宗頤『中國史學上之正統論』(香港：龍門書店、1977年初版。のち解題して『國史上之正統論』、『饒宗頤二十世紀學術文集』巻六『史學』に再收、臺北：新文豐出版股份有限公司、2003年、１～563頁)。

(20) 王素「沮渠氏北涼建置年號規律新探」(初出は『歷史研究』1998年第４期、11～26頁。中國人民大學書報資料中心『魏晉南北朝隋唐史』、1999年第１期、10～25頁に再收)。

(21) 馬1976、156～157頁。朱雷「吐魯番出土北涼貲簿考實」(初出は『武漢大學學報』1980年第４期、後に『敦煌吐魯番文書論叢』、蘭州、甘肅人民出版社、2000年、１～24頁に再收)。池田溫「高昌三碑略考」(『三上次男博士喜壽紀念論文集・歷史編』、東京、平凡社、1985年、102～120頁)、謝重光による同名の中國語譯は『敦煌學輯刊』1988年第１・２期合刊號、146～161頁。

(22) 唐長孺「吐魯番文書中所見高昌郡縣行政制度」(初出は『文物』1978第６期、のち『唐長孺文集　山居存稿』に再收、北京、中華書局、2011年、360頁)。

(23) 柳洪亮「高昌郡官府文書中所見十六國時期郡府官僚機構的運行機制」(初出は『文史』第43輯、北京、中華書局、1997年、85頁。のち「吐魯番文書中所見高昌郡官僚機構的運行機制――高昌郡府公文研究」と解題し新文書に再收、287頁)。

(24) 王素「長沙走馬樓三國孫吳簡牘三文書新探」(初出は『文物』1999年第９期、43～50頁。

『漢唐歴史與出土文獻』に再收、156～166頁)。

(25) 「鳳尾諾」については、王素「長沙東牌樓東漢簡牘選釋」を參照(初出は『文物』2005年第12期、69～75、40頁。のち增訂して『漢唐歴史與出土文獻』に再收、145～155頁)。

(26) 關尾史郎「翟彊をめぐる斷章(上・中・下)――〈吐魯番出土文書〉劄記(12)」(『資料學研究』第1・2・3號、2004・2005・2006年、27～42・25～36・1～16頁)。

(27) 按:第3行の「比」と第4行の「諆」の2字は、新文書ではいずれも缺文記號「☐」としている。「比」字の釋文は、榮新江「吐魯番新出送使文書與闞氏高昌王國的郡縣城鎭」(『敦煌吐魯番研究』第10卷、上海古籍出版社、2007年、26頁)に據った。「諆」字の釋文は、吐魯番地區文管所「吐魯番出土十六國時期的文書――吐魯番阿斯塔那382號墓清理簡報」(『文物』1983年第1期、21頁)に據った。

(28) この2つの辭の相違點は、本件は「謹辭」で結ぶのに對し、「相辭爲共公乘芆與杜慶毯事」は「辭具」で結ぶという點のみである。但し、祝總斌は「辭具」は「謹辭」と等しいと考える。祝1983、480頁を參照。

(29) 吳震は本件の「諆」時の官は「功曹史」であると考える。「吐魯番文書中的若干年號及相關問題」(『文物』1983年第1期、31頁)參照。筆者の見解とは異なっている。

(30) 陳仲安「麴氏高昌時期門下諸部考源」(『敦煌吐魯番文書初探』、武漢大學出版社、1983年、1～31頁)。王1989、42～45頁。吳震「北涼高昌郡府文書中的“校曹”」(『西域研究』1997年第3期、10～21頁)。王素「高昌郡府官制研究」(『吐魯番學研究――第二屆吐魯番學國際學術研討會論文集』、上海辭書出版社、2006年、16～26頁)。

(31) 祝總斌は、「‘辭’は當事者が法を犯したり、違制或いは訴訟問題に當たって、官府によって召喚され查問・審訊を受け、官府が本人の自白をとったり人を派遣して記錄した釋明や供述であり、官府の正式な文書であり保管して後の調查に備える必要があるので、冒頭に年號・年月日、並びに當事者の身分・職務等を明確に記述せねばならず、また末尾の‘謹辭’とした後に、文書に關わる官吏の手を經て殘ったサインや指示が現れるのだ。」とする。祝1983、481頁參照。

(32) 『養老律令』は日本の元正天皇の養老二年(718)に『大寶律令』を修訂して成った法典であり、原本は均しく唐代の律令を底本としており、唐の「民」を避諱して「人」とすることを『養老律令』もまた踏襲している。「庶人」とは庶民である。

(33) 中村裕一は「唐麟德二年(665)牛定相辭爲請勘不還地子事」を引き、「辭式」は「無官の人が使用する」としており、同じ考えである。『唐代官文書研究』(京都、中文出版社、1991年、18頁)參照。『唐律疏議』卷一一職制の役使所監臨條に「雜任、謂在官供事、無流外品。」という。

(34) 私はかつて、麴氏王國では「官府文書は、その性質はおおよそ二つに分類できる。一つは上から下される文書であり、一つは下から上げられる文書であり」、更に「下から上げられまた上から下されるのは均しく辭令とされる。すなわち前者は臣民の上辭であり、後者は高昌王の下令である。……辭令を出納する際の基本方式は、臣民がまず自己の請求を‘辭’として門下に提出し、門下は審查して通す際に、擔當した官吏の姓名及び‘傳’字を署名し、高昌王に上程する。高昌王は閲覽し、‘令’字の下に自分の意見を記して門下に渡し臣民に下達する。」と考えた。王1989, 42・44頁參照。

(35) 錢伯泉「從〈高昌主簿張綰等傳供狀〉看柔然汗國在高昌地區的統治」(『吐魯番學研究專輯』、烏魯木齊縣印刷廠、1990年、97～100頁)。

(36) 王欣「麴氏高昌王國與北方游牧民族的關係」(『西北民族研究』1991年第2期、191頁)。

(37) 榮新江「闞氏高昌王國與柔然・西域的關係」(『歴史研究』2007年第2期、4～14頁)。

(38) 羅新「高昌文書中的柔然政治名號」(『吐魯番學研究』2008年第1期、35～41頁)。

(39) 王素「吐魯番出土張氏高昌時期文物三題」(初出は『文物』1993年第5期、53～60頁。のちに中國人民大學書報資料中心『魏晉南北朝隋唐史』1993年第7期に再收、頁は不詳)。

(40) 白須淨眞は注意してここを「奏諾紀(記)職(識)」とするが、麹氏王國の上奏文書は「記識奏諾」として、"奏諾"と"記識"の位置が顚倒しており、形式は異なるところもある。白須1984、56頁注⑯參照。

(41) 唐長孺「吐魯番文書中所見高昌郡縣行政制度」(『文物』1978第6期)。同「吐魯番文書中所見高昌郡軍事制度」(『社會科學戰線』1982年第3期)。いずれも『唐長孺文集・山居存稿』(北京、中華書局、2011年)に再收、356～373、374～400頁。また、町田隆吉「五世紀吐魯番盆地における灌漑をめぐって――吐魯番出土文書の初步的考察」(『佐藤博士退官紀念中國水利史論叢』、東京、國書刊行會、1984年、125～151頁)參照。柳洪亮にも高昌郡の水利問題に關する3篇の大同小異な論攷があり參考となる。「十六國時期高昌郡水利考」(『新疆社會科學』1985年第2期、112～115頁)、「吐魯番出土文書中所見十六國時期高昌郡的水利灌漑」(『中國農史』1985年第4期、93～96頁)、「略談十六國時期高昌郡的水利制度――吐魯番出土文書研究」(『新疆大學學報』1986年第2期、31～34頁)。

(42) 侯燦・吳美琳『吐魯番出土磚志集注』(成都、巴蜀書社、2003年)、18・65頁。

(43) 吐魯番地區文管所「1986年新疆吐魯番阿斯塔那古墓群發掘簡報」(『考古』1992年第2期、143～156頁)。簡報では「張師兒隨葬衣物疏」と「張師兒與妻王氏墓表」のみが公表され、本追贈令は公表されず、研究者の成果を過ちに導いてしまった(下文を參照)。

(44) 孟憲實・姚崇新「從"義和政變"到"延壽改制"――麹氏高昌晚期政治史探微」(『敦煌吐魯番研究』第2卷、北京大學出版社、1997年、163～188頁)。孟憲實「關於麹氏高昌晚期紀年的幾個問題」(『學術集林』第10卷、上海、遠東出版社、1997年、300～301頁)。

(45) 張銘心「"義和政變"與"重光復辟"問題的再考察」(『敦煌吐魯番研究』第5卷、北京大學出版社、2001年、117～146頁)。孟憲實は張銘心のこの論文により、前掲の自己の見解に修正すべき點があると考えた。「從義和政變到延壽改制」(『漢唐文化與高昌歷史』、濟南：齊魯書社、2004年)299頁注②參照。

(46) 孟憲實・宣紅「試論麹氏高昌中央諸曹職掌」(『西域研究』1995年第2期、16～25頁)。孟憲實「麹氏高昌追贈制度初探」(『敦煌吐魯番研究』第5卷、北京大學出版社、2001年、147～160頁)。同「麹氏高昌追贈制度」(『漢唐文化與高昌歷史』濟南、齊魯書社、2004年、188～208頁)。

(47) 李帆群「高昌古墓發掘的經過(上)・(下)」(初出は『新疆日報』1947年5月8・9日。『京滬週刊』第2卷第14・15號に再收、京滬週刊社、1948年4月11・18日)。陳國燦「吐魯番文書在解放前的出土及其研究概況」(初出は『中國史研究動態』1984年第6期。補充・修改後『論吐魯番學』に再收、上海古籍出版社、2010年、38頁)。

(48) 關尾史郎は名籍について"畫師"は"隸屬民"であると考える。「〈高昌年次未詳入作人、畫師、主膠人等名籍〉試釋」(『龍谷史壇』第103・104合刊號、1994年)10頁參照。

(49) 吐魯番文書整理小組・新疆維吾爾自治區博物館は、最初はまとめて「准買田令」としていた。「吐魯番晉――唐墓葬出土文書概述」(『文物』1977年第3期、24頁)參照。

(50) 中村裕一は最も早くに池田溫と等しい見解を持ち、"傳令"2字を分解して、"傳"するは前の"辭"であり、後ろの"令"ではないと考えた。白須淨眞「麹氏高昌國における上奏文書試釋――民部・兵部・都官・屯田等諸官司上奏文書の檢討〉」(書評)(『法制史研究』第35號、1986年、337頁)參照。また、同『唐代公文書研究』、東京、汲古書院、1996年、194頁參照。

(51) 姚崇新「麴氏高昌王國官府授田制初探」（『中國吐魯番學學會第一次學術研討會論文集』、ウルムチ、新疆建工印刷廠、1991年）134頁。
(52) 孟憲實・姚崇新「従“義和政變”到“延壽改制”——麴氏高昌晩期政治史探微」165頁。王素『高昌史稿　統治編』385～387頁。
(53) 李方『唐西州官吏編年考證』、北京、中國人民大學出版社、2010年、177～178頁。
(54) 注目すべきは、前掲の傳辭令の“辭”文書に繼承・發展關係があるのと同様に、傳奏令の“奏”文書にも淵源・影響の關係が存在していることだ。關尾史郎は麴氏王國時期の上奏文書の形式・用語は高昌郡時期の條呈文書と淵源關係があるとする（關尾2002、419～421頁。關尾2008、76～79頁）。白須淨眞は麴氏王國時期の「乙酉、丙戌歳某寺條列月用斛斗帳曆」（圖文一、400～405頁；文獻編年、277頁）の形式・用語は前掲の上奏文書の影響を受けているとする（白須1984、21～22頁）。町田隆吉は麴氏王國時期の寺院その他の支出帳簿の形式・用語も前掲上奏文書の影響があるとする。「麴氏高昌國時代寺院支出簿の基礎的考察」（『敦煌・吐魯番出土漢文文書の新研究』東京、東洋文庫、2009年、227～249頁）參照。
(55) 關尾史郎「高昌國の侍郎について——その所屬と職掌の檢討」（『史林』第74卷第5號、1991年）、135～136頁注③・④、144～145頁、148頁注⑩。また、關尾史郎「高昌國の侍郎をめぐる諸研究（上）・（下）」（『吐魯番出土文物研究會會報』第62・63號、1991年、5～6、3～4頁）。
(56) 孟憲實「略論高昌上奏文書」（初出は『西域研究』2003年第4期、36頁。のち「高昌的上奏文書」と改題し、『漢唐文化與高昌歴史』に再收、167頁）。
(57) 孟憲實「論高昌國的下行文書——符」（初出は『西域研究』2004年第2期、17頁。のち「論高昌國的下行文書：符」と改題し、『漢唐文化與高昌歴史』に再收、171頁）。
(58) 麴氏王國の延壽年間の“奏”文書に“臣”字が增えることに關しては、研究者の多くが麴文泰が王權を擴大した“延壽改制”の內容の一つであったと考えている。しかし前掲『隋書』百官志上が「諸王公侯國官、皆稱‘臣’」とするのによれば、“臣”を稱するのが本來は王國の傳統的な儀制であり、もともとの制度に缺けていた點を延壽年間に回復したにすぎない。
(59) 孟憲實「略論高昌上奏文書」（初出は『西域研究』2003年第4期、34～35頁。のち《高昌的上奏文書》と改題し、『漢唐文化與高昌歴史』に再收、163～165頁）。
(60) 荒川正晴「麴氏高昌國の王權とソグド人」（記念論集刊行會（編）『福井重雅先生古稀・退職記念論集　古代東アジアの社會と文化』、東京、汲古書院、2007年）、349頁。
(61) 王素『高昌史稿　交通編』（北京、文物出版社、2000年）、508頁。
(62) 關尾史郎「高昌文書にみえる官印について——〈吐魯番出土文書〉劄記（9）」Ⅰ・Ⅱ・Ⅲ（『吐魯番出土文物研究會會報』第40・41・44號、1990年、1～4・5～8・1～4頁）。荒川正晴「トゥルファン漢文文書閲覽雜記」（『內陸アジア史研究』第9號、1993年、83～92頁）。白須淨眞にもあり、白須1997、157～158頁參照。
(63) 第3件に關しては、關尾史郎「トゥルファンの“符”と“郡符木簡”中國の文書行政受容の證左」（『新潟日報』1998年10月24日朝刊）參照。
(64) 孟憲實「論高昌國的下行文書——符」（初出は『西域研究』2004年第2期、17～26頁。のち「論高昌國的下行文書：符」と改題し、『漢唐文化與高昌歴史』に再收、171～188頁）。
(65) 荒川正晴・關尾史郎「トゥルファン出土文書調査記」（『唐代史研究』第3號、2000年、66頁）。
(66) （關尾史郎）「文書閲覽」（『吐魯番出土文物研究會會報』第3號、1988年12月1日、2頁）。
(67) 小田義久「麴氏高昌國官廳文書小考」（『中國律令制の展開とその國家・社會との關係

――周邊諸地域の場合を含めて』（唐代史研究會報告第Ⅴ集)、刀水書房、1984年、90～93頁)。

(68)「諮議參軍」は「延昌卅七年（597）張毅墓表」・「延壽九年（632）張伯玉墓表」に見える。侯燦・吳美琳『吐魯番出土磚誌集注』、222・366頁參照。《張毅墓表》は「新除郎將、轉殿中將軍、又遷諮議參軍」とし、「張伯玉墓塼」は「新除侍郎、追贈諮議參軍」とする。「諮議參軍」も出納審査機構の官員である可能性がある。

(69) 王素『高昌史稿　統治編』、402～403頁。同「麴氏王國末期三府五郡二十二縣考」(『西域研究』1999年第3期、25～28頁)。同『高昌史稿　交通編』、44～49頁。

(70) 荒川正晴「麴氏高昌國の王權とソグド人」、337～362頁。

通行證としての公驗と牒式文書

荒　川　正　晴

はじめに

唐帝國において通過公證制度を通じて人の移動を把握しようとしたことはよく知られている。すなわち公權力が發給する通行證の取得義務を課すことにより、領域内の人の往來を掌握し管理していた。これまでの議論によれば、唐代のこうした通行證、なかでも公務によらない通行（「私行」）を保證するそれには過所があった。さらに、唐代には過所以外にも公驗と呼んでいる通行證があり、兩者がそれぞれ通行證としてどのように機能してきたのか、内藤湖南以來、長く論じられてきた(1)。私もこの問題を検討したことがあり、兩者の機能の別を明確にしたことがある［荒川2010、pp.418-420］。

他方で過所と公驗については、通行證としての機能に基本的な差異はないとする見解が提出されてきた［程喜霖2000；孟彥弘2007；櫻田2011 など］。ただし、これらの論考は、私見を含めた機能別の立場を取る諸論文の主張を整理して批判することがほとんどなく、この問題については議論がかみ合わないままに推移してきた。しかしながら近年、佐藤ももこは兩者に通行證としての機能的な差異がある理由を列擧し、程喜霖などの見解を否定している［佐藤2014、pp.9-11］。

過所と公驗については、後者の通行證としての「姿」がなお不明瞭な面があるために、兩者を比較しにくい部分があったことは否めないが、ようやく先の佐藤論文の公表により公驗そのものに對する分析が深められつつある。そこで本論では、公驗が基本的にどのような通行證として存在していたのか、あらためて検討を加えておきたい。

1．衞禁律疏に見える通行證と公驗

既に述べたように、唐帝國領内において人々の往來は、官府が發給する通行證によって保證されていた。多くの論考で取り上げられているように、こうした通行證については、『唐律疏議』巻8衞禁律の疏議（以下、衞禁律疏もしくは律疏と略稱）に以下のように書かれている。

> 諸そ私に關を度ゆる者は、徒一年。越度する者は、一等を加う。（門に由らざるを越と爲す。）
>
> 疏議して曰く、水陸等の關、兩處に各々門禁有り。行人來往するに皆な公文有り。謂うこころ、驛使は符券を驗べ、傳送するは遞牒により、軍防・丁夫は總曆あり。自餘は各々過所を請いて度ゆ。

本律疏によれば、驛使は符券、傳送は遞牒、軍防・丁夫は總曆、その他のものは過所をそれぞれ取得することになっていた。前掲の衞禁律そのものは、關津の通過に關わる法規ではあるが、疏議に列擧するこれらの「公文」が關津の通過にのみ有效であったわけではなく、移動そのものを認可する通行證として機能していたことはいうまでもない。

またこの律疏によれば、符券・遞牒・總曆以外の通行證で、關津の通過に必要なそれはすべて過所としてまとめられていることがわかる。ただ他方で過所と區別される公驗が通行證として機能していたとすれば、公驗と本律疏との關係を見きわめておく必要があろう。

ここで檢討に先だち、過所と公驗の通行證としての機能を私自身どのように捉えているか、以下に簡單にまとめておきたい。

（1）過所は、州府以上の官司により發給され、その通行證としての機能は、唐領内において關津をわたる必要があるような遠距離間の通行を保證するものであった。中央の官司はもちろんのこと、地方の州府でもこれを發給することが可能であった。トゥルファン文書からは、中央アジアに位置する西州府より沿海部の福州にいたる遠隔地間の通行を認める過所が發給されていたことを確認できる。

また目的地に到着した後は、攜帶していた過所は無效となるものの、本籍をもつ百姓であっても必ずしも本貫となる州に卽座に戻る必要はなかった。あらためて他所へ往く場合には、滯在している州府に對して新たに過所を要請できる體制にあった。したがって、本貫となる州にまで歸還しなければならない期限についても、基本的には設定されてなかったとみることができる［荒川2010、pp.437-443］。

（2）これに對して公驗は、地方では縣司以上で發給された。トゥルファン文書によれば、州府で發給されるそれは州牒とも行牒とも呼ばれ、往來が許容される時空については嚴しく限定されていた。單獨で發給される場合、隣接する州への移動のみが許されるとともに、附籍された百姓であれば、有效期限が明確に存在した。つまり、いついつまでに必ず出發した本籍の州に戻ってくる必要があったのである。［荒川2010、pp.403-420］。

この兩者の通行證は、地方の州府で單獨で發給されるケースで說明するならば、公驗が期限付きの隣接州への出境を、州の權限をもって認可する公的證明書であるのに對して、過所は、攜帶者の素性を保證しつつ、公驗のような嚴しい時空制限をもたせずに、一地方州府が唐帝國領內の州縣や關津・軍防の諸機關に對して、その滯在や通過を依賴する形式を取る文書であったことに、その相違を求めることができる。

また先の衞禁律疏に公驗の語が見えないのは、この語が廣く證明書一般を指すものであり［cf. 中2005］、本律疏で通行證としてこれを過所と竝べて敢えて擧げる必要がなかったからであると見られる。他方で、公驗が別に州牒や行牒などとも呼ばれていたことは注目される［荒川2010、pp.391-420］。というのも、これらの呼稱は通行證として機能する公驗の具體的な書式を豫想させるからである。つまり、公驗は牒式を書式とする文書であったことを豫想させる。そして律疏には同じく牒式を取っていたとみられる遞牒と呼ばれる通行證が傳えられているのである。州牒や行牒と律疏に見える遞牒との關係を検討してゆく必要があろう。

2．公驗としての牒式と辭式

これまで、唐代の通行證として過所と公驗があったことは先に述べたとおりである。ただし、これまで公驗とされてきた通行證を通覽すると、既に指摘されているように、そこには牒式と辭式を取るものがあったことが認められる［佐藤2014、p.2］(2)。兩者の官文書としての相違は明らかで、『唐六典』巻1、尙書都省・左右司郎中員外郎條に、

> 凡そ下の以て上に達する所、其の制も亦た六有り。曰く表、狀、牋、啓、牒、辭なり。（表は天子に上され、其の近臣亦た狀に爲る。牋・啓は皇太子に於し、然るに其の長に於てするも亦た之に爲るも、公文に施す所に非ず。九品已上の公文は皆な牒と曰う。庶人の言は辭と曰う）。

とあるように、牒式は九品以上の官人の公文に用いられ、辭式は無位無官の庶人（百姓）が官司に提出する際に用いられる書式であった。つまり官職を有していれば、すべて牒式で作成する必要があった。また通行證を獲得しようとすれば、官人であれば牒で申請し、庶人であれば辭を提出したのである［cf. 中村1996、p.248］。

ただし、ここに言う官人には名目的な官職、つまり散官を含んでいた。例えば、庶人（百姓）であっても散官を帶びていれば牒式で作成した申請書を官司に提出したのである［cf. 荒川2010、pp.414-416］。

まずは、これまで辭式を用いた公驗と見なされてきたものから見てみよう。

（A）辭式の公驗

トゥルファンからは、實際に使用された辭式の「公驗」が出土している。以下に掲げる「唐貞觀廿二年（公元六四八年）庭州人米巡職辭爲請給公驗事」がそれである。

「唐貞觀廿二年（公元六四八年）庭州人米巡職辭爲請給公驗事」（73TAM221:5、『圖文』3、p.306）

1　貞觀廿二　　　　庭州人米巡職辭：
2　　米巡職年參拾、　奴哥多彌施年拾伍
3　　婢娑匐年拾貳　　駝壹頭黃鐵勤敦捌歲
4　　羊拾伍口。
5　州司：巡職今將上件奴婢駝等、望於西
6　州市易。恐所在烽塞、不練來由。請乞

7　公驗。請裁、謹辭。

8　巡職庭州根民、任往

9　西州市易、所在烽

10　塞勘放。懷信白。

12　廿一日

(和譯)

貞觀廿二（六四八）年　庭州の人、米巡職が辭をもって申し上げます。

米巡職、三〇歳　奴の哥多彌施、一五歳

婢の娑匐、一二歳　ラクダ一頭、黄色の毛竝み、テュルク產の去勢馬、八歳

羊、一五頭。

州司宛て：(私) 巡職は、今、先に擧げた奴・婢・ラクダ等を率いて、西州（トゥルファン）の市において交易することを希望しております。途上に存在する（軍事施設の）烽・塞が、(私の通行の) 事情をよく知らないことを恐れ、ここに公驗（通行證明書）を請求する次第です。ご裁可のほどをお願いいたします。謹しんで申し上げます。

巡職は、庭州の「根民」である。西州に往き、市で交易をすることを許可する。途上にある烽・塞は、取り調べたうえで（巡職を）通過させよ。(庭州の) 懷信、申す。

廿一 日

本公驗の1-7行目が、辭式に屬す申請書の部分であり、續く8-12行目にかけて本申請書を受理した庭州における處決の語が大書されている。おそらくは庭州の擔當部局もしくは州の長官の手になるものと見られる。この文書自體が申請者に發給され、往來時には通行證として攜帶していたと考えられる。つまりきわめて簡素な手續きで發給されていた通行證であり、これまでの見解では、これも公驗として認めている。

文書內容そのものは、大變に興味深く、通行の申請をした米巡職は辭を提出していることから無位無官の「庶人（百姓）」であるとわかる。また、その姓名からソグド人であることは明らかであり、彼は交易を目的として本通行書を取得していた。すなわち、「興胡」でもなく、唐に附籍されていた無位無官のソグド人が、遠距離にわたるキャラヴァン隊を組むことは困難であったが［荒川2010、p.511］、庭州からトゥルファンまでの近距離間であれば、往來して交易することは許されていたことが分かる。

このことは、ソグド商人のような場合には、まったくの「庶人」であっても、邊境に位置する州府は自らの權限がおよぶ範圍での通行を認可する通行證明書を積極的に發給していたことを示唆している。また本貫州府から公驗を獲得するのに、有位有官のものであっても一定の嚴しい審查を要したであろうことは後揭のトゥルファン文書よりうかがえるが、邊境にある州府は簡便なかたちで庶人（百姓）であったソグド人

に、短距離間ながら通行證を發給していたことが確認できる。

ただし、この通行證を公驗一般として取り扱うには、提出者と提出先およびその時期に關して十分に考慮する必要があろう。すなわち、この通行の申請をした米巡職は先に述べたようにソグド商人であり、彼は天山北方のオアシスである庭州（ジムサ）の「根民」として存在していた。しかも本通行證が發給された貞觀22年の時點での庭州は、いまだ唐の支配が十分に安定していない狀態にあった。「根民」という表現は、あまり明瞭ではないものの、先にも述べたように辭を提出していることから、米巡職は直轄州縣の「百姓」に準ずる身分であったと見て良いであろう。

そもそも本貫地主義を原則とする唐朝において、庶人（百姓）に對してこのように容易に通行書を發給していた體制にあったと考えるのは困難であり、こうした狀況は多分に中央アジア地域の諸州オアシスに居住していたソグド商人に對する特別處置と捉えて大過なかろう。つまり、この辭式での申請に對して發給された通行證が唐內地一般の庶人にも適用されていたとは考えにくいのである。史料狀況からしても、辭式による通行證の發給は、前掲の文書１點のみであり、これを一般的な原則とするのは控えるべきであろう。

以上のことから、現段階では辭式での申請による通行證の發給は例外的なケースであったと判斷しておく。

(B) 牒式の公驗

これに對して、名譽稱號的なものであれ何であれ、官職を帶びているものは、牒式の上申書で通行證の發給を官司に求めた。その後、發給要請を受けた官司では、一定の審查を行ったうえで通行證を發給したと見られ、それを攜帶して公道を往來していたのである。

そうした發給に必要な審查の過程の一端と、官司が申請者に發給する通行證の書式をうかがう手がかりが、トゥルファン文書に殘されている。

「開元二十一（733）年染勿等保石染典往伊州市易辯辭」（73TAM509:8/9(a)之一〈錄〉『文書』９、pp.44-47、程喜霖2000、pp.163-164；〈寫〉「簡報」p.20、圖15；『圖文』４、pp.277-278）[3]

（前　缺）

　　　　石染典計程不廻、連　　　　
罪者、謹審。但染勿　等保石染典在此見有家宅
及妻兒親等、竝總見在。所將人畜、竝非寒詃等
色[4]。如染典等違程不廻、連答之人、竝請代承課
役、仍請准法受罪。被問依實、謹辯。「元」
　　　　　　開元廿一年正月　　日。
　「石染典人肆、馬壹、騾、驢拾壹。

---「元」

8　　　請往伊州市易、責保

9　　　可憑、牒知任去。諮。元

10　　　璟白。

11　　　　　　　　　　　　　廿三日」

12　　「依判、諮。延禎示。

13　　　　　　　　　　　　　廿三日」

14　　「依判、諮。齊晏示。

15　　　　　　　　　　　　　廿三日」

16　　「依判、諮。崇示。

17　------------------------------------ 廿三日」 --「崇」

18　　「依判。斛斯示。

19　　　　　　　　　　　　　廿三日」

---「元」

20　　石染典

21　牒。件狀如前、牒至准狀、故牒。

22　　　　　開元廿一年正月廿三日

23　　　　　　　　　　府謝忠

24　戶曹參軍「元」

25　　　　　　　　　　史

26　　　　　正月廿一日受。廿三日行判。

27　　　　　錄事「元賓」　　　檢無稽失

28　　　　　功曹攝錄事參軍　「思」勾訖

29　牒石染典爲將人畜往伊州市易事

（和譯）

［染勿が辯明申し上げます。…］石染典の日程を計り、（日程通りに）歸還しなければ、（われわれ）連［答の保人たちが］罪［を甘んじて受けるかどうか、問われましたので］、謹んで審らかにいたします。但（およ）そ、私ども、染勿等は、石染典がここに現に家宅や妻子・親戚らをもっていることを保證いたします。引き連れて往く人畜は、すべて强奪したり騙して誘拐したものなどではありません。もし、染典らが日程に違えて、歸還しなければ、尋問に應じた保人たちはみな代わって彼の課役を承け繼ぎ、さらに法に準じて罪を受けることを求めるものです。尋問をお受けいたしましたので、眞實によって謹んでお答え申し上げます。「元（璟）」。

開元廿一年正月　　日。

「石染典の（引き連れる）人四人、馬一疋、騾（らばの類）・驢十一頭は、伊州に往き交易をすることを望んでいるが、［保人に］保證を責めて信賴できる調書を取っているので、（石染典に宛て）牒をもって（伊州に）往くことを任(ゆる)しては如何か。お諮り願いたい。元璟、申し上げる。

廿三日。」

「判案通りにしては如何か。お諮り願いたい。延禎 示す。

廿三日。」

「判案通りにしては如何か。お諮り願いたい。齊晏 示す。

廿三日。」

「判案通りにしては如何か。お諮り願いたい。崇 示す。

廿三日。」

「判案通りにせよ。斛斯 指示す。

廿三日。」

石染典

牒すらく。件の狀は前の如し。牒を受け取ったら書面通りにせよ。故に牒す。

開元廿一年正月廿三日

府謝忠

戶曹參軍元

史

正月廿一日受け付け。廿三日判を行う。

錄事元賓　　　檢するに稽失は無し。

功曹攝錄事參軍　思　勾檢を訖える。

石染典が人畜を率いて伊州に往き市易することを牒する件。

本文書は通行證そのものではなく、「遊擊將軍」という散官の肩書きをもつ西州百姓の石染典［cf. 荒川2010、pp.438-441］に對して、隣接する伊州までの通行證を發給するためのものであり、ここには州府における發給に關する取り調べの一端と最終判斷が示されている。掲載した部分には、まずは石染典の保證人による答辯書が掲げられ、それに續いて擔當部署による處決文とそれに對する州府の決裁が見えている。これによれば、申請に對して最終的な認可が出ており、判辭9行目の「牒知任去」という處決に從って申請者に州府より牒式の文書が發給される運びとなったことがうかがえる。本文書の21行目に見えている文言（□で圍んだ文言）が、その牒文の末尾に書かれていたものであった可能性は高い。と言うのも、內藤乾吉による州縣の官司で作成される官文書の書式檢討によれば、判辭に從って牒が發給された場合、最終決裁の直後にその牒文末尾の文言が再錄されることになるという［內藤1963、p.235］。

この理解に大過なければ、本文書の場合、處決にしたがって州府より牒式の文書が申請者である百姓の石染典に宛て發給されたことがうかがえる。また、そのことは發給された件の牒式文書に、本文書が下達であることを示す「故牒」という表現があったと見られることからも傍證される。

そこで注目されるのは、入唐僧である圓珍が取得した臺州の牒である（礪波1993、pp.691-692）。

1 臺州　　牒
2 　當州今月壹日、得開元寺主僧明秀狀稱、日本國
3 　內供奉賜紫衣僧圓珍等參人。行者肆人。都柒人。
4 　從本國來、勘得譯語人丁滿狀。謹具分析如後。
5 　　僧參人。
6 　　　壹人。內供奉賜紫衣僧圓珍。
7 　　　壹人。僧小師豐智。
8 　　　譯語人丁滿。　行者的良。已上巡禮天
9 　　　　臺・五臺山、及遊歷長安。
10 　　　壹僧小師閑靜。　行者物忠宗・大全吉、
11 　　　　幷隨身經書、竝留寄在國淸寺。
12 　　　本國文牒幷公驗、共參道。
13 牒、得本曹官典狀、勘得譯語人丁
14 滿狀稱、日本國內供奉賜紫衣求
15 法僧圓珍。今年七月十六日離本國、
16 至今年九月十四日到福州。從福州
17 來、至十二月一日到當州開元寺、稱往
18 天臺、巡禮五臺山、及遊歷長安、隨
19 身衣鉢及經書、幷行者、及本國行
20 由文牒等。謹具。勘得事由如前。事
21 須具事由申上　省使者。
22 郎中判具事由各申上者。准狀給
23 牒者。故牒。
24 　　　大中柒年拾貳月參日　史陳沂　牒。

　　　　　　攝司功參軍、唐「員」

本牒の23行目末には「故牒」と記されており、このことから本文書が臺州より申請者本人に發給された牒式による通行證であることがうかがえる。

以上から、公驗と見られてきた通行證での往來は、次のように考えることができよう。

名目的なものを含めて官職を有する官人は、地方であれば州司が作成し發給した牒式による通行證を攜帶して公道を往來した。なお無位無官の百姓でも、ソグド商人の

ような存在であれば、辭式による申請書をそのまま利用した通行證を攜帶して公道を往來することもあったが、それはあくまでも例外的な措置であったと解するべきである。

このほか、州より下位の行政單位である縣でも牒式の通行證が發給されていた。前掲の臺州牒（公驗）を發給された圓珍が行路途上にある諸縣で受給した通行證［溫・臺州諸縣の公驗］がそれを證明している［cf. 礪波1993、pp.684-690］。實は、これまで公驗としてリストアップされてきたものの多くは、これに屬している。ただし、これらはすべて申請者本人が提出した牒に縣の長官が處決を書き加えるタイプ、いわゆる「簡易型」と分類されているものである［cf. 櫻田2011、pp.201-205］。つまり、通行證としての公驗には、（Ⅰ）臺州牒のように官司が牒式文書を自ら作成し申請者に發給する場合と、（Ⅱ）申請者の牒を利用した「簡易型」の牒式文書を發給する場合とがあった。

詳しくは別に検討する必要があるが、（Ⅰ）のタイプは、はじめに州・縣より公驗が發給される際の基本となるものであり、（Ⅱ）のタイプは、行路途上で滯在する州・縣より便宜的に公驗が發給される際のものであったと見られよう。

何れにしても、通行證としての公驗は、基本的には牒式で作成され、地方では州と縣で發給されていたことが分かる。州牒とは、おそらく前掲の臺州牒のような、州司で發給された公驗（Ⅰ）を指すものであったと推測される。他方、行牒については詳らかではないが、これも州司から發給されていたと見られることから(5)、州牒は行牒とも呼ばれていた可能性は高い。

3．遞牒とは何か

前節において通行證としての公驗の基本となる書式は牒式であり、それは官司より申請者本人に發給されたと指摘した。であれば、前掲の衞禁律疏に明記される遞牒とは、如何なる關係にたつものであろうか。

そこで參考になるのは、以下に掲げる最澄が受け取った明州牒であろう。

「唐 貞元二十（804）年明州牒」【A】（〈錄〉礪波1993、pp.675-676；石田1998、pp.92-93ほか；〈寫〉菊池1990、p.156；礪波1993、pp.675-676ほか）

既に石田實洋により検討され、一部和譯が附されているが(6)、ここにあらためて最澄が提出した牒【B】と併せて全文を提示しておきたい。

【A】

（淳）

1　明州　　牒　　　　「廿六日　□」

2　　日本國求法僧最澄往天臺山巡禮。將金字妙法蓮花

3　　經等。

4　　　金字妙法蓮花經一部　八卷。外標金字。　无量義經一卷

5　　観普賢經一巻　已上十巻共一函盛。封全。最澄稱是日本國春宮永封、未到不許開析。

6　　屈十大德疏十卷　本國大德諍論兩卷　水精念珠十貫

7　　檀龕水天菩薩一軀　高一尺。

8　　　右得僧最澄狀稱、惣將往天臺山供養。

9　　供奉僧最澄　　沙彌僧義眞　　從者丹福成

10　　文書鈔疏及隨身衣物等、惣計貳伯餘斤。

11　牒。得勾當軍將劉承規狀稱、得日本僧最澄

12　狀、欲往天臺山巡禮。疾病漸可今月十五日發。謹

13　具如前者。　使君判付司、給公驗、幷下路次縣、給舡

14　及檐送過者、准　判者。謹牒。

15　　　貞　元　廿　年　九　月　十　二　日。　史　孫　階　牒。

16　　　　　　　　　　　　　　　司戶參軍　孫「□」。

-- 「淳」 ------

【B】

1　　日本國

2　　　求法僧最澄　譯語僧義眞　行者丹福成　擔夫四人

3　　　經論幷天臺文書變像及隨身衣物等

4　　牒。最澄等今欲却往明州及隨身經論等。

5　　恐在道不練行由(7)、伏乞公驗。　處分。謹牒。

6　　　　貞元廿一年二月　日。日本國僧最澄牒。

7　　　「任爲公驗。三月

8　　　一日。臺州刺史

9　　　陸淳」

--- 「印」 ---

（和譯）

【A】《11～16行目》

（最澄に宛て）牒をもって申し傳える。擔當軍將の劉承規の狀を得たところ、「日本僧の最澄の狀を得たが、彼は天臺山に往き巡禮したがっており、病も漸く癒えて今月一五日には出發しようとしている。謹んで具に申し上げること先の通りである。」とある。使君（明州刺史）が處決するに「擔當官司に回付したところ、『公驗を發給し、併せて途次の縣に命じて、船および擔夫を支給し遞送させ

てはいかがか』とあった。判の通りにせよ。」とある。謹んで牒をもって申し傳える。

貞元廿年九月十二日　（司戶）史の孫階が申し傳える。

司戶參軍　孫「□」。

【B】《4～9行目》

申し上げます。最澄等は、今、經論等を身に攜え、明州に還りたいと願っております。道中において我々の往來の事情を理解して戴けないことを恐れ、伏して公驗を乞う次第です。どうか宜しくご處分のほどお願い申しあげます。謹んで申し上げます。

貞元廿一年二月　日　　日本國の僧、最澄が申し上げます。

「公驗とすることを任す。三月一日。臺州刺史　陸淳。」

本文書【A】【B】は、最澄の天臺山巡禮時に實際に通行證として機能していたことは疑いないが、これまでは【B】だけを公驗と見なすことが多かった［小野1961、p.185ほか］。ただし、これが正しくないこと、すなわち前半部の州牒も公驗であることは、既に口頭報告ながら指摘し(8)、さらに石田實洋氏が同文書の分析を通じて主張されている(9)。

ただし石田氏は、【A】の14行目に「謹牒」とあることから、【A】を臺州へ宛てた「牒」と解されたが(10)、氏も指摘するように、これが何故に日本へ持ち歸られているのか疑問が殘る。やはりこれは、當時、「故牒」を敢えて「謹牒」と書き改める風潮があったことを考えるべきであろう(11)。したがって、【A】は、最澄自身に發給された通行證として見るのが妥當であり、そのなかに管下の諸縣に遞送の指示が明記されていたのである。とするならば、まさにこの【A】が、通行證としての公驗（Ⅰ）［州牒］であり、そして遞牒そのものであったと考えられよう。

またこの遞送の有效範圍は、發出した官司の管轄領域と重なることは明らかである。これは、かかる遞送を指示する權限が、州府から發出される場合には、州府自らが管掌する諸縣等に限定されていたことを意味している。

これに對して【B】は、先に檢討した申請者本人が提出した牒に當該官司が處決を書き加える書式のタイプ、いわゆる「簡易型」［公驗（Ⅱ）］と見られる。またこの【B】から、このタイプが縣だけでなく州でも作成されていたことが確認できる。そして、これも移動途中で滯在した州で發給されていたものであった。つまり、この史料は、州司の作成した公驗（Ⅰ）と「簡易型」の公驗（Ⅱ）が貼りつながれたものであったのである。

以上の檢討から、通行證としての遞牒とは文字通り、遞送のための「牒」を意味したもので、中央・地方州縣の各官司がそれぞれの權限の及ぶ領域内において遞送とその內容を指示したものであると解するのが妥當であろう。遞給のサービスを受ける立場にある官人への通行證であることを考えるならば、「州牒」とは、まさにこうした州府發給にかかる遞牒を基本としていたと見られよう。

ただし、官人の通行が關津を越えて遠距離に及ぶ場合には、中央發給の公驗であれば問題はなかろうが、地方州府レベルでは、目的地までの過所を發給してもらう必要があった。すなわち、州府からは申請する官人に對して目的地までの過所と、隣接州まで有效となる遞牒を併せて發給してもらう體制になっていたと見られる。トゥルファン文書には、過所と遞牒がともに發給されていたと見られるケースが認められる［荒川2010、pp.399-403］。

この場合、遞牒については、州府ごとに遞牒を發給してもらう必要があったと考えられる。この點について參考になるのは、前掲史料の最澄牒【B】にあるように、移動の途中に滯在している州で通行證明を發給してもらう際には、移動する本人の牒式申請書に官司が處決するだけの、いわゆる簡易型とする通行證明書をもらっていたことである。移動途中に取得する遞牒は、こうした簡易な手續きで各州府より發給されていたと考えられよう。

結びに代えて—公驗とは何か—

はじめに確認したように、公驗とは單に證明書を指す一般的な語であり、とくに通行證の名稱として規定されていたものではない。そうした公驗が、通行を保證する際に基本的に用いた文書の書式は牒式であり、地方では州・縣が申請者に對してこれを發給していた。州牒や行牒、あるいは遞牒というのは、すべてその書式と絡めて呼ばれた名稱である。

これまで公驗として議論されてきた通行證とは、その多くは自らが提出した牒式の申請書を利用して作成された通行許可書、いわゆる「簡易型（公驗（Ⅱ））」と言われているものであり、行路上で滯在する各州・縣において通行許可を逐一求める場合に取得していたものに過ぎない。過所と比較するのであれば、公驗の基本的なかたちとなる「州牒・行牒・遞牒（公驗（Ⅰ））」を基本にすべきであろう。

また關津を越える遠距離にわたる移動を目的とした場合には、地方の官員であれば州府が發給する過所とともに、移動の便宜を得るために所在の州・縣において通行證明書、いわゆる公驗Ⅰとともに「簡易型（公驗（Ⅱ））」の發給を求めるのを建前としていたと考えられる。

以上に檢討してきたように、公驗は公文書として一般的な書式である牒式をもって作成されていたことがわかる。これは、過所には過所用に特別に定められた書式が設けられていたことと對照的であり、兩者が基本的にその通行證としての性格を異にしていたことを明示していよう。もしこうした理解に大過ないとすれば、既に指摘したように、兩者は機能的に相互に補完する關係にあったと見るのが妥當なのである。

略號

「簡報」＝新疆維吾爾自治區博物館・西北大學歷史系考古專業「一九七三年吐露番阿斯塔那古墓群發掘簡報」『文物』1975-7, pp.8-26, +6（再錄：新疆社會科學院考古研究所（編）『新疆考古三十年』新疆人民出版社, 1983, pp.108-116)。

『圖文』＝唐長孺（主編)、中國文物研究所・新疆維吾爾自治區博物館・武漢大學歷史系（編）『吐魯番出土文書』1-4、文物出版社、1992-1996。

『籍帳』＝池田溫『中國古代籍帳研究——概觀・錄文——』東京大學出版會、1979。

『文書』＝國家文物局古文獻研究室・新疆維吾爾自治區博物館・武漢大學歷史系（編）『吐魯番出土文書』1-10, 文物出版社, 1981-1991。

TTD＝Yamamoto, T. et al., *Tun-huang and Turfan Documents concerning social and economic history I - IV & supplements*, The Toyo Bunko, 1978-1987･2001.

引用文獻

荒川正晴

2010『ユーラシアの交通・交易と唐帝國』名古屋大學出版會。

石田實洋

1998「『傳教大師入唐牒』についての二、三の考察」『日本歷史』606、pp.91-99。

小野勝年

1961「山東における圓仁の見聞」『塚本博士頌壽記念 佛教史學論集』塚本博士頌壽記念會、pp.174-196。

菊池英夫

1990「中國古文書・古寫本學と日本——東アジア文化圈の交流の痕跡——」唐代史研究會（編)『東アジア古文書の史的研究』(唐代史研究會報告７)、刀水書房、pp.147-201。

櫻田眞理繪

2011「唐代の通行證——標準型・簡易型による區別——」鈴木靖民・荒井秀規編『古代東アジアの道路と交通』勉誠出版、pp.191-207。

佐藤ももこ

2014「唐代の通行證に關する一考察——「行牒」と「往還牒」を中心に——」『史泉』120、pp.1-23。

礪波護

1993「唐代の過所と公驗」同（編)『中國中世の文物』京都大學人文科學研究所、pp.661-720。

内藤乾吉

1963『中國法制史考證』有斐閣、pp.223-345（原載：同「西域發見唐代官文書の研究」『西域文化研究３敦煌吐魯番社會經濟資料（下)』、法藏館、1960、pp.9-111)。

中大輔

2005「『入唐求法巡禮行記』にみる唐の通行許可證——「公驗」の再檢討——」『平成13年度〜16年度科學研究費補助金報告書』(基盤研究C(2)、研究代表：田中史生「『入唐求法巡禮行記』に關する文獻校定および基礎的研究」)。

中村裕一

1996『唐代公文書研究』汲古書院。

岑仲勉

1958「突厥（回紇）語及伊・印語之漢文譯寫表」『西突厥史料補闕及考證』中華書局、

pp.238-252。
陳國燦
2002 『吐魯番出土唐代文獻編年』(香港敦煌吐魯番研究中心研究叢刊)、新文豐出版公司。
程喜霖
2000 『唐代過所研究』中華書局。
孟彦弘(辻正博 譯)
2007 「唐代の「副過所」及び過所の「副白」「錄白案記」辨析」『東方學』117、pp.1-19。
王啓濤
2005 『吐魯番出土文書詞語考釋』巴蜀書社。

注

(1) これまでの研究の經緯については、礪波1993;佐藤2014を參照。とくに研究の概要およびそれが抱える問題點については、佐藤2014、pp.1-6に詳しく檢討されている。

(2) 佐藤は公驗のなかに「狀式」があることを揭げる[佐藤2014、p.2]が、私見では變則的ではあるが、これも「牒式」に屬すと見られる。

(3) 參考文獻は、陳國燦2002、p.261を參照。なお程喜霖2000、pp.164-167に本文書を檢討した部分がある。

(4) 「寒詃」は、「寒盜」と「詃誘」とが合わさった表現と見られる。cf. 王啓濤2005、pp.180-182。

(5) 行牒については、佐藤2014、pp.12-18を參照。なお佐藤も、行牒は州から發給されたと推測する[佐藤2014、p.17]。

(6) 石田1998、pp.92-95。冒頭の「廿二日 □」の□を「淳」とし、さらに13行目の部分の解釋を明確にしている。

(7) 「行由」は「來歷」の意味である。王啓濤2005、pp.636-637。

(8) 1997年11月の第47回東方學會總會「敦煌・吐魯番研究III」において、「唐の「過所」と「公驗」——トゥルファン出土文書の檢討を中心にして——」と題して口頭報告した。

(9) 石田1998、p.96。

(10) 石田1998、pp.94, 96。

(11) 中村1996、p.190。

唐代における均田法施行の史料雑抄

土　肥　義　和

序言

1959年、西嶋定生・西村元佑兩氏等によるトゥルファン發見の大谷文書（退田簿・欠田簿・給田簿）の古文書學的研究とその詳細な分析とによって、唐代、西州における均田制的田土の還受が實證された(1)ことは、學界の大きな成果として残ることになった。しかし、翌1960年、宮崎市定氏は上記の大谷文書の多くは西州の均田制の内容を傳えるものではなく、當地の屯田制に關わる文書であるとされて、むしろここに西州の均田制度の存在に疑問を提出された(2)のである。それ以後、この問題は今日に至るまで解決されないままになっていると言っても過言ではないであろう。

1．西州高昌縣等狭郷の給田記錄

この問題を解決するための重要かつ基本的な史料は戸籍であるが、唐朝全土のうち、西州戸籍のほか、河西回廊地區の沙州・甘州の兩州を合わせて計３州の戸籍が現存するに過ぎないのである。このうち、西州戸籍及び沙州の戸籍に記載された田土に關する記述（應受田・已受田・居住園宅・未受田）中、とくに本稿ではその細目にあたる已受田の内容と田額（世業田・口分田・園宅地・勳田・賜田等）を分析することが必要となってくる。中でも、唐代均田法施行の實態を知る上では、特に兩地區の戸籍の已受田記載を唐朝はどのように把握し、かつ處理しようとしたか、更に、唐政府は均田農民への田土の給授を戸籍にどのように表現しているか等を具體的に究明することが重要となるであろう。そしてなお、これを實現した作業の結果こそが、各戸籍の已受田記載の一端に表現されていると見られる。

以上のように考えるとき、戸籍に記載された已受田に含まれている均田農民への田土の給授額は、政府側から見れば政府の給田額文書として扱われたこととなるであろう。本稿序言に掲げた大谷文書に見える退田簿・欠田簿・給田簿文書が、まさに西州・沙州・甘州の３地區の戸籍の已受田記載とどのように關連するかを具體的に檢討することが今後の課題として残るであろう。

この問題は、上述の西嶋・西村兩氏や筆者(3)などによる退田簿・欠田簿・給田簿の研究や池田溫氏による丁未年（707）高昌縣崇化郷給田資格者別已受田額帳の研究(4)によって、田土還受の結果を示すものとして注目された。これらの成果にもとづいて、各戸籍の給田資格者別に逐一給田されている田土額の統計を試みると、そこには均田法の給田規定の數値とは正確には異なるけれども、西州固有の給田基準に從って田土が支給されていたことが判明したのである。

つまり、西州戸籍にみられる實際の已受田額は、唐代均田制度の狹鄉の給田規定（卽ち、一丁男當たり60畝）の枠内において、西州農田の特殊事情（常田・部田の田種の組み合わせ）を勘案した實質的な給田基準額（一丁男當たり、10畝程度）が定められ、その内規に従って、この西州の田土の還受が實施されていたことが明白である。

なお、そこで還受される對象者たる均田農民については、實質的な給田基準額を超過したり、不足したりしている者の名が記されており、またその田土の多くには、還受される理由づけの語が記されているのである。この史料は西州均田法下の給田の實態を知る上で重要なものである。以下にその用語の若干を示すと次の如くである。

（7世紀後期～8世紀前期）唐代西州均田法施行の給田關係文書資料に見る用語の若干：

1．給田基準額の超過、不足

2．退田：死退、逃走退、剩退、絕戶退

3．還公・還公田、逃還戶

4．非死絕、不在收授限

5．荒田

6．無主田

7．沒落

8．＿＿逃死戶絕田陶菜等埊(地)／（右件人）籍後死

9．（給田關係文書の四至記載）：勳田・賜田・官田・驛田等

上記のそれぞれの用語が使用された當該文書の實情を分析することによって、西州均田法下の給田の實態を明らかにするのが今後の課題となるであろう。

なお、この均田制下における田土還受（給授）の對象者は、州縣下で大半を占める一般百姓であり、屯田民など特殊な職業についた人達に限られることはなかったことに留意すべきである。

2．沙州敦煌縣寬鄉の給田申請牒について

さて、問題となるのは、唐代均田制度資料の根幹をなす戶籍に記載された各戶の田土記載（應受田・已受田・居住園宅・未受田・勳官・賜田）のうち、とくに已受田に關わる記述であり、これら均田法下の給田の實態（還授の實情）を知る上で重要な手がかりとなるものである。

このうち、今日殘存の、かつ唯一の敦煌文書は、「開元十六年（728）六月敦煌縣史氾知節請給田衛士曹大慶牒」（薑73背、BD06173背2、資料A）である[(5)]。

（前　　缺）

-- （切斷 紙縫部か）

（約一行餘白）

1 ＿□（武）？尚元地一段十畝 城北卅里抱辟渠 東渠 西道 南張朩□ 北張玄運

2 縣司、曹大慶身是衞士、戶仗（身役）煩重、復少（欠）業田家貧困

3 弊、（少丁 復欠業田 田）今有前件尚元死數年（？不除？）、虛掛藉帳、上件（其）地

4 見空閑。大慶又欠丁田、尚元卽合退田（地）。將剩塡欠

5 充公途、今因給地之次、大慶貧下。復乞商量

6 □（処）？分。＿＿

7 牒、檢案連如前。謹牒。

8 開元十六年六（月）十三日史氾知節（？）牒。

9 「連。京白。

10 十　三　日。」

11 牒、檢有事至。謹牒。

12 六月十四日史氾節（？）牒。

（約一行半餘白）

-- （切斷 紙縫部か）

（以下　缺）

備考

＊□は解讀不能文字、＿＿・＿＿は缺損文字。（ ）内の文字、或いは？を附した文字は筆者が推定した文字、「」内は別人が記した文字、○は墨汁による抹消文字を示す。また各行頭の行數及び訓點は筆者が適宜に付した。以下、文書の引用には、上記の點に留意した。

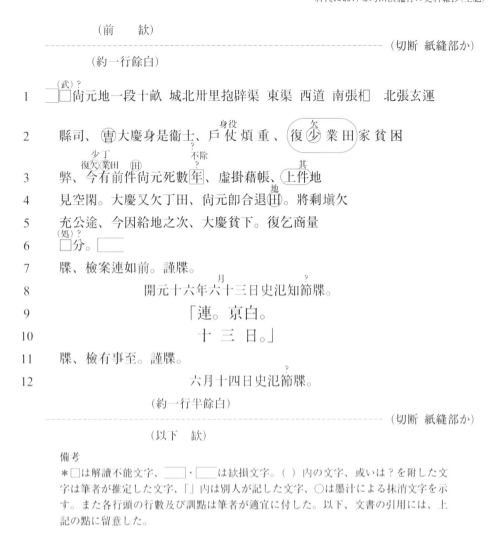

この牒文は拙稿の題名に示すように、敦煌縣の雜任史・氾知節が作成した給田要請狀であり、その狀文の内容が給田條件を詳細に示している點は注目に値するものである。

ここで本牒の概要を記しておくと、「唐開元十六年六月、燉煌縣の史（雜任史）氾知節は、

1行目

「（戶主・寡の）武尚元地一段十畝 城北卅里抱辟渠 東渠　西道 南張朩□ 北張玄運」について

2行目とそれ以降

縣司に（標記について）申し上げます。

さて燉煌縣出身の衞士・曹大慶は勞役重く、丁男の田額は欠少しており、家業が困弊しております。（他方、戶主寡の）武尚元は、數年前に死亡しながら籍帳から除外されることがないままになっておりますので、（標記の）武尚元の

田地一段十畝を“死退田”或いは“合退田”という名目のもとに給授を願い、ここに申請いたします(6)。」

となろう。

資料A　4行目によると、「大慶又欠丁田、尚元卽合退田」とあり、更に同5行目によると、「今因給地之次、大慶貧下」とある。

上記資料Aの4行目及び5行目の2行に記された給田關係の語句は、貧下の燉煌縣の衛士曹大慶が寡の武尙元名義の田（退田）を取得する手續きを示唆するものとして特に留意すべきものである。

上述において推察したように、衛士曹大慶の當然の取得分として要求したものが本牒において「欠丁田」者という表現で理由づけされており、さらに、この田土が「退田」という名稱で處理されたことが明記されているのである。なお、給田の順番としては、均田農民の貧下層が優先されることが文末において强調されていることに留意したい。

なお、本牒の2行目の初めに、「縣司に申し上げます」とあり、文末の9行目〜10行目には、「連ねよ。京もうす／十三日」と大字の判辭があり、ここには本牒の受理責任者である燉煌縣の縣令？「京」の署名が見られるので、この牒は燉煌縣廳（府）で處理されたと見て誤りなかろう。但し、この牒の文面には數箇所にわたり、補訂・削除・加筆の跡が見られ、さらにこの文書の監督官廳である縣の印が一切確認できないので、本牒は草案の類というべきであろう。

上述したように、本牒文は唐代玄宗の開元中期の均田法施行の具體的な實態を知るための沙州燉煌縣の事例として殘るものであろう。

7世紀後期から8世紀前半期頃の均田法施行の一側面を示す給田關係官府詔敕を次に紹介しておこう。

（太宗貞觀）十年（636）正月詔に、

有司收內外職田、除公廨田園外、竝官收、先給逃還貧下戶及欠丁田戶。其職田、以正倉粟畝率二升、給之。（『册府元龜』卷505、俸祿1）

とあり、この記述によると、內外の職分田を官收して、その一部を逃還した貧下の戶及び欠丁田の戶に分給したとある。ここで特に注目されるのは、上述したように、丁男の所有額が缺如している戶への救濟策として給田の支給を主張していることである。そして8年後の貞觀十八年（644）二月己酉の條によると、

（太宗）幸靈口、村落偪側、問其受田、丁三十畝。遂夜分而寢憂其不給。詔雍州、錄尤少田者、竝給復移之於寬鄉。（『册府元龜』卷105、惠民1）

とあり、太宗が靈口（靈地）に行幸したときの話として、「村落が逼迫していたので、その受田情況について問（たず）ねたところ、一丁男に30畝なり」と答えたとある。

この貞觀十八年の一丁當たりの受田30畝という記錄は、唐朝初期の均田法下の狹鄉の給田規定（一丁60畝）の半分に當たるものであり、この數値は京畿の狹鄉の均田法

施行の實情を考える上で參考になるものである。

また（玄宗開元）十年（722）正月命によると、

十年正月命、有司收内外官職田、以給逃還貧下戶其職田、以正倉粟畝二斗（升？）、給之。(『册府元龜』卷105、惠民 1 ）

とあり、ここには開元十年正月に職田を逃還した均田農民の貧下の戶へ給田したことを傳えている。但し、この條文には貧下の農民中、欠丁田の戶が含まれていない點は留意すべきである。

以上のことから、河西の回廊地帶の 1 州、卽ち、沙州敦煌においても、西北方の西州高昌地區と同樣に、實質的な給田基準にしたがった均田農民への田土還受が實施された可能性の强かったことを、そしてまた、他の內地の諸州においても同樣の給田關係文書が作成されていたことを豫測せしめるであろう。

なお、唐の均田制の重要政策である田土の還授は、唐初の貞觀年閒においてすでに法令との乖離がはなはだしかったようである。

上述のように貞觀十八年二月、京畿の狹鄕の農村地域の一丁男の給田規定（每丁60畝）は、すでに30畝程度であったと言われており、更に前代に遡って、隋文帝の開皇十二年（592）においても狹鄕の每丁給田額（60畝）は、給田規定の 3 分の 1 の20畝にすぎなかったのであり（『隋書』卷24 食貨志)、さらに煬帝の大業年閒（605～618）にも、天下の戶口が增加して、農民への給田が論議されていたこともよく知られている。

このように均田法令（律令法）が發布されて閒もない隋・唐初期においてすら田土の還授が規定どおりに遵守されなかった。その規定どおりの實行性が當初から薄かったことを銘記すべきであろう。從って、隋・唐の給田實施に際しては、全國州縣の特殊事情を勘案した實質的な給田基準が西州や沙州のように定められていたとみるべきであり、かつ、以後の實狀の解明にも期待したいと思う。

このように考えるとき、隋・唐における均田制の主目的は、(鈴木俊氏や堀敏一氏らが言われた如く(7)田令の規定額を農民へ支給するのを建前としながらも、現實には均田農民（受田資格者）への田土占有限度額を規定することにあったのである。しかし、ただそれだけではなく、更に、田令規定の限度額を十分充たしていない貧下の戶などへの田土の還授は、均田制の重要な政策として開元末年（741）においても、さらに天寶年閒（742～756）に入っても實施されていたと考えてよいであろう。

むすびに代えて―均田法下の嶺南地區―

では、唐代の均田制は、中國內地に一樣にしかれたのではなく、華北の一部の地區で施行されたにすぎなかったのであろうか。それとも江南や嶺南道では實施されなかったのであろうか。この問題を分析・檢討する史料の一つとして開元二十五年（737）の「開元新格斷簡」(BD09348）が、今日殘存している。その中の開元二十年（732）

敕によると、西南邊の嶺南道の首領やその州縣の官僚たちは、任地で莊園を開いて、百姓の田園を權力をもって買い上げてそれに當てていたので、それを官收して貧下（貧弱）の戶に分給したとある(8)。

このように唐朝政府が沒收した田地を貧下の戶などの均田農民に給授する處置は、上述したように、開元年代には京畿だけではなく、外州にもみられるので、嶺南の諸州縣においても貧下の百姓（均田農民）への田土班給は、內地と同樣に均田法の現實的な給田基準にしたがって實施されたと考えてよいのではなかろうか。中國の西南邊の嶺南道において租庸調制や田土の班給が行われたことは、次の下記の詔敕類の題目(9)からも容易にうかがえることであろう。

①開元廿五年（737）（寫）「桂廣二府鑄錢、及嶺南諸州庸調幷和市折租等物、遞至揚州訖、令揚州差綱部領送都、應須運脚於所送物內取充」

（TTD.I（A）、XXI「水部式殘卷」P2507）(10)。

②開元十四年（726）二月「嶺南五府（管內郡萬安等三十二州）不在朝集之限敕」

（『唐會要』卷24、460頁、『唐文拾遺』卷３、4a、參考：『舊唐書』」卷41）

cf.聖曆元年（698）正月三日丙寅「嶺南諸州等許參軍縣官替充朝集敕」

（「戶部格殘卷」S1344、八世紀中期寫）

③開元廿三年（735）九月「禁賣買口分永業田詔」

（『册府元龜』卷495、21a、『全唐文』卷30、18b）

④開元廿五年四月戊申「有司以咸宜公主秦州牧地分給逃還貧下戶詔」

（『册府元龜』卷105、25a）

⑤天寶十一載（752）十一月廿二日乙丑「禁官奪百姓口分永業田敕」

（『册府元龜』卷495、24a、『册府元龜』卷621、25b、『全唐文』卷33、4b）

以上のように唐代の均田法下の田土還受（給授）の實態を評價することに大過ないとすれば、たとえ田令に規定された田額が規定どおりに支給される場合は殆どなかったとしても、田土の還受が實施されたことに疑いをはさむ餘地はないのではなかろうか。しかも、その還受は、均田法の枠內（法規）において、各州縣の事情を勘案して定められた給田規定に從って全國的に實施されたと見做すべきであろう。

注

(1)　西嶋定生「吐魯番出土文書より見たる均田制の施行狀態——給田文書・退田文書を中心として——」『西域文化研究第二』法藏館、1959年（『中國經濟史研究』東京大學出版會、1966年所收）。西村元佑「唐代吐魯番における均田制の意義——大谷探檢隊將來、欠田文書を中心として」同上（『中國經濟史研究——均田制度篇——』東洋史研究會、1970年所收）。

(2)　宮崎市定「トルファン發見田土文書の性質について——『敦煌吐魯番社會經濟資料——』（上）を讀む」『史林』43-3、1950年（『宮崎市定　アジア史論考』中、朝日新聞社、1976年所收）。

(3)　拙稿「唐天寶年代敦煌縣受田簿斷簡考——田土還受問題に關連して——」『坂本太郎博士

頌壽記念日本史學論集』上、吉川弘文館、1983年參照。

(4) 池田溫「初唐西州土地制度管見」『史滴』 5、1984年、及び同氏論文 「唐代敦煌均田制の一考察――天寶後期敦煌縣田簿をめぐって――」『東洋學報』66-1・2・3・4合併號、1985年、ともに同氏『唐史論攷――氏族制と均田制』汲古書院、2014年所收。

(5) 拙稿「唐代敦煌均田制の田土給授文書について――開元十六年敦煌縣史氾知節請給田衞士某大慶牒の分析――」(唐代史研究會編『唐代史研究會報告 第VII集 東アジア古文書の史的研究』刀水書房、1990年、287～323頁)。

(6) 拙稿前掲注(5)302～304頁。本牒の4行目には「(武)尙元はまさに退田すべきものなり(尙元卽合退田)」とある。

(7) 鈴木俊『均田、租庸調制度の研究』(刀水書房、1980年、125～126頁)、堀敏一『均田制の研究――中國古代國家の土地政策と土地所有制――』(岩波書店、1975年、185～217頁)參照。

(8) 池田溫前掲注(4)論文參照。

(9) これらに關する事例についてはここでは一々擧げないが、『唐代詔敕目錄』(東洋文庫唐代史研究委員會編、東洋文庫、1981年出版)掲載の嶺南道地區の均田租庸調關係詔敕を參照されたい。

(10) P2507水部式殘卷;*TUN-HUANG AND TURFAN DOCUMENS CONCERNING SOCIAL AND ECONOMIC HISTORY I* (*A*) pp.42～44, ll.78～80.(TTD.Iと略。1980年、東洋文庫)から關係個所を轉記。

78 桂・廣二府鑄錢、及嶺南諸州庸調幷和市折租
79 等物、遞至揚州訖、令揚州差綱部領送都。應須
80 運脚、於所送物内取充。

78 79 80

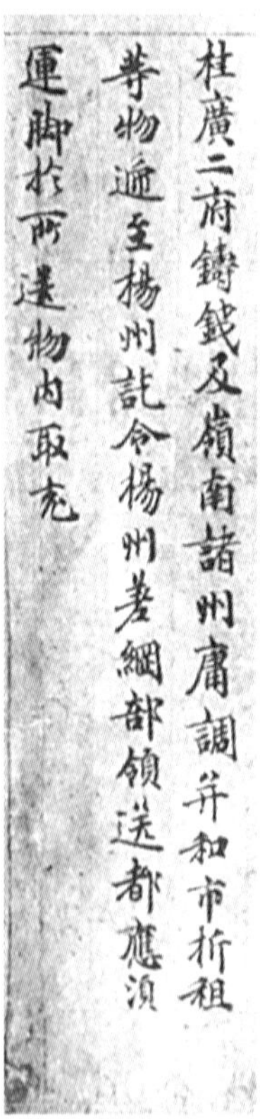
桂廣二府鑄錢及嶺南諸州庸調并和市折租
等物遞至揚州訖令揚州差綱部領送都應須
運脚於所送物内取充

【78～80行の譯文】

(開元25年寫 737)嶺南道内の要州である桂・廣兩府で鑄造された銅錢及び嶺南諸州から徵收した庸調(布)、竝びに和市して折租した物品等は、順次揚州に至り訖れば、揚州にて綱部を遣わして都(京師)へ領送せしめ、まさに運脚(輸送)費は送る所の物品(税物)の中から取りて充てよ。

唐代解文初探
——敦煌吐魯番文書を中心に——

劉　安　志　（速水大譯）

はじめに

20世紀以來、唐代の公文書に關する研究は、日中の研究者の努力によって豐富な成果を蓄積してきた(1)。しかし、傳世文獻の記載の不足によって、未だに明らかになっていない問題が殘されている。唐代の解式文書もその一例である。日本「公式令」には「解式」に關する記載があり(2)、仁井田陞氏によって唐代の上行文書として「刺式」と「解式」と竝存していたことが確認された(3)。しかしながら、日本令と唐令とを完全に同一視することはできない。それゆえ、仁井田氏や池田溫氏らの唐令復原でも、唐代の「解式」を復原することはなかったのである。中村裕一氏はかつて唐代の官文書・公文書を全面的に整理し、『白氏六帖事類集』と『唐會要』の記事に基づいて、唐において解式文書が行用されていたことを指摘した(4)。唐「公式令」にも「解式」の規定が存在すると考えられてきたが、いまだに敦煌吐魯番文獻のなかからは解式文書の實物は發見されていない。

近年、赤木崇敏氏は吐魯番出土文書を中心に、唐代前半期の地方公文書體制について詳細な研究を行い、出土文書のなかから解式・移式・刺式という三種の文書樣式を見出した(5)。ただし、これら三種の文書樣式に關する公式令の規定は未發見である。赤木氏は、これら三種の文書樣式は、實際の文書行政では牒式文書・狀式文書に取って代わられたと考えた。唐代解式文書およびその運用についてはいまだ不明な點が多くなお檢討すべき課題が殘されていることがわかる。筆者は敦煌吐魯番文書を研究する過程で、唐代の解式文書に關するいくつかの手掛かりを發見した。そしてこの手掛かりに基づいて卑見を披露し、大方の叱正を乞う次第である。

本論

「解」字について、『説文解字』は「解、判也。從刀判牛角。」と言い、『文心雕龍』卷５「書記」は以下の樣に記す(6)。

百官詢事、則有關・刺・解・牒。（中略）解者、釋也。解釋結滯、徴事以對也。

この記述から、すでに唐以前において「解」が正式な公文書の名稱であったことがわかる。唐長孺氏の研究によれば、文書樣式としての「解」は、三國時代より見え始める(7)。唐氏によれば、三國から南北朝における官府文書として「解」は、ほとんどの場合下級部署から上級部署か主管機構に報告する公文書であり、その內容はみな人事處理と關わっていた。具體的には犯人の收容・旌表すべき人物・門生の採用・僧人の剃度などに關する報告である。唐代では、擧子・選人の報告を解と呼び、士人が擧を得ることも解と呼んだ。それゆえ、擧子第一位の名稱は解元とされるのである。これら解に關わる內容は、みな前代に淵源を持ち、そのうえ人事と關係している。柳洪亮氏は高昌郡の官僚機構の運用を考察した際に、當時の「解」について檢討し、「解」は一種の上行文書で、主に狀況說明・業務報告・問題對應・行政處理の承認を請うために用いられたと指摘した[8]。近年、侯旭東氏は長沙東牌樓東漢簡「光和六年諍田自相和從書」を研究するなかで、簡中の「解」に關する記載を根據に、「解」は一種の文書名稱であり、遲くとも後漢末には出現していたと指摘した[9]。

解文は唐でも使用され、重要な文書樣式の一つとなっていた。仁井田陞氏は、かつて『唐律疏議』卷9「職制律上」の「稽緩制書」條の疏議「符・移・關・解・刺・牒皆是」の記載を引いて、唐代に「刺」・「解」が竝存していたことを證明した[10]。『唐律疏議』にはほかにも「解」の記載がある。

まず、『唐律疏議』卷10「職制律中」[11]に、

> 諸公文有本案、事直而代官司署者、杖八十、代判者、徒一年。亡失案而代者、各加一等。
>
> 疏義曰「公文」、謂在官文書。有本案、事直、唯須依行。或奏狀及符・移・關・解・刺・牒等、其有非應判署之人、代官司署案及署應行文書者、杖八十。

とあり、また、同書卷25「詐僞律」[12]に、

> 諸詐爲官文書及增減者、杖一百、準所規避、徒罪以上、各加本罪二等、未施行、各減一等。
>
> 疏義曰「詐爲官文書」、謂詐爲文案及符・移・解・牒・鈔劵之類、或增減以動事者、杖一百。

とあり、さらに同書卷27「雜律下」[13]に以下の記述がある。

> 諸棄毀制書及官文書者、準盜論、亡失及誤毀者、各減二等。(毀、須失文字。若欲動事者、從詐增減法。)其誤毀失符・移・解・牒[14]者、杖六十。(謂未入所司而有本案者。)
>
> 疏議曰(中略)「官文書」、謂曹司所行公案及符・移・解・牒之類。

公文書としての解は符・移・關・刺・牒と併記され、場合によっては刺・牒よりも前に記述されることから、重要な文書であったことがわかる。さらに、「雜律下」では「其誤毀失符・移・解・牒者、杖六十」と明確に規定している。この條文では、符・移・解・牒の四種の公文書の名稱を特に列擧し、それらを「誤毀失」した者に、「杖六十」の處罰を與えると記す。この条文からも解が符・移・牒と同等の重みを持った文書樣式であったことがわかる。

『唐六典』卷1「尙書都省」の記載によれば、符は下行文書で「尙書省下於州、州下於縣、縣下於鄉、皆曰符」とされ、關・刺・移は平行文書で「諸司自相質問、其義有三、曰關・刺・移(關謂關通其事、刺謂刺擧之、移謂移其事於他司。移則通判之官

皆連署。)」とされ、牒は「九品已上公文皆曰牒」とされる[15]。しかし、『唐六典』には「解」についての記述がない。そのため、「解」の基本的な状況は判然としないのである。

劉俊文氏は、『唐律疏議』を箋解した時に、唐律の「解」が解文を指していることを指摘し、下級官司が上級官司に文を發することを解ととらえ、敦煌發見の「唐開元公式令殘卷」の「凡應爲解向上者、上官向下皆爲符」という關係記載をあげて、解と符の存在および相互の對應關係を證明した[16]。

唐代の公文書としての「解」は、『唐律』およびその「疏議」に見えるだけでなく、唐令の關連記載にも見える。白居易『白氏六帖事類集』卷12「申牒文書」「案牘簿領送解式」條に以下のようにある[17]。

「公式令」「諸州使人、送解至京、二十條已上、二日付了。四十條已上、三日了。一百條已上、四日了。二百條已上、五日了。」

ここでの「解」は、明らかに解文を指している。この條文は諸州の使人が解を送って京に至った場合の處理の期間を解文の數にもとづいて規定している。唐の「公式令」に規定されていることは、中央の朝廷が解文を重視したことと、當時、解文が普遍的に使用されていたことを雄辯に物語っている。解文は中央と地方との連絡を橋渡しする重要な紐帶であり、各地方州府は解文を通して狀況と要望を傳え、中央朝廷はその解文を通して、地方の狀況を把握することができた。中央と地方との文書行政において、符文と解文とは、政令の傳達や情報の往來等の重要な働きを擔っていたのである。

また寧波の天一閣藏の『天聖令』に附された唐「倉庫令」第37條(唐14條)に以下のようにある[18]。

諸庸調等應送京者、皆依見送物數色目、各造解一道、函盛封印、付綱典送尚書省、驗印封全、然後開付所司、下寺領納訖具申。若有缺失及損、隨即徵塡。其有濫惡短狹不依式者、具狀申省、隨事推決。

この令文は、庸調物の輸納と關連する公文書の運用の問題にまでおよぶ、極めて豊富な内容を含んでいる。ここでは、本令文で觸れられている「解」に絞って簡單に説明したい。令文は「諸庸調等應送京者、皆依見送物數色目、各造解一道」といい、各地の州府が京師に輸送すべき庸調等について、必ず先に輸送する庸調の數目・品類等によって分別して「造解一道(解一道を造)」することを指示している。ここに見える「解」とは、各地の州府が尚書省に上申する「解」文を指し、その内容は輸送する庸調の數目・品類等を包括している。解文は「函盛封印(函に封印を盛)」った後、綱典に交付して尚書省に送り、尚書省は印の封が完備していることを檢査した後、ようやく「開付所司(開きて所司に付)」した。このことからも中央朝廷が解文をいかに重視したかがわかる。

當然、先に引用した唐「公式令」と「倉庫令」の「解」は、全て地方州府が中央朝廷(尚書省)に上申する公文書を指しており、中央と地方州府の關係を映し出すものである。すなわち、地方における文書行政において、州が縣に、または縣が鄉に下す公文書は、全て「符」と呼ばれた。これと對應して、鄉が縣に、縣が州に上申する公文書が「解」であった。符式文書は、すでに敦煌吐魯番文書から發見されている。しかし、解式文書の実物はいまだに確認されていない。では、「解式」の文書は存在していなかったのであろうか。赤木氏がいうように、ほかの形式の公文書によって取って代わられてしまったのだろうか。

筆者は敦煌吐魯番文書を研究するなかで、「解壹道爲申」・「隨解赴州」・「隨解赴郡」・「其闕敢達申州解」という記載を見出した（詳細は後述）[(19)]。これらの記載から唐朝前期の地方文書行政において、解式文書が實際に廣く使用されたことを證明できると考えている。結論から言うと、研究者が「申文」或いは「申狀」とみなす文書こそ、唐代の解式文書であった可能性が極めて高い。

なかでも、吐魯番アスターナ（阿斯塔那）古墓群3區4號墓から出土した「唐神龍元年（705）天山縣錄申上西州兵曹爲長行馬在路致死事」（附表文書8、以下「長行馬申文」と略稱）[(20)]は、最も整った例である。論證のため先に全文を移錄しておきたい。

1　天山縣　　　爲申州槽送使長行馬在路致死所由具上事
2　州槽長行馬壹疋赤敦　「同敬」
3　　右得馬夫令狐嘉寶辭稱、被差逐上件馬送使人何思敬、乘往烏（焉）耆却迴、
4　　其馬瘦弱乏困、行至縣西卅里頭磧內轉困、牽不前進、遂即致死。既
5　　是長行、不敢減點（緘默）、請檢驗處分者。付坊差人與馬子同往檢、不有他
6　　故狀言者。得槽頭許文節狀稱、准判差槽頭許文節往檢、前件馬縣西
7　　卅里頭乏困致死、檢無他故有實狀上者。今以狀申。
8　州槽長行馬壹疋靑忩敦　「同敬」
9　　右同前得馬夫令狐弘寶辭稱、被差逐上件馬送使人何思敬、往烏（焉）耆迴、
10　　至銀山西卅里乏困瘦弱致死、謹連銀山鎭公驗如前、請申州者。依檢
11　　銀山鎭狀、得馬子令狐弘寶辭稱、從州逐上件馬送使人往烏（焉）者、今
12　　迴至此鎭西卅里頭、前件馬遂即急黃致死。既是官馬、不敢緘默、
13　　請檢驗處分者。付健兒主帥董節就檢、不有他故以不狀言者。准
14　　判就檢、馬急黃致死有實、又無他故、遠人萡腿上「長行」字印者。
15　　馬既致死不虛、其肉任自出賣得直言者。今得馬子令狐弘寶狀稱、

16　其馬在鎭西卅里頭死、磧內無人可買、只能剝皮將來、其肉不能勝
17　致、遂即棄擲、今將皮到者、准狀牒馬子任爲公驗者、仍勒馬子自將
18　皮往州里驗者。今以狀申。
19 以前件狀如前者、以狀錄申、仍勒馬子自齎馬皮赴州輸納
20 者。縣已准狀、勒馬子領馬皮赴州輸納訖。今以狀申。
21 令　闕　　　　　　　　丞　向州

22 都督府兵曹、件狀如前、謹依錄申、請裁、謹上。
23 　　　　　　　　神龍元年三月二日主簿判尉常思獻　上
24 「依檢、皮兩張到。典張從。」
25 「准前。〓。」　　　　　　　　　錄事 索仁禮
26 　　　　　　　　　　　　　　　　佐　 范立爽

27 　　　　　　　　　　　　　　　　史　向州
28 　　　　　　　　　　　　　　　□　　□　　□

本文書は上下左右とも缺損はなく完備している。2～3行・8～9行・19～20行・21～23行の中上部、6～7行・22～23行の中部、12～13行の下部の7箇所に、「天山縣之印」が押印されている。その內容は、唐神龍元年3月2日に、州槽の長行馬が路上で死亡した原因を天山縣が西州都督府兵曹に上申し裁決を求めたものである。

赤木崇敏氏はこの文書を「申」文書と推定した。赤木氏によれば、本文書の內容は、關係者と關係機關の報告文および檢死指示の引用文から構成され、天山縣はただ各報告を「上申」しただけである。本文書に見える「申」は、下級部署から上級部署への報告や請求の意味ではなく、一種の文書樣式を示しているとみなす。またアスターナ193號墓出土の「唐天寶某載文書事目曆」(21)にみえる「天山縣申□」・「高昌縣申爲人嚴奉景□」という記載を引用して、「申」は牒・狀とは異なる一種の未知の公文書樣式であり、それは北宋司馬光『書儀』所載の「申狀式」とも異なると指摘した。そしてこれらの想定をもとに、「申式」文書の初步的な復原を行った。さらに、赤木氏は、類似の「申」文書は、現在までに18件が確認できるとし、それら申式文書を表に一括した(22)。その後、赤木氏は新發見の敦煌縣勘印文書に依據してさらに議論を進め、「申式」文書に對する見解を補强した(23)。他方、吳麗娛氏は司馬光『書儀』の「申狀式」によって、これらの文書が「申狀」に屬すると考え、關係文書によって唐代「申狀式」についての基礎的な復原を行った(24)。

筆者自身は改めて各文書を詳細に調査し、赤木氏の言う「申式」文書（しばらくはこの名稱を使用する）が、實際には16件であることを確認した(25)。そして筆者は、さらに7件の同種の文書を見出した。したがって、現在のところ、「申式」文書の總數は23件に達する。そのうちの1件は敦煌出土のS.6111Vである。「申式」文書の具體的な狀況は末尾掲載の表（以下、表とする）を參照していただきたい。

この表を見ると、全23件の文書のうち、軍府（前庭府）が上申した1件を除いて、すべて縣が州に上申した文書である。明確な紀年があるもののうち、最も早いものは開耀2年（682）の文書であり、最も時代が下るものは天寶12載（753）である。ほぼ唐代前期の情況を反映しているといえよう。周知の通り、西州都督府は高昌・交河・天山・柳中・蒲昌の5縣を管轄した。表によれば、5縣すべての申文が現存し、西州の戶・功・倉・法・兵の諸曹に上申されており、內容は多岐にわたる。これらの文書

が當時の文書行政のなかで、一般的なものであったとみることができよう。それだけではなく、書式・用語・押印・署名等は符・牒・狀・帖・辭とは異なる點が多い。唐代において重要かつ特徴的な公文書であったといえる。

第一の特徴は、第1行に發信機關と事目を記す定型化された書式を持つことである。具體的に以下の二つの形式がある。一つめは「某機關　爲申某具狀上事」あるいは「某機關　爲申某具上事」とする形式である。表の文書10「高昌縣　爲申麴嘉琰請過所所由具狀上事」や文書19「敦煌縣　爲申考典索大祿納圖錢及經等具狀上事」は、これに當たる。ただし、事目の「狀」字は省略できるようである。そして文書7「天山縣　爲申州槽送使長行馬在路致死所由具上事」や文書12「天山縣　爲申推勘車坊孽生牛無印所由具上事」の事目には「狀」字が見えないが、本文中で度々「狀」に言及している。同種の書式に屬すると考えてよいだろう。

もう一つは「某機關　爲申某事」とする形式である。文書16「前庭府　爲申府史氾嘉慶訴東□□□□迎送趙內侍事」がこれにあたる。こちらの形式では、「爲申」・「具狀上事」・「具上事」等の語句が使われる。これらは、二つめの第1行の定型書式である。敦煌發見のP.2819「唐開元公式令」[26]によれば、移式・關式・符式・牒式の第1行は、「某機關　爲某事」と固定されているものが多い。表で列擧した文書の第1行は、おおむねみな「某機關　爲申某事」の定型句を使用しており、嚴格に唐「公式令」の關連規定を遵守していたことがわかる。その中の「申」字は、文書本體の性格を反映している可能性は高いが、赤木崇敏氏が述べるような「申式」文書としてよいのかどうかは、さらに踏み込んだ檢證が必要であろう。

第二の特徴は、文書全體の書式である。これらの文書の多くはかなり小さな楷書で極めて規範的に書かれている。行間はかなり廣く、1行は20字以上で、多ければ30字餘に達する。文末に「今以狀申」・「謹以狀申」・「以狀錄申」・「謹依錄申」・「謹錄狀申」・「具狀錄申」等の用語を使用することが多く、その後文は「都督府某曹、件狀如前、謹依錄申、請裁、謹上」、或いは「某曹、件狀如前、謹依錄申、請裁、謹上」、または「都督府某曹、某某事、謹上」と、上申する機關を明示するものが多い。このような用語は、他の公文書にはほとんど見られない。特に「謹上」の2字は、「爲申」とともに、この文書形式特有の用語である。同じ上行文書である唐代の露布も「爲申」・「謹上」の語句を使用するが、兩者の性格には違いもある（詳細は後述する）。

行間がかなり廣いのは、上級部署の勘檢と指示の便宜を圖ってのことだろう。文書整理者が「唐開元二十一年（733）推勘天山縣車坊翟敏才死牛及孽生牛無印案卷」と名づけた文書12は、全12斷片が殘存し、その中の第（1）片の第9～10行の閒には太字で「牛死狀」の3字が殘存している[27]。第10～11行の閒には太字で「須審勘」の3字があり[28]、また、第（2）片の第5～6行の閒には太字の「狀稱牛死何爲」の6字が殘されている[29]。これら太字はすべて西州都督府官員の勘檢と指示であると考えられる。

第三の特徴は、すべての捺印に官印が用いられていることである。その捺印數はとても多く、捺印位置は明確である。表の文書12には「天山縣之印」8方が（背面押縫印を含む)、文書1には「蒲昌縣之印」7方が、文書7には「天山縣之印」7方が、文書15には「高昌縣之印」6方が、文書22には「高昌縣之印」5方が、文書14には「天山縣之印」4方が押されている。とくに文書9は、わずか3行の殘存にもかかわらず、その上・中・下の3箇所に「蒲昌縣之印」が押されている。そのうえ、これらの文書の押印の位置は非常に規則的である。たとえば始めの第2～3行の上半部、特に事目には、必ず官印が押されている。また、多くの場合、「都督府某曹、件狀如前、謹依錄申、請裁、謹上」の一文の上半部にも、官印が押されている。そして、處理の日の「月日」の上にも官印が押されることが多い。このほか、背面の貼り繼ぎ部分の押縫にも官員の署名（主典・縣尉による署名）の上に官印を押すことが多い。

公文書の捺印の有無、その機能と意味は一様ではない。『唐六典』は「凡施行公文應印者、監印之官考其事目、無或差繆、然後印之、必書於曆、每月終納諸庫」(30)と、決して全ての公文書に捺印されるわけではないと記す。しかし、一度捺印されれば、公文書は名實相伴う公文書となり、特別な法的效果を備えるものとなる。そのうえ、表中の文書の捺印は極めて多く、唐代の關文の押印狀況に近い(31)。唐代の重要な公文書の一種である可能性が高いことを表わしている。

第四の特徴は、縣尉が主典を擔當し、署名者が多く、その署名は官吏の職位の高位から順に行われていることである。一般に唐代の公文書は主典が起草し、その後長官が署名する。ただし、これらの文書は決してそうではない。前揭の文書7「長行馬申文」によれば、第20行の「今以狀申」の後、第21行に「令闕　　丞　向州」の一行がある。この令・丞は、天山縣の縣令と縣丞のことである。そして「主簿判尉」の常思獻は、第23行の主典の位置に見え、その後に錄事・佐・史が記載され、署名した官吏は6人に達する。現認できる文尾が完備している文書は、ほぼ全てこの職位順で署名されており、この種の文書に特有な署名方式であることが判明する。これらの文書は例外なくみな縣尉が主典を擔當しており、そのため縣尉によって起草されたと考えられることに注意する必要があろう。主典が縣尉によって擔當されたことは、これらの文書が通常のものではないことを說明するとともに、縣尉の地方行政中の重要な役割を反映している。『唐六典』が「親理庶務、分判衆曹、割斷追催、收率課調」(32)と記すことは、空文ではないのである。縣の主簿が、これらの文書で何の意見も述べていないことは不思議であるが(33)、その原因の究明は後考を俟ちたい。いずれにせよ、署名は、縣令・縣丞・縣尉から錄事・佐・史へと職位順に竝ぶ。そのことがこれらの文書が嚴格な公文書であったことと、縣全體で責任を負っていたことを明示している。

以上の4點の考察から、これらの文書が、符・牒・關・狀・帖等といった既知の唐代公文書とは大きな違いを有しながらも、普遍的に使用された公文書であったと判斷できる。では、いかなる性格の文書であったのであろうか。唐代における名稱は何であったのだろうか。すでに述べたように、日中の研究者はこのことに對して認識を異にしているのである。

これらの文書では「申」字が頻出する。第1行の「爲申」、文中で「今以狀申」・「謹以狀申」・「謹依錄申」・「謹錄狀申」・「具狀錄申」などと記されることが多い。

敦煌吐魯番出土の官府事目曆中にも、時折「申」字がみえる。赤木崇敏氏が擧げる「天寶某載文書事目曆」以外にも、たとえばカラホージャ2號墓出土の「唐西州事目」に、「高昌縣申□」・「□柳中縣申公廨□」等の記載がある[34]。いわゆる事目（事書）は、一般には公文書の題名で、多くは「符爲某事」・「關爲某事」・「牒爲某事」・「帖爲某事」・「狀爲某事」などと、文書の性格と特徵を明示する。すなわち文書の性格を明らかにして符文・關文・牒文・帖文・狀文等を區分するのである。この意味から言えば、赤木氏がこれらの文書と事目や曆の「申」字、そしてそれに關わる記載に依據して、文書の性格を「申」文と判斷をしたことは、一定の蓋然性があるといえるかもしれない。しかし、赤木氏の判斷は、何ら文獻史料に依據したものではない。後漢蔡邕『獨斷』から、南朝劉勰『文心雕龍』・沈約『宋書』を經て、唐代の『唐律疏議』・『唐六典』・『通典』に至る諸文獻には、「申」文の記載どころか言及すらないのである。

また、赤木氏は、文書に度々みえる「申」字は、下から上への報告や請求の意ではなく、文書樣式を指すというが、この判斷にも疑問が殘る。假に赤木氏の說によると、「今以狀申」・「謹以狀申」・「謹依錄申」・「謹錄狀申」・「具狀錄申」等の語句について、合理的な解釋を行うことが困難となってしまうのである。つまり赤木氏の「申式」文書に對する判斷には、多くの問題點が殘されているのである。

吳麗娛氏はこれらの文書を「申狀」と考えるが、こちらも更なる實證が必要であろう。司馬光『書儀』所載の「申狀」は、やはり北宋期の公文書制度を反映したものであり、唐代の制度とは大きく變化したものである。「申狀」が唐代前期にすでに存在していたかどうかについては、さらなる研究を俟ちたい。なぜなら、赤木崇敏氏がすでに指摘したように、これらの「申」文と司馬光『書儀』中の「申狀式」とは完全に異なっているからである。そして敦煌吐魯番文書の他の例からみて、唐代前期の「狀」は「申」文と同じく上行文書に屬するが、「申」文とは書式と用語が異なっている。とくに、「申」文には全て明確な上申對象が存在する。すなわち、表で明らかなように、「申」文の處理を主管する部署は、西州都督府の「戶曹」・「兵曹」・「法曹」・「功曹」・「倉曹」等である。しかし、「狀」文は、その第1行で直接「狀上州」と書き、上申する對象を「州」とするが、具體的な曹名は記さない。アスターナ509號墓出土の「唐開元二十一年（733）西州都督府案卷爲勘給過所事」に含まれる、2件の岸頭府界都遊弈が西州都督府に上申した狀文[35]は、まさにその一例である。これは「申」文と「狀」文との明らかな相異で、兩者が異なる性格の公文書であることを表わしている。前掲した赤木氏が擧げる「唐天寶某載（751～756年）文書事目曆」[36]も、「申」

と「狀」とが異なる性格の文書であることを證明するものである。

1　八日
2　　天山縣申［　　　］
3　　高昌縣申爲丞嚴奉景［　　　］
4　九日
5　　天山軍牒爲倉曹康慎徽天十考事、付
6　　兵李惟貴狀爲患請○莫茱萸等藥。
7　六日兵袁昌運牒爲患請藥［　　　］
8　　虞候狀爲典麴承訓今月七日發［　　　］
9　　其月十一日判典麴承訓虞候狀報患損發遣訖、具錄牒上節度使。
10　　錄事宋威德牒爲差往武威請諸官料錢事。
11　［　　　］差府使白忠訖、依前勒行、仍牒宋威德知。
（後　缺）

同じ事目暦において、第２・３行は「申」を、第６・８行は「狀」を、第５・７・10行は「牒」を用いている。このことは、「申」・「狀」・「牒」の３種が異なる性格の文書であることを裏打ちしている。

では、表にまとめた文書群は、いかなる性格の公文書であったのだろうか。以下この點について詳しく論じよう。

アスターナ509號墓出土の「武周付康才達解狀殘文書」は、前後が缺けており、４行のみが殘存する。錄文は以下の通りである[37]。

（前　缺）
1　一爲申虞候［　　　］
2　一爲申弩手張□建［　　　］
3　臺狀壹道爲報舍人事
4　石件解・狀、五月七日付康才達［　　　］
（後　缺）

解題によれば、本件は「武周成建違番不到辯辭」[38]の背面に書かれており、その第３行には「［　　］番、成建先是」の數字がある。この「成建」はおそらく本件の「弩手張□建」のことである。本件第３行の行頭の缺字を、王永興氏は「旨」[39]と補い、吳麗娛氏は圖版から「臺」[40]と補うが、吳氏の推定の方が妥當であろう[41]。

第１～３行の記載から、本件が「事目」であることは間違いない。王永興氏は、この３行の事目を解を上申するための專用の事目、すなわち解目であったとする[42]。しかし、文書の書式と事目の用語からみて、この３行の事目のなかでも第１～２行と第３行では機能を異にしている。１～２行目の事目はともに一文字下げて書寫しているだけでなく、「爲申」の二字を用い、そのうえ、行頭に「一」の字を記す。これらのことは、この２件の公文書の性格が同じであることを表している。それに對して、第

3行の事目は字を下げずに書き始めている。しかも、その公文書が「狀」であり、數が「壹道」であると明記している。第1～2行の公文書とは性格が異なるため、書式を變えているのであろう。文書の前部が缺けており、第1～2行の事目がどのような種類の公文書であったかはわからないことは殘念である。

本件が書式だけでなくその內容まで、敦煌發見のS.1324「唐天寶八載（749）史張何忠牒」と類似することに注目する必要があろう(43)。

（前　缺）

1　一爲准狀事　牒上支度勾覆所爲徵鄧□

2　牒上節度推徵所[爲]鄧光朝練事

3　　右件封牒等、今月十日分付長行坊

4　　抄函人張鶴領送。

5　牒件狀如前、謹牒。

6　十一日　　（署名）

7　　　　天寶八載四月十日史張何忠牒

直接比較してみると、同種類の文書であることがわかる。第一に、ともに事目には一段下げて書かれる書式と最上段から書く書式の2種類の書式が存在し、一段下げて書く書式ではみな、事目の上に「一」の字がある。本件の第1行の「一爲准狀事」の前には、同種の公文書の事目があったはずだが、殘念ながら文書の一部が缺けており知ることができない。「一」の字はこの種の事目の數を表わし、「一道」或いは「一條」の意である。2004年に吐魯番の木納爾102號墓から出土した「唐永徽四年（653）安西都護府史孟貞等牒爲勘印事」の、第（7）片の第4行には「牒肆條」の3字が殘り、その下には「一爲沙州勘合馬事　二爲□」・「一爲納織給使□」の割注がある(44)。その合計はまさに四條となり、「一」字の意味を證明することができる。第二に、用語と表現方法が似ているところがある。たとえば第1件の第4行には「[右]件解・狀、五月七日付康才達」とあり、第2件の第3行にも「右件封牒等、今月十日分付長行坊」とあり、その意味はほぼ同じである。このことも2件の文書が同種の公文書であったことを示していよう。それならば、この種の公文書はいかなる性格のものであったのであろうか。そしてどのような機能を有し、どのように運用されたのだろうか。これらの問題はいまだ明らかになっておらず、研究に値しよう。

以上のことから、同じ公文書內の「事目」であっても、書寫の形式と用語表現の違いをもとに、公文書の性格を區別できることがわかった。このことを前提とすると、前揭の「武周付康才達解狀殘文書」をより深く理解できる。本件の第4行は「[右]件解・狀、五月七日付康才[達]□」と記しているが、そのなかの「解・狀」の2字は、これまで2字を一まとまりとして「解狀」と讀むことが多かった。そして諒承を得るために上申する「狀」と理解しがちであった。しかし、文書のなかで明確に「狀」は壹道だけであることが記されている。そして、ほかの2件は形式が異なるだけでなく、

「爲申」という用語を使用していることから、「申」文書に屬するもので、「狀」ではないことは明らかである。前揭の「唐天寶某載（751～756年）文書事目曆」内でも、「申」・「狀」の區別がある。これらのことから、「武周付康才達解狀殘文書」に見える「解」は、「狀」とは別のものを指している可能性が高い。「(右) 件解・狀」という語句は、やはり前3行の事目の性格に對する一種のまとめであろう。「解・狀」の字が竝列することも、「解」が「狀」と同樣に、公文書に屬するものの名稱であったとの理解を可能にする。もしこの理解に誤りがなければ、ここでの「解」とは、第1～2行「爲申虞候［　　］」・「爲申弩手張□建［　　］」の兩條の事目を指していることになろう。言い換えれば、「爲申某事」とある文書の性格は、「解」であると理解することができるのである。

アスターナ29號墓出土の「唐上元二年（675）康玄感牒」は、筆者の考えを補強してくれる文書である。この文書は2件の殘片が綴り合わされてできており、6行の文字が殘存している(45)。

1 ［　　　　］牒戶曹［　　］

2 　解壹道爲申□［　　］

3 牒、得牒稱、上件［　　］

4 信、未知分［　　］

5 ［　　　　］牒至任判、謹牒。

6 　　　　　　上元二年十月　日史康玄感牒

本件は史の康玄感が西州都督府戶曹に上申した牒文とみることができる。牒文の書式から、第2行に記される「解壹道爲申□［　　］」は、牒文の事目であるとわかるが、後文を缺くため、具體的な内容はわからない。しかし、この「解」は明らかに解文のことであり、「解壹道」は、「解」の數を示している。それは「解」文が一道ということであり、先に引用した唐「倉庫令」中の「各造解一道」と同じ意味なのである。「道」は「解」の量詞であったと考えられる。それだけではなく、「狀」の數も「道」を使って表示することがあった。前揭した「武周付康才達解狀殘文書」の第3行に記載される「臺狀壹道」がその例である。

注意しなければならないのは、「解壹道」の後文である。「爲申□［　　］」、とあり、前文の「解」と密切に關聯することは明らかだ。文意から「爲申某事」は、「解」の事目であると判斷できよう。すなわち「解目」なのである。このことから、「爲申」二字は、「解」の特有の用語であるとみなすことができる。この文言と關連するものこそが、解文なのである。「武周付康才達解狀殘文書」において、第1行は「爲申虞候［　　］」であり、第2行は「爲申弩手張□建［　　］」であり、ともに「爲申」の二字を使用している。もとの文書の性格が「解」であることを、明示しているのである。

「唐上元二年（675）康玄感牒」の中の「(右) 件解・狀」の語は、唐代の官府の事目曆の中に「爲申」と類する事目があったとしても、それらの文書が「申」式文書であることを必ずしも意味しないことを示している。もし「爲申虞候」・「爲申弩手張□建」などの表記が「申文」を指すならば、その直後に「申狀」と記せばよい。どうして「解狀」と記す必要があるのであろうか。文書は「申」ではなく「解」を用いている。「爲申」とある文書は「申文」ではなく「解文」なのである。

以上の2件の文書の比較によって、「爲申某某事」という語句が、唐代の解文の事目の基本的な記述形式であることがわかった。とくに「爲申」の2字は、解文の特有の用語であった。表に列擧した23件のうち、第1行が殘る文書は、「某機關　爲申某具（狀）上事」か「某機關　爲申某事」のどちらかの形式をとっており、それは解文事目の「爲申某事」という記述と類似する。兩者の閒には密接な關連が想起される。

「解文」の數詞は、「道」のほかに「條」をつかうこともあった。吐魯番アスターナ29號墓出土の「唐五穀時估申送尚書省案卷」は6片が殘存し、その第（3）・（4）・（5）片には「錄事」・「參軍判錄事」・「功曹判錄事」等の記載があり[46]、第（6）片には「□章三年二月」と記されている[47]。このことから本件が總章3年（670）前後の西州都督府で處理された文案であることがわかる[48]。第（2）片は9行を殘すが、その錄文は以下の通りである[49]。

1　［　　　］連如前□□
2　　　　　　十一月廿七日［　　　］
3　　　　　　檢比白
4　　　　　　　　　　　廿［　　　］
5　［　　　］粟時估解一條竝目
6　［　　　］四月十一日付華州［　　　］
7　［　　　　］領送中臺［　　　］
8　［　　　　　　］訖、謹牒。
9　［　　　　　　　　］氾貞感

王永興氏はかつて本文書について、第7行の「中臺」は尚書省のことで、五穀の時價を尚書省に上申した解であると指摘した。そして、解の文案を上申する目錄を解目と名付けた。また、地方が上申する文案や、低級の官司から高級の官府へ上申する文案の目錄も、解目であると考えた。

本件は文書處理の過程から考えて、第5～9行が氾貞感の上申した牒文である。第5行は「粟時估解一條竝目」の下に文字が無いので、牒文の概要を記したものであろう。該當文中の「解」は、西州の「粟時估」に關する解文を指し、「目」は解文の目錄のことで、その數は「一條」である。この文書から「條」も「解」の數詞となることがわかる。この「解」は尚書省に上申されなければならなかった。第（1）片第4～5行には、戶曹參軍「懷儉」の「五穀時價、以狀錄申□書省戶部聽裁。」という判語がある。この外、第（3）片第3行には「時估錄申中臺司元」と記され、第（5）片第2行には「米粟時估以狀錄申東」と記される。すべて西州の五穀の時價に關する解文であることを表し、みな「以狀錄申（狀を以て申を錄し)」尚書省戸部の決裁を願うものである。そして「錄申」・「以狀錄申」・「聽裁」等の用語は、附表の23件の文書の中にも見える。これらの文書と「解文」とが密接に關係していることが證明されるのである。

「解竝目」について、アスターナ19號墓出土の「唐上元三年（676）西州都督府上尙書都省狀爲勘放還流人貫屬事」に、關連する記載がある。本文書は2片が殘存し、その錄文は以下の通りである(50)。

（1）

1　　解竝目上尙書省都省

2 ［　］放還流人貫屬具狀上事。

3 ［　］九月四日□［　］

（2）

1 ［　］勘放還流人貫屬具狀上事。

2 　　　上元三年九月四日　錄事［　］

3 　　　　　　參軍判錄［　］

本文書には「西州都督府之印」4方が押されている。かつて本文書を分析した劉俊文氏は、「解」は解文のことであり、「目」は條目のことであり、放還流人の貫屬について調査した細目を指すと判斷した(51)。「解竝目上尙書省都省」という文言は、放還流人の貫屬について調査した細目に解文をつらねて、一緒に尙書都省に報告したものとする。「解」が解文であるという見解については同意できるが、「目」の解釋には同意できない。この「目」は、前揭「唐五穀時估申送尙書省案卷」にみえる「解一條竝目」と同樣に、解文の事目とみなすべきである。（1）の「［　］放還流人貫屬具狀上事」という記述と、（2）の「［　］勘放還流人貫屬具狀上事」という記述は、同じことを指している。さらに（1）は「［　］放還流人貫屬具狀上事」の下が空白であることから、放還流人の貫屬を檢勘した文書に關わる事目であると判斷できる。圖版寫眞を見ると、（1）の第1～2行は行頭の3・4字程度を缺く。第3行の「九月四日」の記述の後に1字を缺くが、殘存する筆劃から判斷して、おそらく「付」の字であろう。文書の書寫形式は「武周付康才達解狀殘文書」と類似しており、兩者は同じ性格の文書であるとみなすべきである。つまり、第2行の記述が事目であることから判斷して、第1行の「解」の事目であったとすべきである。そのほか、これらの文書の事目は、みな最後に「具狀上事」の4字がある。「具狀上事」とは、その文書が上行文書であることを表わしている。そして現在確認できる狀・牒・辭等の上行文書のなかで、「具狀上事」という用語を用いている事目は極めて少ない。このことからも、これらの用語が解文の事目に特有のものであることが、證明されるのである。

すでに、「爲申某事」が唐代解文の事目の基本的な記述形式であることを指摘した。そして前揭の「唐天寶某載（751～756年）文書事目曆」の中に、「高昌縣申爲丞嚴奉景□」との事目があり、また敦煌發見の「唐沙州敦煌縣勘印事目曆」にも、「申州司戶爲兵於州就商事」・「申州司戶爲趙智咸等沒落事」等の事目がある[52]。これらの「事目」の基本的な書式は「申爲某事」であり、それは「爲申某事」とする事目と、前後の文字の異同があるに過ぎない。おそらく、ともに公文書の「解文」なのである。

以上のことから、解文の事目には「爲申（申爲）某具狀上事」と「爲申（申爲）某事」との2種類の書式があることがわかった。そしてこの2種類の書式は、附表の文書の第1行にも見える。それは文書10の「高昌縣　爲申麴嘉琰請過所所由具狀上事」や文書16の「前庭府　爲申府史汜嘉慶訴東□□□□迎送趙內侍事」等の文言である。兩者の表現形式の一致は、偶然ではないだろう。換言すれば、附表の23件の文書は唐代の「解文」である可能性が高いのである。

附表の文書12は豊富な內容を具え、高い研究價值を有するものである。解題によれば「本件は全12片よりなり、みな文書8のアンペラから剝がしたもので、記述內容と書跡からみて同一の案卷であると判斷した。第（1）・（2）・（3）・（4）片にはそれぞれ1箇所ずつ朱印が押されており、第（7）片には朱印が2箇所に押されている。それらはみな「天山縣之印」である。第（7）片の第18行と19行の閒と第（11）片の第1行の背面には押縫があり朱印の痕跡と「守」字の署名が殘る。第（7）段の割注部分の「死」字は朱で書かれており、17行と21行には朱點がある。第（9）から（12）片の牛名の横にはすべて朱點がある」とする[53]。第（1）片は11行が殘存し、その第1～5行の「錄事　檢無稽失」「倉曹攝錄事參軍 勤 勾訖」という記述と3條の事目によって、西州都督府が處理した文案の文末であることがわかる。第6～11行はその後に連貼された天山縣の上申文書である。その第6行には「天山縣　爲申推勘車坊孳生牛無印所由具上事」と記され、「長行馬申文」と同じ形式を持つことから、同じ性格の文書であったことがわかる。筆跡と押印からみて、第（5）片を除いた外の10片はすべて天山縣が西州都督府に上申した文書の關連文書である。その第（6）片には以下の文字が殘る。

1　令 闕　　　　□
2　都督府戶曹、件□
3　　　　　　　　□
4　　　　十□
5　　　　取□

5・6行目の「十」・「取」は大きな字で書かれており、第1・2行目とは異なる。「長行馬申文」等の同類の文書の書式からみて、本件は明らかに天山縣が西州都督府に上申した文書の末尾である。第1行の「令 闕」下には「丞」の署名が、第3行には主典である「尉」の署名が、その後、錄事・佐・史と續くはずなのだが、すべて缺けてしまっている。文書の順序からみて、本件は第（12）片の後に竝べるべきものである。そして第（5）片は天山縣の上申文書ではなく、西州都督府戶曹が文書を處理したときの判文なので、最後尾に配列すべきであろう。

第（4）片の第6行の「按問、勒隨解赴州、其手執三狀、其死牛皮稱見在、任隨狀、聽州處分。」との一文に注目したい。ここに見える「解」は解文のことである。「勒隨解赴州」という文は、上位から下した文で、「翟敏に命じて解文に從ってともに州に赴かせよ」という意味である。「隨解」の語は文書21にも見える。文書21は、アスターナ228號墓より出土し、文書整理者は「唐天寶三載（744）交河郡蒲昌縣上郡功曹牒爲錄申徵送郡官執衣・白直課錢事」と擬題している(54)。8片が殘存し、楷書で行間は廣く、「蒲昌縣之印」が數箇所に捺されている。その第（5）片には「二月郡官執衣・白直課錢徵到、具狀錄申郡功曹、仍勒所典隨解赴郡輸納者。謹錄狀申」と記されており、第（7）片には「天寶三載十二月廿三日登仕郎行主簿判尉宋仁釗□□」との署名があり、第（8）片には「佐刀抱瓊」の4字が殘る。これらの記載から、「長行馬申文」と同種の文書であることがわかる。「仍勒所典隨解赴郡輸納者」の「解」は、文書12の場合と同樣に解文のことで、「よって擔當の典に命じて解文に從ってともに郡に赴き納入させよ」という意味である。問題となるのは、2件の文書中で言及される「解」と同時に西州都督府に上申される公文書との關係である。もちろん天山縣が西州都督府戶曹に上申した公文書と、蒲昌縣が交河郡都督府功曹にした公文書は、專門の係員が輸送する。もしこの2件の上申文書が、文中で言及される「解」となんら關係が無いとすると、さらに別の2件の「解」文を附さなければならない。もしそうならば、天山縣・蒲昌縣の上申文書はいかなる意味があったのかという問題が殘る。

ここで、アスターナ509號出土の「唐開元二十一年（733）西州都督府案卷爲勘給過所事」に注目したい。同文書の中には、岸頭府界都遊弈所から西州都督府に上申した2件の狀文があり、「今隨狀送」という語句が度々登場する。この語句は「隨解赴州」・「隨解赴郡」等と關連する語句だと考えられる。說明の都合上、狀文の一つを紹介しよう(55)。

69 岸頭府界都遊弈所　　　　狀上州
70 　安西給過所放還京人王奉仙
71 　　　右件人無向北庭行文、至酸棗戍捉獲、今隨狀送。
72 　無行文人蔣化明
73 　　　右件人至酸棗戍捉獲、勘無過所、今隨狀送、仍差遊弈
74 　　　主帥馬靜通領上。
75 牒件狀如前、謹牒。
76 　　　　　　　　　開元廿一年正月廿七日典何承仙牒
77 　　　　　　　　　　　　　宣節校尉前右果毅要籍攝左果毅都尉劉敬元

この「狀」は主帥の馬靜通が州への輸送を擔當した。そして、王奉仙と蔣化明が「狀」に從って州に赴き、調査と尋問を受ける必要があったため、「今隨狀送」と記されるのである。この動きは、兩名の持つ行文や過書とは無關係である。ここでの「狀」

は、西州都督府に上申した狀文である本文書自體を指している。このことは、「隨解赴州」・「隨解赴郡」の「解」自體が、同時に州・郡に上申する文書であったことを意味する。すなわち、別の文書は添えられていなかったのである。もしこの推斷に誤りがなければ、文書12は、開元21年に天山縣が西州戶曹に上申した解文であり、文書21は天寶3載に蒲昌縣が交河郡功曹に上申した解文であったと判斷できる。

あるいは、ここまでの分析は推測に過ぎないとの反論があるかもしれない。しかし、敦煌發見のP.2979「唐開元二十四年（736）九月岐州郿縣尉□勳牒判集」は、筆者の見方に有力な證據を提供してくれるものである。この判集の第8～21行は關連する2件の判文を記す。錄文は以下の通りである(56)。

8 不伏輸勾徵地稅及草前申第廿五
9 開元廿三年地稅及草等、里正眾款、皆言據實合蠲。使司勾
10 推、亦云據實合剝。里正則按見逃・見死、以此不徵。使司則執未
11 削・未除、由是却覽。爲使司、則不得不尒尒；處里正、又不得不然。而
12 今見存之人、合徵者猶羈歲月、將死之鬼取辨者、何有
13 得期。若專徵所由、弊邑甚懼。今盡以里正等錄狀上州司戶、
14 請裁垂下。　　　　　　不伏輸勾徵地稅及草後申第廿六
15 廿三年地稅及草等、被柳使剝由、已具前解。不蒙聽察、但責名
16 品。若此稅合徵、官吏豈能逃責。只緣有據、下僚所以薄言。今
17 不信里正據簿之由、惟馮（憑）柳使按籍之勾、卽徵卽坐、不慮
18 不圖、欲遣彫殘之郿、奚從可否之命。況准慮條、自徒
19 已下咸免、又承　恩敕、逋缺之物合原。里正雖是賤流、縣尉
20 亦誠卑品、確書其罪、能不有辭。依前據狀錄申州司戶、請乞審愼、
21 無重所由。　　　　　　朱本被誣牒上臺使第廿七

この判集は、開元24年に成立したもので、10條の判文を記載する。作者は岐州郿縣縣尉□勳(57)である。引用文にみえるように、2條の判文とも標題があり、一方は「不伏輸勾徵地稅及草前申第廿五」と名付けられ、他方は「不伏輸勾徵地稅及草後申第廿六」と名付けられている。同一事件に關する前後の上訴と報告に對する判文である。判文の「今盡以里正等錄狀上州司戶」という記述や「依前據狀錄申州司戶」という記述によって、原文は郿縣が岐州司戶に上申した公文書であったことがわかる。判集にまとめられる際に、ただその判語のみが抄錄されたのである。

これら2條の判文では、以下の3點に注目したい。第一に、標題の「前申」・「後申」が、ある程度まで文書の性格を表わしていることである。もし、文書が「牒」や「狀」であるならば、「前牒」・「前狀」あるいは「後牒」・「後狀」と書かれるはずである。しかし、兩條の判文の標題はみな「申」としており、表で列擧した一群の「長行馬申文」の第1行が、みな「爲申」の2字を表題にかかげることに類似し、兩者の關連がうかがえる。第二に、判文にみえる「今盡以里正等錄狀上州司戶、請裁垂下」・「依前

據狀錄申州司戸」等の用語が、「長行馬申文」を含む同類の文書群にも度々見えることである。このことも兩者の閒に密接な關係があることを表わしている。第三に、兩條の判文作成者が、ともに岐州郿縣縣尉の□勳であり、郿縣が州司戸に上申した公文書であると特定できることである。また縣尉によって起草が擔當されていることは、「長行馬申文」等の主典がみな縣尉であったことと一致する。これらのことから、郿縣尉□勳が起草して岐州司戸に上申した2件の公文書は、「長行馬申文」等の文書と同類のものであったと推定することが許されよう。

さきに掲げた第2條の判文のなかで、「廿三年地税及草等、被柳使剝由、已具前解」という記載は、これらの文書が「解」であることを確實に證明するものである。兩條の判文が關連することを踏まえると、ともに開元23年（735）の地税と草の徵收をめぐって展開していることに氣づく。ここでの「解」とは、明らかに解文の意味で用いられ、「前解」とは、郿縣が以前に開元23年の地税と草の徵收について岐州司戸に上申して決裁を願った「不伏輸勾徵地税及草前申」のことである。ここに至って、この種の公文書が唐代では縣尉の筆による「解」と呼ばれるもので、その性格は解文であったと確認することができた。ここに見える「前申」と「前解」との關係が、唐代にはいわゆる「申式」文書が存在しなかったことを證明している。

「申」と「解」との關係に關しては、前掲の「武周付康才達解狀殘文書」と「唐上元二年（675）康玄感牒」の分析において、すでに提示した。そして日本「公式令」所載の「解式」は、さらにこの問題に關する認識を深めてくれるものである。日本「解式」は以下の通りである(58)。

1　式部省解　　申其事
2　其事云云、謹解。
3　　　年月日　　　大錄位姓名
4　卿位姓名　　　　大丞位姓名
5　大輔位姓名　　　少丞位姓名
6　少輔位姓名　　　少錄位姓名
7　右八省以下内外諸司、上太政官及所管、並爲解。其非向太政官者、以以代謹。

周知のように、日本古代の法令の多くは唐令に基づいており、「解式」も同様であった。第1行の「申其事」が、文書が「解」であることをほぼ說明してしまっている。「長行馬申文」の第1行もみな「爲申某某事」とあり、ほぼ同じである。明らかに異なるのは、日本の「解式」が明確に「解」字を記すことに對して、「長行馬申文」には「解」字や、「謹解」の語句が無く、多くの文書で「謹上」と書かれることである。さらに注意すべきことは、敦煌發見のP.2819「唐開元公式令」中の符式・移式・關式・牒式等は、その第1行が「爲某事」とされ、「申」字を使用するものは無いことである。このことから「申」が「解式」文書に固有な語句であることがわかる。「爲申某某事」あるいは「申爲某某事」と書かれる文書は、解文であるということができよう。當然ながら、先に言及したように、唐代の露布にも「爲申」という表現が存在する。たとえば、「某道行軍元帥府　爲申破某賊露布事」という表現である（詳しくは後述する）。ただし「露布」はすでにその文書の性格は明らかとなっており、解式とは異なっている。「爲申」という同じ意味の文言が使われていたとしても、兩者の性格は嚴格に區別されるのである。

以上の考察の結果、附表で列擧した23件の文書が唐代の「解文」であるという初步的な結論を得ることができた。

先述の通り、劉俊文氏はかつて敦煌發見「唐開元公式令」の「凡應爲解向上者、上官向下皆爲符」という記載と、その關連史料に依據して、「解」と「符」とが對應する關係にあることを證明した。劉氏の意見に同意したい。尙書省が州に下達したり、州が縣に下達したり、縣が鄉に下達する公文書を見ると、みな「符」と呼ばれている。これと對應するのが、州が尙書省に上申する公文書の「解」である。先に引用した唐「公式令」と「倉庫令」とに見える「諸州使人、送解至京」「諸庸調等應送京者、皆依見送物數色目、各造解一道」という文や、吐魯番出土文書に見える「解竝目上尙書省都省」等の記載が、このことを十分に說明している。

縣が州に「申」した公文書は「解」であり、表で列擧した23件の唐代「解式」文書のなかで、文書16以外は、みな縣が州に上申した解文であることは詳述した。アスターナ509號墓出土の文書10「唐開元二十一年（733）西州都督府案卷爲勘給過所事」の第50～67行は、高昌縣が西州都督府戶曹に上申した「解」文であり、その第53行に「右被符」云云とあることは、高昌縣がこれより前に西州都督府の「符」文を受け取っていたことを表わしている。本案卷の第６行の「下高昌縣爲勘麴嘉琰去後何人承後上事」という記述こそ、まさに高昌縣に下達した「符」文の事目なのである。高昌縣が州の戶曹に上申した解文の內容から、兩者が對應關係にあると判斷できよう。そのほか、解文は主典である縣尉の署名の後にみな「上」の字が書かれるという特徵がある。先に引用した文書７「長行馬申文」の第23行が、「神龍元年三月二日主簿判尉常思獻上」と記すのは、その１例である。一方で、下行文書である符文は紀年を記した場所に「下」と記すことになっていた。「唐開元公式令」所載の「符式」には、「年月日下」の後に記載されている。實際に下達された「符文」も同樣である。たとえば、アスターナ201號墓出土の「唐咸亨三年（674）西州都督府下軍團符」[59]では、最末尾の１行に「咸亨三年五月廿二日下」と記され、アスターナ３區４號墓出土の「唐景龍三年（709）尙書省比部符及檢校長行使牒」[60]では、第12行に「景龍三年八月四日下」との記述がある。解は「上」と記し、符は「下」と記す。「解上」と「符下」の記述が、解文と符文との閒の緊密な對應關係を十分に說明している。

現在のところ、鄉が縣に上申する公文書も「解」と呼ばれたのかどうかは明らかではない。しかし、唐代の鄉は實體のある行政機關ではなく、官印を使用することもなかった。鄉では「解」のような嚴格な公文書を使用することはできなかったであろう。

赤木崇敏氏はかつて鄕および城・坊の基層部門が縣に上申する公文書様式について検討を加えた[61]。赤木氏は牒式文書が解式文書に取って代わったと考えるが、疑問が残る。

地方公文書の運用では、州府と折衝府との閒でも、「符」と「解」とが對應する公文書として使用された。先に引用した「唐咸亨三年（674）西州都督府下軍團符」[62]は、「西州都督府之印」が3箇所に捺されたうえ、「今以狀下團、宜准狀、符到奉行」との記述がある。その記述は、この文書が西州都督府から直接折衝府の軍團に下達された「符」文であることを表わしている。他方、折衝府が州に上申した公文書は、同様に「解」と記されている。アスターナ509號墓出土の「武周君住牒爲岸頭府差府兵向礌石及補府史符事」[63]の第4行には「其闞感達申州解、曹司判訖、未出符」という文言がある。同墓出土の軍府關連文書によって、闞感達の身分は西州天山府隊副兼攝兵曹參軍であったことが判明している。以上のことを考え合わせれば、「申州解（州に申した解）」は、天山府が西州都督府に上申した解文を意味しよう。「曹司」は兵曹司のことで、「曹司判訖、未出符」の一文は、西州都督府と天山府の閒の公文書の往來とみなすことができる。「解」と「符」の往來であることから、兩者の閒に對應關係があったことは閒違いない。問題は、折衝府が州に上申した解文がどのような形態であったのかということである。文書16を検討することで、その答えにたどり着くことができる。文書16はアスターナ358墓より出土し、「唐開元某年西州前庭府牒爲申府史氾嘉慶訴迎送趙内侍事」と名づけられた。5片が殘存し、その第（1）片には4行が殘る。錄文は以下の通りである[64]。

1　　　　　　開□□□二年二月廿九日典［　　］

- -

2　前庭府　　爲申府史氾嘉慶訴東□□□□迎送趙内侍事

3　　　府史氾嘉慶

4　　　　右得上件人［　　］

本斷片は2紙からなる、第2行が記す事目によれば、西州前庭府が上申した公文書であるが、縣が州に上申する解文と異同は無い。また圖版によれば、本件は整然とした楷書で書かれ、行閒は廣い。ほかの4殘片も同様の特徴を有しており、同一文書が分離したものと考えられる。特に、本片第3・4行の上部に押されている「左玉鈐衞前庭府之印」の押印の位置が、縣から州に上申する解文の場合と完全に一致することに注意しなければならない。これらの特徴から、本件は前庭府が西州都督府に上申した解文であると容易に判斷できる。

以上の考察は、西州都督府と管轄下の折衝府の公文書の往來にも、符文と解文とが使用されたことを示している。しかし、赤木氏が「唐代前半期の地方文書行政――トゥルファン文書の検討を通じて」で指摘したように、兩者の閒では「牒文」の形式を使用していた。西州都督府と折衝府との閒では、同時期に符・解・牒の3種の公文書が使用されていたのである。では、符文と解文と牒文は、兩機關の閒でどのように使い分けられたのだろうか。解文は後に牒文に取って代わられたのか、という問題とともに後考を俟ちたい。

現存する材料から、唐代の解文はおおよそ3種類に分類することができる。第一は地方州府が尚書省に上申する解文であり、第二は縣が州に上申する解文であり、第三は折衝府が州に上申する解文である。附表に示した23件の解文によって、縣が州に上申する解文の基本樣式をほぼ復原することができる。

1 縣解式
2 某縣　　爲申某事（具狀上事・具上事）
3 　概要〔本件と關係する人やもの〕
4 　　右得某云云（右被某符云云）。今以狀申（謹依狀申）。
5 令具官封名　　　　　　丞具官封名
6 都督府某曹（州某司）、件狀如前、謹依錄申、請裁、謹上。
7 　　　　　　　　　　　　　　　　年月日尉具官封姓名　上
8 　　　　　　　　　　　　　　　　　　錄事姓名
9 　　　　　　　　　　　　　　　　　　佐姓名
10 　　　　　　　　　　　　　　　　　　史姓名

特に指摘しておきたいことは、赤木氏が復原したという「申式」は、實際には「解式」であったということである。ただし、本稿で復原した「解式」は、赤木氏が復原した「申式」と多少の異同がある。特に官吏署名の部分に違いがある。筆者は23件の解文を考察した結果、第5行の令・丞の「具官封名」は、ただ官と名のみを記し、姓を記さないこと、第7・8・9・10行の尉・錄事・佐・史の署名の位置と、全員が姓名を署名することを明らかにした。以上の點こそが縣から州に上申する「解式」の特徵であり、特に注意すべき點でもある。

折衝府が州に上申する「解式」については、文書16解文の後部が缺けており、折衝府官吏の署名については知るすべがない。折衝府官吏には、折衝都尉・左右果毅都尉・別將・長史・兵曹參軍・錄事・府・史等がある(65)。前揭の闞感達「申州解」によれば、兵曹參軍が解文の主典であった。署名の位置については主典の兵曹參軍の後、錄事・府・史が續いたことは、ほぼ確定できる。ただ主典の前の長官折衝都尉の署名の後、左右果毅都尉・別將・長史がどのように署名したのかはよくわからない。同樣に、地方州府が尚書省に上申した解文についても、官吏がどのように署名したのかという問題が殘るが、これらのことは今後の課題としたい。

唐代の縣が州に上申する「解式」を、日本「公式令」所載の「解式」と比較すると、兩者の類似點だけでなく、相違點も見出すことができる。兩者の形式はほぼ同じであるが、署名する官吏の人數は異なる（前者は6人であり、後者は7人である）。ほかに、すでに指摘した「解」字の有無も異なる。さらに、唐代の「解式」は、縣令・縣丞の署名位置が主典の前にあり、ほかの公文書と異なるが、日本の「解式」とも異なる。

すでに指摘したとおり、唐の「解式」は唐代前期の「露布式」と似たところがある。比較のために「露布式」の關連部分を引用してみよう(66)。

1　某道行軍元帥府
2　　　　　爲申破某賊露布事
3　　　　具官行軍司馬封臣姓名
4　　　　具官行軍長史封臣姓名
5　　　　具官某道行軍元帥封臣姓名　　等言。
6　尙書兵部：臣聞云云。謹遣某官臣姓名奉露布
7　以聞。軍資器械、別簿申上。謹上。
8　　年月日　具官行軍兵曹參軍事臣姓名上。

呂博氏が指摘するように、これは唐代前期の「露布式」であり、三省制・行軍體制を反映している(67)。それは本稿が復原した「解式」が使用された時代に相當する。「露布式」と「解式」は、文書様式だけでなく用語についても類似する點がある。用語の面では、「爲申」・「謹上」・「上」等の語が使用される點が類似し、様式上では、「解式」の縣令・縣丞の署名位置が「都督府某曹（州某司）」の前にあることと、「露布式」の行軍司馬・長史・元帥の署名位置が「尙書兵部」の前にあることとが合致する。ほかにも、「謹上」の後に、「年月日　某官姓名上」とあることも一致する。「露布式」からみると、官員の署名は行軍司馬・長史・元帥というように低位から高位へと進んでいるが、張說撰の「爲河南郡王武懿宗平冀州賊契丹等露布」(68)では、大總管・總管・長史・行軍司馬の順であり、高位から低位の順に署名している。張說の「露布」は「解式」の官吏署名と同じであり、この順序こそが、唐代前期における露布の正しい署名順序だった可能性がある。いずれにせよ、「解式」と「露布式」との類似は、唐代前期の上行文書に共通する特徴なのである。

以上の分析によれば、普通、縣が州に上申する解文は縣尉が擔當した。縣尉が「解式」に則って起草した後、縣令・丞等が署名し、最後に押印することで、解文はようやく最終的な形となる。では、縣尉が公務のため縣衙に不在であった場合、解文は誰が擔當したのであろうか。表の文書6は、神龍元年（705）に交河縣が西州兵曹に上申した解文であるが、官員の署名は「令在州」・「丞元楷」・「尉使」となっている。知尉は使者として外出しており、縣令も縣衙を不在にしていた。したがって、この解文は縣丞「元楷」の責任において作成されたものと考えられる。ただし、署名の順序と位置は改變できなかったらしい。

解文が完成し上級の擔當部署に提出されると、次は處理の段階に入る。前揭の唐「公式令」の「諸州使人、送解至京、二十條已上、二日付了、四十條已上、三日了、一百條已上、四日了、二百條已上、五日了。」という記載によれば、唐令は京師に到

着した解文の處理に期限を設けている。ここに解文の重要性をみることができよう。現在確認できる吐魯番文書によれば、西州都督府は管轄下の各部署から牒・狀・辭等の文書を受け取ると、まず長官の都督によって「付司」という指示が出された。その基本的な形は「付司。某示。某日」である。ただし、解文の處理過程は、異なっていた。

解文の處理には2つの方法があったと考えられる。第一の方式は、直接錄事司が受付けた段階に行うものである。文書6の「交河縣解文」のように、「神龍元年二月廿九日」に作成され、「三月九日」に錄事司が受付け、13日に兵曹參軍程待詧が「連。詧白」と判語をつけている(69)。この前の第7～11行には、程待詧の「元是不病之馬、送使豈得稱殂。只應馬子奔馳、所以得茲死損。下縣追馬子竝勒陪馬送。詧。」という判語があり、西州都督府錄事司が交河縣の解文を兵曹司に交付した後に、兵曹參軍の程待詧が處理のための意見を述べていた。

第二の方法は長官の署名の記入と、「付司」等の指示がある閒での處理である。文書1は、蒲昌縣が西州戶曹に上申した解文であり、第15行の「開耀二年三月十七日」の上部に、大きな文字で「十八日入」の4字が記されている。同様の狀況は文書2の天山縣が西州法曹に上申した解文にもみえる。文書2では錄事司の「受付」の文字の上部に、大字の「一日乂」3字がある。この「一日乂」と「十八日入」の文字はよく似ており、同一人による書き入れだと考えられる。「入」・「乂」の2字は字形が似ており、「入」は「乂」の別寫か草書の可能性がある。おそらく西州都督府の長官の署名であろう。なぜなら、文書10・文書11の解文にも、署名の類似があるからである。文書10の第65～67行の閒には大きな文字の「一日斯」という3字がある(70)。文書11の第5行には大字で「十日斯」の3字が記されている。これらの「斯」字は、同墓から出土した關連文書によって、當時西州都督の任にあった王斛斯(71)の署名であることが判明している。文書11は「十日斯」の3字の後、王斛斯の判語があり、その後ようやく錄事司の受付けの段階となる。

いずれにせよ、このような解文の處理過程は、牒（上行）・狀・辭等とは異なる一方で、符文・關文とは類似する。たとえば、アスターナ3區4號墓出土の「唐景龍三年（709）尙書省比部符及檢校長行使牒」(72)や、巴達木207號墓出土の「唐調露二年（680）七月東都尙書吏部符爲申州縣闕員事」(73)、アスターナ509號墓出土の「唐開元二十一年（733）西州都督府案卷爲勘給過所事」(74)第7～22行に記された倉曹が戶曹に送った關文等がある。解文は公文書として符文や關文と同等の重要度を有していたため、ほぼ同じ處理過程を經る必要があったと推測できよう。

解文は判案の段階に進むと、まず擔當判官が處理に關する意見を提示し、それを通判官と長官が承認することで最終判斷となる。その後再び錄事司の勾檢を經て、最後に署目されて、解文に關する處理が全て終了する。表中の文書22は、上部が殘缺しているが、その第10～28行は天寶12載に天山縣が交河郡都督府戶曹に上申した解文であり、第29～42行は都督府が解文を處理した過程を示している。第29～42行は以下の通りである。

□十二日錄事　使
□錄事參軍　元裕　付
檢案。元裕 白。
十五日。
□謹牒。
□月　日府張玄璋牒
天山縣申車坊新生犢伍拾
捌頭、各具毛色齒歲到、勒
所由勘會。諮。元裕白。
十六日。
依判。諮。休胤示。
十六日。
依判。忠比（？）示。
十六日

以上の記載は、天山縣が上申した解文を交河郡都督府の戶曹が處理する過程を反映している。文書のなかの「元裕」は戶曹參軍で錄事參軍を攝しており、「休胤」は司馬、「忠比（？）」は都督[75]である。上部が缺けているため、錄事司が受付けまでに都督の署名と指示があったのかどうかはわからない。判案が終了した後、錄事司による勾檢があったはずだが、關連記載はみえない。最後の署目についても、本文書では後缺のため、關連情報を知ることができない。しかし、文書10「唐開元二十一年（733）西州都督府案卷爲勘給過所事」の第50～67行は高昌縣が西州戶曹に上申した解文であり、その後の第68行は「給麴嘉琰爲往隴右過所事」と記しているのが、署目である[76]。これは麴嘉琰が隴右へ行くために申請した過所について、西州戶曹が調查檢討した後に發給に同意したことを表している。

表に揭げた23件の解文のうち、文書19が沙州敦煌縣のものであることを除けば、ほかはみな西州所管下の高昌・天山・交河・柳中・蒲昌の五縣と前庭府が上申した解文である。上申部署は功・倉・戶・兵・法の諸曹があり、內容は非常に廣泛である。今その事例を列擧してみれば、官員の考課・府史の不服申し立て・作人と奴婢の身分等に對する調查、郡官の執衣と白直課錢の徵收・和糴の納付・賦徭擔當者の調查・車牛の發遣・築城夫の齋料の手配・渠堰と驛牆の修繕等に關する總轄報告、寺院所有の馬の統計・長行馬の死亡理由報告・健兒による馬の徵收に關する調查・車坊と長運坊における牛の繁殖等の報告、飼い葉の統計報告等、あらゆることに及んでいた。特に牛馬の生死についての調查結果を報告した解文（飼い葉の統計報告も牛馬に關係する）が11件にも達することは注目に値しよう。當時牛馬等の家畜は交通・運輸・農耕・邊防等と深く關わっていた。そして、古代國家の政治・經濟・軍事において缺くことのできないものであった。西州は東西交通の要衝であり、唐王朝の西域經營の前線基地でもあったため、使者の往來や邊境防備の重責を擔っていた。西州における運輸手段の需要は喫緊の問題であったため、各官府は牛馬を非常に重視したのである。

つまり、これらの解文は人事問題だけではなく、當時の社會・經濟・生活に深く關わる問題を反映していたといえよう。このことが唐代の解文と前代の解文との相違點なのかもしれない。公文書は唐代社會の發展と變化を反映しているのである。

ここまで、主に唐代前期の律令制體系下の解式文書の形態とその運用狀況について論じてきた。周知の通り、唐代の前期と後期では、制度に大きな差異が存在する。そのため、解文が唐代後期において繼續的に使用されていたかどうかが次の問題となる。現在確認できる敦煌吐魯番文書では、安史の亂以後、解式文書は極めて少なくなり、代わりに「狀」文書が多くなる。この點についてはすでに吳麗娛氏の研究がある(77)。一方で、傳世文獻の記載からは、唐代後期でも繼續的に解文が使用されていたことが判明するのである。

『唐會要』卷82「考下」(78)

（大中）六年七月、考功奏「（中略）又近日諸州府所申考解、皆不指言善最、或漫稱考秩、或廣說門資、既乖令文、實爲繁弊。自今以後、如有此色、竝請准令降其考第。（中略）又諸道所申考解、從前十月二十五日到都省、都省開拆郎官押尾後、至十一月末方得到本司。開拆多時、情故可見。自今以後、伏請准南曹及禮部舉選解例、直送當司開拆。（後略）」

宣宗の大中6年（852）の考功の上奏のなかで、「考解」が2度、「舉選解」が1度言及されている。史睿氏によれば、「考解」とは州司が考簿解を尙書都省に上申する公文書である(79)。この「考解」は、必ず密封して尙書省に送り、尙書省に到着した後に開封した。「舉選解」については、『通典』卷17・選舉5「雜議論中」所載の唐洋州刺史趙匡「舉選議」のなかで、「舉人條例」と「選人條例」とに話が及び、その「舉人條例」に「其合外州申解者、依舉選例處分」とあることから、「舉選解」は選人と舉人に關する解文を指すものであるとわかる(80)。「選人」とは南曹銓選に參加するもので、「舉人」とは禮部科舉に參加するものである。對象と試驗機關は異なるが、ともに解文が使用されたことになる。解文が唐代後期でも廣く使用されていたということができる。

『太平廣記』卷154「定數九・樊陽源」(81)

唐山南節判殿中侍御史樊陽源、元和中、入奏。岐下諸公攜樂、於岐郊漆方亭餞飮。從事中有監察陳庶・獨孤乾禮皆在幕中六七年、各歎淹滯。陽源乃曰「人之出處、無非命也。某初名源陽、及第年、有人言至西府與取事。某時閒居洛下、約八月閒。至其年七月、有表兄任密縣令、使人招某驟到密縣。某不得已遂出去。永通門宿、夜夢見一高塚、上一著蓏衣人、似欲鄉飮之禮。顧視左右、又有四人。塚上其人、乃以手招陽源、陽源不樂去。次一人從陽源前而上、又一人躡後而上、左右四人皆上、陽源意忽亦願去、遂繼陟之。比及五人、見塚上袖一文書、是河南府送擧解、第六人有樊陽源。時無樊源陽矣。及覺、甚異之。不日到密縣、便患痢疾。聯綿一月、困憊甚。稍閒、徑歸洛中、謂表兄曰「兩府取解、舊例先須申。某或恐西府不得、兄當與首送密宰矣。」曰「不可處。」但令密縣海送、固不在托。及到洛中、已九月半。洛中還往、乃勸不如東府取解。已與西府所期違矣。陽源心初未決。忽見密縣解申府、陽源作第六人、不得源陽。處士石洪曰「陽源實勝源陽。」遂話夢於洪、洪曰「此夢固往塚者丘也、豈非登塚爲丘徒哉。於此大振、亦未可知。況縣申名第、一如夢中、未必不爲祥也。」是歳許夢容爲川守、又誋陽源「密縣第六人、某已處分試官、更升三兩路。」比府牓出、陽源依縣申第六人。孟容怒、責試官、陽源以夢告。明年、權侍郎下及第。（『續定命錄』）

この史料は小說であるため誇張したところはあるが、かえって唐の地方における擧選制度の實情を反映している。文中の「河南府送擧解」とは、河南府が尙書省に送った送擧に關わる「解」文であると考えられる。注意しなければならないのは、「解」の使用狀況である。樊陽源は初め密縣の試驗を受けて、第6名を獲得し、密縣から河南府に「解申」された。そして再び河南府の試驗を受けた後、同じく第6名の席次を得た。そこで、河南府は「送擧解」を尙書省に送った。翌年、樊陽源は省試に及第した。密縣から河南府、河南府から尙書省と全ての段階で解文が使用されている。このような解文の傳達は、縣・州（府）・省の直接的な統屬關係を表わしており、唐代前期と異ならない。唐代後期においても解文が使用されていたことを反映しているのである。

宋代に解式文書が繼承されたかどうかは明らかではない。『司馬氏書儀』『慶元條法事類』に「解式」は記載されていないが、「解文」・「申解」等の語句は文獻中に頻出する。たとえば曾鞏の『謝解啓』には「伏睹解文、首蒙擧選」[(82)]とある。この「解文」は士人の擧選に關する文書であり、唐代の「擧選解」を繼承したものであったはずである。黑水城出土の宋西北軍政文書の中にも、「具狀申解赴當司」・「不曾申解」・「別具狀申解次」・「解狀」という記載が散見する[(83)]。これらの「解」は、唐代の「解」と無關係だとは思えない。また、南宋の趙彥衞『雲麓漫鈔』卷4[(84)]は以下の記述を殘している。

官府多用「申解」二字。申之訓曰重、凡以狀達上官、必曰「申聞」、施於簡劄、亦曰「劄子申呈」、然皆無重意。解、古隘切、訓曰除聚、而詞人上於其長曰「解」、士人獲鄕薦亦曰「得解」、皆無除去之義。擧世咸用之、政與歐陽子言「打」字同。

趙彥衞は、官府が度々「申解」の語を使用するとはいえ、この2字には差異があると解釋する。「申」は「以狀達上官（狀を以て上官に達）」する公文書の名稱であり、すなわち申狀類である。そして「解」は「詞人上於其長（詞の人の其の長に上す）」もので、公文書の名稱のようにはみえない。

しかし、元の楊瑀『山居新語』には以下の記載があり[(85)]、元代においても「解」

が公文書の名稱であったことは間違いなかろう。

徐子方琰、至元間爲陝西省郎中。有一路申解到省、内誤漏落一「聖」字。案吏欲問罪、指爲不敬、徐公改云「照得來解内第一行脱漏第三字、今將元文隨此發去、仰重別具解申來。」前輩存心如此、亦可爲吹毛求疵之戒。

「一路」は、元の陶宗儀『南村輟耕錄』(86)、李翀『日聞錄』(87)では、「屬路」としており、こちらが正しい。「申解」とは、陝西省管轄下の某路が省に上申した解文を指している。そのことは、後文で徐琰が「照得來解（照らして解來たるを得）」や「重別具解申來（重ねて別に解を具にして申し來たる）」とあることから説明できる。この2つの「申」字は、ともに「上申する」の意で公文書の名稱ではないが、「解」は間違いなく公文書の名稱である。

黑水城出土の元代文書中にも、「解」と關係する記載がある。それは、1983～1984年に内蒙古の黑水城から出土した6件の「元大德四年（1300）軍糧文卷」の中の、M1・0296（F116：W553）である(88)。そこには「今差普撒哥馳驛齎解、赴省計稟外、合行作急具申、伏乞照驗、早賜明降、攢運軍糧、以備支遣。」と記されている。本文書は大德4年6月18日の紀年をもち、後文に「右申甘肅行省」の6字がある。このことから亦集乃路總管府が甘肅行省に上申した公文書であることがわかる。さらにM1・0295（F116：W552）には(89)、「特已於五月廿四日・六月十八日二次差人齎解、赴省計稟、攢運糧斛、準備支持。」との記載がある。本文書は大德4年6月29日の紀年を持つ。これらの「解」が、公文書の名稱である解文を指していることは明らかである。

では、元代の「解」はどのような形態であったのであろうか。唐代の「解」と關連はあるのであろうか。M1・0295（F116：W552）が6月18日に「差人齎解、赴省計稟」と記していることに注目したい。この記述はM1・0296（F116：W553）の記述と符合するからである。すなわち、人を差（派遣）して齎らされた「解」がM1・0296（F116：W553）であると考えられるのではないだろうか。今後の研究に値しよう。

ここまで述べてきたように、唐代の解文は後世の文書制度に大きな影響を與えた。ただし宋元時期に出現した「申狀」・「申文」が、唐代の「解文」・「狀文」をもとに發展したものなのかどうかについては、複雜で詳細な檢討を要する問題である。他日を期したい。

おわりに

最後に、ここまで述べてきた内容をまとめてみたい。

「解」は正式な文書名稱として、遲くとも後漢末にはすでに出現し、三國から南北朝時代には主に人事に關わる文書として使用されていた。唐代になると、解文は、國家の律令に「解式」として規定されるほどの重要な公文書となった。

現在確認できる敦煌吐魯番文書から、唐代の解文はおおよそ3種類に分類することができる。第一は地方州府から尙書省に上申する解文であり、第二は縣から州に上申する解文であり、第三は折衝府から州に上申する解文である。現在、23件の縣から州に上申する解文を確認できる。それらの解文の記載から、唐代の縣から州に上申する解文の基本様式(「解式」)を復原することができた。

解文の内容は多岐にわたる。人事以外にも當時の社會經濟生活の實情を反映しており、唐代前期の歴史と地方社會を知る貴重な資料とみなすことができる。

また唐代の解文には、それまでの解文とは異なる特徴がある。なかでも重要なことは、上行文書としての解文は、下行文書としての符文と對應し、兩文書は政令の傳達や情報のやりとりにおいて重要な役割を擔い、唐代の中央政府と地方州府、州と縣、州と折衝府とが連絡する際の紐帯となったことである。解文は唐代後期においても引き續き使用され、宋元期の文書制度に大きな影響を與えた。そのことは、解文が中國古代文書行政のなかで重要な地位と機能を有していたことの表れといえる。

本稿の研究を通して、唐代前半期の公文書の運用に關する各種の法規定、とくに「公式令」が、中央機關から地方の各部署まで嚴格に遵循され、徹底的に執行されたことを明らかにすることができた。律令制體系下の唐王朝の特性の一斑をうかがい知ることができよう。

注

(1) 主な先行研究は以下の通りである。仁井田陞『唐令拾遺』(東方文化學院東京研究所、1933年)、内藤乾吉「西域發見の唐代官文書の研究」(西域文化研究會編『西域文化研究』三、法藏館、1960年、後に同著『中國法制史考證』有斐閣、1963年所收)、大庭脩「唐告身の古文書學的研究」(『西域文化研究』三、後に同著『唐告身と日本古代の位階制』、皇學館出版部、2003年所收)、盧向前「牒式及其處理程式的探討——唐公式文研究」(北京大學中國中古史研究中心編『敦煌吐魯番文獻研究論集』第3輯、北京大學出版社、1986年、同著『唐代政治經濟史綜論——甘露之變研究及其他』、商務印書館、2012年所收)、李錦繡「唐「王言之制」初探」(『季羨林教授八十華誕紀念論文集』、江西人民出版社、1991年)、中村裕一『唐代制敕研究』(汲古書院、1991年)、同著『唐代官文書研究』(中文出版社、1991年)、同著『唐代公文書研究』(汲古書院、1996年)、同著『隋唐王言の研究』(汲古書院、2003年)、仁井田陞著・池田溫編集代表『唐令拾遺補——附唐日兩令對照一覽』(東京大學出版會、1997年)。坂尻彰宏「敦煌牓文書考」(『東方學』第102輯、2001年)、李方『唐西州行政體制考論』(黑龍江教育出版社、2002年)、劉後濱『唐代中書門下體制研究——公文形態・政務運行與制度變遷』(齊魯書社、2004年)、赤木崇敏「歸義軍時代敦煌オアシスの税草徵發と文書行政」(『待兼山論叢』(史學篇)第41號、2007年)、同「唐代前半期の地方文書行政——トゥルファン文書の檢討を通じて」(『史學雜誌』第117編第11號、2008年、中文譯「唐代前半期的地方公文體制——以吐魯番文書爲中心」、鄧小南・曹家齊・平田茂樹主編『文書・政令・信息溝通:以唐宋時期爲主』、北京大學出版社、2012年所收)、荒川正晴「唐代中央アジアにおける帖式文書の性格をめぐって」(土肥義和編『敦煌・吐魯番出土漢文文書の新研究』、東洋文庫、2009年)。雷聞「從S.11287看唐代論事敕書的成立過程」(『唐研究』第1卷、北京大學出版社、1995年)、同「關文與唐代地方政府內部的行政運作——以新獲吐魯番文書爲中心」(『中華文史論叢』2007年第4期)、同「唐代帖文的形態與運作」(『中國史研究』2010年第3期)、同「牓文與唐代政令的傳佈」(『唐研究』第19卷、北京大學出版社、2013年)。吳麗娯「試論「狀」在唐朝中央行政體系中的應用與傳遞」(『文史』2008年第1輯)、同「從敦煌吐魯番文書看唐代地方機構行用的狀」(『中華文史論叢』2010年第2期)。

(2) 『令集解』巻32「公式令」(吉川弘文館、1985年)、808〜809頁。また前掲注(1)仁井田陞・池田溫等『唐令拾遺補——附唐日兩令對照一覽』1254頁參照。

(3) 前掲注(1)仁井田『唐令拾遺』、552頁參照。

(4) 前掲注(1)中村『唐代官文書研究』、第16頁、同『唐代公文書研究』、32頁參照。

(5) 前掲注(1)赤木「唐代前半期の地方文書行政——トゥルファン文書の檢討を通じて」80〜85頁、中文譯135〜145頁。

(6) 詹鍈『文心雕龍義證』(上海古籍出版社、1989年)942・959頁。

(7) 唐長孺「讀史釋詞・釋解」(同著『魏晉南北朝史論叢續編』・『魏晉南北朝史論拾遺』(合冊本)、中華書局、2011年所收)263〜267頁。

(8) 柳洪亮「吐魯番文書中所見高昌郡官僚機構的運行機制——高昌郡府公文研究」(『新出吐魯番文書及其研究』新疆人民出版社、1997年)293〜298頁。

(9) 侯旭東「長沙東牌樓東漢簡「光和六年諍田自相和從書」考釋」(原載は黎明釗主編『漢帝國的制度與社會秩序』牛津大學出版社、2012年所收)247〜275頁。その修訂稿が“簡帛網”http: //www.bsm.org.cn/show_article.php?id=1991 に發表されている。簡中に「辭有後情、續解復言」と辭と解とが對になって擧げられていることから考えて、「解」が文書の名稱であることはほぼ疑いない。侯氏の判斷に從いたい。

(10) 前掲注(1)仁井田『唐令拾遺』、552頁。

(11) 『唐律疏議』(劉俊文點校、中華書局, 1983年)203頁。

(12) 前掲注(11)『唐律疏議』460頁。

(13) 前掲注(11)『唐律疏議』514頁。

(14) 前掲注(11)『唐律疏議』は「解牒」と續けて讀んでいるが誤りである。

(15) 陳仲夫點校本『唐六典』(中華書局、1992年)10〜11頁。

(16) 劉俊文『唐律疏議箋解』(中華書局、1996年)772頁。

(17) 神鷹德治・山口謠司解題『白氏六帖事類集』(古典研究會叢書、漢籍之部、汲古書院、2008年)145頁、また、前掲注(1)仁井田『唐令拾遺』589頁參照。

(18) 天一閣博物館・中國社會科學院歷史研究所天聖令整理課題組校證『天一閣藏明鈔本天聖令校證(附唐令復原研究)』(中華書局、2006年)496頁。唐『倉庫令』は李錦繡氏の復原による。

(19) 王啓濤『吐魯番出土文獻語言導論』(科學出版社、2013年、114〜116頁)は、これらの文書を羅列し、「解」の本義について簡單な分析を加えている。

(20) 陳國燦『斯坦因所獲吐魯番文書研究』(武漢大學出版社、1994年)255〜258頁、沙知・吳芳思『斯坦因第三次中亞考古所獲漢文文獻(非佛經部分)』(上海辭書出版社、2005年)115、116頁。原文書には則天文字があるが、本稿では正字に改める。以下このことには一々言及しない。

(21) 唐長孺主編『吐魯番出土文書』(圖文本、肆卷、文物出版社、1996年、以下(圖文本)肆と表記)241頁。

(22) 前掲注(1)赤木「唐代前半期の地方文書行政——トゥルファン文書の檢討を通じて」89〜94頁、中文譯135〜145頁。

(23) 赤木崇敏「唐代敦煌縣勘印簿羽061、BD11177、BD11178、BD11180小考」(高田時雄主編『敦煌寫本研究年報』第5號、2011年)106頁。

(24) 前掲注（1）吳麗娯「從敦煌吐魯番文書看唐代地方機構行用的狀」。
(25) 赤木崇敏氏は、18件のうち、73TAM509：8/24－1(a)と73TAM509：8/24－4の２件は、「唐開元二十一年（733）推勘天山縣車坊翟敏才死牛及孳生牛無印案卷」の斷片であるとする。また、赤木氏は自身作成の表５の18番目の文書はいわゆる「橘文書」であり、前掲注（1）内藤「西域發見の唐代官文書の研究」に紹介されているのみで、いまだに公開されておらず、「申」文に屬するか證明することができないとする。このことから、赤木氏が實際に確認した「申」文は、16件である。前掲注（22）參照。
(26) 『法藏敦煌西域文獻』第18册（上海古籍出版社、2001年）363～365頁。劉俊文『敦煌吐魯番唐代法制文書考釋』（中華書局、1989年）221～223頁。
(27) 唐長孺主編『吐魯番出土文書』（圖文本）肆、301頁。「牛」字は、元々の釋文では「無」とされているが、圖版と第二片の「牛」の早書きによって、「牛」と讀むべきだと考える。
(28) 前掲注（21）唐長孺主編『吐魯番出土文書』（圖文本）肆、301頁。
(29) 前掲注（21）唐長孺主編『吐魯番出土文書』（圖文本）肆、302頁。
(30) 前掲注（15）『唐六典』卷１「尙書都省」、11頁。
(31) 雷聞「關文與唐代地方政府内部的行政運作――以新獲吐魯番文書爲中心」（『中華文史論叢』2007年第４期）參照。
(32) 前掲注（15）『唐六典』卷30「三府督護州縣官吏」、753頁。唐代の縣尉の職掌については、礪波護「唐代の縣尉」（同著、『唐代政治社會史研究』同朋舍、1986年所收、初出1974年。後に、黄正建の中國語譯を劉俊文主編『日本學者研究中國史論著選譯』第４卷、中華書局1992年に採錄）、135～169頁、中文譯558～584頁參照。
(33) 大谷4920號文書は、唐垂拱３年（687）に高昌縣が西州都督府戶曹に申上した公文書であり、小田義久氏は第５行を「都督府戶曹件狀如前謹依錄申請裁案主簿□□謹上」と讀んでいる。しかし圖版によれば、「主」は「至」、「簿」は「戶」とよみ、「請裁」後の數字は「案至戶曹者謹上」と讀むべきである。小田義久主編『大谷文書集成』第３卷（法藏館、2003年）圖版６、釋文65頁參照。
(34) 前掲注（21）唐長孺主編『吐魯番出土文書』（圖文本）肆、374・375頁。
(35) 前掲注（21）唐長孺主編『吐魯番出土文書』（圖文本）肆、288・295頁。
(36) 前掲注（21）唐長孺主編『吐魯番出土文書』（圖文本）肆、241頁。
(37) 前掲注（21）唐長孺主編『吐魯番出土文書』（圖文本）肆、261頁。
(38) 前掲注（21）唐長孺主編『吐魯番出土文書』（圖文本）肆、261頁。
(39) 王永興「吐魯番出土唐西州某縣事目文書研究」（同著『唐代前期西北軍事研究』、中國社會科學出版社、1994年所收）、391頁。
(40) 前掲注（1）吳麗娯「從敦煌吐魯番文書看唐代地方機構行用的狀」、64・65頁。
(41) 本事目の「舍人」とは鳳閣舍人のことであり、「臺」とは鳳閣舍人が屬する「鳳閣臺」、すなわち中書省のことである。「臺狀」は中央の鳳閣臺に上申する「狀」を指すものと考えられる。
(42) 前掲注（39）王永興「吐魯番出土唐西州某縣事目文書研究」391頁。
(43) 唐耕耦・陸宏基編『敦煌社會經濟文獻眞蹟釋錄』第４輯（全國圖書館文獻縮微複製中心、1990年）446頁。
(44) 榮新江等主編『新獲吐魯番出土文獻』（中華書局、2008年）圖、文109頁。
(45) 唐長孺主編『吐魯番出土文書』（圖文本、參卷、文物出版社、1996年、以下（圖文本）參と略す）、340頁。
(46) 前掲注（45）唐長孺主編『吐魯番出土文書』（圖文本）參、343・344頁。

(47)　前揭注（45）唐長孺主編『吐魯番出土文書』（圖文本）參、344頁。
(48)　李方『唐西州官吏編年考證』（中國人民大學出版社、2010年）86頁。
(49)　前揭注（45）唐長孺主編『吐魯番出土文書』（圖文本）參、343頁。
(50)　前揭注（45）唐長孺主編『吐魯番出土文書』（圖文本）參、269～270頁。
(51)　前揭注（26）劉俊文『敦煌吐魯番唐代法制文書考釋』、416頁。
(52)　前揭注（23）赤木崇敏「唐代敦煌縣勘印簿羽061、BD11177、BD11178、BD11180小考」98・101頁參照。
(53)　前揭注（21）唐長孺主編『吐魯番出土文書』（圖文本）肆、301頁。
(54)　前揭注（21）唐長孺主編『吐魯番出土文書』（圖文本）肆、197～198頁。「功曹」は、もともと「戶曹」と題していたが、ここでは第（5）片の「具狀錄申郡功曹」の記述によって改めた。
(55)　前揭注（21）唐長孺主編『吐魯番出土文書』（圖文本）肆、288頁。
(56)　池田溫『中國古代籍帳研究』（東京大學出版會、1979年、中國語譯は中華書局、2007年）、230頁。
(57)　薄小瑩・馬小紅「唐開元廿四年岐州郿縣縣尉判集研究——兼論唐代勾徵制」（楊一凡主編『中國法制史考證』乙編第4卷『法律史料考釋』、中國社會科學出版社、2003年所收、初出は1982年）268～310頁參照。
(58)　前揭注（2）『令集解』卷32「公式令」、808～809頁。前揭注（1）仁井田陞・池田溫等『唐令拾遺補——附唐日兩令對照一覽』、1254頁。
(59)　前揭注（45）唐長孺主編『吐魯番出土文書』（圖文本）參、258頁。
(60)　前揭注（20）陳國燦『斯坦因所獲吐魯番文書研究』、272～273頁。沙知・吳芳思『斯坦因第三次中亞考古所獲漢文文獻（非佛經部分）』、圖・文60・61頁。
(61)　前揭注（1）赤木「唐代前半期の地方文書行政——トゥルファン文書の檢討を通じて」80～83頁、中文譯135～141頁。
(62)　前揭注（45）唐長孺主編『吐魯番出土文書』（圖文本）參、258頁。
(63)　前揭注（21）唐長孺主編『吐魯番出土文書』（圖文本）肆、256頁。
(64)　前揭注（21）唐長孺主編『吐魯番出土文書』（圖文本）肆、180頁。
(65)　『唐六典』卷25・諸衞府、637～638頁。
(66)　前揭注（1）中村裕一『唐代官文書研究』、122頁。前揭注（1）仁井田陞・池田溫等『唐令拾遺補——附唐日兩令對照一覽』、1248頁。
(67)　呂博「唐代露布的兩期形態及其行政、禮儀運作——以「太白陰經・露布篇」爲中心」、（『魏晉南北朝隋唐史資料』第28輯、武漢大學學報編輯部、2012年）參照。
(68)　『文苑英華』卷647・露布1（中華書局、1966年）3329頁。
(69)　「晉」は、當時の兵曹參軍の程待晉である。前揭注（48）李方『唐西州官吏編年考證』、130～134頁參照。
(70)　「一日斯」について、池田溫氏は「一日勘」と釋讀し、疑問符を附している。この3文字の後に文字がないことから、第3字を「勘」と解すると文意を理解しにくい。圖版と文書11の解文のなかの「十日斯」の記載から、この文字は「斯」字の草書體で、西州都督王斛斯の自署とみなすべきである。前揭注（56）池田溫『中國古代籍帳研究』、222頁參照。
(71)　李方氏の考證によれば、王斛斯が西州都督を擔當した期間は、開元20年から21年である。前揭注（48）李方『唐西州官吏編年考證』18～19頁參照。
(72)　前揭注（20）陳國燦『斯坦因所獲吐魯番文書研究』、272～273頁。沙知・吳芳思『斯坦因第三次中亞考古所獲漢文文獻（非佛經部分）』、圖・文60・61頁。

(73)　前掲注（44）榮新江等主編『新獲吐魯番出土文獻』、圖・文82・83頁。
(74)　前掲注（21）唐長孺主編『吐魯番出土文書』（圖文本）肆、282頁。
(75)　前掲注（48）李方『唐西州官吏編年考證』21～22、47～48、81、124～125頁參照。
(76)　前掲注（21）唐長孺主編『吐魯番出土文書』（圖文本）肆、288頁。
(77)　前掲注（1）吳麗娛「從敦煌吐魯番文書看唐代地方機構行用的狀」。
(78)　『唐會要』（中華書局、1955年）1510頁。
(79)　史睿「唐代外官考課的法律程序」（『文津學志』第1輯、北京圖書館出版社、2003年）。
(80)　『通典』（王文錦等點校、中華書局、1988年）424頁。
(81)　『太平廣記』（中華書局、1961年）1106～1107頁。
(82)　『曾鞏集』卷36「啓」（陳杏珍・晁繼周點校、中華書局、1984年）507頁。
(83)　孫繼民『俄藏黑水城所出〈宋西北邊境軍政文書〉整理與研究』（中華書局、2009年）4、111、137、152頁。
(84)　趙彥衛『雲麓漫鈔』（傅根清點校、中華書局、1996年）57頁。
(85)　楊瑀『山居新語』（『宋元筆記小說大觀』第6冊、上海古籍出版社、2001年所收）、6059頁。
(86)　陶宗儀『南村輟耕錄』卷5「厚德長者」（『宋元筆記小說大觀』第6冊所收）6189頁。
(87)　李翀『日聞錄』（叢書集成初編本）8頁。
(88)　李逸友『黑城出土文書（漢文文書卷）』（科學出版社、1991年）圖版壹（2）、釋文138頁。塔拉・杜建錄、高國祥主編『中國藏黑水城漢文文獻』第2卷（國家圖書館出版社、2008年）405頁。
(89)　前掲注（88）李逸友『黑城出土文書（漢文文書卷）』、圖版貳（1）、釋文139頁。『中國藏黑水城漢文文獻』第2卷、398頁

譯者附記

本論文提出から出版まで長い時間が經過してしまった。その間に著者劉安志氏は、本論文に關連する「吐魯番出土唐代解文についての雜考」（荒川正晴・柴田幹夫編『シルクロードと近代日本の邂逅——西域古代資料と日本近代佛教』勉誠出版社、2016年4月、所收）を發表された。併せてお讀みいただきたい。

附表 「申式」文書表

No.	文書番號	年代	發給機關	受領機關	押印情況	官吏の署名	主な内容とキーワード	出典
1	73TAM517:05/1(a)・1(b)	開耀2年(682)	蒲昌縣	西州都督府戶曹	「蒲昌縣之印」7方	「丞惠」・「主簿判尉龎禮」・「錄事翟歡武」	驛牆の修造に從事した作業者數の報告 「今以狀申」・「都督府戶曹、件狀如前、謹依錄申、請裁、謹上」	『吐魯番出土文書』壹[*1]、268－269頁
2	72TAM204:20・37	開耀2年(682)前後[*2]	天山縣	西州都督府法曹	「天山縣之印」1方	「通直郎行令濟源縣開國男□」・「佐閻文爽」・「史」	「都督府法曹、件狀如前、□」	『吐魯番出土文書』貳[*3]、153－154頁
3	大谷4920號	垂拱3年(687)	高昌縣	西州都督府戶曹	「高昌縣之印」2方	「承議郎行令方」・「給事郎行丞元泰」	車牛發遣の報告 「都督府戶曹、件狀如前、謹依錄申、請裁。案至戶□□、謹上」	『集成』三[*4]、圖版六、文65頁
4	73TAM206:42/5	垂拱3年(687)前後[*5]	高昌縣	西州都督府功曹(?)	「高昌縣之印」2方	「□議郎行令方」・「給事郎行丞元泰」	入考すべき人物の報告 「今以狀申」	『吐魯番出土文書』貳、303頁
5	73TAM222:49	高宗時期(?)[*6]	高昌縣	西州都督府兵曹	「高昌縣之印」1方	「令闕」	「都督府兵曹□謹上」	『吐魯番出土文書』參[*7]、373頁
6	OR.8212/557 Ast.Ⅲ.4.095	神龍元年(705)	交河縣	西州都督府兵曹	「交河縣之印」3方	「令在州」・「丞元楷」・「尉使」・「錄事張德行」・「佐王智感」・「史使」	長行馬の死亡理由の報告 「以狀錄申聽裁者、謹依狀申」・「兵曹、件狀如前、謹錄依申、請裁、謹上」	『斯獲文書研究』[*8]、245－247頁;『斯獲文獻』[*9]、113－114頁
7	OR.8212/557 Ast.Ⅲ.4.095	神龍元年(705)	天山縣	西州都督府兵曹	「天山縣之印」7方	「令闕」・「丞向州」・「主簿判尉常思獻」・「錄事索仁禮」・「佐范立爽」・「史向州」	長行馬の死亡理由の報告 「天山縣　爲申州槽送使長行馬在路致死所由具上事」・「以狀錄申」・「今以狀申」・「都督府兵曹、件狀如前、謹依錄申、請裁、謹上」	『斯獲文書研究』、255－258頁;『斯獲文獻』、115－116頁
8	OR.8212/560 Ast.Ⅲ.4.085	神龍元年(705)	天山縣	西州都督府兵曹(?)	缺	「主簿判尉常思獻」・「錄事向州」・	長行馬の死亡理由の報告 「請乞申州處分者」・「今以狀申」・「□依錄申、請裁、謹上」	『斯獲文書研究』、259－260頁;『斯獲文獻』、123頁
9	72TAM188:30	神龍2年(706)前後[*10]	蒲昌縣	西州都督府兵曹(?)	「蒲昌縣之印」3方	缺	馬の徵用に關する調査報告 「蒲昌縣　爲申送渾小弟馬一疋赴州具上事」	『吐魯番出土文書』肆、27頁、卷首彩圖一
10	73TAM509:8/16(a)之三	開元21年(733)	高昌縣	西州都督府戶曹	「高昌縣之印」4方	「朝議郎行錄事參軍攝令上柱國沙安」・「朝議郎行丞上柱國才感」	麴嘉琰の過所請求理由の報告 「高昌縣　爲申麴嘉琰請過所所由具狀上事」・「錄申州戶曹聽裁者、謹依錄申」	『吐魯番出土文書』肆、286－287頁
11	73TAM509:8/11(b)	開元21年(733)	天山縣	西州都督府戶曹	「天山縣之印」3方	「令闕」・「要籍將仕郎護軍前甘州刪丹縣□」・「尉在州」・「錄事在州」・「佐范虔獎」・「史在州」	車坊の牛の刻印が無い理由の報告 「今以狀申」・「都督府戶曹、件狀如前、謹依錄申、請裁、謹上」	『吐魯番出土文書』肆、300頁
12	73TAM509:8/24－1(a)・2・4・5・6、73TAM509:8/28－1(a)・2(a)・4(a)・5(a)・6(a)	開元21年(733)	天山縣	西州都督府戶曹	「天山縣之印」8方	「令闕」	車坊で繁殖した牛に刻印がない理由の報告 「天山縣　爲申推勘車坊孳生牛無印所由具上事」・「按問、勒隨解赴州、其手執三狀、死牛皮稱見在、任隨狀、聽州處分」・「仍准前錄申聽裁者」・「都督府戶曹件□」	『吐魯番出土文書』肆、301－309頁

13	73TAM509:8/22	開元21年（733）前後*[11]	天山縣	西州都督府戶曹（？）	「天山縣之印」1方	缺	長運坊で繁殖した牛の報告 「天山縣　爲申長運坊孳生□」	『吐魯番出土文書』肆、310頁
14	73TAM509:8/5（a）	開元21年（733）前後*[12]	天山縣	西州都督府戶曹	「天山縣之印」4方	「令停務」・「丞使」	張無瑒が兄の祿を請求するために北庭に往くことを請願した報告 「天山縣　爲申張無瑒請往北庭請兄祿具上事」・「具狀錄申州戶曹聽裁者、今以狀申」	『吐魯番出土文書』肆、334頁
15	73TAM509:23/1－1(a)・1－2(a)	開元22年（734）	高昌縣	西州都督府戶曹	「高昌縣之印」6方	「宣德郎行令上柱國處訥」・「朝議□」・「登仕郎行尉白慶菊」・「錄□」	堤堰の修繕に從事した作業者數の報告 「高昌縣　爲申修堤堰人□」・「□督府戶曹、件狀如前、謹依錄申、請裁、謹上」	『吐魯番出土文書』肆、317－318頁
16	66TAM358:9/1・9/2－9/5(a)	開元22年（734）*[13]	前庭府	西州都督府兵曹（？）	「左玉鈐衛前庭府之印」1方	缺	「前庭府　爲申府史氾嘉慶訴東□□□□迎送趙內侍事」	『吐魯番出土文書』肆、180－181頁
17	大谷2829	開元23年（735）*[14]	高昌縣	西州都督府倉曹	「高昌縣之印」2方	缺	館田の麥を築城夫の齋料に充てることの報告 「錄申州倉曹、請各下縣准狀者。謹依錄申」	『集成』一*[15]、圖版九九、文102－103頁
18	73TAM509:23/8－1(a)・8－2(a)	開元22年（734）前後*[16]	蒲昌縣	西州都督府戶曹	「蒲昌縣」1方	「承奉郎□令賞緋 惠」・「丞在州」・「朝議郎行尉上柱 」	刈り取って得た秣の數量に關する報告 「錄申州戶曹」・「謹依錄申」・「都督府□ 謹依錄申、請裁、謹上」	『吐魯番出土文書』肆、322－323頁
19	S.6111V	開元年間（713－741）*[17]	敦煌縣	沙州司戶（？）	「敦煌縣之印」2方	缺	徵納圖經及び錢等の納入に關する報告 「敦煌縣*[18]　爲申考典索大祿納圖錢及經等具狀上事」	『英藏敦煌文獻』*[19]十、84頁；『眞蹟釋錄』*[20]四、366頁
20	OR.8212/567 Ast.002－003	開元年間（713－741）*[21]	柳中縣	西州都督府戶曹	「柳中縣之印」2方	缺	寺院の馬の統計に關する報告 「柳中縣　爲申□」	『斯獲文書研究』、393－394頁；『斯獲文獻』、129－130頁
21	72TAM228:30/1－30/4・31・32・35・36	天寶3載（744）	蒲昌縣	西州都督府功曹	「蒲昌縣之印」數方	「登仕郎行主簿判尉宋仁釗」・「佐刀抱瓊」	郡官の執衣・白直課錢の輸納に關する報告 「具狀錄申郡功曹、仍勒所典隨解赴郡輸納者。謹錄狀申」	『吐魯番出土文書』肆、197－198頁
22	『吐魯番考古記』圖33	天寶12載（753）	天山縣	西州都督府戶曹	「天山縣之印」5方	「丞在郡」・「宣德郎行尉馬存言」・「錄事在郡」・「佐在郡」・「史孫元祐」	車坊における新生の子牛の統計の報告 「具狀錄申郡戶曹、請處分者」・「請裁、謹上」	『吐魯番考古記』*[22]、圖33；『籍帳研究』*[23]、334頁；『法書大觀』*[24]十一、154－156頁
23	OR.8212/530 Ast.Ⅶ 2.020・OR.8212/534 Ast.Ⅶ 2.016*[25]	天寶年間（742－755）	天山縣？	西州都督府倉曹（？）	「天山縣之印」？1方	「錄事 」・「佐裴小壽」・「史張□□」	和糴の納入報告 「□由如前、請處分者。具狀錄申郡□」	『斯獲文書研究』、314・334頁；『斯獲文獻』、62・64頁

＊1　唐長孺主編『吐魯番出土文書』（圖文本、第壹卷、文物出版社、1992年）。

＊2　本文書はもともと2片に分かれていたが、書跡と押印の情況から、同一の文書とすることができるが紀年を缺く。李方氏は、儀風2年（677）10月の後から永隆元年（682）の前のものと解釋した。錄事參軍の「善順」の任職時期は開耀2年前後である。同著『唐西州官吏編年考證』（中國人民大學出版社、2010年）62～64頁、289頁參照。本文書の錄事司受付の文字の上部に大字の「一日乂」の三字があり、書跡が文書1の大字で書かれた「十八日入」と類似する。そのうえ「善順」が錄事參軍であったのは開耀2年前後のことなので、おそらくこの頃のものであろう。

＊3　唐長孺主編『吐魯番出土文書』（圖文本、第貳卷、文物出版社、1994年）。

＊4　小田義久主編『大谷文書集成』第三卷（法藏館、2003年）以下、『集成』三と略す。

＊5　本文書は前後を缺き、紀年はない。しかし、縣令の「方」、縣丞の「元泰」は大谷4920にもみえる。大谷4920の年代は垂拱３年であるため、本文書もその前後のものであるはずである。本文注（48）李方『唐西州官吏編年考證』188〜189頁參照。

＊6　本文書は前後を缺き、紀年はないが、同墓から出土した文書の最も早い紀年を持つものが咸亨２年（671）であり、最も遲いものが武周證聖元年（695）であること、本文書には則天文字が見えないことから、高宗時期のものとした。

＊7　唐長孺主編『吐魯番出土文書』（圖文本、第參巻、文物出版社、1996年）。

＊8　本文注（20）陳國燦『斯坦因所獲吐魯番文書研究』を表中では『斯獲文書研究』と略す。

＊9　本文注（20）沙知・吳芳思『斯坦因第三次中亞考古所獲漢文文獻（非佛經部分）』、表中では『斯獲文獻』と略す。

＊10　本文書は紀年を缺くが、同所から「神龍二年」の紀年文書が出土しており、そのうえ全てに渾小弟が關わっているため、同年代のものと考えられる。

＊11　本文書は前３行の文字が殘るが、紀年を缺く。しかし、開元21年の文書と同に出土し、そのうえ、みな「孽生牛」と關連する。從って同年代のものとみなすことができる。陳國燦『吐魯番出土唐代文獻編年』（新文豐出版公司、2002年）263頁參照。

＊12　本文書は後缺で、紀年はないが、同時に出土した文書は開元21年から22年の間のものが多く、本文書の年代も同じ時期であろう。陳國燦『吐魯番出土唐代文獻編年』、263頁參照。

＊13　本件の１行目には「開□□□二年二月廿九日典」とあり、同墓出土の紀年文書は、開元20年から23年である。したがって本件も開元22年文書と考えられる。陳國燦『吐魯番出土唐代文獻編年』、264頁參照。

＊14　本文書は前後を缺き、また紀年はない。しかし、文中に「開廿三年」の記載があり、開元23年の文書ということを知る。本文注（48）李方『唐西州官吏編年考證』226〜227頁參照。

＊15　小田義久主編『大谷文書集成』第一巻（法藏館、1984年、以下『集成』一と略す）。

＊16　本文書の第７行には「開元」の２字を殘す。同墓出土の文書の多くは開元22年である。本件も同じ時期のものとみなすべきである。陳國燦『吐魯番出土唐代文獻編年』、267頁參照。

＊17　本文書は紀年はないが、池田溫氏は用紙と書跡を根據に８世紀前期（705〜741）のものと推斷し、吳麗娛氏は文書中の「司戶參軍竇昊」がP.2555『爲肅州刺史劉臣壁答南蕃書』の作者であるとして、開元・天寶中のものとした。文書で「州」と稱して「郡」と稱さないことは、開元年間のもであった可能性を高めよう。池田溫「沙州圖經略考」（『榎博士還暦記念東洋史論叢』、山川出版社、1975年所收）38〜39頁、吳麗娛「從敦煌吐魯番文書看唐代地方機構行用的狀」（『中華文史論叢』2010年第２期）81頁。

＊18　「敦煌縣」の３字はもともとの文書斷片にはないが、文書の性質と押印狀況によって補った。

＊19　『英藏敦煌文獻（漢文佛經以外部分）』第十冊（四川人民出版社、1994年、以下『英藏敦煌文獻』10と略稱する）。

＊20　唐耕耦・陸宏基編『敦煌社會經濟文獻眞蹟釋錄』第４輯（全國圖書館文獻縮微複製中心、1990年、以下、『眞蹟釋錄』４と略稱する）。

＊21　本文書は２片を殘存させるが、紀年はなく、書跡から、開元年間の文書であると考えられる。

＊22　黃文弼『吐魯番考古記』（科學出版社、1954年）。

＊23　池田溫『中國古代籍帳研究』（東京大學出版會、1979年、中國語譯は、中華書局、2007年、以下『籍帳研究』と略稱する）。

＊24　史樹青・楊文和主編『中國歷史博物館藏法書大觀』第11巻「晉唐寫經・晉唐文書」（柳原書店、上海教育出版社、1999年、以下、『法書大觀』と略稱する）。

＊25　本文書は裂けて２斷片となっているが、書跡と書寫形式から判斷して、同一文書の斷片とすべきものである。文書中に「申郡」の語があることから、天寶年間の文書であるとわかる。

II　地域と社會

唐長安の都市核と進奏院
——進奏院狀（P3547・S1156）をてがかりに——

妹 尾 達 彦

はじめに—唐長安史における進奏院—

本稿でいう都市核 urban core（UC）とは、都市の情報・商業機能が集積する中心街區のことである。商業地理學でいう都市核とは、都市の中心に位置して情報や商品、奉仕（サービス）業務等を介して廣域の情報圏や商圏をもつ都市の心臟部をさす。都市核は、都市住民の生活の中樞機能を擔うとともに、都市核で取引される商品や文化活動は他の地域における商品や文化の基準をつくり、この場所でなければ入手できない情報や商品、奉仕（サービス）等が提供される特別の地區となる。都市核は、都市における公私の交通や情報の最も重要な交差點をなし、都市そのものを象徵する[1]。

都市核についての上記の定義は、近現代都市を對象としており、前近代を對象としてはいないが、廣域經濟圈が形成され分業が進展する９世紀以後の中國大陸の都市の商業地理を考察する際にも、一定の示唆を與えてくれると思われる。８～９世紀になると、ユーラシア大陸東部に廣域の經濟圈が形成され始めるのに即して、東アジア廣域經濟圈の一つの要となった唐の都の長安では、城内外を結ぶ幹線交通路に沿って城内東部に高級邸宅街と盛り場が形成され、城内西部には庶民街と國際色豊かな市場が生まれ、城内の土地利用が機能分化するようになった（圖１〈475頁〉參照）[2]。

城内の土地利用の機能分化にあわせて、長安城内における階層別・身分別・職業別の居住分化も進展し、政府高官や宦官、諸王が集住する高級邸宅街が、交通至便な大明宮の眞南で宮城・皇城の東側にあたる街東東北部の１～４列の諸坊に形成され、城内で最も重視された宗教施設の數々（佛教の大安國寺・光宅寺〈七寶臺寺〉・荷恩寺・資聖寺等、道教の太淸宮・景龍觀等）が立地する地區となった（圖２〈476頁〉・圖３〈477頁〉參照）。この地區の南側の東市をはさむ５列～９列の街東中部は、科擧出身の新興官僚が集住する地區となり、唐後期の政治活動を主導した科擧出身の官人の多くが自宅を所有し、互いに訪問しあって親密な人間關係を構築する政治空間となった。さらにその南の10列～13列の街東南部は、皇族や城内官人等の行樂地として整備された。一方、街西は、西市北方の地區が官人や西域人、商人の混住する地區となり、西市周邊は商人や庶民が集住するようになった[3]。

このような唐後期における長安の土地利用の機能分化を象徵的に示すのが、城内街東中部における進奏院の集積立地である。進奏院は、皇帝への進奏（上奏文を進上）を主な目的として地方行政府（藩鎭）が長安においた都城駐在所であり中央出先機關である。進奏院と進奏院官の主な機能は、地方行政府からの朝廷への進奏や進奉を取り次ぎ管理する本務の他、地方行政府の派遣した中央への使節の宿泊滞在場所を提供し、節度使等の代理として各種の宮廷儀禮（皇帝即位・生誕・南郊儀禮など）に出席し、中央政界で贈賄等を用いて地方行政府側（藩鎮側）に有益な政治工作を試み、宮廷や中央政府の最新の政治情報を探る諜報活動に攜わるなどの多方面におよんだ。

さらに、進奏院は、地方からの兩税の上供を補佐し、送錢手形（飛錢）を發行する財政・金融機關としての側面も有しており、地方行政府の據點都市（治府）におかれた節度使の使院と、都の長安を連結する廣域の財政・金融活動の機關としても重視された。一方、中央政府側は、8世紀末以後、進奏院を管理して地方行政府に政令を傳える上意下達の行政機關として活用しようとした。8世紀末から9世紀にかけて、進奏院は、中央と地方を繋ぐ情報・財政・金融・行政機關として重要な役割をはたしたのである。

このような中央と地方の情報傳達等をになう進奏院が、長安街東中部の東市と皇城にはさまれた地區に集中的に立地したことは、街東中部の一角が長安の公私の政治情報や財政・金融業務をあつかう情報金融業の集積地區となったことを明示している。これは、近現代の都市において情報技術産業や金融サービス業が集積立地し、都市の一角に特定分野の産業クラスターindustrial clustersが生まれる状況を思わせるものがある。9世紀には、進奏院以外の商業施設も街東中部の同じ地區に集積する傾向があり、進奏院が集積する街東中部の平康坊（H５）・崇仁坊（H４）は東市と連結することで城內隨一の盛り場となり、街東中部が情報・商業機能の集積立地する長安の都市核（都心部）を形成した（圖３參照）。

9世紀の長安における進奏院の情報傳達機能と集積立地との關連については、すでに、王靜(4)と李永(5)による優れた分析があり、近年は、秦陽が問題點を簡潔に整理しており(6)、研究は着實に進展している。筆者も隋唐長安史研究の一環として、進奏院の立地と機能について簡單ながら論じてきた(7)。唐宋の進奏院に關する研究をふりかえれば、上記の王靜、李永、秦陽の他に、曾我部靜雄(8)、青山定雄(9)、日野開三郎(10)、朱傳譽(11)、張國剛(12)、中村裕一(13)、吳震(14)、劉艷傑(15)、李彬(16)、福井信昭(17)、于賡哲(18)、梅原郁(19)、久保田和男(20)、徐楓・袁亞春(21)、遊彪(22)、Hilde De Weerdt(23)、崔宰榮(24)、李强(25)、申忠玲(26)、田海賓(27)、孟澤衆(28)、王坤(29)、孟萌萌(30)、坂尻彰宏(31)等によって研究が進展してきた。さらに、唐宋の進奏院の狀を現在の新聞の源流とする論考も、ここであげきれない程の數量に達している(32)。これら先學の努力によって、唐宋閒の進奏院の歷史についての基本事項は、すでに充分に明らかになっているといってよい。

ただ、研究が進展しているとはいえ、先學の研究で充分には活用されていない進奏院の關連史料は、まだ豐富に存在している。また、進奏院の集積立地の歷史的意味についても、上記の王靜や李永に代表される優れた論考を基礎に、さらに具體的かつ系統的に分析を進める餘地はまだ殘されていると感じる。特に、進奏院の集積立地を促すに至った8世紀末から9世紀にかけての情報傳達の構造や、進奏院と各種の商業施設の集積する都市核がこの時期の長安に形成された歴史要因、唐宋間の長安や開封等の都城空間の變遷と進奏院の機能の變遷との相關性の問題などは、さらに一層の分析を必要とする問題群である。

本稿の目的は、沙州歸義軍節度使の上都進奏院が本使に送った著名な狀（P3547「乾符5年（878）沙州上都進奏院上本使狀」・S1156「光啓3年（887）沙州上都進奏院上本使狀」）を、先學の研究成果にもとづいて再活用することで、9世紀の長安社會の一側面をできるだけ視覺的に再現することにある。進奏院の集積立地が、9世紀の長安の行財政や都市社會のあり方を反映しているとともに、進奏院の集積立地そのものが、唐後期の長安の都市社會構造を決定づける要因の一つにもなっている點を新たに論じてみたい。

なお、筆者は、前回の東洋文庫研究部・内陸アジア研究部門・中央アジア研究班の論文集の拙稿「唐長安の印刷文化――S.P.12とS.P.6の分析を中心として――」（土肥義和編『敦煌・吐魯番出土漢文文書の新研究 修訂版』東京・東洋文庫、2013年、427-446頁）において唐長安における印刷業の誕生を手がかりに長安商業史の初歩的な分析を試み、長安と地方都市の間の情報傳達の問題にも言及した(33)。本稿は、前稿で論じた中央と地方の情報傳達についての分析の不備を補う試みでもある。

1．進奏院の集積立地と長安の空間構造の再編

1.1　長安進奏院と藩鎭治府

進奏院の集積立地に關する根本史料は、北宋の熙寧9年（1076）に宋敏求（1019-1079）が編纂した漢唐長安の社會誌『長安志』卷7・卷8に記載されている。すなわち、同書卷8、務本坊（G5）に「西川齊州進奏院」、同上、崇義坊（G6）に「興元鄜坊易定進奏院」、同上、長興坊（G7）に「鎭州進奏院」、同卷8、永興坊（H3）に「鳳翔陳許湖南進奏院」、同上、崇仁坊（H4）に「東都河南商汝汴淄青淮南兗州太原幽州鹽州豐州滄州天德荊南宣歙江西福建廣桂安南邕州黔南進奏院」、同上、平康坊（H5）に「同華河中河陽襄徐魏涇原靈武夏州昭義浙西東容州進奏院」、同上、宣陽坊（H6）に「邠寧東川振武鄂州進奏院」、同上勝業坊（I4）に「陝府鄭滑進奏院」とある(34)。

このように、『長安志』が記す進奏院は合計54に達する。この數は、『新唐書』卷64-69の方鎭表に所載の78の藩鎭（方鎭）うちの約7割に當たる。ただし、9世紀半ばには、中央政府の指揮權の復活にともない、複數の藩鎭を一つの進奏院が兼任するようになるので、藩鎭數に比べて進奏院數が少なくなる傾向になる（『唐會要』卷79、諸使下、諸使雜錄下、會昌4年2月條、上海・上海古籍出版社、1991年、1714頁）。

なお、『長安志』には記されていないが、道政坊（J5）に東平進奏院の立地していたことが、溫庭筠（812頃-866頃）の小說とされる『乾𦠆子』に記されており、この

記事を徐松（1781-1848）の『唐兩京城坊考』も收錄している[35]。また、後掲の進奏院狀（P3547・S1156）の存在から、沙州歸義軍節度使の進奏院が長安に立地していたことは確かであるが、立地の坊名まではわかっていない。ちなみに、歸義軍節度使の張義潮（799-872）の邸宅が宣陽坊（H 6）に立地し（『長安志』卷 8 、宣陽坊、S.6973「張淮深碑」）、張義潮の兄で、張淮深（831-890）の父の張義潭の邸宅は永嘉坊（J 3）に立地していたので（P.2762「張淮深碑」）、おそらく他の進奏院と同じく、歸義軍の進奏院も街東中部に立地していたであろう。王靜の研究によれば、唐後期の節度使は長安に豪勢な邸宅を所有することが通常であり、節度使の邸宅の大半が街東中部に立地していた[36]。街東中部は、全國の地方州府の情報が集積して中央官廳と地方行政府の情報が交換される空間になっていたのである。

『長安志』記載の進奏院の記述を、まとめ直したものが、**圖 1** の附表（475頁）であり、長安に進奏院を設置した節度使等の地方行政府の領域とその治府を圖化したものが**圖 4**（478-479頁）である。本稿の圖と表の作成については、元和15年（820）時の狀況を圖化する譚其驤編『中國歷史地圖集 隋・唐・五代時期』（香港・生活・讀書・新知三聯書店、1992年、原版1982年）所載「元和方鎭圖」を底圖とし、『新唐書』「方鎭表」とそれを增補した吳廷燮（1865-1947）編『唐方鎭年表』（北京・中華書局、1980年、原版は景杜堂鉛印本〈後に『二十五史補編』上海・開明書店、1935年に所收〉）、日野開三郎[37]、王壽南[38]、余衍福[39]、張國剛[40]、戴偉華[41]、張達志[42]等の藩鎭研究を參照した[43]。これらの圖表から、 9 世紀の進奏院が、全國に分布する藩鎭の治府と密接に連攜しながら、中央-地方行政と公私の情報傳達に從事していた樣をうかがうことができよう。

1.2 集積立地に至るまで—州邸から留後院、進奏院へ—

進奏院とその專任官である進奏院官の名稱は、代宗大曆12年（777）に生まれた。それ以前の藩鎭の中央駐在所は、留後院、留後使と稱されていた[44]。留後とは、節度使の不在時に都での仕事を代行する職掌を意味する。その意味において、留後の語は藩鎭側に主體を置く名稱である。これに對して、進奏院の名稱は、天子-皇帝への進奏を掌る職掌であることを明記しており唐朝側が付した名稱である。すなわち、大曆12年（777）における留後使から上都進奏院官への改名は、唐朝側が、中央政府と地方行政府（節度使・藩鎭）との上下關係を明確にし、朝集使の歷史を引用することで、安史の亂後における集權制再構築への意思を明示する意味がこめられていたと思われる。

留後院や進奏院の直接の歷史的淵源は、漢代において地方行政機關が每年都城に派遣した上計使の州邸である[45]。隋文帝の時に大興城に設置された朝集使の州邸は、もともと戰國時代以來の上計使の中央駐在所に由來し、地方から中央への貢納・進奉の任を擔い、中央の天子-皇帝と地方行政府をつなぐ官廳だった。朝集使が、進奏院の前身として情報傳達にも重要な役割をはたしたことは、朝集使の機能を論じる坂本太郎[46]、曾我部靜雄[47]、青山定雄[48]、胡寶華[49]、渡邊信一郎[50]、雷聞[51]、于賡哲[52]、王東洋[53]、王義康[54]等の研究で明らかにされている[55]。

ここで重要なことは、李永がすでに指摘しているように、地方行政府が都に設置した中央出先機關が、朝集使の州邸から留後使の留後院（留後・留邸)、さらに、進奏院官の進奏院（藩邸）へと變更することによって、街東中部における進奏院の集積立地が生まれたことである。隋唐初の各州の朝集使の長安での駐留地である州邸は、政府の長安城内の計畫的土地利用の方針にもとづき、交通不便な城内南部の空地利用の一環として、意圖的に配置されたものである。朝集使の州邸の多くは、雷聞や李永がすでに指摘しているように、城内の第９列の坊に東西に立地していたと思われる（圖１參照）[56]。

８世紀末以後、各藩鎮が等しく長安に中央駐在所である留後院、すなわち、後の進奏院を設置するようになり、藩鎮の自由意思によって長安駐在所の立地が機能的に決められるようになった。長安駐在所の立地選擇が、藩鎮側の利潤の最大化を目的として經濟・政治合理性にもとづいて行われるようになり、その結果、藩鎮側に選ばれた空閒が街東中部だったのである。街東中部が立地として選擇された要因は、藩鎮の進奏や政令の授受、情報收集、政治工作、金融活動等に最も適した空閒が、この地區であったことを示している。また、中央政府は、このような進奏院の集積立地を最大限に利用することで、地方への統制の效率的な浸透をはかろうとしたのである。

1.3 唐宋閒の進奏院の歴史概觀—分權から集權へ—

８世紀末に登場する進奏院の機能は、その後、唐宋閒の社會變動に卽して變遷していく。すなわち、進奏院は、玄宗期の十節度使の設置とともに、留後使の留後院として長安と洛陽の兩京に設置されて以後、安史の亂後に進奏院に改稱されて中央と地方を連結する行政機關となり、五代十國時代の各王朝の都（汴州・洛陽等）にも置かれ、北宋・開封、南宋の臨安にいたるまで、中央と地方の情報を媒介する機關として都に置かれて續けて重要な働きをした。

進奏院成立の契機は、州縣制の施行された地域の全域に藩鎮體制が擴大し、藩鎮が都の中央官廳と折衝・交涉する場をもつ必要の生じたことにある。藩鎮制（節度使體制）の誕生によって、地方行政が從來の州-縣の二級制から、道-州-縣の三級制へ轉換し、道は、從來の複數の州を包含する藩鎮の行政單位となり、道の中央での出先機關として進奏院が置かれたのである（圖４參照)。また朝廷側も、進奏院を媒介に中央の政令を地方の道に傳達するようになった。交通制度が整い印刷技術が生まれ、情報環境が好轉し始めたことも、９～13世紀にかけて進奏院が新たな情報傳達機關として活動できた時代背景にある[57]。

留後院や進奏院の設置當初は、藩鎮側が進奏院官の人事權を握り、藩鎮の人事を朝廷側が承認するかたちをとり、進奏院は藩鎭側の中央出先機關としての機能が顯著だったと思われる。しかし、9世紀に入ると、藩鎭抑制策の進展と中央集權制の整備にともない、地域によっては唐朝が進奏院官の人事權を行使できるようになり、次第に、進奏院の機能のうち中央政令の地方傳達、すなわち上意下達の側面が强化されていくようになった(58)。

五代を經て宋に入り、藩鎭體制を解體する政策が進むと、太平興國8年（983）には、鎭や州ごとに置かれていた開封の進奏院が都進奏院に一本化される。その結果、進奏院は中央の政令を州に傳える行政機關となり、南宋になると、門下省に屬して給事中が進奏院を主管するようになった(59)。このような進奏院の機能の變遷は、情報の收集と人事權が中央に一元化されていく經緯をしめしており、唐宋閒の政治制度が次第に集權化していくことを象徴しているといえよう。

1.4　進奏院の立地と機能―宣陽坊（H 6）の邠寧進奏院を事例に―

唐後半期の長安の進奏院の機能を知る好史料の一つとして、柳宗元（773-819）の「邠寧進奏院記」（『柳宗元集』巻26、記、北京・中華書局、1979年、712-713頁、『全唐文』巻580、柳宗元、邠寧進奏院記、太原・山西教育出版社、2002年、3461頁）があげられる。本進奏院記は、進奏院に言及する際に常に參照される史料であり、長安に立地した進奏院の記として唯一殘存するものなので、ここで改めて論じてみたい。記とは、唐宋閒に盛行するようになった事物を記錄するための文體をさす。

本進奏院記は、德宗貞元12 年（796）に邠寧節度使の張獻甫（736-796）が、長安の邠寧進奏院を修建した際に、貞元9年（793）進士及第の24歳の柳宗元に要請して撰寫したものである。柳宗元の叔父は、邠寧節度使張獻甫の從事をつとめており、柳宗元も邠寧節度使のもとへ遊歷している。叔父は、本進奏院記の記された年の貞元12年（796）に逝去して長安南郊の少陵原に埋葬された。柳宗元は、叔父の墓表も書いており、その中でも張獻甫の功績にふれている(60)。なお、邠寧節度使の進奏院が街東中部の宣陽坊（H 6）に存在したことは、『長安志』巻8、宣陽坊（西安・三秦出版社、280頁）にも記されている（**圖1**附表・**圖4**を參照）。

邠寧進奏院記

凡諸侯述職之禮、必有棟宇建於京師。朝覲爲修容之地、會計爲交政之所。其在周典、則皆邑以具湯沐。其在漢制、則皆邸以奉朝請。唐興因之、則皆院以備進奏、政以之成、禮於是具、由舊章也。

皇帝宅位十一載、悼邊氓之未乂、悪凶虜之猶阻、博求群臣、以朗寧王張公爲能。俾其建節剖符、守股肱之郡、統爪牙之職、董制三軍、撫柔萬人。乃新斯院、弘我舊規。高其閈閎、壯其門閭。以奉王制、以修古典、至敬也。以尊朝覲、以率貢職、至忠也。執忠與敬、臣道畢矣。公嘗鳴珮執玉、展禮天朝。又嘗伐叛獲醜、獻功魏闕。其餘歸時事、修常職、賓屬受辭而來使、旅賁奉章而上謁。稽疑於大宰、質政於有司、下及奔走之臣、傳遽之役、川流環運、以達教令。大凡展采於中都、率由是焉。故領斯院者、必獲歴閶闔、登太清、仰萬乘之威、而通內外之事。王宮九關而不閒、轅門十舍而如近、斯乃軍府之要樞、邠寧之能政也。

惟公瑞明而厚、溫裕而肅、宏略特出、大志高邁。施德下邑、而黎人咸懷。設險西陲、而戎虜伏息。茂功溢於太常、盛烈動於人聽、則斯院之設、乃他政之末者也。贊公於他政之末、故詞不周德。稱公於天子之都、故禮不稱位、斯古道也。貞元十二年十月六日、河東柳宗元爲記。(『柳宗元集』卷26、記、北京・中華書局、1979年、712-713頁)

邠寧進奏院の記

およそ、諸侯は、朝貢の禮にもとづき、必ず京師に棟宇を建造します。朝覲に際し身だしなみを整え、會計報告の際に業務管理する場所としたのです。周の制度では、朝貢に際して湯沐の邑をつくり、漢の制度では邸をつくりました。唐が建國して、院をつくり進奏の便をはかり、業務をととのえ禮をそなえたのは、周漢の傳統に從ったためです。

皇帝（德宗 在位779-805）は、（貞元５年〈789〉に）在位11年をむかえ、（西北地區の）邊民がまだ安らかな生活をおくれないことを悼み、凶虜（吐蕃）がなお邊境に侵入することを悪み、あまねく群臣を求めて、朗寧王・張公（張獻甫）を邠寧節度使にふさわしい人材とお認めになりました。そこで、皇帝は、張公を節度使に任命し、長安を守る股肱の郡である邠寧に出鎭させ、爪牙の職（藩鎭）を統べて三軍（軍隊）を指揮させ、萬人に安寧をもたらしたのです。

ここで、（都の長安の）進奏院を新たに建造し、古からの制度に則して廣く業務と禮義を定めました。（新造の進奏院は構えを大きくして）門を高くし、廣い敷地をとるようにしました。王制を奉り古典制度を修めることは、至敬といえます。朝覲につとめ朝貢にはげむことは、至忠といえます。忠と敬を身につければ、臣道はみなそなわります。まさしく、張公は、中央高官（金吾大將軍 正３品）として、官服の珮を鳴らし玉を執り宮城で天子につかえました。また、（邠寧節度使として）出鎭してからは、（吐蕃の）叛亂を征伐し俘虜を多數捕らえて、功績を朝廷に獻げたのです。

張公は、四時の貢獻を怠ず、堅實に職務につとめ、その僚屬は張公の命を受けて中央に派遣され、その軍屬は張公の上奏文をたずさえて天子に拜謁しました。張公は、即決できないことは大宰（宰相）に尋ね、行政の疑問は專門の官人（有司）に質し、下は奔走の臣（使用人）や情報を傳達する胥吏にいたるまで、すみずみまで絶えず皇帝の教令を傳えました。おおよそ、都城での邠寧節度使の諸事業は、おおむね進奏院がになっています。そのために、本進奏院を統括するものは、中央官廳で經驗を積み、宮城に參內して天子の威儀を仰ぎ、內外の事務に通じているのです。（宣陽坊（Ｈ６）に立地した邠寧進奏院は）宮城（大明宮）と隔たることなく官廳（皇城）にも近く、まさしく軍府（邠寧節度使）の要樞をなし、邠寧節度使の行政の中樞です。

惟うに、張公は、聰明にして情厚く、溫和にして嚴肅であり、優れて廣い展望をもち、大志を抱く高邁な人柄でした。張公は、德を都城の外の都市に施し、人々にみな慕われました。敵（吐蕃）の入寇を西北邊境で阻み、戎虜（吐蕃）の侵入を収めました。（邠寧節度使での）張公の大いなる功績は比類無く、盛烈は人を感動させますので、この進奏院の建造は、張公の本務の仕事とはいえません。張公を本務とはいえない仕事で贊えたために、本文の詞は張公の德を語り盡くすことができません。張公を（本務ではなく）天子の都の長安（での進奏院建造の仕事）で稱えたために、本文の禮は張公の高い位にはふさわしくありません。これは古の道です。貞元12年10月６日、河東柳宗元が記をなす。

邠寧節度使は、長安と河西回廊を結ぶ最重要の幹線陸路上の邠州に治府をおく、長安の軍事防衛上、極めて重要な藩鎭だった（圖１・圖４參照）。邠州は、長安の位置する關中平野の西北方面の出入り口ともいえる位置にある。場所柄、邠寧節度使の軍隊は驕傲をもって聞こえ、節度使として赴任した人物の統率力が問われる藩であった（『新唐書』卷133、張守珪付傳張獻甫、4551頁）。張獻甫（邠寧節度使在職788-796）の前任者として邠寧節度使に就任した人物が、郭子儀（在職768-779）を始め、李懷光（在職779-784）、韓游瓌（在職784-788）であったことが、邠寧節度使のもつ重要性をよく示している。當時の邠州は、吐蕃の長安進攻に備える西北前線の軍事據點だったのである(61)。

張獻甫は、歷代軍職の要官を占めた張氏一族に屬し、幽州大都督府長史張守珪（684-740）の弟で左武衛將軍贈戶部尚書の張守琦の子であり、貞元４年（788）７月、金吾將軍から檢校刑部尚書兼邠州刺史・邠寧慶節度觀察使に轉任した。同年９月、張獻甫は、邠寧節度使管内の寧州まで進攻した吐蕃を破って斬首百餘級の武勳をあげ、その後も邠寧地區にしばしば侵入する吐蕃の軍隊を防ぐ大任を果たした。その功績により、貞元12年（796）に檢校左僕射を加官されたが、同年５月丙申に逝去した（『舊唐書』卷122、3498-3499頁、『新唐書』卷133、4551頁）。本進奏院記は、張獻甫の死後約５箇月を經た時點で記されたものである。本進奏院の建造は、邠寧節度使張獻甫の存命中に計畫され進められたものだろう。

本文では、冒頭で、邠寧進奏院設置の目的が、周漢の傳統に從い進奏を行うためであると記すが、後文では、吐蕃の進攻に直面する西北前線の藩鎭と中央との情報連絡の便をはかることが強調されており、文中にくり返し記される吐蕃の侵入が、當時の緊迫した國際情勢を物語る。宣陽坊（Ｈ６）の進奏院の立地については、「王宮九闕而不閒、轅門十舍而如近、斯乃軍府之要樞、邠寧之能政也。」とあり、大明宮からは遠くなく皇城には近いことが、進奏院の機能遂行に重要である點を記しているのも興味深い。この地區が、進奏院として一等地であったことを明示している（圖１・圖２・圖３參照）。要するに、邠寧節度使による長安宣陽坊（Ｈ６）進奏院の新造は、貞元12年（796）という吐蕃進攻の續く緊張みなぎる國際情勢を背景になされたものであり、戰時下における都と地方藩鎭の情報傳達の重要性が特筆されていることで、都城の要地に立地した進奏院の活動の一端を生々しく知ることができるのである。

1.5 進奏院の情報傳達機能の一例―李商隱と劉禹錫の賀表―

進奏院による中央情報の收集と藩鎭への傳達に關して、一例をあげれば、李商隱(813-858 開成2年(837)進士及第)の「代安平公華州賀聖躬痊復表」(劉學鍇・余恕誠校注『李商隱文編年校注　第一册』北京・中華書局、2002年、27頁)に、次のようにある。本文中の進奏院とは、華州に治府をおく潼關防禦鎭國軍使が都城においた進奏院である。このように、9世紀の進奏院には、節度觀察使の進奏院の他にも、防禦使や鎭國軍使等が設置した進奏院も存在した。

代安平公華州賀聖躬痊復表

臣某言。今月某日、得本道進奏院報、以聖躬痊和、右僕射平章事臣涯等奉見聖躬訖。社稷殊祥、生靈大慶。臣忝分朝寄、四奉國恩、無任抃舞踊躍之至。

臣聞、天、普覆也、應運而健若龍行。日、至明焉、有時而氣如虹貫。伏惟皇帝陛下、道超普覆、迹邁至明、思宗社之靈、惟德是輔。念蒸黎之廣、以位爲憂。求衣未明、觀書乙夜。壽域既臻於躋俗、大庭微闕於怡神。是以自北陸送寒、暫停禹會。及東郊迎氣、爰複堯咨。四海方來、百辟咸在、六幽雷動、萬壽山呼。

惟臣獨以一麾、載離雙闕、犬馬之微誠徒切、鵷鴻之舊列難階。提郡印而通宵九驚、對使符而一食三起。今幸已俗臻殷富、年比順成、伏惟稍簡萬幾、以迎百福。托調燮于彼相、責綏撫於列藩。承九廟之降祥、副兆人之允望。臣某不勝懽懽慊慊之至、謹差某奉表陳賀以聞。

本表の內容は、體調を崩していた文宗(在位826-840)が健康を回復したことを賀す表、すなわち賀表である。文宗は、太和7年12月(833)18日(庚子)に病に伏し、その17日後の太和8年(834)正月に病が癒え、同年春正月5日(丁巳)に大明宮**太和殿**で內臣に接見した後、同月12日(甲子)に群臣とも**紫宸殿**で會見した(大明宮の宮殿の位置は**圖2**・**圖3**參照)(62)。本表は、このような中央情勢を進奏院が入手して本道に傳達した內容にもとづき、當時、華州に滯在していた當時23歲の李商隱が、長安の皇帝にむけて賀表を書いたものである(63)。同年の正月14日か15日頃に書かれたものと推測されている(64)。賀表は迅速に提出することに意味があるので、都城における進奏院の適確な情報收集は、本道の節度使にとって不可缺だったのである。

文宗の回復を祝す同じ賀表を、同年に、劉禹錫(772-842)も「蘇州賀皇帝疾癒表」(瞿蛻園箋證『劉禹錫集箋證』卷16、上海・上海古籍出版社、1989年、399頁)として書いている。劉禹錫は、浙西西道觀察使からの報を得て、次のように、皇帝への賀表を上表した。蘇州は浙江西道に屬し、當時の觀察使は王璠である。上記の李商隱「代安平公華州賀聖躬痊復表」をふまえれば、觀察使からの報とは、長安に置かれた浙江西道の進奏院から浙西觀察使にもたらされた進奏院情報を意味すると考えてよいだろう。長安の浙西西道進奏院は、平康坊(H5)に存在した(**圖1**附表參照)。

蘇州賀皇帝疾瘉表

臣某言。臣得本道觀察使報、伏承聖躬痊愈、已於紫宸殿視朝者。一人有慶、萬國有歡。伏惟皇帝陛下、外親萬務、內奉三宮。常懷宵旰之勤、遂失寢興之適。上玄降祐、列聖表靈。百神奔走以來扶、四海精誠而致感。勿藥有喜、如山永安。宗廟保無疆之休、寰瀛申莫大之慶。臣恪居官次、遐守江干、不獲稱賀闕庭。無任踊躍屛營之至。

劉禹錫の賀表でも、太和７年12月（833）に體調を崩していた文宗が健康を回復し、病氣が癒えた太和８年（834）春正月５日に大明宮太和殿で內臣に接見した後、同月12日に群臣とも紫宸殿で會見したことを記す。三宮とは、三宮太后（太皇太后・皇太后・皇后）のことで、當時、太皇太后（憲宗の皇后で郭子儀の孫の懿安皇后）は興慶宮に居住し、文宗は三宮への禮儀を缺かさなかったために、心勞が蓄積したとされる。

傳存文獻では、唐代の進奏院からの情報を得て藩鎭で働く文人の書いた上奏文は數十種にのぼる(65)。その際の上奏文の書き手は、令狐楚（766／768-837 貞元７年（791）進士及第)、劉禹錫（772-842 貞元９年（793）進士及第)、張仲素（769頃-819頃 貞元14年　（798）進士及第)、楊於陵（753-830 大曆６年（771）進士及第)、柳宗元（773-819 貞元９年（793）進士)、元稹（779-831 貞元12年（796）進士及第)、李商隱（813-858 開成２年（837）進士及第)、崔致遠（857頃-卒年不明 乾符元年（874）進士及第）等が判明している。

このように、傳存文獻で判明する進奏院狀の書き手は、ほとんどすべて科擧進士科合格者であり、多くが藩鎭の幕職官となり書記として働いていた時の製作になる(66)。彼らの書いた上奏文は、函に入れられ進奏院に藩鎭からの使節が運び、進奏院官が上奏したのである（P3547)。

1.6　進奏院の金融・財政機能

進奏院が、街東中部に立地した背景として、東市とその周邊における經濟活動の便宜があげられる。唐代後半期の長安には、貨幣經濟の發展を背景に、すでに一種の金融市場が成立していた。すなわち、８世紀末から９世紀にかけて、質庫・櫃坊・寄付鋪などの專門の金融業者が大都市において輩出し始めたことに加え、民間の金銀珠玉商や絹帛商・邸店、政府の禁軍や鹽鐵轉運使等の使職、寺院・道觀等の大資本をもつ商人や軍隊、官僚組織、宗教機關も金融業に乘り出し、預金や財物の保管、高利貸し、爲替取引き、委託賣買等に攜わるようになった。

特に、長安兩市に櫃坊という民間の金融業者が存在し、多額の金額を保管し、高額取引きには櫃坊の發行する爲替手形を用い、現金の輸送を行わずに債權債務を決濟することが長安で一般に行われていたことは、すでに先學の論じる通りである(67)。このような情勢の中で、中央政府と地方行政府、長安と地方都市を媒介する機能をもつ進奏院も、長安を代表する金融機關の一つになったのである。

9世紀前半、諸道進奏院・諸軍（神策軍等）・諸使（鹽鐵轉運使や戶部使の三司使）・富商等の手によって長安發行、地方支拂いの送錢手形（飛錢・便換）の經營がなされていたことは、『新唐書』巻54、食貨（1388-1391頁）に記されている。

時商賈至京師、委錢**諸道進奏院**及諸軍・諸使・富家、以輕裝趨四方、合券乃取之、號「飛錢」。京兆尹裴武請禁與商賈飛錢者、廋索諸坊、十人爲保。（中略）自京師禁飛錢、家有滯藏、物價寖輕。判度支盧坦・兵部尚書判戶部事王紹・鹽鐵使王播請許商人於戶部・度支・鹽鐵三司飛錢、每千錢增給百錢、然商人無至者。復許與商人敵貫而易之、然錢重帛輕如故。憲宗爲之出內庫錢五十萬緡市布帛、每匹加舊估十之一。（中略）（元和）十二年、復給京兆府錢五十萬緡市布帛、而富家錢過五千貫者死、王公重貶、沒入於官、以五之一賞告者。**京師區肆所積、皆方鎭錢、少亦五十萬緡、乃爭市第宅**。然富賈倚左右神策軍官錢爲名、府縣不敢劾問。民間塾陌有至七十者、鉛錫錢益多、吏捕犯者、多屬諸軍・諸使、譁集市人彊奪、毆傷吏卒。京兆尹崔元略請犯者本軍・本使涖決、帝不能用、詔送本軍・本使、而京兆府遣人涖決。

諸道進奏院は、**圖1**のように、東市周邊に集中的に立地しており、鹽鐵專賣を管掌した三司使の附屬機關と考えられる榷鹽院も、東市西隣の宣陽坊（H6）にある[68]。上記の諸軍とは主に大明宮の東西に駐屯した左右神策軍を指すと思われ、神策軍の出先機關も城內で金融活動をしていた。茶商を始めとする遠隔地商人を對象とする送錢手形の發行機關は、主に街東・東市の周邊に集中しており、富家とあるのも、政財界の情報の入り易い東市とその近邊の諸坊の金融業者を主に指すのであろう。進奏院の運營する資金は、“方鎭錢”とよばれ、莫大な金額で知られた（『舊唐書』巻48、食貨上、2102頁）。

兩街の金融業者を概觀すれば、西市の金融業者が、長安城內における富商・漢人の巨額な賣買に多く關與しているのに對し、東市とその周邊の公私の金融業者は、長安と地方大都市を往來する遠隔地商人を主な顧客としていると思われ、業務內容に、ある程度の分業の生じていたことが推定できる[69]。

唐代に始まる送錢手形（便換・飛錢）を利用した商人の筆頭は、よく知られているように、遠隔地商人としての茶商であった。茶商は、江淮より運んだ茶葉を長安で販賣し、その賣り上げを、城內の三司使の機關や諸道の進奏院、神策軍等の諸軍、金融商人等に振り込んで手形を發行してもらい、地方にあるそれぞれの出先機關や支拂い機關で、現金を受け取っていたのである[70]。華北の茶市場の中でも、長安がとりわけ重要な消費市場を形成していたことは、茶が輕量で運び易い上に良質で高價な茶の需要が高く、南北を連結する交通網を背景に、遠隔地商人から茶の卸賣・小賣店に至る販賣組織が發展していたからであろう。

このように金融業に進出していた進奏院は、すでに、福井信昭や王静が論じているように、地方の兩稅の上供と納入を管掌する財政機關としても機能していた[71]。大中10年（856）から咸通元年（860）までの５年間、山南東道節度使として襄州に赴任した徐商（831年進士）の統治の８つの特筆すべき功績を記す李騭（咸通年間の太常少卿）の「徐襄州碑」（『全唐文』巻724、李騭、『文苑英華』巻870、碑）には、第７の功績として、長安に置かれた山南東道節度使の進奏院が、中央の度支のもとで山南東道の兩稅上供の補佐をしていたことが、次のように記されている。

其來鎭襄陽也、亦率是道。故期年而仁信敷、再期而刑政省、三年而硲廩實、四年而禮義興、風教備、問民之所病、及願欲而不得者、必盡去而皆行之。所行之政、存而不朽者有八。今具襄民之狀、庶得傳其顯實云。（中略）其七曰。襄州兩稅、每差綱官送納、竝有直進膠臘、其數甚多、例屬新官、豈免敗闕、陪備差遣、擾害頗深、每吏部注官，多不敢受。因訪問資綱大數可以資陪人、**遂請度支陸運腳搬馱到京、遣進奏院所由勾當輸納**、既免損汙匹帛、又免上供失時。襄州新官、永無差役之弊。（『全唐文』巻724、李騭、太原・山西教育出版社、2002年、4397頁による。）

すなわち、襄州から長安への兩稅や特產品（膠臘）上供の運輸が困難を極めていたので、徐商が中央の度支に運搬費の捻出を請い、襄州進奏院の官吏に運搬・納入を管轄させることで圓滑に稅の納入が可能となったことが記されている。９世紀末には他の地域でも同じことが行われていたことと思われる。このように、中央政府が置かれた大明宮の南方の東市と皇城に圍まれた一角は、進奏院が集積することによって、唐朝の金融・財政の中心地となったのである。おそらく、９世紀のこの地區は、世界最大規模の金融・財政の中樞區であったと思われる。

1.7　進奏院官の人事權をめぐる中央と藩鎭のせめぎあい―辟署と正官―

８世紀の當初は、留後院の留後使や進奏院官の人事は藩鎭が掌握し、藩鎭が腹心の文武職事官を辟召（辟署）することによって長安に赴任させていたと考えられる(72)。藩鎭に辟召された僚佐は、檢校官や憲官を帶びることで職位と權威を得ることができたが、政府の正式な正官では無い。中央政府は、上述のように、大曆12年（777）に留後使を進奏院官に改稱した。この改稱は、進奏院を政府の行政機關の下に位置づけようとする政府の意向の現れである。實際に、政府は、次第に藩鎭の人事に介入し出し、進奏院官を中央から任免する權限を強化させていった(73)。９世紀半ばになると、朝廷から地方行政府への詔敕下達や事務連絡は、一般に進奏院を通して行われるようになる。

『唐會要』巻77-79、諸使上・中・下には、進奏院官をふくむ人事に關する藩鎭側と朝廷側のせめぎ合いの史料が集められている。『唐會要』巻79、諸使下、諸使雜錄下、太和三年（829）七月條（上海・上海古籍出版社、1991年、1709頁）には、

（太和）三年七月敕。「諸道進奏官等、舊例多是本道差文武職掌官充、自後遂有奏帶正官者、近日又有請兼檢校官及憲官者、遞相援引、轉無章程。自今已後、更有

奏請帶正官、不得兼檢校官及憲官。如準諸道・諸軍・諸使職掌官例、請檢校官及兼憲官充、則不得帶正員官。其見在進奏官、已有檢校官兼憲官者、且聽仍舊。至改轉時、商量處分。」

とある。藩鎭側が辟召制度を通して任命した政府の正官ではない進奏院官を、中央政府がどのように待遇するのかという點が問題になっている。

同じく、同書卷79、諸使下、諸使雜錄下、會昌4年2月條(同上、1714頁)には、

(會昌)四年二月、御史臺奏。「準會昌三年十一月十三日敕、**諸道進奏官、或有一人兼知四五道奏進、兼竝貨殖、頗是倖門、因緣交通、爲弊日甚**。向後兼知、不得過兩道以上者、各委本道速差替聞奏。仍委臺司糾察、如有違犯、必議重懲。又兼知三四道者、臺司檢勘、各牒本道、準敕差替訖。切慮改名補職、不離一家、元是本身、虛立名姓。伏請從今已後、如知兩道奏進外、一家之內、父子兄弟、更不得知諸道奏進。如有違犯、臺司準前察訪。」敕旨依奏。

とあり、會昌4年(844)には、中央の權限が伸張し、複數の藩鎭を一つの進奏院が管轄する狀況も生じている。

同書卷79、諸使下、諸使雜錄下、大中2年10月條(同上、1716頁)には、

其年(大中2年)十月、中書門下奏。「伏以銀靑借兼檢校賓客官、及朝散大夫、階竝三品資歷、白身不合虛豎奏官。近年諸司使、多虛豎此色頭銜、奏請授官、求中上州長馬、及上州判司、踰濫僥倖、莫甚於此。臣等商量、自今已後、諸司諸使應合奏授正官者、竝不得虛銜前件官階奏請。如是長不守章程、依前論請奏聽進止。其諸道差知進奏官、亦望准此處分。」敕旨依奏。

とあり、大中2年(848)にも、藩鎭の辟召官として虛銜(寄祿官)をもつにすぎない進奏官を、上奏によって正官にする際の條件が定められている。このように、進奏院官の人事權は、基本的に藩鎭側が掌握し續けていたが、進奏院官を正官として承認するかどうかの權限は朝廷側がもっていた。このような進奏院官の人事をめぐる問題は、9世紀の中央政府にとって重要な政治問題の一つだった。9世紀に入ると、藩鎭抑制策の進展もあって、進奏院官の人事權は次第に朝廷側に移行していき、進奏院を通しての皇帝の詔の地方傳達が可能になっていくようになる。この際に、各道(各藩鎭)の進奏院が街東中部に集積立地していたことが、中央政府の側にとっても、進奏院の統制を試みる際に效率的で便利だったのである。

一方、節度使の任免は、地域によっては世襲も少なくなかったが、その場合でも、唐の朝廷による旌節授與は、藩鎭內外での權威の確定のためにも必要とされた。この問題は、進奏院官の人事權をめぐる問題と構造的に同じ問題である。後述の二種の歸義軍進奏院狀は、朝廷からの節度使への旌節賦與が藩鎭にとって切實な問題であったことが、克明に記されている。

2．二つの歸義軍進奏院狀—乾符５年（878）沙州上都進奏院上本使狀（P3547）と光啓３年（887）沙州上都進奏院上本使狀（S1156）—

進奏院狀とは、上都進奏院から藩鎮へ發信される連絡文書である。留邸狀、邸報とも呼ばれた。進奏院狀の名稱は、唐代の史料に頻出しており、唐後期の中央政府と地方政府（藩鎮）の閒の情報傳達の主要手段は實質的に進奏院が擔っていたために、當時の藩鎮の書庫には無數の進奏院狀が保管されていたはずである。ただ、現存する進奏院狀の現物は、敦煌出土の歸義軍の進奏院狀であるP3547、S1156、Дx06031vの三點しか存在しない。ともに唐末の文書であり、各進奏院狀は密接に關連している[補注]。また、P3547とS1156、Дx06031vに關連する歸義軍節度使關係の文書も相當數殘存しており、歸義軍節度使が進奏院を通して旌節の下賜を求め活發な政界工作を行っていたことが判明している。

すでに、進奏院狀については、多くの先學の分析が存在するが、ここでは、長安の進奏院の集積立地の歷史的意味を考察するために、改めてとりあげてみたい。すなわち、本稿では、二種類の進奏院狀（P3547・S1156）を手がかりに、９世紀末の唐朝における中央政府と地方政府の閒の情報傳達の實態を探りたい。P3547は、僖宗（在位873-888）の乾符５年（878）に、歸義軍節度使が長安に設置した進奏院の官が歸義軍節度使に送った狀であり、S1156は、上記の狀の９年後の光啓３年（887）に、歸義軍の進奏院官が、長安ではなく鳳翔府から歸義軍節度使に送った狀である。當時、僖宗は、反亂を避けて興元府、鳳翔府に逃避していた。

2.1　乾符５年（878）沙州進奏院上本使狀（P3547）

P3547は、縱約30cm弱、橫40cm强の普通紙を３枚橫につないだものである。本進奏院狀には、「沙州院之朱記」の印鑑が４箇所押されている。沙州院とは、長安における沙州節度使進奏院のことである。進奏院狀の形式を知る第一級の史料といえよう。錄文は、以下の通りである[74]。

1　上都進奏院　狀上
2　　當道賀正專使押衙陰信均等、押進奉表函一封、
3　　玉一團、羚羊角一角、犛牛尾一角。十二月二十七日晚到院、
4　　廿九日進奏訖。謹具專使上下共廿九人、到院安下
5　　及於靈州勒住人數、分析如後。
6　　　　一十三人到院安下。
7　　　　　押衙陰信均・張懷普・張懷德、衙前兵
8　　　　　馬使曹先進・羅神政・劉再升・鄧加興
9　　　　　陰公遂・陰寧君・翟善住、十將康文勝
10　　　　　長行王養養・安再晟。
11　　　　一十六人靈州勒住。

　　　　衙前兵馬使楊再晟、十將段英賢・鄧海君・
　　　　索贊忠・唐叔達、長行一十一人。
一、上四相公書啓各一封、信二角。
　　王相公　盧相公不受、竝却分付專使陰信均訖。
　　鄭相公就　宅送、受將訖。
　　一廳闕其書信、元在陰信均處。
一、奏論請賜節事。正月廿五日奉　敕牒、宜令
　　更詳前後　詔敕處分者。其　敕牒一封
　　謹封送　上。
一、賀正專使押衙陰信均・副使張懷普等二人、正
　　月廿五日召於　三殿對設訖、並不赴對及
　　在靈州勒住軍將長行等、各賜分物錦彩
　　銀器衣等。
　押衙三人、各十五疋、銀椀各一口、熟線綾綿衣各一副。
　軍將十三人各一十疋、銀屈巵各一枚、揚綾綿衣各一副。
　長行十三人、各五疋、絁綿衣各一副。
一、恩賜答信及寄信分物等。
　　尙書答信物七十疋、寄信物五十疋、衣一副、
　　　　銀榼一具、銀蓋椀一具、敕書一封。
　　　判官一人、都押衙一人、各物廿疋、衣一副、銀椀一口。
　　　軍將一十八人　内
　　　　五人、各一十五疋、衣一副。
　　　　五人、各一十疋、衣一副。
　　　　八人、各七匹。
　　　　　　　已上賜物二月十六日於客省請領到院、
　　　　　　　元有皮袋盛、内記木牌子、兼有
　　　　　　　司徒重印記、全。
一、賜賀正專使陰信均等上下廿九人、駝馬價
　　絹、每人各卌三疋三丈三尺六寸、三月廿一日
　　請領訖。
　南公佐狀一封。
右謹具如前。其　敕書牒並寄信匹段、並
專使押衙陰信均等押領、四月十一日發離院
訖。到日伏乞准此申　上交納、謹錄狀上。
牒件狀如前、謹牒。
年　月　日　署名　謹狀

1 上都進奏院（本使に）狀し上る。

2 當道の賀正專使押衙陰信均等が、押し進奉したものは、表函一封、

3 玉一團、羚羊角一角、犛牛尾一角です。（陰信均等は）12月27日の晩に、本進奏院に到着し、

4 29日に進奏を訖えました。謹んで、專使の上下あわせて29人のうち、本進奏院に停留するものと、

5 靈州に留めおいた人數を記して分別しますと、以下のようになります。

6 以下の13人は、都の進奏院に到着して停留しているものです。

7 押衙陰信均・張懷普・張懷德、衙前兵

8 馬使曹先進・羅神政・劉再升・鄧加興・

9 陰公遂・陰寧君・翟善住、十將康文勝、

10 長行王養養・安再晟。

11 16人は、靈州に留めおかれたものです。

12 衙前兵馬使楊再晟、十將段英賢・鄧海君・

13 素贊忠・唐叔達、長行11人です。

14 一、４名の宰相（王鐸？-884・盧攜824-880・鄭畋825-883・李蔚？-879）に書啓を各おの一封、信物二角を上る件。

15 王相公（王鐸）と盧相公（盧攜）は受けとられませんでした。ともに、專使陰信均にもどし訖りました。

16 鄭相公（鄭畋）は、自宅で受け訖えられました。

17 一廳（李蔚）は不在です。その書啓と信物も、陰信均の處にございます。

18 一、奏論して節を賜ることを請う件。正月25日に敕牒を奉り、

19 更めて前後を詳しく調べて詔敕し處分するべしとのことです。その敕牒一封は

20 謹んで封し送上します。

21 一、賀正專使押衙陰信均・副使張懷普等２人が、正

22 月25日に三殿（大明宮麟德殿）に召されて、對設し訖った件。並びに、對に赴かなかったもの、

23 靈州に留め置かれた軍將・長行等は、各おの分物・錦彩・

24 銀器・衣等を賜わりました。

25 押衙３人。各おの15疋、銀椀各おの１口、熟線の綾綿の衣各々１副。

26 軍將13人。各おの10疋、銀屈卮各々１枚，揚州の綾綿の衣各々１副。

27 長行13人。各おの５疋、絁綿の衣各おの１副。

28 一、恩賜の答信、及び寄信の分物等の件。

29 尙書の答信物70疋、寄信物50疋、衣１副、

30 銀榼１具、銀蓋椀１具、敕書１封。

31　判官１人・都押衙１人は、各おの物20疋・衣１副・銀椀１口。

32　軍將18人のうち

33　５人は、各おの15疋、衣１副。

34　５人は各おの10疋、衣１副。

35　８人は各おの７匹。

36　以上の賜物は、２月26日に客省（大明宮）で請領し、進奏院に屆きました。

37　これら賜物は皮袋でつつみ、袋の内側に字を記した木牌子を入れています。また

38　司徒（王鐸）の重印の記があります。以上で全てです。

39　一、賀正專使陰信均等上下29人に駝馬の價を賜わりました件。

40　絹、每人各卌３疋３丈３尺６寸、３月21日に

41　請領し訖えました。

42　南公佐の狀が一封ございます。

43　右謹んでこのように記します。敕書牒並びに寄信の匹段、並びに

44　專使押衙陰信均等と押領したものは、４月11日に進奏院をたちました。

45　（沙州に）到着しました日に、伏して、この狀の内容にもとづき申上・交納されることを請います。ここに謹んで錄し狀し上ります。

46　牒の件の狀は、ここに記した通りです。謹んで牒します。

47　年　月　日　署名　謹んで狀します。

本進奏院狀によって、長安城内の沙州歸義軍節度使進奏院の業務の一端が、詳細に復元できる。進奏院狀に登場する四宰相、すなわち、王鐸（？-884 永寧坊Ｈ８）・盧攜（824-880 靖恭坊Ｊ７）・鄭畋（825-883 昇道坊Ｊ９）・李蔚（？-879）は、すべて街東中部に邸宅を構えていたと思われる(75)。沙州進奏院の立地は不明であるが、本文書中で述べられている政治折衝の便宜のために、上記のように、他の進奏院の集中的に立地する街東中北部に立地したことは間違いないだろう。

この文書のように、中央政府との折衝が進奏院の重要な任務である以上、大明宮と皇城に近く、政府高官の多くが居住する地區に立地せざるを得なかったのである。特に興味深いのは、進奏院の活動が、本使の派遣した使節の監視を擔當したことである。このような多様な活動を効率的に行うには、街東中北部の環境は最適だっただろう。

なお、進奏院への藩鎭側の賀正使の職務内容については、本文書にもとづいて、上述の李永が詳論している(76)。小説ではあるが、東平節度使李師古（？-792）が長安の道政坊（Ｊ５）に凶宅を購入して進奏院を設置し、賀正使が每年５、60人の規模で進奏院に宿泊したことを記す（上揭の『太平廣記』卷341、道政坊宅)。おそらく、現實の進奏院の活動を背景にした物語であろう。

2.2　光啓３年（887）沙州進奏院上本使狀（S1156）

S1156は、上記の狀の９年後の光啓３年（887）に、歸義軍の進奏院官が、長安で

はなく鳳翔府から歸義軍節度使に送った狀である。光啓3年時の進奏院狀が鳳翔府から發送された理由は、當時、皇帝と中央政府が鳳翔府に移動していたからである。すなわち、光啓2年（886)、唐朝宰相の朱玫（？-886）が、河東節度使で沙陀族の李克用（856-908 後唐太祖）とともに反亂をおこし、難を避けた僖宗が長安を脫して鳳翔府から興元府へと逃避する事件が勃發したのである。

同年12月に朱玫が部下に殺され戰況が好轉したことによって、僖宗は、興元府から鳳翔府に再び戻った。この時に、僖宗に同行していた歸義軍の進奏院官が書いた狀がS1156である。このように、中央政府の移動という非常事態のもとでの情報傳達である點において、S1156は、上記のP3547とは異なる獨自の史料的價値を備えている。

S1156の錄文は、以下の通りである(77)。大きさは、縱29.3cm、横33.5cmである。

1 進奏院　　　狀上
2 　　　當道三般專使、所論旌節次弟逐件具錄如後。
3 右伏自光啓三年二月十七日專使押衙宋閏盈・高
4 再盛・張文徹等三般同到興元
5 駕前。十八日、使　進奉。十九日、對。廿日、參見四
6 宰相・兩軍容及長官、兼送狀啓信物。其日面見
7 軍容・長官・宰相之時、張文徹・高再盛・史文信・宋閏盈・
8 李伯盈同行□定、宋閏盈出班、祇對叩擊、具說
9 本使一門、拓邊效順、訓襲義兵、朝朝戰敵、爲
10 國輸忠、請准舊例建節、廿餘年、　　朝廷不以
11 指撝、今因遣閏盈等三般六十餘人論　節來者。
12 如此件不　□獲、絕商量、卽恐邊塞難安、專使
13 實無歸路。軍容・宰相處分。「緣
14 駕迴日近、專使但先發於鳳翔、　　祇候、待
15 鑾駕到、卽與　指撝者。」至廿二日、夷則以專使同行
16 發來。三月一日、却到鳳翔。四日、　　駕入。五日、遇寒
17 食。至八日假開、遣參　　宰相・長官・軍容。九日、便遣
18 李伯盈修狀四紙、同入中書、見　　宰相論節。其日、宋
19 閏盈懇苦再三、說道理。却到驛內、其張文徹・王忠忠・
20 范欺忠・段意意等四人言、「路次危險、不用論節、且領
21 取回　　詔、隨　韓相公兵馬相逐歸去、平善得達
22 沙洲。豈不是好事者。」其宋閏盈・高再盛・史文信・李伯盈
23 等不肯。言、「此時不爲　　本使懇苦、論節將去、虛
24 破　　僕射心力、修文寫表、萬遍差人、涉厲沙蹟、
25 終是不了。」至十一日、又遣李伯盈修狀四紙、經
26 宰相過。至十三日、又遣李伯盈修狀七紙、經　四

27 相公・兩軍容及長官過、兼宋閏盈口說道理。言、
28 「留狀商量。」中間三日、不過文狀。至十七日、又遣李伯盈
29 修狀五紙、經四　宰相過、及見　長官、亦留狀、不
30 蒙　處分。中間又兩日停、至廿日、又遣李伯盈修
31 狀七紙、[經]　四宰相・兩軍容及長官過、亦宋閏盈
32 說道理。亦言、「留狀。」見數日不得　指撝、其張文徹・
33 王忠忠・范欺忠・段意意等便高聲唱快。又言、「趁　韓相公
34 兵馬去者。」便招召三行官健、遣一齊亂語、稱、「不發
35 待甚者。」　宋閏盈・高再盛・史文信・李伯盈等言、「頗耐
36 煞人。我不得旌節、死亦不去。」夷則見他三行言語紛
37 紜、抛却遂出驛來、又遣李伯盈修狀五紙、見四
38 宰相及長官、苦著言語、痛說理害。言,「此件不賜
39 旌節、三般專使誓不歸還者。」其　宰相・長官依俙
40 似許。其宋閏盈・高再盛・史文信・李伯盈等遂遣
41 夷則、通徹求囑得堂頭要人、一切□稱以作主、檢
42 例成持與節及官告者。遂將人事數目立一文書
43 呈過、兼設言約。某日商量人事之時、三行軍將
44 官健一人不少、懋言相隨論節。只有張文徹・王忠忠・
45 范欺忠・段意意等四人不肯。言、「終不相隨。」其張文徹
46 就驛共宋閏盈相諍。其四人言、　「僕射有甚功
47 勞、覓他　旌節。二十年已前，多少樓羅人來、論節
48 不得、如今信這兩三個憨屢生、惋沸萬劫、不到家
49 鄉。從他宋閏盈・高再盛・史文信・李伯盈等詐祖乾聖、
50 在後論節、我則親自下卦、看卜解聖、也不得旌節。
51 待你得節、我四人以頭倒行。」夷則見張文徹等四人
52 非常惡口穢言、苦道不要論節。亦勸諫宋閏盈、
53 李伯盈等、榮則同榮、辱則同辱、一般沙州受識、其
54 張文徹・王忠忠・范欺忠・段意意等四人上自不拍
55 僕射、不肯論節、一齊抛却發去、有何不得。其宋閏
56 盈・高再盛・史文信・李伯盈等四人以死不肯。言、「身死
57 閑事、九族何孤。節度使威嚴不怕、爭得我四人如
59 不得節者、死亦不歸者」。夷則見他四人言語苦切、同見
60 堂頭要人、子細商量。言、「不用疑惑、但頻過狀、我與
61 成持。」至廿三日、又遣李伯盈修狀四紙、經　宰相

（下闕）

このように、本文書は、歸義軍節度使進奏院官が、上記のP3547の９年後の光啓３

年（887）に、唐朝政府に旌節を求める進奏を再度行った次第を詳細に記しており、進奏院官夷則（姓は不明）が把握していた狀況を、歸義軍節度使張淮深に送ったものである。

沙州歸義軍の派遣した三次にわたる專門の使者が得ようとした唐朝の旌節の次第が、極めて詳細に記されている點に、本狀の特徵がある。專使押衙の宋閏盈や高再盛、張文徹等の人名は、燉煌の各種の文書に出てくるので、彼らの行動の詳細をある程度復原することができる[78]。20年にわたって旌節を受け取ることができない沙州歸義軍側の焦燥と、旌節授與の重要性をめぐる沙州歸義軍の使者たちの意見の違いなど、本文書でなければうかがえない事實だろう。

また、本文書は、進奏院が、天子-皇帝と中央官廳の移動とともに一緒に移動している狀況を示している。上記のように、當時、宰相の朱玫と沙陀族出身の河東節度使李克用、軍閥の河中節度使王重榮が、反亂をおこして長安へ進擊しており、難を避けた僖宗は、鳳翔府を經て興元府に避難し、中央官廳も皇帝とともに興元府に移っていた。そこで、歸義軍進奏院官も皇帝とともに興元府に移動したのである。このことは、行在における進奏院の記錄として貴重であり、天子-皇帝の御す「都城」が、中央官廳や進奏院等の地方在京機關とともに、天子-皇帝とともに移動していた狀況を知ることができ、都城と不可分に存在する進奏院のもつ重要性を再確認できる。

3．長安の都市核の形成

3.1　長安の盛り場の形成と進奏院の集積立地

城内の交通幹線は、**圖1**の樣に、東西の各3つの城門を横に繫ぐ3本の陸路であり、各店舗は、この幹線陸路沿線の坊市に多く立地していた。3本の幹線陸路の中、眞中の春明門－金光門を結ぶ東西の軸線上に東西兩市が配置されており、諸坊の店舗は最も多くこの沿線に立地している。特に、平康坊（H５）北門東の長安最大の規模と華麗さを誇る妓館街を核に、隣接する東市と崇仁坊（H４）とが、城内隨一の盛り場を形成しており、長安の都市文化を集約する地區として、城内外の人々を引き寄せた[79]。進奏院の文武官が、平康坊の遊郭（北里三曲）の上客であり、多くの一流の妓女の旦那をつとめていたことは有名である（『北里志』）。

北宋・宋敏求『長安志』に掲載の長安におかれた進奏院をまとめると、**圖1**の附表のようになる。諸道進奏院の集中的に立地した地區は、長安城内の上層階層の集居する地域の中核に位置し、東市を始めとする全國的な商圈をもつ商品の一大集散地だった。長安の印刷業も、東市を主要舞臺に發展した[80]。東市とその周邊の地區は、地方官人や遠隔地商人、科擧受驗生、唐朝以外の地域からの訪問者が集う場所であった。日本の圓仁も、この地區の崇仁坊（H４）資聖寺で長安生活をおくった（**圖3**）。

上述のように、進奏院は、單なる情報機關ではなく、金融業をかねており、進奏院が、各地の藩鎭の將帥に郵送した中央政界情報の傳達文書（邸報）が、中國における新聞の始まりという見解もある。**圖1**のように、進奏院は、東市の周邊に集中的に立地している。進奏院をおいた地方の行政組織の位置を圖でしめすと、**圖4**の赤字で記したようになる。ほぼ全土の地方行政組織が都の長安に進奏院をおいていたことがわかる。中央情報の把握が地方の政治權力にとっていかに重要であったことがうかがえよう。

3.2 崇仁坊（H４）資聖寺の僧院から見た進奏院―圓仁『入唐求法巡禮行記』の記事から―

日本の天臺宗の僧・圓仁（慈覺太師 794-864）は、諸道進奏院の集中する長安で最も繁華な地區の一角にある資聖寺に４年10箇月間住み、『入唐求法巡禮行記』に記錄を殘した。その記錄の中に、進奏院についての貴重な記錄がある。今までの進奏院研究では論及されていないので、ここで少し紹介してみたい[81]。『入唐求法巡禮行記』巻４、會昌３年９月13日條には、以下のようにある（錄文は、小野勝年『入唐求法巡禮行記の研究　第４巻』財團法人鈴木學術財團、1969年、34-35頁による)。

九月十三日、七七日齋。駙馬抽杜悰、除淮南節度使。仍判天下鹽鐵使。淮南節〔度〕使僕射李紳、敕追入京拜相。河北道潞府節度使劉從簡叛。敕下諸州府抽兵馬都五萬軍、打潞府。入界不得。仍在界首相守、供軍每日用廿萬貫錢。諸道般載不及。遂從京城內庫般糧不絕。潞府留後院、在京左街平康坊。潞府押衙畺孫、在院知本道事。敕令捉。其人走脫不知去處。諸處尋捉不獲。唯捉得妻兒女等、斬殺破家。有人告報、「潞府留後押衙畺孫剃頭、今在城僧中隱藏。」仍敕令兩街功德使疏理城中等僧、公案無名者、盡勒還俗、遞歸本貫、諸道州府亦同斯例。近住寺僧、不委來由者盡捉。京兆府投新裹頭僧於府中、打煞三百餘人。其走藏者、不敢街裏行也。迴鶻國兵馬大敗。本道便聞奏、諸州府兵惣歸本道訖。

この記錄によって、潞府（昭義節度使）の進奏院が平康坊（H５）にあり、昭義軍のために中央情報活動を行っていたこと、昭義軍征討の詔敕が出た際に、唐朝側がその諜報活動を抑えるために進奏院官の潞府押衙畺孫を逮捕しようとしたが、すでに逃走した後だったので、殘された家族を斬刑に處したことがわかる。この事件に關しては、關連資料が多く殘されており、當時の狀況を詳細に復原することが可能である[82]。

圓仁が、このような生々しい記錄を殘すことができたのは、圓仁が、平康坊（H５）の北側の崇仁坊（H４）東南隅の資聖寺に居住し、政府關係者や僧侶、街の知人を通して、中央情報を容易に把握できる立場にあったからだろう。圓仁の長安滯在は、47歳から52歳までの壯年期の４年10箇月の長さに及び、**圖3**のように、圓仁の居住した崇仁坊（H４）は、城內で最も交通の便が良く、公私に亙る情報が質量ともに豐富な地區の一角に當たっていた。圓仁の殘した日記『入唐求法巡禮行記』が、９世紀半ば、武宗朝初期の都市社會の情景を、公私の樣々な側面から、淡々としてしかも密度濃く記錄することのできた理由に、その圓熟した年齡とともに、圓仁が、長安の都市核に立地した崇仁坊東南隅の資聖寺に寄住していた點をあげてもよいだろう。

おわりに―9世紀の情報傳達の空間性―

唐都長安の進奏院に關する基本的な狀況は、從來の研究によってすでに明らかにされてきた。本稿では、進奏院の集積立地という點に論點を絞って、長安の商業地理の側面から進奏院の機能の一端を分析した。長安の商業空閒をできるだけ具體的に圖化することで、長安におかれた進奏院の集積立地の特色を探ってみた。

近現代の產業立地論でいう產業集積とは、比較的狹い地域に相互に關連の深い多くの企業が集積している狀態をさしている。現代都市において產業の集積立地する要因としては、通常、(1) 特定の產業に特化した特殊技能をもつ勞働市場が形成されることや、(2) 技術の擴散・移轉が受容性に富んでいること、すなわち、情報の交換・周流が容易であること、(3) 非耐久財やサービスなどが投入される中閒投入財が比較的容易に購入・調達できることなどがあげられている(83)。

商業地理學によれば、集積效果としては、財サービスの流通が效率的で容易に受容でき、人的な接觸が頻繁になされることで有利な人閒關係をつくることができること、また、近くに關連施設が存在するために轉居を伴わず容易に轉職できる點などがあげられる。そして、產業には、空閒的に集積立地する產業と分散立地する產業があり、一般にサービス集約型產業ほど集積の長所が大きいために集積立地する傾向があるとされる。

集積の經濟は、靜學的な側面からいえば、產業の集積する地域において高い生產性をもたらし、動學的な側面からいえば、生產性の持續的な成長を創出するとされている。空閒的な集積效果によって、その地域に特有な資源や人材、技術知識が時閒とともに蓄積されていき、その結果、當該地域の生產の主體に對して時閒的な集積效果が生まれていく。たとえば、製造業の集積では、製品の企畫や開發、原材料の調達、生產、梱包、運送など多くの業務プロセスについて、それぞれに設備や技術、方法の習得が必要となる。從って、小資本で人と資金面で制約のある中小企業にとって、近接地域內に關連工程の企業が多數存在する產業集積は、重要な存立基盤の一つとなるのである(84)。

このような產業立地論や商業地理學の觀點は、9世紀長安における進奏院の集積立地を考える際にも示唆的である。以上の產業立地論や商業地理學の見通しは、9世紀の長安においても、基本的に檢證できるのではないだろうか。大明宮の南方、皇城と東市にはさまれた都內の一等地に、9世紀にすでに情報技術機關が集積立地している事實は、この時期における廣域商業圈や廣域情報網の存在を想定させる。各道の進奏院が都城で集積立地していることは、9世紀における全國的な情報商業圈の存在を物語っているように感じる。このことは、從來の長安と地方都市の關係を再考する手がかりになるのではないだろうか。東市が、全國に商圈をもつ印刷業の一中心地であったことも留意すべきであろう。唐後期の藩鎮體制を、歴史的にどう位置づけるかという問題は、古くて新しい問題である。この問題について、すでに多くの先學が指摘されている通り、進奏院の活動の實態は、新たな視角からの検討を可能にしている。

8～9世紀の社會變動をうけ、進奏院は都城において集積立地を進め、進奏院が都城の一定の區畫に集積立地することによって長安の都市核がつくられ、都市核の中に盛り場の形成が促進されて、長安の社會構造自體の變貌が將來されたのである。ただ、本稿では、進奏院の活動が長安の社會を變えていく複雑な相互構造については、充分に論じることができなかった。豐富に殘された進奏院關係の文獻の活用の點でも、初歩的な分析に終始している。長安社會史の中に進奏院の活動を位置づける點については、改めて論じていく所存であるので、讀者のご指正を仰ぎたい。

注

(1) 商業立地の一般的特質については、ブライアン・J・L・ベリー（Brian J. L. Berry, 1934-）の小賣業・サービス業の立地に關する論（ブライアン・J・L・ベリー著、西岡久雄・鈴木安昭・奥野隆史共譯『小賣業・サービス業の立地――市場センターと小賣流通――』東京・大明堂、1972年、原著 *Geography of Market Centers and Retail Distribution*, New Jersey : Prentice-Hall, 1967.）や、ジェイムス・E・バンス（James E. Vance, Jr., 1925-1999）の商業・卸賣業の立地に關する論（J.E.バンスJr.著、國松久彌譯『商業・卸賣業の立地』東京・大明堂、1973年、原著 *The Merchant's World, The Geography of Wholesaling*, New Jersey : Prentice-Hall, 1970.）を參照した。上記兩氏の論は、アルフレッド・マーシャル（Alfred Marshall, 1842-1924）の產業立地論や、工業の最適立地を論じるアルフレート・ヴェーバー（Alfred Weber, 1868-1958）の工業立地論、中心地理論にもとづき都市間における財の流通の階層構造を論じるヴァルター・クリスタラー（Walter Christaller, 1893-1969）等の研究を基礎に、商業立地論を進展させたものとされている。以上の商業立地に關する研究は、すべて近代都市を對象とするが、分析の視角において9世紀の長安の商業立地の歴史的特色を考察する際にも一定の示唆を與えてくれる。

(2) 妹尾達彦「唐長安城の官人居住地」(『東洋史研究』55-2、1996年）35-74頁。

(3) 妹尾達彦「唐代長安の街西」(『史流』25、1984年）1-31頁、同「唐代長安の店舗立地と街西の致富譚」(『布目潮渢博士古稀記念論文集　東アジアの法と社會』東京・汲古書院、1990年）191-243頁、同「長安の憂愁」(『アジア遊學 中國都市の時空世界』78、2005年）69-84頁。

(4) 王靜「唐長安城中的節度使宅第――中晚唐中央與方鎮關係的一箇側面――」(『人文雜誌』2006年第2期）125-133頁、同「朝廷和方鎮的聯絡樞紐：試談中晚唐的進奏院」(鄧小南主編『政績考察與信息渠道――以宋代爲重心――』北京・北京大學出版社、2008年）235-273頁。

(5) 李永「從朝集使到進奏官――兼談中國古代的"駐京辨事處"――」(『天府新論』2011年第6期、2011年）132-136頁、同「從州邸到進奏院――唐代長安城政治格局的變化――」(『南都學壇（人文社會科學學報）』30-2、2010年）31-34頁、同「由P.3547號敦煌文書看唐中後期的賀正使」(『史學月刊』2012年第4期）25-33頁。

(6) 秦陽「從唐代進奏院的職能角度分析其選址問題」(『安康學院學報』28-3、2016年）83-86頁。

(7) 妹尾達彦「唐代長安の盛り場（上）」(『史流』27、1986年）1-60頁、同「唐長安の印刷文化――S.P.12とS.P.6の分析を中心として――」（土肥義和編『敦煌・吐魯番出土漢文文書の新研究 修訂版』東京・東洋文庫、2013年）427-446頁等を參照。

(8) 曾我部靜雄「支那における新聞紙の起源」（同『支那政治習俗論攷』東京・筑摩書房、1943年）348-374頁。

(9) 青山定雄『唐宋時代の交通と地誌地圖の研究』（東京・吉川弘文館、1963年）第三 唐代の驛と郵及び進奏院、85-103頁。

(10) 日野開三郎「唐代便換考」（同『日野開三郎 東洋史學論集』第5巻、東京・三一書房、1982年、原載『史淵』22・23・25、1939-1941年）33-134頁。

(11) 朱傳譽『宋代新聞史』（臺北・中國學術著作獎助委員會、1967）。

(12) 張國剛「唐代藩鎮進奏院制度」（同『唐代藩鎮研究』長沙・湖南教育出版社、1987年）165-180頁、同「敦煌唐代『進奏院狀』辦」（同『唐代政治制度研究論集』臺北・文津出版、1994年、原載1983年）267-286頁。

(13) 中村裕一『唐代官文書研究』（京都・中文出版社、1991年）第4章 その他の官文書、第三節 進奏院狀、323-349頁、同『唐代公文書研究』（東京・汲古書院、1996年）四 敦煌發見の公式令規定外の公文書、第5節 進奏院狀、148-153頁。また、同『唐代制敕研究』（東京・汲古書院、1991年）第5章 唐代文獻にみえる制敕傳達、859-984頁、同『唐代公文書研究』（東京・汲古書院、1996年）148-153頁も參照。

(14) 吳震「P.3547『沙州歸義軍上都進奏院上本使狀』試析――兼論張淮深何以屢請賜節而不獲――」（同『吳震敦煌吐魯番文書研究論集』上海・上海古籍出版社、2009年、原載1995年）107-115頁、同「張淮深論節始末補證」（同上書、原載1996年）116-126頁。

(15) 劉艷傑「唐代進奏院小考」（『廈門大學學報 哲學社會科學版』1997年第4期）14-17頁。

(16) 李彬「唐代進奏院述略」（『現代傳播――北京廣播學院學報――』1998年第1期）68-73頁、同「新聞信――唐代進奏院狀報新解――」（『中國青年政治學院學報』1998年3期）90-94頁。

(17) 福井信昭「唐代の進奏院――唐後半期「藩鎮體制」の一側面――」（『東方學』第105輯、2003年）47-62頁、同「五代十國の進奏院」（『中國史研究』14、大阪市立大學東洋史研究室、2005年）63-76頁。

(18) 于賡哲「從朝集使到進奏院」（『上海師範大學學報（社會科學版）』31-5、2002年）45-50頁。

(19) 梅原郁「進奏院をめぐって――宋代の文書傳達制度――」（『就實女子大學史學論集』15、2000年）69-130頁。

(20) 久保田和男「宋代における制敕の傳達について――元豐改制以前を中心として――」（宋代史研究會編『宋代社會のネットワーク 宋代史研究會研究報告第6集』東京・汲古書院、1998年）197-232頁、同「關於宋朝地方赦書的傳達――以出迎和宣讀爲中心――」（鄧小南主編『政績考察與信息渠道――以宋代爲重心――』北京・北京大學出版社、2008年）585-601頁。

(21) 徐楓・袁亞春「論宋代邸報的性質及編輯内容的嬗變」（『西北師大學報（社會科學版）』39-2、2002年）92-96頁。

(22) 遊彪「宋代朝廷與地方之間的"文字"傳遞――圍繞邸報及其相關問題而展開――」（『河北大學學報（哲學社會科學版）』28-3、2003年）11-17頁、同「宋朝郵政管理體制的一箇側面――以進奏院的職責與官方文書的分類爲中心――」（『雲南社會科學』2003年第3期）85-90頁、同「宋朝的邸報與時政」（『中州學刊』144-6、2004年）108-111頁、同「宋代邸報的"禁區"及其官員與邸報之關係」（『中國社會科學院研究生院學報』4、2005年）97-103頁。

(23) Hilde De Weerdt, ""Court Gazettes" and "Short Reports": Official Views and Unofficial Readings of Court News,"『漢學研究』27-2、2009年6月、167-199頁。

(24) 崔宰榮「『桂苑筆耕集』唐과後期進奏院의가능」(『震檀學報』112、2011年)215-232頁。

(25) 李强「蘇舜欽與北宋"進奏院獄"」(『歷史教學』2011年第8期)33-41頁。

(26) 申忠玲「唐代進奏院狀報考論」(『黑龍江史志』2010年24期〈總第241期〉)50-53頁、同「唐代朝集使制度與進奏制度關係之辨析」(『太原師範學院學報(社會科學版)』9-4、2010年)25-26頁、同「唐宋進奏院之比較研究」(『青海師範大學學報(哲學社會科學版)』34-1、2012年)31-34頁。

(27) 田海賓「宋代進奏院隷屬關係新論」(『唐山師範學院學報』35-6、2013年)69-71頁、104頁。

(28) 孟澤衆「五代進奏院考」(『滄桑』2013年2期)48-51頁。

(29) 王坤「淺談唐代進奏院狀報性質」(『社科縱横』28、2013年)207-208頁。

(30) 孟萌萌「略論唐宋進奏院――信息傳播體系的專業化發展進程――」(『東南傳播』2015年第4期)134-137頁。

(31) 坂尻彰宏「敦煌般次考――10世紀前後の使節とキャラヴァン――」(『内陸アジア言語の研究吉田豐教授・荒川正晴教授還曆記念特集號』30、豐中・中央ユーラシア學研究會、2015年)173-197頁。

(32) 方漢奇主編、方漢奇・丁淦林・黃瑚・薛飛著『中國新聞傳播史』(北京・中國人民大學出版社 2002年)、陳昌風『中國新聞傳播史――媒介社會學的視角――』(北京・北京大學出版社、2007年)21-28頁、孫濤・靳海慧・姫江「關於唐進奏院狀報歷史定位的探討」(『東南傳播』2009年第7期)125-126頁等を參照。

(33) 筆者の長安商業史についての分析については、妹尾達彦「唐代長安の盛り場(上)」(『史流』27、北海道教育大學史學會、1986年)1-60頁、同「唐代長安の店舗立地と街西の致富譚」(『布目潮渢博士古稀記念論集　東アジアの法と社會』東京・汲古書院、1990年)191-243頁、同「唐代長安的東市與西市」(『乾陵文化研究』4、西安・乾陵博物館、2008年)327-377頁も參照。

(34) 現存する『長安志』の版本は、いわゆる成化本(明成化4年(1468)刋行)、嘉靖本(明嘉靖11年(1532)刋行)、經訓堂叢書本(清乾隆49年(1784)刋行の經訓堂叢書に所收の畢沅校本『長安志』)が代表的であり、校訂本としては、近年、辛德勇・郎潔點校『長安志・長安志圖』(西安・三秦出版社、2013年)が出版され定本となっている。辛德勇・郎潔點校本は、經訓堂叢書本にもとづき、成化本、嘉靖本も參照して校訂されている。本稿で使用した『長安志』は、辛德勇・郎潔點校本にもとづき、必要に應じて成化本と嘉靖本も隨時參照した。

(35) 道政坊(J5)の進奏院については、王靜、前注(4)「朝廷和方鎭的聯絡樞紐――試談中晚唐的進奏院――」242頁參照。すなわち、『太平廣記』卷341、鬼26、道政坊宅(北京・中華書局、1981年〈初版1961年〉)2707頁には、『乾𦠆子』からの引用として、「道政里十字街東、貞元中、有小宅、怪異日見、人居者必大遭凶禍。(中略)後爲東平節度李師古買爲進奏院。是時東平軍、每賀冬正常五六十人、鷹犬隨之、武將軍吏、烹炰屠宰、悉以爲常。進士李章武初及第、亦負壯氣、詰朝、訪太史丞徐澤。遇早出、遂憩馬於其院。(下略)」とある。徐松『唐兩京城坊考』卷3、道政坊(北京・中華書局、1985年)84頁では、上記『乾𦠆子』の文を略して引用し、「『乾𦠆子』道政里十字街東、貞元中、有小宅、怪異日見。後爲東平節度使李師古買爲進奏院。」とする。

(36) 王靜、前注(4)「唐長安城中的節度使宅第――中晚唐中央與方鎭關係的一側面――」125-133頁、同、前注(4)「朝廷和方鎭的聯絡樞紐――試談中晚唐的進奏院――」235-273頁參照。

(37) 日野開三郎「支那中世の軍閥」(同『日野開三郎 東洋史學論集 第1卷 唐代藩鎭の支配體制』東京・三一書房、1980年、原版1942年)23-171頁、同書所載「大方鎭圖――元和郡縣志及び楊守敬歴代地圖二書に據る――」。

(38) 王壽南『唐代藩鎭與中央關係之研究』(臺北・國立政治大學政治研究所、1969年)。同書所載「大唐方鎭圖」。同圖は、上記の日野開三郎の「大方鎭圖」にもとづいている。

(39) 余衍福『唐代藩鎭之亂(上卷)(下卷)』(臺北・聯邦出版事業公司、1980年)。

(40) 張國剛『唐代藩鎭研究 增訂版』(北京・中國人民大學出版社、2010年、原版1987年)。

(41) 戴偉華『唐方鎭文職僚佐考 修訂本』(桂林・廣西師範大學出版社、2007年)。

(42) 張達志『唐代後期藩鎭與州之關係研究』(北京・中國社會科學出版社、2011年)。

(43) 圖1附表(475頁)と圖5 (478～479頁)に掲載の一部の進奏院の名稱や立地については、先學の研究をふまえながらも新たに論ずべき箇所が少なからず存在する。ただ、字數の制限により本稿ではすべて割愛し、結論のみを表と圖として掲載することにした。この點については、別稿で改めて論述する豫定である。

(44) 『唐會要』卷78、諸使中、諸使雜錄上、奏薦附(上海・上海古籍出版社、1991年、1702頁)に、「大歷十二年五月十日、中書門下狀奏。『諸州團練守捉使、請一切竝停。其刺史自有持節諸軍旅、司馬卽同副使之任。其判司旣帶參軍事、望令司兵判兵馬按、司倉判軍糧按、司事判甲仗案具。兵士量險隘召募、謂之健兒、給春冬衣、幷家口糧。當上百姓、名曰團練、春秋歸、冬夏追集、日給一身糧及醬菜。』」**其月十一日、諸道先置上都邸務、名留後使、宜令竝改爲上都進奏院官**。十三日、諸道觀察都團練使判官各置一人、支使一人、推官一人、餘竝停。**十四年二月四日敕。准諸道上都知進奏院官、自今已後、竝不須與正官**。」とあり、代宗大曆12年(777) 5月11日に、諸道が都の藩邸に置いていた留後使を上都進奏院官と改稱した。『舊唐書』卷11、本紀第11代宗、大曆12年5月甲寅、北京・中華書局、1975年、312頁も參照。進奏院という名稱自體は、この時に生まれる。なお、この時の詔敕で、長安の留後使(進奏院官)のみが對象となっているのは、當時、洛陽の留後使が實質的に機能していなかったことを示しているのかも知れない。安史の亂(755-763)による洛陽の荒廢と肅宗の長安再建によって、代宗期になると進奏院は長安に集中していくようになった。ただ、洛陽にも進奏院は設置され續けた(『舊唐書』卷154、呂元膺など)。

(45) 青山定雄、前注(9)『唐宋時代の交通と地誌地圖の研究』、雷聞「隋唐朝集制度研究――兼論其與兩漢上計制之異同――」(榮新江主編『唐研究』7、北京・北京大學出版社、2001年)289-310頁。

(46) 坂本太郎『日本古代史の基礎的研究 下(制度篇)』所載「朝集使考」(東京・東京大學出版會、1964年)163-189頁。

(47) 曾我部靜雄「上計吏と朝集使」(同『中國社會經濟史の研究』東京・吉川弘文館、1976年)371-403頁。

(48) 青山定雄『唐宋時代の交通と地誌地圖の研究』(東京・吉川弘文館、1963年)第三唐代の驛と郵及び進奏院、85-103頁。

(49) 胡寶華「唐代朝集制度初探」(『河北學刊』1986年第3期)73-75頁。

(50) 渡邊信一郎『天空の玉座』(東京・柏書房、1996年)。

(51) 雷聞「隋唐朝集制度研究――兼論其與兩漢上計制之異同――」(榮新江主編『唐研究』7、北京・北京大學出版社、2001年)289-310頁。

(52) 于賡哲「從朝集使到進奏院」(『上海師範大學學報(社會科學版)』31－5、2002年)45-50頁。

(53) 王東洋「南北朝上計制度探討」(『南京曉莊學院學報』2009年第5期)32-35頁。

(54) 王義康「唐代蕃州朝集制度試探」(『陝西師範大學學報(哲學社會科學版)』43-3、2014年)102-105頁。

(55) 『天聖令』賦役令巻第二十二の第49條(不行唐令第27條)の朝集使の令文に、「諸朝集使赴京貢獻、皆盡當土所出。其金銀・珠玉・犀象・龜貝、凡諸珍異之屬、皮革・羽毛・錦・罽・羅・紬・綾・絲・絹・絺・布之類、漆・蜜・香・藥及畫色所須、諸是服食器玩之物、皆準絹爲價、多不得過五十匹、少不得減二十匹。兼以雜附及官物市充。無、則用正倉。其所送之物、但令無損壞穢惡而已。不得過事修理、以致勞費。」(天一閣博物館・中國社會科學院歷史研究所天聖令整理課題組編『天一閣藏明鈔本天聖令校證 下册 附唐令復原研究』北京・中華書局、2006年、275頁)とあることがわかり、朝集使の役割が明確となった。

(56) 雷聞、前注(51)「隋唐朝集制度研究――兼論其與兩漢上計制之異同――」289-310頁。

(57) 唐宋の情報傳達制度については、鄧小南主編『政績考察與信息渠道――以宋代爲重心――』(北京・北京大學出版社、2008年)、鄧小南・曹家齊・平田茂樹主編『文書・政令・信息溝通――以唐宋時期爲主―― 上下册』(北京・北京大學出版社、2012年)が、研究の現段階をまとめており、情報傳達史における唐宋期の畫期性にふれる。

(58) この經緯については、王靜、前注(4)「朝廷和方鎭的聯絡樞紐――試談中晚唐的進奏院――」243-250頁に詳しい。

(59) 梅原郁、前注(19)「進奏院をめぐって――宋代の文書傳達制度――」69-130頁。

(60) 柳宗元『柳宗元集』巻12、故殿中侍御史柳公墓表、312-316頁。また、戸崎哲彦「柳宗元の莊園と唐長安縣――柳宗元の故鄕・莊園と唐代長安城・長安縣に關する歷史地理學的考察の試み(下)――」(『滋賀大學經濟學部研究年報』2、1995年)70頁、尹占華「柳宗元博學宏詞登第及游邠寧的時間考」(『甘肅廣播電視大學學報』20-2、2010年)5-7頁も參照。

(61) 邠寧節度使の歷代人名は、吳廷燮撰『唐方鎭年表』巻1、邠寧、北京・中華書局、1980年、30-34頁を參照。9世紀前半の邠寧節度使の主な任務が、吐蕃の侵入に對する防禦であったことは、本文の「邠寧進奏院記」からもうかがえるが、詳しくは、佐藤長『古代チベット史研究 下巻』(京都・同朋舍、1977年再版本、初版1959年)637-667頁を參照。

(62) 『舊唐書』巻17下、文宗本紀(北京・中華書局、1975年)553頁、『新唐書』巻8、文宗本紀、同上234-235頁等を參照。

(63) 張采田『玉谿生年譜會箋』(上海・上海古籍出版社、1983年)33-34頁。

(64) 本文で引用の劉學鍇・余恕誠校注『李商隱文編年校注 第一册』28頁。

(65) 福井信昭、前注(17)「唐代の進奏院――唐後半期「藩鎭體制」の一側面――」4-5頁所載の「進奏院狀內容表」を參照。本表以外にも、各種の文獻に多數の進奏院狀が殘されている。

(66) 藩鎭の幕職官が、多くの科擧進士科出身者の就職先であったことは、礪波護『唐代政治社會史研究』(京都・同朋舍、1986年)第1部第3章「唐代使院の僚佐と辟召制」85-122頁(原載1973年)、張國剛『唐代藩鎭研究』(長沙・湖南教育出版社、1987年)10「唐代藩鎭使府辟署制度」181-199頁(原載1984年 楊志玖との共著)、渡邊孝「中晚唐期における官人の幕職官入仕とその背景」(松本肇・川合康三編『中唐文學の視角』東京・創文社、1998年)357-392頁等を參照。

(67) 陶希聖・鞠清遠『唐代經濟史』(臺北・臺灣商務印書館、1968年、初版1936年)107-122頁、加藤繁「櫃坊考」(『支那經濟史考證』上巻、東京・東洋文庫、1952年、原載1936年)489-509頁、仁井田陞『唐宋法律文書の研究』(東京・東方文化學院、1937年)452-77頁、日野開三郎「唐代便換考」『日野開三郎 東洋史學論集』第5巻、東京・三一書房、1982年(原載1939-1941年)34-134頁、同「唐代の寄付鋪と櫃坊――唐都・長安の金融業者――」(同上書、原載1961年)159-202頁、同「唐代の金融業者『櫃坊』の形成」(同上書、原載1976年)203-230頁、李錦綉『唐代財政史稿(第5册)』(北京・社會科學文獻出版社、2007年)559-569頁等を參照。

(68) 宋敏求『長安志』巻８、宣陽坊、辛德勇・郎潔點校『長安志・長安志圖』281頁。

(69) 妹尾達彦、前注（3）「唐代長安の店舗立地と街西の致富譚」191-243頁。

(70) 日野開三郎、前注（10）「唐代便換考」34-134頁に、茶商の送錢手形使用に關する詳しい論述があるのを參照。また、王靜、前注（4）「朝廷和方鎮的聯絡樞紐——試談中晩唐的進奏院——」270-271頁も參照。

(71) 福井信昭、前注（17）「唐代の進奏院」10-11頁、王靜、前注（4）「朝廷和方鎮的聯絡樞紐——試談中晩唐的進奏院——」271-273頁。

(72) 辟召（辟署）については、礪波護、前注（66）『唐代政治社會史研究』85-122頁、張國剛、前注（65）『唐代藩鎮研究』181-199頁、渡邊孝、前注（66）「中晩唐期における官人の幕職官入仕とその背景」357-392頁等を參照。

(73) 王靜、前注（4）「朝廷和方鎮的聯絡樞紐——試談中晩唐的進奏院——」243-250頁。

(74) 本文書P3547は、すでに多くの先學が錄文している。すなわち、管見の限り、（1）池田溫『中國古代籍帳研究　概觀・錄文』（東京・東京大學出版會、1979年）所載「唐乾符年間？（874～879？）歸義軍上都進奏院賀正使押衙陰信均狀」582-583頁、（2）張國剛「敦煌唐代『進奏院狀』辦」（同『唐代政治制度研究論集』臺北・文津出版、1994年、原載1987年）所載「P3547號文書」274-277頁、（3）唐耕耦『敦煌社會經濟文獻眞蹟釋錄 第４輯』（北京・全國圖書館文獻縮微複製中心、香港・古佚小說會、1990年）所載「沙州上都進奏院上本使狀」367-369頁、（4）中村裕一『唐代官文書研究』（京都・中文出版社、1991年）第４章 その他の官文書、第３節 進奏院狀、「乾符五年（八七八）歸義軍上都進奏院狀（P3547）」330-333頁、（5）吳震、前注（14）「P.3547『沙州歸義軍上都進奏院上本使狀』試析——兼論張淮深何以屢請賜節而不獲——」107-115頁、（6）王靜、前注（4）「朝廷和方鎮的聯絡樞紐——試談中晩唐的進奏院——」261-263頁、（7）李永、前注（5）「由P.3547號敦煌文書看唐中後期的賀正使」所載「沙州上都進奏院上本使狀」19頁等を參照。

(75) ４名の相公の比定は、中村裕一、前注（13）『唐代官文書研究』333-335頁、吳震、前注（14）「P.3547『沙州歸義軍上都進奏院上本使狀』試析——兼論張淮深何以屢請賜節而不獲——」107-115頁、李永、前注（5）「由P.3547號敦煌文書看唐中後期的賀正使」25-33頁も參照。

(76) 李永、前注（5）「由P.3547號敦煌文書看唐中後期的賀正使」25-33頁。

(77) 本文書S1156の主な錄文として、（1）張國剛、前注（74）「敦煌唐代『進奏院狀』辦」所載「S1156號文書」268-272頁、（2）唐耕耦、前注（74）『敦煌社會經濟文獻眞蹟釋錄 第４輯』25「光啓三年（公元八八七）沙州進奏院上本使狀」370-373頁、（2）中村裕一、前注（74）『唐代官文書研究』「光啓三年（八八七）歸義軍進奏院狀（S1156）」340-343頁、（3）榮新江『歸義軍史研究——唐宋時代敦煌歷史考察——』（上海・上海古籍出版社、1996年）「沙州進奏院官夷則（其姓名不明）的『上本使狀』」187-189頁、（4）郝春文主編『敦煌社會歷史文獻釋錄第一編 英藏敦煌社會歷史文獻釋錄 第５卷』（北京・社會科學文獻出版社、2006年）所載「光啓三年（公元八八七）沙州進奏院上本使狀151-155頁」、（5）王靜、前注（4）「朝廷和方鎮的聯絡樞紐——試談中晩唐的進奏院——」248-249頁等がある。本文書を引用する論著については、上記（4）郝文春書の參考文獻を參照。本錄文は、上記（4）郝文春書の錄文に基本的にもとづいている。

(78) 土肥義和編『八世紀末期～十一世紀初期 燉煌氏族人名集成 氏族人名篇・人名篇』（東京・汲古書院、2015年）、同『八世紀末期～十一世紀初期 燉煌氏族人名集成 索引篇』（東京・汲古書院、2016年）によって、關連する文書を檢索することができる。

(79) 妹尾達彥「唐代長安の盛り場（上）」（『史流』27、1986年）1-60頁、同「唐代長安の盛り場（中）」（『史流』30、1989年）37-91頁を參照。

(80) 妹尾達彦、前注(7)「唐長安の印刷文化——S.P.12とS.P.6の分析を中心として——」427-446頁參照。

(81) 長安の圓仁の事跡については、妹尾達彦「長安・禮儀的都——以圓仁《入唐求法巡禮行記》爲素材——」(榮新江主編『唐研究』第15號、北京・北京大學出版社、2009年)385-434頁を參照。

(82) 妹尾達彦「唐代長安の盛り場(中)」(『史流』30、1989年)37-91頁で、この時の狀況に少しふれている。

(83) アルフレッド・マーシャルAlfred Marshall著、馬場啓之助譯『經濟學原理II』(東京・東洋經濟新報社、1966年、原著 *Principles of Economics*, London: Macmillan and Co., Ltd., 1890.)第10章產業上の組織續論、特定地域への特定產業の集積、250-263頁。

(84) 以上の商業地理についての文章は、前注(1)であげたブライアン・J・L・ベリー等の研究を參照。

〔補注〕本稿執筆後に、李昕「晚唐貢賜的構造——以甘州迴鶻和沙州歸義軍的貢賜比價爲中心——」(榮新江主編『唐研究』22、2016年、245-268頁)に接して、唐末の進奏院狀の現物として、P3547とS1156以外にДx06031vも存在することを知った。Дx06031が、唐末の進奏院狀に他ならないことは、鄭炳林・徐曉麗「讀『俄藏敦煌文獻』第12册幾件非佛教文獻札記」(『敦煌研究』2003年第4期、81-89頁)においてすでに指摘されていることも、上記の李昕論文で初めて知った。李昕氏は、上記論文において、Дx06031vとP3547は、歸義軍の進奏にともなう回賜品の品目・數を記している點で同じであり、筆跡も同じなのでほぼ同じ時期に同じ人物によって書寫されたと推測している。Дx06031vの分量は14行の斷片であり、P3547とS1156に比べると情報量は少ないが、進奏院狀の現物として極めて重要な史料となる。なお、田衛衛「從中原到敦煌——『秦婦吟』傳播原委新探——」(高田時雄主編『敦煌寫本研究年報』9、2015年、131-145頁)は、唐末の韋莊『秦婦吟』の敦煌への傳播を手がかりに、沙州歸義軍と長安の交流を論じる好著であり、本文中にS1156の全文を引用して9世紀の敦煌—長安間の交通路を復原する。

以下、475〜479頁の圖に關して説明を加えておく。

圖1 唐長安城の進奏院と商業施設の立地(475頁)

本圖は、9世紀を主とする長安の商業空間を圖化している。進奏院が集積立地している街東中北部が長安の都市核となり、とくに、東市-平康坊(H5)-崇仁坊(H4)とつながる地區が、城内隨一の盛り場を形成するようになった。各道の進奏院の集積立地は、このような長安の都市核をつくりあげる決定的な要素の一つだった。なお、長安の商業施設は、妹尾達彦「隋唐長安城と關中平野の土地利用——官人居住地と墓葬地の變遷を中心に——」(同編『都市と環境の歴史學〔增補版〕』第3集、東京・中央大學文學部東洋史學研究室、2015年)71-76頁に所掲の表2「隋唐長安城の飲食業關係店舗」、表3「唐長安城内の店舗——飲食業關係を除く——」にもとづいている。幹線陸路は、同上論文56頁に所掲の圖11「唐長安城内の別莊・家廟・豪邸・商業施設の分布」に描いた道路にもとづく。

圖2 呂大防「長安圖」(部分)(476頁)

本圖は、北宋の呂大防(1027-1097)による石刻「長安圖」(1080年立碑)の拓本(北京大學圖書館所藏拓本)を描き直したものである。呂大防「長安圖」は、城内の情景が詳細に描かれた中國現存最古の都市圖として著名である。榮新江主編『唐研究 唐代長安及其節慶研究專號』

第21號（北京・北京大學出版社、2015年）に、北京大學圖書館の胡海帆氏によって、「北京大學圖書館藏呂大防「長安圖」殘石拓本的初步研究」（同書1-64頁＋圖版54頁）が公刊され、現存する最良の拓本である北京大學圖書館藏拓本が公開された。本圖は、その北京大學圖書館所藏拓本にもとづいて描いている。從來の「長安圖」との異同は、本圖の中に一部記した。本圖については、妹尾達彦「生前の空間、死後の世界——隋唐長安の官人居住地と埋葬地——」（『中央大學文學部紀要』2017年）69-134頁、同「石に刻まれた長安の都市空間——北京大學圖書館藏呂大防「長安圖」殘石拓本の公刊をめぐって——」（『アジア史研究』41、2017年）を參照。

圖３　唐長安街東中北部の都市核と大明宮・皇城（477頁）

本圖は、街東中北部の情景を擴大した圖である。作圖に際しては、圖２呂大防「長安圖」を始め、各種の文獻史料を參照した。本圖でうかがえるように、城内の土地利用の機能分化にあわせて、長安城内における階層別・身分別・職業別の居住分化も進展し、政府高官や宦官、諸王が集住する高級邸宅街が、交通至便な大明宮の眞南で宮城・皇城の東側にあたる街東東北部の１～４列の諸坊に形成され、城内で最重視された宗教施設の數々（佛教の大安國寺・光宅寺・荷恩寺〈七寶臺寺〉・資聖寺等、道教の太清宮・景龍觀等）が立地する地區となった。この地區の南側の東市をはさむ５列～９列の街東中部は、科擧出身の新興官僚が集住する地區となり、唐後期の政治活動を主導した科擧出身の官人の多くが自宅を所有し、互いに訪問しあって親密な人間關係を構築する政治空間となった。さらにその南の10列～13列の街東南部は、皇族や城内官人層の行樂地として整備された。特に、東市-平康坊（Ｈ５）-崇仁坊（Ｈ４）とつながる地區は、城内の盛り場を構成しており、進奏院は、この地區と重なって集積立地している。街東中北部の空間の特色については、妹尾達彦「長安の憂愁」（『アジア遊學 中國都市の時空世界』78、勉誠出版、2005年）69-84頁を參照。

圖４　唐代幹線交通網と長安に進奏院を設置した藩鎭（478～479頁）

唐の長安を中核とする幹線都市網については、青山定雄、嚴耕望、史念海、李之勤、李健超、馬正林、辛德勇、王文楚、荒川正晴、呂卓民等、李令福等の研究が基礎を提供する。これら先學の研究にもとづいて、長安からの交通幹線を整理すると、圖１でも描いたように、都城の長安の都亭驛から７つの幹線が四方に延び各國の都城に連結していることがわかる。長安城の通化坊（Ｅ６）に設置された都亭驛が、全國の驛路交通網の中核をなす施設であり、この都亭驛を起點・終點として、東は通化門と春明門、西は開遠門と金光門を經て城内外の幹線道路が廣がっていた。詳しくは、妹尾達彦「東アジア都城時代の形成と都市網の變遷——四～十世紀——」（中央大學人文科學研究所編『アフロ・ユーラシア大陸の都市と國家　中央大學人文科學研究所研究叢書59』東京・中央大學出版部、2014年）73-217頁を參照。

本圖に赤字で記した藩鎭の立地と分布については、元和15年（820）時の狀況を圖化する譚其驤編『中國歷史地圖集 隋・唐・五代時期』（香港・生活・讀書・新知三聯書店、1992年、原版1982年）所載「元和方鎭圖」を底圖とし、『新唐書』「方鎭表」とそれを增補した吳廷燮（1865-1947）編『唐方鎭年表』（北京・中華書局、1980年）、日野開三郎、王壽南、余衍福、張國剛、戴偉華、張達志等の藩鎭研究を參照にして圖化した。ただ、まだ不明な箇所が多く殘されており、より正確な圖の作成は今後の課題である。本圖から、９世紀の進奏院が、全國に分布する藩鎭の治府と密接に連攜しながら、中央-地方行政と公私の情報傳達に從事していた樣をうかがうことができよう。

書儀・往來物を通じてみた日唐親族の比較

古瀬　奈津子

はじめに

中國で禮と言えば、吉禮・賓禮・軍禮・嘉禮・凶禮の五禮である。しかし、それ以外にも五禮を背景として實際に書狀を交わす際に用いられた書札禮も存在した。それが書儀で、敦煌文書に多く殘されている。私は近年自分が行っている唐の書儀と日本の往來物の比較研究のうち、親族に關する部分について考えの一端を述べたいと思う。書儀や書札禮は、禮を背景として律令には規定されていない文書や書狀について規定しているという點では、中華法系の一部をなしていると考える。禮が儒家思想と深い關係にあることは言を俟たない。

1．敦煌書儀について

敦煌文書の中には多くの書儀が含まれている。近年、中國の周一良氏、趙和平氏、吳麗娯氏、日本の丸山裕美子氏によって、研究が進展している[(1)]。敦煌書儀は、大きく「朋友書儀」「吉凶書儀」「表狀牋啓書儀」に分かれる[(2)]。このうち、「朋友書儀」が最も早期から出現した書儀で、「月儀」とも稱され、月ごとや季節ごとの挨拶狀の文例集である。「吉凶書儀」は書札禮を記したもので、總合的な書儀である。開元・天寶期の代表的な書儀としては、杜友晉撰『吉凶書儀』『新定書儀鏡』がある。安史の亂以降、衰退した唐帝國が威信を復興し中央集權化をめざした貞元・元和期には、禮制も再興され、この時期に編纂された「吉凶書儀」の集大成とみなされるのが、鄭余慶撰『大唐新定吉凶書儀』である[(3)]。公的文書の文例集である「表狀牋啓書儀」は、敦煌においては唐末・五代の時期にしばしば編纂され、張敖撰『新集吉凶書儀』が廣く流布した。

吳麗娯氏は、「吉凶書儀」の時代的變遷について、唐初から開元・天寶期においては、吉凶書儀の內容は、親族內においてやりとりされる婚禮・葬喪や節慶などに關する書狀が主で、朝廷に對する表啓や禮儀を反映している部分もある。それが唐代後半期になると、次第に公的な文書の模範文である四海書儀や表狀牋啓書儀が出現し增加していくと指摘している[(4)]。ただし、この場合の公的文書とは朝廷に提出する文書だけではなく、當時權力を確立しつつあった節度使を中心とした地方の政治・社會關係においてやりとりされる文書をも指している。

2．吉凶書儀にみえる親族

「吉凶書儀」の構成はどのようになっていたのだろうか。唯一、殘されている鄭余慶撰『大唐新定吉凶書儀』の目録をみると、序文の後に三十篇の篇目が記されている。それによると、年敍凡例第一、節候賞物第二、公移平闕式第三、祠部新式第四、諸色牋表第五、寮屬起居第六、典史起居啓第七、吉書凡例第八、四海吉書第九、内族吉書第十、外族吉書第十一、婦人吉書第十二、僧道吉書第十三、婚禮儀注第十四、凶禮儀注第十五、門風禮教第十六、起復爲外官第十七、四海吊答書第十八、内族告喪書第十九、僧道凶書第二十、國哀奉慰第廿一、官遭憂遣使赴闕第廿二、敕使吊慰儀第廿三、口吊儀禮第廿四、諸色祭文第廿五、喪服制度第廿六、凶儀凡例第廿七、五服制度第廿八、婦人出嫁爲本家父母服式圖第廿九、公卿士庶内外族殤服式圖第卅、という構成になっている。

これを内容によって分類してみると、年敍凡例第一、節候賞物第二には、主に「朋友書儀」の月儀關係の用語などの解説・使用法などが記されている。公移平闕式第三、祠部新式第四には、本來は公式令に規定されている平出、闕字するべき用語が、「准式」として擧げられ、さらに、國忌日や皇后忌日、假寧令による休日や節日などが擧げられている。

諸色牋表第五、寮屬起居第六、典史起居啓第七には、皇帝に奉る賀正表や賀冬表などの上表文の範例や、寮屬官が郎中や員外郎以下縣令などの上官に對して出す起居啓や典史の賀正冬啓などの主に官人などが奉上する公的な文書・書狀の例が擧げられている。

吉書凡例第八、四海吉書第九、内族吉書第十、外族吉書第十一、婦人吉書第十二、僧道吉書第十三については、本文が殘されていないため、杜友晉撰の『吉凶書儀』(P.3442) などを參考に考えると、時候などの挨拶や婚儀關係の書狀の範例となっていたと推測される。

そして、婚禮儀注第十四、凶禮儀注第十五、門風禮教第十六には、婚禮と凶禮の儀式次第や一族の禮教について規定されていた。最後の起復爲外官第十七、四海吊答書第十八、内族告喪書第十九、僧道凶書第二十、國哀奉慰第廿一、官遭憂遣使赴闕第廿二、敕使吊慰儀第廿三、口吊儀禮第廿四、諸色祭文第廿五、喪服制度第廿六、凶儀凡例第廿七、五服制度第廿八、婦人出嫁爲本家父母服式圖第廿九、公卿士庶内外族殤服式圖第卅には、凶禮關係の上表文や書狀の範例、喪服などの制度が掲載されていた。

このように見てくると、「吉凶書儀」は婚禮と葬禮を中心とした書札禮と儀注による總合的な書儀であると言えよう。このうち、内族とは、自分を中心に父母や祖父母、または子孫、姉妹や伯父伯母などの父系の家族・親族を指している。外族とは、外祖父母など母系の親族、あるいは妻の親族などを言う。

「吉凶書儀」の變遷について、吳麗娛氏は、「吉凶書儀」の中から内外族書儀が時代とともに減少していくことを指摘している(5)。開元期の杜友晉撰『吉凶書儀』では、内外族關係の吉書儀は23通、凶書儀は47通が現存し、天寶期の同じく杜友晉撰と考えられる『新定書儀鏡』では、内外族關係の吉書儀は36通、凶書儀は83通が現存している。しかし、晩唐の張敖撰『新集吉凶書儀』になると、内外族吉書は9通、内外族凶書と諸色祭文は16通のみとなるように、内外族關係の吉書儀と凶書儀は減少していることがわかる。

その代わりに、張敖撰『新集吉凶書儀』では、鄭余慶撰『大唐新定吉凶書儀』の「諸色牋表第五、寮屬起居第六、典史起居啓第七」の部分が増加して、「起居啓、寮屬起居啓狀等」「賀正獻物狀」「賀瑞午獻物狀」「謝賜物狀」「謝蒙問疾幷賜葯物狀」などの啓狀が增えた。

貞元・元和期の鄭余慶撰『大唐新定吉凶書儀』では、ちょうど吉凶書儀の部分が缺失しているため、詳細は不明だが、その構成からみて開元・天寶期の杜友晉撰『吉凶書儀』『新定書儀鏡』などと同じように内外族關係の吉書儀や凶書儀も多かったと考えられる。

このように、「吉凶書儀」には婚禮や葬禮において内外族、すなわち家族閒もしくは親族閒でかわされる書狀の範例が規定されているのが特徴である。それでは、その内外族とはどの範圍の家族、親族を指すのであろうか。杜友晉撰『新定書儀鏡』(P.3637)には五服制の圖が掲載されている。自分を中心とした内族服圖と妻を中心とした外族服圖、妻からみた夫族服圖の3つの圖である。吳麗娯氏の指摘によると、これらの圖の服制を『開元禮』と比較すると18箇所の相違點がみつかる[6]。『儀禮』以降、唐代の『貞觀禮』『顯慶禮』『開元禮』、晩唐五代の禮を反映していると考えられるこの喪服圖、さらに北宋の『司馬氏書儀』へと服制は變遷を遂げているのである。しかし、各書儀を通じて言えることは、自分を中心とした五服制の範圍は變化していないということである。すなわち、親族の範圍が確定していることが指摘できる。

3. 吉凶書儀の展開

(1) 唐代前半期の吉凶書儀

それではついで敦煌の吉凶書儀の展開について、内外族書儀に注目しながらみていこう。まず、開元末に京兆杜友晉によって編纂された『吉凶書儀』(P.3442、『敦煌寫本書儀研究』167頁、以下『書儀研究』と略す)である。殘されている斷簡に「書儀卷下　京兆杜友晉撰　(中略)内族凶書儀二十一首、(中略)外族凶書儀一十七首、(中略)婦人凶書儀九首、(後略)」とあるので、卷上が吉書、卷下は凶書であったと考えられる。

卷上吉書には、「内族吉書儀」があったと考えられ、「外族吉書儀幷論婚報答書十首、婦人吉書儀八首、僧尼道士吉書儀七首、四海吉書儀五首」が殘されている。「外族吉書儀幷論婚報答書十首」の中には、「與外祖父母書外伯叔祖附之、與舅々母姨姨夫書母之外祖父母及姨舅附之、與表丈人及表姑姨表兄姉書、與表弟妹書、與女婿書女孫婿附之、與妻父族書妻姑姉附之、與外甥孫書、與婦書、通婚書、答婚書」の十首が含まれている。内容的には、季節の挨拶や、本來は吉儀とあること、および最後に通婚書、答婚書が掲載されているように、婚禮關係の書儀であったと考えられる。

一方、巻下凶書には、「内族凶書儀二十一首、外族凶書儀一十七首、婦人凶書儀九首」などが含まれており、詳しい内容の範例が多數收載されている。例えば、「内族凶書儀二十一首」には、「祖父母喪告答父母伯叔姑書、祖父母喪告答祖父母書、祖父母喪告答兄弟姉妹書、父母喪告答祖父母父母書」など二十一首の告答書の範例、「外族凶書儀一十七首」には、「外祖父母喪告答母及姨舅書、外祖父母喪告答兄弟姉妹姨舅（之？）子書、舅姨喪告答外祖及（父？）母書、舅姨喪告答舅姨之子書」など告答書の範例が含まれている。なお、巻下凶書には「□表凶儀一十一首」のような公式令系統の上表文も收載されている。

つぎに、同じ「京兆杜友晉撰」とされる『書儀鏡』（S.329-S.361、『書儀研究』243頁）であるが、こちらは天寶6（747）載から14載の成立と考えられる。構成がややわかりにくいのだが、途中に「書儀鏡　凶下」とあることから、『吉凶書儀』と同様に、上巻が吉書儀、下巻が凶書儀であると考えられる。前缺で、初めが上巻の吉書儀で、「賀四海婚嫁書（答書あり―筆者注、以下同じ）、賀四海男女婚姻書（答書あり）、囑四海求事意書（答書あり）、奉口馬奴婢書、與稍尊問疾書（2通―筆者注、以下同じ）、謝尊人問疾書（2通）、謝平懷問疾書（3通？）、賀四海正書（6通？）、與四海賀冬書（5通？）、弔四海遭父母喪書（3通？）、弔伯母叔喪書、弔四海遭兄弟喪書、弔四海遭妻子喪書（2通）、四海奴婢亡書、弔四海傷犬馬之書、（中略）四海平蕃破國慶賀書」とあり、内外族關係の書狀範例ではなく、四海關係の書狀範例となっている。ただし、山本孝子氏が明らかにされているように、四海書儀は内外族書儀における親族關係を基準として、宛先と差出の關係が構築されている(7)。

さらに、「四海書題（『書儀研究』275頁）重書　與僧尼書、與道士書、與妻父母書（内外族表〔丈〕兄姉同、カッコ内は注文、以下同じ）、與姉夫書、與親家翁〔母〕書（親家伯叔同）、與妻姨舅姑書、與同門書」とつづき、「書儀鏡　凶下（『書儀研究』282頁）（中略）五服告哀書、父母喪告兄姉書、父母喪告弟妹書、子亡父母告孫兒女書、四海弔答書儀廿首」と下巻の凶書儀へとつづいていくが、こちらは内外族關係が主となっている。

以上のように、この『書儀鏡』は吉書儀の部分に四海關係の範例が多く殘されていることが特徴となっている。

以上のものとは異なる『新定書儀鏡』（京兆杜友晉撰　P.3637、『書儀研究』305頁）もある。この寫本は、2段ないし3段に寫されている點に特徴がある。まず、上段に婚禮關係の「嫁女祭文、成禮畢相慰語、新婦修名儀」の婚禮儀式關係の祭文等があり、その後に、「與妻父母書（内外族表丈兄姉同）（答書あり）、與姉夫書（答書あり）、與親家翁母書（親家伯叔同）（答書あり）、與妻姨舅姑書（答書あり）、與同門書（答書あり）」がつづき、さらに「婦人書題廿首」と吉書儀となる。

これらの吉書儀の下段には、年中行事關係の「屈讌書」や「借馬書、遺物書、求物書、問馬墜書、問疾書、(中略)與僧尼書、與道士書」などがつづき、さらに「四海慶賀書題内外族同」とあって、「重賀官書、賀正冬啓、賀平賊書」など數通がつづき、ここまでが吉書儀である。

そして、上段では、「新定書儀鏡 凶下」(『書儀研究』320頁)が始まる。最初に内族服圖、外族服圖、(婦爲)夫族服圖の三圖があり、「凡例五十條、(中略)五服告哀書一十二首(父母喪告兄姉書、父母喪告弟妹書、子亡父母告孫兒(女)書など)、内族弔答書一十二首(姑兄姉亡弔父母伯叔書(報書あり)、弟妹亡弔次第妹書(答書あり)など)、外族弔答書一十二首(姑姨姉妹夫亡弔姑姨姉妹書、弔女婿遭父母喪書、弔女遭夫喪書(答書あり)など)」がつづく。

また、「内族弔答書一十二首」の下段あたりから、さらに二段組みになり、中段には「父母初薨尊祭文」などの凶儀關係の祭文、下段には(『書儀研究』335頁)、「内外族及四海弔答辭廿首(弔遭父母初喪辭、弔後至祥禫以來經節辭など)」などの凶儀の弔辭が掲載されている。

さらに一段組みに戻り(『書儀研究』356頁)、「冥婚書(答あり)、凡例廿八首、(中略)黄門侍郎盧藏用儀例一卷」がつづき、改めて「新定書儀鏡　吉上　凶下　京兆杜友晉撰」(『書儀研究』360頁)が始まり、「通例第二、四海弔答第三」がつづくが、後缺である。

このように、『新定書儀鏡』は、複雑な形態をとっているが、大きくは上卷が吉書儀で下卷が凶書儀という構成になっていた。これは、本來「吉凶書儀」は婚禮關係の吉書儀と凶禮關係の凶書儀に關する書狀の範例集であったのが、吉書儀に年中行事關係の書狀や「四海慶賀書」などが含まれるようになり、婚禮や凶儀についての内外族書儀から吉凶以外の四海書儀へと内容が豐富になったと言える。

一方で、『武則天時期的一種書儀』(P.3900、『書儀研究』153頁)のような總合的書儀の先驅けのようなものもある。斷簡であるが、「毋至風土記曰、七月初七夜」の引用から始まり、八月・九月・十月・十一月・十二月の節候の用語について書かれ、つづいて「牋表第二」があり、「慶正冬表」「慶瑞表」「慶平賊表」「慶封禪表」「慶赦表」などの上表文の範例が掲載されている。このうち、前半は、後述する元和期の『大唐新定吉凶書儀』の「年敍凡例第一」に類似し、「牋表第二」は同「諸色牋表第五」と同様である。この書儀は、上表文のような公式令系統の文書が含まれている點に特徵がある。

つぎに、『吐蕃占領敦煌初期漢族書儀』(S.1438v、『書儀研究』443頁)についてみておく。この書儀は、吐蕃統治期の敦煌の漢族節度使の檔案文書とも言うべきものであるが、「拙室殞逝」の用語などがみえ(『書儀研究』464頁)、内外族書儀關係の内容をも含んでいる。

以上のように、唐代前半期(安史の亂以前)の敦煌書儀をみていくと、本來は婚禮と喪葬儀禮に關する内外族の書狀の範例集であった吉凶書儀が、吉凶以外の四海書儀をも含むようになり、その範圍を廣げていったことが指摘できる（凶書儀には、上表文を含むものもある）。一方で、季節の挨拶文の用語を提示し、上表文など公式令系統の文書をも含んだ、『大唐新定吉凶書儀』の原型になるような原理の異なる總合的な書儀も現れた。

（2）唐代後半期の吉凶書儀

そして、安史の亂以降になると、書儀に新たな展開が現れる。まず、元和期の鄭余慶撰『大唐新定吉凶書儀』（S.6537v、『書儀研究』480頁）をみていこう。前述したように、目錄が殘されているので、その全容を把握することができる。序文の後に三十篇の篇目が記されている。前述したように、「年敍凡例第一」「節候賞物第二」「公移平闕式第三」「祠部新式第四」「諸色牋表第五」「寮屬起居第六」「典史起居啓第七」「吉書凡例第八」「四海吉書第九」「内族吉書第十」「外族吉書第十一」「婦人吉書第十二」「僧道吉書第十三」「婚禮儀注第十四」「凶禮儀注第十五」「門風禮教第十六」「起復爲外官第十七」「四海吊答書第十八」「内族告喪書第十九」「僧道凶書第二十」「國哀奉慰第廿一」「官遭憂遣使赴闕第廿二」「敕使吊慰儀第廿三」「口吊儀禮第廿四」「諸色祭文第廿五」「喪服制度第廿六」「凶儀凡例第廿七」「五服制度第廿八」「婦人出嫁爲本家父母服式圖第廿九」「公卿士庶内外族殤服式圖第卅」という構成になっている。

鄭余慶が銀靑光祿大夫吏部尙書太常卿という朝廷における高位の官人であったこともあり、中原における整備された書儀になっている。まず、規定關係があり、ついで牋表や起居などの公式令系統の公文、つぎに吉書凡例や四海吉書、内族吉書、外族吉書、婦人吉書、僧道吉書がつづくが、吉書凡例以下の順は杜友晉撰『吉凶書儀』『書儀鏡』と同様である。さらに婚禮儀注と凶禮儀注および門風禮教があり、その後に起復爲外官、四海吊答書、内族告喪書、僧道凶書という凶書がならび、國哀奉慰、官遭憂遣使赴闕、敕使吊慰儀という公的な凶禮がつづく。さらに、口吊儀禮、諸色祭文、喪服制度、凶儀凡例、五服制度、婦人出嫁爲本家父母服式圖、公卿士庶内外族殤服式など凶禮關係の儀式や制度が掲載されている。

このように、鄭余慶撰『大唐新定吉凶書儀』は、唐代前半期の『武則天時期的一種書儀』の形態を發展させたもので、吉凶書儀に季節の用語や書儀關係の諸規定、公式令系統の文書などを含めて整備した總合的な書儀と言える。

つぎに、大中年間の張敖撰による『新集吉凶書儀』（P.2646、『書儀研究』518頁）を取り上げる。冒頭に「新集吉凶書儀上下兩巻　并序　河西節度（使）掌書記儒林郎試太常寺協律郎張敖撰（集）」とあり、中原ではなく地元の節度使配下の官人が編纂したことになっている。「吉儀巻上」とあるので、下巻は凶儀であると考えられる。まず、月ごとの挨拶の用語を記した『大唐新定吉凶書儀』の「年敍凡例第一」に當たるものが記され、つぎに『大唐新定吉凶書儀』の「諸色牋表第五、寮屬起居第六、典史起居啓第七」に該當する「起居啓寮屬起居啓狀等」の範例がならぶ。その後には、四海吉書や道士や僧侶に對する書も含まれている。その後、「内外族吉書」がつづく。「上祖父母及父母狀（外祖父母狀亦同）」「上伯叔姑及伯叔母狀（姨舅幷妻父母亦同）」「上兄姉姑夫姨夫狀（内外表丈人及妻伯叔亦同）」「與弟妹書」「與子姪孫書」「與姑舅兩姨弟妹書」「與女婿書」「夫與妻書」「妻與夫書」がならぶ。さらに「内外族題書狀樣」「通婚書」「答婚書」とつづき、婚禮の儀式次第で終わっており、巻末に、

　　要集書儀一巻

　　天復八年歳次戊辰二月廿日學郎趙懷通寫記

とある。この部分は、『大唐新定吉凶書儀』の「内族吉書第十」「外族吉書第十一」「婦人吉書第十二」「僧道吉書第十三」「婚禮儀注第十四」に該當し、範例數は少ないが、その掲出順は、開元・天寶期の杜友晉の『吉凶書儀』『書儀鏡』と同樣である。

すなわち、張敖撰の『新集吉凶書儀』は、唐代前半期の『吉凶書儀』『書儀鏡』の内容を、『大唐新定吉凶書儀』の構成に合せて再編したものと言えよう。

『新集吉凶書儀』の「凶儀巻下」に當たるのが、P.2622（『書儀研究』568頁）である。墓の大きさに關する規定、葬送儀禮、「四海弔答書儀」とつづき、「父母亡告伯叔姑等」「父母亡告兄姉弟妹等」「妻亡告妻父母伯叔等」など内外族凶書がならび、「口弔儀」「弔尊卑儀」「諸色祭文」で終わる。『大唐新定吉凶書儀』の「四海吊答書第十八」「内族告喪書第十九」「僧道凶書第二十」（中略）「口吊儀禮第廿四」「諸色祭文第廿五」に該當する。巻末に「吉凶書儀上下兩巻　　大中十三年四月四日午時寫了」の奥書がある。

このように、『新集吉凶書儀』の下巻凶儀の部分も、上巻吉儀と同じように、唐代前半期の『吉凶書儀』『書儀鏡』の内容を、『大唐新定吉凶書儀』の構成に合せて再編したものと言えよう。

『新集諸家九族尊卑書儀』（P.3502v、『書儀研究』602頁）についてもみておく。冒頭に「新集諸家九族尊卑書儀一巻　河西節度使掌書記試太常寺協律郎張敖撰」とあり、張敖撰『新集吉凶書儀』の省略版と言える。例えば、「内族吉書　　翁婆父母狀（答書あり）、與伯叔兄姉姑姨兄姉書、與妻書（妻答書あり）、與妻父母書、與女婿書、通婚書（答書あり）、嫁娶祭文（後缺）」とあり、『新集吉凶書儀』吉儀巻上と比較すると簡略化されていることがわかる。

晩唐期の書儀と考えられるのが、「（晩唐時的一種吉凶書儀）」で（P.4050+S.5613、『書儀研究』625頁）で、「婦人書儀」と考えられる「婦人書題上翁婆狀與父母同、與夫書、與妯娌書（答書あり）、與阿嫂書（答書あり）、阿家與新婦書、與男女書」に内外族關係の吉書儀を含んでいる。

最後に、五代のものとして『新集書儀』（P.3691、『書儀研究』640頁）があげられる。冒頭に「新集書儀一巻　　序不書　　吉儀巻上」とあり、「年敍凡例第一」に該當する月ごとの挨拶の用語、「官寮起居啓狀、（中略）與四海極尊重狀、與四海平懷書、與四海未相識書、與四海告別書、與僧人書、僧人答俗書、與道士書、道俗答書、弟子

與和尚書、上祖父母及父母狀（外祖父母狀亦同）、上伯叔姑姨及伯叔母舅等、朋友有疾相問書（答書あり）、相迎宴樂書（答書あり）」（中略）「夫與妻書（妻答書あり）」など、再び範例が多くなっている。また、巻末近くに、「新定唐（家）禮親儀　敍云、（後略）」および「新定唐家禮（凶）（弔）儀　敍云、（後略）」とあり、巻末は「新集書儀一卷（勘）訖／天福伍年庚子歳二月十六日（學）士郎吳儒賢詩記寫耳續誦記」で終わる。

以上のような唐代の書儀の諸相は、北宋の司馬光『司馬氏書儀』に歸結する。『司馬氏書儀』巻一には、「表奏、公文、私書、家書（上祖父母父母、上内外尊屬、上内外長屬、與妻書、與内外卑屬、與幼屬書、與子孫書、與外甥女婿書、婦人與夫書、與僕隸委曲）」が掲載され、巻二には冠儀、巻三・四には婚儀、巻五・六・七・八・九には喪儀の儀式が載せられている。巻一には、個人が發給する文書が、皇帝に對する表奏、公文、私的に交わされる私書、そして内外族内で交わされる家書の順で竝べられているが、唐代の書儀の内容が整理再編されていると言えよう。巻二は個人の家の儀式である冠婚葬祭の儀式次第が收められており、書儀の基盤に禮の世界があることが如實に示されている。

最後に唐代の敦煌書儀についてまとめておく。開元・天寶期には内外族の吉凶書儀が中心になっている。その中で、山本孝子氏が指摘するように、四海書儀における宛先と差出の諸關係は、内外族書儀における親族の諸關係が基準となっている。一方で、『武則天時期的一種書儀』（P.3900）のような總合的書儀の先驅けのようなものもあり、公式令系統の文書が含まれている。それが、唐代後半期の『大唐新定吉凶書儀』になると、内外族中心の吉凶書儀と總合的書儀の雙方が統一・整理されてくると言えるのではないだろうか。唐末の張敖撰『新集吉凶書儀』は、唐代前半期の吉凶書儀の内容を『大唐新定吉凶書儀』の構成に沿って再編したものである。含まれる内外族吉書儀は、範例數は少ないが、その掲出順は、開元・天寶期の杜友晉の『吉凶書儀』『書儀鏡』と同樣である。

このような唐代後半期の書儀の有り樣が、『司馬氏書儀』へと繼承されていく。その際には、吉凶書儀という意味は薄くなるが、凶儀が重視されて巻の多くを占めることには變わりがない。こうして、内外族書儀が繼續されていくところに中國の特色があると考えられる。

4．書儀と禮、令、格式

ここで書儀の位置づけを考えておこう。吳麗娯氏は、古禮（『儀禮』）、開元禮など朝廷の編纂した禮が公的なものであるのに對して、書儀は私禮であると述べている。書儀に掲載されている文書・書狀類は、確かに官廳閒で交わされる文書ではなくて、個人（多くの場合官人である）が官廳や上司、あるいは家族閒・親族閒で交わす文書や書狀である。その意味で、公的ではなく私的、個人的なものである。

しかし、だからと言って書儀に書かれていることが書儀ごとにばらばらかと言うとそうではない。前述したように、鄭余慶撰『大唐新定吉凶書儀』には、「朋友書儀」に含まれる月儀關係の用語などがみえ、本來は公式令に規定されている平出、闕字するべき用語が「准式」として擧げられ、國忌日や皇后忌日、假寧令や格による休日や節日なども擧げられている。また、禮に定められた五服制も採用されている。

すなわち、禮や令、格式を引用することによって、文書や書状を書く上での共通基盤、共通認識が成立していたと言える。書儀は、法令ではないが、單なる私禮でもない。法令もしくは禮に准ずる位置づけの規範であったと言えよう。

特に鄭余慶撰『大唐新定吉凶書儀』は、序によると鄭余慶が銀靑光祿大夫吏部尙書太常卿の時に、太僕寺丞李曹・司勳郎中裴茝・前曲沃尉李穎・中書侍郎同平章事陸贄・侍御史羊環・司門員外郎韓愈らと編纂したもので、半ば公式のものであったとされている(8)。實際、『五代會要』によると、後唐の長興3年には太常卿劉岳が鄭余慶撰『大唐新定吉凶書儀』の刪定を行っており、後世まで影響を與えたことが知られる(9)。

なお、日本の『令集解』公式令の奏事式條の「穴記」(8世紀末～9世紀前半の養老令の注釋書)には、「問、表奏造樣何。答、不見。表奏・上表・上啓等之式、宜放書儀之禮耳」とあって、公式令に規定されていない表奏・上表・上啓の書式については、書儀によることが述べられており、令に准ずる書儀の位置づけを示している。

また、同じように、共通規範があって、それに基づいて貴族・官人が各々規定を設ける例は、日本にもある。日本の平安時代中期には、朝廷では殿上の閒に「年中行事御障子」が立てられ、そこには朝廷で行われるべき年中行事・公事が書かれていた。貴族たちはその「年中行事御障子文」に基づいて、各々『西宮記』『北山抄』『江家次第』などの儀式書を作成し、それを行ったのである(10)。

さらに、「中華法系」に、禮が含まれるかという根本的な問題もある。禮は、律令格式のような狹義の意味での法律ではないが、唐代には、貞觀律令格式とともに貞觀禮が、永徽律令格式とともに顯慶禮(永徽禮)が、開元律令格式とともに開元禮が編纂されていて、律令格式と禮は相俟って施行されるべき社會的規範であったと考えられる。

そもそも、中國において禮は古くから社會的規範であったが、その中から律令などの法令が生まれたと考えられる。しかし、律令などの法令が成立した後も、禮は存在する。たとえば、『開元禮』を見ると、皇帝を中心とした朝廷における儀禮を多く含むが、婚禮や喪禮については有品から無品までのものを規定していて、引き續き社會的規範であることを示している。

唐代後半期にいたっても、令の刪定が行われるのと竝行して、禮書の編纂も行われたことが指摘されており(11)、律令格式と禮はともに編纂され施行されるのが原則であったと考えられる。

5．日本における往來物の成立と書札禮

日本における書儀の受容については、丸山裕美子氏の研究に詳しい(12)。8世紀に隋末唐初の書儀である『杜家立成雜書要略』が傳來し、東大寺正倉院には光明皇后筆の寫本が所藏されている。また、正倉院文書の中の書狀からは、中國の書儀の影響を窺うことができる。書き出し文言や書き止め文言は「謹啓」のものが多いが、「頓首」のものもあり、中には「誠恐誠惶死罪死罪頓首頓首」など大げさな表現が使用されている場合もある。このような表現は中國では書狀ではなく、唐以前から上表文の表現として知られており、使う場をわきまえていないと言える。

上所には「謹上」が多く使われ、脇付は「記室」「座下」「執事」「机下」「侍者」などさまざまな種類のものが、使い分けすることなく使われている。このように、日本の8世紀においては、書儀は受容したが、その背後にある禮は繼受していないと丸山氏は指摘する。

また、宛所に「尊」「殿門」などの尊稱をつけるものもあるが、唐代の書儀には見られず、3・4世紀の樓蘭出土の書狀などには見られる。前述の「死罪」などの大げさな表現が唐以前の上表文の影響を受けたものであることなどを考え合わせると、唐代より古い六朝の文の影響の可能性を丸山氏は指摘している。

もっとも、正倉院文書の書狀の中にも唐代の書儀の影響を受けたものが見えるし、『萬葉集』の大伴旅人や家持關係の書狀は唐代の書儀の影響を受けたものと考えられる(13)。9世紀に編纂された『日本國見在書目錄』「十八儀注家」には、「大唐書儀十卷」などの月儀や書儀が多く掲載されていて、平安初期までに唐代の書儀が日本に將來されたことは確實である。それは、平安初期に遣唐使一行として入唐したことがある最澄や空海の書狀を見ても明らかであろう(14)。

こうして、唐代の書儀は日本に將來され、9世紀以降の日本においても書狀は書かれているが、律令格式が日本獨自に編纂されたのとは違い、日本獨自の書儀は8・9世紀には編纂されなかった。

日本で書儀に當たるのが、往來物である。平安時代中期（攝關期）以降、書狀の文例集が編纂されるようになる。往復の書狀を集めたので、往來物と名付けられた。鎌倉時代中期以降、書簡に使用される單語・單文を類集したものがあらわれ、初等の教科書として使われるようになった。中世以前のものは貴族・僧侶によって編纂されており、近世に入ると文人・手習師匠によるものが多くなる。平安時代に編纂されたものとしては、『高山寺本古往來』や『明衡往來』（藤原明衡編、別名『雲州消息』）、『和泉往來』（西室編）などがある。

『高山寺古往來』は、高山寺の文書調査によって發見されたもので、往來物のうちで最も古いもののひとつと考えられ、56通の書狀から成る。四十四狀中にみえる相撲人の多世、常世が、一條天皇在位中に活躍した人物であることから、10世紀末から11世紀初頭（攝關期）に成立したと考えられている。往復の書狀から構成されており、

文體の特徴として、候文以前の「侍文」によって統一されている。往來物としての形式・文體・内容の整理統一が充分には行われておらず、農村的性格と都市的性格をあわせもつのが特徴で、馬の將來・交易に攜わる者が成立に直接もしくは間接に關わっていたと考えられている(15)。

『明衡往來』は、「雲州消息」とも呼ばれ、編纂者の藤原明衡（永祚元？〈989？〉～治暦2年〈1066〉）は、平安中期の官人、文人で、藤原敦信の子で、寛弘元年（1004）大學に入學し、長元5年（1032）に對策に及第して、左衞門尉に任じられた。その後、出雲守、式部少輔などを經て、後冷泉朝に文章博士、東宮學士、大學頭などを歷任し、從四位下に至った。當代一流の學者で、『本朝文粹』『明衡往來』『新猿樂記』などを編纂した。

『明衡往來』は、約200通の書狀によって構成され、寫本のうちでは法隆寺本が最も古く、雜聚部分と月次部分とから成っており、『高山寺本古往來』と共通する構成になっている。文體の特徴としては、「侍」が壓倒的に多く使われている。群書類從本は上中下からなり、合わせて211通の書狀が收められており、配列は大雜把に月次順となっている。その多くが貴族間、または貴族と僧侶の間における往復文で、內容は交遊、贈答、貸借、依賴、昇進、用件、占卜、質義、神事、祭禮、佛事、地方官の動靜、作歌作文など、當時の貴族の日常生活や儀式行事に及んでいる。差出者、宛名が書かれているが、そこからわかる書狀の作成者は主として中下級貴族であり、國司や莊園も出てくるが、あくまで都市貴族の立場で書かれており、所收の書狀は、明衡が收集することができたものと考えられている(16)。

このように見てくると、日本で初めて編纂された往來物は、唐の書儀で言うと「朋友書儀」の月儀の影響を受けて成立したと考えられる。『高山寺本古往來』『明衡往來』の順に成立し、これらの往來物は書狀の文例集であり、嚴密な意味での書札禮ではない。初期の往來物の編纂者は文人貴族や僧侶であり、官職や婚姻關係などを通じて中下級貴族の社會的な關係（ネットワーク）が形成されていたことが指摘できる。

日本における書札禮は、家格（攝關家・清華家・羽林家・名家）が成立する院政期（平安時代後期）以降、平安時代末の藤原（中山）忠親が編纂した『貴嶺問答』などによってから始められ、弘安8年（1285）に定められた『弘安禮節』に歸着する(17)。その過程については別に論じたい。

6．書儀と往來物の比較による日唐親族の違い

さて、こうして日本においても、唐の書儀の影響を受けて、往來物が成立する。日本の場合、「朋友書儀」「月儀」に類似した往來物、書札禮の順番に成立する。唐の書儀と日本の往來物を比較してもっとも大きな違いは、唐の書儀には家族間・親族間で交わされる書狀がみえるが、往來物には見えないという點である。日本では、院政期以降、貴族社會において「家」が成立し、家格も登場するが、「家」が成立した後も、

「家」や一家の中で交わされる書狀についての書札禮は見えないのである。中世以降、朱子學が傳來した近世においても、家中・一族内の書札禮はほとんど成立しない。

その理由について、以前私は、日本古代における書狀の發生は、朝廷内における公務上で發生したものであり、その後、書儀の受容などによって私的な書狀も書かれるようになるが、書狀のもつ社會的意義が日唐で異なることがその背景として考えられるとした。

しかし、今回再考した結果、日唐の社會構造の根本的な違いによるのではないかと考えるようになった。すなわち、中國においては、父系の血緣による家・親族が社會を構成する單位となっており、禮もその秩序を反映したものになっている。社會變動の大きい中國社會においては、社會が混亂しても、家族・親族が一致團結してその混亂を乘り越えようとしたのである。中國社會において、「孝」の概念がもっとも尊重される所以である。

一方、日本では、「家」は制度であり、中國と比較するとそこまで强固な紐帶で結合された集團ではなく、近世においても家業の跡繼ぎのために養子が認められていたように、融通のきくシステムになっていた。また、貴族社會の「家」について言うと、「家」を超えて貴族社會全體が天皇を頂點とした共同體的性格を殘していたとも言えよう。武家社會においては、「家」を超えて、將軍との主從關係が重んじられていたと言える。日本では、「孝」よりも「忠」が重んじられた所以である。

おわりに

書儀や書札禮は法律ではない。しかし、前述したように、公式令に規定されたもの以外の文書や書狀の書式を規定しており、禮に基づいている。ゆえに、中華法系の一部に該當すると考えた。また、禮は、社會を構成する父系の血緣による家・親族を基盤にしている。そのため、吉凶書儀には家族閒・親族閒における書札禮が規定されているのである。禮は儒家思想とも關係が深く、中國社會における「孝」概念の重視に繫がっている。

一方、唐の書儀や書札禮を受容した日本でも、往來物が成立し、「家」の成立により、家格が定立し、書札禮が生まれるが、それは「家」と「家」との閒における家格差による書札禮であって、「家」の中には書札禮は持ち込まれなかった。それが何故なのかについては、今後さらに研究を重ねたい。

注

(1)　趙和平『敦煌寫本書儀研究』(新文豐出版公司、1993年)、周一良・趙和平『唐五代書儀研究』(中國社會科學出版社、1995年)、趙和平『敦煌表狀箋啓書儀輯校』(江蘇古籍出版社、1997年)、趙和平『敦煌本《甘棠集》研究』(新文豐出版公司、2000年)、趙和平『趙和平敦煌書儀研究』(上海古籍出版社、2011年)、吳麗娛『唐禮摭遺――中古書儀研究――』(商務

印書館（北京)、2002年)、吳麗娛『敦煌書儀與禮法』(甘肅教育出版社、2013年)、吳麗娛『禮俗之間——敦煌書儀散論——』(浙江大學出版社、2015年)、丸山裕美子「書儀の受容について——正倉院文書にみる「書儀の世界」——」(『正倉院文書研究』４、1996年）丸山裕美子「敦煌寫本「月儀」「朋友書儀」と日本傳來『杜家立成雜書要略』——東アジアの月儀・書儀——」(土肥義和編『敦煌・吐魯番出土漢文文書の新研究』東洋文庫、2009年）など。

(2)　趙和平『敦煌寫本書儀研究』(新文豐出版公司、1993年)、趙和平『敦煌表狀箋啓書儀輯校』(江蘇古籍出版社、1997年）など。

(3)　鄭余慶撰『大唐新定吉凶書儀』については後述する。

(4)　吳麗娛『唐禮摭遺——中古書儀研究——』(商務印書館（北京)、2002年)。

(5)　吳麗娛『唐禮摭遺——中古書儀研究——』(商務印書館（北京)、2002年)。

(6)　吳麗娛『唐禮摭遺——中古書儀研究——』(商務印書館（北京)、2002年)。

(7)　山本孝子「敦煌書儀中的“四海”範文考論」(『敦煌寫本研究年報』４、2010年)、同「書儀の普及と利用——内外族書儀と家書との關係を中心に——」(『敦煌寫本研究年報』６、2012年)。

(8)　姜伯勤「唐貞元・元和閒禮的變遷——兼論唐禮的變遷與敦煌元和書儀文書——」(同氏『敦煌藝術宗教與禮樂文明』中國社會科學出版社、1996年)。

(9)　姜伯勤「唐貞元・元和閒禮的變遷——兼論唐禮的變遷與敦煌元和書儀文書——」(同氏『敦煌藝術宗教與禮樂文明』中國社會科學出版社、1996年)。

(10)　古瀬奈津子『日本古代王權と儀式』(吉川弘文館、1998年)。

(11)　唐代後半期の令の刪定については、仁井田陞『唐令拾遺』東京大學出版會、1964年參照。唐代後半期の禮書の編纂については、姜伯勤「唐貞元・元和閒禮的變遷——兼論唐禮的變遷與敦煌元和書儀文書——」(同氏『敦煌藝術宗教與禮樂文明』中國社會科學出版社、1996年)、江川式部「貞元年閒の大廟奏議と唐代後期の禮制改革」(『中國史學』20、2010年）など參照。

(12)　丸山裕美子「書儀の受容について——正倉院文書にみる「書儀の世界」——」(『正倉院文書研究』４、1996年)、丸山裕美子『日本古代國家・社會における書儀の受容に關する基礎的研究』(平成15年度～平成17年度科學研究費補助金（基盤研究（C))研究成果報告書、2006年）など。

(13)　古瀬奈津子「手紙のやりとり」(平川南等編『文字と古代日本４　神佛と文字』吉川弘文館、2005年)。古瀬奈津子『古代日本における書狀の系譜～正倉院文書から綸旨まで～』(平成７年度～平成８年度科學研究費補助金（基盤研究（C）研究成果報告書、1995年)。

(14)　丸山裕美子『日本古代國家・社會における書儀の受容に關する基礎的研究』(平成15年度～平成17年度科學研究費補助金（基盤研究（C))研究成果報告書、2006年）など。

(15)　高山寺典籍文書綜合調査團編『高山寺本古往來表白集』(高山寺資料叢書２、東京大學出版會、1972年)。

(16)　石川謙『古往來についての研究——上世・中世における初等教科書の發達——』(講談社、1949年)、石川謙・石川松太郎編『日本教科書大系　往來編』１－４（講談社、1966～1968年)、三保忠夫『藤原明衡と雲州往來』(笠閒書院、2006年)。

(17)　古瀬奈津子『日本古代における書狀の社會的機能に關する研究』(平成15年度～平成18年度科學研究費補助金（基盤研究（C))研究成果報告書、2007年)。

〔附記〕本稿は、「從書札禮看日唐親屬的比較研究」(高明士編『中華法系與儒家思想』國立臺灣大學出版中心、2014年)、「書札禮からみた日唐親族の比較研究」(古瀬奈津子編『東アジアの禮・儀式と支配構造』吉川弘文館、2016年）に基づき、「３．吉凶書儀の展開」を追加し、補訂を加えたものである。なお、本稿は、科學研究費助成事業「東アジアにおける禮・儀式・支配構造の比較史的研究——唐宋變革期の中國・朝鮮と日本——」（課題番號26284093）の研究成果の一部である。

9～10世紀敦煌地域社會と組織の一斷面
――P3249v文書を手掛かりに――

石　田　勇　作

はじめに

本稿で取り扱う9～10世紀の敦煌社會は、吐蕃支配末期から歸義軍節度使支配下の時期に該當する。したがって當該社會の特質を論ずる場合の視點は、當該社會の組織の特徵、またそこに關わる人々の關係などが重要な意味を持つものと思われる。

周知のように敦煌は東西交流の要衝となる地域に位置し、かつ古くから佛教都市としても知られている(1)。したがって當該社會の特質もこうした佛教的色彩を持つ社會・組織と密接な關係を維持していたものと思われる。また周邊の異民族社會とも隣接している關係から、邊境防衛のための軍事的な社會・組織の特質も備えていたものと思われる。

それならば、上述したこれらの特徵は具體的にどのような形で敦煌の當該社會・組織に投影されていたであろうか。本稿ではP3249v文書を手掛かりとして、上記の課題の一端を分析してみたい。

1．P3249v文書の分析

a．文書の殘存行數

本稿で取り扱う文書（P3249v）は前後が缺損した26行の文書である（480～481頁參照）(2)。本文書は上下左右の文字を整えるための罫線が引かれて清書されており、文字は同一人の手によって書かれたものと思われる。

本文書の表（R面）は張敖撰「新集吉凶書儀之開端」の題名（以下、「新集吉凶書儀」と略記する）が記されており、前半部の24行のみ殘存しており(3)、後半部は破損している。さらに前半部1行目の上部が破損していて、文字の大きさと文字の配列から類推すると、ここには5文字が缺損していると思われる。

最初にP3249vの錄文を示すことから始めよう。本文書の錄文については、既に唐耕耦・陸宏基編『敦煌社會經濟文獻眞蹟釋錄』（第4輯、全國圖書館文獻縮微複製中心、1990年。以下、『釋錄』と略す）に紹介されているが(4)、錄文の讀解に關して筆者と若干の異同があるので、ここにあらためて掲載することとする。

b．文書の前後關係

本文書は26行目以降は缺落しているように見えるが、本文書の末尾と斷定しうる。何故ならば、23行目から26行目（寫眞〈481頁〉參照）に該當する箇所をR面と照合す

（9C中期）「將龍光顔等隊下人名簿」P3249v

（前欠）

1 僧曺道珪? 石沙奴 石德子 張和屯 曺興ゝ 馬安七 僧鄧惠寂
2 胡進政 胡鶻子 龍藏子 曺定ゝ 曺弘子 李再榮 吳流ゝ 曺孝義
3 曺粿塠 安晟子 李重華 僧李達
4 將龍光願隊下貳拾參人 龍海潤 馬黑ゝ 王屯ゝ 李阿金 李篇ゝ 李佛寶
5 石骨崙 石弟ゝ 石寶王 僧石胡ゝ 石佛得 任骨崙 任佛奴 曺氾仵
6 曺天德 成屯郎 氾寧ゝ 索順光 索他力 洛晟ゝ 張骨ゝ 姚興清
7 將宋勝君隊下貳拾參人 宋可瘦 何再清 李再和 康興ゝ 張曺二 王達子
8 米粿塠 彭善友 彭道專 曺福善 氾藏子 氾海奴 目贊ゝ 安醜勿
9 安小郎 安君ゝ 安太僕 張勝ゝ 王小屯 王六子 宋榮子 宋敖ゝ
10 將李六娘隊下貳拾貳人 宋文ゝ 宋天養 安建奴 安願奴 陰子英 陰伯醜
11 陰文建 陰再寧 張滿子 張文ゝ 趙音七 趙履屯 王信ゝ 王華子
12 趙什德 張勝安 張王ゝ 張宜子 鄧進ゝ 價盈子 宋惠ゝ 李伯醜
13 將王六子隊下貳拾參人 王神達 王醜奴 衛苟子 僧價明因 閻文祿 令狐宜ゝ
14 范清 范文建 李孝子 唐猪光 李來奴 陰再晟 李可瘦 李通ゝ
15 裴興云 安寶藏 王文英 髙滿奴 齊興清 齊端ゝ 齊興順 齊像奴
16 將李國堅隊下貳拾貳人 齊張六 張李林 張加興 張緊胡 盧小興 王仕忠
17 王法心 董敦ゝ 僧明振 董德才? 李受ゝ 史興進 安進達 米寧ゝ
18 康安七 僧法義 張洛ゝ 左吉昌 僧李智成 僧康靈滿 髙通達
19 將安榮子隊下貳拾陸人 索再賓 田進明 氾榮宗 杜漢歸 米進達 米屯郎
20 郭晟子 郭文達 僧裴曇深 僧王順ゝ 僧楊神贊 梁小晟 王進達
21 王文英 翟端ゝ 呂龍ゝ 呂胡光 陰苟史 僧建紹 郭奐ゝ 郭郎ゝ
22 張小苟 索胡ゝ 僧王安多 張端ゝ
23 **將氾懷偉**隊下貳拾玖人 何猪子 史原ゝ 僧安信行 張賢ゝ 王小清 史萬子
24 **僧□□**［　］ □思?慈 張珊瑚 王文進 安伯達 呂恆安 王寶晟
25 **就?**［　　　　］ □髙七 張猪子 呂文□
26 **姚□**［　　］

（後欠）

『釋錄』記載文字→訂正
1 欽落→珪? 石□奴→石沙奴 張和毛→張和屯
2 明□□→胡進政 ［　］→胡鶻子
鼠藏子→龍藏子 曺→曺定ゝ
曺□子→曺弘子
3 曺糞堆→曺粿塠 李□華→李重華
5 石賈玉→石寶王 曺氾行→曺氾仵
6 成毛郎→成屯郎
8 米糞堆→米粿塠 目贊ゝ→目贊ゝ
9 王小毛→王小屯
11 陰文達→陰文建 陰衆寧→陰再寧
12 張宜才→張宜子 李伯醒→李伯醜
13 閻文楝→閻文祿
14 李君子→李孝子
16 張季林→張李林
19 米毛郎→米屯郎
20 裴雲深→裴曇深 王段?ゝ?→王順ゝ
楊神寶→楊神贊
21 郭更ゝ→郭奐ゝ

※『釋錄』第四輯（五二二頁）の寫眞（不鮮明）では23行目—26行目の上部が残存している。『釋錄』で示される人名を參考までにゴチックで示す。

ると、「新集吉凶書儀」の首部に該當し、ここから書き始められているのは明瞭だからである[5]。

R・V兩面の使用狀況については、本論で取り扱うV面（9世紀中期）が第一次利用され、その後R面（10世紀中期以降）が第二次利用されたことになろう。

從って、殘存する文書から確認可能な「將…隊下」で示される組織の構成は、表Iのようになろう。

c. 隊別人數と行數

表Ⅰ　隊別人數と行數（連記されたP3249v文書の末尾と行數）

該當行	將隊名	合　計 （將と併せた）人數	行數
1	（將某隊）	26？（19＋姓名欠落：7？）	4行？
4	將龍光願隊	23	3行
7	將宋勝君隊	23	3行
10	將李六娘隊	22	3行
13	將王六子隊	23	3行
16	將李國堅隊	22	3行
19	將安榮子隊	26	4行
23	將氾懷偉隊	29（16＋姓名缺落：13）	4行

表Iで示したように、各隊のグループの人數に關して、「將…隊下」の記載形式についてみると、冒頭の4，7，10，13，16，19，23行目には全ては將を含めて7名が記載されている。この形式に基づくならば、首部缺落の1行目は「將…隊下」と記載されていて、それに續いて（將を含めた）隊の人數が記載されていたと考えるのが妥當であろう。とすれば、首部缺落箇所は19行目の形式と同じように「將…隊下貳拾陸人」（下線部は筆者による、以下同樣。）となっていたはずであり、7名がここに書かれていたとみるべきであろう。

よって、缺落した首部（「將…隊下」）と1～3行目には26名の名前が4行にわたって記載されていたことが理解できよう。

表Iの23行目（「將氾懷偉隊下」）以下の29名の人數を、あるいは本文書の中に見える隊の最大人數とみるならば、隊の構成人數の平均は約24名と考えることは可能かと思われる。

d.「將」「隊」の意味について

「將…隊下」の記載形式と、「將」「隊」の用語から、ここに記載されている組織の性格が、すぐに軍事的な組織であることを想起させる[6]。それでは本文書に記載されているこの組織の性格が、果たしてそのような軍事的な組織であるのかをまず最初に検討することから始めたい。

ここで上記の文書に記載されている「將」「隊」に關する用語の意味を考えるために、一般に漢文史料の中でどのように使用されているかを見ることにしたい。ただしP3249vに記載される「將…隊下」の用例は漢文史料の中から見當たらないが、上記の組織が軍事的なそれと考えれば、「將」の下に「隊」と記載していることから、ここでの「將」の意味は「隊」の上にあって、隊成員の長（統率者・責任者）としての意味として理解できよう。とすれば、「隊將」の意味にも通ずることになろう。

ここで述べた「隊將」の語は、漢文史料上に散見する。その一部を以下にみることにしたい。

1．較右僕射兼領軍衞、范居實絳州翼城人、事太祖、初爲隊將軍從討巣、蔡有功、又從朱珍、收滑州、改左廂都虞侯、

（册府元龜、巻346、將帥部７、佐命・舊五代史、梁書19列傳第９、范居實）

ここでは范居實が「隊の將」、すなわち隊を率いる統率者としての意味に使用されている。

2．司勳員外郎潘夙權、本路轉運使。時蠻反邵州、殺隊將及其部兵。

（續資治通鑑長編、巻187、仁宗88、嘉祐３年-1058-）

邵州で反亂を起こした蠻（族）が「殺隊將及其部兵」とあるので、ここでは「部隊の統率者としての將とその配下の兵」の意味に使用されている。

3．手射賊劭於東堂、幾中逆徒擊之、臂斷倒地、乃見殺其隊將張泓之・朱道欽・陳滿、與天興同出拒戰、竝死、

（册府元龜、巻210　閏位部29、旌表・巻627、環衞部29、忠義節）

ここでも「隊の將」（張泓之・朱道欽・陳滿等が將であるならば、ここに記載されている隊は將の人數分の隊が編成されていたことになろうか）の意味で使用されている。

4．孟方立、邢州平鄉人也。少爲軍卒、以勇力選爲隊將。唐廣明中（-880～881-）、潞州節度使高潯攻諸葛爽于河陽、遣方立將兵出天井關爲先鋒。潯爲其將劉廣所逐、廣爲亂軍所殺。　（新五代史巻５、雜傳30、孟方立）

ここでも同様に「隊の將」の意味で使用されており、また「將兵」の用語からも「將とその管下の兵士」の意味で使用されている。したがって、共に隊の責任者としての意味で使用されていることは明瞭である。

「將」の語との關連で見るならば、「將兵」と同じように「將士」も同じ意味で使用されているものと考えるべきであろう。以下にその例を見ることとする。

5．命皇太子率兵討劉黑闥。（武德五年-622-）丙申、幸宜州、簡閱將士。

（舊唐書、巻１、本紀、高祖李淵）

6．是歳（武德九年-626-）、閱武於城西、高祖親自臨視、勞將士而還。　（同上）

史料５・６から、「將士」の意味は、兵士全般を指す（將と士を併記することによっ

て、士を統括する責任者が「將」であること）意味として使用されている。

上述したように、「將」の語と連なって出てくる「隊將」「將士」「將兵」の用語から、ここに記されている「將」のすべてが、軍事的な組織の長（統率者・責任者）として通常使用されていることがわかる。

それではこれらの「將」「隊將」「將士」「將兵」の用語が軍事的な意味で使用されていると考えるならば、次に上記の組織人數に關してはどのようになっていたのであろうか。

e. 隊・團の構成人數

軍事的組織の成員の人數に關して、當該時期の兵員數を考える際の參考として、唐軍防令の中に基本的な解答を見ることができるであろう。そこでこれらの組織成員に關する内容を理解するために唐軍防令から、參考までに「隊」の構成人數と組織的な特徴を概観してみたい。

まず、律令制下における軍事組織としての府兵制を見ると、唐軍防令では府兵成員の人數に關して、以下の二條がよく知られている。

8．諸衞士十人爲火、火有六駄馬、

9．衞士以二百人爲團、團有校尉、五十人爲隊、隊有正、

上記の二條文と關係ある内容は、唐軍防令以外の漢文史料でも確認することができる。

10. 凡府三等、兵千二百人爲上、千人爲中、八百人爲下。府置折衝都尉一人、左右果毅都尉各一人、長史、兵曹、別將各一人、校尉六人。士以三（二の誤）百人爲團、團有校尉、五十人爲隊、隊有正、十人爲火、火有長。　（新唐書巻50、志第40）

11. 凡上府兵千二百人、中府千人、下府八百人、三（二の誤）百人爲團、團有校尉、五十人爲隊、隊有正、十人爲火、火有長、　（資治通鑑、唐紀 第194巻　唐紀10）

12. 唐府兵之制、十人爲火、火有長、火備六駄馬、凡火具烏布幕・鐵馬盂・布槽・鍤・钁・鑿・碓・筐・斧・鉗・皆一、甲牀二・鎌二、五十人爲隊、隊具火鑽一、胸馬繩一、首羈・足絆皆三、人具弓一、矢三十、胡祿・横刀・礪石・大觿・氈帽・氈裝・行縢皆一、麥飯九斗、米二斗、皆自備、其介冑戎具藏於庫、有所征行、則視其入而出給之、其番上宿衞者、惟給弓・矢・横刀而已、

（資治通鑑、第216巻、唐紀32）

上述の史料(7)から共通に確認できることは以下の通りであろう。10人が「一火」なので、「五火」は50人となり、この50人で一隊が構成される。さらに、四隊で一團が構成され、その成員人數は200人となっている(8)。以上の結論から、「隊」は50人を1グループとする組織であったことが知られる。

では、次にこうした隊が軍事組織全體としてどのように機能していたであろうか。既に述べた『新唐書』巻50、志第40の中に府兵の實践的な軍事訓練の様子が詳細に記述されており、これを參考として軍事組織の機能を類推することが可能かと思われる。

參考までに以下に掲示する。

13. 毎歳季冬、折衝都尉率五校兵馬之在府者、置左右二校尉、位相距百步、毎校爲步隊十、騎隊一、皆卷矟幡、展刃旗、散立以俟、角手吹大角一通、諸校皆斂人騎爲隊、二通、偃旗矟解幡、三通、旗矟擧、左右校擊鼓、二校之人合譟而進、右校擊鉦、隊少却、左校進、逐至右校立所、左校擊鉦少却、右校進逐至左校立所、右校復擊鉦隊還、左校復薄戰、皆擊鉦、隊各還、大角復鳴一通、皆卷幡、攝矢、弛弓、匣刃、二通、旗矟擧、隊皆進、三通、左右校皆引還、是日也、因縱獵、獲各入其人(9)。

上述の訓練の中では、「毎校爲步隊十、騎隊一」とあることから、實踐的な訓練の中でも500人の步兵と50人の騎兵、合計550人の構成で行動しているのが理解される。したがって兩陣營の合計1100人が、この訓練に動員されているという事になろう。それは實踐的な戰鬪場面では、團が基本的な軍事組織であり、上述の訓練に見られるように隊を併せて團を構成することによってはじめて軍事組織としての機能を果たすことを意味しよう。

これらの史料に基づいて、先のP3249vにみえる「將…隊下」と記されている組織の性格と、その構成人員についてみると、平均24人によって構成されるいくつかの隊(唐軍防令に基づけば、九隊前後を併合して200人となるであろう)を編成して團とする基礎的な軍事組織である可能性は否定できない。

しかし、P3249vに見られる構成員を上述したような理由から軍事的な組織と卽斷することには、同時に後述するような疑問が殘されていると言わざるを得ない。

そこでP3249vに見える隊の特徴について檢討するために、ここに記載されている成員の名前や肩書の特徴からみていくこととしたい。それは、隊がどのような人たちによって構成されていたかを見ることによって、その組織の特徴を見出すことが可能だからである。

P3249vの構成員の名前と肩書については以下の表IIに示すこととし、これらの構成員についての檢討からはじめてみたい。

2. P3249vの構成員の名前と肩書

まず本文書には、王六子の名前が9行目と13行目の二箇所に出てくる。前者では「將宋勝君隊下貳拾參人」の中の一人として登場しており、後者では「將王六子隊下貳拾參人」とあるから、「將隊」(隊の統率者・責任者)本人としてである。

同様に王文英は、上述の「將王六子隊下貳拾參人」の中の一人として15行目に出てくるが、同時に21行目に「將安榮子隊下貳拾陸人」の一人としても出てくる。わずか26行の文書の中にこれら二人の名前が二度も重複して記載されているのは注目に値しよう(10)。

表II　P3249v　「將龍光顔等隊下人名簿」

通し No.	文書行	人　名	肩書
1	1	曺道珪？	僧
2	1	石沙奴	
3	1	石德子	
4	1	張和乇	
5	1	曺興〻	
6	1	馬安七	
7	1	鄧惠寂	僧
8	2	胡進政	
9	2	胡鶻子	
10	2	龍藏子	
11	2	曺定〻	
12	2	曺弘子	
13	2	李再榮	
14	2	吳流〻	
15	2	曺孝義	
16	3	曺粿塠	
17	3	安晟子	
18	3	李重華	
19	3	李達	僧
20	4	龍光顚	將
21	4	龍海潤	
22	4	馬黑〻	
23	4	王乇〻	
24	4	李阿金	
25	4	李篇〻	
26	4	李佛寶	
27	5	石骨崙	
28	5	石弟〻	
29	5	石寶王	
30	5	石胡〻	僧
31	5	石佛得	
32	5	任骨崙	
33	5	任佛奴	
34	5	曺氾仵	
35	6	曺天德	
36	6	成乇郎	
37	6	氾寧〻	
38	6	索順光	
39	6	索他力	
40	6	洛晟〻	
41	6	張骨〻	
42	6	姚興淸	
43	7	宋勝君	將
44	7	宋可瘦	
45	7	何再淸	
46	7	李再和	
47	7	康興〻	
48	7	張曺二	
49	7	王達子	
50	8	米粿塠	
51	8	彭善友	
52	8	彭道專	
53	8	曺福善	
54	8	氾藏子	
55	8	氾海奴	
56	8	目贊〻	
57	8	安醜勿	
58	9	安小郎	
59	9	安君〻	
60	9	安太僕	
61	9	張勝〻	
62	9	王小乇	
63	9	王六子	
64	9	宋榮子	
65	9	宋敖〻	
66	10	李六娘	將
67	10	宋文〻	
68	10	宋天養	
69	10	安建奴	
70	10	安願奴	
71	10	陰子英	
72	10	陰伯醜	
73	11	陰文建	
74	11	陰再寧	
75	11	張滿子	
76	11	張文〻	
77	11	趙音七	
78	11	趙履乇	
79	11	王信〻	
80	11	王華子	
81	12	趙什德	
82	12	張勝安	
83	12	張王〻	
84	12	張宜子	
85	12	鄧進〻	
86	12	價盈子	
87	12	宋惠〻	
88	12	李伯醜	
89	13	王六子	將
90	13	王神達	
91	13	王醜奴	
92	13	衛苟子	
93	13	價明因	僧
94	13	閻文祿	
95	13	令狐宜〻	
96	14	范淸	
97	14	范文建	
98	14	李孝子	
99	14	唐猪光	
100	14	李來奴	
101	14	陰再晟	
102	14	李可瘦	
103	14	李通〻	
104	15	裴興云	
105	15	安寶藏	
106	15	王文英	
107	15	高滿奴	
108	15	齎興淸	
109	15	齎端〻	
110	15	齊興順	
111	15	齊像奴	
112	16	李國堅	將
113	16	齎張六	
114	16	張李林	
115	16	張加興	
116	16	張緊胡	
117	16	盧小興	
118	16	王仕忠	
119	17	王法心	
120	17	董敦〻	
121	17	明振	僧
122	17	董德才？	
123	17	李受〻	
124	17	史興進	
125	17	安進達	
126	17	米寧〻	
127	18	康安七	
128	18	法義	僧
129	18	張洛〻	
130	18	左吉昌	
131	18	李智成	僧
132	18	康靈滿	僧
133	18	高通達	
134	19	安榮子	將
135	19	索再賓	
136	19	田進明	
137	19	氾榮宗	
138	19	杜漢歸	
139	19	米進達	
140	19	米乇郎	
141	20	郭晟子	
142	20	郭文達	
143	20	裴曇深	僧
144	20	王順〻	僧
145	20	楊神贊	僧
146	20	梁小晟	
147	20	王進達	
148	21	王文英	
149	21	翟端〻	
150	21	呂龍〻	
151	21	呂胡光	
152	21	陰苟史	
153	21	建紹	僧
154	21	郭奐〻	
155	21	郭郎〻	
156	22	張小苟	
157	22	索胡〻	
158	22	王安多	僧
159	22	張端〻	
160	23	氾懷偉	將
161	23	何猪子	
162	23	史原〻	
163	23	安信行	僧
164	23	張賢〻	
165	23	王小淸	
166	23	史萬子	
167	24	□□[	僧
168	24	□思？慈	
169	24	張珊瑚	
170	24	王文進	
171	24	安伯達	
172	24	呂恆安	
173	24	王寶晟	
174	25	就？[	
175	25	□高七	
176	25	張猪子	
177	25	呂文□	
178	26	姚□[	

既にみた「表Ⅰ 隊別人數と行數」に示したように、8隊（合計成員177名）の中で、2名もの成員が重複して記載されているのは何故であろうか。

これまで述べてきたように、實踐的な軍事組織としていくつかの隊を併合して團を編成して戰闘に備えるためのものであるならば、その基礎となる隊の成員が重複して編成されることはありえないことであろう。さらに軍事的組織の中にあって、隊の統率者「將」が、他の隊の組織の中に一人の成員（すなわち「士」）として組み込まれることも無論ありえないことであろう。

そこで上述の問題點を検討するために、表IIに掲載されている人名の中から肩書を持つ者と人名重複者を拾い上げると、以下のようになる（表III）。

表III　P3249v　「將龍光顔等隊下人名簿」肩書保有者・人名重複者

通し No.	文書行	人　名	肩書	備考
20	4	龍光願	將	將龍光願隊下貳拾參人
43	7	宋勝君	將	將宋勝君隊下貳拾參人
66	10	李六娘	將	將李六娘隊下貳拾貳人
89	13	王六子	將	將王六子隊下貳拾參人　→王六子（9行目）
112	16	李國堅	將	將李國堅隊下貳拾貳人
134	19	安榮子	將	將安榮子隊下貳拾陸人
160	23	氾懷偉	將	將氾懷偉隊下貳拾玖人
1	1	曺道珪？	僧	
7	1	鄧惠寂	僧	
19	3	李達	僧	
30	5	石胡ミ	僧	
93	13	價明因	僧	
121	17	明振	僧	
128	18	法義	僧	
131	18	李智成	僧	
132	18	康靈滿	僧	
143	20	裴曇深	僧	
144	20	王順ミ	僧	
145	20	楊神贊	僧	
153	21	建紹	僧	
158	22	王安多	僧	
163	23	安信行	僧	
167	24	□□□	僧	
63	9	王六子		→王六子（13行目）
106	15	王文英		→王文英（21行目）
148	21	王文英		→王文英（15行目）

表IIIから、P3249vの構成員の名前と肩書について、後掲の「表V 人名關連文書表」に基づいて若干の補正を加えると、以下の「身分・肩書補正表」のようになろう。

身分・肩書補正表

肩書・身分	人數	人　名	補　足（關連文書など）
將	7	王六子・安榮子・宋勝君・氾懷偉・李國堅・龍光願・李六娘	
寺丁	1	史興進	S00542v：「戌年六月十八日（818)、燉煌諸寺丁壯車牛役部」
社人	2	王達子・張曹二	王達子に關してはP2738v：「二月廿五日（９C後期)、社司轉帖」、S05747v：「(10C前期)、社人名目」を、張曹二に關してはS02041を參照。
僧	16	康靈滿・鄧惠寂・法義・楊神贊・李達・安信行・王順〻・王安多・價明因・建紹・石胡〻・曺道珪・裴曇深・李智成・□□□・明振	
百姓	1	石骨崙	P2622v：「大中十三年（859）三月・四月、百姓石骨崙謹牒（雜寫)」

「身分・肩書補正表」から見ると、「將」が７名もおり、これらの「將」をこれまでにみてきた軍事關係の肩書きと考えればP3249vは軍事的な組織名簿としてとらえがちである。しかし同樣に「僧」が16名と極めて多いことから、これらの僧を中心とした僧兵の組織として斷定するのも妥當であろうか(11)。

ここまで、本稿で取り扱うP3249vにみえる組織の性格について、みてきた。まず第一に「將…隊下」と記される隊の構成人員の數、第二に重複して記載される人名の存在、更に第三として構成人員の中に「將…隊下」７名の人數を優に上回る僧16名（寺院關係者としての寺丁まで含めると17名）にも及ぶ組織、これら三點からだけでも、P3249vにみえる組織の性格を、軍事的なそれと斷定するには、やはり逡巡せざるを得ない。

それならば、本文書に記載される「將…隊下」と記載される組織の性格、ひいてはその本來の目的は何であったのか、これらの問題について次に考えてみたい。

f. 敦煌文書に見える「將」「隊」

ところで本文書P3249vに記載されている「將…隊下」の表記の使用例は、既に漢文史料で見てきたように、敦煌文書の中でも今のところを確認できない。敦煌文書の中からも「將」は隊の代表あるいは統率者に該當するものと思われる(12)。

そこで、漢文文書と同じように、今度は９世紀前期から10世紀にかけての敦煌文書に出てくる「將頭」「隊頭」の用語が、どのような場合に使用されているかを土肥『人名集成』の中からピックアップして、表Ⅳ「將頭・隊頭人名項目表」として掲示することにしたい。

表IV　將頭・隊頭人名項目表

整理No.	人名	文書番號	紀年干支年月日	西曆年代	文書名稱	肩書	官職・僧官・僧職名	寺院名	地名	本人關係·關連文書·關連史料·關連研究
1	楊將頭	S04577	癸酉年十月五日	913 973	楊將頭遺物分配憑		將頭			
2	闊將頭	S01053v	戊辰年	908？	某寺破曆		將頭			
3	曹將頭	S04060	戊申年正月五日	948	便麥曆		將頭			
4	孔將頭	P3707	戊午年四月廿四日	898？ 958？	親情社轉帖		將頭　錄事			
5	趙將頭	BD16384（L4458）	丙寅年八月廿九日	966	抄錄有私駝名目		將頭			
6	張願受	Дx01317	二月六日	10C中期	衙前第一隊轉帖		將頭			
7	張將頭	P3391v	丁酉年正月	937	社司轉帖（寫錄）	社人	將頭			
8	張將頭	P3391v	丁酉年正月	937	社司轉帖（寫錄）	社人	將頭			
9	陽將頭	Дx01313	壬申年十月廿七日	972	以褐九段塡還驢價契		將頭		瓜州	原作「鎭城兵馬楊將頭」。
10	索將頭（莊）	S04704	辛丑年三月廿日	941？	牧羊憑		將頭	報恩寺	城北	
11	陰將頭	S04700	甲午年五月十五日	994	陰家榮親客目		將頭			
12	羅乾祐	S03540	庚午年正月廿五日	970	宕泉修窟盟約憑		將頭			
13	周留住	莫第098窟	五代晉	936～946	供養人題記		節度押衙知右四將將頭銀青光祿大夫檢校太子賓客兼監察侍御史			節度押衙知右四將將頭銀青光祿大夫檢校太子賓客兼監察侍御史周留住一心供養。謝P.97供養人像北壁第52/36身
14	張將頭	Φ335B	己巳年三月十九日	969 919	納黃麻等曆		將頭			
15	楊將頭	BD11993（L2122）	壬申年十一月八日	972	楊將頭領得弩箭現在延超手上記錄		將頭			
16	令狐慶□	P2915 PIECE1·2		10C	社人名（殘）	社人	將頭			
17	張將頭	S11353		10C	社司？轉帖	社人	將頭			
18	李將頭	P3145v		10C	節度使下官人名・鄉名諸姓等雜記		將頭			
19	李將頭	P3145v		10C	節度使下官人名・鄉名諸姓等雜記		將頭			
20	李將頭	P3145v		10C	節度使下官人名鄉名諸姓等雜記		將頭			
21	渾子盈	S05448②		10C	渾府君邈眞讃		唐故河西歸義軍節度押衙兼右二將頭			渾府君：諱子盈字英進
22	渾將頭	S01477v T21		10C初頃	地步曆		將頭			
23	渾子盈	P3718		10C前期	唐故歸義軍南陽郡張公寫眞讃幷序		節度押衙兼右二將頭			原“渾府君：諱子盈字英進”。
24	龍將頭	P3396		10C後期	諸渠別粟田籍		將頭			
25	龍將頭	P3396		10C後期	諸渠別粟田籍		將頭			
26	價將頭	S01153		10C後期	諸雜人名目		將頭			
27	張將頭	S11360D2		10C中期以降？	貸粟麥曆		將頭			
28	陰將頭	P3490v		921頃	油破曆		將頭			
29	孔將頭	P2032v⑳-7		940前後	淨土寺麵黃麻豆布等破曆		將頭	淨土寺		
30	張將頭	P3234v⑮		940年代？	淨土寺西倉利潤入曆		將頭	淨土寺		
31	漢兒城將頭	P2953v		954～960以後	便麥豆本曆		城將頭			⇒漢兒城

「隊頭」關係人名項目表

32	鄧隊頭	Дx01387	□亥年三月廿日	10C	黄麻青麥便暦		隊頭			
33	王義詮	P4638v⑬	辛卯年	931	將于闐充使達至西府大國		隊頭・押衙			
34	趙再住	BD09345②(周66)	二月六日	10C後期	隊頭趙再住等轉帖		隊頭			
35	張揭搖	Stein Painting 52	開寶四年壬申歳九月六日題記之年	971	觀世音菩薩圖供養人題記	施主	燉煌步軍隊頭			
36	吳隊頭	S04504④	七月三日	10C前期	行人轉帖		隊頭			
37	吳隊頭	S04504④	七月三日	10C前期	行人轉帖		隊頭			
38	康隊頭	S00329v	十月廿八日	9C後半	行人轉帖（寫）		隊頭營田			
39	程憨奴	S01403	十二月十六日	9C後期	契	見人	隊頭			
40	程住兒	S01403	十二月十六日	9C後期	契	雇驢人	隊頭			
41	杜幸德	S02472v①	辛巳年十月三日	981？	官破計會		押衙・第五隊頭			
42	龍員昌	S02472v②	辛巳年十月三日	981？	官破計會		押衙・第一隊頭			
43	裴萬通	S02472v④	辛巳年十月三日	981？	隊官破暦		隊頭			
44	陰保昇	S02472v④	辛巳年十月三日	981？	隊官破暦		押衙第五隊頭			
45	王隊頭	S06981⑬	酉年	10C中期	入麥暦		隊頭			
46	王隊頭？	Дx01317	二月六日	10C中期	衙前第一隊轉帖		押衙隊頭？			
47	唐纈通	S01898		10C前期	兵裝備簿		第四隊頭押衙			
48	陰隊頭	BD09325(周46)		10C後期	社司轉帖	社人	隊頭			□子？年七月十四日
49	安員信	P3396		10C後期	諸渠別粟田籍		隊頭			
50	安隊頭	P3396		10C後期	諸渠別粟田籍		隊頭			
51	杜隊？頭	P3396v		10C後期	諸渠別粟田籍		隊頭			
52	閻？□	EO1143		10C後半？	延壽命菩薩圖供養題記		（知）步二十（卒）隊頭			
53	張隊頭	S01477v		10C初	地步暦		隊頭			
54	李再？住？	Stein Painting 63		10C中期以降	觀音圖（一心供養文）		隊頭			原作「淸信佛弟先□卒軍隊頭」。
55	氾翼	S03111		9～10C	金剛經疏釋		隊頭			
56	鄧隊頭	P4635⑤		943	第一年至第五年於莊造瓦得斛㪷暦		隊頭		東河	
57	勝隊	P3047v⑦		9C前期	法事僧尼名錄		隊？			俗姓：李
58	李勝隊？	P3047v⑦		9C前期	法事僧尼名錄		隊？			僧名：勝隊
59	令狐住子	莫第322窟		五代	供養人題記	社人	隊頭			西壁龕下北側供養人列南向第1身。「題記」p.131。
60	歸臨	BD16111A(L4066)		9C末～10C初	暮容歸順？隊？下人名目		歸順？隊？			

表IVから、漢文史料で確認したように「將」「將頭」はここでも軍事組織の中の責任者あるいは統率者の意味に使用されている。しかし同時に寺院關係の文書の中にも「將頭」の語が見える(13)。

上述の文書から類推すると、本稿で取り扱うP3249v文書は、軍事的な組織の可能性もあるが、寺院に關係する軍務以外の雜役的な任務を負っている內容の文書としての性格を意識せざるを得ない。とすればこうした寺院を中心として、なおかつ官とのかかわりを持つ文書の性格を有していると言えよう。しかし寺院が官に代わって役務を實行するという當該社會の特徴と、その背景にある社會的な狀況とは何であろうか。

これらの問題を考えるために、敦煌文書に見える諸寺院が主體的に關係する催し物(寺院の行事・雜務などを含む)とはどのようなものであったのか、次にこれらとそこに關わる人たちの特徴との關連から檢討してみたい。

3．P3249v記載人名と關連文書の分析

まず本文書に記載されている人たちは、どのような肩書や人たちによって構成されているのであろうか。そしてまた彼らは日常的に關係する組織の成員として、どのような生活をしているのか。これらをみることによって、そこからこの組織の特徴と、そこから窺える當該社會の特質を檢討することも可能かと思う。

そこで上述の特徴を檢討するために、彼らがP3249v以外の文書にも登場する場合は、その關連文書をも併記することにする。檢索の方法は、土肥『人名集成』を基にピックアップしていることを最初に斷っておきたい。

なお檢索の基本操作としてP3249vは9世紀中期とされているので、この中に登場する人名で、他の文書にも登場する同一の人名の場合には、文書年代を9世紀前期～10世紀前半を對象としている。10世紀となっている場合も、10世紀前半を含んでいるので、檢索の對象として、この年代も同一年代の範疇に含めている。これらの檢索の結果をまとめたものを、表Vとして以下に掲載する。

表V　人名關連文書表

P3249v 通しNo.	人名	肩書き	當該人名が關係する文書
7	鄧惠寂	僧	①S00545v、(9C前半)、永安寺僧名申告狀 ②⇒惠寂；S02614v、(895)、燉煌應管諸寺僧尼名錄 ③S04831②、(9C前期)、寫經人名目 ④P.tib1261v⑥、(9C前期)、諸寺僧尼支給穀物曆
23	王屯ミ		①P4019piece2、(9C後期)、納草束曆
27	石骨崙	百姓	①P2622v、大中十三年(859) 三月・四月、百姓石骨崙謹牒（落書）
32	任骨崙		①S02214、(10C？)、納支黃麻等曆
40	洛晟ミ		①Дx01355+Дx03130、(9C後期)、洛晟ミ；賣薗舍契
41	張骨ミ		①S04710、(9C半以後)、沙州戶口簿 ②P2738v、二月廿五日（9C後期)、社司轉帖
48	張軎二	社人	①S02041、丙寅年三月四日、(846)、社約
49	王達子	社人	①P2040v②-29、(940前後)、淨土寺豆入曆 ②P2738v、二月廿五日(9C後期)、社司轉帖 ③S05747v、(10C前期)、社人名目 ④P3705v、中和二年頃（882頃)、人名錄雜記
63・89	王六子	隊將	①BD09174（陶95)、(9～10C)、雜寫（6行) ②P2049v①、(925)、西麥折豆利入破曆西豆破入麥用曆

			③P3490v、辛巳年頃（921頃）、油破入曆 ④P3985、癸巳年七月廿五日（933）、錄人送路物色名目
73	陰文建		①P3863、(９C)、狀
76	張文ゝ		①S04692、(10C)、金光明經卷第４ ②P3418v⑦、(９C末～10C初)、慈惠鄕欠枝夫戶名目 ③S11213F、(10C初？)、配附人名目 ④P.tib1082v、９C、三官名目
79	王信ゝ		①P3418v⑥、(９C末～10C初）洪閏鄕欠枝夫戶名目
80	王華子		①P2832Av、９？or10C、納楊楡木人名曆
81	趙什德		①S05824、(吐蕃期；９C前期)、經坊費負擔人名目 ②Φ215、乙未年二月七日（875)、新菩薩經１卷（首題） ③S11521、乙未年二月七日（875)、新菩薩經１卷末
85	鄧進ゝ		①BD04256v①3（玉56)、（四月）十三日夜（９C後期)、第三次斷知更人名帳 ②BD04256v①1（玉56)、四月十三日夜（９C後半)、斷知更人名帳 ③S00782v、(９C後期？)、納贈曆
87	宋惠ゝ		①P3192v、大中十二年四月一日（858)、便麥契（控）
91	王醜奴		①S747v、酉年五月四日(９C前半818頃）雜寫 ②S8692、閏四月(923？)、退渾便物人名目 ③MG22799、(甲）申年正月十五日（984）南元觀世音菩薩圖 ④P4997v、(10C)、某官衙付諸人買糟羊皮曆分付羊皮曆殘 ⑤BD16332-A（L4423)、(10C)、渠人轉帖 ⑥P3764piece1、己亥年九月十六日（915？)、社司轉帖
108	齊興淸		①P3643、咸通二年三月八日(861)、出租地契
111	齊像奴		①P3643、咸通二年三月八日(861)、出租地契
121	明振	僧	①P4611、(９C末～10C初)、諸寺付帙曆 ②BD13975（新0175)、(９C)、大般若波羅蜜多經卷第323（末） ③BD11899（L2028)、(９C～10C)、破曆 ④cf.李明振；莫第148窟、(９C末～10C初)、供養人題記 ⑤P3192v、大中十二年四月一日(858)、社司轉帖（稿） ⑥P4640②、(９C末～10C前)、隴西李家先代碑記
124	史興進	寺丁	①S00542v、戌年六月十八日（818)、燉煌諸寺丁仕車牛役部、大雲寺
128	法義	僧	①P.tib1261v⑦、(９C前半)、諸寺僧尼支給穀物曆 ②P.tib1261v⑨、(９C前半)、諸寺僧尼支給穀物曆 ③羽694①、未年閏十月（803)、當寺應管主客僧牒
132	康靈滿	僧	①S3180v、(９C末頃)、爲追念設供請僧疏
145	楊神贊	僧	⇒神贊；P2842piece3、某月七日(10C前期)、徒衆轉帖
149	翟端ゝ		①P3418v⑤、(９C末～10C初)、欠枝夫戶名目
152	陰苟史		①P2641、丁未年六月（947？）宴設司文書 ②Дx1378、(10C中期)、當團轉帖 ③P3424、己丑年（869？)、王都判下磑羅麥・粟・乾麥等曆 ④P4810v①、九月廿七日（９C)、役簿？
156	張小苟		①P3418v⑤、(９C末～10C初)、欠枝夫戶名目
164	張賢ゝ		①BD09344（周65)、(９～10C)、諸色破曆
170	王文進		①P3569v①、(９C末)、人名錄（殘） ②P3705v、中和二年頃（882頃)、人名錄雜記
176	張猪子		①P3234v③-21、甲辰年、(944)、惠安惠戒手下便物曆

次に上掲の表Ⅴに登場する人名と文書內容との關連について、以下、順にみていくこととしたい。

No.85 鄧進ゝ；

①は姓名を記すのみで、肩書・官職などは明らかでない。

②は①と同樣に肩書・官職などは明らかではない。むしろ官職を記載されたもの

がいないという事は、この文書に記載されている人たちは寺院關係者（徒衆）かあるいは俗人と考えるべきであろう。
③本文書の中に見える人名（54人）の中で「闍梨」の肩書を持つ者は6名見えることから、佛教寺院での行事で費やされた粟・麵・油・布などの物品の支出簿の一部である。鄧進〻は54名の中の一人であり、肩書は記載されていないので徒衆であろう。

No.63・No.89 王六子；
①は雜寫のために、たまたま書かれたにすぎないので王六子の肩書について知ることはできない。
②は敦煌の淨土寺の西倉から貸し出した色物の名前と返濟したことを記した會計簿の一部（後半は淨土寺で諸種の行事や事業に關係した色物の支出簿）であり、これによると、王六子は麥1石2斗を借りて、利息分を含めて豆で返している。ここでは、官と關わる肩書が王六子に記されていないので、彼は官關係者ではなかったことになろう。
③は王六子が關係する寺院（淨土寺であろうか？）で催される行事、あるいは事業（主に關係者の慰勞・接待など）に費やされた支出簿。ここでも彼の肩書は記されていない。しかし、②③から王六子は寺院關係者としての徒衆の一人であった可能性がある。
④は主催者が不明であるが「謹錄人送路物（下缺）」とあるので官の要求に應えて提出した官布・褐などを提出した記錄ではないかと思われる。この中で王六子は官布を提出している。官が中心となって布・褐などを提出させているならば、ここに記載されている人達は官以外の人達である可能性が高い。なぜならば本文書では官に關わる肩書を持つ人たちは記載されておらず、さらに「當家」あるいは「陰家」などの名前で立機（機織り）や褐などを提出していることからも、上述の推定を補強し得るであろう。

P3249v文書で王六子が唯一「將王六子隊」として記載されているのであるが、表Ⅳで見てきたように王六子が假に「將」として隊の長（責任者・統率者）とされていたとしても、①～④の内容から鑑みて軍事的任務に攜わっていた形跡を確認できない。とすれば、この肩書から軍事的な意味を持った本來の「將」「隊將」とは異なった肩書であった可能性が高い。すなわち「將…隊下」の編成は、軍事的な任務とは關係のない別の任務を遂行するために、便宜的に分けられた組織（ここではむしろ班と言った方が適切かと思う）責任者としての意味しか持ち得ないだろう。

「將」とは關係のないその他の人々が關係する文書の中を見ると、王六子と同じように、官に關わる肩書（所謂官職）は記載されていない。日常的な關係での「僧」・「社人」・「寺戶」・「百姓」などの肩書が記されているのみである。

しかも、敦煌の諸寺がかかわる行事・事業などの關係文書に出てくるのは、當該社會の中で寺院の占める位置が大きな影響力と實行力とを伴っていたことを示しており、その意味では社組織が當該社會に廣く、かつ深く根付いている狀況と類似していると言わねばならない。寺院が當該社會に大きな影響を持つ存在であるとすれば、おのずと官もそうした組織と無關係ではありえないし、そのために日常的にもこうした諸寺との關係を持っていたことになろう。換言すれば、諸寺が當該社會で大きな影響力を持つことによって獨自の行事・事業などを實踐しながら、當該時期の活動において官との關係（介入）を無視することはできなかったであろう。

No.124 史興進（寺丁）；

①は吐蕃支配期の文書であり、敦煌諸寺に對して、主に車牛による運搬役を課した「役簿」である。役の對象となった人々は、敦煌諸寺に屬する寺丁であり、それぞれの力役の責任者（車頭・團頭）あるいは肩書（泥匠・木匠・手力）なども記されている。本文書で見る限り史興進は、役務の內容（「守囚五日」「迴造稻兩馱」）が記されており、①No.124の史興進と同一人と思われる。寺院そのものが官（この場合は吐蕃支配下での）と結びついて、力役などを擔っていたことになろう。本稿で扱っている文書に關して、本文書以外の殆んどは歸義軍節度使管下の時代に書かれた文書だと思われるのであるが、吐蕃支配期の文書で見たときの諸寺院と官（支配政權の關係諸機關をここではこのように表現している）との關わりにそれほど大きな違いを認めることができないのは何故か。支配權力が變わろうと、當該社會に大きな影響力を持っていた諸寺あるいは社などの組織を無視しては支配の貫徹はありえなかったはずであり、それだけに支配權力が當該社會の支配のために、官がこれらの組織の中に關與あるいは介入の形をとり續けたためかと思われる。一見自主的で、獨自の組織の性格を持つはずの佛教教團の組織が、他方で官とのかかわりの中で、官の役務等を行っている文書の存在は、そのことを端的に示していると言えよう(14)。

No.49 王達子（社人）；

①は二月八日に行われた佛教行事での施入曆に記載されており、肩書がないのは衆徒の一人であろうと思われる。

②は82名の社人の中の一人として出てくる。秋の定例の宴會を開催するので、「官樓蘭若門」に取齊（集合）とあるが、社人には肩書が誰一人として記載されていない。ここには官關係者がいなかったことを意味しよう。

③は49名の社人の名前が記載されており、この中に錄事・平水・兵馬使の肩書を持つものが３名いる。王達子にはいずれの肩書もないので、社人の一人であることは明瞭であり、②③から官關係者（節度使管下の人物ではない）ことを示している。

なお④は、落書（習書）の中に雜記されている人名の一人として記載されているに過ぎない。

No.48 張昔二（社人）；

①は儒風坊巷孫隣等で結ばれた「社約」であるが、社の成員の中で、「勝惠幢」のみ僧の肩書を持ち、他は張昔二を含めてみな官關係者ではない社の組織成員と思われる。

No.132 康靈滿（僧）；

①は聖光寺？が要請した追年供養で列記された人名であるが、張家阿師子を除き、「靈滿」を含めて全員が僧と思われる。

No.7 鄧惠寂（僧）；

①では永安寺の主客僧と記されているのみで、官の肩書を持つ者はいない。②～④に關しては、①と同様に「惠寂」の俗姓として「鄧」と斷定しがたいが、いずれも僧であることから、鄧惠寂の可能性もあるので、ここに掲載することにした。

No.128 法義（僧）；

①②③は僧名としての法義であるが、俗姓が不明のため同一人物と斷定するのがためらわれるが、9世紀前半の人名として出てくるので、ここに上げた。

No.121 明振（僧）；

①②③のいずれも俗姓は不明であるが、全てが僧であるので、いずれも明振と同一人名として取り扱った。土肥『人名集成』から明振と關係ある俗姓を捜すと、李明振が④～⑥の3件見つかるが、④は高官の肩書を持っており、それとは關係がない。また⑤は（稿）であるが、社官・錄事を兼任している社人であるが、僧ではない。⑥も同様である。

No.145 楊神贊（僧）；

①は前半が缺けていて、本來の目的を確認することができないが、後半部分の記載内容から、供養を行うために徒衆に回覽された轉帖である。社官・僧統に續けて「神贊」とのみ記載されており、佛印を持參すべき5名の中の一人であり、僧である楊神贊と重なるのでここに上げた。

No.27 石骨崙（百姓）；

①は落書の中に百姓と出てくる以外は不明。官でも僧でもなかったことは確實かと思われる。

No.152 陰苟史；

①は4つの晏設司文書で、いずれも文末に「都頭知宴設使宋田？淸」のサインがあり、官衙（ここでは敦煌城か）での宴席に費やされた色物の支出内容を詳細に記錄している。于闐使の接待・寺院（三界寺等）の修繕とそれに關わる匠たち・病氣見舞い・葬儀などの宴席に關する多彩な内容が記されている。寺院關係や于闐使などの宴席の回數が多いのは、地理的に異民族と直接隣接している敦煌地方の特色として興味深い。また、城都衙・牧牛人・玉匠？・衙前子弟・判官・都頭・

鄕官・宰相・馬群頭・迎于闐使・三界寺觀音堂修繕工匠・金銀匠などの肩書も多く記載されている。宴席の種類が多いだけに、そこにかかわる人たちの肩書も必然的に多くなるためであろう。陰苟史はこの中の金銀匠として、寺院の改修に參加している。

②は佛教教團から29名の團徒に「鍬・钁を持參して、堤上に集合すること」を通達した回覽紙である。陰苟史を含めた4人は僧ではない團徒で、他の25名は僧と思われる。回覽紙の目的は、寺院と關係する水利灌漑施設の整備ではないかと思われる。遲刻者には「決杖十五」、缺席者は「官有重責」と嚴しい罰を加えられることは注目される。社文書でよくみられる集合への遲刻者や缺席者や對する罰則では、遲刻者には「罰酒一角」、缺席者には「罰酒半瓮」とあるのが通例であるからである。

すなわち當團組織は、當該社會で見られる社組織と類似した自主的な組織の性格を持っているはずであるが、いずれも「官有重責」の語に示されるように、官からは必ずしも獨立していたわけではなく多かれ少なかれ官と密接な關係を持っていたのである。佛教教團が社組織と類似した自律的な側面を有しながら、他面で官の介入を受け入れ、日常的にも官の代理として官の役務を負わされている狀況は、上述した組織の特質を端的に表していると言えよう。

③は寺院（三界寺？）へ提出した豆・粟・羅麥などの糧目を記した帳簿。甲申年春と己丑年春の二年間にわたって、責任者としての都（頭）王が帳簿の內容を點檢・確認している。この帳簿の中に陰苟史が提出した糧目が記載されている。

④は亡妣（この場合の妣は母か）の爲に金光明寺が僧達（名のみの記載であることから、彼らは僧と思われる）に追善供養を要請した文書であり、追善供養は僧達への役に匹敵する內容を持ったものと思われる。①～④を見る限り陰苟史は軍關係者でもなければ僧でもない、徒衆の一人かと思われる。

No.73 陰文建；

①には押衙の肩書が記載されているので、陰文建は官（軍事）關係者と思われる。P3249vの中では、「將…隊下」の對象者となっていたとしても當然であり、軍事的組織での統率者として配置されるべきと考える。にもかかわらず、ここでは一成員としてしか組み込まれていないことから、P3249vに見られる組織は、軍事的な性格のものではないと言えよう。

No.80 王華子；

①は白楊楡木を納入した人名の會計簿であるが、兵馬使の肩書を持つ人名は（張兵馬使）一人なので、他は官（武官）とは關係のない俗人であろう。

No.91 王醜奴；

①は「酉年五月四日記王醜奴」の記載から、王醜奴の肩書は不明。

②は、吐谷渾關係者の接待[15]に使用された物品の暦（會計簿）と思われる。

③から故父は木匠であったようで、ここから推定するとすれば、王醜奴もこうした肩書を持つ人物に近いのかもしれない。

④は官衙から羊皮を分付した（その殆どが2帳）破暦に該當する記錄簿である。分付對象者の中には都衙・判官・知官などの肩書を持つ官關係者であるが、王醜奴の肩書は記されていない。前後が缺落した24行の文書であるが、この中で見る限り、王醜奴は唯一、正月17日と（3月）18日の二回にわたって羊皮が分付されていたことからみて、やや優位な地位にあったのであろうか。

⑤渠人18名の中で「善友」のみ僧の肩書を持っているだけで、ここでも、王醜奴には肩書はない。

⑥「闍梨」の肩書を持つ社人が3名（社官張闍梨、周闍梨、孫闍梨）と虞候？（李）を確認出來るが、王醜奴には肩書はない。

No.23 王屯〻；

①は、わずか5行を殘す斷片にすぎず、ここから本文書の前後を讀み取れないので、王屯〻が草束を納めるべき對象は、官か寺院かは明らかにし得ない。しかし肩書が記されていないことから、王屯〻は俗人であろう。

No.170 王文進；

①②ともに人名錄の中に登場するのみで、肩書は記載されていない。いずれの文書からも、王文進は俗人であると言えよう。

No.108 齊興清・ No.111 齊像奴；

①の中で出租地を貸し出す地主・齊像奴に對して、その「保人」（保證人）に齊興清が、「見人」（立會人）として僧願成・僧智謙、更に「見人」と併せて本契約書を書き上げた僧明照の三人が署名している。この契約書の肩書から、齊興清も齊像奴も僧ではない俗人であることがわかる。

同時に、本契約書に現れているように、齊興清も齊像奴も日常生活の中で、寺院僧と密接な關係を持っていたことを示している。くしくも僧でも官（武官）でもない二人が、本契約書の中と同時にP3249vの中にも出ているので、P3249vの中に現れる組織の性格は、この點からも軍事的な組織として考えることにはやはり無理があるように思う。

No.87 宋惠〻；

①では最初の社司轉帖（稿）が書かれており、その後に便麥契（控）が續いて書かれている。この便麥契の保人として宋惠〻が記されているが肩書は記されてはいない。

No.149 翟端〻・ No.156 張小苟・ No.79 王信〻；

①本文書は官衙に提供すべき柳の枝（春の渠水修理に使用されるものと思われる）の未納者の名前と未納分について鄉毎にまとめて列記したものである。文書の前後が缺落していて不明の鄉に續けて、敦煌・神沙・龍勒・赤心・洪閏・慈惠・平

康・效穀の鄕が順に記されているが、他に洪池・莫高・玉關・懸泉などの鄕ごとに記されていたはずである。赤心鄕の翟端ミは「兩束欠」、同じく赤心鄕の張小苟は「九束欠」と記され、洪閏鄕の王信ミ(16)は「八束欠」と記されている。また後述するように慈惠鄕の張文ミ（「欠枝三束」）もこの時の對象となっている。本文書に記載されている493名のうち、都知兵（馬使）・郎君（２名）・縣丞・押衙・長吏・平水・僧（２名）などの肩書を持つのは、９名のみである。このことから（柳）枝提出の義務を負っている人の殆どは官・僧以外の俗人である。

P3249vに、赤心鄕の翟端ミ・張小苟と洪閏鄕の王信ミの３名が記載されていることから、P3249vに記載されている人達が敦煌全域の鄕（懸泉鄕を含めた12鄕）の人達を基に編成したものであることを豫測させる(17)。

No.164 張賢ミ；

①は首尾缺損（３行のみ殘存）の支出簿。その中に記されている３名のうちの一人で、いずれも肩書はない。

No.41 張骨ミ；

①の戶口簿には、94名の人名が記載されていて、これらの中に尼10名、僧７名が登載されている。張骨ミにはこうした肩書が記されていないことから俗人であることは明瞭である。

②は寫錄の中にでてくるが、三官として社長劉奴子・社官王文信・錄事索諸□の肩書を持つ社成員以外では索慶進が虞（候）の肩書を持っている。張骨ミには特に肩書はなく社組織成員の一人に過ぎない。

No.81 趙什德；

①は吐蕃占領期の敦煌で、行人部落・絲綿部落の僧・寫經人のために菜等を供することによって、寫經の卷子（の書寫？）を求めた牒文であり、趙什德は絲綿部落の僧・寫經人のために要請された一人である。しかし②③では趙什德が佛弟子となっていることから、①に記載されている人達は寫經僧として寫經の卷子を要請されていたものとの推察が可能となろう。更に②③が乙未年二月七日（875）とするならば、この時には既に敦煌は吐蕃から歸義軍の支配下に置かれていたことになろう(18)。

No.176 張猪子；

①は數種の便物曆の一部であり、ここに記載されている人名は101名。この中で記されている肩書は判官・都衙（２名）・押衙（2名）・都頭（３名）・禪師・行者・酒司であるが、張猪子はそのいずれも有してはいないので俗人であろう。

No.76 張文ミ；

①では、張文ミが「施主賢者」の肩書を有しているので僧ではないが、寺院關係者と思われる。

②前述したように、赤心鄕の翟端ミ（「兩束欠」）・赤心鄕の張小苟（「九束欠」）・

洪閏郷の王信ミ（「八束欠」）・慈惠郷の張文ミ（「欠枝三束」）には共に肩書はない。③は官衙からの配布物の名簿と思われるが、配布對象となっている人達には肩書がない。

④本文書のR面はチベット文書であるが、そのV面に１行で社長・社官・社錄（事）のいわゆる三官が記載されているに過ぎない。この中の社錄（事）が張文ミである。社の組織の中心的な人物の一人であったことは疑いない。①に見られる「施主賢者」であることが、社錄事であることと關係があるのかもしれない。しかし官關係者でも僧でもないことは明らかである(19)。

No.32 任骨崙；

①は黄麻地畝の廣さとその地畝の廣さと對應して（いると思われる）官衙に納入すべき黄麻等の集計簿。本文書には、倉曹・判官・虞候・法律などの肩書を持つ人も記載されているが、任骨崙は肩書を持たない納支者の一人に過ぎない。

No.40 洛晟ミ；

①の洛晟ミは、ここでは「口丞（承）人」・「賣薗舍人弟」・「出買薗舍人」の肩書を持って現れている。ここでは僧龍辨・僧懷正・陰卿ミ・陰那・索昇達・曹悉弘子の６人が見人となっており、その中の二人が僧であることから、洛晟ミは僧や寺院との關係を深いかかわりを有していることを示していると言えよう。

既に注（13）でも觸れたようにP3774文書は、９世紀後期に歸義軍節度使の支配下になる直前の文書と思われるのであるが、P3249vの文書が10世紀中期以降、すなわち唐の律令支配下に置かれることによって、「將頭」が律令に沿った意味で使用された文書と斷定するまでには至らなかった。述べたように吐蕃期の「將頭」の意味を、まだこの時にも維持し得た可能性も否定できない。とすれば、P3249vは軍事的な組織による軍務を目的として組織編成されたものとは言いがたい。P3249vに記載されている人名で、他の文書で重複して現れる人たちを見ていくと、そのほとんどは軍事的な役務とはおよそ關係のない人たちで占められており、むしろ佛教教團に所屬する僧を多く含む寺院關係者（徒衆・團徒）によって編成されているのではないかとすら思われる。しかもここに記載されている人達は敦煌12郷を對象とする廣い地域を對象にした人達を中心として編成されていたと思われるのである。その根據の一つは、P3249vに記載された「將龍光顏等隊下人名簿」（26行）が記載されているのであるが、P2646に記載される全文244行から類推すると、「將龍光顏等隊下人名簿」はかなり長大な名簿であったと思われる。だとすると敦煌12郷を對象とした廣い範圍からの人々を對象としていたとしか考えられないからである。

P3249v文書は、こうした廣域にわたる人々を對象として彼らにその責務を負わせているP3418v⑤（９世紀末～10世紀初）の「欠枝夫戶名目」で見られるように、主に寺院を中心として「徵稅役」的な任務を負わされ、そのために編成された組織ではなかったかと考えられる。

すなわち「將」はその際の便宜的な長（統率者・責任者）と考えるべきであり、20数人を1グループとして寺院關係の役務（當然官もかかわっている）を交替で擔當していたのであり、上述した二名（王六子・王文英）が重複して表記されている理由も、この點にあるのではないかと思われるのである。しかも王六子は「將」であるばかりでなく、隊の一員としても記載されているということは、こうした組織が本來の「將隊」「將頭」「將士」などの軍事組織上のものではなく、吐蕃期のP3774「丑年（845？）十二月僧龍藏牒」に見られるように、田税・差科などの徵收を主とした任務を遂行するために編成された組織であったといえよう。從って、そのための便宜的なグループ分けされた組織でしかなく、その長（統率者・責任者）以上の性格を出るものではなかったと考えられる(20)。

おわりに

P3249vの中に記載されている組織構成員について、「將…隊下」の語に注目しながら本文書の特徴と性格を見てきた。本來ならば「將…隊下」の語から、「將隊」「隊將」「將士」などの語と比較するまでもなく、これらの語は相互に連關を持つ軍事關係組織と考えるのは當然の事と考えた。それゆえ筆者は當初、ここに記載されている人達の肩書に注目して、軍事的な組織にどのような人たちが組み込まれているのか、これが明らかとなれば、當該地域・當該社會での軍事組織を構成する人たちの性格分析に重要な意味を持つものとして取り扱ってきた。

しかし、一昨年2月に土肥『人名集成』が出版され、8世紀末～10世紀初期の文書に記載される人名を詳細に檢索することが可能になった。本稿で取り扱ったP3249vに記載される人名（167名）も、他の敦煌文書との比較・檢索が可能となり、檢索した結果は、表Ⅴの「人名關連文書表」に示した通りである。

上述の結果から、本文書の中に記載されている人々が他の文書にも登場してくる場合に、これ等の諸文書との總合的な分析を進めることが可能となり、當初筆者が推定していた視點を根本から見直さざるを得なくなった。

上述の分析結果として、第一に、ここに關係する人たちの殆んどが、日常的に軍事的な組織と關係を持ってはいなかったことに氣付かされた。第二に數例の官や軍事關係者を除いて、その殆んどは寺院關係者（僧・徒衆・團徒）あるいは俗人であった。彼らの肩書からも、このことは顯著に示される。第三は、寺院を通じて官の役務を負わされる場合が多々見受けられることである。

ここで第三の特徴との關係から、P3249vの「將龍光顔等隊下人名簿」（26行殘存）のR面に記載されている「新集吉凶書儀」（26行）斷片は、「新集吉凶書儀」全文（244行）を記載するP2646から類推すると、「將龍光顔等隊下人名簿」はかなり長大な名簿であり、ここにはかなり多數の人達が記載されていたと思われる。だとするとP3249vに記載されている人達はかなり廣い範圍（たとえば敦煌12鄕）の人々を對象として組織編成されていたのではないかとの推論に達する(21)。

本稿で取り扱ったP3249v文書に關して、本文書以外の文書の殆んどは歸義軍節度使管下の時代に書かれた文書だと思われるのであるが、吐蕃支配期の文書で見たときの諸寺院と官との關わりにそれほど大きな違いを認めることができないのは何故であろうか。

當該時期の社會の特徴を論じようとしたのであるが、それはあくまでも當該社會の一斷面に過ぎない。本稿では土肥『人名集成』に依據しながら、吐蕃期から歸義軍節度使時代の複雜な社會狀況の中で使用されていた用語も、こうした狀況と無關係ではないのではないかと思われる。敦煌地方の諸寺院が官と密接な關係を持ち、時には寺院が官の役等の徴收と入破曆の記錄などをも擔っていたのは、本稿で述べた。

言うまでもなく當該時期の社會に大きな影響を持っていた社などの組織と同じように寺院あるいは寺院を中心として結ばれる佛教教團の存在も大きかったと思われる。

筆者はかつて、自律的な性格を強く持った社の組織が、當初からその組織の中に官の介入を認めていたことを論じた(22)。それと同じように寺院も教團組織の運營に關して自律的な性格を有していたと斷ずるには程遠く、むしろ官との關係を強く持ちながら、官の任務を負わされていたものと思われる。

しかし支配の中心が、吐蕃から歸義軍に移ったとしても、敦煌が東西交渉の地にあって、さらに佛教都市として長く榮えてきたという狀況が、基本的な社會組織（社邑や佛教教團）の性格まで大きく變動させたという軌跡を、９～10世紀の社會の中に見出すことはできなかった。

それは寺院勢力の影響が大きかったことを示してはいるが、支配權力が吐蕃から歸義軍に變わったとしても、當該社會の諸組織（ここでは社や寺院組織など）が、常に當該時期の權力との關係を持つことによって組織本來の機能を維持していたにすぎなかったことを再確認せざるを得なかった。

これは９～10世紀の時期的な特徴としてなのか、あるいは敦煌社會全般を通じての特徴なのかは、十分説明しがたい。今後の課題としたい。

表VI　P3249v記載人名關係文書・關係組織構成員表

整理No.	人名		紀年・干支年月日	西曆年代	文書名稱	肩書	官職・僧官・僧職名	寺院名	地名	本人關係・關連文書・關連史料・關連研究
1	宋	S11213F		10C初？	配付人名目	(□奴子)妻				原作「□奴子之妻宋」。
2	宋	S11213F		10C初？	配付人名目	(□奴子)妻				原作「□奴子之妻宋」。
3	常	S04710		9C半以後	沙州戶口簿	(戶主陰屯〻)妻			沙州	原作「(戶主陰屯〻) 妻阿常」。妻原姓；常。
4	宋	S04710		9C半以後	沙州戶口簿	(戶主王鷹子)母			沙州	原作「(戶主王鷹子) 母阿荊」。妻原姓；荊。

5	索神ミ	P2685	戊申年四月六日？	888	善護・遂恩兄弟分書	兄				
6	張賢ミ	P2685	戊申年四月六日？	9C？	善護・遂恩兄弟分書	兄				
7	遂恩	P2685	戊申年四月六日？	888	善護・遂恩兄弟分家文書	弟？				
8	張文ミ	P.tib1082v		9C	三官名目	社錄(事)				PT1082v(=P3529v)？
9	道遠	P.tib1261v⑦		9C前半	支給各僧尼麥四升曆（7）	僧				
10	道遠	P.tib1261v⑨		9C前半	支給各僧尼麥四升曆（9）	僧				
11	道義	P.tib1261v⑦		9C前半	支給僧尼穀物曆(7)	僧				
12	道義	P.tib1261v⑨		9C前半	支給僧尼穀物曆(9)	僧				
13	道惠	P.tib1261v⑦		9C前半	支給僧尼麥四升曆(7)	僧				
14	道斌	P.tib1261v⑨		9C前半	支給僧尼穀物曆(9)	僧				
15	道斌	P.tib1261v⑦		9C前半	支給僧尼麥四升曆(7)	僧				
16	曇清	P.tib1261v⑦		9C前半	支給各僧尼麥四升曆（7）	僧				
17	曇清	P.tib1261v⑨		9C前半	支給僧尼穀物曆(9)	僧				
18	道眞	P.tib1261v⑦		9C前半	支給各僧尼四升曆	僧・尼				
19	梁保杲？	BD16332-B（L4423）		10C	雜寫	弟子				杲；泉？
20	梁保杲？	BD16332-B（L4423）		10C	雜寫	弟子				杲；泉？
21	如心	P.tib1261v⑦		9C前半	支給各僧尼麥四升曆（7）	尼				
22	如心	P.tib1261v⑨		9C前半	支給僧尼穀物曆(9)	尼				
23	陰弟ミ	P4810v①	十月二日	9C	役簿？	右十				
24	願成	P3643	咸通二年三月八日	861	出租地契	見人僧				⇒僧願成
25	願成	P3643	咸通二年三月八日	861	出租地契	見人僧				⇒僧願成
26	王醜奴	MG22799	（甲）申年正月十五日	984	南无觀世音菩薩圖	故父・木匠				
27	洛晟ミ	Дx01355+Дx03130		9C後期	洛晟ミ賣蘭舍契	口丞（承）人、賣蘭舍人弟、出買蘭舍人				
28	悉蘭	P2049v①		925	麥利入	姉				原作「阿悉蘭」
29	悉蘭	P2049v①		925	麥利入	姉				原作「阿悉蘭」
30	悉蘭	P2049v①		925	麥利入	姉				原作「阿悉蘭」
31	悉蘭	P2049v①		925	麥利入	姉				原作「阿悉蘭」
32	氾社官	P2738v	八月廿九日	9C後半	社司轉帖（寫錄）	社官				
33	張闍梨	P3764 piece1	乙亥年九月十六日	915	社司轉帖	社官				
34	氾社官	P2738v	八月廿九日	9C後半	社司轉帖（寫錄）	社官				
35	解脱	S00545v	戊年九月	9C前半	永安寺僧名申告狀	主客僧		永安寺		
36	惠寂	S00545v		9C前半	永安寺僧名申告狀	主客僧		永安寺		
37	惠照	S00545v		9C前半	永安寺僧名申告狀	主客僧		永安寺		

38	智巖	S00545v	戊年九月	9 C前半	永安寺僧名申告狀	主客僧		永安寺		
39	智光	S00545v	戊年九月	9 C前半	永安寺僧名申告狀	主客僧		永安寺		
40	文惠	S00545v	戊年九月	9 C前半	永安寺僧名申告狀	主客僧		永安寺		
41	法照	S00545v	戊年九月	9 C前半	永安寺僧名申告狀	主客僧		永安寺		
42	法進	S00545v	戊年九月	9 C前半	永安寺僧名申告狀	主客僧		永安寺		
43	宋家赤頭	P2049v①		925	淨土寺入破曆算會	赤頭				
44	宋家赤頭	P2049v①		925	淨土寺入破曆算會	赤頭				
45	石陰盈	P2049v①		931	淨土寺入破歷算會	折豆				西倉粟利潤入
46	石陰盈	P2049v①		931	淨土寺入破歷算會	折豆				西倉粟利潤入
47	董？法？藏	P.tib1261v⑥		9 C前期	諸寺僧尼支給穀物曆	僧	法藏			
48	董法藏	P.tib1261v⑨		9 C前	諸寺僧尼支給穀物曆	僧	法藏？			
49	願達	P2049v①	同光三年乙酉	925	淨土寺入破曆算會	僧		淨土寺		
50	願達	P2049v①	同光三年乙酉	925	淨土寺入破曆算會	僧		淨土寺		
51	石奴子	P3418v⑦		9 C末～10C初	慈惠鄉缺枝夫戶名目	僧			慈惠鄉	
52	康靈滿	P3249v		9 C中期	將龍光顏等隊下人名目	僧				⇒靈滿
53	惟達	P.tib1261v⑥		9 C前期	諸寺僧尼支給穀物曆	僧				
54	榮照	P.tib1261v⑥		9 C前期	諸寺僧尼支給穀物曆	僧				
55	海覺	P.tib1261v⑥		9 C前期	諸寺僧尼支給穀物曆	僧				
56	解脫	P.tib1261v⑥		9 C前期	諸寺僧尼支給穀物曆	僧				
57	海德	P.tib1261v⑥		9 C前期	諸寺僧尼支給穀物曆	僧				
58	海寶	P.tib1261v⑥		9 C前期	諸寺僧尼支給穀物曆	僧				
59	義海	P.tib1261v⑥		9 C前期	諸寺僧尼支給穀物曆	僧				
60	惠英	P.tib1261v⑥		9 C前期	諸寺僧尼支給穀物曆	僧				
61	迥秀	P.tib1261v⑥		9 C前期	諸寺僧尼支給穀物曆	僧				
62	惠照	P.tib1261v⑥		9 C前期	諸寺僧尼支給穀物曆	僧				
63	惠水	P.tib1261v⑥		9 C前期	諸寺僧尼支給穀物曆	僧				
64	惠寂	P.tib1261v⑥		9 C前期	諸寺僧尼支給穀物曆	僧				
65	惠寂	P3249v		9 C中期	將龍光顏等隊下人名目	僧				⇒鄧惠寂？
66	玄通	P.tib1261v⑥		9 C前期	諸寺僧尼支給穀物曆	僧				
67	悟超	P.tib1261v⑥		9 C前期	諸寺僧尼支給穀物曆	僧				
68	光澤	P.tib1261v⑥		9 C前期	諸寺僧尼支給穀物曆	僧				
69	洪辯	P.tib1261v⑥		9 C前期	諸寺僧尼支給穀物曆	僧				
70	紹安	P.tib1261v⑥		9 C前期	諸寺僧尼支給穀物曆	僧				
71	常辯	P.tib1261v⑥		9 C前期	諸寺僧尼支給穀物曆	僧				
72	神威	P.tib1261v⑥		9 C前期	諸寺僧尼支給穀物曆	僧				

73	談夐	P.tib1261v⑥		9C前期	諸寺僧尼支給穀物曆	僧				
74	談測	P.tib1261v⑥		9C前期	諸寺僧尼支給穀物曆	僧				
75	智朗	P.tib1261v⑥		9C前期	諸寺僧尼支給穀物曆	僧				
76	文照	P.tib1261v⑥		9C前期	諸寺僧尼支給穀物曆	僧				
77	文哲	P.tib1261v⑥		9C前期	諸寺僧尼支給穀物曆	僧				
78	法印	P.tib1261v⑥		9C前期	諸寺僧尼支給穀物曆	僧				
79	法雨	P.tib1261v⑥		9C前期	諸寺僧尼支給穀物曆	僧				
80	法英	P.tib1261v⑥		9C前期	諸寺僧尼支給穀物曆	僧				
81	法堅	P.tib1261v⑥		9C前期	諸寺僧尼支給穀物曆	僧				
82	法顯	P.tib1261v⑥		9C前期	諸寺僧尼支給穀物曆	僧				
83	无滯	P.tib1261v⑥		9C前期	諸寺僧尼支給穀物曆	僧				
84	離纏	P.tib1261v⑥		9C前期	諸寺僧尼支給穀物曆	僧				
85	靈覺	P.tib1261v⑥		9C前期	諸寺僧尼支給穀物曆	僧				
86	靈璨	P.tib1261v⑥		9C前期	諸寺僧尼支給穀物曆	僧				
87	靈秀	P.tib1261v⑥		9C前期	諸寺僧尼支給穀物曆	僧				
88	靈寶	P.tib1261v⑥		9C前期	諸寺僧尼支給穀物曆	僧				
89	法義	P3249v		9C中期	將龍光顏等隊下人名目	僧				
90	惟達	P.tib1261v⑨		9C前半	諸寺僧尼支給穀物曆	僧				
91	海晏	P.tib1261v⑦		9C前半	諸寺僧尼支給穀物曆	僧				
92	海晏	P.tib1261v⑨		9C前半	諸寺僧尼支給穀物曆	僧				
93	海覺	P.tib1261v⑨		9C前半	諸寺僧尼支給穀物曆	僧				
94	海德	P.tib1261v⑦		9C前半	諸寺僧尼支給穀物曆	僧				
95	海寶	P.tib1261v⑨		9C前半	諸寺僧尼支給穀物曆	僧				
96	義海	P.tib1261v⑦		9C前半	諸寺僧尼支給穀物曆	僧				
97	惠英	P.tib1261v⑦		9C前期	諸寺僧尼支給穀物曆	僧				
98	惠英	P.tib1261v⑨		9C前期	諸寺僧尼支給穀物曆	僧				
99	迥秀	P.tib1261v⑦		9C前半	諸寺僧尼支給穀物曆	僧				
100	惠照	P.tib1261v⑦		9C前半	諸寺僧尼支給穀物曆	僧				
101	惠水	P.tib1261v⑦		9C前半	諸寺僧尼支給穀物曆	僧				
102	惠水	P.tib1261v⑨		9C前半	諸寺僧尼支給穀物曆	僧				

103	惠峯	P.tib1261v ⑦		9C前半	諸寺僧尼支給穀物曆	僧				
104	惠峯	P.tib1261v ⑨		9C前半	諸寺僧尼支給穀物曆	僧				⇒薛惠峯
105	玄通	P.tib1261v ⑦		9C前半	諸寺僧尼支給穀物曆	僧				
106	玄通	P.tib1261v ⑨		9C前半	諸寺僧尼支給穀物曆	僧				
107	悟超	P.tib1261v ⑨		9C前半	諸寺僧尼支給穀物曆	僧				
108	洪辯	P.tib1261v ⑦		9C前半	諸寺僧尼支給穀物曆	僧				
109	志堅	P.tib1261v ⑦		9C前半	諸寺僧尼支給穀物曆	僧				
110	紹安	P.tib1261v ⑦		9C前半	諸寺僧尼支給穀物曆	僧				
111	紹隆	P.tib1261v ⑨		9C前半	諸寺僧尼支給穀物曆	僧				
112	神威	P.tib1261v ⑦		9C前半	諸寺僧尼支給穀物曆	僧				
113	神威	P.tib1261v ⑨		9C前半	諸寺僧尼支給穀物曆	僧				
114	善惠	P.tib1261v ⑦		9C前半	諸寺僧尼支給穀物曆	僧				
115	談敻	P.tib1261v ⑦		9C前半	諸寺僧尼支給穀物曆	僧				
116	談測	P.tib1261v ⑦		9C前半	諸寺僧尼支給穀物曆	僧				
117	智海	P.tib1261v ⑦		9C前半	諸寺僧尼支給穀物曆	僧				
118	智嚴	P.tib1261v ⑦		9C前半	諸寺僧尼支給穀物曆	僧				
119	智通	P.tib1261v ⑦		9C前半	諸寺僧尼支給穀物曆	僧				
120	智朗	P.tib1261v ⑦		9C前半	諸寺僧尼支給穀物曆	僧				
121	智朗	P.tib1261v ⑨		9C前半	諸寺僧尼支給穀物曆	僧				
122	文照	P.tib1261v ⑨		9C前半	諸寺僧尼支給穀物曆	僧				
123	文稡	P.tib1261v ⑦		9C前半	諸寺僧尼支給穀物曆	僧				
124	文稡	P.tib1261v ⑨		9C前半	諸寺僧尼支給穀物曆	僧				
125	文哲	P.tib1261v ⑨		9C前半	諸寺僧尼支給穀物曆	僧				
126	[illegible]（＝辯）惠	P.tib1261v ⑦		9C前半	諸寺僧尼支給穀物曆	僧				
127	法印	P.tib1261v ⑦		9C前半	諸寺僧尼支給穀物曆	僧				
128	法云	P.tib1261v ⑦		9C前半	諸寺僧尼支給穀物曆	僧				
129	法英	P.tib1261v ⑦		9C前半	諸寺僧尼支給穀物曆	僧				
130	法英	P.tib1261v ⑨		9C前半	諸寺僧尼支給穀物曆	僧				
131	法海	P.tib1261v ⑨		9C前半	諸寺僧尼支給穀物曆	僧				
132	法義	P.tib1261v ⑦		9C前半	諸寺僧尼支給穀物曆	僧				⇒行義

133	法義	P.tib1261v⑨		9C前半	諸寺僧尼支給穀物曆	僧				
134	法堅	P.tib1261v⑦		9C前半	諸寺僧尼支給穀物曆	僧				
135	法堅	P.tib1261v⑨		9C前半	諸寺僧尼支給穀物曆	僧				⇒馬法堅
136	法顯	P.tib1261v⑦		9C前半	諸寺僧尼支給穀物曆	僧				
137	法顯	P.tib1261v⑨		9C前半	諸寺僧尼支給穀物曆	僧				
138	法行	P.tib1261v⑦		9C前半	諸寺僧尼支給穀物曆	僧				⇒法辨
139	法行	P.tib1261v⑨		9C前半	諸寺僧尼支給穀物曆	僧				
140	法辨	P.tib1261v⑦		9C前半	諸寺僧尼支給穀物曆	僧				⇒法行
141	无滯	P.tib1261v⑦		9C前半	諸寺僧尼支給穀物曆	僧				
142	離纏	P.tib1261v⑦		9C前半	諸寺僧尼支給穀物曆	僧				
143	離纏	P.tib1261v⑨		9C前半	諸寺僧尼支給穀物曆	僧				
144	靈覺	P.tib1261v⑦		9C前半	諸寺僧尼支給穀物曆	僧				
145	靈覺	P.tib1261v⑨		9C前半	諸寺僧尼支給穀物曆	僧				
146	靈賢	P.tib1261v⑨		9C前半	諸寺僧尼支給穀物曆	僧				
147	靈琮	P.tib1261v⑦		9C前半	諸寺僧尼支給穀物曆	僧				
148	靈琮	P.tib1261v⑨		9C前半	諸寺僧尼支給穀物曆	僧				
149	靈秀	P.tib1261v⑦		9C前半	諸寺僧尼支給穀物曆	僧				
150	靈秀	P.tib1261v⑨		9C前半	諸寺僧尼支給穀物曆	僧				
151	靈藏	P.tib1261v⑦		9C前半	諸寺僧尼支給穀物曆	僧				
152	靈藏	P.tib1261v⑨		9C前半	諸寺僧尼支給穀物曆	僧				
153	靈寶	P.tib1261v⑨		9C前半	諸寺僧尼支給穀物曆	僧				
154	明振	P3249v		9C中期	將龍光顏等隊下人名簿	僧				
155	智謙	P3643	咸通二年三月八日	861	出租地契	僧				
156	明照	P3643	咸通二年三月八日	861	出租地契	僧				見人幷書契
157	智謙	P3643	咸通二年三月八日	861	出租地契	僧				
158	明照	P3643	咸通二年三月八日	861	出租地契	僧				見人幷書契
159	福藏	S04710		9C半以後	沙州戶口簿	僧				
160	義海	P.tib1261v⑨		9C前半	諸寺僧尼支給穀物曆	僧（尼）				
161	齊像奴	P3643	咸通二年三月八日	861	出租地契	地主				齊像奴＝地主・隊將？
162	齊像奴	P3643	咸通二年三月八日	861	出租地契	地主				
163	願眞	P2049v①	同光三年乙酉	925	淨土寺入破曆算會	徒衆		淨土寺		

164	淨戒	P2049v①	同光三年乙酉	925	淨土寺入破曆算會	徒衆		淨土寺		
165	法深	P2049v①	同光三年乙酉正月	925	淨土寺入破曆算會	徒衆		淨土寺		西倉麥利潤入
166	願眞	P2049v①	同光三年乙酉	925	淨土寺入破曆算會	徒衆		淨土寺		
167	淨戒	P2049v①	同光三年乙酉	925	淨土寺入破曆算會	徒衆		淨土寺		
168	法深	P2049v①	同光三年乙酉正月	925	淨土寺入破曆算會	徒衆		淨土寺		西倉麥利潤入
169	圓覺	P.tib1261v⑥		9C前期	諸寺僧尼支給穀物曆	尼				
170	戒性	P.tib1261v⑥		9C前期	諸寺僧尼支給穀物曆	尼				
171	歸進	P.tib1261v⑥		9C前期	諸寺僧尼支給穀物曆	尼				
172	歸寂	P.tib1261v⑥		9C前期	諸寺僧尼支給穀物曆	尼				
173	修廣	P.tib1261v⑥		9C前期	諸寺僧尼支給穀物曆	尼				
174	修廣	P.tib1261v⑥		9C前期	諸寺僧尼支給穀物曆	尼				
175	修智	P.tib1261v⑥		9C前期	諸寺僧尼支給穀物曆	尼				
176	乘惠	P.tib1261v⑥		9C前期	諸寺僧尼支給穀物曆	尼				
177	心惠	P.tib1261v⑥		9C前期	諸寺僧尼支給穀物曆	尼				
178	眞原	P.tib1261v⑥		9C前期	諸寺僧尼支給穀物曆	尼				
179	智花	P.tib1261v⑥		9C前期	諸寺僧尼支給穀物曆	尼				
180	法滿	P.tib1261v⑥		9C前期	諸寺僧尼支給穀物曆	尼				
181	妙意	P.tib1261v⑥		9C前期	諸寺僧尼支給穀物曆	尼				
182	妙因	P.tib1261v⑥		9C前期	諸寺僧尼支給穀物曆	尼				
183	妙賢	P.tib1261v⑥		9C前期	諸寺僧尼支給穀物曆	尼				
184	妙乘	P.tib1261v⑥		9C前期	諸寺僧尼支給穀物曆	尼				
185	妙心	P.tib1261v⑥		9C前期	諸寺僧尼支給穀物曆	尼				
186	妙寂	P.tib1261v⑥		9C前期	諸寺僧尼支給穀物曆	尼				
187	妙法	P.tib1261v⑥		9C前期	諸寺僧尼支給穀物曆	尼				
188	靈賢	P.tib1261v⑥		9C前期	諸寺僧尼支給穀物曆	尼				
189	靈照	P.tib1261v⑥		9C前期	諸寺僧尼支給穀物曆	尼				
190	圓覺	P.tib1261v⑨		9C前半	諸寺僧尼支給穀物曆	尼				
191	戒圓	P.tib1261v⑨		9C前半	諸寺僧尼支給穀物曆	尼				
192	戒乘	P.tib1261v⑨		9C前半	諸寺僧尼支給穀物曆	尼				
193	戒乘	P.tib1261v⑨		9C前半	諸寺僧尼支給穀物曆	尼				
194	戒性	P.tib1261v⑦		9C前半	諸寺僧尼支給穀物曆	尼				
195	覺明	P.tib1261v		9C前半	諸寺僧尼支給穀物	尼				

		⑦			暦					
196	覺明	P.tib1261v⑨		9C前半	諸寺僧尼支給穀物暦	尼				
197	歸進	P.tib1261v⑦		9C前半	諸寺僧尼支給穀物暦	尼				
198	歸寂	P.tib1261v⑦		9C前半	諸寺僧尼支給穀物暦	尼				
199	歸寂	P.tib1261v⑨		9C前半	諸寺僧尼支給穀物暦	尼				
200	惠性	P.tib1261v⑦		9C前半	諸寺僧尼支給穀物暦	尼				
201	惠性	P.tib1261v⑨		9C前半	諸寺僧尼支給穀物暦	尼				
202	堅護	P.tib1261v⑨		9C前半	諸寺僧尼支給穀物暦	尼				
203	光智	P.tib1261v⑨		9C前半	諸寺僧尼支給穀物暦	尼				
204	修廣	P.tib1261v⑦		9C前半	諸寺僧尼支給穀物暦	尼				
205	修廣	P.tib1261v⑦		9C前半	諸寺僧尼支給穀物暦	尼				
206	修廣	P.tib1261v⑨		9C前半	諸寺僧尼支給穀物暦	尼				
207	修廣	P.tib1261v⑨		9C前半	諸寺僧尼支給穀物暦	尼				
208	修智	P.tib1261v⑦		9C前半	諸寺僧尼支給穀物暦	尼				
209	乘惠	P.tib1261v⑦		9C前半	諸寺僧尼支給穀物暦	尼				
210	心惠	P.tib1261v⑦		9C前半	諸寺僧尼支給穀物暦	尼				
211	眞原	P.tib1261v⑦		9C前半	諸寺僧尼支給穀物暦	尼				
212	正嚴	P.tib1261v⑨		9C前半	諸寺僧尼支給穀物暦	尼				
213	智妙	P.tib1261v⑦		9C前半	諸寺僧尼支給穀物暦	尼				
214	福藏	P.tib1261v⑨		9C前半	諸寺僧尼支給穀物暦	尼				
215	法性	P.tib1261v⑨		9C前半	諸寺僧尼支給穀物暦	尼				⇒趙法性
216	妙乘	P.tib1261v⑦		9C前半	諸寺僧尼支給穀物暦	尼				
217	妙法	P.tib1261v⑦		9C前半	諸寺僧尼支給穀物暦	尼				
218	靈賢	P.tib1261v⑦		9C前半	諸寺僧尼支給穀物暦	尼				
219	靈照	P.tib1261v⑨		9C前半	諸寺僧尼支給穀物暦	尼				
220	小娘	S04710		9C半以後	沙州戶口簿	尼				
221	明振	BD13975(新0175)		9C	大般若波羅蜜多經卷第323(末)	比丘				原作「比丘明振寫」。橘目、千字文編號「端」。
222	石骨崙	P2622v	大中十三年三月・四月	859	百姓石骨崙謹牒(雜寫)	百姓				
223	唐薛兵	P2049v①		925	淨土寺入破暦算會	兵?				西倉麥・粟利潤入
224	唐薛兵	P2049v①		925	淨土寺入破暦算會	兵?				西倉麥・粟利潤入
225	齊興淸	P3643	咸通二年三月八日	861	出租地契	保人				V面有「人別豆麥黃麻麥麥暦(2行殘)」。

226	齊興清	P3643	咸通二年三月八日	861	出租地契	保人				V面有「人別豆麥黃麻麥麥曆（2行残)」。
227	紹戒	P2049v①		925	淨土寺入破曆算會	姪				西倉麥利潤入
228	紹戒	P2049v①		925	淨土寺入破曆算會	姪				西倉麥利潤入
229	李力子妻	P2049v①		925	淨土寺入破曆算會	李力子・妻				西倉麥利潤入
230	李力子妻	P2049v①		925	淨土寺入破曆算會	李力子・妻				西倉麥利潤入
231	石集子	P3490v①		921頃	油破曆	梁戶				
232	張錄事	S05747v		10C前期	社人名目	錄事				
233	張錄事	P3764 PIECE1	乙亥年九月十六日	915？	社司轉帖	錄事				
234	趙什德	Φ215	乙未年二月七日	875 935	新菩薩經1卷（首題）	佛弟子				佛弟子趙什德謹依原本寫、願合家大小、永保平安无諸灾障
235	趙什德	S11521	乙未年二月七日	875？	新菩薩經1卷末	佛弟子				原作「佛弟子趙什德謹依原本寫、願合家大小、永保平安无諸灾障」。英藏敦煌文獻未收錄。矢吹『宗教界』13-5 p.408
236	榮照	S04831②	吐蕃期		寫經人名目	寫經人				
237	安和子	S05824	吐蕃期	8C末～9C前期	經坊費負擔人名目	寫經人			絲綿部落	
238	常辨（辯）	S05824	吐蕃期	8C末～9C前期	經坊費負擔人名目	寫經人			絲綿部落	
239	趙什德	S05824	吐蕃期	8C末～9C前期	經坊費負擔人名目	寫經人			絲綿部落	
240	楊謙讓	S05824	吐蕃期	8C末～9C前期	經坊費負擔人名目	寫經人			絲綿部落	
241	惠寂	S04831②	吐蕃期		寫經人名目	寫經人				⇒鄧惠寂？
242	崇恩	S04831②	吐蕃期		寫經人名目	寫經人				
243	文惠	S04831②	吐蕃期	9C前期	寫經人名目	寫經人				
244	法定	P4611		9C末～10C初	諸寺附經曆		維那	乾元寺		
245	康闍梨	P.tib1261v⑦		9C前半	諸寺僧尼支給穀物曆		闍梨			
246	圓滿	羽694①	未年閏十月	803	當寺應管主客僧牒		直歲			首缺。文末有行；"未年閏十月日、直歲圓滿牒"。存10行。
247	法空	P4611		9C末～10C初	諸寺附經曆		惟那	乾元寺		
248	海藏	P4611		9C末～10C初	諸寺附經曆		惟那	三界（寺）		
249	陰文建	P3863		9C	狀		押衙			
250	雷教授	P2049v①		925	淨土寺入破曆算會		教授			粟破用曆
251	宋教授	P.tib1261v⑦		9C前半	諸寺僧尼支給穀物曆		教授			
252	雷教授	P2049v①		925	淨土寺入破曆算會		教授			粟破用曆
253	郭鄉官	P2049v①		925	淨土寺入破曆算會		鄉官			西倉麥利潤入
254	郭鄉官	P2049v①		925	淨土寺入破歷算會		鄉官			西倉麥利潤入
255	慕容虞候	P2049v①		925	淨土寺入破曆算會		虞候			西倉麥利潤入
256	慕容虞候	P2049v①		925	淨土寺入破曆算會		虞候			西倉麥利潤入
257	石賢者	P2049v①		925	淨土寺入破曆算會		賢者			豆利入曆
258	張賢者	P2049v①		925	淨土寺入破曆算會		賢者			麥儭利潤入

259	石賢者	P2049v①		925	淨土寺入破曆算會		賢者			豆利入曆
260	張賢者	P2049v①		925	淨土寺入破曆算會		賢者			麥儭利潤入
261	羅家	P3490v		921頃	油破曆		沙彌			
262	曹指撝	P2049v①		925	淨土寺入破曆算會		指撝（指揮？）			油破曆
263	曹指撝	P2049v①		925	淨土寺入破曆算會		指撝（指揮？）			換黄痲入麥利潤入
264	張文ミ	S04692		10C	金光明經卷第4		施主賢者			
265	張上座	P4611		9C末～10C初	諸寺附經曆		上座	永安寺		
266	張上座	P.tib1261v⑦		9C前半	諸寺僧尼支給穀物曆		上座			
267	張上座	P.tib1261v⑥		9C前期	諸寺僧尼支給穀物曆		上座			
268	張知客	P2049v①		925	淨土寺入破歷算會		知客			西倉麥、豆利潤入
269	張知客	P2049v①		925	淨土寺入破歷算會		知客			西倉麥、豆利潤入
270	張都知	P2049v①		925	淨土寺入破曆算會		都知			西倉粟利潤入
271	張都知	P2049v①		925	淨土寺入破曆算會		都知			西倉粟利潤入
272	翟都衙	P2049v①		925	淨土寺入破曆算會		都衙			西倉粟破
273	翟都衙	P2049v①		925	淨土寺入破曆算會		都衙			西倉粟破
274	張兵馬使	S05747v		10C前期	社人名目		兵馬使			
275	張兵馬使	P2832Av		9C？or10C？	納楊楡木人名曆		兵馬使			
276	陰法律	S02614v		895	燉煌應管諸寺僧尼名錄		法律	開元寺		
277	孟法律	S02614v		895	燉煌應管諸寺僧尼名錄		法律	開元寺		
278	孟法律	P2049V①		925	乾元寺寺入破曆算會		法律	乾元寺		
279	孟法律	P2049v①		925	乾元寺寺入破曆算會		法律	乾元寺		
280	氾法律	S02614v		895	燉煌應管諸寺僧尼名錄		法律	大雲寺		
281	氾法律	P2049v①		925	淨土寺入破曆算會		法律			粟破曆
282	氾法律	P2049v①	辛巳年	921頃	麯破曆		法律			
283	氾法律	P3490v		920頃	油破曆		法律			
284	洛法律	P2049v①		925	淨土寺入破曆算會		法律			
285	杜法律	P.tib1261v⑦		9C前半	諸寺僧尼支給穀物曆		法律			
286	張法律	Дx01378		10C中期	當團轉帖		法律			
287	氾法律	P2049v①		925	淨土寺入破曆算會		法律			粟破曆
288	洛法律	P2049v①		925	淨土寺入破曆算會		法律			
289	張法律	S02214		9C後期	納支黄痲等曆		法律			
290	杜法律	P.tib1261v⑥		9C前期	諸寺僧尼支給穀物曆		法律			
291	法藏	S02614v		895	燉煌應管諸寺僧尼名籍		法藏	淨土寺		
292	令狐營田	P2738v	八月廿九日	9C後期	社司轉帖（寫錄）		營田？			
293	令狐營田	P2738v	八月廿九日	9C後期	社司轉帖（寫錄）		營田？			
294	雷闍梨	P2049v①		925	淨土寺入破曆算會		闍梨			
295	陰闍梨	P.tib1261v⑥		9C前期	諸寺僧尼支給穀物曆		闍梨			
296	吳闍梨	P.tib1261v⑥		9C前期	諸寺僧尼支給穀物曆		闍梨			
297	陰闍梨	P.tib1261v⑦		9C前半	諸寺僧尼支給穀物曆		闍梨			
298	陰闍梨	P.tib1261v⑨		9C前半	諸寺僧尼支給穀物曆		闍梨			

299	呉闍梨	P.tib1261v⑦		9C前半	諸寺僧尼支給穀物暦		闍梨			
300	張闍梨	P.tib1261v⑦		9C前半	諸寺僧尼支給穀物暦		闍梨			
301	張闍梨	P.tib1261v⑨		9C前半	諸寺僧尼支給穀物暦		闍梨			
302	雷闍梨	P2049v①		925	淨土寺入破暦算會		闍梨			
303	陰闍梨	S00782v		9C後期	納藏暦		闍梨			ペン書？
304	康闍梨	P.tib1261v⑥		9C前期	諸寺僧尼支給穀物暦		闍梨			
305	宋教授	P.tib1261v⑥		9C前期	諸寺僧尼支給穀物暦		教授			

注

(1) 敦煌の自然・歴史・社會に關しては、榎一雄編『講座敦煌1　敦煌の自然と現狀』・『講座敦煌2　敦煌の歴史』(1980・大東出版社) 池田溫編『講座敦煌3　敦煌の社會』(同上) が、現在のところ最も手際よくまとめられているので參照されたい。

(2) このような敦煌文書は、これまでマイクロコピーによるモノクロ寫眞でしか見られなかったが、インターネット上でカラーで見ることも可能となった。これによってモノクロ寫眞では讀み取りにくかった朱文字や朱印などを讀み取ることが容易となっている。本稿で取り扱う文書もフランス國立圖書館で公開されているGALLICAからカラー寫眞を採った。ところが本文書に關して、東洋文庫所藏のマイクロコピー（モノクロ）と、公開されているGALLICAで確認できる文書とを照合すると、後者は25行であり、23行目から26行目の左上の箇所が大きく缺損しているのである。おそらくGALLICAで公開を目的として新たに撮影された過程で、この一部が缺損されたものと推察される（文書寫眞參照)。これは、インターネット上で公開されている文書が確實なものであるか否かについて（原文書を精査する機會を與えられている研究者は別として)、時としてはインターネット上で公開されている文書と、それ以前に撮影されたマイクロコピーによる寫眞との照合も忘れてはならないことを意味しよう。

こうした問題と關連して、IDP (International Dunhuang Project) によってスタイン文書の多くも確認可能となっていることは周知の事である。筆者は、土肥義和編『八世紀末期～十一世紀初期　燉煌氏族人名集成―氏族人名篇　人名篇―』(汲古書院、2015年。以下土肥『人名集成』と略) のカードを整理している中で、S6264文書についての土肥義和先生の「手書ノート」を拜見させていただく機會があった。この「手書ノート」は土肥先生が數十年前に大英圖書館で本文書を精査された時に詳細に手書されたものの一部である。これによるとS6264R（S6264の表文書）は「南閻提大寶于闐國匝摩寺八戒牒」であり、その裏面（S6264v）は「僧帶呪心印」であるが、IDPでは本文書のR面とV面が逆になって掲載されている。これは文書をネット上で公開するための撮影時に文書の一部を缺損させたり、あるいは文書に關する最も基本的な記載上での誤記などが、現實に生じていることを示唆している。

(3) 「新集吉凶書儀」に關してはP2556、P2646、P3246、P3284、S2200等を上げることができるが、これらの文書の破損狀態の違いから、當然行數に大きな違いがみられる。しかしP2646のみ、「新集吉凶書儀上下兩巻幷記」として全文（244行）が確認される。このP2646を基に本稿で取り扱うP3249Rと照合すると、15行目は明らかな誤記であり、正確には23行と言うべきか。そのV面に「將龍光顔等隊下人名簿」(26行) が記載されているのであるが、P2646に記載される全文244行から類推すると、「將龍光顔等隊下人名簿」はかなり長大な名簿であった可能性が高い。何故ならば「新集吉凶書儀」全文の書寫を二次利用可能ならしめるためには、その元となる「將龍光顔等隊下人名簿」は、少なくとも「新集吉凶書儀」以上の長さでなければならないからである。

なお吉凶書儀については、主に以下の論著を參考にした。①趙和平『晩唐五代時的三種吉凶書儀寫卷研究』『文獻』、1993年第1期（『敦煌書儀研究』當代敦煌學者自選集、上海世紀出版股份有限公司・上海古籍出版社、2011年所收）。②周一良・趙和平『唐五代書儀研究』（中國社會科學出版社、1995年）。③趙和平『敦煌寫本書儀研究』（新文豐出版公司、1993年）。④吳麗娛『唐禮摭遺―中古書儀研究―』商務印書館（北京）、2002年。本論の目的から逸れてしまうので、ここでは記載內容には觸れないが、少なくとも、「新集吉凶書儀」が長きにわたって殘されてきたことは、これが結婚や葬儀等に關する文章作成の見本（所謂書儀）であることから、當該社會で日常的に大きな意味を持っていたことは疑いない。

(4)　『釋錄』の錄文（521～522頁）では、「將龍光顔等隊下名簿」として紹介されている。P3249v文書の性格に關して、姜亮夫氏は「海外敦煌卷子經眼錄」（『敦煌學論文集』上海古籍出版社、1987所收）に「軍籍殘卷」として紹介されている。姜亮夫氏は本文書に記載されている李六娘（10行目）と安榮子（19行目）の二人を「女性の將」と斷定され、こうした女性を將として軍事組織に編成していることから、敦煌が吐蕃に陷落される時期に緊急に編成された「非官軍而爲民兵組織」と斷定されているのである。これを批判的に繼承された馮培紅氏は「P.3249背《軍籍殘卷》與歸義軍初期的僧兵武裝」（『敦煌研究』1998-2所收）で、『釋錄』に基づいて本文書の錄文を掲載するとともに、僧兵を多く含む「唐咸通二年（861）歸義軍隊下殘剩兵士軍籍殘卷」と斷定されている。年代比定のみならず本文書の性格についても、これほどまでに明確な斷定は可能なのであろうか。『敦煌遺書總目索引新編』（中華書局、2000年）に據れば、「將龍光顔等隊下名單」として記載されているが、本稿では土肥『人名集成』の中で「將龍光顔等隊下人名簿」とされている名稱にしたがった。また、土肥『人名集成』に據って、本文書の年代推定を9世紀中期として取り扱っている。

(5)　從って、23行目の人名配列から推定すると、25行目は7名が列記され、最後の26行目も25行目と同じく7名列記されていたはずである。

(6)　このような視點から、前掲注（4）で紹介したようにP3249vを「軍事的組織に關わる名簿」の殘卷として紹介されるのも、當然の事と思われる。

(7)　史料11と史料12は、史料10の「新唐書卷50、志第40」の節略文と思われるのであるが、ここに參考までに掲載した。

(8)　唐六典、卷14に、

「大儺禮選人年十二已上、十六已下爲侲子、著假面、衣赤布袴褶、二十四人（爲）一隊、六人作一行也」とあり、疫病神を追い拂う儀式（「儺禮」）を執り行う16歲以下の「侲；わらべ」（本來ならば中女・中男？）は、一隊を24人として、更に1グループを6人として4グループで構成している。しかし直接軍事關係の組織とは關係がないので、唐軍防令の中に規定されている軍事的組織の例たりえない。隊の編成人數から鑑みてこの場合の24人は、本文書P3249vに見える一隊の人數に類似しており、ここに記載されている隊の成員も、あるいは軍事的な組織の成員とは異なるのではないかという事を豫測させる。

同樣に、資治通鑑、218卷　唐紀三十四に「其軍每二十五爲隊、每隊置旗兩口，鼙鼙鼓子一具、」とあって、上述の史料と同じように、一隊25人としており、本文書P3249vに見える一隊の人數に類似する。しかしここで示されている隊の人數は、實踐的な戰闘場面での基礎的な人數を示す團ではなく、臨時的に編成された隊の人數に過ぎない。

(9)　この資料はやや長いので、參考までに以下の譯を附すこととしたい。

「每年農閑期となる冬に、府兵は折衝府で、折衝都尉（折衝府の長官）が宿衞兵を掌る將帥

（五校）の兵馬を動員して軍事訓練を施す。彼らを左右の二陣營に分けて對峙させる。その距離は100歩。訓練の様子は實戰さながらの裝備で行っており、角笛を1回吹くと騎馬・兵士が集まって隊を編成。2回吹くと隊の裝備體制を整え、3回吹くと隊の幡・旗を掲げて戰闘準備態勢に入る。次に太鼓の音で相互に練り歩きながら相手陣營に向かって前進する。右陣營の鉦（銅鑼の一種）が鳴ると、その陣營はやや後退し、左陣營が相手の右陣營に向かって前進する。今度は、左陣營の鉦が鳴ると、左陣營は後退して、そこに右陣營が左陣營に向かって前進する。また右陣營の鉦が鳴ると、右陣營の隊はひき返し、そこに左陣營が前進して戰う。兩陣營の鉦が鳴ると、兩陣營隊は元の位置に戻る。ここで角笛が1回鳴ると陣營の幡をたたみ裝備を解いて、更に角笛が2回鳴ると兩陣營が戰旗を掲げて前に進み、角笛が3回鳴ると左右の將帥を含めた全員が元の位置に返る。この訓練が終わった日には、訓練に參加したものは自由に狩獵することができ、そこで得た獲物は自分のものとして處理することが認められる。」

この史料の末尾に「是日也、因縱獵、獲各入其人」の文面から、農閑期の訓練とは言え、連日行われていたのではなく、農閑期の特定の一日を訓練に充てていたようである。それ故に「訓練が終わったその日に訓練に加わった者は自由に獲物を狩り、得た獲物は各個人のものとしていい」という意味に理解されよう。

(10) しかしそれ以上に、本文書の裏紙を二次利用して「新集吉凶書儀」が書かれており、25行のみの斷片として殘存しているに過ぎない。前掲注（2）でも若干觸れたのであるが、「新集吉凶書儀」をほぼ完全な形で殘しているP2646（244行で完結）から推定すれば、P3249vも同様に244行であったと推定される。とすれば、P3249vに記載されていた「將龍光顔等隊下人名簿」は殘存行數の9倍強となる。それは同時に、重複する成員の名前もさらに多くなることも容易に推定できよう。

(11) 前掲注（4）で紹介した馮培紅氏によれば、これらの多くの僧の存在を以て、彼らを「僧兵」と斷定されている。しかし、それならば僧兵を中心に組織された隊の中で、何故「王六子」「王文英」が重複して組み込まれているのか、十分に説明ができないのではなかろうか。姜亮夫氏の場合にも、同じようなことがいえよう。

(12) 「將…隊下」に關して、漢文史料は無論のこと、敦煌文書の中にも用例が見えないとするならば、上述してきたような「將」を「隊」と結びつけて「隊將」と同義と考えてきたことに、あるいは無理があるのであろうか。

ここで、「將」を「もって」と讀み下すことも可能なので、「將龍光願隊下貳拾參人」は「龍光願を將ってする隊の下（従事者）・貳拾參人」と讀み下すことも可能かもしれない。とすれば、「隊」は日常的に佛教教團などで使用される「團」の意味にも近い性格と理解することも可能であり、この意味では「隊頭」と「團頭」は同義として使用されていたようにも思われる。

(13) 「將」を「隊將」との關係で論じてきたのであるが、吐蕃支配期の中で、「將」に關して、P3774の「丑年（845？）十二月僧龍藏牒」に「齊周身充將頭、當戶突稅・差科、竝無官淂（得）手力一人、家中種田驅使計功、年別卅馱、從分部落、午年（814？）至昨亥年（843？）計卅年、計突課九百馱、盡在家中使用。」とあり、官ではない（有力者）齊周がみずから「將頭」を充てて、突田の田稅と差科の徵收に當たらせている。ここでの「將頭」は軍務に當たっているのではなく、明らかに賦役徵收の任務にあたっており、少なくとも吐蕃期では「將頭」は、必ずしも軍事關係者として位置付けられてはいなかったことを意味しよう。

さらに、S04704（整理No. 9）の「牧羊憑」は、報恩寺？徒衆の牧羊に關するメモ書きであるが、辛丑年三月廿日（941？）、報恩寺の徒衆が索將頭の庄で羊の毛を刈り取る？日に、死んだヒツジや子ヒツジの數を報告し、それらを納入したことを記している。その運營には官が關係しており、おのずとその責任者として官から派遣された「將頭」(牧羊に關わる責任者の意味に理解される)は、ここでも軍務ではなく牧羊の管理者として位置付けられていると思われる。

上述のP3774やS04704の文書から類推すれば、P3249vの中の平均24人を1グループとする「將…隊下」の組織も、寺院關係の役務(當然官もかかわっている)の爲に編成され、各グループ毎に交替で擔當する組織編制がなされていのではないだろうか。とすれば、上述した2名(王六子・王文英)が重複して表記されている理由も、説明可能となるであろう。しかも王六子は「將」としても記載されていることは、こうした組織の在り方が嚴格な軍事的な組織の長としての意味をもつものではなく、便宜的にグループ分けされた中の責任者としての意味しか持ち得ていなかったのではないかとの結論が導かれよう。

(14) たとえば、P3231「官齊曆」(官が主催となって行う宗教行事)では數年間の官齊曆が連貼されており、これに關係する人たちがグループ化されている。これらのグループの成員を分析すると、この行事に必要とされる各作業を分擔する各グループに責任擔當者を配置しているのであるが、同一人の名前が數か所に出てくる。その配置は便宜的なグループ分けかと思われるのであるが、基本的には擔當經驗者をグループの責任者として配置している狀況が理解される。

こうした「官齊曆」の例から考えれば、P3249vに記載されている組織は、官から獨立した私的な組織ではなく、「官によって課された役」のための組織編制された性格の組織と考えるべきではないかと思われる。組織成員の中に重複して登場する人名の存在は、そのことを裏付けているように思えるからである。これらの特徴については、拙稿「社文書研究再論」(土肥義和編『敦煌・吐魯番出土漢文文書の新研究』東洋文庫、2009年、修訂版、2013年、所收)で論じているので參照されたい。

(15) 「退渾」に關して

資治通鑑282卷、後晉紀3、天福五年(940)の胡三省注に、

歐陽修曰:吐谷渾本居青海、唐至德中爲吐蕃所攻、部族分散、其内附者唐處之河西。唐末、其首領有赫連鐸爲大同節度使、爲晉王克用所破、部族益微、散處蔚州界中。余按唐高宗之時、吐谷渾爲吐蕃所破、棄青海而内徙、至至德中、青海不復有吐谷渾。而吐蕃東呑河、隴、吐谷渾復東徙、居雲・蔚之閒。自五臺來奔、蓋取飛狐道奔鎭州也。宋白曰:吐谷渾謂之退渾、蓋語急而然。聖曆後、吐蕃陷安樂州、其衆東徙、散在朔方。赫連鐸以開成元年將本部三千帳來投豐州、文宗命振武節度使劉沔以善地處之。及沔移鎭河東、遂散居川界、音訛謂之退渾。其後吐谷渾白姓皆赫連之部落。

とあり、ここに記載されている「退渾」は吐谷渾の意味ではないかと思われる。したがってS8692に記載されている「閏四月(923?)、退渾便物人名目」は、吐谷渾關係者の接待に使用された物品の曆(會計簿)と思われる。王醜奴はこのときに使用される物品を提供していたのだろう。本文の中で既に觸れたが、P2641「丁未年六月(947?)晏設司文書」に于闐使の宴席が多く記載されていることと併せて、こうした周邊異民族への對應が日常的に行われていたことを示している。

(16) 洪閏郷「王信〻八束欠」に關して、池田溫『中國古代籍帳研究 概觀・錄文』(東京大學出版會、1979年)601頁は揭載するも、『釋錄』第2輯433頁はこれを缺落させている。周知のように、吐蕃支配から敦煌縣回復後は、それまでの敦煌13郷に含まれていた壽昌郷と從化郷の二郷が消滅し、その後新たに赤心郷が加えられたことから、本文書は9世紀末～10世紀初期に比定されている。

(17)　P3249vは後半部が缺落してはいるが、本來の記載内容は、注（3）で述べたようにかなり長大なものであったと推測したのは、「欠枝夫戸名目」が敦煌全域の鄕を對象としていることと同じ意味で理解しうるからである。

(18)　P3249vが9世紀中期と推定されているのであるが、S5824（吐蕃期；9世紀前期）では趙什德の肩書が記されていなかったことを考えると、彼はまだこの時は正式な僧ではない佛弟子にとどまっていたためなのであろうか。

(19)　④のP.tib1082vに關して、本文書はかつてP3529vとして紹介されていた。現在のP.tib1082vを見ると、本文書の右端に小さく3529と番號が記入されている。『敦煌遺書總目索引』ではP3529；「藏文殘卷」、P3529v；「社司轉帖下款一行」としているのは、この文書番號に依據しているからである。

(20)　表Ⅴに關連する人名を列記するのは紙數の關係から不可能なので、上述の人達が日常的に關わっている組織・集團等（佛教教團あるいは社組織等）の中で、肩書の分かっている人のみに留めて以下に表記する。これによって、當該時期の組織の性格をも垣間見ることが可能かと思う（表Ⅵ P3249v記載人名關係文書・關係組織構成員表參照)。

(21)　P3418v⑤（「欠枝夫戸名目」）を見ると、本來官が負うべき役務が寺院を中心として負わされており、しかもその地域は廣域（敦煌12鄕）にわたる人々を對象としている。P3249v（「將龍光顔等隊下人名簿」）の中に編成されている組織こそ、このようなものではなかったかと思われる。P3418vに出てくる王信〻・翟端〻・張小苟の三名が、P3418v⑤⑥（「欠枝夫戸名目」）にも登場するのも、上述の推論から大きくは外れてはいないであろうから。

(22)　前揭注（14）參照。

曹氏歸義軍節度使系譜攷
——２つの家系から見た10～11世紀の敦煌史——

赤　木　崇　敏

はじめに

851年に漢人土豪の張議潮が唐朝より節度使の旌節を奉じてから、11世紀半ばに沙州ウイグルの支配を受けるまで、敦煌地方は歸義軍節度使が支配する時代を迎えた。

この時代は、張氏一族が節度使位を襲った前期（851～914年）と、曹氏一族が支配する後期（914年～11世紀初頭）とに二分される。張氏時代は、藩鎮としての性格が強く、唐朝の庇護のもとに河西回廊を領有して東西交易の管理に當たろうとした(1)。一方、領域が沙・瓜州の二州に縮小した曹氏時代は、中國王朝から節度使の旌節を受けるものの、實態としては敦煌王國とも言うべき獨立オアシス國家であった(2)。

さて、この歸義軍節度使の系圖・在位年については、歸義軍の歴史そのものの復元となるばかりでなく、日付が記されていない敦煌文獻の年代判定や、石窟壁畫に書かれた題記・銘文の解讀の指標ともなり、これまでに多くの研究者が注目し考察を進めてきた(3)。とりわけ、後期の曹氏一族については、東西交易の維持のために甘州ウイグル王國やコータン王國といった諸外國の王家と婚姻による同盟關係を結んでいることから、この系圖や婚姻關係について高い關心が寄せられている。しかしながら、これまでの研究で系圖の大要は明らかになったものの、細部に至ってはなおも議論が決着していない。そこで本稿では、曹氏の系圖に關するいくつかの未解決の問題を取りあげて、筆者のこれまでの見解を總括したい。さらに、多彩な婚姻により曹氏の系圖はおよそ２つの家系に分類しうるが、この家系が歸義軍の政治外交にいかなる影響を及ぼしたかを最後に論じたい。

１．曹氏の家系

曹氏一族の系圖については羅振玉［1915］の先驅的業績を筆頭に多くの研究があるが、敦煌文獻や典籍史料を博捜してまとめあげた藤枝晃［「始末」㈢, p.64 ; 1977, p.66］の復元圖が夙に有名であり、多くの研究が依據するところとなっている。その後、敦煌莫高窟や楡林窟の壁畫銘文を積極的に利用した姜亮夫［1979 ; 1983］や森安孝夫［1980, pp.322-325（2015, pp.318-322）］、節度使の官稱號を論じた榮新江［1996, pp.95-127］、また節度使の官印を論じた森安［2000, pp.61-80］の研究が發表された。圖１は、これら先行研究の成果にもとづいた、曹氏節度使及び彼らと婚姻關係のあった甘州ウイグル・コータン兩王家の系圖である。血緣關係が不明なものについては點線で示している。

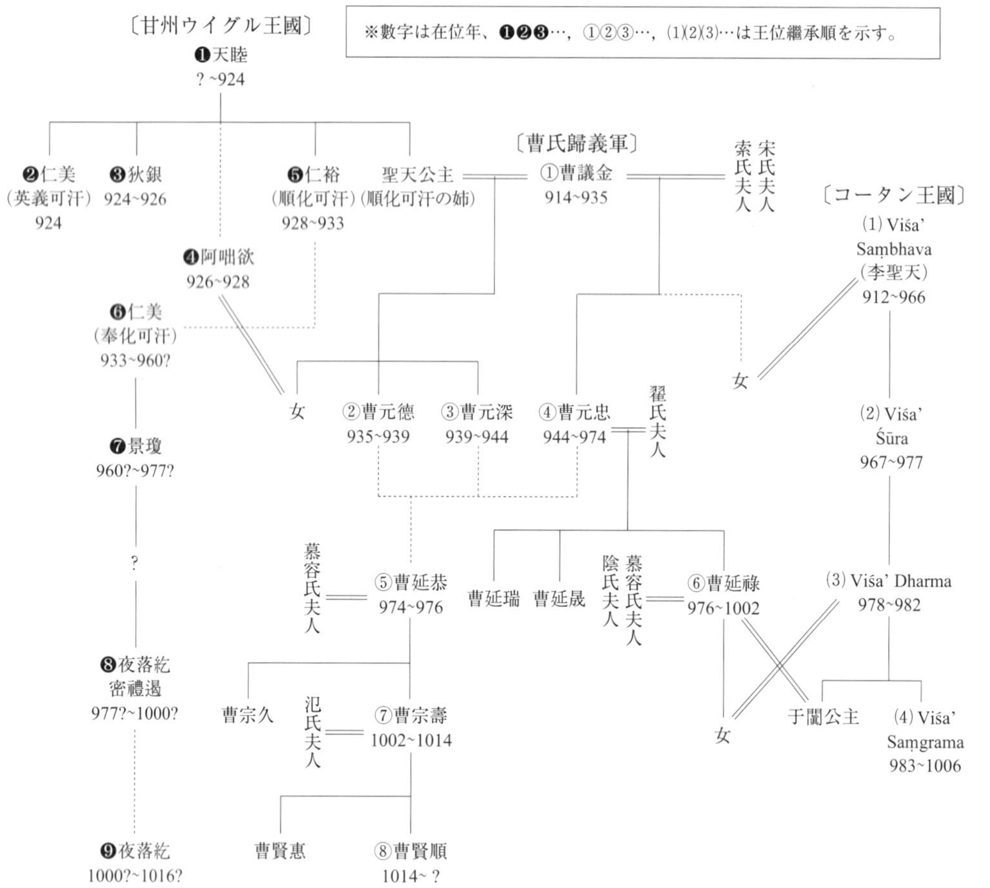

圖1　曹氏節度使・甘州ウイグル・コータン王家系圖[4]

冒頭に述べたように、曹氏節度使は河西回廊を通過する交易路の維持や政權の安定のために、甘州ウイグルやコータンなど諸外國と婚姻による同盟關係を築いていた[5]。例えば、隣國への懷柔政策を採用した初代節度使の曹議金は、甘州ウイグルの公主（聖天公主）と結婚し、そして2人の娘をそれぞれ甘州ウイグル可汗の阿咄欲とコータン王の Viśa' Saṃbhava（漢語名李聖天）とに嫁がせた[6]。曹議金の孫である曹延祿もまた、980年前後にコータン公主と結婚し[7]、さらに自身の娘をコータン王 Viśa' Dharma に嫁がせている[8]。

このような婚姻關係のために**圖1**の系圖は一見複雜に見える。しかし、筆者の考えでは、後述するように、この系圖は曹議金の妻である甘州ウイグル聖天公主の血を引く一派（元德・元深・延恭・宗壽・賢順）と、コータン王家と婚姻關係を結んだ一派（元忠・延祿）とに二分することができる。本稿では、假に前者を「ウイグル派」、後者を「コータン派」と呼びたい。この考えにもとづいて節度使の繼承順を見なおせば、第3代曹元深から第7代曹宗壽までは、この二派の閒で節度使位が移動していることがわかる。とすれば、曹氏歸義軍の歷史とは、權力の座をめぐってこの2つの家系が權力闘爭を行った結果と讀み取ることも可能であろう。

ただし、このような假説が成立するには、次の２つの問題を解決する必要がある。まず、第５代節度使曹延恭の血縁關係を確定することである。これまでの研究では、曹延恭の實父は曹元德・曹元深・曹元忠の諸説があったが、元德・元深そして延恭のいずれも統治期間が短くまた關連史料も乏しいために、彼らの續柄を決定することは困難であった。

次に、第４代曹元忠がコータン派であること、つまりコータン王家と婚姻關係があったことを明らかにする必要がある。従來、元忠の配偶者については、ソグド系と考えられる翟氏夫人という女性しか知られておらず、その他にも妻がいたことは敦煌文獻や莫高窟・楡林窟の壁畫から確認されていない。

以下ではこの２つの課題について順に檢討し、それを踏まえてウイグル派とコータン派という筆者の假説にもとづいて系圖を再構成し、最後にこの２つの家系によって曹氏歸義軍節度使の歴史がどのように推移したかを論じたい。

2．曹延恭の血緣關係

第５代節度使の曹延恭は、元來延敬と名乘っていたが、961年11月に曹元忠とともに宋に入朝使を派遣したところ、翌962年正月に瓜州防禦使に任ぜられ、同時に宋太祖の祖父、趙敬の諱を避けて延恭の名を下賜されている。この記事を傳える典籍では、いずれも延恭は元忠の子と記してある[9]。藤枝［「始末」㈢, p.67］は彼を第４代曹元忠の子とみなすが、おそらくこの情報に依據しているのであろう。ただし、編纂史料ではしばしば歸義軍節度使の名前や續柄に誤りが認められるため、この記事を鵜呑みにはできない。

一方、敦煌文獻では、979年に曹延祿が宋朝へ奉じた上表文P.ch.3827「權歸義軍節度兵馬留後曹延祿上表」[10]に、

> 去開寶七年六月六日、臣父薨亡。臣兄瓜州防禦使金紫光祿大夫檢校司徒兼御史大夫上柱國譙縣開國男食邑三百戶延恭、充歸義軍節度兵馬留後。〔傍點筆者。以下、同〕

とあり、延祿から見て延恭は兄と表記されている。また、莫高窟第454窟の甬道（前室と主室を結ぶ通路）の南壁には歴代節度使の供養人像があるが、その題記[11]でも、

> 第５身：窟主勅歸義軍節度瓜沙等州觀察處置管内營田押蕃落等使□□中書令譙郡開國公食邑一千五百戶食實封五百戶延恭一心供養
>
> 第６身：弟新受勅歸義軍節度使光祿大夫檢校太保譙郡開國公食邑五百戶食實封三百戶延祿

と、窟主曹延恭に對して曹延祿が弟となっている。延祿が元忠の實子であることは疑いないため、以上の史料に従えば、延恭・延祿はともに元忠の息子となる。ただし、兄・弟の表現は單に長幼の序を示しただけで、彼らが實の兄弟であったとは言えない。

なぜならば、次の供養人題記では、元忠から見て延恭を「姪（おい）」と呼んでいるからである。

莫高窟第55窟甬道南壁[12]

第４身：窟主勑推誠奉國保塞功臣勑歸義軍……

第５身：姪……瓜州防禦使……恭一心供養

この第55窟は曹元忠の時代に造營されたもので、第４身の窟主は曹元忠に比定される[13]。前述のように962年に曹延恭は瓜州防禦使に任命されていることから、第５身の姪が曹延恭であることは疑いない。姜亮夫［1983 ; 1987, pp.964, 967］もこの姪とは延恭であり、元忠の兄である元德の子としている[14]。また、同じく吐蕃期に開鑿され曹氏時代に重修された楡林窟第25窟にも次のようにある。

楡林窟第25窟前甬道南壁[15]

第１身：推誠奉國保塞功臣勑歸義軍瓜沙等州節度使特進檢校太師兼中書令譙郡開國公食邑一千五百戸食實封柒百戸曹元忠一心供養

第２身：姪……檢校司空兼……曹延……

曹元忠が持つ太師・中書令という稱號から、この供養人像たちは962～964年頃に作成されたものと判斷できる[16]。問題の第２身は曹延恭か曹延祿、あるいは延祿の弟の曹延晟・曹延瑞のいずれかが候補にあがるが、元忠の實子の延祿・延晟・延瑞が「姪」と呼ばれることはありえない。また延祿は元忠の死後わずか１年だけ（974年）司空と名乘っていただけで、元忠存命時にこの稱號を用いていた證據はない。そのためこの第２身は曹延恭であり、やはり延恭は元忠の姪（おい）にあたると考えられる[17]。根據は述べていないが藤枝［1977, p.66］や森安［1980, p.319（2015, p.316）］もまた姜亮夫と同じように延恭を元德の子、元忠の甥という案を示している[18]。

このように、姜亮夫をはじめ幾人かの研究者は延恭を元德の子と見なすものの、莫高窟第55窟あるいは楡林窟第25窟の題記だけでは、元德と元深のどちらの子か判斷を下しがたい。實は、この問題を解く手がかりも莫高窟に殘されている。初唐～中唐期に造營された莫高窟第205窟は、前室から主室東壁にかけての部分が曹氏時代に重修された。この窟の甬道南壁にはⒶ曹議金、北壁にはその正妻であるⒷ甘州ウイグルの聖天公主の供養人像が描かれている[19]。さらに、主室の東壁にも曹氏時代の供養人像があり、東壁南側には先頭に2人の男性官人（①②）、續いて緋色の官袍を着用した1人の男兒（③）、その後ろに寶刀や包みを抱えた２人の從者（④⑤）が、洞口を挾んで北側には４人の男性官人（❶❷❹❻）と花模様の衣服を着た２人の男兒（❸❺）が描かれている。圖２は、筆者が2010・2015年に行った調査をもとに、甬道と主室東壁の供養人像の配置とその題記を示したものである[20]。

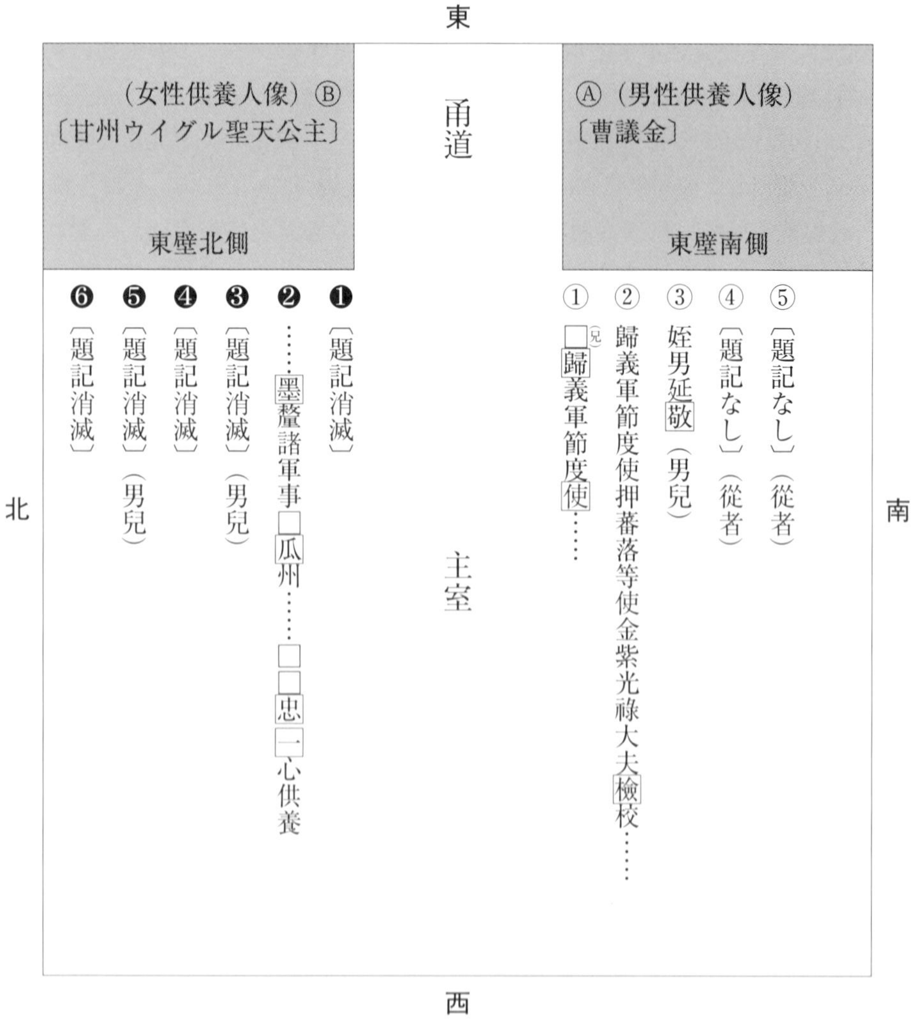

圖2　莫高窟第205窟見取圖

本稿で扱う曹氏供養人像のみ示している。題記は筆者の實見調査に基づく。

さて、圖2の①②は名前が判讀できないが、ともに「歸義軍節度使」と題記にあり、さらにカルトゥーシュ（題記枠）の上部が寶珠や房飾りなどで莊嚴されていること、柄香爐や笏を持ち官袍を身につけていること、曹氏節度使の供養人像はしばしば寶刀・弓・箭囊などを所持する従者を伴っており、従者④⑤がそれに對應することなど、曹氏節度使としての圖像的特徵を備えている[21]。主室東壁には甬道南壁よりも下位の人物が置かれるため、①②の節度使は、Ⓐ曹議金の息子、曹元德（①）・曹元深（②）と推測される。このうち最も若い曹元深の在位期間中（939～944年）に、本窟は重修されてこれら供養人像が描かれたのであろう。

一方、❷の人物［圖3（482頁）］の題記に見える墨釐諸軍事とは、吐谷渾部落で構成された墨離(鼇)軍を統率する軍使を指す。墨鼇軍使はしばしば瓜州刺史を兼任することから、題記には「墨鼇諸軍事□瓜州刺史」とあったはずである。この人物の名前は、現在では「忠」しか讀めないが、1908年に本窟を實見したペリオ［*Grottes de Touen-Houang* 2, p.42］がすでに「窟主墨鼇諸軍事任瓜州……御史大夫曹元忠一心供養」と讀んでいる。ただし、1940年代以降に調査を行った史岩［1947, p.40］や謝稚柳［1955, p.360］、敦煌研究院の『供養人題記』［p.94］といった題記史料集では、いずれも「曹元忠」を判讀していない。賀世哲［1986, p.226］は、ペリオの讀みを採用せず、瓜州墨鼇軍の軍事權を長期にわたって掌握していた吐谷渾部落の慕容氏の人物で、曹議金の娘婿にあたる人物と推測する。しかし、慕容氏だけでなく曹氏の子弟も「墨鼇（軍）諸軍事」「瓜州刺史」「瓜州團練使」「瓜州禦使」「知瓜州」などの肩書きを帶びて瓜州の統治にあたっており(22)、曹元忠も曹元深の節度使在位中の942年には瓜州刺史に任じられていた(23)。これらを勘案すれば、誰よりも早く最も壁面の狀態の良い時に實見したペリオの讀みは、信を置くに足るであろう。またペリオの讀みでは、❷曹元忠は窟主となっている。通常、敦煌石窟の題記に見える親族表記は窟主を基準として表記されるため、曹元忠から見て①曹元德を「兄」と呼ぶことに何ら問題はない。

問題は③の男兒である［**圖 4**（482頁）］。經年變化により墨跡は薄くなり、また壁面の汚れもあって判讀には苦勞を要するが、彼の題記は殘畫から「姪男延敬」と讀むことができる。上述のように、962年に曹延敬は延恭と名を改めるので、本窟の重修年代と矛盾しない。實は、史岩・謝稚柳・『供養人題記』などの諸史料集はいずれも「延敬」ではなく「延祿」と讀むが、ペリオだけは「延蹉」と讀んで「延祿」とはしていない。ペリオの讀む「延蹉」という名前は敦煌文獻や石窟題記、典籍の中に在證されておらず、その說には從い難いが、最後の４文字目を「祿」とは讀まない彼の意見は尊重すべきであろう。

假にペリオ以外の說に從い③を「延祿」とすれば、いくつかの點で問題が生じる。まず、❷の窟主曹元忠から見て實子の延祿を「姪男」と呼ぶのは理に適わない(24)。

また、敦煌石窟において、節度使の男兒は父である節度使のすぐ後ろあるいは前に配置され、かつ同じ敷物の上に竝んで立って描かれることが多い。例えば楡林窟19窟甬道南壁では、節度使曹元忠の背後に、息子の延祿が同じ敷物の中に收まるように描かれている［**圖 5**（482頁）］。とすれば、莫高窟第205窟において、延祿が元忠と離れて位置しているのはやはり疑問とせねばならない。

さらに、③が延祿ならば、この人物が官袍を身につけていることも不自然である。なぜならば、**圖 5** の楡林窟第19窟甬道南壁の供養人像は莫高窟第205窟よりも後の962～964年に描かれたものだが(25)、この時期でも延祿はまだ幼兒が着用する花模樣の衣服を纏っており、③の人物と衣裳が合わないからである。坂尻彰宏［2014, p.58］によれば、956～964年の時期では延祿はまだ成人に達しておらず、962～964年に描かれた楡林窟第19窟・第33窟・第36窟では、延祿はまだ少年として描かれている。このような様々な問題點から、③を曹延祿とする從來の見解に従うことはできず、この人物は筆者の讀みどおり曹延敬と見るべきであろう(26)。

さて、圖４を改めて見直せば、③曹延敬は直前に立つ②曹元深の背後に、しかも同じ敷物の上に竝んで描かれている。先に述べたように、節度使とその男兒がともに描かれる場合に、しばしばこのような特徴的な配置を取っている。従って、曹延敬はウイグル派の曹元深の息子と考えねばなるまい。一方、❷曹元忠の背後には，花模様の衣裳を着た❸男兒が立っている［圖３］。殘念ながら題記は讀めないが、衣裳が楡林窟第19窟の曹延祿と一致することから、むしろこちらのほうが曹延祿ではあるまいか。

以上を要するに、曹延敬（延恭）は曹元忠の姪（おい）であり、曹元深の子と判明する。つまり、曹延恭もまた甘州ウイグル聖天公主の流れを汲む節度使であったといえよう。

３．曹元忠の婚姻關係

これまでに知られている限りでは、曹元忠の妻は翟氏夫人と呼ばれるソグド系(27)の女性であり、彼がコータン人女性と結婚していた事實は敦煌文獻や莫高窟壁畫からは確認されていなかった(28)。この問題について既に筆者は何度か論じており、コータン人の配偶者の存在を指摘してきた(29)。その論點をまとめると、

⑴コータン王國の王統・年號に關して吉田豊の新説［吉田2006］を採用する。

⑵漢文文書P.ch.2826から、天壽年間（963～965年）のコータン王と節度使曹元忠とは義理の父子關係にあったと判明する。

⑶同じく羽686からも、コータン王と曹元忠との間に義理の父子關係が認められる。

⑷曹元忠はコータン王家の血を引いていないため、P.ch.2826と羽686においてコータン王から「息子」と呼ばれる元忠はその娘婿であったと考えるべきである。

の４點である。ただし、以上については榮新江・朱麗雙による反論を受けている(30)。そこで、本節では筆者の見解と彼らの主張を紹介しつつ、各論點について改めて検討したい。

まず、⑴のコータンの王統・年號に關する見解である。この研究史については拙稿［赤木2013, pp.111-114］にも詳しくまとめたが、張廣達・榮新江［1982；1984；2008, p.36］の説が長らく學界の主流を占めていた［表１］。そもそも彼らは、曹元忠と同時代のコータン王はViśa’ Saṃbhava（在位912～966年）とViśa’ Śūra（在位967～977年）の２人であり、Viśa’ Saṃbhavaの最後の年號を天壽と決定した。しかし、2000年代に入ってこの問題に關する新たな史料が再發見され、吉田豊［2006, pp.76-78］がこの張廣達・榮新江説の修正を行った。まず吉田は、漢文手紙文書Dx.2148に見える「佛現皇帝去後」の一文から、このViśa’ Saṃbhavaは963年にはすでに死亡していると考えた。次に、コータン語敕書P.ch.4091にコータン王國の年號「開運２年」が

あることを讀み取り、これを「２年、トラ年」の日付を持つチベット語敕書P.tib.44と結びつけて966年にあてた。そして、Viśa' Saṃbhava（在位912～962年）とViśa' Śūraとの閒に、天壽（963～965年）と開運（965～967年）の年號を使用した２人の息子（Viśa' Śūraの異母兄）がそれぞれ卽位したと推定した（以下、假に前者を天壽王、後者を開運王と呼ぶ）。

表１　コータン王統・年號一覽

<table>
<tr><td>王名</td><td colspan="6">Viśa'
Saṃbhava
（李聖天）</td><td>?
（天壽王）</td><td>?
（開運王）</td><td colspan="3">Viśa'
Śūra</td><td>Viśa'
Dharma</td><td colspan="2">Viśa'
Saṃgrāma</td><td rowspan="3">滅亡</td></tr>
<tr><td>張・榮
（1982）</td><td colspan="4">同慶
912~949</td><td>天興
950~963</td><td>天壽
963~966</td><td>——</td><td>——</td><td colspan="3">天尊
967~977</td><td>中興
978~982</td><td colspan="2">?
983~1006</td></tr>
<tr><td>吉田
（2006）</td><td colspan="4">同慶
912～949</td><td>天興
950~962</td><td>——</td><td>天壽
963~965</td><td>開運
965~967</td><td colspan="3">天尊
967~977</td><td>中興
978~982</td><td colspan="2">?
983~1006</td></tr>
<tr><td>曹氏
節度使</td><td>曹議金
914~935</td><td>曹元德
935~939</td><td>曹元深
939~944</td><td colspan="6">曹元忠
944~974</td><td>曹延恭
974~976</td><td colspan="3">曹延祿
976~1002</td><td colspan="2">曹宗壽
1002~1014</td></tr>
</table>

數字は在位年、——は該當する王・年號の存在が認められていないことを示す。この他の諸說および硏究史については、赤木2013, pp.111-114を參照。

さて、榮新江・朱麗雙は、コータン王統・年號問題について一貫して張廣達・榮新江の說を繼承しており、吉田說に對しては推測の域を出ないため不採用とするか、史料不足のため解決しがたい問題として保留の態度を取っている。また、開運の年號に關しては、Viśa' Saṃbhava以前すなわち912年以前の年號というアイデアを出しているが、本人たちも認めているように憶測の域を出ない(31)。しかし、吉田說は現時點でP.tib.44やP.ch.4091を含め一切の關連史料を整合的に說明しうる唯一のものであり、筆者としてはこれを採用すべきと考える。何より、論點(2)(3)で取り上げるP.ch.2826や羽686の內容を無理なく解釋しようとすれば、張廣達・榮新江說では矛盾が生じ、吉田說でしか解決できないのである。さらに近年、歸義軍の歷史を總括した馮培紅も、吉田や筆者の見解に基づいており、『續資治通鑑長編』に記される、965・966年に大量の禮物を貢ぎ王子德從を入朝させたコータン王は、卽位したばかりの天壽王・開運王であると指摘している(32)。

續いて、論點(2)のP.ch.2826「于闐王賜沙州節度使白玉壹團札」［『法藏敦煌』19, p.9；『眞蹟釋錄』４, p.365］を取り上げたい。本文書は、コータン王が白玉を息子の沙州節度使令公（令公は中書令の別稱）に贈る有名な手紙である。

1　白玉壹團
2　　賜沙州節度使男
3　　令公。汝宜收領。勿怪
4　　輕尠。候大般次。別有

5　信物、汝知。
6　其木匠楊君子千萬發遣西來。所要不昔（惜）也。
7　凡書信去、請看二印。一大玉印、一小玉印。更無別印也。

白玉一團

沙州節度使（＝歸義軍節度使）で息子である令公に（白玉一團を）與える。汝は受け取るがよい。（贈り物が）少ないからといって訝しがることはない。（次に敦煌を訪れる）大般次（キャラヴァン）を待ちなさい。（その大キャラヴァンに）このほかにも贈り物があるから、（そのことを）わきまえなさい。

木工の楊君子を無事に送り出し西（＝コータン）へ來させてほしい。經費については惜しまない。

（私の）書狀も贈り物もどちらも（汝のもとに）届いたら、２つの印が押印してあるか確認してほしい。１つは大きな玉印で、１つは小さい玉印である。このほかに印は押していない。

本文書には發信者によって２つの朱方印が押されている。１つは、４～５行目上に押印されている大印「通天萬壽之印」（縱9.5cm×橫9.2cm）で、もう１つは６～７行目上にある「大于闐漢天子敕印」（縱7.0cm×橫7.0cm）である[33]。小印に「大于闐」の國名があることから、本文書の發信者はコータン王とわかる。しかし日付が無いため、發信者と受信者の比定については長年の議論があるも決着を見ていなかった[34]。

この問題を解く手がかりは、大印「通天萬壽之印」にあり、Hélène Vetch［1995, pp.61-62］・李正宇［1996, p.41］・森安孝夫［2000, pp.86-87, 99］は、コータンの年號「天壽」は大印の「通天萬壽」に關係或いはその省略と考え、張廣達・榮新江［1982］の說によって發信者を Viśa' Saṃbhava に、受信者を同時代の節度使曹元忠に求めた。しかし、曹元忠の姉を娶る Viśa' Saṃbhavaは元忠と義兄弟の關係にあり、彼を息子と呼ぶはずがない。實際、兄の李王（Viśa' Saṃbhava）が弟の令公（曹元忠）に宛てたチベット語手紙草稿P.tib.1106v［武内1986, p.591；榮・朱2012b, pp.102-103 榮・朱 2013, pp.400-401］もあり、彼らは兄弟と呼び合う仲であった。そこで、前述の吉田豐の提唱する新たな王統・年號に從えば、この發信者はViśa' Saṃbhavaでなく天壽王となり、元忠と彼との間に父子關係があったと考えられる。しかも、彼が令公の稱號を帶びていたのは956～974年であるから[35]、天壽の期間ともちょうど重なるのである。

なお、小印には「漢天子」とあり、また10世紀のコータン語文書の中にはこれと對應する語として caiga rāṃdānä rrādi / ciṃga rruṃdạnä rruṃdä「漢族の王の中の王」が存在する。これらは「漢族の血統を受け繼ぐ王」の意味であり[36]、Viśa' Saṃbhava と曹議金の娘との子 Viśa' Śūra もコータン語金剛乘の奧書 IOL Khot S.47（Ch.i.0021b.a）で「菩薩 Viśa' Śūra、漢族の王の中の王」と呼ばれ[37]、著名なコータン王子從德（Khot. Tcūṃ-ttehi: ）[38]も自身が著したP.ch.3510「從德太子發願文」でその母を「漢族の偉大なる后妃」と讚えている(39)。したがって、P.ch.2826の天壽王もその母は漢族と推測されるが、それが曹議金の娘かどうかは不明である。

一方、榮新江・朱麗雙は、李王（Viśa' Dharma）から河西道節度曹太保（曹延祿）に宛てたチベット語手紙文書P.tib.1284(3)と比較して、P.ch.2826の發信者をViśa' Dharma、受信者を曹延祿とし、結論として曹元忠にコータン人との婚姻關係は無かったと主張する(40)。確かに、曹延祿も984～1002年の閒に令公の號を有しているため、受信者の「息子沙州令公」を曹延祿と見なすこともできよう。しかし、この期閒の曹延祿は、令公の他に太師と大王という稱號も併稱していたことに注意すべきである。彼の治世における敦煌文獻や石窟題記を見る限りでは、自稱あるいは他稱において單に令公とのみ表記することはない。むしろ、「太師令公大王」のように3つ全てを併記するか、或いは節度使が帶びる官稱號の中で最上位に位置する王號（大王・敦煌王・西平王）のみを記している。したがって、P.ch.2826の受信者を曹延祿とは見なしがたいのである。もう一つ、假にこの令公を曹延祿とするならば、彼の令公在位期閒（984～1002年）とViśa' Dharmaの在位期閒（978～982年）とが一致しないことにも注意すべきである。この根本的な矛盾點は前稿［赤木2013, p.120］でも指摘しておいたが、彼らの最も新しい論考［榮・朱2014, p.193］でも繰り返し從來の自說が述べられている。

論點の(3)は、このコータン王と曹元忠との閒に父子關係があったことを明瞭に示す史料、武田科學振興財團・杏雨書屋所藏の羽686「皇帝賜曹元忠、玉、玉製鞦轡、馬、鑌狀」(41)の存在である。

1　皇帝賜　　　男元忠
2　　　東河大玉壹團、重捌拾斤。
3　　　又崑崗山玉壹團、重貳拾斤。
4　　　又東河玉壹團、重柒斤。
5　　　又師(獅)子大玉鞦轡壹副。
6　　　又密排玉鞦轡壹副。
7　　　驃馬壹疋。烏馬壹疋。騮馬壹疋。
8　　　鑌參錠。共拾陸斤半。
9　［　　］□□□□□已遣。此不及
〔後　缺〕

本文書は皇帝から「男（息子）」の元忠へ玉・馬具・馬・精鐵を贈った添え狀である。都合3箇所に發信者によって「書詔新鑄之印」（縱5.7cm×橫5.6cm）が押印されている。この印は、970年にコータン王Viśa' Śūraが叔父の歸義軍節度使・曹元忠に宛てたコータン語敕書P.ch.5538にも押印されている。またコータンの爲政者は、中原王朝に對しては王を稱し、コータン國内や敦煌では天子或いは皇帝を名乘った。したがって、羽686の發信者の皇帝とは、コータン王と判明する。對する受信者の元忠は、本文書が敦煌將來品であること、また玉・馬具・馬・精鐵といった高額の品々を贈られるに相應しい人物であることを勘案すれば、節度使曹元忠と見てよい。すなわち、曹元忠とコータン王との開には父子關係が存在したのである。筆者は、論點(2)で取りあげたP.ch.2826と本文書とを結びつけることで、この皇帝を天壽王に比定し、曹元忠はその娘婿であったと結論づけた。

しかし、榮新江・朱麗雙［2013, pp.194-196 ; 2014, p.192］は公刊された寫眞複製をもとに、1行目の「男」を「舅」の異體字と讀み替えた。そして、羽686とP.ch.5538にはともに「書詔新鑄之印」が押されていることから、羽686の發信者と受信者はP.ch.5538と同じく舅甥關係にある曹元忠とViśa' Śūraであると主張している。しかし、彼らが「舅」の異體字と讀んだ文字は、褐色に變色した「書詔新鑄之印」が上から捺印されているために寫眞複製ではそのように見えるだけで、原文書を見れば明らかに「男」とある。そもそも、P.ch.5538でViśa' Śūraが元忠を「母の弟（叔父）である曹大王」と尊稱附きで呼んでいるのに對し、羽686では同時代の漢文手紙文書には必須の冒頭挨拶表現(42)も無く、そのうえ輩行を無視して元忠と呼び捨てにしており、同一人物が出した手紙とは思えない。また羽686を除けば「書詔新鑄之印」の使用例はP.ch.5538の一例だけであり、これだけで「書詔新鑄之印」をViśa' Śūra個人の玉璽と決めつけるのはいささか早計ではなかろうか。この印は複數のコータン王の開で受け繼がれたという可能性も考慮すべきだろう。

以上の(2)(3)から、コータンの天壽王と曹元忠とが父子の關係にあったことは疑いない。そもそも曹元忠は曹議金と漢族女性の宋氏夫人との開に生まれた子であり(43)、コータン王家の血統に連なる者ではない。そこで、筆者の論點の(4)として、天壽王から息子と呼ばれるからには、彼はコータン王女（天壽王の娘）と結婚して天壽王の娘婿であったという結論が導かれるのである。

これに對する榮新江・朱麗雙［2013, p.170 ; 2014, pp.192-193］の主張は、以下のようにまとめられる。

①假に筆者の見解を採るならば、曹元忠は甥の天壽王の娘を娶ることになり、この婚姻は元忠と天壽王とでは輩行の秩序が異なる。

②そもそもViśa' Saṃbhavaの子である天壽王と曹元忠は舅甥關係にあり、父子關係にはあたらない。

しかしながら、政權安定のために異民族との政略結婚を進めていた曹氏節度使が輩行をどれほど重視していたのかは疑問である。①については、本稿第1節でも述べたように元忠の息子延祿とViśa' Dharmaとは互いの娘を娶っており、曹氏では輩行が異なる婚姻は決して忌避されるものではなかったと思われる。また②についても、延祿とViśa' Dharmaの交換婚が成立するのであれば、曹元忠と天壽王との開に舅甥關係と父子關係が兩立してもなんら不思議ではない。

以上から、曹元忠はコータン人女性を妻に迎えており、彼をコータン派に含めることが可能であると考える。無論、彼らの指摘するように、現在のところまで曹元忠の妻と斷定しうるコータン人女性は石窟壁畫には見出されていない[44]。しかしそれでも、榮新江・朱麗雙の主張は、筆者の見解を否定する十分な論據たり得ない。

4．二つの家系から見る歸義軍史

前節の分析をもとに曹氏の系圖を復元すれば、本稿第1節で述べたように曹氏節度使はウイグル派とコータン派に二分することが可能であろう［圖6］。これを踏まえて曹氏の系圖や、甘州ウイグル・コータンとの婚姻關係を見直せば、この二派には次のような特徴が窺える。

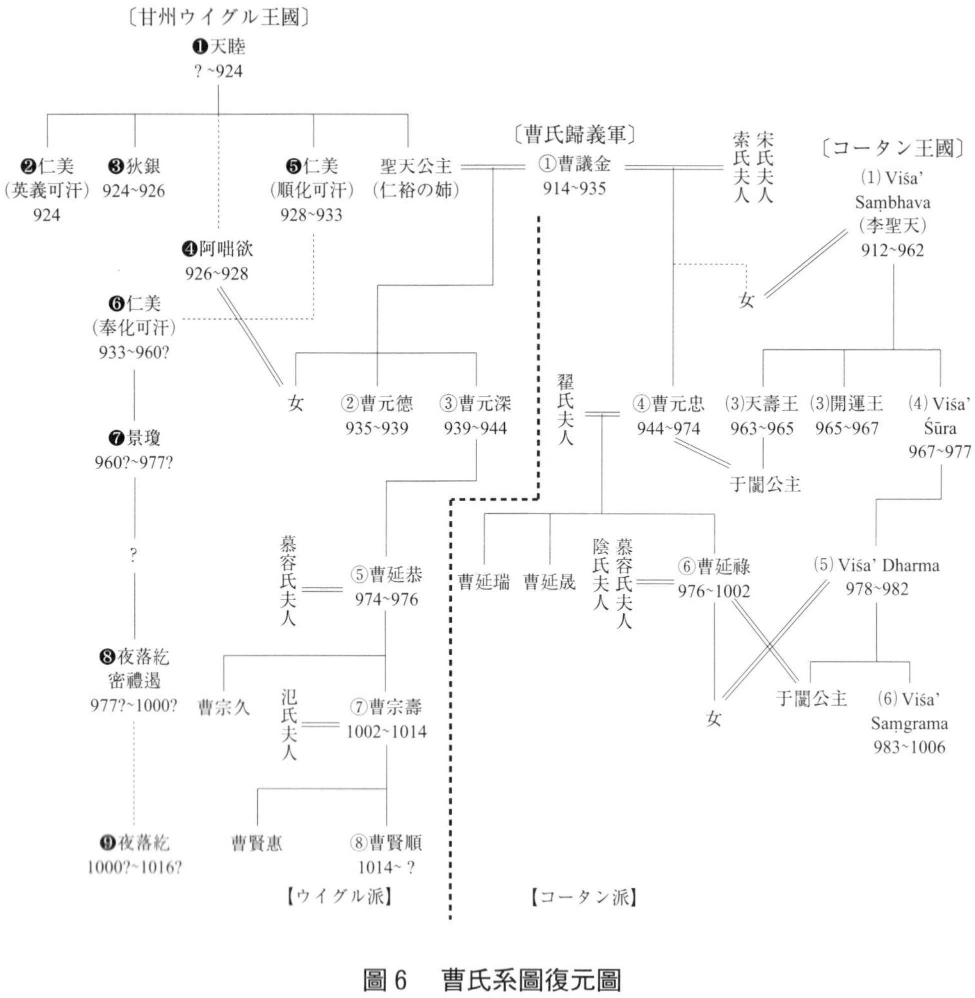

圖6　曹氏系圖復元圖

まず、ウイグル派の節度使がいずれも短命政權であるのに對し、コータン派の曹元忠・曹延祿はそれぞれ治世が31年・27年と安定した長期政權を築いていた［表2］。

表 2　曹氏節度使の在位年数

ウイグル派	コータン派
曹元德　5 年 曹元深　6 年 曹延恭　3 年 曹宗壽　13年 曹賢順　？	曹元忠　31年 曹延祿　27年

次に、このコータン派節度使の時代には、コータンから敦煌へ或いは敦煌を通過して中國へ派遣された使節の数が顯著に增加している。**表 3** は、コータン・歸義軍・甘州ウイグルの各國がそれぞれ相手國や中國に對し派遣した使節を一覽化したもので、數字は使節の到着・滯在した西曆年を示す。無論、先にも述べたようにコータン派節度使はウイグル派よりも在位年が長いため、コータン使節の往來に關する記錄が殘りやすいという狀況も加味せねばなるまい。しかしそれでも、この時期の使節數の增加はコータン派とコータン王國の關係が良好だったことを示す 1 つの材料となろう。加えて、曹氏時代の敦煌には多數のコータン王族が居住し、敦煌～コータン間を頻繁に往復し、敦煌で配偶者を得ていたことを張廣達・榮新江［1999 ; 2008, p.298］が指摘しているが、彼らが提示する史料で年代の判るものは、曹元忠の治世期間に集中している。

表 3　10～11世紀における曹氏歸義軍・コータン・甘州ウイグルの使節一覽

節度使	コータン使節		歸義軍使節			甘州ウイグル使節	
	(敦煌)	(中國)	(中國)	(甘州)	(コータン)	(敦煌)	(中國)
曹議金 914~935	901 920? 925 933~934 933~936	923~926	916　934 924　935 926 930 932	914	931　935		924　934 926　935 928 930 932
曹元德 935~939		937 938	937* 939*				
曹元深 939~944	941 942~944	943~944	940 940* 942	943			
曹元忠 944~974	945　964? 947　964 951　970 955　971 960	947　966 948　968 962　969 965　971 965	944　965 952　968 955 961 962	963 964 964 967 971	979	955 963 964 967 972	955　969 961 964 965 968
曹延恭 974~976							
曹延祿 976~1002	980 980~982 982 982	989 989 990 994	978　999 980 983 988*				977　989 980　995 983　998 984　1000

			995				987
曹宗壽 1002~1014			1002 1004 1006* 1007				1007 1008 1011 1012 1013
曹賢順 1014~?			1014 1014* 1023				1016

※藤枝「始末」㈣, pp.48-53；榮1996, pp.15-36；張・榮1989［2008, pp. 93-95］をもとに作表。（　）内は使節の派遣地、數字は朝貢使の到着・滯在年を示す（アステリスク（*）付きは遼への朝貢使）。

一方、甘州ウイグルと曹氏節度使との關係に目を轉じてみよう。甘州ウイグルを經由して入朝する歸義軍の使節の回數に着目した森安1980［pp.320-322（2005, pp.316-318)］によれば、曹議金が沒する935年までは兩者は友好關係にあったが、936～940年間は交流が途絶、940年頃より徐々に關係が回復し、曹元忠の治世半ば955年以降は完全に雪解けとなって議金の時代と同じく友好關係を取り戻したという。事實、コータン派の曹元忠や曹延祿の時代には、甘州ウイグルから歸義軍へ、あるいは歸義軍から甘州ウイグルへ（さらに甘州を通過して中國へ）派遣された使節の數が、直前の曹元德・曹元深時代と比べて著しく增加していることが**表3**からも確認できる。しかし、次に示す敦煌文獻からは、少なくとも960年代以降には兩國間に樣々な軋轢があったことが窺えるのである。

まず、962年の曹元忠より甘州ウイグル可汗への書狀P.ch.2155v(2)「弟歸義軍節度使曹元忠致甘州迴鶻可汗狀」[45]には次のように見える。

> 去五月廿七日、從向東有賊出來於雍歸鎭下煞却一人、又打將馬三兩疋却往東去。運後奔趂、問訊言道趂逃人來。又至六月四日、懸泉鎭賊下假作往來使人、從大道一半乘騎一半步行直至城門捉將作極小口五人、亦乃奔趂走相競。其賊一十八人及前件雍歸鎭下竝是迴鶻。亦稱趂逃人來。自前或有逃人經過、只是有般次行時、發書尋問、不曾隊々作賊偸劫。
>
> 去る5月27日に、東方より賊が雍歸鎭のもとに現れて1人を殺し、また馬數頭を奪って退いて東へと去っていった。その後に追いかけて尋問したところ、逃亡者を追ってきたのだと言い張った。また6月4日になって懸泉鎭にいる賊どもは往來する使者を裝って、街道より半數は騎馬で殘る半數は徒步でまっすぐに城門へやってきて人をさらい幼兒5人を殺したので、また追いかけていき爭いになった。その賊18人と先の雍歸鎭の賊どもは全てウイグル人である。(今回の賊も）また逃亡者を追ってきたのだと言い張っている。以前に逃亡者が通過したといっても、ただキャラヴァンの往來があっただけである。(このウイグル人に）書を發して尋問したが、(彼らウイグル人は）集團となって賊を働き略奪したことはない、という。

曹元忠はこの後に續けて、ウイグル人の略奪行爲と僞證の一件を甘州ウイグル可汗に傳え、犯人たちを取り調べて處分を下すよう要請している。

また、967年12月に肅州の領主（曹延恭）から節度使曹元忠へ宛てたチベット語書簡P.tib.1189(46)には次のようにある。

大雲寺の佛堂においてタタール・チュンギュル・ホル（＝甘州ウイグル）とともに天空の境界を分かって一人一鞭を行い、西の沙州方面では今日以降、馬の頭を見せず聲を上げないことを定めました。誰かが（沙州に）密かに行くかまたは急いで馬に鞍を置いて沙州方面で略奪を行う者がいれば、子が犯せば父が殺されることになり、弟が行けば兄が殺されることになりました。かくのごとく定めて、誓約をきちんと履行すれば、沙州方面の略奪行爲を止めない者は誰でしょうか。同じ頃にまた、沙州人の男２人が盜みに來たのを私たちが捕らえて私たちの土地にいる時に、ホル９部族は全ての良き者とともに肅州にきて、「盜賊２人を私たちに渡せ」と言いました。不肖私は男を逃がすわけにはいかないと言って（ホルと）少々口論した結果、ホルに渡しませんでした。

やや文意が取りづらいが、かつて歸義軍はタタール・チュンギュル・甘州ウイグルらと不可侵盟約を結び、違反者には家族を處罰する嚴しい取り決めがあった。しかし、この盟約に反して甘州ウイグルの男２人が沙州人と僞って肅州で略奪行爲を働いたため、この２人の處分をめぐって甘州ウイグルと爭っていることが窺えよう。

さらに、981年に瓜州から節度使曹延祿へ宛てた報告書P.ch.3412「宋太平興國６年10月都頭安再勝・都衙趙再成等狀」(47)では、肅州から逃れてきた者たちが、

回鶻・達怛及肅州家相合、就大雲寺對佛設誓、則說向西行兵。

（甘州）ウイグル・タタール・肅州が合して大雲寺の佛像の前で會盟を結び、西方（瓜州・沙州方面）へ進擊しようと言っている。

と報告しており、甘州ウイグルらが結託して歸義軍領域への攻擊を謀っていることが窺える。このように、コータン派節度使の時代は、甘州ウイグルとの閒に使節の往來はあるものの必ずしも良好な關係ではなく、しばしば衝突を繰り返していたのである。

さらには、甘州ウイグル王家とコータン王家とでは、曹議金死後の敦煌における立場が異なっていたことを暗示するような史料も存在する。曹議金が924～925年頃に完成させた莫高窟第98窟(48)では、主室東壁の北側に議金の正妻である甘州ウイグルの聖天公主、甘州ウイグル可汗阿咄欲に嫁いだ議金の娘の供養人像が竝ぶ［圖７（483頁）］。一方の東壁南側には、議金の娘婿であるコータン王 Viśa' Saṃbhava と彼に嫁いだ議金の娘の像が配置されている［圖８（483頁）］。さて、圖７を仔細に見ると、聖天公主の衣裳は金箔を剝ぎ取った痕が隨處にあり、寶珠をちりばめた胸元のネックレスは上から朱衣を描き足して塗り潰しており、さらに冠も壁面を削って小さく修正しなおしている。一方、圖８の Viśa' Saṃbhava と彼の妻は明らかに上方にある維摩詰經變の一部を塗り潰して描かれており、他の供養人像よりも大きくみせようという作爲が感じられる。特に Viśa' Saṃbhava は天冠や柄香爐など細部を金箔で莊嚴して

おり、聖天公主とは對照的である。また、コータン王に嫁いだ議金の娘のすぐ左には、ウイグル人女性が被る桃型冠を塗り潰した痕があり、本來は東壁南側にもウイグル人女性が描かれていたことがわかる。

このような修正はいつ行われたのだろうか。聖天公主を妻に迎えた曹議金やその實子であるウイグル派の曹元德・曹元深の時代に、彼女へ圖7のような仕打ちをするとは考えにくい。とすれば、それは曹元忠より後の時代ではあるまいか。一方、圖8のViśa' Saṃbhavaの題記には「大朝大寶于闐國大聖大明天子……卽是窟主」とあり(49)、この「大寶于闐國」の國號は936年に後晉より下賜されたものであること(50)、Viśa' Saṃbhava は962年頃に死去したことから、圖8の供養人像たちは議金死後の936～962年の間に加筆修正されたとわかる。となれば、この修正はおそらく曹元忠の命令によるものであり、少なくともコータン派曹元忠の時代には甘州ウイグル王家とコータン王家とではその待遇に相當の格差が生じていたようである。

最後に、コータン派とコータン王國の終焉について概觀したい。1002年にコータン派曹延祿は、曹延恭の子息でウイグル派(51)の曹宗壽に暗殺された。このことを傳える『宋會要輯稿』には(52)、

(咸平) 五年八月、權歸義軍節度兵馬留後曹宗壽遣牙校陰會遷入貢、且言、爲叔歸義軍節度使延祿・瓜州防禦使延瑞將見害、臣先知覺、卽投瓜州。蓋以當道二州八鎭軍民自前數有冤屈、備受艱辛、衆意請臣統領兵馬。不期内外合勢、便圍軍府。延祿等知其力屈、尋自盡。臣爲三軍所迫、權知留後、兼差弟宗［久］以權知瓜州訖。文表求降旌節、制遏蕃戎。朝廷以其地本羈縻、而世荷王命、歲修職貢、乃授宗壽金紫光祿大夫檢校太保使持節沙州刺史兼御史大夫歸義軍節度瓜沙等州觀察處置押蕃落等使封譙郡開國侯食邑一千戶、賜竭誠奉化功臣、宗久檢校尙書左僕射御史大夫知瓜州軍州事、宗壽子賢順爲檢校兵部尙書衙内都指揮使、妻紀(氾)氏封濟北郡夫人。宗壽卽延祿族子、養敎之也。

咸平五年八月、權歸義軍節度兵馬留後曹宗壽は牙校陰會遷を派遣して入貢し、さらに「叔父の歸義軍節度使延祿・瓜州防禦使延瑞により殺害されそうになったが、臣は前もってそれを知り、すぐに瓜州に身を寄せた。思うに我が二州八鎭の軍民は以前よりしばしば迫害され、艱難辛苦に遭い、衆人の意向は臣に歸義軍を統率してほしいと願うものであった。期せずして内外の勢力がひとつとなり、軍府を包圍した。曹延祿らは力が及ばないことを悟り、間もなく自害した。臣は三軍に要求されて權知留後となり、そのうえ弟の宗久を派遣して權知瓜州とした」と述べて、節を降して、蕃戎を防ぐことを請願した。朝廷は、沙州が本來は中國から見れば羈縻の地でありながら、代々王命に從って毎年貢ぎ物を納めていたので、曹宗壽を金紫光祿大夫檢校太保使持節沙州刺史兼御史大夫歸義軍節度瓜沙等州觀察處置押蕃落等使封譙郡開國侯食邑一千戶とし、竭誠奉化功臣を賜い、宗久を檢校尙書左僕射御史大夫知瓜州軍州事とし、宗壽の子賢順を檢校兵部尙書衙内都指揮使とし、妻の氾氏を濟北郡夫人に封じた。宗壽は延祿の族子であり、(延祿は) 彼 (宗壽) を養育した。

と、曹延祿は度重なる壓政のために民意を失って最後に自害したため、代わりに曹宗壽が推戴されてその後を繼いだとある。しかし實際には、曹宗壽によるクーデターで、事實を粉飾して宋朝に報告したのであろう(53)。この事件により、曹宗壽が歸義軍節度使に、弟の曹宗久が瓜州の兵權を統べる瓜州軍州事に、實子の曹賢順が軍事司令官である衙内都指揮使に任じられており、沙州・瓜州の行政・軍事の一切の要職がウイグル派に掌握されたのである。

この事件から４年後の1006年頃にはカラハン朝の攻撃を受けてコータン王國も滅びてしまう(54)。コータン王國は958年よりカラハン朝の度重なる攻撃を受けており、998年にはカシュガルにてカラハン朝の軍勢を撃破し 'Ali b. Mūsā を戰死させたが(55)、その後カラハン朝の攻撃は激しさを増し、遂に滅亡の憂き目に遭う。

コータン派節度使とコータン王國、この２つの政治勢力がほぼ同時期に相次いで衰退するのは偶然の一致であろうか。ここまでに檢討したコータン派節度使とコータン王國との密接な關係を勘案すれば、コータン派の權力喪失によって敦煌からの援助を得られなくなったため、コータン王國はカラハン朝に對抗しきれなくなり滅亡に及んだというシナリオも考えられよう。實際、コータン王國は曹元忠在位時の960年代より敦煌に援軍を幾度か要請していた(56)。また、970年に Viśa' Śūraから曹元忠に宛てた敕書P.ch.5538では、前年969年12月に起こったカラハン朝の侵入に反撃するために曹元忠に援助を求めている。このときはコータン王國が見事に撃退に成功したようで、曹元忠から Viśa' Śūraへ送った祝文の草稿P.ch.4065も存在しており(57)、カラハン朝の侵攻に對してコータン派節度使とコータン王國の兩者が協力關係にあったことが窺えるのである。つまりは、コータン派節度使の存續がコータン王國の存亡に間接的に關與していたともいえよう。

おわりに

本稿では、曹延恭の血緣關係と曹元忠の婚姻關係を再檢討して、10～11世紀に敦煌を支配した曹氏歸義軍節度使は、甘州ウイグル聖天公主の血を引くウイグル派と、コータン王族と婚姻關係を結んだコータン派という２つの家系に大別しうることを明らかにした。このうちコータン派は甘州ウイグルに對しては緊張關係が存在したが、一方でコータン王國との間には、外交使節の往來の增加やコータン王族の敦煌在住など緊密な關係にあった。さらには、コータン派の衰亡は、1006年頃のコータン王國の滅亡にも少なからず影響を與えたと考えられる。そして、曹元深から曹宗壽に至るまで、歸義軍節度使の位は常にこの二派の間で移動しており、コータン派の曹延祿はウイグル派の曹宗壽によって暗殺された。ウイグル派の節度使はいずれも治世が短く、また最後の２人（曹宗壽・曹賢順）は敦煌文獻の下限である1002年以降に即位したため、コータン派節度使に比して關連史料が壓倒的に少ない。そのため、ウイグル派とコータン派との間で權力の繼承がはたしてどのように行われたのか十分明らかにしえない。

しかし、このような權力移動や諸外國との關係を見れば、曹氏歸義軍の歷史の背後にはこの二派の權力闘爭があり、それによって歸義軍の歷史は推移していったともいえよう。

略號

Dx. ＝ロシア科學アカデミー東方文獻研究所所藏敦煌文獻
IOL Khot ＝大英圖書館所藏コータン語文書・木簡
P.ch. ＝フランス國立圖書館所藏ペリオ將來敦煌漢文文獻
P.tib. ＝フランス國立圖書館所藏ペリオ將來敦煌チベット語文獻
羽＝武田科學振興財團・杏雨書屋所藏敦煌祕笈

文獻略號

Grottes de Touen-Houang＝Paul Pelliot（et al.）*Grottes de Touen-Houang : carnet de notes de Paul Pelliot : inscriptions et peintures murals*, 6 vols., Paris : Collège de France Instituts d'Asie, Centre de Recherche sur l'Asie Centrale et la Haute Asie, 1981-1992.
『供養人題記』＝敦煌研究院（編）『敦煌莫高窟供養人題記』文物出版社, 1986.
『眞蹟釋錄』＝唐耕耦・陸宏基（編）『敦煌社會經濟文獻眞蹟釋錄』全5卷, 書目文獻出版社・古佚小說會, 1986-1990.
『中國石窟 安西榆林窟』＝敦煌研究院（編）『中國石窟 安西榆林窟』平凡社, 1990.
『中國石窟 敦煌莫高窟』＝敦煌文物研究所（編）『中國石窟 敦煌莫高窟』全5卷, 平凡社, 1980-1982.
『敦煌祕笈』＝『杏雨書屋藏 敦煌祕笈 影片册』全9卷, 武田科學振興財團, 2009-2013.
『內容總錄』＝敦煌文物研究所（編）『敦煌莫高窟內容總錄』文物出版社, 1982.
藤枝「始末」㈠〜㈣＝藤枝1941-1943.
『法藏敦煌』＝『法國國家圖書館藏敦煌西域文獻』全34卷, 上海古籍出版社, 1995-2005.

参考文獻（著者名ＡＢＣ順）

赤木崇敏 Akagi Takatoshi

2006 「歸義軍時代チベット文手紙文書P.T.1189譯註稿」荒川正晴（編）『東トルキスタン出土「胡漢文書」の總合調査』（平成15〜17年度科學研究費補助金（基盤研究（B））研究成果報告書・研究代表者 荒川正晴）大阪大學, pp.77-86.

2010 「十世紀敦煌の王權と轉輪聖王觀」『東洋史研究』69-2, pp.59-89.

2011 "Six 10th Century Royal Seals of the Khotan Kingdom." In : Y. Imaeda, M. Kapstein, and T. Takeuchi（eds.）, *Old Tibetan Documents Online Monograph Series* vol. 3, Tokyo : Research Institute for Languages and Cultures of Asia and Africa, Tokyo University of Foreign Studies, pp.217-229.

2012 "The Genealogy of the Military Commanders of the *Guiyijun* from Cao Family." In : I. Popova and Liu Yi（eds.）, *Dunhuang Studies : Prospects and Problems for the Coming Second Century of Research*［敦煌學：第二個百年的研究視角與問題］, St. Petersburg : Slavia, pp.8-13.

2013 「10世紀コータンの王統・年號問題の新史料――敦煌祕笈 羽686――」『內陸アジア言語の研究』28, pp.101-128, 2pls.

2016a 「曹氏歸義軍時代の瓜州オアシスの統治權——瓜州オアシスからの陳情書 P.ch.2943——」坂尻彰宏(編)『出土文字資料と現地調査からみた河西回廊オアシス地域の歴史的構造』(平成25～27年度科學研究費補助金(基盤研究(C))研究成果報告書・研究代表者 坂尻彰宏)大阪大學, pp.1-24.

2016b 「曹氏歸義軍節度使時代の敦煌石窟と供養人像」『敦煌寫本研究年報』10, pp.285-308.

荒川正晴 Arakawa Masaharu

1989 「唐の中央アジア支配と墨離の吐谷渾(下)——主に墨離軍の性格をめぐって——」『史滴』10, pp.19-42.

Bailey, Harold Walter

1951 *Khotanese Buddhist Texts*, London : Taylor's Foreign Press [rev. ed., Cambridge University Press, 1981].

陳國燦 Chen Guocan

1998 「甘州回鶻」季羡林(主編)『敦煌學大辭典』上海辭書出版社, p.461.

陳菊霞 Chen Juxia

2012 『敦煌翟氏研究』民族出版社.

陳祚龍 Chen Zuolong (Ch'en Tsolung)

1960 "Liste alphabétique des impressions de sceaux sur certains manuscrits retrouvés à Touen-houang et dans les régions avoisinantes." In *Mélanges publiés par l'Institut des Hautes Études Chinoises* 2. Paris : Institut des Hautes Etudes chinois, pp.5-14, 2 pls.

土肥義和 Dohi Yoshikazu

1980 「歸義軍(唐後期・五代・宋初)時代」榎一雄(編)『講座敦煌 2 敦煌の歴史』大東出版社, pp.233-296.

Emmerick, Ronald Eric

1980 "The Verses of Prince Tcūṃ-ttehi: ," *Studia Iranica* 9-2, pp.185-193.

馮培紅 Feng Peihong

2013 『敦煌的歸義軍時代』(講座敦煌書系)甘肅教育出版社.

藤枝晃 Fujieda Akira

1941～1943 「沙州歸義軍節度使始末(一)～(四・完)」『東方學報』(京都)12-3, pp.58-98 ; 12-4, pp.42-75 ; 13-1, pp.63-95 ; 13-2, pp.46-98.

1973 「敦煌曆日譜」『東方學報』(京都)45, pp.377-441.

1977 「敦煌オアシスと千佛洞」『旅する佛たち——敦煌・シルクロード——』(毎日グラフ別册)毎日新聞社, pp.63-67.

高自厚 Gao Zihou

1983 「甘州回鶻世系考」『西北史地』1983-1, pp.46-54.

Hamilton, James Russell

1955 *Les Ouïghours à l'époque des Cinq Dynasties d'après les documents chinois*, Paris : Imprimerie nationale ; Presses universitaires de France (repr. 1988).

賀世哲 He Shizhe

1986 「從供養人題記看莫高窟部分洞窟的營建年代」敦煌研究院(編)『敦煌莫高窟供養人題記』文物出版社, pp.194-236.

賀世哲・孫修身 He Shizhe & Sun Xiushen

1982 「瓜沙曹氏與敦煌莫高窟」敦煌文物研究所(編)『敦煌研究文集』甘肅人民出版社, pp.220-272.

黄盛璋 Huang Shengzhang
1992 「關於沙州曹氏和于闐交往的諸藏文文書及相關問題」『敦煌研究』1992-1, pp.35-43.
姜亮夫 Jiang Liangfu
1979 「瓜沙曹氏年表補正」『杭州大學學報』(哲學社會科學版) 1979-1/2, pp.86-105〔再錄:姜1987, pp.913-954〕.
1983 「瓜沙曹氏世譜」『浙江學刊』1983-1, pp.104-108〔再錄:姜1987, pp.955-975〕.
1987 『敦煌學論文集』上海古籍出版社.
金子良太 Kaneko Ryōtai
1974 「敦煌出土張金山關係文書」『豊山學報』19, pp.118-109 (逆頁).
李幷成・解梅 Li Bingcheng & Jie Mei
2006 「敦煌歸義軍曹氏統治者果爲粟特后裔嗎——與榮新江、馮培紅先生商榷——」『敦煌研究』2006-1, pp.109-115.
李正宇 Li Zhengyu
1988 「歸義軍曹氏表文三件考釋」『文獻』1988-3, pp.3-14.
1996 「俄藏中國西北文物經眼記」『敦煌研究』1996-3, pp.36-42.
羅振玉 Luo Zhenyu
1915 「瓜沙曹氏年表」『雪堂叢刻』(羅氏鉛印).
梅林 Mei Lin
2009 「莫高窟第244窟于闐太子題記再審査」『敦煌研究』2009-2, pp.4-7.
森安孝夫 Moriyasu Takao
1980 「ウイグルと敦煌」榎一雄(編)『講座敦煌 2 敦煌の歴史』大東出版社, pp.297-338.
2000 「河西歸義軍節度使の朱印とその編年」『内陸アジア言語の研究』15, pp.1-121, 15 pls., 1 table.
2015 『東西ウイグルと中央ユーラシア』名古屋大學出版會.
Pulleyblank, Edwin George
1954 "The Date of the Staël-Holstein Roll," *Asia Major*, n.s.4, pp.90-97.
榮新江 Rong Xinjiang
1993 「甘州回鶻成立史論」『歴史研究』1993-5, pp.32-39.
1994 「于闐王國與瓜沙曹氏」『敦煌研究』1994-2, pp.111-119.
1996 『歸義軍史研究——唐宋時代敦煌歴史考索——』上海古籍出版社.
2001 「敦煌歸義軍曹氏統治者爲粟特后裔說」『歴史研究』1, pp.65-72.
榮新江・朱麗雙 Rong Xinjiang & Zhu Lishuang
2011 「11世紀初于闐佛教王國滅亡新探——兼談哈喇汗王朝的成立與發展——」『西域文史』6, pp.191-203.
2012a 「于闐國王李聖天事迹新證」『西域研究』2012-2, pp.1-13.
2012b 「一組反映10世紀于闐與敦煌關係的藏文文書研究」『西域歴史語言研究集刊』5, pp.87-111.
2013 『于闐與敦煌』(敦煌講座書系) 甘肅教育出版社.
2014 「從進貢到私易:10—11世紀于闐玉的東漸敦煌與中原」『敦煌研究』2014-3, pp.190-200.
坂尻彰宏 Sakajiri Akihiro
2012 「杏雨書屋藏敦煌祕笈所收懸泉索什子致沙州阿耶狀」『杏雨』15, pp.374-389.
2014 「公主君者者の手紙——S.2241の受信者・發信者・背景について——」『敦煌寫本研究年報』8, pp.47-68.

Samolin, William
1964 *East Turkestan to the Twelfth Century*, London : Mouton.
史岩 Shi Yan
1947 『敦煌石室畫象題識』比較文化研究所・國立敦煌藝術研究所・華西大學博物館.
史葦湘 Shi Weixiang
1982 「絲綢之路上的敦煌與莫高窟」敦煌文物研究所(編)『敦煌研究文集』甘肅人民出版社, pp.43-121.
代田貴文 Shirota Takafumi
1976 「カラハン朝の東方發展」『中央大學大學院研究紀要』5, pp.255-270.
Skjaervø, Prods Oktor
2002 *Khotanese Manuscripts from Chinese Turkestan in the British Library : A Complete Catalogue with Texts and Translations*, London : The British Library.
蘇北海・周美娟 Su Beihai & Zhou Meijuan
1987 「甘州回鶻世系考辯」『敦煌學輯刊』1987-2, pp.69-78.
孫修身 Sun Xiushen
1990 「五代時期甘州回鶻可汗世系考」『敦煌研究』1990-3, pp.23, 40-45.
武内紹人 Takeuchi Tsuguhito
1986 「敦煌・トルキスタン出土チベット語手紙文書の研究序説」山口瑞鳳(編)『チベットの佛教と社會』春秋社, pp.563-602.
Vetch, Hélène
1995 "Lettre de l'empereur de Khotan au commissaire militaire de Shazhou." In : J. Giès, and M. Cohen (eds.), *Sérinde, Terre de Bouddha. Dix siècles d'art sur la Route de la Soie. (Galeries nationales du Grand Palais, Paris, 24 octobre 1995-19 février 1996)*, Paris : La Réunion des musées nationaux, pp.61-62.
王重民 Wang Zhongmin
1962 『敦煌遺書總目索引』商務印書館.
謝稚柳 Xie Zhiliu
1955 『敦煌藝術敍錄』上海出版公司〔再版:上海古籍出版社, 1996〕.
吉田豐 Yoshida Yutaka
2006 『コータン出土8-9世紀のコータン語世俗文書に關する覺え書き』(神戸市外國語大學研究叢書38)神戸市外國語大學外國學研究所.
2009 "Viśa' Śūra's Corpse Discovered?," *Bulletin of the Asia Institute* 19, pp.233-238.
張伯元 Zhang Baiyuan
1995 『安西楡林窟』四川教育出版社.
張廣達・榮新江 Zhang Guangda & Rong Xinjiang
1982 「關於唐末宋初于闐國的國號・年號及其王家世系問題」『敦煌吐魯番文獻研究論集』中華書局, pp.179-209〔再錄:張・榮2008, pp.15-37〕.
1984 "Les noms du royaume de Khotan." In : M. Soymié (ed.), *Contributions aux études de Touen-Houang* 3, Paris : École Française d'Extrême-Orinet, pp.23-46, 4pls.
1987 「敦煌文書P.3510(于闐文)《從德太子發願文(擬)》及其年代——《關於于闐國的國號・年號及其王家世系問題》一文的補充——」『1983年全國敦煌學術討論會文集 文史・遺書編』(上), 甘肅人民出版社, pp.163-175〔再錄:張・榮2008, pp.38-47〕.
1989 「關於敦煌出土于闐文獻的年代及其相關問題」『紀念陳寅恪先生誕辰百年學術論文集』

北京大學出版社, pp.284-306〔再錄：張・榮2008, pp.70-105〕.
1999 「十世紀于闐國的天壽年號及其相關問題」『歐亞學刊』1, pp.181-192〔再錄：張・榮2008, pp.289-302〕.
2008 『于闐史叢考（增訂本）』中國人民大學出版社.

注

(1) 藤枝「始末」㈠, pp.63-64；藤枝「始末」㈡, pp.64-68；藤枝「始末」㈣, p.83；土肥1980, p.235；馮2013, pp.456, 458。なお、唐の滅亡によりその支援を失った張氏時代末期には、最後の節度使張承奉が獨立を決意して910年に西漢金山國を樹立した。

(2) 藤枝「始末」㈣, pp.83-84；藤枝1973, p.410；土肥1980, pp.235-237；森安1980, p.315［2015, p.312］；榮1996, 前言pp.1-2；森安2000, p.89；赤木2010, pp.71-72；馮2013, pp.457-458。

(3) 系圖・在位年に關する研究は枚擧に暇がないが、體系的にまとめあげたものとしては、藤枝「始末」㈠, pp.70-84；藤枝「始末」㈢, pp.63-74；榮1996, pp.60-147；森安2000, pp.48-80；馮2013, pp.233-454がある。

(4) 圖1は藤枝「始末」㈢, p.64；張・榮1982［1984；2008, p.36］；姜1983［1987, pp.974-975］；榮1994, pp.114-117；榮1996, pp.15-36, 95-128；森安2000, p.49をもとに作圖した。なお、コータン王の系圖については各種議論があるが、ここでは長らく學界の定說とされてきた張廣達・榮新江［1982；1984；2008, p.36］の說に據っている。また甘州ウイグル可汗の系圖についても議論が分かれており意見の一致を見ていないが［cf. Hamilton 1955, pp.143-144；高1983；蘇・周1987；孫1990, p.45；榮1993；陳國燦1998, p.461］、本圖は筆者の私見を踏まえて作圖している。

(5) 藤枝「始末」㈣, pp.69, 75-76；森安1980, pp.324-326［2015, pp.320-322］；榮1996, pp.310-311；馮2013, pp.310-323。

(6) 藤枝「始末」㈣, pp.67-69, 72-73；森安1980, p.324［2015, p.320］；張・榮1982［1984；2008, p.33］；姜1983［1987, pp.957-961］；榮1994, p.114；榮1996, pp.15, 17, 310-311；張・榮1999［2008, p.300］；馮2013, pp.333-337。

(7) 藤枝「始末」㈣, p.74；Pulleyblank 1954, p.93；姜1983［1987, p.968］；榮1994, p.116；馮2013, pp.345-349。彼女の供養人像と稱號は、莫高窟第61窟・第202窟・第449窟・天王堂そして楡林窟第35窟に殘されている［cf. 榮1994, p.115］。

(8) 982年のViśa' Dharma王への讚文IOL Khot S.21（Ch.i.0021a.a）に、「Viśa' Dharma、菩薩である王の第5年、中興の治世の始まり、午の年の第7月、（王は）金の王家を繼續させんがために、純粹な漢族出身の王妃を請うという神なる願いを御心に抱かれた。彼は彼方の沙州に向けて使者を遣わした」とあり、當時の節度使曹延祿に婚姻を願い出ている［金子1974, pp.116-115（逆頁）；張・榮1999（2008, p.301, n.3）；Skjaervø 2002, p.524；榮・朱2012b, p.108］。

(9) 『宋會要輯稿』卷198, 蕃夷5, 瓜沙二州, 太祖建隆3年條, p.7767（中華書局本）；『續資治通鑑長編』卷3, 太祖建隆3年正月丙子條, p.61（中華書局本）；『宋史』卷490, 外國傳6, 沙州條, p.14124（中華書局本）。

(10) 『法藏敦煌』28, p.254；『眞蹟釋錄』4, p.412。

(11) 『供養人題記』pp.171-172。なお、實見により釋讀を一部改めている。本窟は曹延恭が造營に着手したが、彼が976年に急死した後は延祿が事業を引き繼いで完成させた。

(12) 『供養人題記』p.18は第5身の「恭一心供養」を讀んでいないが、2015年の調査で確認した。

(13) 賀・孫1982, p.253 ; 賀1986, p.227。

(14) なお、姜氏の論文では、窟番號を第61窟と誤っている。

(15) 謝1955, p.467 ; 張1995, p.227。なお、この窟の前甬道は1970年3月に民兵が住居とするために石灰によって塗り潰したため、現在では供養人像の一部しか殘っておらず、題記は全く讀めない。

(16) 榮1996, pp.120-121, 123。

(17) 榮1996, p.123 ; 坂尻2014, p.57。

(18) ただし、森安2000, p.49では、元德・元深・元忠のいずれの子か異論あり、として態度を保留している。

(19) 現在、甬道の供養人の題記は退色して判讀できないが、『内容總錄』p.70 ; 賀・孫1982, p.248 ; 賀1986, p.226は曹議金と聖天公主と推定している。兩供養人の衣裳や持物、カルトゥーシュ(題記枠)の莊嚴などの諸特徴から、筆者もこの比定に贊同する。

(20) 本稿のもととなった石窟調査は、敦煌研究院の許可のもと2010年から2015年にかけて行った。調査に際しては敦煌研究院の方々に多大な協力を得た。記して深謝したい。なお、この調査の大半は坂尻彰宏氏(大阪大學)と共同で行い、本窟に關する知見も共有している。ただし、本稿の題記・供養人像の解釋などについては筆者の責任である。

(21) 曹氏節度使の供養人像の圖像的特徴については、拙稿[赤木2016b, pp.289-293]を參照されたい。

(22) 藤枝「始末」㈢, pp.71,73, n.142 ; 赤木2016a, pp.10-11。

(23) 榮1996, p.113。

(24) 荒川正晴[1989, p.32]は、❷についてペリオの讀みに従うものの③は「延祿」とし、窟主元忠が③實子の延祿を「姪」と呼ぶはずがないため、この親族表記は當時の節度使であった曹元德ないし曹元深を基準にしたものと考える。しかし、管見の限りでは、窟主以外の人物を基準にした親族表記は敦煌石窟に見當たらないため、この說には贊同しがたい。

(25) 榮1996, pp.120-121。

(26) なお、曹延敬(延恭)は955年に歸義軍が後周に入朝した際に瓜州團練使に任命されているが、それ以前にどのような官位を有していたかは明らかになっていない。Cf.『舊五代史』卷138, 外國傳2・吐蕃, p.1841(中華書局本);『新五代史』卷74, 四夷附錄3, 吐蕃傳, p.915(中華書局本);『册府元龜』卷170, 帝王部・來遠, p.2059(中華書局本・明版)。

(27) Cf. 榮2001, p.69. なお榮說に對する反論を行った李并成・解梅[2006, p.112]や敦煌の翟氏一族を集中的に分析した陳菊霞[2012, pp.31-53]は、翟氏夫人を漢族とする。

(28) 森安[1980, p.325]は、莫高窟第61窟の供養人題記をもとに、曹元忠は翟氏夫人以外にウイグル人とコータン人の妻がいることを指摘した。ただし、この第61窟の供養人と題記には後代の描き直しがあることが後に判明したため[賀・孫1982, p.252 ; 賀1986, p.227 ; 榮1994, p.115]、現在では森安[2015, p.325, n.29]はこの說を保留している。

(29) Akagi 2011, pp.220-221 ; Akagi 2012, pp.9-10 ; 赤木2013, pp.115-121。

(30) 榮・朱2011, p.201, n.49 ; 2012a, p.13 ; 2012b, p.107, n.138 ; 2013, pp.54, 104-106, 170, 194-197 ; 2014, pp.192-193。

(31) 榮・朱2013, p.106。

(32) 馮2013, pp.344-345. なお、『續資治通鑑長編』卷7, 太祖乾德4年(966)條, p.167には「于闐國王遣其子德從來貢方物」とあるが、同じ4年條の末文[p.183]には、コータン王の名を李聖天(Viśa' Saṃbhava)と明記している。馮培紅は、この「李聖天」は李燾が加筆したもので、實際は李聖天とは別のコータン王と推測する。

(33) これらの印文は陳祚龍［Chen 1960］; 王重民［1962, p.273］によって解讀された。印寸については森安2000, p.118を參照。

(34) 最も早くにこの問題に觸れた王重民［1962, p.273］は、コータン王の名前を特定していないが、受信者を張淮深（在位867～890年）に比定している。しかし、張淮深が令公（中書令）の肩書きを帶びた事實はなく［榮1996, pp.78-88, 129］、張淮深の在位時はまだ敦煌とコータンの國交も回復していないため［cf. 張・榮1989＝2008, pp.85-86］、この說は採用できない。その後の研究者はおおむね發信者を10世紀前半のコータン王 Viśa' Saṃbhava にあてるが、受信者については曹議金［黃1992, pp.37-39］、曹元忠［Vetch 1995, pp.61-62 ; 李1996, p.41 ; 森安2000, pp.58-59, n.72, 86-87, 99］、曹延祿［史葦湘1982, p.120, n.133］と意見が分かれる。一方、榮新江や朱麗雙［榮1994, pp.116-117 ; 榮・朱2013, p.169 ; 榮・朱2014, p.193］は、莫高窟第61窟の銘文やチベット語文書との比較から、發信者と受信者をそれぞれ10世紀後半の Viśa' Dharma 王と曹延祿にあてる。

(35) 實際に曹元忠が令公（中書令）の稱號を帶びていたのは956～974年だが［榮1996, pp.121, 133］、964～974年の閒は「太師」「大王」の號も併せ持っており、この閒は單に「令公」と呼ばれることはなく、「大王」または「太師令公大王」とされる［cf. 赤木2013, pp.119-120］。

(36) Akagi 2011, pp.220-221 ; Akagi 2012, p.10 ; 赤木2013, pp.116-117, n.29を參照。榮新江・朱麗雙［2011, pp.200-201］は、漢天子やそれに對應するコータン語表現について、11世紀初頭にコータンを征服したカラハン朝の爲政者が Malik al-mashrīq（東方の王）、Malik al-mashrīq wa'l-Ṣīn（中國と東方の王）、Tamghaj / Ṭabgâch khan（中國のカン）と號する事實を結びつけ、これらの呼稱は中國との連繫を强調する表現とする。しかし、前稿［赤木2013, p.117, n.29］でも述べたように、コータン王家は漢族としての曹氏の血統を重んじており、それゆえにこのような呼稱を用いたと考えるべきである。

(37) 金子1974, p.114 ; Skjaervø 2002, p.553。

(38) 張・榮1987［2008, pp.44-45］; 張・榮1999［2008, p.299］。なお，從德太子を Viśa' Śūra の幼名と見るこれらの說に對し、吉田［Yoshida 2009, p.235］は從德をViśa' Śūra とする說を採らず、また梅林［2009, p.6］は從德を Viśa' Śūra の子としている。このように從德太子＝Viśa' Śūra 說は再檢討する必要がある。

(39) Bailey 1951, p.52 ; Emmerick 1980, p.188.

(40) 榮1994, pp.115-117 ; 榮・朱2012b, pp.105-109 ; 榮・朱2013, pp.167-170, 407-411。

(41) 『敦煌祕笈』9, pp.64-65 ; 赤木2013, p.104。

(42) 10世紀の漢文手紙文書の書式については、坂尻2012, p.383を參照。

(43) 森安1980, p.324［2015, p.320］; 姜1983［1987, p.959］。

(44) ただし、莫高窟第202窟甬道南壁には、曹氏節度使と並んでコータン人女性が描かれている。この節度使は曹元忠または曹延祿のどちらかであり［赤木2016b, pp.303-304］、もし前者であれば、この女性は元忠の妻であろう。また、庚申年（960年）7月15日の日付を持つP.ch.3111［『法藏敦煌』21, p.329 ;『眞蹟釋錄』3, p.99］は、敦煌在住の于闐公主に對する造花や調度品への支出記錄であり、その支出を認可する證として末尾にはわざわざ曹元忠の鳥型花押が押されている。榮新江・朱麗雙は彼女を李聖天と曹議金の娘とが生んだ女兒とするが、曹元忠の妻の可能性も考えられる。

(45) 『法藏敦煌』7, p.131 ;『眞蹟釋錄』4, pp.401-402。

(46) 赤木2006, p.79。なお、ここに見える歸義軍と甘州ウイグルとの閒に結ばれた盟約については、對應する漢文文書P.ch.3272vがある。

(47) 『法藏敦煌』24, p.132 ;『眞蹟釋錄』4, p.517。

(48) 莫高窟第98窟の造營時期については榮1996, pp.240-241を參照。

(49) ただし、これは1940年代に敦煌を訪れた著名な畫家張大千が上から書き直したものらしい。

(50) 『新五代史』巻8, 晉高祖本紀, 天福3年10月條, p.83を參照。

(51) 『宋會要輯稿』では曹宗壽は曹延祿を「叔」と呼び、『宋史』でも延祿の從子(おい)とあるため、曹宗壽は曹延恭の子と思われる[藤枝「始末」㈢, p.69]。

(52) 『宋會要輯稿』蕃夷5, 瓜沙二州, 咸平5年(1002) 8月條, p.7767. 曹延祿の死については、『宋會要輯稿』蕃夷以外に、『續資治通鑑長編』巻52, 眞宗咸平5年8月條, p.1147 ; 『皇宋十朝綱要』巻3, 咸平5年11月壬寅條, p.98(宋史資料萃編第一輯) ;『宋史』巻490, 外國傳, p.14124にも見える。

(53) 『宋史』巻490, 外國傳, p.14124には「(咸平) 五年、延祿・延瑞爲從子宗壽所害」と曹宗壽が手を下したとある。

(54) Samolin 1964, pp.80-82。

(55) 代田1976, p.256。

(56) 榮・朱2011, p.195。

(57) 李1988, pp.4-5, 10-13 ; 榮・朱2011, pp.197-198。

【附記】 本稿は曹氏歸義軍節度使の系圖について論じた舊稿[Akagi 2012]を大幅に加筆補訂したものである。また、圖3(482頁)および圖4(482頁)の寫眞は、敦煌研究院より提供を受けた(寫眞撮影:敦煌研究院文物數字化研究所)。

コータンのユダヤ・ソグド商人？[1]

吉田　豊

はじめに

敦煌とトルファン出土の漢文文獻をテーマにする本書に、コータンに關するテーマで、しかも漢文文獻を扱わない論文を寄稿することには氣が引ける。しかし現在の日本や中國では「敦煌・吐魯番學」は「シルクロード學」とほぼ同義であるので、許していただけるかと思う。

21世紀になってから、中國ではコータン出土の種々の文書が紹介されている。新發見のものの他に、以前に發見されていたものが再發見されたものもあるようだが、筆者には詳細は分からない。これらの新しい文獻に關してはすでに多くの論文が發表されており、それらすべてをトレースすることも容易ではないが、本稿ではそれらの内のユダヤ・ペルシア語[2]の手紙とソグド語の世俗文書の解釋についていくらか論じてみたい。

1　コータンのソグド人と商人

これら一連の「新出」文書が發見される以前、コータンで活動していたソグド人については、その當時知られていた史料を使った É. de la Vaissière の研究がよくまとまっている[3]。最も早い史料は西暦300年頃と考えられるエンデレ出土のカローシュティー文字の契約文書で、Khotana maharaya rayatiraya hinajha Vij'ida Siṃha「コータンの大王、王中の王、元帥 Vij'ida Siṃha」の紀年がある。これはラクダの賣買契約であるが、購入者も證人もソグド人である（cf. de la Vaissière, *op. cit.*, p.58）。ただし、これ以降唐代までコータンにおけるソグド商人の活動に關しては、直接それを示す史料が見つかっておらず、de la Vaissière は、西域北道での活動がこの時期の主流で、南道の重要性は相對的に少なくなったとする（cf. *op. cit.*, p.125）。ちなみに、直接的にソグド人の存在を示唆するのは８～９世紀のコータン出土のソグド語文獻である。從來は少數の斷片類が見つかっていただけであるが[4]、近年はまとまった量の文獻が見つかっているようで、一部が最近になって發表された[5]。

唐代前半の敦煌やトルファンの場合、定住して戶籍に組み込まれるソグド人と、戶籍に登録されないものの「興胡」として受け入れられ商業活動を行うソグド人の２種類があった[6]。前者の例としては、敦煌の從化鄉の差科簿やトルファンの崇化鄉の點籍様に登録されたソグド人がよく知られている。唐の時代の興胡について、荒川正晴は「…彼らは唐內地で「百姓」「行客」「別奏」となっていた同族と連攜しながら、過所を取得して活發に交易活動を展開していたと考えられる」としている（荒川『前掲書』p.369）。興胡と呼ばれるソグド人が一様に漢字の姓を持つことは注目される。彼らも唐政府の管理下に入っていたと考えられるからである。

コータンの場合、コータンで作成されたコータン語及び漢語・コータン語の二言語併記の納税者名簿にソグド人の名前が登録されている事例が見つかる。現在龍谷大學に保管されている大谷探検隊將來資料には budävaṃdai が見える。これはソグド語の人名*pwtyβntk「（原義）佛陀のしもべ」に對應する。ただしこの名前自體がソグド文字で表記された例は知られていない（cf. *BSOAS* 60/3, 1997, p.569）。最近紹介された二言語併記の納税者名簿（X-15）には失飯臺 śirvaṃdai が見える(7)。これもソグド文字表記では存在が證明されないが、*šyrβntk「良きしもべ」に對應するのであろう(8)。この二つの人名は、基本的にはコータン人の人名のリストの中にわずかに例外的に見えているものであり、從化鄉や崇化鄉のようにソグド人が集住していたようには見えない。

ところが、このX-15の發見により、漢語の「村」に對應するコータン語の單語biśā-の存在が確認されることになった。そして從來ソグドと關連づけられてきたコータン語の sūlī と biśā- の組み合わせ sūlī biśā も改めて確認された(9)。その表現が現れる文書は、Or. 12637/23（M.T.0463）の編號で大英圖書館に保管されており、P. O. Skjærvø によるテキストと翻譯が發表されている(10)。ただそこで彼が M.T. を Mazar Tagh の略語と考えるのはおそらく誤りで、ドモコ地區の Mazar Toghrak 出土であろう。マザール・ターグ（Mazar Tagh）は沙漠にそびえる丘に設けられた要塞であり、コータン人が定住していたとは考えられない。本文書が税錢や布帛の徵收に係わる記錄であることも、出土地についてのこの推測を支持するであろう。殘念ながら本文書は破損していて文脈が分からないため、ここの「ソグド人村」の實態は不明である。ただX-15から判斷すれば、コータンの biśā-「村」の規模は小さく、最小では 2 戸、最大でも10數戶であったようだ。この種のソグド人が集住する村落は、バクトリアにもあったようで、βονοσογολιγο［bunsuglig］“Sogdian settlement” という表現が、693年にグーズガーンで書かれたバクトリア語文書に見つかる(11)。

コータンで見つかる漢文文書では、マザール・ターグにあった神山館・神山堡との關連で、そこに軍物を納入したソグド人の商人が現れる（荒川『前掲書』pp.319, 368）。そのうち羅勃帝芬は善政坊在住とされており、彼はコータンの納税者名簿に登錄されていたと考えられる。もう一人は別奏の康雲漢で、彼と彼の作人や奴隷は唐の駐屯軍に屬していたようだ。この種のソグド人とコータンで出土するソグド語文書との關連は今のところ明らかではない(12)。

一方コータンで出土する 8 世紀後半から 9 世紀初めにかけてのコータン語文書に、税錢との關係で商人（hārū）が言及される例が知られている。筆者の研究から引用する(13)：

また稅錢の徵收や運搬を、商人が行っているように見える事例もあるが詳細はわからない。例えばHedin 16では、稅錢3000錢を、商人（hārū）のRaṣadeが領收したとある。集められた稅錢を商人たちが取り扱っていたらしいことは、Or. 6394/1（Skjærvø 2002, p.5）からも窺われる。そこではṣṣau Phvaimḥvuhiが期日までに布を納入しなかったSīḍakaと彼の人民に對して命令しているが、問題の布をhārūのSąmadeとHarttākaṃが立て替えたらしく、その辨濟を要求している彼らに金利と共に錢で支拂えと書かれてある。稅を立て替えて金利を得る、高利貸し商人の姿が見え隱れする。

この種の稅錢はむろん銅錢であり、その量は數千を超えることがしばしばである。その場合は、漢文では1000錢を意味する「貫文」を使うが、それに對應するコータン語はysā'cyaであることが知られている、cf. 吉田『前揭書』p.104。ここに言及されている商人（hārū）たちの民族性は分からない。ただコータン出土のソグド語文獻に、pny「銅錢」關係の文書が見つかっていること、さらにそのなかにはptkwk「貫文」に言及するものもあることは注目される(14)。つまり、コータン地區で活動していたソグド人を始めとする商人は、大量の銅錢を運用していたらしいことが推測される。この推測は、近年發表されたコータン出土のユダヤ・ペルシア語の手紙とソグド語の世俗文獻からも確認される。本稿では、このユダヤ・ペルシア語の手紙とソグド語文獻を檢討することによって、コータン語文書や漢文文書からは分からなかった、コータンにおけるソグド人や商人の具體的な活動を見ようとするものである。

2　本稿で扱う新出のユダヤ・ペルシア語の手紙文とソグド語文書

2004年に中國國家圖書館は、コータン地區で發見された一群の寫本を入手したが、その中にユダヤ・ペルシア語の手紙があった。X-19の編號が付けられたこの文書についての研究論文は早くも2008年に、圖版とともに發表された（張湛・時光「一件新發現猶太波斯語信劄的斷代與釋讀」『敦煌吐魯番研究』第11卷、2008［2009］, pp.71-99）。文書は縱40cm、橫28cmで、文書の後半にわずかな破損があることを除けば、ほぼ完全に殘っている(15)。ヘブライ文字で書かれたテキストの全體の行數は38行であるが、36行目以降は殘されたスペースの關係で、左下がりの行の行末は紙の左端に屆くまえに下端に達して、そこで次の行に移る。內容から判斷して、最終の38行目でこの手紙は終わっていないので、次の料紙に續きは書かれていたようである。つまりこの手紙は完結していない。

ところで、今回のユダヤ・ペルシア語の手紙文書の發見よりほぼ100年前、A. Steinは同じ形態のユダヤ・ペルシア語の手紙をダンダンウイリク遺跡で入手していた。實際には彼が發掘に立ち會ったのではなく、彼が現場を立ち去った後で殘された人夫たちが發見したものであった。縱は40cmで同じだが兩端が著しく破損しており、38行が殘っているものの、各行の３分の１から２分の１ほどしか文章を回收することができず、文脈を想定することは容易ではない。以前に發見されていたこの手紙（以下「手紙 1 」と略す）と今回發見された手紙（以下「手紙 2 」と略す）の内容を比較した張・時は、書體と正書法、手紙に登場する人名が 3 名まで一致すること、どちらの手紙でも羊の賣買が問題になっている點で内容面でも無關係ではないことから、「兩手稿出自同一時代同一地區、且有可能出自同一人之手」と結論している（cf. art. cit., p.79)。張・時は、手紙 1 では、手紙の挨拶の部分が讀み取れるとする。しかしながら、手紙 2 に完存する書き出しの書式と比べると、一致する表現は見當たらないので、手紙 1 は途中から始まっていて、書き出しの部分は失われていることになる(16)。その一方で手紙 2 では、本文が途中で終わっていることから、手紙 1 が手紙 2 に後續することも十分にあり得るのではないだろうか。

手紙 1 が發掘されたダンダンウイリクからは 8 世紀終わりの漢文文書が發見され、それより遲い文書は見つからないので、その頃にこの聚落は放棄されたと考えられる。それ故、手紙 1 も同じように 8 世紀終わり頃の文書と考えられてきた。下でも見るように手紙 2 には、カシュガルでチベット人が「きれいさっぱり殺された」ことが記されている。筆者はかつて、カラバルガスン碑文の記事とコータン出土のコータン語文書を檢討することによって、798年にチベット軍はクチャ付近でウイグル軍から壞滅的な打擊を受けたこと、802年にカシュガルがウイグルに陷落したことを明らかにした(17)。張・時は、Skjærvø からの示唆により、手紙 2 に記載された事件と、筆者が推定する802年の事件を結びつけた。手紙 2 においてカシュガルのチベット人が全滅したことが言及されるのは、8 世紀終わりから 9 世紀初めにかけての、ウイグルとチベットによる中央アジアの覇權をめぐる熾烈な戰いが背景であることは閒違いない。従ってこの年代比定はおおむね首肯できる。ただ偶然見つかった文書に見つかる記事どうしを、にわかに結びつけることができるかどうかは愼重に判斷しなければならないであろう。

なお、手紙 1 と 2 はダンダンウイリクで發見されたらしいので、受取人はそこに滯在していたと考えることができよう。また手紙の冒頭の 6 行目には、Nūrbak なる者が kwtn「コータン」に便りを持って來たことが記されているから、差出人はコータンの王城にいたのであろう。當時の王城は現在のヨートカンにあり、手紙 2 の發見地のダンダンウイリクから直線でおよそ150キロメートル南西にあるから、手紙によって連絡を取り合っていたのであろう。料紙が同時代の中國紙であるとする指摘（張・時, p.75）も、この推定と矛盾しない。

一方、ソグド語文書のほうは、2010年に北京の民族大學博物館に入った、コータン出土の文書群（漢文、コータン語、ソグド語、チベット語）に含まれているもので(18)、全部で12點であるという。12點の内、手紙ではない 4 點の文書が Bi Bo and Sims-Williams, art. cit.によって發表されている。彼らによれば、これらの文書の出土地は明らかではないと言う。またコータン地區におけるソグド人の活動をめぐる歴史的な背景を考慮すれば、これらの文書は他の漢文およびコータン語文書と同様8～9世紀に比定されるだろうと言う。

これらの文書は世俗文獻に特有の難解さを伴い、筆者は既に發表されている讀み全體を大幅に改善することはできないので、本稿では特に訂正したり改善したりすることができる部分のみを扱う。ユダヤ・ペルシア語の手紙1と手紙2については、現在發表されている翻譯を末尾に附錄として添えた。ソグド語のほうは斷片類であり、本稿に關連する文書以外はここでは引用しないことにする。

3 (p)nb'šy「兵馬使」と他の漢語の要素

手紙2の30-31行目にはカシュガルでチベット人が殺されたことが報告されている：

(30) 'g'hy 'y q'šgr yn hst qw twpyty'n r' p'q by qwštn

[āgāhī i kāšgar īn hast kū tūpityān rā pāk bi kuštan(d)] (19)

「カシュガルに關する知らせはこの通りです：彼らはチベット人たちをきれいさっぱり殺しました」(20)

上でも述べたように、張・時はこの部分を、筆者の研究を參考にして、ウイグル人がカシュガルを制壓した802年の事件に結びつけたのであった。直後に續くw-bgdw bstn「そしてbgdwを束縛した（制限を加えた？）」は、bgdwの意味がわからないために内容が明らかではない。それに續くのは次の文である：

(31) ... w-sb'pwšy šwd (32) [p'] q'šgr 'b' p' sd mrnd cy sw'r wcy py'dh [u-sibāpuši šud pa Kāšgar abā pā(n)-sad mrnd či savār u-či piyāda]

L. Paulは「そして副司令官は100人とともにカシュガルに行ったが、ある者は騎兵、またある者は歩兵であった」と譯している(21)。ただ張・時はSkjærvøからの教示を得て、p' sd を 正しく［pā(n)sad］「五百」を意味する形式と理解した。彼らはPaulがmenと翻譯するmrndを譯していない。實際この語は他に知られていないようだが、文脈から兵士に類した人を表す語であったらしいことは確認できる(22)。おそらく500人からなる騎兵と歩兵が、ウイグル軍（？）の進軍を防ぐためにカシュガルに派遣されたのであろう。ただウイグル軍はこの時にコータンに進軍する事はなかったらしい。カラバルガスン碑文の漢文版の21行目は、次のように讀める：

(缺損) 攻伐葛祿・吐蕃、搴旗斬馘。追奔逐北、西至拔賀那國。(剋) 獲人民、及其畜產。葉護爲不受教令、離其土壤。(以後缺損) (23)

「逃走する葛祿と吐蕃を追擊し、西して拔賀那國に至る（追奔逐北、西至拔賀那國）」

とある。東からフェルガナに進軍しているので、カシュガル方面から追擊したことが推定されるだろう。つまり802年にあったカシュガルでの對チベット戰での勝利の後は、ウイグルはフェルガナ方面に進軍したようだ。

ここで問題にしたいのはこれに續く部分である：

(32) ... w-sbs 'y sb'pwšy {hb} (33) ... nb'šy hrb r' w-sl'm w-kzym r' bysp'n

prstyd [u-sibas i sibāpuši ... nb'šy harb rā u-salām u-xazīm rā bayaspān firistīd]

張・時はこの部分を「軍副使之後 … nb'šy 爲了戰鬪、爲了和平和勝利派出了使者」と翻譯している。32行目の最後の語は確かに hb と讀めるが、明らかに書き手は 2 番目の文字を書き直そうとして上から書き足している。書き手がどの文字を書こうとしたか判然としないが、筆者には hm「また」のように見える。33行目の冒頭は破損しているが、缺落しているのは 1 文字分である。しかもその文字の左側の殘畫がわずかに見えていて、筆者は p の左下の部分であるように見える。pnb'šy という語は、同時代のコータン語文書に現れる peṃ'ba'ṣī とあまりにもよく似ていて、無關係とは考えにくい。このコータン語の單語は IOL Khot Wood 3 に在證され、筆者は「兵馬使」に比定した(24)。戰爭と派兵に關する手紙 2 の文脈もこの比定を支持するであろう。改善した讀みと翻譯は以下の通りである：

(32) ... w-sbs 'y sb'pwšy hm (33) (p)nb'šy hrb r' w-sl'm w-kzym r' bysp'n prstyd

「軍副使の後で兵馬使も、戰爭および和平と敗走(25)のために使者を派遣した。」

注意すべきは、「兵馬使」という肩書は漢語であり、この稱號を帶びていたのは漢人であった可能性があることである。もしそうであれば、この段階でコータンはまだチベットの支配下に入っていなかった可能性がある(26)。

張・時はさらにまた Skjærvø の提案を採用して sb'pwšy [sibāpuši] を近世ペルシア語の sipāh「軍隊」と漢語の「副使」の複合語と見なし「軍副使」と翻譯している。その Skjærvø はこの pwšy を、マニ文字で書かれたマニ教文獻である Mahrnāmag に現れる fwšyy と同じ要素だと考えた(27)。これは正しい比定であり、ヘブライ文字で書かれた pwšy の發音は、張・時の推定する [puši] ではなく [fuši] であっただろう。ちなみに西暦800年頃には中國語の輕唇音化は確實に完了している。Mahrnāmag に見られる fwšy の例は、ṭwp' fwšyy (70), 'wlwg (sic 'wlwγ の誤寫) fwšy (94), ṭ'ng fwšyy (94-95), l'fwšyy (95) である。後の 2 つは「唐副使」と「羅副使」に對應していて、副使の前には漢語の姓が立つ。殘りの二つの場合はトルコ語の名前の要素であろう。漢語の「副使」の前にはこのように名前の要素が立つか、「節度副使」のように稱號が立つので、sb'pwšy の sb' も漢語の姓である「司馬*si ma」とみなすべきかもしれない(28)。「馬」の聲母が脫鼻音化していることは上でみた peṃ'ba'ṣī「兵馬使」の例から確實だが、「司馬」の發音の表記としては sb' ではなく*syb' が期待され、この比定も確實ではない。いずれにせよ、「軍隊」を意味するペルシア語の單語と漢語の「副使」の組み合わせは不自然なように思われる。

ここでこの手紙 2 でみつかる漢語の要素を見ておくことにする。副使を除けば張・時が提示するのは以下の 3 語である：

šg (ll. 14, 15) < 石 (液量の單位)

šmsy (l. 16) < 蠶絲

pnkw'n (l. 17) < 判官

このうち「石」と「判官」は榮新江の比定であるという（cf. 張・時, art. cit., pp.93-94）。最近になって畢波はさらにqynq'k（ll. 28, 29）を「筋脚」に比定した。筋脚は、コータンで出土する唐の時代の漢文文書に現れ、日本語の「飛脚」のような意味を持っていたという(29)。

ところで張・時が「蠶絲」に當たるとするšmsyは、次のような文脈に現れる：

（15）... 'z mr syky r' yqy（16）prny'n wyqy šmsy hydyh［az mar syky rā yakē parniyān u-yakē šamsī hidya］

これを張・時は「給syky的禮物是：一份絲綢一份蠶絲」と翻譯している。しかしながらKarlgrenの復元する「蠶絲」の中古音は*dz'ậm siであり、初頭の［dz'］は當時無聲化して［ts］と發音されていたと考えられるから、šmsyと綴られることは考えにくい。近世ペルシア語のparniyānは“a kind of fine painted China silk; also garments made of it”を意味する(30)。從ってsykyと呼ばれる高官に賄賂のような贈り物として與えられたのは、布地ではなく絹絲で織られた衣服でもありえる。そうすれば、šmsyのほうも絹絲のような素材ではなく、服飾品を意味していた可能性が高い。實際ソグド語には漢語から借用されたš'mtsy［šamtsi］「衫子」が在證されている(31)。外來音である［ts］は不安定で、［šamsi］とも發音されていたのであろう。實際、ウイグル語の寫本にはšamsïという形式が見られる（cf. Sims-Williams and Hamilton, ibid.）。

pnb'šyとpwšy同様に-šyで終わる不明語にはcykšy（12）～cyk'šy（11, 16）がある。

（11）wmr cyk'šy r' prmwd qw zwd gwspnd yn swgdy by dyh

［u-mar cyk'šy rā farmūd kū：zūd gōspand īn sugdī bi dih］

「就命令cyk'šy道：快把這個粟特人的羊交出來！」(32)

これも「使」ないしは同音の漢字で終わる漢語の稱號であった可能性が高い。實際Mahrnāmagには、非常によく似た形式のcygšyyが見つかる(33)。これは漢語の「刺史（*ts'i̯äk ṣi）」に由來し、文脈から期待される稱號である。ただcykšyはともかく、cyk'šyのほうは發音の面で必ずしも一致しないので、當面この比定は推測の域を出ない。

4　bgydyとソグド語の要素

手紙1に2つのソグド語の單語があることを指摘したのはW. B. Henningであった。それらはcmkwy（Sogd. cmxwy）「ハープ」と'ndryk（Sogd. 'ntr'yk）「宦官」であった(34)。手紙2にはさらに2つのソグド語の要素が存在していることが指摘された。それらは、暦上の日を表すsgd（Sogd. sγt-）「～日」と、ペルシア語の基數詞から序數詞を派生する接尾辭-my「～番（目）」である（šš-my mh p' dh sgd［šaš-mi māh pa dah sagd］「6月10日」。cf. 張・時、art. cit., pp.92-93(35)）。Bi Bo and Sims-Williams

はその後さらに、お金を數える單位である ptkw が、コータン出土のソグド語文獻に見られる ptkwk からの借用語であることを明らかにした（cf. art. cit., pp.506-507)。彼らは、ptkwk は ptkwc「穴を開ける、穿つ」から派生した名詞で、漢語の「貫」のカルクであるとする。

手紙 1 で cmkwy が現れる文脈を見てみると、そこには意味の分からない bgydy という語が含まれている。張・時（art. cit., p.94）は、この語は手紙 2 の bgdw と同じ語で、實際には bgydw と讀むべきであるとする。しかし發表されている手紙 1 の寫眞で確認すると、bgydw の讀みは不可能で、確かに bgydy と讀める。下に手紙 1 の當該部分の Bo Utas のテキストと翻譯を引用する：

24 [ ](.)r' sb'bd ydwn qw(py)d qw mr' cmkwy yqy (.)[ ]
25 [ ](c)mkwy 'ry mn qnyzq r' 'mwzwm wcnd cwst[ ]
26 [ ](.)bh byndwm n' b(yn)d'dwm by '(z) nwrbq yqy (c)[mkwy]
27 [ ](.)d dhwm t' bgydy r' by 'mwzd 'ndryq 'y sy(')[h]

"[... regarding that matter] you will say to the commander (?): [Bring] me a harp [and I have a girl! If] you bring the harp, I shall teach the girl, and look how fast [she will learn! What] I [wanted to] find, I did not find, but from *Nūrbak [I got] one ha[rp, and that one] I shall give to him, so that he shall teach *Bagīdī. The black eunuch(?) [will take care of the rest]."(36)

張・時は bgdw は、人閒の種類を意味する語であるとするが、それは手紙 1 の bgydy と同じ語と考えるからで、手紙 2 の文脈を見れば、gnd「砂糖」や意味不明の lymcw などと同樣に、贈り物（あるいは賄賂）として人に手渡されるものであることが分かる：(20) ... šb'n'n r' bgdw wgnd wlymcw hdyh [šubānān rā bgdw u gand u-lymcw hidya]「給牧羊人的禮物是：bgdw、糖和 lymcw」。從って、贈り物になる物品の bgdw と、ハープを教えられるような人閒を表す bgydy は別の語と見なさなければならない。筆者は Utas と同樣に bgydy を人名と解釋する。そして、ソグド語の人名 βγyδ'y「(原義) Mithra 神の女奴隸」であると見なす。この人名は、Mahrnāmag の134行目に實際に在證されている（cf. Durkin-Meisterernst, *op. cit.*, p.107b)。

それではなぜこの手紙の一節で、ソグド人の少女にハープの演奏を教えることが問題になっているのであろうか。これにはトルファンのアスターナで出土した則天武后時代の漢文文書で、中國の研究者が「先漏新附部曲客女奴婢名籍」と題したものが參考になる。ここでは、この文書についての吳震の研究成果を分かりやすくまとめた森安孝夫の著書から、やや長くなるが關連する部分を引用する(37)：

吳震の分析によれば、この「奴婢名籍」には二軒の家の戶籍に所屬すべき私賤民が合計で79名記載されているが、文書の破損狀態からみて元來は100名以上いたはずであり、しかもこれらすべては前回の戶口調査の時には漏れていたので、今回新たに戶籍に載せるように申告するものである。(中略)

> 本リスト中には、建て前上は人身賣買されない半自由民の樂事・部曲・客女も見えるが、壓倒的多數は所有者が自由に賣買できる私奴婢である。その數は68人（奴23人、婢45人）、その内で年齢の判明する者は、10歳未滿が9人（奴3人、婢6人）、10代が18人（奴6人、婢12人）、20代が10人（奴2人、婢8人）、30代が7人（奴5人、婢2人）である。（中略）たった二つの家族に、これだけ大量の奴婢がいること自體いかにも不自然であるが、それが前回の人口調査の時には申告されなくて、ここでいきなり出現したのであるから不自然さは倍加する。
>
> しかも奴婢の中に1歳から13歳までの幼少の者が二割近くも含まれており、勞働力として使役するために購入したものではないことは明らかである。さらに奴婢の名前をチェックすると、なんと少なく見積もってもその五割以上が漢語とは思われない、つまり胡名の音寫なのである。（中略）
>
> 奴婢は姓がないため、胡名だからといってそれをソグド語・ソグド人と卽斷するわけにはいかないが、姓を持つ部曲・客女9名のうち4名がソグド姓であるから、やはり半數以上はソグド人であったといっても過言ではないだろう。（中略）殘念ながらこれらの賤民を保持した二軒の家の戶主が漢人であったか、それともソグド人ないし西域人であったか、姓名ともに殘存しないのでわからないが、たぶんソグド人であったとみてよかろう。
>
> 以上より吳震は、これらの賤民たちは、前回の人口調査以降（戶口調査は3年ごとである）にあらたに蓄積された特殊な商品、すなわち販賣用の奴隸であり、商品として付加價値を高めるため、ここトゥルファンの地で漢語や漢人の禮儀作法を習い、さらには歌舞音曲その他の技藝の訓練さえ受けていたのであろう、と推測する。客女6名のうち2名が60歳代、1名が49歳と高齢であるのは、奴婢の教育係であったと見るのが妥當であろう。
>
> このように大量の人口が戶主の本據である家で同居するはずもなく、文書中に「寄莊處」とあるごとく、本據地以外の別莊なり、寄宿舍のようなところがあったにちがいない。まさに奴隸育成施設である。ちなみに、時代は10世紀まで降るが、イブン＝ハウカルによれば、サーマーン朝治下のサマルカンドはトランスオクシアナ中の奴隸の集まるところであり、しかもサマルカンドで教育を受けた奴隸が最良であるという。ソグド商人には、購入した奴隸に教育を施してから高く賣りさばくという傳統があったと思われる。

このようにソグド人の奴隸を教育することは實際に行われていたのであり、ここでもハープを教えられたのは女奴隸であったと推測することは許されるであろう。直後に現れる 'ndryq 'y sy(')[h「黑い宦官」もその教育にあたったということも考えられよう(38)。

この手紙の言語に借用されたソグド語の要素に、序數詞を形成する接尾辭 -my が含まれていることは注目に値する。このような文法的な拘束形態素の借用は、單なる語彙の借用に比べればより密接な言語接觸を想定させる。言い換えれば、この手紙を書いた商人はソグド語とペルシア語のバイリンガルであった可能性が高い。それでは他にも二つの言語の接觸を想定させる要素はあるであろうか。筆者は手紙1と手紙2に3度在證される、動詞 farmāy-「命令する」の2人稱單數の命令形と不定詞との組み合わせも、ソグド語の影響によるものではないかと考える。ソグド語では動詞 framāy-「命令する」の2人稱單數の命令形と過去不定詞との組み合わせが、「～して下さい」を意味する敬語として使われることが知られている：(例) prm'y 'PZYmy 'wn'kw wyδβ'γ 'krty「私にその說明をなさって下さい」(39)。以下にその例をリストする：

手紙1, l. 4 : -yš by prmy d'dn [-iš bi farmāy dādan]「どうかそれを下さい」(40)

手紙1, l. 32 : wkwd 'z 'n swy kw'st'ry prmy qrdn [u xud az ān sōy xvāstār-ē farmāy kardan]「それに關してはご自分で依賴なさって下さい」(41)

手紙2, l. 24 : 'š by prmy d'dn [-aš bi farmāy dādan]「どうか(それを)彼女にあげて下さい」(42)

假に筆者が推定するように手紙の書き手がペルシア語とソグド語のバイリンガルであったとすれば、彼にとってペルシア語とソグド語のどちらが母語(あるいはより堪能な言語)だったのであろうか。彼が書くペルシア語にソグド語の基礎語彙や接尾辭が現れているという狀況から、ペルシア語が第2言語であったことが示唆される(43)。この推定は手紙2でコータンの dihgān が、手紙の書き手のことを「ソグド人」と呼んでいることからも支持されるだろう。前節で引用した文を再び引用する：

(11) wmr cyk'šy r' prmwd qw zwd gwspnd yn swgdy by dyh

[u-mar cyk'šy rā farmūd kū : zūd gōspand īn sugdī bi dih]

「就命令 cyk'šy 道：快把這個粟特人的羊交出來！」

"He ordered (to) Jixāšī, 'Quickly give this Sogdian the sheep!'"(44)

ちなみに、V. Hansenはこのパッセージに關して、シルクロード上にあまりに多くのソグド商人がいたので、dihgān はこのユダヤ商人もソグド商人だと誤解していたのだとするが、いかがなものであろうか(45)。

5　コータン出土のソグド語文書との關係

このユダヤ・ペルシア語の手紙の書き手がソグド語を母語としていたとするなら、彼や彼の仲間たちはソグド語でも讀み書きしていたであろうか。しかしもし萬が一、彼らが書いたソグド語文書があったとしても、現在わずかに殘っているコータン出土のソグド語文書にそれを見つけることは不可能のように思われる。ただこのことと關連して筆者は、上でも言及した Bi Bo and Sims-Williams が最近發表したソグド語文書に注意を喚起しておきたい。

手紙2の冒頭は次のような語句で始まっている：

(1) pnn'm yzyd kwdh yqrbqr [pannām īzid xudah i-kirbakar]

「以仁慈的神主之名」

この冒頭にある「神の名前において」に對應するソグド語の表現は pr βγy n'm になるはずだが、この表現は確かに存在する。從來2例確認されているが、どちらも遲い時代の敦煌出土文獻である。その2點の文書を發表した Sims-Williams and Hamilton (*op. cit.*, pp.39-40) は、このソグド語の表現あるいは定型句の背景にある宗教は一神教で、この時代に考え得るのはキリスト教かイスラム教だとした。手紙2の發見により、さらにユダヤ教徒もこの定型句を使っていた可能性があることが判明した(46)。

Bi Bo and Sims-Williams が發表したソグド語文書のなかに、實際にこの定型句が現れることは極めて興味深い。二人の著者は當該の部分を正しく讀んでいないと思うので、ここで筆者のテキストと翻譯を提出する。當該の文獻は GXW 0434という編號で民族大學博物館に收藏されている。その文書の裏側（？）に他の文とは天地を逆にして次の2行が書かれていた：(47)

1 [pr]βγy n'm 'sty 1LPw ptk(w)k pny xyδ pny pr

2 [ ] pcγ'zδ ZY šyr'krtyh s'r zy'mt k'n

「…（日付？）… 神の名において。銅錢が1000貫ある。あなたがたは、この錢を…の爲に受け取れ。そうすれば彼は（それを）善行の爲に支出するであろう。」(48)

この文書はユダヤ教徒が書いたのであろうか。殘念ながらそのことを證明することも否定することもできない。にもかかわらずここに言及された多量の錢（1,000,000錢）は手紙2で言及される100貫の銅錢との關連を疑わせる：

(33) ... wmn hrb r' cyz (34) d'dwm p' m'yh 'y sd ptqw pšyz

[u-man harb rā čīz dādum pa māya i sad ptkw pašīz]

「我爲了戰鬪付了100 ptkw（＝貫）錢」(49)

證明はもとよりできないが、筆者はこのソグド語の文言と、手紙2の文言が何らかの關連があるのではないかと思えてならない。戰爭のために資金を提供することが、商人には šyr'krtyh「善行」に思えたのではなかろうか。

ここで推定したように手紙1や手紙2の書き手がペルシア語も使えるソグド人であったとすると、そのことはこの時期に、ソグド地域がペルシア語化する過程にあったことを示すのかという疑問がわく。ソグドの都市部では10世紀には確實にペルシア語化していたのである(50)。ただこの問題は本論文で扱うには複雜すぎて筆者の手に餘る。ここではそのことを指摘するにとどめる。

6　手紙2の dihgān は誰か？

手紙2は、政治史的な觀點からも興味深い問題を提供する。その內の一つは手紙の中で dihgān と呼ばれている人間が誰なのかという問題である。張・時はこの語を「地主」と譯しているが、これはこの單語の原義に過ぎない。近世ペルシア語の dihgān/

dehqānの具體的な意味についてはA. Taffazoliが詳しく論じているが、その彼は以下のように述べている：

> "It may be inferred from various reports that in early Islamic times some *dehqāns* functioned almost as local rulers, especially in eastern Persia, and that any man of wealth or social prestige might thus be called *dehqān*."（cf. *Encyclopaedia Iranica*, Vol. VII, New York, 1994, pp.223-225）

實際、8世紀の初めのペンジケント王であったDēwāštičをタバリーはdihqānと呼んでいる[51]。確かに手紙2では、dihgānはコータン人たちのトップであり、手紙の書き手の最大の關心事の一つである羊の獲得の件では、最も重要な役割を果たしているように書いてある。例えば、上で引用した11行目の記事から、dihgānは、cyk'šy（＝刺史？）に羊を與えるように命令できる立場にあったことが分かる。商人たちが、コータン人たちに提供した贈り物（賄賂）の量や價値を見てみるとdihgānが壓倒的に多い[52]。

1．dyhg'n :（14）yqy gwlyq wyq qpyz qbr wpnc šg（15）dwgbyk wyq šg dmbyr wyq styr bwy 'y cyny hdyh [yakē gulīk u-yak kafīz kabar u-panǰ šag dwgbyk u-yak šag dmbyr u-yak satēr būi i čīnī hidya]

2．syky :（15）yqy（16）prny'n wyqy šmsy hydyh [yakē parniyān u-yakē šamsī hidya]

3．syky cyk'šy :（17）yqy prny'n wdw gnd wdw lymcw hdyh [yakē parniyān u-du gand u-du lymcw hidya]

4．yq pnkw'n :（18）yqy lyqyn wyqy gnd yqy lymcw hdyh [yakē lyqyn u-yakē gand yakē lymcw hidya]

5．dw mrnd :（19）yq yq lyqyn wyq yq gnd wd lymcw hdyh [yak yak lyqyn u-yak yak gand u-du lymcw hidya]

6．šb'n'n :（20）bgdw wgnd wlymcw hdyh [bgdw u-gand u-lymcw hidya]

dihgānへの贈り物は、甕が1つ、1 kafīzのセイヨウチョウボク（藥物）、5石のdwgbyk、1石のdmbyr、1サテルの重さの中國香料（ムスクか）であるのに對して、その次に記されたsyky（意味不明；何らかの稱號か）の場合は、上記の3節で述べたように、parniyānと呼ばれる衣服1着と衫子が1着に過ぎない[53]。ここで興味深いのは、gndと呼ばれる「砂糖、お菓子」である。これはソグド人たちが扱っていた商品で、漢文文獻で「石蜜」と呼ばれるものに違いない[54]。

これらの人々の内の4番目はyq pnkw'n 'y br gwspnd mhytr「掌管羊的判官」であるが、この「判官」という稱號は決して低い稱號ではない。Mahrnāmagではp'nxw'nとして表れ、同時代のコータン語文書でもphaṃnä kvaṃnäと表記される。漢語とコータン語のバイリンガル文書で、798年に書かれたHedin 24では判官の富惟勤がコータン皇帝の命令書を書いている。その同じ富惟勤は、ドモコ地區で紬の徵收を管理していて、801-802年の文書であるHedin 15, 16に署名している(55)。

手紙2にはdihgānの娘も言及されている。書き手の考えでは、dihgānの好意を得るには、この娘にも大いに配慮する必要があった。dihgānにとってこの娘は目に入れても痛くなかったようだ。以下のように手紙では書かれている：(56)

(25) [twr](')(57) cyšm wrwšny'y hm yn dwktr hst dyhg'n r' wskt sb's qwn
[turā čišm u-rōšnī-ē ham īn duxtar hast dihgān rā. u-saxt sibās kun]

(26) [wg]r sb's 'y wr' qwny cyz gwm n' bwd ...
[u-agar sibās i varā kunē čīz gum na buvad ...]

「あなたにとっての目と光のようなものが、dyhg'nにとっての娘なのです。大いに感謝の氣持ちを示しなさい。彼女に感謝しても損はありません」(58)

このように見てくると手紙2のdihgānは、コータン王かそれに匹敵する位の人閒であったと推定することができる。いずれにしても彼は單なる「地主」であったとは考えられないだろう(59)。手紙のこの部分は、當時のコータン社會における社會階層や制度を考える上でも興味深い。そこに見られる稱號の順序は以下のようになる：dyhg'n（コータン王？）— syky（？）— syky cyk'šy（刺史？）—羊を管理するpnkw'n（判官）—羊を管理するmrnd（兵士、護衛？）— šb'n「羊飼い」(60)。手紙2ではコータンの王がペルシア語でdihgānと呼ばれていると考えたが、それとの關連でほぼ同時代のMahrnāmagで周邊のオアシス國家の支配者がどのような稱號を帶びているか見てみよう：(61)

北庭 Bešbalïq = pnžyknδyy xwd'y (45-46)(62)

高昌 Qočo = cyn'ncknδyy xwd'y (55)

焉耆 Karashahr = 'rqcyk xwṭ'w (88-89)

ショルチュク Šorčuq(63) = 'wcwrcyk xwṭ'w (110-111)

クチャ Kucha = 'kwcyk syrṭwšyy (72-73)(64)

アクス Aqsu = prw'nc jβγw (77)

カシュガル Kashghar = k'šy xšyδ (75)

言語で見てみると、中世ペルシア語xwd'y「王、主」、ソグド語xwṭ'w「王、主」、xšyδ「王、帝王」、漢語syrṭwšyy「(原義) 節度使」、チュルク語jβγw「葉護、ヤブグ」とまちまちである。節度使以外は、何がその背景にあったのか筆者には全く分からない。

むすびにかえて

破損の多い手紙1はもとより、ほぼ完全に殘された手紙2でも多くの箇所の內容は把握できていない。ここで筆者が提案したことが、手紙の內容や歷史的背景の理解に少しでも貢獻できればと切望する。むろん筆者自身、特に論文の後半部分で、證明も否定も出來ないという意味でやや大膽すぎる推測を行っていることは自覺している。

しかしその一方で、残された語句の字義通りの解釋や翻譯では、これらの手紙に含まれているかもしれない極めて重要な歴史的情報を回収できないことも事實である。ハープの教育をめぐる議論はそのような例である。この時代とこの地域について、現在知られている狀況を十分に理解した上で、想像をたくましくして行間を讀み進めなければならない。そして、本文には現れないか、または現れたとしてもわずかにほのめかしてあるだけの、手紙の書き手と受取人の間で共有されていた背景知識をくみ取らなければならない。

手紙１の32行目にある prw'n を例にしてみよう。

（32）［...］p' prw'n wkwd 'z 'n swy kw'st'ry prmy qrdn［...］

［...pa parwān u-xud az ān sōy xwāstār-ē farmāy kardan ...］

「…Parwān に。そしてそれに關してはご自分で依賴なさって下さい…」

Utasは、前置詞 p'を伴う prw'n を地名だと認め、カーブルの北にあった Parvān と比較している(65)。しかしこの手紙が書かれた時代と地域を考慮すれば、これがアクスを指していたことは疑いがない。すぐ上で見たように當時アクスの王は prw'nc jβγw と呼ばれていた(66)。事實『新唐書』の「地理志」では、撥換（アクス）から神山(マザールターグ）を經由して于闐（コータン）に至るルートが記錄されている(67)。

もう一つ例を擧げよう。この手紙を書いた商人は、手紙２の末尾で次のように書いている：

（36）'gr 'mdh b'd p' q'šgr hr cnd kwzynh kw'hnd cyz b'z（37）m' m' d'ryd

［agar āmada bād pa Kāšγar har čand xuzīna xwāhand čīz bāz mā ma dārēd］

「もしも彼がカシュガルに來たら、彼らがどれほど多くの費用を要求しても、我々の方からは何も差し控えるな。」(68)

この文章はこの限りでは特に興味を惹かない。しかし、34行目で、カシュガルの戰爭に係わって錢100貫を支出したことが記された後に書かれたこの文言が、戰爭と和平に關して爲された忠告であることを考慮すれば、手紙を書いた商人たちが、このチベットとウイグルの間の戰鬪にきわめて積極的に關與しようとしていることが讀み取れる(69)。いずれにしても、この商人たちは、V. Hansenが推定したような、取るに足らない少數の行商人のグループであったのでは決してない。それどころか、非常に大きなネットワークを作って交易活動を展開していたようだ。そのことは、手紙２の29行目に、一度に30通もの手紙を出したと言い、手紙１の２行目では20通以上の手紙を書いたと言っていることからも容易に理解される。

本稿で筆者が展開してきた議論と推定が正しければ、西暦800年前後には、ソグド商人の中にはユダヤ教徒がいて、ペルシア語を使って仲間と交信しながらシルクロード上で相當規模の交易活動を行い、時に戰爭にまで關與していたことになる。ソグドに移り住んだユダヤ教徒がソグド語化したのか(70)、あるいは、ソグド人がユダヤ教に改宗したことがあったのか、あったとしたらどのような經緯であったのかなどは現在のところ全く不明である(71)。それにつけても新出の資料が近い將來公刊されて、このような疑問が一部でも解決できればと願うばかりである。

附錄

手紙１：Bo Utasの英譯（注（36）參照）

（1）*In the name of*］the Lord God who shall be［*our*］helper. Soon the day［*on which we have decided*

（2）*will come* ; ］I wrote more［*than*］twenty letters, but y［*ou have not replied.*

（3）*Please, obse*］rve with what my post（?）arrives, and in your fort（?）［*see*

（4）*to it tha*］t you order that he be given his three shares. Those belonging to me［*take*

（5）*them, and what*］they are bringing（?）you should buy, until I have set out［*and*］gone down.［*If you arrange*

（6）*this in a*］good way, the Lord God［*will bestow*］on you a good reward for it.［*As for*

（7）*the cattle market*］it will be delayed until the ninth of the month and before the tenth［*I could not*

（8）*find out how much*］sheep there will be. And they buy more sluggishly, and the Lord God［*should assist us!*

（9）*Regarding the clothes*］he should ensure that not any of them are worn（?）, because they［*were displeased*

（10）*in the last place that*］the clothing that had been sold they thr［*ew*］in our face,［*so that*

（11）*for what there was to be*］sold there was（?）nobody. A hundred people of the town［*appeared.*

（12）*I inquired about*］the thirty jugs（?）we shall buy, and there is no nard（?）available.［*It seems that something*

（13）*of yours belongs to me*］like that of me to you, and I have a man, a specialist［*who has done the accounts*

（14）*to make me*］know my profit and loss, and 9 *Shabili（?）［*were counted to my credit.*

（15）*Try to find something li*］ke sheep to buy on my behalf in order to［*even up the account!*

（16）*In your precious letter*］you said thus： Rabbi, thirty［*pieces of those goods*

（17）*were too late*］in coming and this is very detrimental.［*Will you, please,*

（18）*give*］him［*an order to buy*］on my behalf 17 bales［*of cloth and send them*

（19）*together with the cattle*］that you yourself bought and yourself sold and yourself dr［*ove to such and such a place.*

（20）*In this affair,*］if profit should be the share for me, I［*ask you*

（21）*to take care of it,*］but do not take any trouble about a fine account!［*Regarding so and so*

（22）*I read the message that you*］sent, and he was not here, and the profit from the sheep thus［*wasn't*］correctly［*counted.*

（23）*I hope that agent*］of yours arrives, as God wishes, and you personally will go to the commander（?）［*and that*

（24）*regarding that matter*］you will say to the commander（?）:［*Bring*］me a harp［*and I have a girl!*

(25) *If then*] you bring the harp, I shall teach the girl, and [*look*] how fast [*she will learn!*
(26) *What*] I [*wanted to*] find, I did not find, but from *Nūrbak [*I got*] one ha[*rp,*
(27) *and that one*] I shall give to him, so that he shall teach *Bagīdī. The black eunuch (?) [*will take care of the rest.*
(28) *Be sure*] that I received your letter, but you said one thing better than that: [*If that is arranged,*
(29) *then*] I shall work hard, so that the work that you ordered shall be done. [*As for your fears*
(30) *regarding*] my mind, do not suffer any anxiety that [*you will*] hurt my mind! [*As for the rest,*
(31) *know that*] I asked thus on behalf of *Angusht Rōbāhah (?) saying [*that you must*
(32) *certainly go*] to Parvān and yourself make a request from that party regarding [*what they owe you.*
(33) *Furthermore,*] in your letter you reported that on one hundred and fifty [*units there is consent,*
(34) *and that the pay*]er of that money for the sheep [*accepts*] that [*price*] of y[*ours.*
(35) *As long as*] you have no come out [*from the to*]wn, from the side of [*so and so, expect whatever!*
(36) *So equip yourself*] suitably with saddle and stirrups and straps! [*Thus I wish you*
(37) *the very best*] of everything from the Highest. Az-
(38) khar

手紙 2：張・時の中國語譯
(1) 以仁慈的神主之名、我、一位拉比、向主人 Nīsī Čīlāg、向尊敬的
(2) Abū Sahak、向親愛的兄弟 Šavāpardar、向 Ičhak、向 Mōšak、竝向 Harūn、
(3) 向 Xāšak、向小妹 Xudēnak、向你們所有人、年長的與年少的、致以十萬個問候。
(4) (祝你們) 平安健康。我寫 (信) 告訴你們：我、Hakīm、隨從和私生子 Šabilī
(5) (都) 健康平安。家裏的僕人們因神主之力直到今天 (也健康平安)。然後、
(6) 我要告訴兄弟 Šavāpardar：Nūrbak 來于闐了、他帶來了你們的信、我收到了。
(7) 我讀了你所寫的。你們所有人都身體健康平安。
(8) 我們在遠方十分高興。我們在神主前感恩。
(9) 然後、你要知道：我們非常順利地從地主那裏得到了羊。
(10) 我們吩咐(帶去)的禮物是正確的。因爲我把香料帶進去了。他一在那女孩(身上)看到香料、
(11) 就命令 cyk'šy 道：“快把這個粟特人的羊交出來！”
(12) cykšy 和那 (人) 關係不好。但是地主生氣了。他沒有接受任何壞人的話。
(13) 他給了四個 mrnd。Šabilī、Hakīm 和兩個奴僕於
(14) 六月十日去了山上。給地主的禮物是：一個闊口瓶、一卡菲茲剌山柑、五石
(15) dwgbyk、一石 dmbyr、一斯塔特中國香料。給 syky 的禮物是：一份
(16) 絲綢、一份蠶絲。你們做得眞好啊！地主女兒的 syky cyk'šy 名叫
(17) … ryq qr'q、(給他的) 禮物是：一份絲綢、一份糖、兩份 lymcw。給
(18) 掌管羊的判官的禮物是：一份 lyqyn、一份糖、一份 lymcw。給兩個
(19) 掌管數羊的mrnd的禮物是：lyqyn各一、糖各一、以及兩份 lymcw。
(20) 給牧羊人的禮物是：bgdw、糖和 lymcw。他們去了山上。但是羊還

(21) 沒到我們手上。他們答應：“我們會好好把羊給（你們的)。” 在信中、
(22) 你寫道：“他們還想要關於羊的錢、我沒給。” 你做得不好。
(23) 如果你收到這封信、而地主的女兒還沒出來。
(24) 關於她的羊無論她還想要多少錢、都命人給她、和她一起出來。
(25) 因爲你是（我的）眼睛和光、對於地主來說、這個姑娘也是（眼睛和光)。好好感謝她。
(26) 如果你感謝她、竝不會損失任何東西。我要寄非常多的信
(27) 給你們。但我不知道（這些信）會不會到你們那裏。五月十八日、
(28) Šabilī 來了。二十五日、地主把兩個 qynq’k 送住（他）女兒那裏。
(29) 我通過那個qynq’k之手寄了三十封信
(30) 給你們。我寫了除喀什噶爾外所有城市的情況。
(31) 喀什噶爾的情況是這樣的：他們殺光了吐蕃人、綁了 bgdw。軍副使
(32) 帶着五百mrnd, 有的騎馬有的步行, 去了喀什噶爾。軍副使之後,
(33) … nb’šy 爲了戰鬪, 爲了和平和勝利派出了使者。我爲了戰鬪
(34) 付了100 ptkw 錢。你們曾建議我, 爲了大衛、
(35) Nīsī 的兒子和你們的外甥, 也爲了戰鬪, 爲了和平和勝利：
(36) “如果他來喀什噶爾了, 不論他們要多少花銷, 千萬不要
(37) 有所保留。” 我這樣聽從了、大衛和
(38) 外甥也（也這樣聽從了。)

注

(1) 本稿は某教授の記念論文集に寄稿した “Some new interpretations of the two Judeo-Persian letters from Khotan” に加筆・修正したものである。

(2) ユダヤ・ペルシア語とは、ユダヤ教徒が使ったヘブライ文字表記の近世ペルシア語のことである。この言語およびその資料については、L. Paul, *A Grammar of Early Judaeo-Persian*, Wiesbaden 2013を參照せよ。

(3) É. de la Vaissière (tr. by J. Ward), *Sogdian traders*, Leiden/Boston 2005のいろいろな場所に記されている。筆者もかつてコータンのソグド人に關する史料をまとめたことがあるが (cf. *BSOAS* 60/3, 1997, pp.568-569)、de la Vaissière はそれを利用してくれている。必ずしも明らかではないのは、コータン繪畫にソグド繪畫の影響があるとする M. Mode の說である。この問題は、エフタルの領土内に廣まった、繪畫の影響や流行の點から考える必要があるように思われる。

(4) それらについては Yoshida, *BSOAS* 60/3, 1997, p.569および吉田豐「新出のソグド語資料について—新米書記の父への手紙から：西嚴寺橘資料の紹介を兼ねて—」『京都大學文學部研究紀要』49, 2010, pp.1-24, esp. 5-6を參照せよ。

(5) Bi Bo and N. Sims-Williams, “Sogdian documents from Khotan, I : Four economic documents”, *JAOS* 30/4, 2010, pp.497-508。ここには別に 1 件のコータン出土のソグド語文書も紹介されている。そこには srtp’w「薩寶」の語が見えるという (cf. ibid. p.498, n.7)。筆者も當該文書の寫眞を見る機會があったが、やや古風な文字で唐以前の時代の文書のように見えた。

(6) これは事態を簡素化しすぎているかもしれない。ソグド人には商胡と呼ばれる者や行客、別奏として商業活動するものがいた、cf. 荒川正晴『ユーラシアの交通・交易と唐帝國』名古屋 2010, pp.344-378。なおこの時代にはこれらとは別に「突厥系ソグド人」もいた：森部豐『ソグド人の東方活動と東ユーラシア世界の歷史的展開』大阪、2010參照。

(7) Duan Qing, “*Bisā- and Hālaa-* in a new Chinese-Khotanese Bilingual Document”, *JIAAA* 3,

2008, pp.65-73, esp. p.66.

(8) ちなみに構成要素の順序が逆のβntkšyrという人名は、奇しくもコータン出土のソグド語文書に見られる。cf. Bi Bo and Sims-Williams, art. cit., p.500.

(9) Cf. Yoshida, *BSOAS* 76/1, 2013, p.158. biśaの意味が明らかになったことで、筆者の舊著(『コータン出土8-9世紀のコータン語世俗文書に關する覺え書き』神戸 2006, p.53)におけるコータン文の譯文を訂正しておきたい。そこで引用されたustākajāña biśa chaupaṃは、正しくは「屋悉貴村の叱半」と譯され、漢文木簡の「屋悉貴叱半」にぴったり對應する。そしてchaupaṃの原語が「叱半」であるとする筆者の說(「Sino-Iranica」『西南アジア研究』No. 48, 1998, pp.33-51, esp. 45)が正しかったことが明らかになる。

(10) Prods Oktor Skjærvø, with contribution by Ursula Sims-Williams, *Khotanese manuscripts from Chinese Turkestan in the British Library. A complete catalogue with texts and translations*, London, The British Library, 2002, pp.132-133.

(11) Cf. N. Sims-Williams, *Bactrian personal names*, Iranisches Personennamenbuch Band II/7, Vienna 2010, p.87, s.v. no. 249。なおYoshida, *BSOAS* 76/1, 2013, p.158も參照せよ。

(12) 2014年6月21日關西大學で行われた東西學術研究所例會の席上、中國人民大學の畢波氏は、近年發見されたコータン出土の漢文文書にもソグド人の名前が見られることを報告した。

(13) 吉田『前掲書』p.132參照。

(14) この語とそれが見いだされる文書についてはBi Bo and Sims-Williams, art. cit., pp.505-506を參照せよ。さらに畢波「西域出土唐代文書中的「貫」」『北京大學學報(哲學社會科學版)』49/4, 2012, pp.129-136も參照せよ。

(15) サイズから判斷して、唐の中央アジア支配時代の中國紙であろう。この點は、張・時も既に指摘している。cf. art. cit., p.75, n.3.

(16) 手紙1の第1行目のyzyd kwdh 'y y'r b'šd "May the Lord God be a helper"(英譯はL. Paul, *A grammar of Early Judaeo-Persian*, Wiesbaden 2013, p.122から)を手紙の書式に含まれると考えたようだ。しかし手紙2の冒頭部にはこの句は見えない。また、後續する部分にも手紙の書式らしい表現は見られない。

(17) Y. Yoshida, "The Karabalgasun Inscription and the Khotanese documenrs", in : D. Durkin-Meisterernst, Ch. Reck, and D. Weber (eds.), *Literarische Stoffe und ihre Gestaltung in mittel-iranischer Zeit*, Wiesbaden 2009, pp.349-360.

(18) 内容は、宗教關係と世俗文獻で、後者には公文書や經濟關係の文書が含まれているという。cf. Bi Bo and N. Sims-Williams, art. cit., p.497.

(19) 別に注釋を添えない限り翻字と轉寫は張・時のそれを引用する。

(20) 翻譯は特に注釋を添えない限り張・時の現代中國語譯に添っている。なお當該箇所がL. Paul, *A grammar of Eraly Judaeo-Persian*, Wiesbaden 2013に引用されている場合は、Paulの英譯を添えることにする。この部分は"they killed the Tibetans severely"と譯されている。cf. *op. cit.*, pp.83, 149.

(21) 彼の英譯は以下の通り:"and the vice commander went to Kashgar with 100 men be it on horseback or on foot", cf. Paul, *op. cit.*, pp.105, 151, 161.

(22) ちなみに、このmrndとγulāmの關係はよくわからないが、2つの語が現れる手紙2の13行目では、γulāmが商人の護衛として同行していることも注目される。いわゆるチャカルがソグド商人の護衛になっていたことを示すからである。γulāmとチャカルの關係についてはde la Vaissière, *Samarcande et Samarra : élites d'Asie centrale dans l'empire abbaside.* Paris 2007を參照せよ。

(23)　カラバルガスン碑文の漢文版のテキストと翻譯・譯注は、筆者と森安孝夫が準備中である。このテキストはその研究から引用している。なおテキストは、森安孝夫（編）『シルクロードと世界史』大阪2003の卷末に收錄されている。

(24)　Cf. Y. Yoshida, "On the taxation system of pre-Islamic Khotan", in : *Acta Asiatica* 94, 2008, pp.95-126, esp. p.112.

(25)　wsl'm wkzym を張・時は「和平和勝利」と譯す。ただアラビア語の hazīmat は「勝利」というより「敗走」というほどの意味であり、「和平と（敗北による）撤退」を意味しているのではないだろうか。アラビア語の單語の意味については同僚の井谷鋼造教授の教示を受けた。記して謝意を表す。

(26)　コータンは790年以降796年までにはチベットの支配下に入っていたらしい、吉田豐『上掲書』p.73參照。

(27)　この語についてはD. Durkin-Meisterernst, *Dictionary of Manichaean Middle Persian and Parthian*, Turnhout 2004, p.161bを參照せよ。なお「副使」の「副」はこの場合は去聲で、*pi̯əuと復元されている、cf. B. Karlgren, *Grammata Serica Recensa*, Stockholm 1957.

(28)　司馬という稱號も知られているが、その稱號に副使が添えられることは考えられないという。（荒川正晴教授および森安孝夫教授から教示を得た。）

(29)　畢波「和田新發現漢語、胡語文書所見"筋脚"考」『"黃文弼與中瑞西北科學考査團"國際學術研討會論文集』烏魯木齊 2013, pp.366-374參照。

(30)　Cf. F. Steingass, *A comprehensive Persian-English dictionary*, London 1892, reprint Beirut 1970, p.244b.

(31)　N. Sims-Williams and J. Hamilton, *Documents turco-sogdien du IXᵉ-Xᵉ siècle de Touen-houang*, London 1990, pp.34-35.

(32)　Paul はこの部分を "and he ordered (to) Jixāšī : 'quickly give this Sogdian the sheep!'" と譯している（cf. *op. cit.*, pp.161, 162, 164）。

(33)　在證されるのは複數形の cygš'n であるが、單數形の cygšyy が別の文獻に何度か現れているので問題は無い（cf. Durkin-Meisterenst, *op. cit.*, p.132a）。

(34)　Cf. Henning, "Mitteliranisch", in : *Handbuch der Orientalistik*, 1. Abt., IV. Bd. : Iranistik, 1. Abschnitt : Linguistik, Leiden 1958, pp.20-130, esp. pp.79-80.

(35)　14行目の gwlyq「瓶」もソグド語の單語と考えられる（cf. 張・時, p.93）。また上で論じた šmsy もいったんソグド語に入った借用語をさらに借用したのかもしれない。

(36)　Cf. Bo Utas, *From Old to New Persian*, Wiesbaden 2013, pp.40-41.

(37)　森安孝夫『シルクロードと唐帝國』東京2007, pp.251-253から引用する。ただし縱書きを横書きに改めた際、漢數字をアラビア數字に改めた。吳震の研究は「唐代絲綢之路與胡奴婢買賣」『1994年敦煌學國際研討會文集』蘭州 2000, pp.128-154である。

(38)　むろん宦官自身も商品であった可能性が高い。de la Vaissière は、手紙1をユダヤ商人である Rādhānaites と關連づけているが（*op. cit.*, pp.184-186）、Rādhānaites についての Ibn Khurdādhbih の記錄には、彼らは女奴隸以外に宦官も賣買していたとある。de la Vaissière の解釋については影山悦子博士の教示を得た。

(39)　この構文については Sims-Williams *apud* Sundermann, "Probleme der Interpretation manichäisch-soghdischer Briefe", in : J. Harmatta (ed.), *From Hecataeus to al-Ḫuwārizmī*, Budapest 1984, pp.289-316, esp. p.296, n.20、および吉田豐「ソグド語の敬語について」『中央アジア古文獻の言語學的・文獻學的研究』(Contribution to the Studies of Eurasian Languages 10), 2006, pp.81-94、特にpp.82-83を參照せよ。

(40)　Paul（*op. cit.*, p.98）は “order to give it（to him?）” と譯している。

(41)　Paul（*op. cit.*, pp.69, 124）は “order a request to be made” と譯している。

(42)　ここの ’š については Sh. Shaked, “Classification of linguistic features in Early Judeo-Persian”, in : W. Sundermann, A. Hintze and F. de Blois（eds.）, *Exegisti monumenta. Festschrift in honour of Nicholas Sims-Williams*, Wiesbaden 2009, pp.449-461, esp. p.453, n.16 を參照。Paul（*op. cit.*, p.98）は “order to give it to her” と譯している。

(43)　Judeo-Persianについての Shaked の次のような言葉も想起される：“None of these texts [Judeo-Persian textsのこと（吉田）] can be described as a vernacular, for the writers seem to aim at presenting a literary form of Persian”, cf. art. cit., p.449。この當時ホラーサーンやトランスオクシアナでは、ペルシア語は母語を異にする異民族閒の共通言語になっていたという指摘もある（cf. B. Utas, “A multiethnic origin of New Persian?”, in : L. Johanson et al.（eds.）, *Turkic-Iranian contact areas*, Wiesbaden 2006, pp.241-252）。

(44)　Paul, *op. cit.*, pp.161, 162, 164參照。

(45)　V. Hansen, *The Silk Road. A new history*, Oxford 2012, pp.217-19參照。張と時も、dihgān は、ペルシア人をソグド人と見誤ったか、當時コータンでは「ソグド人」は、商人の代名詞のようなものであったのだろうとしている（cf. art. cit., p.92）。

(46)　敦煌出土文獻にはヘブライ語で書かれた祈禱文書の斷片が存在していることも想起される。cf. Ph. Berger and M. Schwab, “Le plus ancien manuscrit hébreu”, *JA*, sér. 11, 1913, t. II, pp.139-175.

(47)　今は假にソグド文字を横書きだとした上で「天地が逆に」と表現した。ただし縱書きでも上下逆さまに書かれていることは同じである。ソグド文字の縱書きがいつ始まったかについては Y. Yoshida, “When did Sogdians Begin to write vertically?”, in : *Tokyo University Linguistic Papers 33, Festschrift for Professor Hiroshi Kumamoto*, 2013, pp.375-394を參照せよ。近くこれの日本語版が『アジア遊學』誌に掲載される豫定である。

(48)　ちなみに Bi Bo and Sims-Williams（art. cit., pp.504-505）のテキストと譯は以下の通りである：

1a　](p)γyzym(?)　’sty　1LPw　ptk(w)k　pny　s’δ(?)　pny　pr

2a　]　pc.....(?)　ZY　šyr’krtyh　sky(?)　zy’mt　k’n

“ ... we are ready(?). There are 1000 strings of pny ... pny for ... and piety ... he will spend ...”

ただし著者たちはこの部分の意味がとれなかったとしている。この機會に Bi Bo and Sims-Williams’s（ibid.）が ctβ’r ny’š...（text no. 4, verso l.10）と讀む語は ctβ’r ywxth「４つのルビー」と讀むことができることも指摘しておきたい。ソグドの商人たちは、極めて高價な品物も扱っていたようである。

(49)　文字通りに原文を譯せば「私は戰爭の爲に何かを與えた、100貫の錢の資金によって」とでもなるであろう。

(50)　ソグド地域のペルシア語化についてはYoshida, “Sogdian”, in : G. Windfuhr（ed.）, *The Iranian languages*, London and New York, 2009, pp.279-335, esp. pp.329-330を參照せよ。

(51)　Cf. F. Grenet and E. de la Vaissière, “The last days of Panjikent”, *Silk Road Art and Archaeology* 8, 2002, pp.178, 192.

(52)　これらの物品のうち、dwgbyk, dmbyr, lymcw, lyqyn, bgdw の意味は分かっていない。

(53)　3. syky cyk’šy 以下の人々への贈り物を張・時の翻譯によって示しておこう：３.「一份絲綢、一份糖、兩份 lymcw」; ４.「一份 lyqyn、一份糖、一份 lymcw」; ５.「lyqyn各一、糖各

一、以及兩份 lymcw」; 6.「bgdw、糖和 lymcw」。

(54) 石蜜については E. Shafer, *The golden peaches of Samarkand*, Berkeley 1963, pp.152-154 を參照せよ。Hansen（*op. cit.*, p.101）は muscado（sic）sugar と英譯している。

(55) Hedin 15, 16の判官に關しては H. Bailey, *Khotanese texts* IV, Cambridge 1961, p.108を參照せよ。コータン語文書の年代比定については Yoshida, "The Karabalgasun..."（上記注17）を參照せよ。

(56) 破損部に關して、張・時のテキストを少し改めた。

(57) 張・時は čūn tō（i.e. cwn tw）と復元するが、破損した部分はわずかで 5 字分はない。また26行目の初頭には、張・時のように［'g]r と復元せず、[wg]r を補った。新しい文の始まりは接續詞 w- でマークされることが多いからである。

(58)「感謝するだけなら一錢の損にもなりません、只です」というほどの意味であろう。

(59) この dihgān が確かにコータン王を指すのであれば、手紙 2 の年代から考えて Viśa' Vāhaṃ か彼の後繼者と目される Viśa' Kīrrta が考えられる。ただ Viśa' Vāhaṃ は800年頃には極めて老齢であったはずで、その娘が目に入れても痛くないほどだったとは考えにくいようにも思う。コータンの王統については P. O. Skjærvø et al., *Khotanese manuscripts from Chinese Turkestan in the British Library*, London 2002, p.lxvii を參照せよ。なお Viśa' Vāhaṃ 登位年は767年であることが確定した（cf. Yoshida, "The Karabalgasun..."）。彼はそれ以前、756年に兄の尉遲勝がコータンを去って以降は攝政をしていた。

(60) 商人から賄賂をもらうこの羊飼いは、單なる羊飼いとは考えにくく、王領などで飼育されていた特別の羊を管理する役人であったのではないかと思う。コータン出土の漢文文書には「羊戶」という表現が見えるが、それにあたるだろうか（cf. 張廣達・榮新江『于闐史叢考（增訂本）』北京 2008, p.269）。

(61) このリストに關しては W. B. Henning, "Argi and the "Tokharians"", *BSOS* 9/3, 1938, pp.545-571, esp. p.566參照。（丸括弧）内の數字は Mahrnāmag の行數。

(62) 彼の名前は bg ṭ'ys'ngwn syrtwš yg'n''p' で、「大將軍」と「節度使」の要素を含む。「節度使」については下の注釋を參照せよ。本來*syrtwšyy であったはずだが、行末で短縮された綴りで現れているようだ。

(63) これは筆者の比定である。'wcwrcyk の地名比定については N. Sims-Williams and D. Durkin-Meisterernst, *Dictionary of Manichaean Sogdian and Bactrian*, Turnhout 2012, p.34も參照。

(64) この稱號は漢語の「節度使」に由來する（cf. Yoshida, "Sogdian Miscellany III", in : R. E. Emmerick and D. Weber（eds.）*Corolla Iranica. Papers in honour of Prof. Dr. David Neil MacKenzie on the occasion of his 65th birthday on April 8th, 1991*, Frankfurt am Main/Bern/New York/Paris 1991, pp.237-242, esp. p.242, n.19）。

(65) Cf. Bo Utas, "The Jewish-Persian fragment from Dandān-Uiliq", *Orientalia Suecana*, 17, 1968, pp.123-136, esp. p.135.

(66) -c は、地名から形容詞を派生するソグド語の接尾辭である。

(67)『新唐書』（中華書局標點本）p.1150參照。

(68) これは、M. Macuch 教授の教示による解釋であるという（cf. 張・時, art. cit., p.97）。英譯は Paul, *op. cit.*, pp.133, 143, 170を參照せよ："If he has come to Kashghar, however much expense they require, do not keep anything back from us."

(69) もしもこの手紙が、漢軍がまだコータンにいるときに書かれたのであれば、チベット軍と漢軍の戰闘を想定すべきかもしれない。

(70)　京都大學人文科學研究所の稲葉穣教授はこの可能性を指摘して下さった。ちなみにソグド語にはユダヤ教會を意味するcxwδ βγδ'nyという語が存在しており、例えばサマルカンド等のような大都市にはユダヤ教會やゲットーが存在した可能性は高い。

(71)　ハザール帝國との關連は容易に想起される（cf. de la Vaissière, "*Les marchands d'Asie centrale dans l'empire khazar*", in : M. Kazansky et al. (eds.), *Les centres proto-urbains russes entre Scandinavie, Byzance et Orient*, Paris 2000, pp.367-378）。

後記

本稿は2年以上以前に提出したもので、このたびようやく出版の運びとなったことは慶賀すべきことである。ただこの間にもいくつかの關連する研究が發表され、その際に本稿での筆者の指摘が利用される機會がなかったことは殘念であった。この間に出版された、いくつかの關連する研究を後記として追加して、いくらかでも筆者の論文をアップデートしておきたい。

本稿の内容の一部は、2014年8月13-14日に、中華人民共和國銀川市で開催された國際學會「粟特人在中國：考古發現與出土文獻的新印證」において口頭發表したが、そのプロシーディングが公刊され、そこに口頭發表の內容の中國語版が掲載されている：「于闐的粟特人—對和田出土的兩件猶太波斯語信札的一些新見解」（榮新江・羅豐主編『粟特人在中國：考古發現與出土文獻的新印證』下册 北京2016、pp.621-629）。

その同じ學會で張湛は「粟特商人的接班人？—管窺絲綢路上的伊朗猶太商人」と題する發表を行ったが、その內容も『上掲書』pp.661-672に收錄されている。筆者の口頭發表を參考にして、學會當日の口頭發表とは內容を一部變更している。ここではこの新しい論考を參考にする事はできなかったが、本稿の內容を變えなければならないような變更は見つからなかった。

本稿全體に關わる論考としてG. Lazard, "La dialectologie du persan préclassique à la lumière des nouvelles données judéo-persanes", *Studia Iranica* 43/1, 2014, pp.83-97が發表された。この論文の89-90頁に、本稿で扱った手紙の言語の特徵について、それが非常に早い時期の近世ペルシア語を示すと述べられ、いくつかの言語特徵が指摘されている。しかし本稿で問題にした點は觸れられていない。

p.1：エンデレのカローシュティー文書の年代をめぐっては、É. de la Vaissière, "Silk, Buddhism and early Khotanese chronology: A note on the *Prophecy of the Li Country", Bulletin of the Asia Institute* 24, 2010［2014］, pp.85-87, esp. p.87, n.14を參照せよ。

p.15, prw'n に關して：ちなみにすぐ下で言及する新たに發表されたコータン出土のソグド語の手紙には、'zw kw prw'n s'r xrtym「私はprw'nに行きました」という文言が見える。この手紙を發表したBi Bo and Sims-Williams もただしくprw'nをアクスに比定しているが、ユダヤ・ペルシア語の手紙1にもprw'nが現れていることには氣づいていない。

p.18, n.1：この英語論文は寄稿後3年を經た今も出版されていない。

p.18, n.5：コータン新出のソグド語文書に關する Sims-Williams と Bi Bo の研究の續編もこの間に出版された：Bi Bo and Sims-Williams, "Sogdian documents from Khotan, II：Letters and miscellaneous fragments", *JAOS* 135/2, 2015, pp.261-274。ここには手紙類が含まれているが、上で引用したprw'nについての議論は269頁にある。またBi Bo and Sims-Williams 2010の中國語版も近年發表された：「和田出土粟特語文獻中的四件經濟文書」『西域文史』vol. 10、2016、pp.188-200。なおこの中國語版には、英語版に對して筆者が個人的に提供した修正案も採用されているので參照されたい。

同樣に、srtp'w を含む新出文書も、上述した銀川の學會の論文集に收錄された段晴の論文「粟特商隊到于闐— BH4-135之于闐文書的解讀」（『上掲書』pp.96-115）に掲載されている。驚いたことに、そこにはかつて筆者が段晴教授からの非公式な求めに應じて解讀した、コータン語の帳簿を包んでいた封筒の外側に書かれた1行のソグド語が、筆者のメールと共に引用されている。ただ今回收錄されている寫眞は、そのおりに送って頂いた寫眞と比べると、紙の表面の皺をのばして撮影されており、讀みを一部改善できるので、それを示しておきたい：(t)βty βγy'n［ZKn］srtp'w 'kwt'kk「薩寶の əKūtakk の息子で Vaghyān が封印した（テキストの中の［ZKn］は封泥によって隱れていると考えられる語)」。この文書については下記も參照せよ。

p.20, n.31：この閒に Sims-Williams and Hamilton 1990の改訂英語版が出版されている：*Turco-Sogdian documents from 9th-10th century Dunhuang*, London 2015。

p.21, n.39：中世ペルシア語にも類似の用法は在證されているようなので（P. O. Skjærvø, “Middle Western Iranian”, in : G. Windfuhr（ed.）, *The Iranian languages*, London / New York, 2009, pp.196-278, esp. p.265）、必ずしもソグド語の影響によるものではないかもしれない。

p.21, n.47：この閒に日本語版は出版された：「ソグド文字の縱書きは何時始まったか」森部豐（編）『ソグド人と東ユーラシアの文化交渉』（アジア遊學）東京　勉誠出版 2014、pp.15-29。

本稿の冒頭でも、コータンにおけるソグド商人の役割について考察したが、上で言及した段晴の論文で發表された文書は、シルクロードにおけるソグド商人の役割を考える上でも、非常に重要な材料を提供してくれる。この文書は、コータン語で書かれた寺院會計帳簿を封入したもので、封泥で封印した上に、封印したソグド商人の名前が書かれている。コータン語部分を解讀した段晴は7世紀後半の文書だとしているが、ソグド文字の書體はその印象と矛盾しない。あるいはもう少し古いかもしれない。いずれにしても唐の支配が及ぶ以前のものであろう。

この新發見の文書が示す特異な狀況を說明するのは容易ではない。筆者はソグド商人がコータンの寺院の會計に參與していた、あるいは寺の財產の運用を委託されていたことを示すものではないかと推測する。實際7～8世紀のクチャでは、寺院の財產の運用をソグド人が行っていたことを示唆する事例が知られているようだ：慶昭蓉「庫車出土文書所見粟特佛教徒」『西域研究』2012/2、pp.54-75。なお、段晴は本文書をめぐる事態の背景として、筆者とは全く異なるシナリオを考えており、この問題は今後さらに考察を深めていかなければならない。

トゥルファン＝ウイグル人社會の連保組織

松　井　　太

はじめに

トゥルファン盆地を中心とする東部天山地方から將來された古ウイグル語世俗文書は、10～14世紀の中世ウイグル社會の歴史學的再構成にとって第一級の資料である(1)。内外の諸先學は、古ウイグル語文書のなかでも契約文書を主たる對象として、多大な成果を擧げてきた。

さらに筆者は、これまで充分に研究されてこなかった雜種文書をも資料として取り込み、モンゴル帝國支配時代（西暦13～14世紀）のウイグル人社會の諸側面の剔出を試みてきた。特に、モンゴル時代の税役制度と徴税システムの再構成を試みた舊稿では、行政命令文書・帳簿樣文書などの諸種文書を契約文書とあわせて分析の對象とすることにより、ウイグル住民は原則的に onluq「十戸（十人組）」や yüzlük「百戸（百人組）」と呼ばれる十進法的住民組織に編成されたこと、これら十戸・百戸組織の構成員は種々の正規税や臨時税・非正規税の負擔に際して連帶責任を有したこと、末端の徴税實務は十戸長（on bägi）の責任のもとで遂行されていたこと、を指摘した［松井 2002, esp. 100–106］。

ただし舊稿でも言及したように、ウイグル文書には、百戸・十戸などの十進法的組織以外にも多樣な住民編成組織の存在が確認できる。そこで本稿では、モンゴル時代のトゥルファン＝ウイグル人社會の住民編成組織のあり方を示す例として、まず古ウイグル語の borun「保證人」および borunluq「保證人組合；連保」という術語をとりあげ、その社會的機能と淵源について考察する。

なお行論の關係上、これらの術語が在證（attest）される文書 3 件の校訂テキスト・和譯・語註は本稿後半の資料編にそれぞれ文書 A～C として掲げることとし、これに先行して問題の術語とその歴史學的考察を提示する。

1．古ウイグル文書にみえる borun と borunluq

本稿資料編に文書 A～C として掲げるモンゴル時代のウイグル語文書 3 件(2)には、PWRWN bägi「PWRWN の長」（文書$A_{2,27}$）および PWRWNLWX～PWRWN-LWX（文書B_2；文書C_{v3}）と翻字される術語が在證される。PWRWN という翻字からは borun～burun という語形式が再構でき、PWRWNLWX～PWRWN-LWX はこの PWRWN＝borun～burun と古テュルク語の接尾辭 -luq ないし -luγ［OTWF, 121–131, 139–155］とが結合して派生した名詞と考えられる。相當の語彙を管見の古テュルク語辭典中に求めると、burun「鼻」あるいは「以前の、初めの」[ED, 366–367 ; DTS, 126 ; ESTJ II, 269–272 ; CTD I, 304] が提示される。しかし、この語義では、文書 A～C の PWRWN ～PWRWNLWX（～PWRWN-LWX）が現われる文脈を整合的に解釋できない。

ただし、ロシアのテュルク言語學者 W. W. Radloff が19世紀末に編纂したテュルク語諸方言辭典 *Versuch eines Wörterbuches der Türk-Dialekte* には、東テュルク語（すなわち新ウイグル語・現代ウイグル語）の語彙として borun「保證人（Bürge)」、またその異形式として burun「擔保、保證（Sicherheit, Bürgschaft)」が揭げられている [VWTD IV, 1663, 1821]。また、スウェーデンの外交官にしてテュルク學者でもあった G. Jarring が編纂した *Eastern Turki Dialect Dictionary* にも borun「保證人」の語が揭げられている [Jarring, 58]。中國で出版され頻用されている新ウイグル語辭典は、この borun を、保證人を意味する漢語「保人」に由來するものとみなしている [WHCD, 60]。最も浩瀚な新ウイグル語辭典『維吾爾語詳解辭典（*Uyġur tilining izahliq luġiti*)』も、この borun について「【漢語】他の人の代理として、責任を一時的に負う者」と解說すると同時に、「borun の抽象名詞形」である borunluq という語も採錄している [UTIL I, 457]。

ただし、この borun「保證人」は、上述のように、頻用される古テュルク語辭典には收錄されておらず、また11世紀のカーシュガリー（Maḥmūd al-Kāšġarī）の『テュルク語總覽（*Dīwān luġāt al-Turk*)』や、14世紀以降の『華夷譯語』などを含め、諸種の古テュルク語對譯資料にも見出されていない。そこで、以下には、問題の古ウイグル語文書 A～C にみえる borun および borunluq～borun-luq の在證例がそれぞれ「保證人、保人」および「連帶保證組合；連保」と解釋されるべきことを示しつつ、その社會的な機能についても考察する。

（1）文書A

この文書は、さまざまな物件の支出を記錄した帳簿樣文書である。それらの物件の支出先としては、イドゥククト（$_{31}$Ïduq-qut ＞ Chin. 亦都護）すなわちウイグル王、使臣（$_{12\text{–}13}$elči）すなわちモンゴル政權から派遣される使者・使節、あるいは書記（$_{38}$bitkäči）など、モンゴル時代の公權力の關係者が言及される。また、モンゴル時代の驛傳制度における糧食（麵粉・肉・米）の支給に關係する臨時徵發に對應した物件支出を、輪番制の傜役である「番役（käzig)」に換算したとみられる記載も含まれる［後揭資料編、語註 A4–5, A23–25, A29–31 參照］。從って、この文書A に記錄された物件支出は、公的な稅・役負擔に關係するものであったと考えられる。文書A で、オチュケン（$_{3}$Öčükän）・サリグ（$_{21}$Sarïγ）など個人名のみで言及される者や、第14～15行の「リュクチュング（柳中）出身の師僧」も、斷定はできないものの、おそらくは公權力者ないしは社會的地位の高い者であり、公的な物件供出を住民組織に要求し得たものであろう。

さて、文書A を實際に記錄した人物は、これらの稅役負擔に關係する物件支出・供出のうち、前半の第3–26行に記録されるものが「ボシャチュがborunの長になったときに私が與えたもの（$_{1}$bošaču $_{2}$borun bägi bolmïš-$_{3}$ta bermiš-im)」であり、後半の第29–42行の記録は「ウドチがborunの長になったときに私が與えたもの（$_{27}$udčï borun bägi $_{28}$bolmïš-ta bermišim)」であると説明する。ここで注目すべきは、拙稿［松井 2002］で利用した4件のモンゴル時代のウイグル語支出簿様文書群にも、文書Aとほぼ同様の物件支出についての説明がみえ、そこでは文書Aのborun bägiにかわって十戸長（on bägi）が言及されることである。以下、關連する記載を①～④として引用する。

① U 4845v＝松井 2002, Text D

$_{2}$ušaq-a on bägin-gä bermiš-im ... $_{7}$paγsipa on bägin-gä bermiš-im ...

「ウシャカ十戸長（on-bägi）に私が與えたもの。…パグシパ十戸長（on-bägi）に私が與えたもの」

② Ch/U 7460v＝松井 2002, Text E

$_{4}$bïγ on bägi bolup bermišim......$_{11}$[....on bä](gi) bolup bermišim

「ビグが十戸長（on bägi）となって私が與えたもの。…［某が十戸］長となって、私が與えたもの」

③ Ch/U 6986v＝松井 2002, Text F

$_{2}$yetinč ay [t]ört ygrmikä tapmïš on bägi bolup $_{3}$atay turmïš-qa bir böz alïp b

「第七月十四日に、タプミシュが十戸長（on bägi）となって、アタイ＝トゥルミシュに1棉布を取って私は與えた」

④ U 5665v＝松井 2002, Text G

$_{1}$[......ot]uz-qa (....)r on bägi bolup kälmiš berim

「[□月] 三十日に、(....)r が十戸長（on bägi）となって、かかってきた租稅」

すでに拙稿で明らかにしたように、これら①～④の支出簿様文書群の記載は、住民組織としての十戸（onluq）の長である十戸長（on bägi）がその管下の各戸に賦課された稅物を徵收するという徵稅システム、および十戸長によって徵收された稅物を一定期間內に（おそらく十戸長の交替にあわせて）集計するというウイグル住民の帳簿作成慣行とを反映するものであった［松井 2002, 103–105 ; VOHD 13,21, Nos. 206, 196, 186, 35］。從って、これら①～④にみえる十戸長（on bägi）とほぼ同様の文脈で現われる文書Aの「borunの長（borun bägi)」も、十戸長と同様に、公的な稅役負擔・徵收上の實務を擔當する者と推測できる。

また、古ウイグル語のon-luq～onluq「十戸、十人組」は、數詞on「10、十」と接尾辭 -luq「～用の、～のための；～に豫定された、配分された」から構成された術語であり、「十戸長」(on bägi) はそのリーダーをさすものであった。このことを勘案すれば、問題の文書Aの「borun の長（borun bägi)」も、borunによって構成された住民組織としてのborunluq～borun-luqのリーダーであることが推定される。

このような文脈に照らせば、その際のborunとは、上記の東テュルク語・新ウイグル語の「保證人；擔保」であり、彼らがborunluq「連帶保證組合；連保」を組織して、そのリーダーをborun bägi「保證組長；連保長」と呼んでいたことが想定される。

（2）文書B

この文書は、一種の請求書である。その內容は、クトルグ＝カヤ（Quḍluγ-Qaya）、テミル＝トゥルミシュ（Tämir-Turmïš）、カリムドゥ（Qalïmdu）、エル＝テミュル（El-Tämür）、マシ（Masï）、バガルチャ（Baγalča）の6名で構成されるborunluqが、テミル＝カヤ（Tämir-Qya）という者を派遣して、キムコ（Kimqo ＜ Chin. 金剛）という者に對して衣服の代價を求めるものである。

本文書の用例は、古ウイグル語における術語としてのborunluqを在證するものである。と同時に、本文書の文脈に鑑みれば、そのborunluqとは、社會的・經濟的に連帶している6名のborun「保證人、保人」によって構成された「連帶保證組合；連保」であったと考えることができる。

（3）文書C（verso）

この文書は、まずrecto面が支出簿として利用され、その後にverso面を再利用して領收證（yanuḍ bitig）として交付したものである［松井 2005a, 31～34；資料編、文書C概要欄および語註 Cv6 參照］。このverso面によれば、領收證を發行したのは、オテミシュ（Öḍämiš）、ヨル＝ブカ（Yol-Buqa）、トルチ弟子（Torči-täsi）、スグ＝ケルキズ（Sug-Kärgiz）の4名からなるborun-luqである。

そして、この領收證は、ヨレクという人物から「番役棉布（käṣig böṣi～käzig bözi）」が支拂われたことに對するものである。「番役棉布」とは、輪番制の傜役である番役（käzig）を代納するための通貨・貨幣代替物としての棉布と考えられる［語註 Cv5］。文書Cのヨレクは實際の傜役勞働を負擔できないため、自らの所屬するborunluqに通貨としての棉布を支拂い、負擔を代替してもらったものであろう。

とすれば、この文書C（verso）のborun-luqは、輪番制の傜役である番役を負擔する單位として機能していたこととなり、その構成員は、番役その他の稅役を共同・連帶して負擔するborun「保證人」であり、相互扶助のためにborun-luq「連帶保證組合；連保」を結成していたと解釋することができる。また、このような解釋は、文書Aで番役代納のために供出される物件（第23–25, 29–31行）を「borun の長（borun-bägi）」が徵收していたこととも整合する。

以上の考察の結果、モンゴル時代のウイグル語文書A～Cにみえるborunluq（～borun-luq）およびborun bägiを、新ウイグル語のborun「保證人；保證、擔保」と關連させて、それぞれ「連帶保證組合；連保」および「保證組長；連保長」と理解することで、文書A～C（verso）の性格・機能も整合的に解釋される。從って、モンゴル時代のトゥルファン＝ウイグル社會には、4～6名程度で構成されるborunluq「連保；連帶保證組合」が遍在したこと、それらは共同で商業・經濟活動を營み、また十戶（onluq）と同様に構成員が連帶して稅役を負擔したこと、その代表者である borun bägi「連保長；保證組長」は、やはり十戶長（on bägi）と同様に、番役その他の稅・役に對應するため、管下の borunluq「連保；連帶保證組合」から種々の物件を徵收・徵發していたこと、を指摘できる。

2．諸種のウイグル語文書と連帶保證慣行

管見の限り、文書A～C 以外に、borun「保證人」ないし borunluq「連保；連帶保證組合」や borun bägi「連保長；保證組長」の語が在證されるウイグル語世俗文書は確認されていない。しかし、前章で提示したような borunluq「連保；連帶保證組合」の存在とその社會的機能を念頭におくことで、これまでその內容が充分に理解されていない諸種ウイグル文書の歷史學的分析が可能になると、筆者は考える。

このような視點から、本章では、borunluq「連保；連帶保證組合」・borun bägi「連保長」が直接には現われないもの、これらと密接に關係すると思われるウイグル語文書をとりあげ、その歷史的背景の分析を試みる。

（1）ウイグル文供出命令文書にみえる連帶保證

前節では、文書A が公的な物件徵發に關する支出簿であり、borunluq「連保；連帶保證組合」の代表者である borun bägi「連保長；保證組長」がその物件徵發の實務上の責任を負っていたと考察した。その論據は、十戶長（on bägi）によって徵收された稅物を十戶（onluq）成員が集計した支出簿樣文書群［松井 2002, Texts D, E, F, G］との類似であった。

一方、これらの十戶關係の支出簿樣文書に記される物件徵發には、ウイグル文供出命令文書による公的臨時徵發に關係するものが多く存在した(3)。一方、文書A においても、供出物件として麵粉（min）・肉（äḍ～ät）・食用馬（boγuz at）・從者（tapïγčï）・草（oḍ～ot）・棉布（böz）が言及されており、これらの諸物件を徵發するウイグル文供出命令文書の例は多數存在する(4)。從って、文書A に記錄された物件徵發も、供出命令文書による指示と關係するものが少なくないと推測できよう。

さらに、供出命令文書による物件徵發と borunluq「連保；連帶保證組合」との關係をうかがわせるものとして、チャガタイ＝ウルス支配下で14世紀中葉に作成・發行された「クトルグ印文書」から２件を文書D・E として例示する。これらはすでに拙稿［松井 1998b］でテキスト轉寫・和譯を提示したので、ここでは一部に補訂を加えた和譯のみを揭げる（和譯中の下線部⑤～⑮は、內容理解のために便宜的に附したものである）。

文書D：U 5309＝松井 1998b, Text 5（cf. VOHD 13,21, No. 22）

1　犬年第八月初（旬の）七

2　日に。準備しておくべき羊
3　のうち、トゥトゥン税以外に、⑤コプズ＝テミュルは
4　1、⑥ノイン、P[…](.), イナンチ、
5　ルバグはあわせて1、⑦ウチ、ヤピグ、
6　メンチュグはあわせて1、⑧シングギング（新興、センギム）出身の
7　(..)W(..)L(.)Y は 0.5、あわせて1頭の羊を
8　供出せよ。（また）5斤の麵粉も供出せよ。

文書E：U 5291＝ 松井 1998b, Text 6（cf. VOHD 13,21, No. 14）

1　犬年第十一月初（旬の）四日に。
2　テミュル＝ブカ使臣へのユリグ税に
3　支拂うべき1着の毛皮の上着を、トゥトゥン税
4　以外に、⑨オテミシュ＝カヤは1、⑩南（門）[5]のテミュルが
5　1、⑪モシの息子ベキュズ[6]が1、⑫南（門）の
6　ヨルチが1、あわせて1着の衣服。⑬南（門）の
7　ダルマが2、⑭カラ＝ホージャが1、
8　⑮ヨレクが1、あわせて1着の衣服。この2着の
9　棉入り服と引替えに、1着の毛皮の
10　上着を供出せよ。

この兩文書は、下線部⑤～⑮に示したように、供出負擔者の人名とともに數値が列擧され、その數値が各文書の末尾にみえる供出物件の數量とは整合しないという點で、やや特殊な書式をもつ。舊稿では、供出負擔者名の後にみえる數字を、文書により命じられる物件供出の負擔の割合・比率を示すものと解釋した。

すなわち、文書Dは、⑤コプズ＝テミュル、⑥4名（ノイン、某、イナンチ、ルバグ）からなる集團、⑦3名（ウチ、ヤピグ、メンチュグ）からなる集團、⑧シングギング（新興、現在のセンギム）出身の某（(..)W(..)L(.)Y)、それぞれ⑤1：⑥1：⑦1：⑧0.5の割合で、「1頭の羊」と「5斤の麵粉」の供出を分擔させるものである[松井 1998b, 31； cf. 松井 2002, 111–112]。

一方、文書Eでは、下線部⑨～⑫の4名からなる集團と、同じく⑬～⑮の3名からなる集團に、各1着（計2着）の棉入り服（käpäz-lig ton）の供出を負擔することとさせ、さらにそれらを合計・換算して毛皮の上着（kürk dägäläy） 1着を供出させようとしたものである。また、人名に後續する數値は、いずれも各集團内部での棉入り服の負擔の比率を示したもの（⑨：⑩：⑪：⑫＝1：1：1：1、また⑬：⑭：⑮＝2：1：1）と理解できる［松井 1998b, 35］。

ただし、このように、複數人からなる集團が、個人と竝置されるような形で物件供出を負擔するという事象の歴史的背景について、舊稿［松井 1998b］では十分に説明することができなかった。しかし、古ウイグル語文書にみえる borunluq「連保；連

帶保證組合」についての本稿の檢討結果をふまえれば、この文書D・Eにみえる4人（文書D⑥、文書E⑨～⑫）ないし3人（文書D⑦、文書E⑬～⑮）編成の集團を、いずれも borunluq「連保；連帶保證組合」とみなすことができるであろう。

すなわち、文書D・Eは、borunluq「連保；連帶保證組合」に直接に言及するものではないとはいえ、それらがトゥルファン＝ウイグル社會に遍在しており、公權力が發行する供出命令文書による種々の物件徵發を連帶・共同して負擔したことを傍證するものといえる。

同樣に、共通する3～4名前後の供出負擔者を對象とするウイグル文供出命令文書としては、次項に掲げる文書Fがあり、またその他にも頻見する(7)。筆者は、これらの供出命令文書にみえる供出負擔者も、文書D・Eと同じく、それぞれ同一の borunluq「連保；連帶保證組合」に屬しており、連帶して公權力による物件徵發を負擔していたものと考えたい。

（2）onluq「十戶」と borunluq「連保；連帶保證組合」

ここまで本稿では、十戶（onluq～on-luq）組織との社會的な機能的類似から borunluq～borunluq「連保；連帶保證組合」の檢討を進めてきた。以下には、實態面における onluq「十戶」と borunluq「連保；連帶保證組合」との關係、具體的には兩者の包攝關係を檢證する。

まず、文書C の recto・verso 兩面の比較檢討から、同一の十戶組織の成員同士で構成された borunluq「連保；連帶保證組合」の存在を推定することができる。本來のオモテ面であった文書C（recto）は、棉布・麥酒・ブドウ酒・從者などの支出簿であり、「番役（r6,r11käzig）」の語がみえることからも稅役負擔に關係するものと考えられる［語註 Cr6a 參照］。この支出簿では、①セヴィンチ（r2Sävinč）、②ヨル＝ブカ（r3,6-7Yol-Buqa）、③トルチ（r3Torčï）、④ダルマ（r4Darma）、⑤トレク（r4Töläk）、⑥サンガダス（r6S(a)ngadaz）、⑦スグ＝ケルギス（r7Sug-Kärgiz）、⑧トルチ弟子（r8Torčï-täsi）、⑨タイポ（r9Taypo）、⑩ネグベイ兒（r9Nägbäy-iči）、⑪ベク＝テミュル（r11-12B(ä)k-Tämür）の、合計11名が言及される。ただし、⑥サンガダスと⑩ネグベイ兒は物件を受領する側と思われるので［語註 Cr6b, Cr9 參照］、物件を支出したのは殘りの9名となる。一方、文書C（verso）の領收證の記載によれば、この9名のうち②ヨル＝ブカ、⑤スグ＝ケルギス、⑧トルチ弟子の3名は、recto 面に言及されない⑫オテミシュ（Ötämiš）および⑬ヨレク（Yöläk）の2名とともに borun-luq を組織していた。また verso 面の書記③トルチと⑧トルチ弟子は同一人物であった可能性が高い［語註 Cv8 參照］。

このように考えると、本文書C の recto・verso 兩面にみえる、物件支出の負擔者とその borun-luq「連保；連帶保證組合」の合計は10名（①、②、③＝⑧、④、⑤、⑦、⑨、⑪、⑫、⑬）となる。從って、本文書C（recto）は、この10名で構成される十戶組織が、十戸單位で課徵された税役に伴って分擔した支出を記錄したものとみなすことができる。文書C（recto）の ₅ygrmi yarïm böz という表現もこの點を示唆する。これは「20.5 棉布」ではなく「20 x 半棉布（= 1 端規格の棉布）；半棉布20箇」と解釋すべきであり［語註 B4, Cr5 參照］、十戸内の各戶が等しく 2 つずつの半棉布（yarïm böz）を支出して税役を負擔したものとみなし得るからである。現存の recto 面テキストにみえない⑫・⑬の 2 名も、おそらく切斷された前後の缺落部分に記されていたものと推測される。そして、文書C（verso）では、十戶に屬すると思われる②・⑧（=③)・⑦・⑫・⑬の 5 名が borun-luq「連保；連帶保證組合」として番役棉布の負擔に應じている。つまり、この 5 名の borun-luq「連保；連帶保證組合」は、十戸組織の内部に重層的に編成されたこととなる。

この點をさらに檢討する材料として、以下に文書F・Gの 2 件を提示する。この 2 件は、いわゆる「イネチ（İnäči, もしくはイナンチ Ïnančï）文書」すなわちイネチという人物とその家族に關係する合計22件の文書群に屬するもので、おおよそ13世紀に年代比定される［梅村 1977a, 020–022；梅村 1987, 91–105；森安 1994, 69］。この 2 件については、Radloff によるドイツ語譯と Malov によるウイグル字活字校訂が提示され［USp, 214, 256］、李經緯の校訂もおおむねそれを引き繼ぐが［李經緯 1996a, 194–197］、いくつかの點で修正を要する(8)。以下には、筆者が準備中の校訂テキストに基づき、和譯のみを引用しておく。

文書F：3Kr 29a = USp 122 = ClarkIntro, No. 119

1 犬年第八［月］初（旬の）四
2 日に。キュセンチュクは 2 人の男、
3 トゥルミシュは 1 人の男、アルプ=トグリルは
4 2 人の男、イネチは 2 人の男、エリクは
5 1 人の男、オリュク=トグリルは 1 人の男、
6 トルグ、エドギュ=トグリル、［…］、
7 セヴィンチ（Sävinč）があわせて 1 ［人の男。彼らを?］一緒に…
8 のために勞働させよ。

文書G：SI 3Kr 29b = USp 123 = ClarkIntro, No. 112

1 犬年の地税として注入（=納入）［するキビ］
2 のうち、イネチは［3］斗のキビ、Käd［…］
3 ［…］süčük は 3 斗、ヤル=オグルは
4 2 斗のキビ。合計 8 斗の
5 キビを、エセン=トグリルを
6 はじめ、來到した（kälmiš）貴人（bayan）たちへ供出
7 せよ。この印鑑は、私達、收税吏（tsangčï）たちの
8 ものである。

文書Fは勞働力としての男丁の供出命令文書であり、判讀できる限りでは9名の供出負擔者（キュセンチュク、トゥルミシュ、アルプ＝トグリル、イネチ、エリク、オリュク＝トグリル、トルグ、エドギュ＝トグリル、セヴィンチ）に對して、各1名ないし2名の男丁（är）を供出することが命じられている。ただし第6行末の破損缺落部にはさらに人名が記されていた可能性が高く、從ってここで男丁供出を命じられている人物は合計10名であったと推測できる。これを、ウイグル文供出命令文書による公的物件徵發がしばしば十戸組織を單位として賦課・實施されていたこと［松井 2002, 103–104］と勘案すれば、本文書Fも、10人編成の十戸組織を單位として男丁供出を賦課したものとみなすことができる。

ただし、この文書の第6–7行では、トルグ、エドギュ＝トグリル、某［第6行末］、セヴィンチの4名が共同して男丁1人を供出するように命じられている。上揭の文書D・Eの供出負擔者についての推定を援用すれば、彼ら4名はやはりborunluq「連保；連帶保證組合」に屬していたと思われる。そして文書F自體が十戸組織を對象とする男丁供出命令であるとすれば、この4名編成のborunluq「連保；連帶保證組合」は、一つの十戸組織の內部に構成されていたことになる。これは、文書Cで檢討した、十戸に包攝されるborunluq「連保；連帶保證組合」のあり方と共通するものといえる。

とはいえ、borun-luq「連保；連帶保證組合」が全て十戸組織に內包されるものであったとは結論できない。文書Gでは、合計8斗のキビ供出がイネチ（İnäči）、某（Käd［...］-［...］süčük）、ヤル＝オグル（Yar-Oγul）の3名に命じられている。この3名も、おそらくは同一のborunluq「連保；連帶保證組合」に屬していたゆえに、キビ供出を分擔したものとみなすことができる。しかし、本文書Gの供出負擔者の1人であるイネチは、前揭の文書Fにおいても供出負擔者として言及されている。そして、このイネチを除けば、文書F・Gの供出負擔者は重複しない。また、兩文書はともに「犬年」の紀年を有しており、これは同一年である可能性が高い。すなわち、文書Fの供出負擔者群が同一の十戸組織に屬するものであり、文書Gの供出負擔者3名が一つのborunluq「連保；連帶保證組合」を組織しているという上述の推測が正しければ、兩文書に現われるイネチは、ほぼ同時に、一つの十戸組織と、それとは全く構成員を異にするborunluq「連保；連帶保證組合」の雙方に所屬していたことになるのである。

以上の檢討からは、モンゴル時代のトゥルファン＝ウイグル社會におけるborunluq「連保；連帶保證組合」の編成原理は一定のものではない、すなわち十戸とは重層的にも排他的にも編成された、ということが指摘できる。ただし、ここで檢討材料とした文書C～Gには、「十戸（onluq）」の語が直接言及されてはおらず、また文書C（verso）を除いてはborunluq「連保；連帶保證組合」の語もみえないので、これはあくまで試論の域を出るものではない。

とはいえ、borunluq「連保；連帶保證組合」やそのリーダーとしてのborun bägi「連保長；保證組長」の語が、本稿の文書A～Cを除く諸種のウイグル語世俗文書に明證されないこと自體が、その性格を暗示しているように、筆者には思われる。舊ウイグル王國領を含め、モンゴル帝國支配下のユーラシア諸地域においては、住民は戶籍調查に基づいて十戶＜百戶＜千戶という十進法的行政組織に編成され、諸種の稅役はこれに基づいて課徵された［松井 2002, 87–92］。モンゴル時代のトゥルファン＝ウイグル人社會で、十戶長が稅・役負擔の責任を負っていたのは、彼らがこのような十進法的住民組織の最末端に位置するからであった［松井 2002, 100–106］。すなわち、「正規」の、もしくは「公」的な稅・役の課徵單位は、あくまで十戶を末端とする十進法的住民組織の系統に屬するものであり、borunluq「連保；連帶保證組合」は、十戶のように支配制度に位置づけられる組織ではなく、住民の相互扶助の必要から「民閒で・私的に」組織されたもので、それゆえに十戶との關係が體系的・一義的なものとはなり得なかったのであろう。

本稿で指摘したように、文書Aのborun-bägi「連保長」や文書C（verso）のborunluq「連保；連帶保證組合」は、確かに番役その他の稅役に對應していると考えられる。ただし、それは本來の「制度」に卽したあり方ではなく、「正規の；公的な」稅役科徵系統の末端單位としての十戶組織が、末端で十分に機能していない——その背景には、例えば、十戶組織の成員の窮乏化や逃散といった事情が想定できるだろう(9)——という歷史的な狀況があり、そのような中で科徵される諸種の稅・役にウイグル住民が自律的に對應していた、ということを反映するのではないだろうか。

（3）borunluq「連保；連帶保證組合」の淵源

上述してきたように、現代中國で刋行された新ウイグル語諸辭典では、borunを漢語の「保人」に由來するものと解釋している。しかし、このborunの語彙は、VWTDが編纂された19世紀末の時點で東テュルク語～新ウイグル語に存在していたことは確實である。その時點では、新ウイグル語に對する漢語の影響はそれほど顯著ではなかったと推測されるから、borunが漢語からの借用語である可能性は低い。

一方、本稿で檢討してきたように、わずか3件とはいえ、13～14世紀の古ウイグル語文書にborun・borunluqの在證例が確認され、またそれらは新ウイグル語のborunの語義と整合するものであった。そして、同時代のウイグル契には、borunとは別に漢語「保人」を直接に借用したpaošïnという形式が在證され、さらにこのpaošïnがモンゴル語にもbaosinとして借用されている［Cleaves 1955, 11, 16, 21, 25, 39；護 1961, 240–251；ClarkIntro, 164, 320–324；SUK 2, 161–162；吉田・チメドドルジ 2008, 41–42, 52, 54］。

從って、古ウイグル語のborunは漢語の「保人」に由來するものではなく、13～14世紀の時點で古ウイグル語に定着していた術語であって、東テュルク語～新ウイグル語のborunもこれに由來するものと結論できる。新ウイグル語borunの起源を漢語とするのは、おそらくは「保人」がピンインでbao-renとローマ字表記されることに基づく folk etymology であろう。

とはいえ、モンゴル時代以前＝西暦９～12世紀の西ウイグル時代に屬するウイグル語文書には borun・borunluq の在證例がなお確認されていないので、この語が固有のテュルク語なのか、それともテュルク語・漢語以外の言語からの借用語なのか、という問題に明解を與えることはできない。ただし、本稿で分析してきた諸種のウイグル語文書が屬するモンゴル時代（13～14世紀）に先行して、西ウイグル時代のトゥルファン社會でも、住民相互の連帶保證組織が構成されていたことは、ベルリン國立圖書館所藏のトゥルファン出土漢文文書 Ch 1028 からも確認される。この文書については、つとに西脇常記により錄文が提出されているので［VOHD 12,3, 82–83, Nr. 142］、以下に若干の補正を加えて提示する。

文書H：Ch 1028

［前　缺］

1 徑陌歿 第二保僐(?)意第三[保　　] / 不得斷絶第相傳

□

2 呂善慶 第二保摩句第三[保?　　] / 不得絶(ママ)斷(ママ)第[相傳?　　]

3 湯阿語骨咄祿[　　　]

4 賣苟奴 第二保摩歿第[三?保?　] / 不得斷絶　[第相?傳?　]

［後　缺］

第２行の「呂」の右側には、これを誤記（「冒」か）したものが抹消されている。各行とも個々の人名を大字で記し、また第１，２，４行は人名の後に小字雙行の割注を加えるという形式をとる。第３行の人名「湯阿語骨咄祿」の後續部分は破損缺落しているが、おそらく同じ形式の割注が記されていたであろう。西脇は、おそらく「第二保；第三保」という用語に基づいて、本文書を「相保名籍」すなわち「相互協力組合の保證人の名簿（Namensliste von Bürgen einer Kooperative auf Gegenseitigkeit）」と解釋する。また、第３行の人名「湯阿語骨咄祿」のうち、「骨咄祿」が頻出する古テュルク語・ウイグル語人名 Qutluγ の音寫と思われることから(10)、本文書を西ウイグル時代のものとみなしている［VOHD 12,3, 82–83］。妥當な解釋・年代比定であろう。

第１，２，４行に現存する割注の記載は、いずれも「第二保…第三保…不得斷絶、第相傳」という共通の項目を有している。記載中の「第二保；第三保」が何らかの連帶保證組織であることは推定されるものの、その實態や、さらに割注の文言の意圖する内容は具體的に理解できない。しかし、西ウイグル時代のトゥルファン地域において、住民が「保」つまり連帯保證組織を構成していたことは認められよう。

西ウイグル時代のトゥルファン地域に、それも漢文文書に住民相互の連帯保證組織を確認できるとすれば、それは、さらに先行する唐・西州時代の制度や民閒での慣行を引き繼いだ可能性がある。ここで注目すべきは、唐の律令體制のもとでは、5家・5戸によって「保（五保、伍保）」を組織してその構成員の相互監視にあたらせ、罪を犯した場合には連帯責任を負わせ、また各種の税役に對しても相互に保證して負擔させる（逃散者が出た場合、殘りの構成員がその分の税役を代納する）という隣保制度が行なわれたことである。ドイツ＝トゥルファン探檢隊將來の唐・廣德三年（765）交河縣連保請擧常平倉粟牒（計5件(11)）の研究からは、5家（5人）が1つの「保（五保）」を編成し、そのうち1家（1人）を「保頭（保の長）」として、常平倉から粟の貸與を受けていること、もしも「保」の構成員が逃亡・窮乏によって粟を返濟できない場合には、その他の構成員が代償責任を負ったことが知られる［仁井田 1937, 310–329；仁井田 1980b, 663–682；松本 1977, 434–437］。この粟の貸付は、恆常的な州倉からの貸付（出擧）ではなく、常平倉からの特別な貸付に屬するものであるから［大津 2006, 313］、この文書にみえる「五保」も恆常的に存在したわけではなく、あくまで臨時に編成された可能性もある。ただし、開元二十一年（733）前後に紀年されるトゥルファン出土漢文文書「唐西州天山縣申西州戶曹狀爲張無瑒請往北庭請兄祿事」（73TAM509:8/5（a））［『吐圖』 4，334］からは、兄の俸祿を官廳に請求する張無瑒の身分保證に際して、里正の張仁彥とともに「保頭」の高義感が書類（狀）を天山縣に提出している例が知られる。

すなわち、唐代のトゥルファン地域でも、律令制に基づく隣保制度のもとで行政組織としての「五保；連保」が導入され浸透していた可能性は高い。前掲の西ウイグル時代の文書Hにみえる「保」は、これを繼承したものと想定してもよかろう。文書Hのように「保」に言及する「名籍」が作成される背景には、その「保」が行政上の住民編成とされていたことを示唆するからである。

これに對して、ウイグル文書の borunluq「保證組合」は、本稿で檢討してきたように、確かに税役負擔の單位の一つとなっているように考えられるものの、十戶との所管關係が一定しない點からすれば、公的・行政的な十進法的住民編成（十戶＜百戶＜千戶）の枠外にあったものとみなされる［前項（2）參照］。この點では、唐代の「五保」が行政組織として位置づけられていたことと、明瞭に相違する。すなわち、13〜14世紀のトゥルファン＝ウイグル人の社會に遍在した borunluq が、究極的には唐代の「五保」や西ウイグル時代の「保」に淵源を有するとしても、それはあくまで住民閒の連帯保證・相互扶助組織としての機能面に限られたものと考えなければならない。このような限定をふまえたうえで、筆者は、borunluq には「連保」、borun-bägi には「保長」の譯語をあてることを提案するものである。

唐代の五保とモンゴル時代トゥルファン＝ウイグル社會の連保（borunluq）との行政上の機能の相違については、當然、時代の變化に伴ってさまざまな要因が考えられ、現時點で最終的な解答を與えることはできない。しかし、もしも唐の隣保制度としての五保がトゥルファン地域にも確立され、またそれが西ウイグル時代にも繼受され、若干の性格の變化を伴いつつもモンゴル支配時代のウイグル社會にまで遺存し得たと推測することは、各種の唐代の稅役關係術語が西ウイグル時代を經てモンゴル時代にまで透寫語として使用されていること［松井 1998a, 043–047］とも勘案すれば、決して不自然ではない。

トゥルファン地域の住民が、相互扶助・連帶保證組織を構成していたことは、おそらく、唐代・西ウイグル時代を通じて變わらなかった。ところが、モンゴル支配によって、戶口調査に基づく十進法的住民編成が導入された結果、行政支配・徵稅制度の上では十進法的組織＝十戶・百戶・千戶が公的な役割を果たすようになった一方で、連保（borunluq）は支配制度上の裏付けを失い、非公式の自律的な民間組織として遺存したのであろう。

おわりに

本稿での考察は、以下のようにまとめられる。

13～14世紀のモンゴル時代トゥルファン地域のウイグル人社會には、住民の相互扶助・連帶保證組織としての borunluq「連保（連帶保證組合）」が遍在した。これは 3～6 名程度で編成され、一定任期で交替する borun bägi「保長」のもと、あるいは共同で商業・經濟活動を營み、また十戶（onluq）と同様に構成員が連帶して稅役を負擔した。この borunluq「連保」は、同一の十戶の成員同士で組織されることもあれば、あるいは異なる十戶の成員で構成されることもあり、公的・行政的な住民編成組織としての十戶とは別に、あくまで住民の必要に應じて「民間で・私的に」組織された。

術語としての borun「保證人；擔保」は漢語に由來するものではあり得ないが、住民の相互扶助・連帶保證組織のあり方としては、唐代トゥルファン地域に導入された「五保；連保」制度に由來する可能性がある。ただし、行政的に編成されたものではないという點からすれば、ウイグル時代の borunluq「連保」を、唐の「五保」と同一視することはできない。このような行政系統上の位置づけの時代的相違の背景としては、モンゴル帝國の支配下で十進法的住民編成（十戶＜百戶＜千戶）が制度化されたことが一つの要因と考えられる。

以上、本稿では、ウイグル語 borun もしくは borunluq の在證例と語義の確定にとどまらず、これらの語が在證されない諸種のウイグル語世俗文書とその連保（borunluq）との關係にも考察を及ぼした。その點で、本稿での考察は、ウイグル語諸種文書を歴史學的な視點から分析するための方法論の提示をも兼ねている。それでも、現時點で分析に供することのできるウイグル語世俗文書は量的に限られており、また、なお試論・推論の域にとどまる點が多いことも重々自覺している。トゥルファン出土諸言語文獻を扱う研究者からの批正を乞うものである。

資 料 編

文書A　U 5311（T II D 360）[BBAW]

［文書内容］連保（borunluq）構成員が負擔した稅役關連の物件の支出簿。本稿第1章第（1）説の所論も參照。

［轉寫］USp 91 ; Raschmann 1995, 123–124, Nr. 27（lines 13–19, 22, 35–40）; 李經緯 1996a, 184-187.

［研究］Tixonov 1966, 98 ; ClarkIntro, 450, No. 125 ; Zieme 1976, 245 ; 梅村 1977b, 013–014 ; 楊富學 1990, 19.

［備考］9.2 x 40.5 cm、Beige clair～chamois α、上端・左端完、右端・下端缺、漉き縞（5 / cm）のある不均質な中質の紙。草書體で書かれ、またモンゴル語 öčüken の借用（＞ $_{3}$öčükän）からモンゴル時代に比定できる。

1	bošaču	ボシャチュが
2	bo(r)un bägi bolmïš	保長となった
3	-ta bermiš-im öč(ü)kän-	ときに私が與えたもの。オチュケン
4	-kä iki baḍman min b	に2斤の麵粉を與えた。
5	iki baḍman äḍ tügi	2斤の肉、米
6	iki baḍman bir boγuz	2斤、1頭の食用
7	at bir küri borsu [ ]	馬、1斗のまぐさ、…
8	tapïγ-čï oḍung [ ](.)	從者、薪……
9	ödüš ävintä bir	オデュシュの家（＝戸）の代わりに1人の
10	tapïγ-čï beš baγ	從者、5束の
11	oḍ bir tïngčan yaγ	草、1燈盞の油、
12	üč baγ oḍung ürüng	3束の薪を、ウリュン[グ]＝
13	tämir elči-kä [ ]	＝テミル使臣に……
14	yarïm böz b lük[čüng-]	半棉布を與えた。リュクチュング（柳中）
15	-lüg baxšï-qa yarïm böz	の師僧に半棉布を
16	b yana yarïm böz turpa[n]-	與えた。また半棉布をトゥルファン
17	-lïγ-qa b sïčγan-čï-nïng	の人に與えた。シチガンチの
18	yumšaq böz-kä bir böz	柔棉布として1棉布を
19	b sïčγan-čï ’W(..)[ ]	與えた。シチガンチ……
20	ulaγ-qa iki [ ]	驛傳馬として2……
21	qarï sarïγ-qa (.)[]	尺、サリグに……
22	böz b yaṣmïš	棉布を與えた。誤った？
23	käzig-tä üč baḍman	番役で3斤の
24	äḍ üč baḍman tügi	肉、3斤の米、
25	min b bir tapïγ-[čï]	麵粉を與えた。1（人の）從者、
26	bir tïngčan ya[γ b]	1燈盞の油［を與えた。］

27	udčï borun bägi	ウドチが保長に
28	bolmïš-ta bermišim	なったときに私が與えたもの。
29	käzig-tä iki baḍman	番役で２斤の
30	min b iki baḍman	麵粉を與えた。２斤の
31	äḍ b ïduq q(u)[t-	肉を與えた。イドゥククト
32	-qa bir tapïγ-čï [b]	に１（人の）從者［を與えた］。
33	yana šišir äv-in(tä)	またシシルの家（＝戶）の代わりに
34	bir (ba)ḍman äḍ b	１斤の肉を與えた。
35	yana yeti qarï böz	また７尺の棉布を
36	lükčüng-lüg-kä b	リュクチュング（柳中）の人に與えた。
37	čaqïr tayši äv [ ]	チャキル＝タイシ戶［の代わりに？］
38	bitgäči-lär (..)[ ]	書記たち…………
39	qoyn-qa bir [ ]	羊に１…………
40	böz (b) (....)[ ]	棉布を與えた。…………
41	[ ] kä(..)[ ]	…………………………………………
42	[ ](.)[ ]	…………………………………………
	[m i s s i n g]	［後　缺］

語註

A1, bošaču : Raschmann が注意するように、本處の字面は PW S'(.)W のようにみえる。しかしながら、第27行の人名 udčï と比較すると、本處も人名とみなすべきである。原文書を實見しても、PW と S'(.)W の間には字畫を讀み取れなかった。Radloff は bušačï と讀み、これを Malov は（bu）S'ČW と改めた。筆者の博士論文（未公刊）では bo[q]satu と轉寫したが［VOHD 13, 21, 213］、現在はむしろ Malov の舊案に基づきつつ bošaču という人名を想定したい。同じ表記の人名が、ロシア科學アカデミー・サンクトペテルブルク東方文獻研究所所藏（未發表）の帳簿様文書 SI Kr IV 700（line 9）にも在證されるからである。語感からは漢語に由來するものと推測されるが、その原語については成案がない。

A2, bo(r)un : これを「保頭」と譯す點については本稿の行論を參照。本處の borun は從來 buyruq と誤讀され、突厥帝國・漢北ウイグル帝國以來の傳統的テュルク稱號と位置づけられてきたが［e.g., Gabain 1973, 55–56 ; ClarkIntro, 450, No. 125 ; 梅村 1977b, 013–014 ; 李經緯 1996a, 184］、字形は明らかに PWRWN＝borun である。

A3, öč(ü)kän : Radloff の轉寫 öngü を訂正し、モンゴル語 öčüken "small"［Lessing, 629］から借用された人名とみなすべきである。

A4, baḍman : 頻出する重量單位。13～14世紀には漢語の「斤」に對應し、おおよそ640グラムに相當した［松井 2002, 111–112］。

A4–5 : 本處では、麵粉（min）２斤・肉（äḍ～ät）２斤・米（tügi）２斤を支出したと記錄される。ところで、モンゴル帝國時代の驛傳制度においては、驛傳を利用する公權力者への糧食支給は、每日１人あたり肉１斤・麵粉１斤・米１升・酒１升（＝瓶）と規定されていた［松井 2004a, 167–168］。從って、本處に記載される同一の量の麵粉・肉・米の支出は、モンゴル時代の驛傳制度における糧食支給に關係する物件徵發に對應したものと考えられ、その支出先のオチュケン（Öčükän）というモンゴル人名をもつ人物［語註 A3 參照］も、モンゴル支配層から派遣され驛傳を利用していた使臣と想定してよいだろう。また、第23–25行および第29–31行の記載も、驛傳制度における糧食支給に關する支出と考えられる。語註 A23–25, A29–31參照。

A5, tügi : “crushed or cleaned cereal ; husked millet” ［ED, 478］。すなわち脱穀された穀物をさす漢語としての「米」に對應する。明代の『高昌館譯語』や『畏兀兒館譯語』でも、漢語の「米」はウイグル語で Uig. tögi～tügi（> 土儿）～*čügi（> 取吉）と對譯される［Ligeti 1966, 270–271, 307 ; 庄垣内 1984, 140］。

A6–7, boγuz at : この「食用馬」という術語はチャガタイ＝ウルス時代のウイグル文供出命令文書 U 5285 にも在證される［松井 2002, 107–108］。USp は boγuz の後に -lïγ を補うが、文書の殘存狀態からはその餘地はないように思われる。

A7a, borsu :「エンドウ豆、もしくはその他のマメ科の植物（gorox i drugie rastenija iz semejstva bobovyx）；炒り豆（podžarennyj gorox）；カラスノエンドウ, ヤハズエンドウ（vika）；ヒラマメ（čečevica）」［ESTJ II, 275］。ベルリン所藏の帳簿樣文書 Ch/U 6156v にも「２斤のエンドウ豆（₃iki baḍman borsu）」という表現が在證される。

A7b : Radloff はこの行末に bir「１、一」を補うが、現時點では確認できない。

A9, ödüš ävintä : 人名 ödüš は SUK Mi03 さらには BT XXVI, Nrn. 134, 137, 152 にも在證される。Radloff はこれを öktüš と讀み、前行末の oḍung～otung とあわせて「薪割り（Holzspalten）」とみなした（李經緯 1996a, 186 もこれに從う）が、訂正すべき。

後續の ävintä は、äv「家、戶」に三人稱の位奪格語尾 -intä がついたもの。これを「～戶の代わりに」と譯す點については、後揭の語註 A33 を參照せよ。本處における ävintä = ’VYNT’ の字畫は、語中の -V- 字のフックがやや强調され、-W- 字のように書かれている。

A11, tïngčan : 漢語の「燈盞」の借用語［USp, 154–155 ; ED, 516］。特に yaγ「油」の計量單位として頻出する（e.g., Ch/U 621319-20, Ch/U 62562, Ch/U 68516, or Ch/U 81367,9,11）。

A12, ürüng : あるいはモンゴル語人名 örüg とみなすことも可能である。いずれにせよ、この語末の -K はやや水平方向に左へ流れるように記されているので、本文書の下端缺落部はそれほど大きくないことがわかる。

A17, sïčγan-čï : sïčγan「鼠」［ED, 796］に職掌を表す接尾辭 +čï が接續した「鼠匠」の意。あるいはタルバガン獵師をさすものか。『大明一統志』卷89（葉21a）には火州すなわち高昌の「土產」として「砂鼠【大如鼴鷟。禽捕食之】」が擧げられ、食用にされていたことが知られる。本處では人名であろう。

A19, ’W(..) : Radloff は相當に補って öz-［ingä］と讀むが、三人稱の與格語尾 -ingä = YNK’ の部分は全く確認できない。

A21, qarï sarïγ : Radloff は qay saqïq と呼んで人名とみなしたが、訂正すべき。前者は漢語「尺」に相當する長尺單位で、後者の sarïγ「黃色」は人名として頻出する。

A22, yaṣmïš : この語句の意味するところは判然としない。さしあたり、v. yaz-「誤る」［ED, 983–984］の完了形とみなし、後續の第23–26行の記載が本來それ以前に記されるべきところを「誤った」ために追補されたことを示すものと考えておく。

A23, käzig-tä :「順番」の原義から「番役；輪番制の徭役、その當番」を意味する［松井 1998a ; 松井 2006 ; Matsui 2008 ; 後揭語註 Cv5 參照］。Radloff は本處の käzig-tä を「順番に（In der ausgefallenen Reihenfolge）」と譯したが、この帳簿で問題とされるべきは物件供出の具體的な目的であっただろうから、從えない。ここでは後續の肉と米（さらには從者と油も？）の供出により番役負擔を代納したことを示しているのであろう。支出簿樣文書における「番役で（käzig-tä）」の用例については後揭の文書C（r6, r11）および語註 Cv5 も參照。また、番役と驛傳制度の關係については、次註も參照。

A23–25 : 本處の記載は「３斤の肉、３斤の米、（３斤の）麵粉」を支出したと理解でき、おそらく驛傳制度における糧食支給に關する徵發に應じたものと考えられる［語註 A4–5 參照］。

その一方で、この支出の目的が「番役で（käzig-tä）」と記されていることは、驛傳の糧食支給のための臨時徴發が、正規の傜役としての番役に換算されたことを示しているのであろう。文書後半の第29–31行の記載も同様であろう。

A26–27 : この２行の開には相當の空白がある。本帳簿文書の記錄內容が、ここで大きく二分されるべきことを示している［cf. VOHD 13,21 #212］。

A29–31 :「番役（käzig）で」の「２斤の麵粉、２斤の肉」の供出は、やはり驛傳の糧食支給のための臨時徴發であり、また正規の傜役としての番役に換算されたことを示すものであろう。語註 A4–5, A23–25 參照。

A31, ïduq qut : Radloff が ägḍäčin qu とするのは誤讀。「聖なる天龍」の原義から、西遷後の西ウイグル國王の稱號として用いられたことは周知の通り。

A33, šišir äv-intä : šišir は「水晶」を意味するが［ED, 868］、ここでは人名。本處は從來「シシルの家で」と譯されている［USp, 154 ; 李經緯 1996a, 187］。しかし、本稿第１章で述べるように、本文書は連保（borun-luq）の構成員が公的な稅・役負擔に關連して支出した物件の記錄である。このような本文書の性格・機能を考慮すると、本處に限って物件を支出した際の「場所」をあえて明示する必然性はない。筆者は、本處の文言の歷史的背景として、シシル戶が稅役負擔を完濟できなかったため、同一の連保（borun-luq）に屬する文書Aの記錄者が彼らの負擔を連帶保證したという狀況を推定し、この äv-intä という表現を「～戶の代わりに」と解釋することを提案したい。第９行の ödüš ävintä も同樣に「オデュシュ戶の代わりに」と解釋すべきであろう。

文書B＝*U 9187（T II 035）＝Arat 1964, VIII［120/035］

［概要］第二次ドイツ＝トゥルファン探檢隊によって將來されたもので、校訂テキストとしては Arat 1964, VIII、およびこれを踏襲する李經緯 1996b, 275–276 がある。原文書は第二次大戰中に所在不明となっている［VOHD 13,22 #413］。ただし、Arat がベルリン留學中に撮影した寫眞が殘されており、筆者はこれを參照して Arat の校訂を改善することができた(12)。

1 biz quḍluγ qay-a tämir turmïš qalïmdu el
2 tämür masï baγalča bašlap borunluq sö(z)-
3 ümüz kimqo-qa bo tämir qy-a-qa ton {sa}
4 saḍïγï iki yarïm böz-ni bergil
5 osal bolmaṣun bo nišan biz-ning'ol

1 私たちクトルグ＝カヤ、テミュル＝トゥルミシュ、カリムドゥ、エル＝
2 ＝テミュル、マシ、バガルチャをはじめとする私たち連保の
3 ことば。キムコへ。このテミル＝カヤに、衣服の
4 代價として、２つの半棉布を支拂え。
5 遲怠ないように。このニシャン印は私たちのものである。

語註

B2, borunluq : 字形は明らかに borunluq = PWRWNLWX であり、末字の -X には二點が加えられている。これを Arat は boruluqa と讀み、Borulu という人物が本文書の受取人と考えたが、訂正すべきである(13)。次註も參照。

B3, kimqo-qa : Arat は yemü sän と轉寫しつつも、後者の「君（sen)」だけを譯出している。

おそらくは、yemü を助辭 yamu［ED, 934］の異形とし、直前の sözümüz「私達のことば」に結びつけたのであろう。しかし、これらを kimqo-qa「キムコへ」と改訂することに問題はない。人名 kimqo は漢語の佛教用語「金剛」から借用された人名である［cf. 松井 2004b, 6］。あるいは別案として YYMXW＝yimqo（＜ Chin. 嚴光？）を提案できるかもしれない。

B4, iki yarïm böz：古代の中國・中央アジア諸地域で通貨として流通していた棉布は、基本的規格である 1 匹の長さを有する場合、反物の兩端から中央に向かって卷かれ、その結果 2 本の束狀の形態をとった。このような 1 匹の規格の棉布を、ウイグル語ではその形狀に卽して iki baγlïγ böz「2 束の棉布；兩端（卷きの）棉布」と呼んだ。そして、ウイグル語の社會經濟文書に頻見する yarïm böz「半棉布；0.5棉布」とは、この「2 束の棉布」＝棉布 1 匹を半分に切斷したもので、なお漢語の規格である端（＝0.5匹）に相當していたと考えられる［田先 2006, 013–014 ; cf. Raschmann 1995, 46–47］。從って、本處の iki yarïm böz も、「2.5棉布」ではなく「2 つの半棉布」と理解すべきであろう。後揭語註 Cr5 も參照。

文書C＝U 5960［BBAW］

［概要］文書の表裏兩面に草書體のウイグル文が記される。片面のウイグル文12行は支出簿、反對面の 8 行は領收證（yanut bitig）である。支出簿は首尾が缺けており、さらに上部・中部・下部に 3 本の墨線が水平方向に記されているので、この支出簿が本來のオモテ面（recto）であり、これに墨線を引いて反故とした後、そのウラ面（verso）を領收證として再利用したものと考えられる(14)。これまでオモテ面のテキストは Raschmann 1995, 133 および VOHD 13,21 #155 に部分的に提示されるのみ。ウラ面については、すでに拙稿［松井 2005a, 31–34］において校訂・和譯を提示している。

recto

r1 (....)[ ](.....) (....)[ ]
r2 (...)[ ](..) (b)öz (......) yarïm böz säv[i](nč)
r3 yarïm (bö)[z] yo(l) (bu)[q]-a yarïm böz (t)[o]rčï
r4 y[a]rïm böz darm-a yarïm böz töläk
r5 yarïm (bö)z bilä (ygrmi) ya(rïm böz)
r6 käzig-tä s[n]gadaẓ-qa bir som-a yol
r7 buq-a b bir tapïγčï sug krgiz
r8 bir tapïγčï torčï täsi b bor-qa
r9 yarïm böz taypo b nägbäy iči
r10 -ning yarïm böz b tört yngïq-a
r11 käzig-tä saq äḍ-kä yarïm böz bk
r12 tämür b. iki qar[ï] böz-(k)ä(....)

r1 ……………………………………………
r2 ……棉布……半棉布。セヴィンチが
r3 半棉布。ヨル＝ブカが半棉布。トルチが
r4 半棉布。ダルマが半棉布。トレクが
r5 半棉布。合計20の半棉布。
r6 番役で、サンガダスへの酒をヨル＝
r7 ブカが與えた。1 人の從者をスグ＝ケルギスが、

r8　１人の從者をトルチ弟子が與えた。ブドウ酒の
r9　半棉布をタイポが與えた。ネグベイ兄
r10　の半棉布を與えた。初（旬の）四日に、
r11　番役で、脚の肉として半棉布をベク＝
r12　テミュルが與えた。２尺の棉布に…

verso

v1	yunt yïl yetinč ay bir yangïq-a	馬年第七月初（旬の）一日に。
v2	biz öḍämiš yol buq-a torčï t(ä)[si]	私達、オテミシュ、ヨル＝ブカ、トルチ弟子、
v3	sug krgiz bašlap borun-luq bo	スグ＝ケルギスをはじめとする連保は、この
v4	yöläk-ning yetinč ay-qï	ヨレクの第七月分の
v5	käṣig böṣi biz-kä t(ü)käl tä(gip)	番役棉布が私達にすべて屆いたので、
v6	tuḍup turγu yanuḍ bitig	保持し續けるべき領收證を
v7	berdimiz bo nišan biṣing ol	與えた。このニシャン印は私達のものである。
v8	mä(n t)orčï (a)yïḍ(ïp bitdi)m	私トルチが口述させて書いた。

語註

Cr1 : Raschmann 1995 ではこの行が數えられていないので、本稿とは行數がずれる。

Cr5 : ygrmi yarïm böz「20の半棉布」の部分は著しく摩滅しているが、殘畫からは十分に推補できる。「半棉布（yarïm böz）」すなわち「１端規格の棉布」の解釋については前掲語註 B4 を參照。さらに、本處で「20の半棉布」が支出の合計とされる歷史的な背景については、本稿第２節（２）項を參照。

Cr6a, käzig-tä :「番役で」。第11行にもこの表現がみえる。語註A23も參照。

Cr6b, s[n]gadaẓ : ～sangadaẓ ＜ Skt.ṃ saṃghadāsa「僧伽の奴」[Zieme 1994, 124]。ここでは物件を支出する側ではなく、むしろ物件支出によって便宜を供與される公權力者の人名であろう。

Cr6c, som-a :「麥のビール；ワイン」を意味する［Zieme 1997, 441–442］。

Cr7, sug krgiz : ウラ面v3行にも現われる人名。舊稿［松井 2005a, 33］では、人名要素のkrgiz～k(ä)rgiz について、後世のテュルク語諸方言で猛禽類の一種をさす kerges と結びつけて解釋した。ここでは、この舊案に替えて、キリスト教徒人名 kövärgiz（～P. kūrkūz ＜ Syr. Gīwargīs）［松井 2002, 116–117］の異形とみなすことを提案する。これに伴い、先行する人名要素 sug も、キリスト教聖職者の稱號である sugvar～suvar “monk（＜ Sogd. swγβ'r～swqb'r)”［Gharīb, 364–365, Nos. 9032, 9054］の省略形と考えたい。これは Zieme 2015, 186の提案に從うものである。稱號 suvar は、ベルリン所藏のウイグル語書簡 U 5293 にも、ärkägün yarγun yošumuḍ yavisip bašlap suvar bägi-lär-kä「キリスト教信徒を治めるヨシュムト・ヤヴィシプらのキリスト教僧侶（suvar）のベグたちへ」として言及される[15]。

Cr8, torčï täsi : この人名は、オモテ面第１行にみえるトルチと同一人物であろう［語註 Cv 8 參照］。本書の täsi は、おそらく tisi（tesi）～titsi～titsï（＜ Chin.弟子）の誤記もしくは異形と思われる［cf. TT VIII, 99 ; ATG, 371］。

Cr9, nägbäy iči : 頻出するモンゴル人名 negübei（＞ Chin. 聶古伯～Pers. nīkpāy）の借用であろう。後續の iči「兄」も、あるいは ägči～ägäči と讀み、モンゴル語 egeči「姉」の借用とみなすべきかもしれない。いずれにせよ、この人物は、屬格語尾 -ning を伴うので、次行の半棉布（１端規格の棉布）を直接に支出した者ではないことになる。第６行のサンガダスと同様、

これらの物件を受け取る側の人物であったと考えておく。

Cr11, saq äd : 本處の saq は、ベルリン所藏の供出命令文書 U 5284 の例と同じく、ペルシア語 sāq「脚」からの借用と考えるべきであろう［松井 2002, 108–109］。モンゴル語の köl「脚」や漢語の「脚子」の用例も參照できる［松井 2004a, 154］。

Cv4–5, yetinč ay-qï käṣig böṣi :「第七月分の番役棉布」。この käṣig böṣi～käzig bözi という表現は、唐代の漢文文書で、番役代納のために支拂った棉布をさす「番課緤布」という表現の透寫語（calque）とみることができる。ベルリン所藏の支出簿樣ウイグル語文書 Ch/U 7373v にも、［…］(.) ygrmikä käzig-tä ingadu baxšï-qa bir yarïm böz「十□日に、番役で、インガドゥ師に 1 つの半棉布（を與えた）」という記載があり、番役負擔を通貨としての棉布で代納した例が確認される。また、これに先行する「第七月分の（yetinč ay-qï）」という表現は、ウイグル社會における輪番制の徭役としての番役（käzig）が月單位で賦課されたことを示唆する［以上、松井 2005a, 33–34］。これは唐代漢文文書においても番課緤布が月單位の番役負擔の代納とされていたこと［周藤 1965, 557］とも整合する。

Cv6, yanuḍ bitig :「領收證」。同じく yanuḍ bitig という術語はウイグル契 SUK Mi18 に、また異形の yanḍut bitig が SUK Mi23 に在證される。これらは SUK 編者によりそれぞれ「再發行證文」「返還證文」などと解釋されてきたが、本文書の用例から「領收證」と理解すべきことは、拙稿で論證した［松井 2005a, 25–36］。また、この yanuḍ「領收證」の語はそのままモンゴル語にも yanud として借用された［Matsui 2016］。

Cv8, torčï : 本文書のような「領收證」の發行に、專門の書記が立ち會ったとは考えにくい。おそらく、本文書の書記トルチは、發行者としての連保の一員であるトルチ弟子（v2）と同一人物であろう。これは、オモテ面支出簿の第 3 、 8 行にみえる「トルチ／トルチ弟子」を同一とみなすこととも背馳しない。

略號・文獻目錄

Arat, Reşid Rahmeti. 1964 : Eski Türk hukuk vesikaları. *Türk Kültürü Araştırmaları* 1, 5–53.

ATG = Annemarie von Gabain, *Alttürkische Grammatik* (3. ed.). Wiesbaden, 1974.

BBAW = Berlin-Brandenburgische Akademie der Wissenschaften, Turfanforschung.

BT XXVI = Yukiyo Kasai, *Die Uigurischen Buddhistischen Kolophone*. Turnhout (Belgium), 2008.

ClarkIntro = Larry Vernon Clark, *Introduction to the Uyghur Civil Documents of East Turkestan* (*13th–14th cc.*). Ph.D. dissertation submitted to Indiana University. Bloomington, 1975.

Cleaves, Francis Woodman. 1955 : An Early Mongolian Loan Contract from Qara Qoto. *Harvard Journal of Asiatic Studies* 18, 1–49, +4 pls.

ED = Gerard Clauson, *An Etymological Dictionary of Pre-Thirteenth Century Turkish*. Oxford, 1972.

ESTJ = Ervand Vladimirovic Sevortjan, *Etimologicheskij slovar' tjurkskix jazykov*, 4 vols. 1974–1989.

Gabain, Annemarie von. 1973 : *Das Leben im uigurischen Königreich von Qočo* (*850–1250*). Wiesbaden.

Gharīb, Badresaman. 2004 : *Sogdian Dictionary*. Tehran.

Jarring, Gunnar. 1964 : *An Eastern Turki-English Dialect Dictionary*. Lund.

Kara, György. 1991 : Mittelchinesisch im Spätuigurischen. In : H. Klengel / W. Sundermann (eds.), *Ägypten, Vorderasien, Turfan*, Berlin, 129–133.

Lessing = Ferdinand D. Lessing, *Mongolian-English Dictionary*. Berkeley / Los Angeles, 1960.

Ligeti, Louis. 1966 : Un vocabulaire sino-ouigour des Ming: le Kao-tch'ang-kouan yi-chou du Bureau des Traducteurs. *Acta Orientalia Academiae Scientiarum Hungaricae* 19-2, 117-199.

李經緯 1996a：『吐魯番回鶻文社會經濟文書研究』新疆人民出版社。

李經緯 1996b：『回鶻文社會經濟文書研究』新疆大學出版社。

松井太 1998a：「モンゴル時代ウイグリスタン税役制度とその淵源」『東洋學報』79-4, 026-055.

松井太 1998b：「ウイグル文クトルグ印文書」『內陸アジア言語の研究』13, 1-62, ＋15 pls.

松井太 2002：「モンゴル時代ウイグリスタンの税役制度と徵税システム」松田孝一（編）『碑刻等史料の總合的分析によるモンゴル帝國・元朝の政治・經濟システムの基礎的研究』JSPS科研費報告書（12410096)、87-127.

松井太 2003：「ヤリン文書：14世紀初頭のウイグル文供出命令文書６件」『人文社會論叢』人文科學篇10, 51-72.

松井太 2004a：「モンゴル時代の度量衡」『東方學』107, 166-153.

松井太 2004b：「モンゴル時代のウイグル農民と佛教教團」『東洋史研究』63-1, 1-32.

松井太 2005a：「ウイグル文契約文書研究補說四題」『內陸アジア言語の研究』20, 27-64.

Matsui Dai. 2005b : Taxation Systems as Seen in the Uigur and Mongol Documents from Turfan: An Overview. *Transactions of the International Conference of Eastern Studies* 50, 67-82.

松井太 2006：「回鶻語 käzig 與高昌回鶻王國税役制度的淵源」『吐魯番學研究：第二屆吐魯番學國際學術研討會論文集』上海古籍出版社, 196-202.

Matsui Dai. 2008 : Uigur *käzig* and the Origin of Taxtion System in the Uigur Kingdom of Qočo. *Türk Dilleri Araştırmaları* 18, 229-242.

Matsui Dai. 2009 : Bezeklik Uigur Administrative Orders Revisited. 張定京 / Abdurishid Yakup（編）『突厥語文學研究：耿世民教授八十華誕紀念文集』中央民族大學出版社、339-350.

Matsui Dai. 2010a : Taxation Systems and the Old Uigur Society of Turfan in the 13th-14th Centuries. Presentation at Collegium Turfanicum 50（June 23, 2010, Berlin-Brandenburgische Akademie der Wissenschaften）

松井太 2010b：「西ウイグル時代のウイグル文供出命令文書をめぐって」『人文社會論叢』人文科學篇24, 25-53.

Matsui Dai. 2014: Dating of the Old Uigur Administrative Orders from Turfan. In: M. Özkan / E. Doğan（eds.）, *VIII Milletlerarası Türkoloji Kongresi（30 Eylül-04 Ekim 2013-İstanbul）Bildiri Kitabı*, Vol. IV, İstanbul, 611-633.

松井太　2015：「古ウイグル語行政命令文書「みえない」ヤルリグ」『人文社會論叢』人文科學篇33，55-81.

Matsui Dai. 2016 : Uigur-Turkic Influence as Seen in the Qara-Qota Mongolian Documents. In: N. N. Tenishev / J. N. Shen（eds.）, *Actual Problems of Turkic Studies: Dedicated to the 180th Anniversary of the Department of Turkic Philology at the St. Petersburg State University*, St. Petersburg, 559-564.

Matsui Dai.（forthcoming）: *Onï* “Decury” in the Old Uigur Documents. *Türk Dilleri Araştırmaları* 24-1, in press.

松本善海 1977：『中國村落制度の史的研究』岩波書店。

Mori Masao 1961 : A Study on Uygur Documents of Loans for Consumption. *Memoirs of the Research Department of the Toyo Bunko* 20, 111-148.

森安孝夫 1994：「ウイグル文書劄記（その四）」『內陸アジア言語の研究』9, 63-93.

Moriyasu Takao 2002 : On the Uighur Buddhist Society at Čiqtim in Turfan during the Mongol

Period. In : M. Ölmez / S.-Chr. Raschmann（eds.）, *Splitter aus der Gegend von Turfan : Festschrift für Peter Zieme anläßlich seines 60. Geburtstags*, İstanbul / Berlin, 153–177.
森安孝夫 2010：「日本に現存するマニ教繪畫の發見とその歷史的背景」『內陸アジア史研究』25, 1–29.
仁井田陞 1937：『唐宋法律文書の研究』東方文化學院東京研究所。
仁井田陞 1980a：『中國法制史研究：土地法・取引法（補訂版）』東京大學出版會。
仁井田陞 1980b：『中國法制史研究：奴隷農奴法・家族村落法（補訂版）』東京大學出版會。
小口雅史 2008：『在ベルリン・トルファン文書の比較史的分析による古代アジア律令制の研究』科研費報告書（No. 17320096）。
大津透 2006：『日唐律令制の財政構造』岩波書店。
OTWF＝Marcel Erdal, *Old Turkic Word Formation*, 2 vols. Wiesbaden, 1991.
Raschmann, Simone-Christiane. 1995 : *Baumwolle im türkischen Zentralasien*. Wiesbaden.
Raschmann, Simone-Christiane. 2009 : Traces of Christian Communities in the Old Turkish Documents. 張定京 / Abdurishid Yakup（編）『突厥語文學研究：耿世民教授八十華誕紀念文集』中央民族大學出版社、408–425.
庄垣内正弘 1984：「『畏兀兒館譯語』の研究」『內陸アジア言語の研究』1 ［1983］, 51–172.
周藤吉之 1965：『唐宋社會經濟史研究』東京大學出版會。
SUK＝山田信夫『ウイグル文契約文書集成（*Sammlung uigurischer Kontrakte*）』全 3 卷、大阪大學出版會、1993.
田先千春 2006：「古代ウイグル語文獻に見える baγ について」『東洋學報』88-3, 01–026.
Tixonov, Dmitrij Ivanovič. 1966 : *Xozjajstvo i obščestvennyj stroj ujgurskogo gosudarstva X-XIV vv.* Moskva / Leningrad.
TT VIII＝Annemarie von Gabain, *Türkische Turfan-Texte VIII. Texte in Brāhmīschrift*. Berlin, 1954.
TTD III＝Yamamoto Tatsuro 山本達郎 / Ikeda On 池田溫（eds.）, *Tun-huang and Turfan Documents Concerning Social and Economic History* III : Contracts, 2 vols. Tokyo, 1986–1987.
『吐圖』＝中國文物研究所等（編）『吐魯番出土文書』（圖文對照本）全 4 卷。文物出版社、1992–1996.
梅村坦 1977a：「違約罰納官文言のあるウイグル文書」『東洋學報』58-3/4, 01–040.
梅村坦 1977b：「13世紀ウィグリスタンの公權力」『東洋學報』59-1/2, 01–031.
梅村坦 1987：「イナンチ一族とトゥルファン-ウイグル人の社會」『東洋史研究』45-4, 90–120.
USp＝Wilhelm Radloff, *Uigurische Sprachdenkmäler*. Ed. by S. E. Malov. Leningrad, 1928.
UTIL＝*Uyġur tilining izahliq luġiti*, 6 vols. Beijing, 1990–1998.
VOHD 12,3＝西脇常記 Nishiwaki Tsuneki, *Chinesische und manjurische Handschriften und seltene Drucke*, Teil 3 : *Chinesische Texte vermischten Inhalts aus der Berliner Turfansammlung*. Tr. by Christian Wittern, ed. by Simone-Christiane Raschmann, Stuttgart, 2001.
VOHD 13,21＝Simone-Christiane Raschmann, *Alttürkische Handschriften* 13, *Dokumente*, Teil 1. Stuttgart, 2007.
VOHD 13,22＝Simone-Christiane Raschmann, *Alttürkische Handschriften* 13, *Dokumente*, Teil 2. Stuttgart, 2009.
VWTD＝Wilhelm Radloff, *Versuch eines Wörterbuches der Türk-Dialekte*, 4 vols. St. Petersburg, 1893–1905.
WHCD＝『維漢詞典（*Uyƣurqə-Hənzuqə luƣət*）』新疆人民出版社、1982.

山田信夫 1968：「イスタンブル大學圖書館所藏東トルキスタン出土文書類」『西南アジア研究』20, 11–32.

山田信夫 1978：「カイイムトゥ文書のこと」『東洋史研究』34-4, 32–57.

楊富學 1990：「海外見刊回鶻文社會經濟文獻總目」『中國敦煌吐魯番學會研究通訊』1990-1, 9–23.

吉田順一・チメドドルジ（編）2008：『ハラホト出土モンゴル文書の研究』雄山閣.

Zieme, Peter. 1976 : Zum Handel im uigurischen Reich von Qočo. *Altorientalische Forschungen* 4, 235–249.

Zieme, Peter. 1994 : *Samboqdu* et alii. Einige alttürkische Personennamen im Wandel der Zeiten. *Journal of Turkology* 2-1, 119–133.

Zieme, Peter. 1997 : Alkoholische Getränke bei den alten Türken. In : Á. Berta (ed.), *Historical and Linguistic Interaction between Inner-Asia and Europe*, Szeged, 435–445.

Zieme, Peter. 2015 : *Altuigurische Texte der Kirche des Ostens aus Zentralasien.* Piscataway.

注

(1) 本稿における古ウイグル語のテキスト轉寫は SUK の方式におおむね準據する。

(2) これらの文書の時代判定については、資料編の解説を參照。

(3) 舊稿でこの點を指摘した際の論據は、ウイグル文供出命令文書の供出物件と、帳簿樣文書に記錄される十戸長へ支出された物件の類似・一致であった［松井 2002, 103–105］。ここでは、さらにこの點を補强する論據として、ウイグル文供出命令文書に頻出し、これまで人名に後續して「戶」と解釋されてきた üy～üy の語［山田 1968；松井 1998b；松井 2002］が、正しくは 'WNY＝onï と轉寫して on「10、十」に所有語尾 +ï が後續したものとみなすべきであり、先行の人名とあわせて「十戶」と解釋されるべきことを附記しておきたい。これは、ウイグル語でも yüz「100、百」が單獨で「百戶」を意味する用例［松井 1998a, 035；松井 2002, 97, 103–104；松井 2015, 63–64］や、さらにはモンゴル語の arban「10、十」・ǰaγun「100、百」もそれぞれ「十戶」「百戶」を意味することとからも說得的に類推される。すなわち、この訂正により、多くのウイグル文供出命令文書が正しく十戶（onï）を徵發の單位として發行されたものであることが確證される［Matsui 2010a；松井 2015；Matsui (forthcoming)］。

(4) E.g., 松井 1998a, 文書VII；松井 1998b, Texts 2, 13；松井 2002, Texts A, B；Raschmann 1995, Nr. 85；Matsui 2009, Text III。なお、未公刊のウイグル文供出命令文書にも、文書Aに記錄されるものと同じ物件の供出を命じるものが存在する。筆者が現時點までに確認できた限り、各國の中央アジア探檢隊により發掘將來されたウイグル文供出命令文書は合計99件にのぼり、筆者はその包括的な校訂テキスト集成を準備中である［cf. Matsui 2013］。

(5) 筆者はかねてより、ウイグル文供出命令文書において個人名に先行して頻出する alḍïn～altïn「下、下方の」を「下等の」と飜譯し、唐代以來の戶等制と關連させて理解してきた［cf. 松井 1998b, 41–42；松井 2002, 108］。しかし現在では、これを修正して、alḍïn～altïn は「下」の原義から轉じて「南」を意味するものであり、具體的には高昌城の南門付近に居住していたことを示すものと考えている。この點は別稿にて詳論する豫定である。

(6) モシ（Moši）は Syr. Mōšē "Moses" に、ベキュズ（Büküz）は Syr. Bakkōs "Baccus" に由來するキリスト教徒人名である。

(7) 既公刊文書からかりに例示すれば、U 5665r＝松井 1998a, 文書VIII（供出負擔者 4 人）；U 5283＝松井 2003, Text A（同 3 人）；Ch/U 7370＝松井 2003, Text B（同 3 人）；Ch/U 6954＝

松井 2003, Text C（同 2 + α 人）; Ch/U 6910＝松井 2003, Text D（同 2 + α 人）; Ch/U 7213＝松井 2003, Text E（同 1 + α 人）; MIK III 6972（b＋c）＝松井 2003, Text F（同 2 + α 人）。最初のもの以外は、いずれも1320年前後に發行された「ヤリン文書」に屬する。

(8) なお、部分的には修正案が提示されている［ClarkIntro, 148; 梅村 1987, 109; 松井 2002, 104］。

(9) このような狀況に關連するものとして、モンゴル時代の地主の經濟的成長と農民の零落・小作農化という對照的な經濟環境を剔出した山田信夫の指摘［山田 1978］や、モンゴル帝國によって導入された過重な差發（Uig. qalan）で窮乏化し、逃散するに至ったウイグル住民の存在［SUK Mi19; 松井 2004b, 23–24］が示唆的ではある。ただし、モンゴル時代のトゥルファン地域のウイグル人住民全般について、その經濟狀況の變動を通時的に明らかにすることは、資料的にも極めて困難である。

(10) 骨咄祿＜Qutluγ に先行する「湯阿語」のうち、「湯阿」はやはり頻出するウイグル語人名 Tonga の漢字音寫とみなすこともできる。ただし、殘る「語」については明解がない。吉田豐氏（京都大學）からは、「湯阿語」を漢語人名とみなす可能性もあるとのご教示を得た。これに從うとすれば、湯阿語が「ウイグル語名」として Qutluγ ＞骨咄祿を稱していたのかもしれない。

(11) TTD III, 34–35。現在この 5 件は、ベルリン國立圖書館に Ch 5606, Ch 5611a, Ch 5611b, Ch 5616 として保管されている［小口 2008, 408, 410–412］。

(12) Arat 舊藏寫眞資料の調査と研究發表に際しては、Osman Fikri Sertkaya 教授より多大のご支援を頂戴した。ここに特記して深謝する。

(13) Arat 1964論文については、遺稿集 *Makaleler*（ed. by O. F. Sertkaya, Ankara, 1987）にも採錄された *Journal de la Société Finno-Ougrienne* 65（1964）所收版が汎用されている。そこでは本處の boruluqa が buryčulu と轉寫されるが、現代トルコ語譯ではやはり "Borulu'ya" となっており、人名 Borulu に與格 -qa が後續するというのが Arat 自身の最終解釋であったらしい。

(14) 舊稿［松井 2005a］でも、本文に記したような分析をふまえて、ウラ面を verso と判定しておいた。Raschmann によるベルリン所藏古ウイグル語世俗文書の目錄は、拙稿に言及しつつも、recto / verso の判定を反轉させている［VOHD 13,21, 170–171］。これは、Arat が本文書兩面のテキストに與えた整理番號（225a/77; 225b/77）に依據する判定であるが、オモテ面の支出簿の抹消線に注意しておらず、從えない。

(15) 從って、Raschmann 2009 に列擧されたキリスト教關係のウイグル語文書に、この U 5293 文書をも追加する必要がある。モンゴル時代の Uig. ärkägün～Mong. erke'ün が「キリスト教の俗信徒」を意味したことは、森安 2010, 12–16を參照。U 5293 文書の yarγun は、v. yar-「切り分ける；決裁する、治める」に接尾辭 -γun が接續したものとみなす［cf. OTWF, 327–329］。キリスト教徒人名 yošumuḍ は Sogd. ywšmbd「日曜日」［Gharīb, 451］に由來する。異形として yošumbud という表記も、ペテルブルク所藏の SI Kr IV 598 文書に在證される。もう一つの人名 yavisip も、Syr. yausēph "Joseph" の借用語である［cf. Sertkaya 2010, 104, 108］。

附記　本稿は、JSPS科研費 JP26300023, JP26580131, JP26284112、JP16K13286, 東京外國語大學アジア・アフリカ言語文化研究所共同研究課題「新出多言語資料からみた敦煌の社會」、ならびに2014年度JFE21世紀財團アジア歴史研究助成による研究成果の一部である。

III 文化と思想

トルファン文書にみえる漢文文學史料

朱　玉　麒(西村陽子譯)

1．中古トルファン地區への漢文化傳播とトルファン文書にみえる文學「斷片」の共鳴

シルクロードの要衝に位置するトルファン盆地のオアシスは、古代から多様な文明が行き交った地である。トルファンは西域の東端に位置し、より西の地域と比べると中原文明に近いところにあったため、中古時代には次第に中原の文化や制度を模倣するようになり、漢文化の西陲傳播における最前線となった。一世紀以上にわたる先人の研究に基づいて、中國中古時代のトルファンにおける漢文化の影響について、文學作品の傳播と受容の背景として次のような筋道を想定できるだろう。

漢文化がトルファン盆地に入ったのは、前漢・後漢時期の中原王朝が行った西域經營と關連している。前漢元帝の初元元年（前48）に高昌に戊己校尉を設置したのが、漢王朝が管理機構を設置した初めである。中原の屯田の士卒がトルファン盆地の東側にある高昌壁に住み、漢人と現地の車師（姑師）人が共にトルファンの歴史を作り始めた。中原の漢文化は、間違いなくこの時からトルファンの日常生活の中に入り込んできた。

しかし、屯田戍守の軍事制度は、漢人のこの地への永住を保證しうるものではなかった。東晉の咸和二年（327）、前涼が高昌郡を設置し、内地と同様の行政制度をしいたことは、中原文化がトルファンで確かな地位を得たことを示している。その後、前秦・後涼・西涼と北涼政權が高昌を統治し、その前後の時期には、内地の戰亂によって多くの中原漢族の士庶が河西に移住し、ついでトルファン盆地へと移住してきた。その中でも北涼の沮渠氏の殘存勢力は442年に高昌を占據し、翌年には大涼政權を樹立して、200年にわたる漢族文化が主導する獨立王國の歴史を切り開いた。640年に唐の太宗が兵を發して高昌王國を滅ぼして西州を設立すると、トルファンは再び中原と一體の地方の邊州となり、唐代の西域經營時期における漢文化の傳播と受容の根據地となった[(1)]。中古の高昌地域において500年近い時間の中で、郡（327～、前涼の高昌郡）、國（443～、高昌國）、州（640～、唐の西州）と行政上の地位が變わっても、トルファン盆地において漢文化は主導的な地位を占め續けた。漢文化は、魏晉いらい中原や河西の士庶が次々に移り住み、中原文化と一體となった地方行政制度が打ち立てられる中で、次第に根付いていったのである[(2)]。

このような整理は傳世文獻に依據したにすぎず、具體的な様相を見いだすことはできない。正史の高昌傳の中に見える漢文化はごく簡單で曖昧なものが多く、時にはお

互いに矛盾しているが、漢文化の傳播については、次のようなやや詳細な情報を得ることができる。

(高昌) 國蓋車師之故地也。……國人言語與中國略同。有五經・歷代史・諸子集。面貌類高驪、辮髮垂之於背、著長身小袖袍・縵襠袴。女子頭髮辮而不垂、著錦纈纓珞環釧。姻有六禮。(『梁書』西北諸戎傳)(3)

正光元年 (520)、肅宗遣假員外將軍趙義等使於(麴)嘉。嘉朝貢不絕。又遣使奉表、自以邊遐、不習典誥、求借五經・諸史、并請國子助教劉燮以爲博士。肅宗許之。(『魏書』高昌傳)(4)

(高昌) 文字亦同華夏、兼用胡書。有『毛詩』・『論語』・『孝經』、置學官子弟、以相教授。雖習讀之、而皆爲胡語。(『周書』異域傳、下)(5)

(高昌國) 都城周迴一千八百四十步、於坐室畫魯哀公問政於孔子之像。……大事決之于王、小事長子及公評斷、不立文記。男子胡服、婦人裙襦、頭上作髻。其風俗政令與華夏略同。(『隋書』西域傳)(6)

こうした傳世文獻の簡潔な記錄から、中古時期のトルファンが胡漢二重の文化の影響を受けていたことや、漢文化に由來する經典とそれらによる教育が行われていたことが分かる。しかし漢化と胡化がどの程度であったかは判然としない。『梁書』の「國人言語與中國略同 (國人の言語は中國と略ぼ同じ)」という記述と『周書』の「雖習讀之、而皆爲胡語 (習いて之を讀むと雖も、皆な胡語と爲す)」という記述は、明らかに矛盾しており「傳世史籍と出土文書の記載は、同じ高昌のことなのに、まるで二つの國のようだ」(7) と學者たちを嘆かせている。また、傳世文獻から500年近い中古時期のトルファン地區の文學作品について證據を得るのはさらに難しい。

いわゆる「高昌童謠」は正史の中に見出すことができる唯一のトルファンの文學作品である。

(貞觀十四年/640、麴文泰) 及聞王師臨磧口、惶駭計無所出、發病而死。其子智盛嗣立。……先是、其國童謠云、「高昌兵馬如霜雪、漢家兵馬如日月。日月照霜雪、迴手自消滅。」文泰使人捕其初唱者、不能得。(『舊唐書』西戎・高昌傳)(8)

貞觀十四年、唐の太宗は高昌を滅ぼし、中古時期のトルファン盆地は獨立王國から唐帝國の邊州となった。「高昌童謠」は王國が滅亡する直前の高昌城で謠われたことからも、高昌國の子供が作ったものではない可能性が高い。おそらくは、攻城戰に臨む唐朝の軍が高昌國の軍民を惑わし瓦解させる手段の一つとして使ったものであろう。しかし、この童謠が廣く謠われ、國王の麴文泰が慌てたということ自體が、高昌の民衆が漢文文學を廣く受け入れていたことを示しており、『周書』異域傳に見えるような高昌國では「皆爲胡語 (皆な胡語と爲す)」という說が破綻していることを示している。

このほか、最近になって北宋の晏殊『類要』に引く『大業略記』の記載の中に、麴伯雅が大業六年 (610) に隋の煬帝が東都洛陽で擧行した元宵の燈會に參加して創った「聖明來獻樂歌」が發見された。これは傳世文獻の中に見える二つめのトルファンの文學史料である。麴氏の佚詩には南朝の詩歌を眞似た表現が見られることから、南朝文學の風がなお高昌で影響を持っていたことを示している[9]。

傳世史料の中から更に多くの文學研究の素材を探して中古時期のトルファンにおける文學發展の様相を復原するのは困難である。しかし、歴史は我々にトルファンの中古文學を知る重要な手がかりを殘してくれた。近一世紀の間にトルファン文書が續々と出土するにつれ、埋もれていた文學史料も次々に姿をあらわしており、トルファン地區の漢文文學を研究する文獻的な基礎となった。

トルファンの文書の獨特な性質自體が、我々がこの地域の文學を研究する上で重要な前提條件になっている。

第一に、トルファン文書の大部分は寺院遺跡や墓葬の中から發掘されたものである。中でも墓葬から大量の文書が出土したことは、內陸の盆地で乾燥した條件に惠まれていたためと、廢棄された紙を葬送用具の作製に使うトルファン獨特の社會風俗があったためである。敦煌文書が主に莫高窟17窟という封じ込められた佛教寺院の圖書館から發見されたのとは異なり、トルファン文書は零細で、不完全で、內容にも必然的な關連性がないなど、様々な缺陷を抱えている。だが、まさにそのためにこそ、トルファンの文書は多様な社會や世俗の様相や、偶然さを示しており、社會史研究における「斷片」の共鳴を示している。

トルファンは、紙一枚ですら貴重なところで、墓葬から出土する一枚のトルファン文書は、おおよそ次のような經過をたどって埋葬された。まず、當時の社會交流の中で文字を記錄するために官府で用いられ、數年後に檔案として保存する價値が無くなったところで拂い下げられた。そして紙背の空白が利用され、ついに筆を下ろす餘白も無くなった時にごみとなり、凶肆（葬具用品店）で切られて靴となり、死者の足に履かせてまで再利用されたのである。

乾燥した環境の中で、トルファン文書はいつしか1000年以上の時を越えて保存されてきた。これは當時の社會における傳承過程に基づく客觀的な狀況である。そのため、文書が示している歴史は新史學が批難するような傳統史家の主觀的な編纂などではなく、また歴史の過程に對して結論ありきの靜態的な敍述をするようなものでもない。トルファン文書が明らかにするのは、トルファンの社會の中に存在した、流動的な歴史の細部なのである。

第二に、このように墓葬の中に保存されていたということも、新しい考古發掘のたびに次々と文書が出現し、オアシス社會およびそれと關連する東西文明を研究する者に對して、次々に研究史料を提供することに繫がっている。間違いなく、文書は我々が歴史時期における社會文明の様々な領域を研究するために無限の空間を提供してくれている。

第三は、トルファン文書は敦煌の藏經洞と同様、かつて列强が發掘したため、ドイツ・英國・ロシア・トルコ・アメリカ・日本など各地に分藏されたことである。史料がばらばらで公開が遲れた結果、多くの研究領域がうまく展開することができなかった。漢文化の傳播と受容の中で最も有意義な精神的な面――すなわちトルファン地區の中古文學についても、史料の相對的な缺乏のために、昔の研究はただ個別の殘片の整理と分析にとどまっていた。

現在把握できるトルファン文書史料と敦煌文學の研究から借用できる成果から言って、トルファンにおける豊かで多様な中古漢文文學の歴史的な姿はすでに明らかであり、我々が漢文文學の傳播と受容に關する全體像を描きだすことを促している。本論文はそうした努力の成果である。

2．トルファン漢文文學の寫本の形態

中古時期の出土文書に見えるトルファン文學史料は、その他の社會領域に關する文書や、これと共に稱される敦煌文學に關する出土文書と比べて、發見されている絶對量は少ない。しかし時間的な幅や作品類型と表現形態から見て、トルファンの文學文書は今後の研究の可能性を示している。この領域の史料狀況は、早い時期の發掘が無秩序であっただけでなく、新しい史料が次々と出現し、所藏機關が分散して、公開が滯った結果、長い間きちんと整理されていなかった[10]。本論文では、これまでの研究成果に基づき、文學文書を類型に基づいて三種類に分類し、これに基づいて論を進める。

1、經典文學とは、當時流行した古代文學と當時の文人の作品を指し、雅文學の範疇に屬する。たとえば『詩經』、『文選』や單編の駢文、詩歌の選集や單編の寫本で、今までに三十種類以上見つかっている。

2、民間文學とは、民間社會に流行していた通俗詞曲や變文俗賦、それに文學愛好者や學童の習作を指し、俗文學の範疇に屬する。たとえば「孔子與子羽對語雜抄」、卜天壽抄「十二月新三臺詞」および諸五言詩、唐寫本の「禪門十二時」、「唐三時詞」、「散花樂」など、既に公表されているもので十種類ほどある。

3、應用文學とは、當時の社會で科擧の應試のための學習や社交的な交際のための書き方のお手本を指す。たとえば「經問試策」や「書簡信牘」などで、これも十種類ほどある[11]。

以上の三種類の作品を寫本の形態から考えるのであれば、これらは文學作品が作られる時の代表的な形であることは明らかである。なぜなら、中國の古代文學作品は往々にして典籍として完成した形で後世に傳わり、讀者に受け入れられているからである。トルファン文學文書の豊富な寫本の形態は、ある一つの地區における文學の傳播と受容を理解するために、多様な史料的基礎を提供してくれる。このような寫本の形態もまた三つに分類できる。

(1) 寫本書籍

後世に書籍として讀まれる文學作品に相當するものとして、トルファン出土文書にも精密に抄寫された經典文學文書が存在する。

これらの文書は明らかに寫本時代の「書籍」であって、作品や文集としての完成形態であり、お手本として流通していたものである(12)。木版印刷の時代の書籍を援用して檢證することはできないが、これらの寫本の形式に基づくことで、寫本時代における書籍の標準的な形を確認することが可能になってくる。たとえば、2006年に出土した古寫本「『毛詩』、大雅、蕩之什、抑～雲漢」(2006TSYIM4:2-1～2-4)は、隸書の精巧な抄本で、烏絲欄格(13)がある。別の古寫本「『詩經』小雅・魚藻之什」(Ch.2254r〈TIIT2040〉)は、烏絲欄の外に一首ごとに詩の始まり部分に墨點で印をつけて、閱讀に便利(14)なようにしてある。トユク溝で出土した唐寫本「『毛詩』小雅・采薇～出車」(Ch.121〈TIIT1221〉)には、朱筆の句讀點(15)までつけられている。

『文選』は大部で廣く流傳したお手本で、トルファン文書にある抄本でも、殘缺はあるものの書籍の寫本として流傳したことが推測できる(16)。少なくとも今ではどの選集にも收められていない單篇の詩文、たとえば唐寫本南齊の孔稚珪「褚先生百玉碑」(Or.8212/585〈Ast.III.3.011-013〉)(17)、佚名「駕幸溫泉宮賦」(大谷3170、3172、3174、3177、3180、3227、3504、3505、3506、4362、5789號)(18)、「殘詩(露色下梧楸)」(高昌殘影328)(19)、唐玄宗御製「初入秦川路逢寒食」詩殘片(Or.8212/599〈Kao.094.b〉、中村130)(20)などについても、精巧に抄寫された詩文選集本が殘っている。

抄寫が美しく整っていて絲欄があるという形式のほかに、兩面に文字がある文書では、書籍として存在した文學寫本は表面に書かれ、裏面は他の用途に流用されている。一方で、廢棄された文書用紙に文學的內容を臨書したり練習したりしたと思われるものも存在する。たとえば「前秦擬古詩」殘本(Dx.11414+Dx.02947)などは、魏晉の擬古風の雰圍氣のもとで流行した文學的書籍が長安から高昌に傳えられた後で半分に切られ、背面にはそれぞれ買婢・買田券契が書かれている(21)。運がよかったのは班固の「幽通賦」(Ch.3693r+Ch.3699r+Ch.2400r+Ch.3865r)である。これはトルファンの中古の早期の寫本で、絲欄が書かれている。背面は東晉の毛伯成などの人の詩歌を抄寫するために使われていて、兩面共に文學書籍の寫本となって保存された(22)。

手紙のお手本としての書儀にも、同樣に「高昌書儀」(72TAM169:26b)のように楷書で書かれた精緻なお手本(23)は、後世の「秋水軒尺牘」、「雪鴻軒尺牘」のような工具書としての性質を備えている。書き手の文化的水準のために脫落や轉訛が多いが、四周と行間の欄格はきちんとしていて、書物として流傳したものと考えられる。

目下の出土狀況から見て、民間文學のお手本にはこのような精緻な書式は存在しない。これは一般の下層民衆の間に流行した、今日でいう粗製濫造の「露天文學(路傍で賣られている雜本の類)」や「大衆文學」のようなものと近い。

(2) 臨書模寫

敦煌文書と同様に、トルファン文書もまた文字の受容過程を示す文章を大量に見出すことができる。すなわち一般の民衆や學生が文學作品を學ぶ際に書いた臨模や墨で塗りつぶした文書である。唐寫本の「殘詩（澤朱硏轉丹）」（64TAM29:91〈b〉）などがこれである。文書の表は「唐永淳元年（682）麴敏會辭爲鞍具竝轡事」という官府文書で、背面に詩が抄寫されている[24]。筆者の解讀によると、これは五言律詩の殘句で、『出土文書』三の錄文を次のように改訂できる。

1 □□□終難、澤朱硏轉丹。未見

2 □□桂、何曾有臭蘭。落弦

3 □□□、塵鏡拂還看。自知松

4 □□、□青不謂（畏）寒。

（□□□終に難し、澤朱は硏きて丹に轉ず。未だ見ず、□□桂、何ぞ曾て臭蘭有らんや。弦を落とし□□□、塵鏡は拂いて還りて看る。自ら知る、松の□□、□青くして寒を畏れず。）

（優れた人物を修煉するのは）畢竟困難なものだ。潤い豐かな朱も磨き上げてこそ丹丸にすることができる。（色合いや香りのよくない）桂の花は今まで見たことがないし、又たどうして今までに腐ったようなにおいの蘭の花があったことがあろうか。弦（月）は落ちて（も光はもとのままであり）、鏡の上に埃が積もっていても、拂えばまた人を映すことができる。自ら知る、松の木は（品德高潔で）、永遠に青々として寒いのを恐れない。

殘存している文字から見て、これは人生には鍛鍊と高尚な情操の追求が必要であることを詠った詠嘆詩である。脚韻には「難」、「丹」、「蘭」、「看」、「寒」の文字を用い詩韻が入った十四寒の詩で、中の兩聯にも對句が用いられ上聯と下聯も非常によく整っている。平仄の合わせ方が近體詩の規則に完全には合致していないのを除けば、五言律詩の標準的な形に近く、後の人が言う「拗體（平仄が完全には合わない近體詩）」の古風な律詩で、唐初の文人が作った詩であろう。抄寫の楷書の書法もうまく、詩文を愛好する官府の文吏が廢棄された公文書を使って情感をすくい上げたものである。西州時期のトルファンの社會の中にあった文學を愛好する氣風を現していると言えよう。

學童が初等教育で文學の訓練を開始した時の文書も、生き生きとした文學の受容の形を示している。たとえば、「唐景龍四年（710）卜天壽抄「十二月新三臺詞」及諸五言詩」（67TAM363:8/2〈a〉）という文書は、西州の學童であった12歲の卜天壽が孔子本鄭氏注『論語』を抄寫したあとで、下の餘白に意のままに書き散らしたものである[25]。徐俊氏の研究[26]によると、こうした餘白に書いて塗りつぶすやり方は、學童が習慣的に行っていたことだという。かれらは空白部分に、「書いた後にあまりが出た。まだ歸る時閒ではない。造詣が深いわけではないが、しばし五言詩を作る」と宣言したりする。しかし實際に抄錄しているのは彼らがよく知っている自らを勵ます童謠や通俗詩、または理解しやすい文人の詩歌だったりする。卜天壽が抄錄した六言の「十二月新三臺詞」と五言の「伯鳥頭林息」、「日落西山夏」、「高門出己子」、「他道側書易」という五首は、どれも敦煌文書またはその他の通俗作品の中にも探し出すことができる詩である。「寫書今日了」は、見たところ卜天壽が目の前の風景を吟詠したものに見えるが、實際にはほかでも同じ様な內容を探し出すことができる。次のような詩である。

寫書今日了、先生莫醎池。明朝是賈日、早放學生歸。

寫書、今日了る、先生醎池（嫌遲）する莫かれ。明朝は是れ賈日なり、早く學生を放ちて歸らしめよ。（經書の抄寫は今日やっと終わった。先生どうか（私の動作が遲いのを）嫌わないでください。明日はお休みだから、どうか早く私たち學生を解放して家に歸らせてください）

徐俊氏は、似たような作品として敦煌文書の「今日寫書了」（S.692）と「竹林淸鬱鬱」（P.2622）があることを指摘している。卜天壽のここでの「貢獻」は、目の前の情景について當たり前と思った改造を施し、自分の學識に基づいて文字の訛誤を作り出したことである。たとえば、「嫌遲」は誤って「醎池」になってしまっていて、明らかに「千字文」を勉強したことがある卜天壽は、「海醎河淡」や「昆池碣石」という四言句をよく覺えていて、よく知らないか、あるいはまったく勉強したことがない「嫌遲」という文字の代わりに使ったのである。このような童謠に合わせた改作や書寫の過程で、漢語の聲律（調子と格律）や詩歌への理解が次第に深まっていくのである。唐詩が文學の最高到達點となってゆくための普通の人の基礎は、このような邊地の學童の練習の中にもその一斑を見出すことができる。

もっと代表的な文章の練習に關する詩に、「古詩習字殘片」（岑德潤五言詩等）（2006TZJI：006＋2006TZJI：007＋2006TZJI：073＋2006TZJI：074）[27]がある。この文書の表は「唐西州典某牒爲呂仙懷勾徵案」で、背面は學生の習字である。錄文は以下の通り。

1 簾簾簾鉤鉤鉤未未未落落落斜
2 斜斜棟棟棟桂桂桂猶猶猶開開開
3 何何何何必必必高高高樓樓樓上
4 上上淸淸淸景景景夜夜夜徘徘
5 徘徊□□□岑岑德德德潤潤潤詠
6 詠詠魚□□□□□影影影侵侵侵
7 波波
8 帶帶水水
9 東自自自可
10 用用上上上龍
11 夜夜故故故人人
12 來來來訪訪

これらの楷書の臨書は、毎字三〜四回書かれていて、今日の兒童が知らない字を學ぶときと全く同じである。その中の重複と繫がらない文字を削除すると、次のような詩篇が得られる。

1 □簾鉤未落、斜棟桂猶開。何必高樓上、清景夜徘徊。

（□簾の鉤は未だ落ちざるも、斜棟の桂は猶お開く。何ぞ必ずしも高樓の上たらんや、清景、夜、徘徊す。）

2 ［劍］影侵波［合］、［珠光］帶水［新。蓮］東自可［戲、安］用上龍［津］。

（劍影、波を侵して合し、珠光、水を帶びて新たなり。蓮の東、自ずから戲れる可し、安んぞ用て龍津を上らんや。）

作品の第一篇は、詠物詩の特徴があり、特にその聲律（調子と格式）からみた平仄の狀況から、これが南朝あるいは隋代の佚詩であると判斷でき、それによって整理小組では「南朝或隋、佚名「詠月」詩」と定名した。第二篇は、「先秦漢魏晉南北朝詩」を檢索すると、隋朝の岑德潤の「詠魚」[28]である。

上述のように、廢棄された公文書を習字の用紙に使うのは、高昌國または唐西州時期に普遍的に見られる現象で、臨模のお手本は往々にしてトルファン文書の中で最も一般的に見られる初等教育の教材である「急就章」、「千字文」や「開蒙要訓」などである。古詩を使って習字として反復練習するということは、一個の新しい時代の氣風、つまり詩歌への愛好が、初等學習の日常的な風景となって現れているのである。

隨意に文學作品を抄寫して情感達意を表現するのは、民閒文學の中でよく見られるものである。たとえば、俗曲「散花樂」（Ch.3002r〈TIII20.1〉）の殘片は、裏面にも三行の習字[29]があるし、「恨娘娘由未知變文」（大谷5791）の殘片の裏面には、墨で塗りつぶされた人物畫がある[30]。こうした意のままに抄寫した寫本は、おそらくは書寫した人物が通常よく知っている文學作品を、興に乗って書き記したものである。

(3) 創作草稿

トルファン文書の中には、多くの文學的創作の習作原稿がのこされており、在地社會で漢文文學が強い影響力を持っていたことが感じとれる。たとえば、「武周長安四年（704）思諫書「歸房」詩文三首」（大谷2830）[31]などである。行論の都合上、先に詩の錄文を掲げる。

1 奉命遣駈馳、專心更不移。只爲遭厄致、使得使如斯。

（命を奉りて遣して駈馳し、專心、更に移らず。只だ厄の致すに遭う爲に、使の斯くの如きを得さしむ。）（皇帝陛下の恩命を奉って、あちこちに遣されて官途の上をかけずり回っているが、心からご奉公申し上げる氣持ちは些かも搖らぐことはない。ただ豫め決まっている運の悪さが、私の仕事をこんな有様にしているのだ）

2 人之法禮、自古常行。何獨索耶。若生恆福。雖事四六、終不免施。聊一篇「歸房」爲首。

(人の法禮、古え自り常に行われるあり。何ぞ獨り索めんや。生れて恆に福あるが若し。四六を事とすると雖も、終に施すを免れず。一篇の「歸房」を聊して首と爲す。)

3 姜女初生月、恆娥巧點莊[32]。春霄見將夜、命女入蘭房。

(姜女、初生の月、恆娥、巧みに莊を點ず 。春宵、見(あらわ)れて將に夜たらんとし、女に命じて蘭房に入らしむ。)

いわゆる「詩文三種」で、中の四言は下にある「歸房」の詩序のように見える。陳國燦氏の研究によると[33]、この文書はトルファンで出土した敦煌文書であるという。兩側にはどちらも「付司辯示」と書かれる敦煌縣の文書の様式であり別の字體で書かれた「歸房」の詩文と背面の「長安四年思諫牒稿」は、文書の末尾の署名部分の空白に書かれている。これらの詩文と牒稿の書法は同一人の筆跡と思われ、これによって「歸房」の詩を書寫した人物が、牒稿の作者である思諫であることがわかる。ただし、思諫の書法はまた「武周長安二年前後沙州敦煌縣殘牒尾」(大谷2832)[34]とも同じで、そのため「「思諫」という人物は敦煌の傔人と思われ、その詩文もまた敦煌から西州に流入してきたものと考えられる」というが、必ずしもそうでなければならないわけではない。思諫は西州の傔人であった可能性も高く、沙州から西州に遞送された文書を廢棄後に利用して牒稿と閑詩を書いたと考えることもできる。

その來歷が敦煌であろうと西州であろうと、この邊地で、官府で働く隨從差役の傔人である思諫が書いた二首の五言詩は、前者は詩韻の四支を入れ、後者は七陽を入れ、平仄は第二首の第三句の「將」の平聲が合致しないほかは、五言絕句の形式に則っている。だが形式的な規範にあっているかどうかは文學の意義には關係ない。內容を見ると、「歸房」という一首にやや趣があるほかは、四言序の前にある五言詩は、言葉の使い方も句の構造も直接的で餘韻がなく、まさに詩歌の初學者が創作を始めたばかりの試作というべきものである。とはいえこれを前出の卜天壽が私學の中で墨で塗りつぶした改作ものの「寫書今日了」に比べると、まちがいなくこの文學創作は飛躍的によくなっている。

2004年新出土の「洪奕家書」(2004TAM396:14〈2〉)もまた、西州の下層民が書いた典型的な文章である。ここに錄文を示し、再び検討する[35]。

1 啓。違徑(經)二貳(載)、思暮(慕)無寧、比不奉
2 海(誨)、夙夜皇(惶)悚、惟增戀結。仲春頓熱、
3 不審　婆々耶娘體內、起君(居)勝常、
4 伏願侵(寢)善(膳)安和、伏惟萬福。洪奕發
5 家已來、至於西州、經今二貳(載)、隨身衣
6 勿(物)、竝得充身用足、亦不乏少。右(又)被節度使簡充行、限開
7 元七年五月一日發向北庭征役、兒
8 今葉(業)薄、種果無因。少々向西、無日歸
9 回之日、洪奕今身役苦、終不辭、唯愁老。彼

10　年老、關河兩礙、夙夜思惟、根（恨）不自死。

11　關河兩礙、制不由身、卽日不宣。

この手紙の表面は辭の殘卷で、「唐開元七年（719）四月某日鎭人蓋嘉順辭爲郝伏憙負錢事」と定名されている。手紙の内容から、次のような状況がわかる。洪奕という名の兵士は内地から西州に來て既に二年が經っており、開元七年五月一日以前に北庭に赴く前に、家に手紙を書いて最近の生活の様子を報告した。この手紙の正本は明らかに淸書してどこかもわからない内地の故鄕に送り出されている。トルファンに殘ったのは別字（同音假借字）だらけの氣ままに書かれた草稿である。ただ、草稿であっても、文字を少ししか知らない洪奕という人物が筆を執って手紙を書き記したときの心情や文學的な表現を理解することができる。我々は二つの面からこの手紙を見ることができる。

一つめは、書信文學の規範――「書儀」によく則っているということである。手紙では誤字や別字を多用しながらも、語句が雅やかで達意であることからみて、作者の言語表現能力は識字能力より遙かに高いレベルにあり、明らかに別の手本がある。その祕密が、前述した書儀の流行にあるのである。韓香氏が「吐魯番新出「洪奕家書」研究」で行なったトルファン出土の書儀と普通の手紙を對照する研究によると、「洪奕家書」の主な内容以外の文雅な表現は、典型的な決まり文句を使ったものという。たとえば、書き始めの家族を思う氣持ちや、家族の身體起居をたずねる四字句は、「唐貞觀二十年趙義深自洛州致西州阿婆家書」(64TAM24:27)[36]と同じであるばかりでなく、末尾の部分は「唐□守德家書」の言い回し[37]と全く同じで、何か典據があることを示している。トルファンのアスターナ169號墓出土の「高昌書儀」(72TAM169:26b）に見える常套句はどれも前述の家書と大同小異である。ここから判るように、上品な文學的表現は、當時の手紙では普遍的に遵守すべき「信念」だったことがわかる。

二つめに、文學的な表現のために、眞情の發露を捨て去るのを惜しまない、ということである。洪奕家書の最後の二行にみえる「關河兩礙、夙夜思惟、恨不自死」と「關河兩礙、制不由身、卽日不宣」というのは、同じ意味を異なる表現で表したものである。前者は「今身役苦（今、身は苦役にあって)」、山々が何重も連なって、歸る日は來ないのではないかと疑い、悲しみがその中から湧き出て、そのために「恨不自死（自ら死ねないのを恨みに思う)」といっており、これは間違いなく洪奕の本當の氣持ちであろう。しかしそれでは手紙の收拾がつかなくなってしまう。家族に自分の境遇を心配されないために、洪奕はここで書き直し、「制不由身、卽日不宣（身は不自由であって、言い盡くすことができません)」というような常套句で、當時の感傷的な氣持ちを、違えることのできない王命という國家の義務に言い換えてしまっている。手紙の正本に書かれたのは、後者の文學的な「抑制がきいた言い回し」という規範に沿った含蓄のある内容で書かれ、決して「自ら死ねないことを恨みに思う」というような內容ではなかっただろうと想像できる。

3.トルファン漢文文學の傳播と受容

上述のようなトルファン文書の漢文文學史料に對する作品類型と寫本形態の分析からみて、中古におけるトルファンの漢文文學は、中原の文學の發展と相通じるものがあり、同じ様な傾向を見せている。文學の中心から遠く離れた邊地であるにもかかわらず、文學がこのような呼應を見せていることについて、次のような可能性が考えられる。

(1) 內地からの移民による傳播

中古時代のトルファン盆地が、漢族移民社會であることは、傳世文獻と出土文書によって明らかである。『魏書』高昌傳に記錄された北魏孝明帝の詔書には、「彼之甿庶、是漢魏遺黎、自晉氏不綱、困難播越、成家立國、世積已久（彼の甿庶は、是れ漢魏の遺黎なり、晉氏綱べざる自り、困難播越し、家を成し國を立て、世積むこと已に久し)。[38]」と書かれている。中原の民は動亂を避けて河西に遷徙し、そこで儒學を重視する「河西文化」を作り上げた。その民がさらに西に進んでトルファン盆地に移り住み、漢代以來、歷史の記錄が途絶えることはなかった。少なくとも唐初年に至るまでこうした移民の趨勢は變化がなく、そのため唐の太宗が高昌を滅ぼす原因にもなった[39]。トルファンが西州とされると、唐の太宗は行政上の理由から西州への移民を召募して西州の力を高めた[40]。トルファン出土文書に出てくる姓氏の統計に基づくと、高昌王國時期には漢人はトルファンの總人口の70%から75%の高率を占めており[41]、彼らは一般的に內地の故鄉に對して強い思い入れがあった[42]。トルファン文書から判明する事實をこうした視點から見なおしてみると、ある種の傳播史を再構成することができる。

廣義にみれば、トルファンは移民社會であって、トルファンにおける文學作品は移民による傳播の痕跡が刻み込まれているはずである。しかし、後述する文化制度の確立によってもたらされた中國中古のトルファン文學の現地における傳承と、移民が持ち込む文學とはやはり區別があった。中原からの移民が直接文學テキストを持參するのは、主要な傳播經路のひとつである。例えば、前揭の「前秦擬古詩」殘本（Dx.11414+Dx.02947）は、徐俊氏の考證によると、前秦の建元八、九年から十三年の閒（372、373～377）に作られた抄本で、彼は「詩が抄寫された地點は前秦の都であった長安の可能性がある。何度も轉寫されたものではなく、涼州・敦煌・高昌あるいはその他の河西地區で作られた寫本でもない。建元十二年（376）八月より前に前涼に遠征した大軍と共に流れて涼州・高昌に至り、一年後に現地で剪られて契約文書の用紙にされた。」[43]と推測している。移民の身分については確かなことは不明だが、「前秦擬古詩」は當時の長安で流行していた文化の氣風が直接に高昌に傳わったことを示しており、移民と彼らによる文化の傳播がトルファン文學に影響を與えたのは明らかであろう。

民開通俗文學は必ずしも傳承されるとは限らないが、これらの文章も移民がトルファンにもたらしたものである。その中には、部分的には口承で傳えられたものもあるようである。たとえば、「唐景龍四年卜天壽抄「十二月新三臺詞」及諸五言詩」(67TAM363:8/2〈a〉)などは、中の詩篇には誤字が連續していることから、書く前に覺えやすいように變え、かつ學校の外において口承で習得したものであろう。こうした作品は敦煌文書の中にも大量に存在しており、東から西に向かう移民とともにトルファンの人々の日常生活の中に入り込んできたものと考えられる。

このほかにも、敦煌文書の中にはたとえば「禪門十二時」(Ch.1421v〈TIIT2068〉)[44]、「散花樂」(Ch.3002r〈TIII20.1〉)のような佛曲が大量に存在する。敦煌文書の中の「十二時」の抄本は三十餘種にもなり、「散花樂」も十五種以上[45]存在する。トルファンに流傳した寫本の出所も、明らかに漢地の佛教が河西回廊から傳わってきたことに伴って移民によって高昌にもたらされたものである。

(2) 文化制度による保證

中古時代に漢文文學がトルファンに傳播し受容された背景には、政治的保證があったことも擧げられる。漢族移民の到來にともなって、トルファン地區では東晉の咸和二年に高昌郡を置いて以來、行政體制は中原をまねたもので、內地の政治社會とともに發展してきた。沮渠氏の建國によって、北涼がもたらした河西文化の傳統にさらに依據するようになり、「風俗政令與華夏略同(風俗政令は華夏と略ぼ同じ)」(『隋書』西域傳)という姿を保持していく。このため中古時代のトルファンは高昌郡・高昌國・西州という政治的な變化を經てもなお、中原の政治制度を絶えることなく受け繼ぎ、これによって漢文化はトルファン社會のなかで持續的に發展していった。文學ともっとも關係が深い文化教育制度もまた、中原の內地とよく一致しており、トルファン民衆社會の基礎となっていたために、漢文文學を滯りなく繼承することができた。

「學在官府(學は官府にあり)」というように、トルファン地區の教育制度は中原の政治體制の規定の下で一貫して相對的に健全であった。この頃にトルファン文書の中に出現する北涼寫本「『毛詩』周南・關雎序」(66TAM59:4/1〈a〉)[46]と「『毛詩』大雅・蕩之什・抑〜雲漢」(2006TSYIM4:2-1〜2-4)[47]、および西涼建初四年(408)「秀才對策文」(75TKM91:11/1-6)[48]は、高昌郡時期に內地の儒學の制度を受け入れたことが文學の需要にもたらした影響を明らかにする恰好の事例である。高昌國時期の教育制度は、正史にも正光元年(520)に高昌國王の麴嘉が「求借五經・諸史、幷請國子助教劉燮以爲博士(五經・諸史を借りるを求め、幷せて國子助教劉燮を請いて以て博士と爲)」(『魏書』高昌傳)して官學を建立したという記錄があり、また高昌國時代の「義熙(510-515)寫本「毛詩鄭箋」殘卷」(73TAM524:33)、や「高昌延昌八年(568)寫『急就章』古注」(60TAM337:11)といった實物も存在している[49]。

西州時期に入った頃の官學や私學の狀況については、內地の學府と同じ「千字文」、「開蒙要訓」、「急就章」、『孝經』、『論語』、『尙書』、『禮記』といった初等教育教材や、學生の習字がトルファン出土文書で大量に發見されていることから、多くの檢討材料を見いだせる(50)。唐寫本「鄭注論語對策」(64TAM27:40-50)・顔師古「賢良策問」(Ch.610v)の出土(51)は、西州の教育制度が中央政府の人材選拔のための科擧制度に應じて教學の方向を定めていたことを明らかにしている。特にアメリカのプリンストン大學中文圖書館に所藏されている「唐寫本『孝經』、『禮記』、『尙書』、『論語』、『春秋』策問卷」(7a〜7s、Frame 1a/b、3a)の中で、『尙書』策問卷(7q)には黑墨で書かれたチェック記號と「注雖得、錯處大多。(會得しているが、誤りが多い)」という批語までが保存されている。これは、西州に質の高い教師がいたことを明らかにしている(52)。

科擧をはじめとする唐代の教育制度は、自然と「詩賦取士」のための文學的な訓練を含むことになった。このために、出土文書の中には大量の初等教育教材と經典の訓練に關する教材の他に、我々にとっては驚くに當たらない、文學訓練である「古詩習字殘片」(岑德潤五言詩等)が含まれるばかりでなく、詩賦の創作や韻律の辭藻・對仗・典故知識に備えるための類書である薛道衡『典言』(69TAM134:8/1、8/2)(53)、「古籍雜抄」(大谷4087、後5行抄杜嗣先「兔園策府」)(54)、「初學記卷二一講論第四」(大谷8108)(55)のようなものや、名前もわからない類書の殘片が出現(56)することになる。『切韻』などの文學創作に必攜の工具書に至っては、そのような工具書が大量に出土することは、こうした文化教育制度の下では必然のことといえる(57)。

(3) 文學的流行への迎合

移民人口と行政制度という二つの要素によって、トルファン地區の文學的傾向は中原の漢族と一體化していた。このため、出土文書の中に見えるトルファン盆地の高昌郡・高昌國・西州時期の文學受容の現象は、終始中原地區の魏晉から隋唐における流行を追いかけるものだった。

トルファンの高昌郡時代に現れた上揭の「前秦擬古詩」殘本(Dx.11414+Dx.02947)は、前秦苻堅の朝廷にいた祕書監朱肜、中書侍郎の韋譚、缺名の祕書郎が曹丕の「見挽船士兄弟辭別詩」を眞似て創作した五言詩で、苻堅の「風雅な文學」という氣風の影響の下で、京師で擧行された文學集會で群臣が作った作品を結集したもので、「魏晉の擬古詩の風が前秦でも續いていた」(58)ことを示している。これは長くても五年以內に長安から轉寫されて高昌に至っており、文學の流行が中央から地方に傳わってきていたことを示している。これらの詩人よりも少し早い時期の東晉の毛伯成らがつくった五言詠史、詠懷詩作である「晉史毛伯成等詩卷」がトルファンに出現するが、抄本の年代はあまり正確には判らないものの、すくなくとも高昌郡時期であり(59)、間違いなくこうした擬古風詩の流行と同時に現れたものである。

高昌國時代のトルファンは、内地の南北の文化を吸収していた。特に唐代西州に最も近い麴氏高昌國時期において、儒學教育の中では北方系の經典が主流になっていたが、文化の上でも南朝を崇拜していた隋朝に對して、麴氏高昌王國は心からの忠誠を表明したのであった。高昌王であった麴伯雅は、後に高昌王となる息子の麴文泰を連れて二回隋に入朝している。近年、北宋の晏殊『類要』に引く『大業略記』の記載の中に、麴伯雅が大業六年に東都洛陽で擧行された元宵の燈會に參加して撰した「聖明來獻樂歌」が發見された。

千冬逢暄春、萬夜睹朝日。生年遇明君、歡欣百憂畢。

（千冬、暄春に逢い、萬夜、朝日を睹る。生年、明君に遇い、歡欣して百憂畢る。）

一千もの冬を經て、ついに暖かい春が出現した。一萬もの暗黑の夜を經て、ついに朝の太陽を見た。ちょうど生まれたときに明君に出會うことができ、私はただ欣喜雀躍し、あらゆる憂いは全てなくなった。

これまでの研究によると、この詩のオリジナルは南朝の詩人である鮑照の「中興歌」であるという。

千冬逢一春、萬夜見朝日。生年値中興、歡起百憂畢。

（千冬、一春に逢い、萬夜朝日を見る。生年、中興に値り、歡起して百憂畢る。）

一千もの冬を經て、ついに一度の春に出會った。一萬もの暗黑の夜を經て、ついに朝の太陽を見た。ちょうど生まれたときに時代の中興にあたり、私はただ欣喜して躍り、あらゆる憂いは全てなくなった。

鮑照の作品と對照してみると、麴伯雅の佚詩は藝術的に褒められたものではない。このような字を變えて詩を作る技量は、學童卜天壽のような文化的水準を彷彿とさせるものがある。しかし麴伯雅の作詩は、學者のいうところに據れば、隋の煬帝に對する心から發した贊頌であって、彼が歸國した後に華夏の衣冠を回復し、心理的に中原の文雅に接近していったことと一致しており、そのために政治的意義があるという[(60)]。それだけでなく、麴氏の佚詩はトルファンの文學史上でも特殊な意義がある。麴伯雅は詩を作るのはあまりうまくないが、事實として、國を擧げて詩歌を愛するという隋朝の文學的傾向の影響を受けており、このために隋の煬帝が喜ぶ文學方式――南朝の詩歌の眞似――を使って忠誠を表したのである。上が行えば下は倣い、これ以降の麴氏父子の高昌統治策には、南朝文學への嗜好が導入され、必然的にさらに發展していくことになったのである。

まさにこのような本土からの傳承の基礎の上に、西州時期の出土文書である「古詩習字殘片」に、臨書の素材として隋代の岑德潤と南朝または隋の佚名詩人の詩作が出現したのも當然なのである。唐初の貞觀の文壇を代表とする文學潮流でも、確かに隋代の「南朝化」の傾向を受け繼ぎ、これが文學の病的な傾向となっていた。しかしこれは一種の文學現象であり、後世の評價も變えられるものではない。「古詩習字殘片」が表しているトルファンの西州時期における南朝文學への尊崇は、一方では唐代の大統一政治勢力が、トルファンの文學を中原文學の思潮と强制的に一體化させたと見ることもできるし、こうした尊崇は前身である高昌王國の傳統文化の基礎と融合したのだともいえる。「古詩習字」の出現は、トルファン現地における文化の自己傳承についても證左を提供したのだともいえる。

君主の詩賦への傾倒がもたらした文學を愛好する風潮は、次第に天下の風潮となり、最終的には詩賦によって士を取るという國家の制度に行き着くことになる。これは唐初の百年あまりの閒に、太宗・武則天・中宗・玄宗という何代かの君主が續く閒、終始不變の「政治的な關心」となった。玄宗の開元十一年御製の「初入秦川路逢寒食」詩の殘片と玄宗天寶元年（742）に驪山溫泉宮に行幸し群臣と詩賦を唱和したことを詠った佚名の「駕幸溫泉宮賦」がトルファン文書に出現する時、「政治の文化」と「文學の流行」がお互いに影響していることをこれほどよく證明できるものはないだろう。これはトルファンの文學傳播と受容も、唐代文學思潮の波亂萬丈の歷史繪卷の中に合流させるものであり、このあと九世紀初めに新しい歷史變動が現れるまで續くのである。

このほか、トルファンの文學史料の中に多く存在する民閒文學や、上述の科擧の應試や書信の手本などの應用文學作品は、それぞれ獨自の傳播の方式がある。たとえば民族や禮儀、さらには宗教儀式の中の文學的表現などについても、その他の文獻と結びつけてそれぞれ議論できるものである。

餘論

唐代宗の大曆二年（767）に吐蕃が河西に侵入しトルファンは中原王朝の飛び地となった。貞元十九年（803）、西州は守りを失い、この時から吐蕃に統治されることになった。ウイグルが西遷すると、九世紀の中葉からはこの地に高昌ウイグル王國が成立し、ウイグル文化がトルファン盆地の主體となっていった。しかし、魏晉以來この地に根付いた漢文化は、決して途切れることはなく、ウイグル文化に繼承されていくのである。

太平興國六年から雍熙二年（981-985）まで、北宋の供奉官であった王延德が、唐朝滅亡七十餘年後に高昌に出使した。彼の『使高昌記』には、ウイグル王國の中で唐代文化の影響がなお保存されていることを記している。

> 高昌卽西州也。……用開元七年曆、以三月九日爲寒食、餘二社・冬至亦然。……佛寺五十餘區、皆唐朝所賜額。寺中有『大藏經』・『唐韻』・『玉篇』・『經音』等。……有敕書樓、藏唐太宗・明皇御札詔敕、緘鎖甚謹。復有摩尼寺、波斯僧各持其法、佛經所謂外道者也。(『宋史』外國傳・高昌)(61)

漢文化が持續して發展していることを證明することができるのは、この正史の記述だけではなく、トルファン出土文書からも同じことが言える。榮新江氏は、「王延德所見高昌回鶻大藏經及其他」という論文において、ドイツ所藏トルファン文書を使って王延德の記録が眞實であることを證明された。その結論では、次のように述べられている。「王延德の「行記」とトルファン出土漢文文獻の殘片をつなぎ合わせると、高昌ウイグル文化に漢文化に由來する部分があることを、明らかに認識することができる。大量の實物の史料が證明するところによれば、高昌ウイグル時期には、漢文佛典とその他の典籍がなお佛寺中に保存されており、僧俗大衆の中にも廣く流通していたのである」(62)。

文化の繼承が明らかになるだけでなく、文學の影響においても證據を見出すことができる。たとえば、ドイツ所藏と日本所藏の「漢文摩尼教讚美詩」(Ch.258〈TIIT1319〉、大谷4982)がトルファンで出土したことからは、九世紀の高昌ウイグル時期王國に漢人のマニ教教團が存在していたことが判明する(63)。これは、たとえ宗教信仰が變化しても、高昌ウイグル時期の漢人はなお爛熟した文學技巧を用い、漢文の七言詩と五言詩の詩歌の方式で彼らの宗教への贊美を歌いあげており、漢文文學の基礎が深く根付いていたことを示している。

このほか二片ある高昌ウイグル時期のトルファンの「習字」殘片(Ch.3800+3801、ともに原編號なし)は、この種の文學的要素が影響を持ち續けていたことを明示している。この二片のドイツ所藏文書のうち、前者は「香入幽」という三字三行で、後者は「月明孤斟」四字四行で、これらは秦觀(1049-1100)が元符二年(1099)に作った「海康書事」十首の第三首の殘文である(64)。

秦觀の詩歌を使った習字殘片は、西陲の邊地の移民社會の中で漢文文學が繼承され續け、中原文化の血脈と依存した關係にあったことを示してくれる。これはトルファン文書が外形的にも內容的にも「二重の殘片」であることを表している——つまり斷片の形で斷片的な歷史を示しているのである。まさにこのような細切れの殘片が、却って我々に失われた歷史の姿と文學の創作過程を復原させてくれるのであり、期待をいや增すものである。中古時期にあって、トルファン文書は地域的な意義を持つのみならず、その中原文化との關係によって、中國古代文化の傳播と受容が行われていたことを示している。その「斷片」は、中國文學史研究の新しい形を作り上げる中で、無視できない價値を備えているのである。

參考文獻(「=」の前は略稱を示す):

『高昌殘影』=藤枝晃編『高昌殘影:出口常順藏トルファン出土佛典斷片圖錄』、京都:法藏館、1978年
『大谷文書』=小田義久責任編集『大谷文書集成』壹~肆册、京都:法藏館、1984-2010年
『出土文書』=唐長孺主編『吐魯番出土文書』(圖文本)壹~肆册、北京:文物出版社、1992-1996年
『歷博法書大觀』=史樹青主編『中國歷史博物館藏法書大觀』、上海:上海教育出版社、1994-2001年
『俄藏敦煌文獻』=孟列夫、錢伯城主編『俄羅斯科學院東方研究所聖彼得堡分所藏敦煌文獻』、

上海：上海古籍出版社、1992-2001年
『斯坦因漢文文獻』＝沙知、吳芳思編『斯坦因第三次中亞考古所獲漢文文獻（非佛經部分)』、上海：上海辭書出版社、2005年
『中村不折舊藏』＝磯部彰編『臺東區立書道博物館所藏中村不折舊藏禹域墨書集成』、東京：文部科學省科學研究費特定領域研究「東アジア出版文化の研究」總括班、2005年
『日本總目』＝陳國燦、劉安志主編『吐魯番文書總目・日本收藏卷』、武漢：武漢大學出版社、2005年
『歐美總目』＝榮新江主編『吐魯番文書總目・歐美收藏卷』、武漢：武漢大學出版社、2007年
『新獲文獻』＝榮新江等主編『新獲吐魯番出土文獻』、北京：中華書局、2008年

注

(1) 吳玉貴氏は唐朝の西域における統治の形を「伊、西、庭三州を中核として、安西都護府を保障とし、羈縻府州に依託する多層的な統治構造」と總括した。同『突厥汗國與隋唐關係史研究』、北京：中國社會科學出版社、1998年、429頁。

(2) 中古時期のトルファン盆地の政治的變遷および中原との文化的な連續性については、余太山『兩漢魏晉南北朝與西域關係史研究』北京：中國社會科學出版社、1995年；王素『高昌史稿（統治編)』北京：文物出版社、1998年；孟憲實『漢唐文化與高昌歷史』濟南：齊魯書社、2004年などを參照。

(3) 『梁書』卷四八、北京：中華書局、1973年、811頁。

(4) 『魏書』卷一〇一、北京：中華書局、1974年、2244-2245頁。『北史』卷九七、西域・高昌傳もほぼ同じ。

(5) 『周書』卷五〇、北京：中華書局、1971年、915頁。『北史』卷九七、西域・高昌傳もほぼ同じ。

(6) 『隋書』卷八三、北京：中華書局、1973年、1847頁。

(7) 孟憲實、榮新江「吐魯番學研究：回顧與展望」、『西域研究』2007年第4期、57頁。關尾史郎「『文書』と「正史」の高昌國」『東洋史研究』第47卷第3號、1988年、119-132頁。

(8) 『舊唐書』卷一九八、北京：中華書局、1975年、5294-5296頁。

(9) これに關する議論としては、王素「新發現麴伯雅佚詩的撰寫時地及其意義」『西域研究』2003年第2期、10-13頁に詳しい。

(10) 比較的簡略な總括としては、王素『敦煌吐魯番文獻』「吐魯番的古籍整理與研究」第一節、北京：文物出版社、2002年、203-210頁を參照。

(11) 朱玉麒「吐魯番文書中的漢文文學資料敍錄」『吐魯番學研究』2009年第2期、89-98頁。當時の檢索に基づくと、三類型の作品は合計で50種あり、最近もまた若干增補している。

(12) 徐俊氏が敦煌文書中の詩集の寫本を扱った際に、寫本の時代の文書の特徵を詳細に分析している。「對敦煌詩歌寫本特徵的初步認識」を參照。同『敦煌詩集殘卷輯考』北京：中華書局、2000年、8-21頁。

(13) 吐魯番博物館所藏。『新獲文獻』、186-191頁。

(14) ベルリン國家圖書館所藏。『歐美總目』、185頁參照。

(15) ベルリン國立圖書館所藏。『歐美總目』、10頁參照。

(16) 今確認できるものとしては、次の寫本がある。1、『文選』はトルファン文書に初唐の寫本「文選昭明太子序」殘片（黃文弼收集品）がある。中國國家博物館藏、『歷博法書大觀』第12卷『戰國秦漢唐宋元墨蹟』、79-80、198頁參照。2、唐寫白文無注本『文選』卷四、五

殘片（MIKIII520r/Turf.)、ベルリン國立インド藝術博物館所藏。『歐美總目』、781頁參照。３、初唐寫本李善注『文選』卷三五殘片（Ch.3164v/TIII1085、Dx.1551)、ベルリン國立圖書館、サンクトペテルブルグ東方研究所。『俄藏敦煌文獻』８、228頁；『歐美總目』、256、873頁參照。

(17) 大英圖書館所藏。『斯坦因漢文文獻』、146頁；『歐美總目』、834頁參照。

(18) 龍谷大學大宮圖書館藏。『大谷文書』貳、圖版84、85、86、87、93、釋文38、39、40、50、114、240頁；參、圖版43、釋文196頁；『日本總目』、145、146、151、182、183、256、369頁を參照。唐寫本「駕幸温泉宮賦」の比定と綴合については、張娜麗「西域發見の佚文資料：『大谷文書集成』所收諸斷片について」、『學苑』第742號、2002年、26-43頁；「西域發見の文字資料（四)：『大谷文書集成』參讀後札記」、『學苑』第764號、2004年、11-34頁を參照。

(19) 大阪四天王寺出口常順藏。『高昌殘影』、56頁；『日本總目』、443頁を參照。

(20) 大英圖書館藏。『斯坦因漢文文獻』、154頁；『歐美總目』、836頁を參照。日本書道博物館藏。『中村不折舊藏』、中冊、284頁上；『日本總目』、496頁を參照。吳麗娛、陳麗萍「中村不折舊藏吐魯番出土「朋友書儀」研究：兼論唐代朋友書儀的版本與類型問題」、黃正建主編『中國社會科學院敦煌學回顧與前瞻學術研討會論文集』、上海：上海古籍出版社、2012年、163-195頁；又刊『西域研究』2012年第４期、87-104頁；朱玉麒「吐魯番文書中的玄宗詩」、『西域文史』第七輯、北京：科學出版社、2012年、63-75頁を參照。

(21) サンクトペテルブルグ東方研究所所藏。『俄藏敦煌文獻』15、212頁；『俄藏敦煌文獻』10、136頁；『歐美總目』、873-874、877頁を參照。文書の綴合と研究については、徐俊「俄藏Dx.11414+Dx.02947前秦擬古詩殘本研究：兼論背面劵契文書的地域和時代」、『敦煌吐魯番研究』第六卷、北京：北京大學出版社、2002年、205-220頁を參照。

(22) ベルリン國立圖書館藏。『歐美總目』、299頁參照。これに關する研究と論文は、榮新江「德國吐魯番收集品中的漢文典籍與文書」、饒宗頤編『華學』第３輯、北京：紫禁城出版社、1998年、312、320頁；柴劍虹「德藏吐魯番北朝寫本魏晉雜詩殘卷初識」、『慶祝吳其昱先生八秩華誕敦煌學特刊』、臺北：文津出版社、2000年、107-116頁；同著『敦煌吐魯番學論稿』、杭州：浙江教育出版社、2000年、345-354頁；T. Nishiwaki, *Chinesische Texte vermischten Inhalts aus der Berliner Turfansammlung*（西脇常記『ベルリン・トルファン收集品中の漢文文獻』), Stuttgart: Franz Steiner Verlag, 2001, pp.136-140, Tafel 28、29.；徐俊、榮新江「德藏吐魯番本『晉史毛伯成』詩卷校錄考證」、『中國詩學』第七輯、北京：人民文學出版社、2002年、1-13頁；西脇常記「『幽通賦』注の殘簡」、同著『ドイツ將來のトルファン漢語文書』、京都：京都大學學術出版會、2002年、225-263頁、圖49-52；許雲和「德藏吐魯番本漢班固「幽通賦」竝注校錄考證」、同著『漢魏六朝文學考論』、上海：上海古籍出版社、2006年、26-62頁；許雲和「德藏吐魯番本『晉史毛伯成』詩卷再考」、『西域研究』2008年第１期、99-107頁を參照。

(23) 新疆ウイグル自治區博物館所藏。『出土文書』壹、233-235頁。研究成果については趙和平『敦煌表狀箋啓書儀輯校』、南京：江蘇古籍出版社、1997年、459-462頁；施新榮「吐魯番所出『高昌書儀』芻議」、『西域研究』2005年第２期、34-38頁を參照。

(24) 新疆ウイグル自治區博物館所藏。『出土文書』參、358頁を參照。

(25) 新疆ウイグル自治區博物館所藏。『出土文書』參、582-583頁を參照。

(26) 徐俊「敦煌學郎詩作者問題考略」、『文獻』1994年第２期、14-23頁。

(27) 吐魯番博物館所藏。『新獲文獻』、356頁を參照のこと。これに關する研究は、李肖、朱玉麒「新出吐魯番文獻中的古詩習字殘片」、『文物』2007年第２期、62-65頁を參照。增補版は榮新江等主編『新獲吐魯番出土文獻研究論集』、北京：中國人民大學出版社、2010年、521-529頁に見える。

(28) 『先秦漢魏晉南北朝詩・隋詩』卷五、逯欽立輯校、北京：中華書局、1983年、2694頁。[ ]の中の闕文は『先秦漢魏晉南北朝詩』に據って補った。

(29) ベルリン國立圖書館所藏。『歐美總目』、243頁を參照。「散花樂」は敦煌文書の中にも大量に出現している。張錫厚『敦煌文學源流』、北京：作家出版社、2000年、354-357頁を參照。

(30) 龍谷大學大宮圖書館藏。『大谷文書』參、圖版57、釋文196頁；『日本總目』、370頁を參照。

(31) 龍谷大學大宮圖書館藏。『大谷文書』壹、圖版116、釋文103頁；『日本總目』、101頁を參照。

(32) 「恆」は、『大谷文書』壹、「略論吐魯番出土的敦煌文書」、『日本總目』は均しく誤って「垣」に作る。

(33) 陳國燦「略論吐魯番出土的敦煌文書」、『西域研究』2002年第3期、6頁。

(34) 『大谷文書』壹の大谷文書2832號の下の解題はこれと同じ考えである。103頁。

(35) 『新獲文獻』、16頁。これに關する研究は、韓香「吐魯番新出洪奕家書研究」、『西域文史』第二輯、北京：科學出版社、2007年、101-116頁を參照。

(36) 『出土文書』貳、172-173頁。

(37) 『出土文書』肆、136頁。

(38) 『魏書』卷一〇一、2244頁。

(39) 『舊唐書』卷一九八・高昌傳「初、大業之亂、中國人多投於突厥。及頡利敗、或有奔高昌者、文泰皆拘留不遣。太宗詔令括送、文泰尚隱蔽之。」北京：中華書局、1975年、5294頁。

(40) 孟憲實『漢唐文化與高昌歷史』「唐太宗西州移民」、356-364頁を參照。

(41) 杜斗城、鄭炳林「高昌王國的民族和人口結構」、『西北民族研究』1988年第1期、80-86、282頁。

(42) 孟憲實「唐統一後西州人故鄉觀念的轉變：以吐魯番出土墓磚資料爲中心」、『新疆師範大學學報』(哲學社會科學版)1994年第2期、39-51頁を參照。

(43) 「俄藏Dx.11414+Dx.02947前秦擬古詩殘本研究」、213頁。

(44) ベルリン國立圖書館所藏。『歐美總目』、118頁を參照。

(45) 張錫厚『敦煌文學源流』第四章の關連する研究を參照、335-341、354-357頁。

(46) 新疆ウイグル自治區博物館。『出土文書』壹、25頁を參照。

(47) 吐魯番博物館藏。『新獲文獻』、186-191頁を參照。

(48) 新疆ウイグル自治區博物館所藏。『出土文書』壹、56-60頁を參照。研究成果については陸慶夫「吐魯番出土西涼「秀才對策文」考略：兼論漢晉隋唐時期策試制度的傳承」、『敦煌學輯刊』1989年第1期を參照；また、同著『絲綢之路史地研究』、蘭州：蘭州大學出版社、1999年、225-242頁にも收める；李步嘉「一份研究西涼文化的珍貴資料：建初四年秀才對策文書考釋」、『武漢大學學報』(人文科學版)1990年第6期、114-121頁；大西康裕、關尾史郎「『西涼建初四年秀才對策文』に關する一考察」、『東アジア：歷史と文化』第4號、1995年、1-20頁。Albert E. Dien, "Civil Service Examinations. Evidence from the Northwest," *Culture and Power in the Reconstitution of the Chinese Realm 200-600,* eds. by S. Pearce, A. Spiro and P. Ebrey, Harvard University Asia Center, 2001, pp.99-121.

(49) 『毛詩鄭箋』殘卷、新疆ウイグル自治區博物館所藏、『出土文書』壹、137-142頁を參照；『急就章』古注、新疆ウイグル自治區博物館所藏、『出土文書』貳、232-238頁を參照。

(50) トルファンの高昌國から西州時期の初等教育についての研究のまとめは、姚崇新「唐代

西州的官學：唐代西州的教育之一」、『新疆師範大學學報』哲學社會科學版2004年第1期、62-68頁；「唐代西州的私學與教材：唐代西州的教充之二」、『西域研究』2005年第1期、1-10頁を參照。

(51) 「鄭注論語對策」、新疆ウイグル自治區博物館所藏、『出土文書』肆、149-152頁を參照。研究成果については王素「唐寫『論語鄭氏注』對策殘卷與唐代經義對策」、『文物』1988年第2期、56-62頁；「唐寫『論語鄭氏注』對策殘卷考索」、同編著『唐寫本論語鄭氏注及其研究』、北京：文物出版社、1991年、259-271頁。顏師古「賢良策問」、ベルリン國立圖書館所藏、『歐美總目』、第50頁を參照。

(52) プリンストン大學ゲスト圖書館所藏、『歐美總目』、950-952頁を參照；最新の研究成果については、劉波「普林斯頓大學藏吐魯番文書唐寫本經義策殘卷之整理與研究」、『文獻』2011年第3期、10-28頁を參照できる。

(53) 新疆ウイグル自治區博物館所藏、『出土文書』貳、217-218頁參照。關連する研究については、王素「關於隋薛道衡所撰「典言」殘卷的幾個問題」、『考古與文物』、1984年第2期、101-105、100頁を參照。

(54) 龍谷大學大宮圖書館所藏。『大谷文書』貳、圖版86、釋文200頁參照。

(55) 龍谷大學大宮圖書館所藏。『大谷文書』參、圖版47、釋文240頁參照。

(56) 『高昌殘影』329；德藏已佚文書、國家圖書館は舊寫眞を所藏している。

(57) ドイツ所藏のトルファン文書にある『切韻』殘片の項目だけでも、以下のように多くの編號がある。：Ch.79（TID1038）、Ch.1072v（TIID1f）、Ch.1106v（TIIT1921）、Ch.1150v（TIID236）、Ch.2437r（TIID1a）、Ch.3533r（TIID1d）、Ch.3715r（TIID1b）、Ch.1991（TID/TIVK95-100a、b）、Ch.2094、Ch.3605、Ch.5555va、Ch.5555vb（TM46）、『歐美總目』、7-325頁參照。

(58) 徐俊「俄藏Dx.11414+Dx.02947前秦擬古詩殘本研究」、216頁。

(59) 柴劍虹「德藏吐魯番北朝寫本魏晉雜詩殘卷初識」は、一部の年代が確定した北朝寫本の敦煌トルファン文書を比較し、殘詩寫本の年代を五世紀前半と確定した。『敦煌吐魯番學論稿』、347-348頁。

(60) 王素「新發現麴伯雅佚詩的撰寫時地及其意義『高昌史稿・統治編』讀論之二」、『西域研究』2003年第2期、10-13頁を參照。

(61) 『宋史』卷四九〇、北京：中華書局、1985年、14111-14112頁。

(62) 榮新江「王延德所見高昌回鶻大藏經及其他」、『慶祝鄧廣銘教授九十華誕論文集』、石家莊：河北教育出版社、1997年、269頁。

(63) 王媛媛「新出漢文『下部贊』殘片與高昌回鶻的漢人摩尼教團」、『西域研究』2005年第2期、51-57頁。

(64) 『歐美總目』、308頁。一說ではこの詩は蘇軾の「雷州」八首の三であるというが、すでに嚴密な調査を經て誤りであることが判っている。最新の研究成果は林珊「德藏吐魯番文獻中的宋詩習字殘片」、『文獻』2009年第4期、26-34頁を參照。

(本文は筆者の「中古時期吐魯番地區漢文文學的傳播與接受——以吐魯番出土文書爲中心」を增補・改訂したものである。原文は『中國社會科學』2010年第6期、182-194頁で發表された。)

玄奘の譯場と玄應の行實
――敦煌・吐魯番文獻と日本古寫經の傳えるもの――

張　娜　麗

はじめに

三藏法師玄奘が太宗、高宗の庇護のもとで主導した新將來梵本の譯經は、國家事業としての様相を含めながら進められた。この玄奘の譯經については、『古今譯經圖記』『續高僧傳』『開元釋教錄』等に明記されているところがあり、そこには、この翻譯對象の佛經名稱をはじめ、譯出に關わる譯主こと玄奘本人、譯場、譯經時期等が詳記されている。そしてさらに、譯經に參與する主筆受僧である「辯機」「大乘光」等の名も摘記されている。

しかしながら、玄奘の譯經に參列した「正字」役を擔う沙門玄應をはじめ、その他の數多くの沙門、學德者については、その摘錄も稀で、事跡等が不明のままとなっている。このため筆者は、先年、敦煌・吐魯番所出の寫經、及び日本の古刹に傳存している古寫經中に「譯場列位」と稱される資料を博搜し、これを用いて手始めに沙門玄應の事跡を追究する小論を綴った[(1)]。そして、この過程において、字學大德玄應以外の、例えば、「證文」や「證義」等で玄奘法師の譯經事業に加わったその他の諸僧についてもその事跡の一部を檢出することができた。

本稿は、西域文獻研究の一つとして、こうした玄奘法師の譯經事業の總覽と、この譯場に參臨した諸大德、沙門の動靜、すなわち譯場での各々の役割の實態、及びそれら諸人の止住、所屬寺院、生卒年等々の具體的閲歷の闡明を目指して、殊に、玄奘主催の譯場で一筋に「正字」役を擔い、後世の文字、音韻の學術に多大に裨益する音義書を遺した沙門玄應の行實について、敦煌・吐魯番所出の古寫經や日本の古刹に傳存する抄寫古經資料を用いて攷述を試みるものである。なお、本稿では、玄應個人の行實究明に關わり、研究者間の多くに玄應本人の撰述と見なされている『大般若經音義』(『大慧度經音義』)について[(2)]その是非を確認する小文も綴ることとした。

一、三藏法師玄奘の譯經

1、玄奘の西行と歸國

沙門玄奘が憲章を冒して天竺に向かおうとした理由は、彼自身が、

「玄奘往以佛興西域、遺教東傳、然則勝典雖來而圓宗尙闕、常思訪學。」(慧立・彥悰『大唐大慈恩寺三藏法師傳』卷第五 玄奘上表文、以下『慈恩傳』と稱す。)

と述べ、慧立の文に、

「法師旣遍謁衆師、備餐其說、詳考其理、各擅宗塗、驗之聖典、亦隱顯有異、莫

知適從、乃誓遊西方以問所惑、幷取『十七地論』以釋眾疑、卽今之『瑜伽師地論』也。」(同巻第一)

と記され、さらに玄奘本人が、

「昔法顯智嚴亦一時之士、皆能求法導利群生、豈使高蹟無追清風絕後、大丈夫會當繼之。」(同巻第一　玄奘言)

と告げている通り、南北の地論師、攝論師等によって說かれる經論の惑亂を治める新たな瑜伽の足本等を學び獲てこれを本國に齎し、正確な譯本を作り、群生利益を果たす正法を敷衍することを切願したからであったと見られる。

この玄奘は、前後十七年に及ぶ苦難に滿ちた西行を經てその目的を果たし、貞觀十九年年初に歸國を實現している。このさまを『舊唐書』巻第一百九十一「僧玄奘傳」では次のように略記している。

「在西域十七年、經百餘國、悉解其國之語、仍采其山川謠俗、土地所有、撰『西域記』十二卷。貞觀十九年、歸至京師、太宗見之、大悅、與之談論。於是詔將梵本六百五十七部於弘福寺翻譯、仍敕右僕射房玄齡、太子左庶子許敬宗、廣召碩學沙門五十餘人、相助整比。」

『慈恩傳』巻第五の記述によれば、玄奘は歸國直前、于闐の地より朝廷へ上表文を呈しているが、この文に接した太宗は、ほど經て「歡喜無量、可卽來與朕相見。」と歸國許可の敕書を下し、梵經や經義を解するその國の僧の入朝も一任させること、また、人力、鞍馬の手配を考慮し、于闐等の道使や諸國に玄奘を送らせ、敦煌の官司に流沙で、さらに鄯善國に沮沫で彼を迎えさせる旨を傳えている。

玄奘は、その後、同年正月二十五日にようやく房玄齡が派遣した右武侯大將軍の侯莫陳寔等に迎えられ、長安に入り、齎した梵經、舍利粒、佛像等を弘福寺に納めたのち、すぐさま太宗の居る洛陽に向かい翌二月初め太宗に謁している。この拜謁後、玄奘は洛陽宮儀鸞殿で再び太宗に謁し、太宗との談論を行なった旨が『慈恩傳』巻第五等に記されている。この時太宗は玄奘に西域、天竺の狀況を聞くなどして大いに悅び、彼が公輔に堪え得る人材であることを察知し、還俗して自らの補佐をすることを勸めたが、彼は「願得畢身行道、以報國恩」と固辭したため、これは沙汰止みとなった。さらに遠征への隨從を求めた太宗に、彼は疾疹を理由にこれを辭退し、嵩山少林寺で國のための將來梵經の翻譯に入ることを願うが、太宗は穆太后のために造營した弘福寺の禪院での翻譯への就業を指示したため、彼は半月ほどの時を經た三月半ばに洛陽から長安に戻って弘福寺に入り、梵筴の經論の漢譯に着手することとなった[3]。

2、玄奘の創譯と經論

『慈恩傳』巻第六によれば、玄奘は譯經に先立って譯出時に必要となる證義、綴文、筆受、書手等の人數を條記して、西京留守役の司空公房玄齡に申告し、房玄齡の所司への指示を得て貞觀十九年夏四月（原文に六月とあるが、四月の誤記）戊戌に大小乘經論を諳解する時輩の推す所の證義大德一十二人、また、綴文大德九人、字學大德一人、梵文大德一人、筆受、書手、及び、所司の供する料物等を集め、五月二日（『慈恩傳』巻第六では「丁卯」とあるが『開元釋經錄』「總括群經錄上之八」の記述に基づく）から彼自身が將來した貝葉本を繰りながら梵文を開演し、譯場に列した諸僧を加え、その飜譯が進められたということである。

『舊唐書』巻第一百九十一「僧玄奘」傳に見える「廣召碩學沙門五十餘人」という數は上記した箇所の總數にあたると思われるが、ここで玄奘の譯場に參臨した諸沙門を引いておこう。

(證義大德)

京弘福寺沙門靈潤、沙門文備、羅漢寺沙門慧貴、實際寺沙門明琰、寶昌寺沙門法祥、靜法寺沙門普賢、法海寺沙門神昉、廓州法講寺沙門道深、汴州演覺寺沙門玄忠、蒲州普救寺沙門神泰、綿州振嚮寺沙門敬明、益州多寶寺沙門道因等。

(綴文大德)

京師普光寺沙門栖玄、弘福寺沙門明濬、會昌寺沙門辯機、終南山豐德寺沙門道宣、簡州福聚寺沙門靜邁、蒲州普救寺沙門行友、棲巖寺沙門道卓、豳州昭仁寺沙門慧立、洛州天宮寺沙門玄則等。

(字學大德)

京大總持寺沙門玄應。

(證梵語、梵文大德)

京大興善寺沙門玄謨。

(筆受、書手)

*人名無記

なお、『續高僧傳』巻第四 譯經篇四「京大慈恩寺釋玄奘傳」一には、これらの沙門名が次のように記されている。

「遂召沙門慧明靈閏等、以爲證義。沙門行友玄賾等、以爲綴緝。沙門智證辯機等、以爲錄文。沙門玄模以證梵語。沙門玄應以定字僞。」

また、『舊唐書』巻第一百九十一「僧玄奘」傳には、太宗の後を繼いだ高宗が顯慶元年に、左僕射于志寧、侍中許敬宗、中書令來濟、李義府、杜正倫、黃門侍郎薛元超等に命じ、共に玄奘所定の譯文を「潤色」させ、國子博士范義碩、太子洗馬郭瑜、弘文館學士高若思等に飜譯への助力をさせていることが書かれている。これらの高位の人士の「潤色」や助力がどれほどのものであったかは具體的には確認できないが、こうした記事により太宗、高宗二代を通して帝敕により官をあげて國家事業として玄奘が當初志望した通りの譯經が行なわれていたことがわかる。

さて、こうして西京弘福寺禪院において始められることとなった譯經は、玄奘の主導のもと、先の諸沙門に筆受、正字、證義、綴文、證梵語等の各種の攷業を擔わせ、五月二日に大乘經の『大菩薩藏經』譯出時から行なわれだしている。この譯場に參列した道宣は、この譯出の情景をその著『續高僧傳』卷第四　譯經篇四の「玄奘傳」中で次のように綴っている。

「其年五月創開翻譯、大菩薩藏經二十卷、余爲執筆、幷删綴詞理。其經廣解六度四攝十力四畏三十七品諸菩薩行、合十二品、將四百紙。」

『大乘菩薩正法經』の異譯のこの經典は、菩薩道の要となる四無量、六波羅蜜多、四攝を説くもので、玄奘は舊譯に不足する梵文の綴りの轉寫をより正確にする工夫を進めており、その内容からも、この經を第一に譯出した玄奘の意趣が、唐王朝の基盤を築きつつある太宗をはじめとした爲政者へ向けての垂示を含めてのものであったことを推測させる。この『大菩薩藏經』は同年九月二日（或いは「歳暮方」）に譯了となったが、これと同時に瑜伽論を解き聖教を顯揚する「顯揚聖教論頌」や衆生の利益、安樂實現の無上正等覺の發現のための呪言を示す『六門陀羅尼經』、また、淸淨法界と四智のもとでの大覺のさまを説く『佛地經』を譯出したのも導利群生にかかわる業と見られる。

玄奘の譯經はこれ以後、精力的に次々と行なわれ、病患の間も停頓することなくその死の直前まで繼續され、『阿毘達磨大毘婆沙論』（以下『大毘婆沙論』と稱す）二百卷、『大般若波羅蜜多經』（以下『大般若經』と稱す）六百卷を含め七十五部一千三百三十五卷(4)に上る經論が新譯されたという。これらのものは彼が辛酸を嘗めて故國に齎した梵篋六百七十五部の一割強にあたり、未翻は五百八十二部數千卷であったとされる。

ところで、玄奘の譯經活動は、太宗の詔敕により、貞觀十九年五月二日から長安の弘福寺禪院（のち翻經院とされる）で始められ、坊州の玉華宮弘法臺、北闕（紫微殿）弘法院、大慈恩寺翻經院、終南山翠微宮、西京大内順賢閣、麗日殿、嘉壽殿、慶福殿、八桂亭等々と譯場を移して續けられた。しかし、その後、病患による體軀の衰えを覺え、京師での世煩を避け、入山翻譯を願い、玉華寺への移居を請う文を上表して敕許を得て、顯慶四年十月、翻經諸僧や弟子達と共に玉華宮に入り、肅成院に在って『成唯識論』『大般若經』をはじめとした經論を譯出し、麟德元年正月一日、玉華殿での『呪五首經』の翻譯をした二日後、病状が進むにも拘らず諸僧が『大寶積經』の譯出を懇請する中、玄奘はこれを敷衍譯出し、

「此經部軸與大般若同、玄奘自量氣力不復辦此、死期已至、勢非賖遠。」（『慈恩傳』卷第十）

として譯出をやめてすべての譯業を結んでいる。

玄奘は麟德元年正月九日、脚跌の病勢が重篤となる中、弟子嘉尙に命じて譯出經論の總目錄を作らせ、翌月五日夜半に醫藥も間に合わず長逝している。玄奘の逝去により官の支援を受けた大譯經事業は同年三月六日に官命によって停止となり、已翻のものは官で抄寫し、未翻のものはすべて玄奘ゆかりの大慈恩寺に入れ、損失させることがないようとりはかられている。

さて、玄奘の主導した各譯場での譯出經論については、靖邁の『古今譯經圖記』、道宣の『大唐内典錄』『續高僧傳』、慧立・彥悰の『慈恩傳』、また智昇の『開元釋經錄』及び賛寧の『宋高僧傳』等々に採錄されるものがあるので、それらをもとに譯出開始年時順に配列して一覧表を作り、參考のために本論末尾に〔**附表**〕として添附しておくことにしたい。

3、玄奘の譯經法と諸僧の譯場參加

沙門玄奘の譯經時の實景は譯出された經論の資料からは明確には窺うことができないが、この譯經にもかかわった道宣は、次のような文も殘している。

「自前代已來所譯經教、初從梵語倒寫本文、次乃迴之順同此俗、然後筆人亂理文句、中閒增損多墜全言。今所翻傳都由奘旨、意思獨斷出語成章、詞人隨寫卽可披翫。尙賢吳魏所譯諸文、但爲西梵所重貴於文句、鉤鎖聯類重沓布在、唐文頗居繁複、故使綴工專司此位、所以貫通詞義加度節之。」(『續高僧傳』卷第四「譯經篇」四「玄奘傳」)

玄奘の譯經は、梵語に從って本文を倒寫(すべて取り出し書きし)、ついでこれを漢語に直譯してのちに筆人が文句をおさめ返すという形で(逐語譯を行なっていたため)、中閒で增損し多くは全き內容の表現を墜としめてしまうことにもなる前代の譯出法とは異なり、玄奘その人が獨自に理解し譯出する句文を、前代已譯の句文を尙びながら、原文の重要とするところはこれをちりばめつなげ綴り、重ねて布置させて譯文を作り、繁雜となったところを文章作成の巧みな專門の分掌者に綴り直させるといった方式を採った。このため、文意が貫通し、その表現も格調高きものとなり、節度を加えることとなった、という(5)。玄奘本人が梵文原典を理解しその內容を言葉に出すもとで、出された句文を整齊させるという方式、すなわち直譯、意譯を雜える主體者中心のやり方が原典の內容をより明瞭にさせたということであろう。このことは、敕により譯經の監閱にかかわった許敬宗が、『瑜伽師地論』の譯了後に綴り加えた「後序」に、「三藏法師玄奘敬執梵文譯爲唐語」とも記述している。

さて、玄奘は譯經に先立ってそれに必要となる人員等を求め、帝敕を得て大官房玄齡の指示によって綴文大德以下正字大德に至るまでの高名な學僧を揃えると共に、文章の「潤色」、「監閱」にあたる篤學の官人も動員させているが、これらは、不譯の語にも十分な音譯の注意を拂いながら、直譯と意譯をとりまぜて出だす玄奘の經論の譯語、譯文の瑕疵を補正し、その表現の流麗さを高めるための不可缺の補佐人員であったと見られる。

ところで、玄奘の譯經に從った僧俗の實態は、末端の端役の人員も含めると相當な數に上ったことが想像される。こうした人士の實際は、現在まで傳えられた書寫遺品、殊にその冒首、或いは末尾に抄記された「譯場列位」資料によって辛うじて窺うことができる。

なお、玄奘の譯經には玄奘本人と譯經助役の諸僧、また奉佛者以外の學人等と、原語の譯出、譯成內容についてかなり激しく論議することもあったようで、例えば、次のようなさまがあったことが諸書に傳えられている。

・『大毘婆沙論』譯畢後、玄奘が梵本にない字句を加えて譯した部分について弟子法寶が疑念をもち、玄奘との閒に問答をした。その折玄奘は「吾以義意酌情作耳」と答えて、時に逐語直譯のみの譯經を行なわないことを明言している。(『慈恩傳』巻第十)(『續高僧傳』巻第四 等)

・『大般若經』譯出に際しては、二十萬頌もある梵本を删節して翻譯することを請う周圍に對し、一文も删らず梵文に從い、文に疑錯があれば、已得の三梵本を校比して、本文を定め譯出する苦勞をいとわなかった(『慈恩傳』巻第十 他)。

・かつて譯出した『因明入正理論』及び『因明正理門論』について、玄奘の許しを得て神泰、靖邁、明覺等が自らの意見を述べる疏文を作った。これに對して樂、儒、陰陽の知識をもち太常博士となった呂才が數十條にわたり異見を提出する中、慧立が尚書左僕射の于志寧に書を致してこれを論駁、これにより太常博士柳宣と明濬との閒にも激論が交わされ、永徽六年十一月七日高宗の敕命により群公學士等を慈恩寺に赴かせ、玄奘、呂才に對論をさせ、事の是非を定めさせるに至り、緇素の學者をまきこんだ學術論爭が起こった[(6)]。

などである。

さて、ここで、筆者が檢出、採集し得た玄奘譯經に關する「譯場列位」の傳寫資料によって、そこに確認される譯場參加列位を總覽するため、事項を配列して作成した詳表を以下に〔**表一**〕「玄奘の譯場における諸僧の分掌一覽表」(見開き表)として提示してみよう。この表からは玄奘の梵經譯出に加わった諸僧の分掌や止住、所屬寺院等の變遷の槪ねが把捉できる。

(1) 譯經と抄經の年時差

ところで、傳存する「譯場列位」の遺文には注意を要する內容が含まれているものがある。先ず、實際の經論譯出年時と抄寫され轉記されている列位記に見える譯經年時に差異が見られるものがあり、また、參加列位の所屬、止住寺院等にも譯出當時のものではなく抄寫された紀年と齟齬するものも存在している。藤善眞澄氏が『道宣傳研究』で道宣の閱歷を論述する中、西明寺上座となった道宣にかかわり、蘇頲の「長安西明寺塔碑」(『文苑英華』巻第八五五「碑」)に記される「寺主神察」の文字と『佛祖統記』の記事「詔道宣律師爲上座、神泰法師寺主……」の正誤を定めるため、顯慶元年七月廿七日の表記のある『大毘婆沙論』巻第一の譯場列位を用いた[(7)]のも、こうしたことを把握したためである。また、米田雄介氏が、「聖語藏」經巻を用いてそれまで譯經がなされていなかったと見られていた永徽六年に『俱舍論』巻第三、第四、及び『大毘婆沙論』巻第一百七十が譯出されていたことを論じた[(8)]のも、これにかかわることである。ここで、こうした、書寫された經論の譯出紀年と列位者の所屬止住寺院の問題の一例を示しておくことにしたい。

『大菩薩藏經』卷第二は、その卷末に貞觀廿二年八月一日の日附で菩薩戒弟子蘇士方が筆寫した跋文（願文）を遺す敦煌寫經遺品であるが、尾題後の「譯場列位」記には、二十名の僧名が列記され、その末尾に「慈恩寺沙門 玄奘 譯」の文字や細楷で書かれた許敬宗の官銜、氏名、分掌の文字が確認される。この經典は『大唐內典錄』『開元釋教錄』によれば、玄奘が創譯したもので、貞觀十九年五月二日から九月二日（『慈恩傳』では「歳暮方訖」）に譯出したと傳えられており、當時、玄奘は太宗の敕のもと弘福寺禪院に在ってこれを完成させたとされる。大慈恩寺は皇太子李治（のち高宗となる）が亡母のために建立した大寺で、その落成は貞觀廿二年十二月であり、玄奘はその十二月戊辰に太常寺卿江夏王道宗等による盛大な見送りを受け、譯出した經論と佛像、衆僧と共にここに入り[9]、その翌月貞觀廿三年からここで譯經を始めたとされている。貞觀廿二年八月當時、玄奘は大慈恩寺には居なかったのである。現存する蘇士方書寫の經卷跋文の紀年にはこの他に、貞觀廿二年十月二日〈『妙法蓮華經』卷第五〉、貞觀廿二年十一月一日〈『解深密經』卷第二〉があるが、實際の抄寫、轉寫がいつであったのかは他日の詳考が必要と思われる。

(2) 譯場參加沙門の異動とその役割分擔

ところで、「譯場列位」に見える沙門名には同種の經卷の寫記でも卷次によって出入りや變化のあるものが確認される。こうしたさまは抄寫者の錯誤や脫筆とは言い難いところがあり、卷次によって譯出にかかわる分掌者が入れ替わることもあることから、その所屬や止住寺院に異動があったことを推測させもする。因みに、ここで玄奘創譯の『大菩薩藏經』(『大乘菩薩藏經』）の譯場列位の抄寫が殘る卷第三、卷第十九、及び最末卷である卷第二十の沙門名を比較對照してみると、分掌については多少の相違を見せる僧も含むものの、卷第三、卷第十九の閒では、第十二條に證文役の大總寺沙門の辯機一人のみが增えるだけで、兩卷はほぼ同じ參加沙門の名が留められている。しかしながら、こうした卷第三、卷第十九と卷第二十の閒には參加沙門のかなりの出入りが確認されるのである。この經典の最終卷である卷第二十には、卷第三、卷第十九に書かれるような、通常は列位記の筆頭に置かれるべき筆受者の名、例えば、弘福寺沙門知仁、靈雋等の名が見られず、他に類を見ないような多數の證義役の沙門名等が見られるのである。すなわち、この卷には、卷第三、卷第十九に見られない證義役の法界寺沙門神昉、綿州振嚮寺沙敬明、靜法寺普賢、弘福寺靈閏（潤)、及び綴文役の天官寺玄則、普光寺門沙門栖玄、終南山豐德寺道宣、邠州昭仁寺沙門慧立の名が見られる。

卷第三、卷第十九の列記に脫落、錯誤がなくそれが當初からのものであるとすれば、最終卷卷第二十に現われる沙門は、卷第三、卷第十九の譯出には加わっておらず、この經典の譯了を閒近にしてその賦與された役割を擔い業を果たすべく、その譯場に列

〔表一〕玄奘の譯場にお

譯出經論 / 分掌僧名	大乘菩薩藏經 卷第三	大乘菩薩藏經 卷第十九	大乘菩薩藏經 卷第二十	顯揚聖教論 卷第五	瑜伽師地論 卷第一（～末卷）	瑜伽師地論 卷第十一（存十二行）	瑜伽師地論 卷第三十四（存十一行）	瑜伽師地論 卷第七十一（存十二行）	瑜伽師地論 卷第一百（存五行）	大乘五蘊論	解深密教 卷第二	解深密經 卷第五（存列位記三行及跋文）	因明入正理論 卷第一
嘉尙（弘福寺）													
嘉尙（西明寺）													
海藏													
基													
義褒													
行友	證文 普救寺	證文 普救寺	綴文 普救寺	證文 普救寺	受旨證文 普救寺				證文 普寂寺	翻經沙門	證文 普救寺		
敬明			證義 振響寺							翻經沙門			
玄應	正字 大捴持寺	正字 大捴持寺	正字 大總持寺	正字 大捴持寺	正字 大總持寺	正字 大捴持寺	正字 大捴持寺		正字 大總持寺	翻經沙門	正字 大捴持寺	正字 大捴持寺	正字 大總持寺
玄覺													
玄奘（三藏法師）	譯（奉詔譯） 慈恩寺	譯（奉詔譯） 慈恩寺	譯	譯（奉詔譯） 慈恩寺	譯（奉詔譯） 慈恩寺	譯（奉詔譯） 慈恩寺	譯（奉詔譯） 慈恩寺	譯（奉詔譯） 慈恩寺	譯（奉詔譯） 慈恩寺	譯（奉詔譯）	譯（奉詔譯） 慈恩寺		
玄賾					受旨證文 玄法寺					翻經沙門（賾）			
玄則（天宮寺）			綴文 天宮寺										
玄則（西明寺）													
玄忠	證文 眞諦寺	證文 眞諦寺	證義 演覺寺	證文 眞諦寺	受旨證文 眞諦寺	證文 眞諦寺	證文 眞諦寺		證文 眞諦寺	翻經沙門（中）	證文 眞諦寺		
玄度					蒸義筆受 會昌寺								
玄謨（摸、暮）	證梵語 弘福寺	證梵語 弘福寺	證梵語 弘福寺	證梵語 弘福寺	證梵語 弘福寺				證梵語 弘福寺		證梵語 弘福寺		
正信										翻經沙門			
處衡					受旨證文 普光寺					翻經沙門			
神皎													
神察													
神泰	證義 栖巖寺	證義 栖巖寺	證義 普救寺	證義 栖巖寺	詳證大義 栖巖寺	證義 栖巖寺	證義 栖巖寺		證義 栖巖寺	翻經沙門	證義 栖巖寺		
神昉			證義 法界寺										
栖玄			綴文 普光寺							翻經沙門			
靖邁（靜）	證文 福衆寺	證文 福衆寺	綴文 福聚寺	證文 福衆寺	受旨證文 福衆寺筆受				證文 福衆寺	翻經沙門	證文 福衆寺		
善樂													
大乘雲（雲雋）											筆受 弘福寺		
大乘基（窺、窺基）													
大乘欽（欽）													

ける諸僧の分掌一覧表

[張　娜麗　作表]

天請問經	能斷金剛般若波羅蜜多經卷第一	佛地經	大乘大集地藏十輪經卷第一	阿毘達磨大毘婆沙論卷第一	說一切有部發智論卷第一	成唯識論卷第二（只存轉寫三行）	大般若波羅蜜多經卷第百九十八	大般若波羅蜜多經卷第二百卅二	大般若波羅蜜多經卷第三百卌八	大唐大慈恩寺三藏法師傳卷第六	續高僧傳卷第四	補注	
				筆受 弘法寺	筆受 弘法寺								1
				筆受 西明寺			筆受 西明寺	筆受 西明寺	筆受 西明寺				2
				筆受 魏伐寺	筆受 魏伐寺								3
						筆受 翻經沙門	筆受 玉華寺	筆受 玉華寺	筆受 玉華寺				4
				正字 大慈恩寺	正字 大慈恩寺								5
證文 普救寺		證文 普救寺	證文 普救寺							綴文大德 普救寺	綴輯		6
													7
正字 大捴持寺		正字 捴持寺	正字 大總持寺	正字 大慈恩寺	正字 大慈恩寺						定字僞		8
										字學大德 大總持寺	筆受（大乘大法論）		9
譯（奉詔譯） 慈恩寺	奉詔譯	譯	奉　詔譯 大慈恩寺	奉　詔譯	奉　詔譯	奉　詔譯	奉　詔譯	奉　詔譯	奉　詔譯				10
		證文 玄法寺									綴輯		11
							綴文 天宮寺			綴文大德 天宮寺			12
				綴文 西明寺	綴文 西明寺		綴文 西明寺	綴文 西明寺	綴文 西明寺				13
證文 眞諦寺			證文 眞諦寺							證義大德 演覺寺			14
													15
證梵語 弘福寺	證梵語 弘福寺	證梵語 弘福寺								梵文大德 大興善寺 *	證梵語	*證梵語	16
													17
													18
							筆受 弘福寺	筆受 弘福寺	筆受 弘福寺				19
				執筆 西明寺	執筆 西明寺								20
詳證大義 栖巖寺	證義 栖巖寺		證義 栖巖寺	證義 大慈恩寺	證義 大慈恩寺		證義 大慈恩寺	證義 大慈恩寺	證義 大慈恩寺	證義大德 普救寺			21
			筆受 法海寺	筆受 大慈恩寺	筆受 大慈恩寺		綴文 大慈恩寺	綴文 大慈恩寺	綴文 大慈恩寺	證義大德 法海寺			22
				綴文 大慈恩寺	綴文 大慈恩寺					綴文大德 普光寺			23
	證文 福衆寺			綴文 大慈恩寺	綴文 大慈恩寺		綴文 大慈恩寺	綴文 大慈恩寺	綴文 大慈恩寺	綴文大德 福聚寺			24
				證義 大慈恩寺	證義 大慈恩寺								25
													26
							筆受 大慈恩寺	筆受 大慈恩寺	筆受 大慈恩寺				27
							筆受 大慈恩寺	筆受 大慈恩寺	筆受 大慈恩寺				28

大乘光（普光、光）										翻經沙門			
道懿													
道因													
道觀	筆受 大捴持寺	筆受 大捴持寺		筆受 大捴持寺	蒸義筆受 大捴持寺				筆受 大總持寺	翻經沙門	筆受 大捴持寺		
道原									筆受 法臺寺				
道洪	證義 大捴持寺	證義 大捴持寺		證義 大捴持寺	詳證大義 大捴持寺				證義 大捴持寺		證義 大捴持寺		詳證大義 大總持寺
道勝（僧勝）										翻經沙門			
道深（琛）	證義 法講寺	證義 法講寺	證義 法講寺	證義 法講寺	詳證大義 法講寺				證義 法講寺	翻經沙門	證義 法講寺		詳證大義 法講寺
道宣			綴文 豐德寺							翻經沙門			
道則（測）													
道卓	筆受 瑤臺寺	筆受 瑤臺寺	綴文 栖巖寺	筆受 瑤臺寺	蒸義筆受 瑤臺寺					翻經沙門	筆受 瑤臺寺		
道智	證文 普光寺	證文 普光寺		證文 普光寺	受旨證文 普光寺				證文 普光寺		證文 普光寺		
道明													
知仁（僧知仁）	筆受 弘福寺	筆受 弘福寺		筆受 弘福寺	蒸義筆受 弘福寺				筆受 弘福寺	翻經沙門	筆受 弘福寺	筆受 弘福寺	
智開					蒸義筆受 弘福寺					翻經沙門			
智證										翻經沙門			
智險										翻經沙門			
普賢			證義 靜法寺										
文備	證義 弘福寺	證義 弘福寺	證義 （弘福寺？）	證義 弘福寺	詳證大義 弘福寺				證義 弘福寺	翻經沙門	證義 弘福寺		詳證大義 弘福寺
辯機（辨）		證文 大捴持寺	綴文 會昌寺	證文 大捴持寺	受旨證文 大總持寺 筆受	筆受 大捴持寺	筆受 大捴持寺		證文 大捴持寺	翻經沙門		證文 大捴持寺	
辯通（辨、習、㗚）													
法祥	證義 寶昌寺	證義 寶昌寺	證義 寶昌寺	證義 寶昌寺	詳證大義 寶昌寺				證義 寶昌寺	翻經沙門	證義 寶昌寺		詳證大義 寶昌寺
明濬	正字 弘福寺	正字 弘福寺	綴文 弘福寺	正字 弘福寺	受旨證文 弘福寺正字				正字 弘福寺	翻經沙門	正字 弘福寺		筆受證文 弘福寺
明覺	筆受 清禪寺	筆受 清禪寺		筆受 清禪寺	蒸義筆受 清禪寺				筆受 清禪寺	翻經沙門	筆受 清禪寺		
明玉													
明珠													
明琰	證義 實際寺	證義 實際寺	證義 實際寺	證義 實際寺	詳證大義 實際寺				證義 實際寺	翻經沙門	證義 實際寺		詳證大義 實際寺
靈會					蒸義筆受 弘福寺					翻經沙門			
靈雋	筆受 弘福寺	筆受 弘福寺		筆受 弘福寺	蒸義筆受 弘福寺				筆受 弘福寺	翻經沙門			
靈閏（潤）			證義 弘福寺							翻經沙門			
靈範													

			筆受 大慈恩寺	筆受 大慈恩寺	筆受 大慈恩寺		筆受 玉華寺	筆受 玉華寺	筆受 玉華寺				29
													30
										證義大德 多寶寺			31
	筆受 大捴持寺		筆受 大總持寺										32
													33
證義 大捴持寺			證義 大總持寺										34
		證義 弘福寺								證義大德 法講寺	執筆幷刪 綴詞理＊	＊（大菩 薩藏經）	35
證義 法講寺			證義 法講寺							綴文大德 豐德寺			36
									筆受 大慈恩寺				37
							筆受 大慈恩寺	筆受 大慈恩寺		綴文大德 棲巖寺			38
筆受 瑤臺寺													39
證文 普光寺		證文 普光寺											40
			證義 實際寺										41
筆受 弘福寺													42
											錄文＊	＊（顯揚 聖教論）	43
													44
										證義大德 靜法寺			45
				證義 大慈恩寺	證義 大慈恩寺					證義大德 弘福寺			46
證義 弘福寺			證義 弘福寺							綴文大德 會昌寺	錄文（西 域傳）等 ＊	＊事連紕 前後	47
證文 大捴持寺	證文 大捴持寺	筆受 捴持寺							證義 大慈恩寺				48
				執筆 大慈恩寺	執筆 大慈恩寺		證義 大慈恩寺	證義 大慈恩寺		證義大德 寶昌寺			49
			證義 寶昌寺	證義 大慈恩寺	證義 大慈恩寺					綴文大德 弘福寺			50
正字 弘福寺			正字 弘福寺										51
筆受 清禪寺													52
													53
				證義 大慈恩寺									54
					證義 大慈恩寺					證義大德 實際寺			55
													56
筆受 弘福寺										證義大德 弘福寺	證義		57
		證義 弘福寺											58
		證義 弘福寺			證義 西明寺				證義 西明寺				59

慧景										翻經沙門			
慧貴（惠）	證義 羅漢寺	證義 羅漢寺	證義 羅漢寺	證義 羅漢寺	詳證大義 羅漢寺				證義 羅漢寺	翻經沙門	證義 羅漢寺		詳證大義 羅漢寺
慧明（惠）										翻經沙門			
慧朗													
慧立			綴文 照仁寺										
杜行顗													
許敬宗	監閲 銀青光祿大夫行太子左庶子高陽縣開國男臣	監閲 銀青光祿大夫行太子左庶子高陽縣開國男臣		監閲 銀青光祿大夫行太子左庶子高陽縣開國男臣	監閲　後序 銀青光祿大夫行太子左庶子高陽縣開國公臣 *男 中書令	監閲 銀青光祿大夫行太子左庶子高陽縣開國公臣	監閲 銀青光祿大夫行太子左庶子高陽縣開國公臣	缺 未錄？	監閲 銀青光祿大夫行太子左庶子高陽縣開國公臣	奉敕監閲 銀青光祿大夫行太子右庶子高陽縣開國男臣	監閲 銀青光祿大夫行太子左庶子高陽縣開國男臣		奉詔監譯 銀青光祿大夫行太子左庶子高陽縣開國男臣
崔元譽													
陳德詮													
蘇士方	轉寫 菩薩戒弟子	＊無表記		轉寫 菩薩戒弟子							轉寫 菩薩戒弟子		
觀自在					敬寫 内常侍輕車都尉菩薩戒弟子	敬寫 内常侍輕車都尉菩薩戒弟子	敬寫 中大夫兼内侍護軍佛弟子	未錄？ 弟子	敬寫 内常侍輕車都尉菩薩戒弟子			敬寫 内常侍輕車都尉菩薩戒弟子	
郗玄爽													
輔文開													

・＊印は諸資料中の殘存文字數の少ない譯場列位抄寫を極力採錄した箇所。なお文字の誤寫、誤錄と見られるものについては、一部・を附してこれを改めた。
・蘇士方と觀自在は同一人の異稱の可能性が高いが、ここでは二欄に分けて表記した。
・『天請問經』の跋文中の「輕寫」の文字は「轉寫」の誤寫と見られる。
・『大慈恩寺三藏法師傳』卷第六には證義大德中に綿州振響寺敬明が記される。また、『大唐内典錄』等に據れば、譯經には彦悰、弘彦、宗哲等の沙門も筆受、

				證義 西明寺			證文 西明寺	證義 西明寺	證義 大慈恩寺	證義大德 羅漢寺			60
			證義 羅漢寺	證義 大慈恩寺	證義 大慈恩寺		證文 大慈恩寺	證義 大慈恩寺					61
											證義		62
		證義 弘福寺					筆受 大慈恩寺	筆受 大慈恩寺	筆受 大慈恩寺				63
				綴文 西明寺	綴文 西明寺					綴文大德 昭仁寺			64
	筆受 直中書												65
監閲 銀青光祿大夫行太子左庶子高陽縣開國男臣		監閲 銀青光祿大夫行太子左庶子高陽縣開國男臣					潤色監閲太子少師弘文館學士監修國史高陽縣開國公臣	潤色監閲太子少師弘文館學士監修國史高陽縣開國公臣	潤色監閲太子少師弘文館學士監修國史高陽縣開國公臣				
							檢校寫經使司禮大夫	檢校寫經使司禮大夫					
							專當官經判官司禮主事	專當官經判官司禮主事	專當寫經判官司禮主事				
輕寫 菩薩戒弟子													
				敬寫 中大夫內侍護軍佛弟子									
		寫 直司書手											
			裝潢手										

綴文等を行なっていたことがわかる。

していたものとも解することが可能であろう。この中に名の見える道宣について記せば、彼は『續高僧傳』巻第四 譯經篇四の「玄奘傳」で『大菩薩藏經』二十巻の譯出にかかわり、「余爲執筆、幷翻綴詞理」と述べているが、すべての譯出の場には加わらず、數次の譯出にかかわり、この經の譯出完了を控えて、總體的に詞理の翻綴に當たったようにも見られる。譯場に參列した沙門の出入りのこうした狀況は、現在遺文が殘る『瑜伽師地論』巻第一、同巻第一百の閒にも確認されるものがあるが、何れにしても譯經に關しては短少なものである場合はともかく、かなりの分量をもつものについては、その經巻の譯出に際して、時によってはそれに關わる役僧の數を增減させていたと見て誤りはないように思われる。

因みに、同一經論の譯出時の諸僧の役割について、具體的に巻品による違いの一部がやや分明に摘記された遺文が初雕本『高麗大藏經』K.0570、及び『大正新脩大藏經』(以下『大正藏』と稱す)No.1579の『瑜伽師地論』巻一末尾に附載されている。

この遺文は當時譯經の監閱に當たった中書令銀青光祿大夫行太子左庶子、高陽縣開國男の臣許敬宗が經論の譯出後に綴った「後序」であるが、この文中に「梵本四萬頌、頌三十二字、凡有五分宗明十七地義」とされる『瑜伽師地論』一百七巻の玄奘譯を支えた諸僧の實狀が細述されている。貞觀廿一年五月十五日に譯出が肇められたこの經論は、玄奘が敬しく梵文を執って譯して唐語と爲すもとで次の諸僧が各役割を分擔し、貞觀廿一年五月十五日に至って絕筆となったと記されている。弘福寺沙門の靈會、靈雋、智開、知仁、會昌寺沙門の玄度、瑤臺寺沙門の道卓、大總持寺沙門の道觀、淸禪寺沙門の明覺らが烝義筆受して、弘福寺沙門の玄謨は證梵語、大總持寺沙門の玄應は正字、大總持寺沙門の道洪、實際寺沙門の明琰、寶昌寺沙門の法祥、羅漢寺沙門の惠貴、弘福寺沙門の文備、蒲州栖巖寺沙門の神泰、廓州法講寺沙門の道深らは、詳證大義を行なったというのである。そして各巻品の證文者が次のように記されている(括弧内は現行巻次)。

- 本地分中、五識身相應地意地、有尋有伺地、無尋唯伺地、無尋無伺地、凡十七巻、
  普光寺沙門道智、受旨證文(現行:巻第一から巻第十)
- 三摩呬多地、非三摩呬多地、有心無心地、聞所成地、思所成地、修所成地、凡十巻、
  蒲州普救寺沙門行友、受旨證文(現行:巻第十一から巻第二十に)
- 聲聞地初、瑜伽種姓地盡第二瑜伽處、凡九巻、
  玄法寺沙門玄賾、受旨證文(現行:巻第二十一から巻第二十九)
- 聲聞地第三瑜伽處盡獨覺地、凡五巻、
  汴州眞諦寺沙門玄忠、受旨證文(現行:巻第三十から巻第三十四)
- 菩薩地、有餘依地、無餘依地、凡十六巻、
  簡州福眾寺沙門靖邁、受旨證文(現行:巻第三十五から巻第五十)
- 攝決擇分、凡三十巻、
  大總持寺沙門辯機、受旨證文(現行:巻第五十一から巻第八十)

・攝異門分、攝釋分、凡四卷、

普光寺沙門處衡、受旨證文（現行：卷第八十一から卷第八十四）

・攝事分、十六卷、

弘福寺沙門明濬、受旨證文（現行：卷第八十五から卷第一百）[10]

こうした分掌の實狀の一部は、現在遺存する唐代當時の寫經、乃至それを轉寫した奈良朝寫經等に見られる「譯場列位」記によってその證が得られるものもある。例えば、『瑜伽師地論』卷一の奈良朝寫經（石山寺一切經）[11]を見ると卷一には證文に蒲州普救寺沙門の行友、普光寺沙門の道智（錄文では「證受」となっているが、「證文」の誤りと見られる）、及び汴州眞諦寺沙門の玄忠の三名が列記されており、證文擔當が一名でなかったことが知られ、許敬宗の綴る後序の證文擔當者名はあくまでもその首班者を擧げたものと推測されるのである。

ともあれ、譯場に參列した諸沙門の所屬、居住寺院の移動もこれに關わった官人の職位の變化、譯場列位の遺文から確認できるものがある。その一部については既述した通りであるが、この異動、變化の確認可能なところを次に記しておくことにしたい。詳しくは揭示した〔**表一**〕を參照して頂こう。なお、觀自在、蘇士方（蘇は藊、蕵とも書かれる）は同一人の可能性があるが、ここでは別記しておいた。

諸沙門・官人の所屬等の異動一覽

沙門・官人名	初出所屬（止住）寺院・職位		その後の所屬（止住）寺院・職位
玄忠	眞諦寺　（貞觀十九）	⟶	演覺寺　（永徽二年）
神昉	法界寺　（貞觀十九）	⟶	大慈恩寺（顯慶元）
神泰	栖嚴寺　（貞觀十九）	⟶	大慈恩寺（顯慶元）
靖邁	福聚寺　（貞觀十九）	⟶	大慈恩寺（顯慶元）
大乘光	大慈恩寺（貞觀十九）[*二十二年]	⟶	玉華寺　（顯慶五）
辯機	寶昌寺　（貞觀十九）[△二十二年]	⟶	大慈恩寺（顯慶元）
法祥	會昌寺　（貞觀十九）	⟶	大捴持寺（貞觀十九）
明琰	實際寺　（貞觀二十一）	⟶	大慈恩寺（顯慶二）
慧貴	羅漢寺　（貞觀十九）	⟶	大慈恩寺（顯慶元）
慧範	弘福寺　（貞觀十九）	⟶	西明寺　（顯慶二）
慧朗	弘福寺　（貞觀十九）	⟶	大慈恩寺（龍朔元）
慧立	昭[*照]仁寺　（貞觀十九）	⟶	〔大慈恩寺（顯慶三）〕→　西明寺（顯慶元[*三]）
許敬宗	銀青光祿大夫、行太子左庶子、高陽縣開國男　臣　監閱（貞觀十[△二十]九）	⟶	銀青光祿大夫、太子少師、弘文館學監、修國史高陽郡開國公　臣　潤色監閱（龍朔二）
崔元譽	檢校寫經使司禮大夫（龍朔元）	⟶	檢校寫經使司禮大夫（龍朔二）
陳德詮	專當寫經判官司禮主事（龍朔元）	⟶	專當寫經判官司禮主事（龍朔二）
觀自在	内常侍輕車都尉菩薩戒弟子（貞觀二十一）	⟶	中大夫内侍護軍菩薩戒弟子（顯慶元）

蘇士方	菩薩戒弟子（貞觀二十二）※二十一	──→ 菩薩戒弟子（貞觀二十二）

△は異傳、※は別記を示す

このように諸沙門の動靜を一覽すると、諸寺に止住していて召集され譯場に列した學德屈指の沙門達は、貞觀二十二年の大慈恩寺落成後に概ね玄奘の入寺に從って舊住地よりここに移っていることがわかり、西明寺が造建された後には一部がこちらにも配されていることが窺われる。ここでこうした沙門の中の一人である慧立の狀況について諸資料に基づき小述しておくことにしよう。

慧立は、上記の通り玄奘の最初期の譯經に從っており、高宗による西明寺の造營後、この寺に入った經歷が『集古今佛道論衡』卷四や「譯場列位」記、また『宋高僧傳』卷十七「護法篇」第五「惠立傳」等に徵されるが、而立の年に達する頃、その才學の聲譽により召し出されて大慈恩寺の玄奘のもとに至り、玄奘の翻經に加わり(12)、顯慶三年六月の內裏での道佛の名理論爭の後、敕を受けて西明寺に移っている。この後は不明な所があるが、玄奘の長逝によって翻經事業が停止された後には、太原寺（西太原寺、のち魏國寺（咸亨二年）、さらに崇福寺（垂拱二年）と改稱）、（『唐會要』卷第四十二）に移ったようで、『宋高僧傳』には、貞觀三年十五歲で出家して幽州の昭仁寺に住した後のことが「敕召充大慈恩寺翻經大德、以補西明寺都維那、後授太原寺主」とも綴られている。慧立はここで『慈恩傳』を撰して未成のままに卒し、のちこれを弘福寺の彥悰が續綴して十卷となしたとも記されている。道宣のように貞觀初年崇義寺に住し、のち豐德寺に移り、召し出されて玄奘の最初期の譯經に加わったのち、譯場を離れて終南山の清官精舍・淨業寺に移り著作と律の嚴修を行ない、南山律宗の確立を果たした沙門もいる。また、慧立のように玄奘の譯經の首尾に關わり、これがその死によって停止された後、さらに寺籍を移しつつ護法のために師傳を綴り、次代の翻經にも連なる場に身を置いたような沙門もいたことである。

因みに、玄奘の傳を綴り殘した慧立は、玄奘の死後、太原寺こと魏國寺に住しているが、この寺には、天竺から來朝した玄奘の法友・地婆訶羅（日照）が住まい、敕により永隆元年から翻經を行なったということで（彼は弘福寺等でもこれを行なう）、『宋高僧傳』卷第二 譯經篇一之二の「釋地婆訶羅傳」には、この翻經時に、玄奘の譯場ゆかりの嘉尙、靈辯、明恂等の沙門がその譯業に加わっていることが記されている。

二、字學大德玄應の行實

1、玄奘の譯場と玄應の參譯

字學の學殖によって召し出されて沙門玄奘の梵筴創譯の場に參列した沙門玄應は、その後この譯經に從い、傍ら佛典の辭句を摘錄して讀音、訓義を綴った音義書『玄應音義』を遺している。こうした玄應の行實については、『慈恩傳』卷第六、道宣撰の『大唐內典錄』卷第五、同『續高僧傳』卷第三十、同「大唐衆經音義序」などの斷片的な記事によってその一部を窺うことができる。それらによれば、玄應は、當時大總持寺沙門であり、北齊沙門道慧撰になる『一切經音』の不備を嘆き、佛經の音義書を撰述することを志していて、敕命を受けて字學大德として玄奘の譯場に參列し譯經活動に加わったさまなどの概ねが把握できる。しかし、玄應の生卒、法臘、師承等を含めた平生の事跡については、その詳細の確認が果たせないままとなっていて、わずかに譯經時の活動の一齣を通して、その生卒年月を推定する論議が行なわれている。

こうした玄應について、かつて神田喜一郎氏は、玄奘の譯場における活動を精緻に論考し、自ら蒐集した「譯場列位」資料四點によって、その卒年等を追究した。そしてこれ以降には、この四點の資料以外に、日本傳藏、敦煌所出の譯經關係資料中に、玄應の行實を追跡可能にする「譯場列位」遺墨の追求が始められた。しかし、これを檢出することはなかなかに困難であった。ところが、幸いなことに、筆者は、日本の古寫經、及び敦煌所出寫經遺品等を縦覽し、その中からさらに十三點に上る玄奘譯經時の「譯場列位」記を探り當てることができた。それらは既刊の拙論(13)中で提示したところであるが、ここで改めて補訂を加えて計二十四點のものを玄奘の梵經譯出順に配列し、本論文中所掲の圖版番號も添記して〔**表二**〕として示しておくこととする。

なお、この一覽表を作成するに際して主として使用した資料は次の通りであり、この通し番號を〔**表一**〕中の「資料出據」欄中に〔 〕で附記しておいた。

1. 中國國家圖書館所藏敦煌寫經(北・0760)。當寫本は貞觀廿二年八月一日、蘇士方の書寫になる。巻末に譯出紀年、譯場列位、蘇士方の題記(發願文)が見られる。(中國國家圖書館藏　陳垣『敦煌劫餘錄續』五九表に錄文、のち『館藏敦煌遺書精粹』に收載)〔**圖版 1**　(484頁)〕
2. 守屋孝藏蒐集敦煌寫經。當寫本は譯出紀年を缺き抄寫年月も不記。巻末に譯場列位のみが記されている。(京都國立博物館『守屋孝藏氏蒐集古經圖錄』二三五　圖版96　昭和三十九年三月所收)〔**圖版 2**　(485頁)〕
3. 鵜飼徹定(緣嶠南溪徹定)採錄武州緣山經閣『高麗藏』中の經卷。譯出紀年、譯場列位が抄錄されている。(同氏著『譯場列位』文久 3 年夏 6 月序)(原著は活版印刷の『解題叢書』國書刊行會編 大正 5 年 1 月にも收錄)
4. 藤井善助蒐集敦煌寫經。當寫本は『大菩薩藏經』巻第三寫經と同様、貞觀廿二年八月一日蘇士方の書寫になる。巻末に譯場列位、蘇士方題跋(發願文)が記されている。(藤井有鄰館藏　藤井善助編輯『篤敬三寶册』有鄰館 1942 年 1 月　第一三圖所收)〔**圖版 3**　(486頁)〕
5. 近江石山寺傳藏奈良時代寫經。石山寺文化財綜合調査團 編『石山寺の研究 一切經篇』(法藏館 1978年 3 月 345頁)に採錄。當錄文には譯出紀年、譯場列位、觀自在の題跋(發願文)が見られる。なお、この抄寫には誤字(筆寫者の誤記あるいは釋文作成者、採錄者の誤認)が多く見られる。
6. 原保太郎藏奈良時代?寫經。田中光顯抄錄。經題、譯出紀年、觀自在題跋

（發願文）のみが採錄されている。（田中光顯 輯集『古經題跋隨見錄』卷1-2 大正８年８月15日）

7．江府三縁山學黌藏寫經。縁嶠南溪徹定著『古經搜索錄』乾坤　嘉永５年杪冬題（昭和四十七年八月影印　東山學園）の鵜飼徹定自筆抄寫では「跋尾曰」として、譯出紀年、譯場列位、が筆錄されている。なおこの書に抄錄される「明濬正字」「玄應正字」の文字は、これを再錄した同師木活字著『譯場列位』（文久３年夏６月序）錄文、及びこれを更に活字版再々錄した『解題叢書』（國書刊行會 大正14年10月15日）中の錄文では「明濬證文」「玄應證文」となっている。これは前項の「玄忠證文」につられた誤記と見られる。

8．近江石山寺傳藏院政期寫經。石山寺文化財綜合調査團 編『石山寺の研究 一切經篇』（法藏館 1978年３月 450頁～）に採錄。當錄文には譯出紀年、譯場列位、及びこの抄寫のもととなった宋版（開寶藏）の刋記の寫が見られる。ただし、列位の表記について玄奘譯經時にはその類例が確認できず、これより後の義淨譯經時に常用される「翻經僧」の統一した肩書が見られることも注意を要する。宋版刻成時に改文等があったものかも知れない。

9．李盛鐸舊藏、羽田亨獲得敦煌寫經。杏雨書屋所藏。當寫本は卷末に譯場列位、及び貞觀廿二年十一月一日の蘇士方の轉寫題跋（發願文）が記される。武田科學振興財團杏雨書屋編『敦煌祕笈　影片册一』2009年10月（羽008－16）。〔圖版４（487頁）〕

10．中村不折蒐集敦煌寫經。書道博物館所藏。當寫本は卷末に譯場列位、及び貞觀廿二年八月十五日の蘇士方の轉寫題跋（發願文）が記される。磯部彰編『臺東區立書道博物館藏 中村不折舊藏 禹域墨書集成』中 2005年３月（圖版071)。〔圖版５（488頁）〕

11．ペリオ蒐集敦煌寫經Pel.chin3709。當寫本は貞觀廿二年八月十九日の郗玄爽の書寫。卷末に總言數、譯場列位、題跋（發願文、蘇士方文と等しい）４行が記されている（フランス國立圖書館所藏『法藏敦煌西域文獻』第27册 1994年～2005年 41頁所收)。〔圖版６（489頁）〕

12．初彫本『高麗大藏經』所收『瑜伽師地論』卷第一末尾 許敬宗「後序」部分（高麗大藏經研究所 データベース『高麗大藏經』正藏 初彫藏經部 大乘 大乘論部 No.570 V15-p 0471-c～0473-a)。

13．神田喜一郎發見天平寫經。當寫本は卷末部の譯出紀年、譯場列位のみの寫眞が揭出されている。所藏者は未記。『神田喜一郎全集』第１卷「東洋學說林」口繪（同朋舍 昭和六十一年一月)。〔圖版７Ｂ（490頁）〕

〔表二〕玄奘譯經「譯場列位」中の筆受と正字僧一覽表 〔張 娜麗 作表〕

經名・卷數	全卷譯出時間(上段) 該卷鈔寫時間(下段)	譯場	主筆受僧(上段) 正字職僧(中・下段)	資料出據(所藏)(注1) 〔本論掲出圖版〕〔上掲資料番號〕
大菩薩藏經 卷第三	貞觀十九年五月二日～九月二日 貞觀廿二年八月一日轉寫	弘福寺翻經院	弘福寺沙門僧知仁筆受 弘福寺沙門明濬正字 大捴持寺沙門玄應正字	敦煌寫經(中國國圖) (北・0760) 〔1〕 〔圖版1〕
同 卷第十九	貞觀十九年五月二日～九月二日 鈔寫紀年缺	弘福寺翻經院	弘福寺沙門知仁筆受 弘福寺沙門明濬正字 大捴持寺沙門玄應正字	敦煌寫經(京博) 〔2〕 〔圖版2〕
同 卷第二十	貞觀十九年五月二日～九月二日 鈔寫紀年缺	弘福寺翻經院	筆受僧無記 大總持寺沙門玄應正字	高麗藏『譯場列位』 〔3〕
顯揚聖教論 卷第五	貞觀十九年十月一日～二十年正月十五日 貞觀廿二年八月一日轉寫	弘福寺翻經院	弘福寺沙門知仁筆受 弘福寺沙門明濬正字 大總持寺沙門玄應正字	敦煌寫經(有鄰館) 〔4〕 〔圖版3〕
瑜伽師地論 卷第一	貞觀二十年五月十五日～二十二年五月十五日〔貞觀廿二年五月内〕 鈔寫紀年缺	弘福寺翻經院	弘福寺沙門靈會蒸義筆受 大捴持寺沙門玄應正字	日本古寫經「石山寺一切經」 第39函1(石山寺) 〔5〕 『高麗藏』K.0570 〔12〕 『大正藏』30册 No.1579
同 卷第十一	貞觀二十年五月十五日～二十二年五月十五日〔貞觀廿二年五月内〕 鈔寫紀年缺	弘福寺翻經院	大捴持寺沙門辯機筆受 大捴持寺沙門玄應正字	日本古寫經「石山寺一切經」 第39函4(石山寺)
同 卷第三十四	貞觀二十年五月十五日～二十二年五月十五日〔貞觀廿二年五月内〕 鈔寫紀年缺	弘福寺翻經院	大捴持寺沙門辯機筆受 大捴持寺沙門玄應正字	日本古寫經「石山寺一切經」 第39函15(石山寺)
同 卷第七十一	貞觀二十年五月十五日～二十二年五月十五日〔貞觀廿一年 春正月朔廿三日〕 鈔寫紀年缺	弘福寺翻經院	＊列位記未鈔 ＊有觀自在跋文鈔寫	日本古寫經(原保太郎藏?) 『古經題跋隨見錄』 〔6〕
同 卷第一百	貞觀二十年五月十五日～二十二年五月十五日〔貞觀廿二年五月十五日〕 鈔寫紀年缺	弘福寺翻經院	弘福寺沙門知仁筆受 弘福寺沙門明濬正字 大總持寺沙門玄應正字	日本古寫經(江府三緣山學黌藏)『古經捜索錄』 〔7〕 『大正藏』30册 No.1579
大乘五蘊論	貞觀二十一年二月二十四日 貞觀二十年五月十日 ＊誤記? 鈔寫紀年缺	弘福寺翻經院	翻經沙門道洪 翻經沙門玄應	日本古寫經「石山寺一切經」 第39函36(石山寺) 〔8〕
解深密經 卷第二	貞觀二十一年五月十八日～七月十三日 貞觀廿二年 十一月一日轉寫	弘福寺翻經院	弘福寺沙門知仁筆受 弘福寺沙門明濬正字 大捴持寺沙門玄應正字	敦煌寫經(杏雨書屋) 〔9〕 〔圖版4〕
同 卷第五	貞觀二十一年五月十八日～七月十三日 鈔寫紀年缺	弘福寺翻經院	弘福寺沙門知仁筆受 大捴持寺沙門玄應正字	日本古寫經(橋井善二郎藏) 『古經題跋隨見錄』
因明入正理論 卷第一	貞觀二十一年八月六日〔貞觀二十一年秋八月六日〕 鈔寫紀年缺	弘福寺(翻經院)	弘福寺沙門明濬筆受證文 大總持寺沙門玄應正字	『大正藏』32册 No.1630
天請問經	貞觀二十二年三月二十日 貞觀廿二年八月十五日	弘福寺翻經院	弘福寺沙門知仁筆受 弘福寺沙門明濬正字 大捴持寺沙門玄應正字	敦煌寫經(書博) 〔10〕 〔圖版5〕
能斷金剛般若波羅蜜多經	貞觀二十二年十月一日 鈔寫紀年缺	雍州宜君縣玉華宮弘法臺	直中書長安杜行顗筆受 ＊缺正字分掌僧部分等	敦煌寫經(佛國圖) (P.2323)
佛地經＊(佛說佛地經論)	貞觀二十三年十月三日～十一月二十四日 貞觀十九年七月十五日寫	大慈恩寺翻經院	摠持寺沙門辯機筆受 摠持寺沙門玄應正字	敦煌寫經(佛國圖) (P.3709) 〔圖版6〕 〔11〕
大乘大集地藏十輪經 卷第一	※永徽二年正月二十三日～六月二十九日〔永徽二年正月廿三日〕 鈔寫紀年缺	大慈恩寺翻經院	大慈恩寺沙門大乘光筆受 弘福寺沙門明濬正字 大總持寺沙門玄應正字	『大正藏』13册 No.411
阿毘達磨大毘婆沙論卷第一(說一切有部發智大毘婆沙論)	※顯慶元年七月二十七日～四年七月三日〔顯慶元年七月二十七日〕(注2)	大慈恩寺翻經院	弘福寺沙門嘉尚筆受 大慈恩寺沙門義褱正字 大慈恩寺沙門玄應正字	高麗藏經卷(武州緣山經閣宋本藏)『古經捜索錄』 『高麗藏』K.0952 『大正藏』27册 No.1545

阿毘達磨大毘婆沙論巻第一百七十（説一切有部發智大毘婆沙論）	永徽六年八月廿日 ※顯慶元年七月二十七日～四年七月三日〔顯慶元年七月二十七日〕	大慈恩寺翻經院	天宮寺沙門玄則筆受 ＊其他無記	「聖語藏」唐代寫經 第Ⅱ類：唐經　第2號 『高麗藏』K.0952 『大正藏』27册 No.1545 〔圖版7A〕
説一切有部發智論巻第一＊（阿毘達磨發智論）	顯慶二年正月二十六日～五年五月七日〔顯慶二年正月廿六日〕	大内順賢閣（玉華寺）（注3）	弘福寺沙門嘉尚筆受 大慈恩寺沙門義褒正字 大慈恩寺沙門玄應正字	日本古寫經「東洋學説林」口繪天平寫經〔13〕 〔圖版7B〕
成唯識論巻第二	顯慶四年閏十月〔顯慶四季十一月四日〕	＊玉華寺雲光殿 玉華肅誠殿	翻經沙門基筆受 ＊以下缺列位名。	日本古寫經（青山文庫） 『古經題跋隨見錄』
大般若波羅蜜多經巻第百九十八	顯慶五年正月一日～龍朔三年十月二十日〔龍朔元年十月廿日〕	玉華寺玉華殿	大慈恩寺沙門 欽筆受 ＊其他有「綴文」「證義」。「正字」無記。	日本古寫經（河内蘭光寺藏） 『古經捜索錄』
大般若波羅蜜多經巻第二百卌二	顯慶五年正月一日～龍朔三年十月二十日〔龍朔元年十月廿日〕	玉華寺玉華殿	大慈恩寺沙門　欽筆受 ＊其他有「綴文」「證義」。「正字」無記。	日本古寫經（小川廣巳藏） 「第三回大藏會陳列目錄」『奈良朝寫經展』「天平十一年七月十日石川年足願經」
大般若波羅蜜多經巻第三百卌八	顯慶五年正月一日～龍朔三年十月二十日〔龍朔二年〕	玉華寺	大慈恩寺沙門　欽筆受 ＊其他有「綴文」「證義」。「正字」無記。	日本古寫經（滋賀太平寺藏） 『本邦古寫經』「和同五年十一月十五日願經」 〔圖版8〕

（注1）所藏機關、經藏等の略稱：中國國圖（中國國家圖書館）、京博（京都國立博物館）、有鄰館（藤井有鄰館）、杏雨書屋（武田科學振興財團杏雨書屋、書博（書道博物館）、佛國圖（フランス國家圖書館）、『高麗藏』（『高麗大藏經』）、『大正藏』（『大正新脩大藏經』）

（注2）「聖語藏」の唐代寫經『阿毘達磨大毘婆沙論』巻第一百七十に永徽六年八月廿日の紀年が見られることにより、米田雄介氏は、この經論が、「顯慶元年ではなく、その前年の永徽六年に翻經されていることが確認できる」旨を述べている（「聖語藏經巻と玄奘三藏」『正倉院紀要』23號 2001年3月 132頁）。

（注3）現在の陝西省北部の宜君縣に所在した寺院。「永徽二年、玉華宮を廢して佛寺と爲す」と『舊唐書』巻第四「高宗本紀上」に記されている。

（注4）表中の※印は別傳の記述。

〔表二〕からもわかるように、玄應は貞觀十九年から弘福寺翻經院において玄奘の最初に手がけた『大菩薩藏經』二十巻の譯經に字學大德(14)として參加し、それ以來、「大總持寺沙門」、或は「大慈恩寺沙門」として「正字」役を擔い、「大慈恩寺翻經院」等において諸種の佛經の漢譯に攜わり、顯慶二年に大内順賢閣において行なわれた『説一切有部發智論』（『阿毘達磨發智論』）の譯出にも參加していった。これらのことは全てにわたってではないが、各譯經の巻頭、巻末等に明記された「譯場列位」から、職位、止住寺等の變遷を含めた概略が確認できる。諸資料、佛書序跋、及び「譯場列位」記には、玄應は實に十三年餘もの間、大總持寺及び大慈恩寺に籍を置き、默々として玄奘の譯經事業に加わっていたことが傳えられている。

玄奘の譯經において、「筆受」「證義」「綴文」等の役割は、何れも複數が置かれている。これに對して、「正字」役は、弘福寺沙門の明濬や大慈恩寺沙門の義褒と共に玄應がこれを擔うこともあったが、その多くは、玄應一人が單獨でこれを行なっている。貞觀十九年五月譯出の『大菩薩藏經』（巻第三）、貞觀廿二年五月譯出の『瑜伽師地論』（巻第一百）、顯慶元年七月譯出の『大毘婆沙論』（巻第一）、及び顯慶二年七月譯出の『説一切有部發智論』（巻第一）の四品に關して、「正字」擔當が玄應のほかに、明濬、義褒とされているのは、おそらく第一譯の『大菩薩藏經』譯出の折には萬全を期すためもあって「正字」役二人を置き、また後の『瑜伽師地論』、『大毘婆沙論』、

『發智論』等のような百巻にも二百巻にも及ぶ長巻の經典の譯出時には、翻經の人員も職位も擴充し、複數の「正字」役を置いたためであったように思われる。なお、『大毘婆沙論』、『發智論』の譯出時は、恐らく玄應の晩年に當たっていた可能性が高い。

2、玄奘の譯經と『玄應音義』

「正字」役を戴いて玄奘の翻經活動に従った玄應は、傍ら佛典の文字の音義を解說、排列する音義書『一切經音義』(『衆經音義』、『玄應音義』とも稱す)を編綴していた。玄應は玄奘の譯經に加わる以前から佛典の字學に多大な關心を持ち、舊譯佛經の用字、辭句についてその音と義を闡明する大部な著述を進めていたと見られる。しかし、玄奘の主催する新將來梵本の譯出の場に正字役として加わりながら、自ら綴り編んだと見られるものは、神田喜一郎氏の發言以來、諸研究家によって言及されているように、『玄應音義』全二十五巻のうちの巻第二十一から巻第二十五の計五巻である。ここでその五巻に取り纏められた音義と玄奘の新譯經典の關係を具に把握するため、以下に音義名と經典名を對比した〔表三〕を示すこととする。

さて、『開元釋教錄』巻第八には、

「其年(貞觀十九年)五月方操貝葉開演梵文、創譯『大菩薩藏經』、沙門道宣執筆幷删綴詞理、又復旁翻『佛地經』『六門陀羅尼經』『顯揚聖教論』……」

との記述が見られる。このため、玄奘の譯場では複數の經典の漢譯が同時に行なわれたことが知られる。同書などによれば、貞觀十九年から永徽五年(卽ち『玄應音義』末巻の『阿毘達磨順正理論』音義)にかけての九年閒に、玄奘の譯出した經典の數は五十六部(四百四十九巻)にも上り、かなりの速度で譯經が進められていたと見られる。これに對し、〔表三〕にも示したように、『玄應音義』はその五十六部の半ばにも滿たない二十六部についての音義を記すのみである。この玄奘の新譯についての玄應の音義は、その巻次を見ればわかるように、必ずしも玄奘の譯經年時順とは一致していない。こうした經巻の排列のさまは、後世の人の手の附加を想像させる餘地をもつが、玄應自身がこうした編次を行なっていたとすれば、玄應は、譯經時に抽出した語辭を整理し、後にそれらをほぼ部類に従って排列した可能性があり、寶積、大集、經集、般若、涅槃、密教、瑜伽、毘曇といった概ねの流れをもって難讀の術語が多出する長巻の瑜伽、毘曇部の經論に多數の音義を施していたとも推考される。そしてまた、『玄應音義』の揭出語、條項を通覽すれば、玄應は玄奘の譯經に逐次に、しかもそのすべての譯出經論には音義を施していないことが確認できる。

ここで、〔表三〕の『玄應音義』の條目數と玄奘の譯經巻數を比較してみよう。當然のことながら原經典の巻數が少ないものほどその條目數が遞減するが、例えば、『分別緣起經』、『佛地經』のように、僅かに1、2の音義條目しか存在しないものも見られる。こうしたことは、譯出に加わっていたことが判明する『因明入正理論』や『天請問經』のように短篇の經論について、その音義を殘さなかった理由をも推測さ

〔表三〕『玄應音義』末五巻と玄奘の譯經對照　〔張 娜麗　作表〕

玄應音義		玄奘譯經		
卷次	音義名（條目數）	經典名（卷數）	部別	譯經時閒
卷第二十一	大菩薩藏經（157）	大菩薩藏經（20）	寶積部	貞觀十九年五月二日～九月二日
同	大乘十輪經（74）	大集地藏十輪經（10）	大集部	永徽二年正月二十三日～六月二十九日
同	說無垢稱經（25）	說無垢稱經（6）	經集部	永徽元年二月八日
同	解深密經（7）	解深密經（5）	經集部	貞觀二十一年五月十八日～七月十三日
同	分別緣起經（1）	分別緣起初勝法門經（2）	經集部	永徽元年二月三日～八日
同	能斷金剛般若經（5）	能斷金剛般若經（1）	般若部	貞觀二十二年十月一日
同	菩薩戒本（5）	菩薩戒本（1）	律部	貞觀二十三年七月二十一日
同	稱讚淨土經（6）	稱讚淨土佛攝受經（1）	寶積部	永徽元年正月一日
同	佛地經（2）	佛說佛地經（1）	經集部	貞觀十九年七月十五日
同	示教勝軍王經（11）	如來示教勝軍王經（1）	經集部	貞觀二十三年二月六日
同	如來記法住經（4）	佛臨涅槃記法住經（1）	涅槃部	永徽三年四月四日
同	六門陀羅尼經（5）	六門陀羅尼經（1）	密教部	貞觀十九年七月十四日
同	般若心經（2）	般若波羅密多心經（1）	般若部	貞觀二十三年五月二十四日
卷第二十二	瑜伽師地論（513）	瑜伽師地論（100）	瑜伽部	貞觀二十年五月十五日～貞觀二十二年五月十五日
卷第二十三	顯揚聖教論（101）	顯揚聖教論（20）	瑜伽部	貞觀十九年十月一日～二十年正月十五日
同	對法論（85）	大乘阿毘達磨雜集論（16）	瑜伽部	貞觀二十二年十月一日
同	攝大乘論（91）	攝大乘論釋（10）	瑜伽部	貞觀二十一年三月一日～貞觀二十三年六月十七日
同	廣百論（62）	大乘廣百釋論（10）	毘曇部	永徽元年六月二十七日～十二月二十三日
同	佛地經論（10）	佛地經論（7）	釋經論部	貞觀二十三年十月三日～十一月二十四日
同	掌珍論（8）	大乘掌珍論（2）	中觀部	貞觀二十三年九月八日
同	王法正理論（4）	王法正理論（1）	瑜伽部	貞觀二十三年七月十八日
同	大乘成業論（9）	大乘成業論（1）	瑜伽部	永徽二年閏九月五日
同	正理門論（2）	因明正理門論本（1）	論集部	貞觀二十三年十二月二十五日
同	大乘五蘊論（3）	大乘五蘊論（1）	瑜伽部	貞觀二十一年二月二十四日
卷第二十四	阿毘達磨俱舍論（292）	阿毘達磨俱舍論（30）	毘曇部	永徽二五月十日～五年七月二十七日
卷第二十五	阿毘達磨順正理論（258）	阿毘達磨順正理論（80）	毘曇部	永徽四年正月一日～五年七月十日

せる。しかし、これとは逆に、『玄應音義』卷第二十二の『瑜伽師地論』、同卷第二十四の『阿毘達磨俱舍論』[15]、及び同卷第二十五の『阿毘達磨順正理論』の如き長卷の經論においては、玄應は原經典に對して完全に卷を逐って音義を施しているのである。

ところで、顯慶元年以降に譯出された長卷である『毘達磨大毘婆沙論』、及び『說一切有部發智論』(『阿毘達磨發智論』)については、玄應はその譯出に加わっていながら、半句の音義も殘してはいない。當時の年限からすれば、恐らくは、玄應自身の命脈の急迫があってか、これらの經論の音義が生み出されなかったようにも推察されるのである。

3、玄應の示寂時期

さて、玄應の生涯については、傳承、摘錄された古文獻がないが、その示寂の時期については、かつて神田喜一郎、陳垣、周祖謨三氏ほかが論考を試みている。このうち陳垣氏は、玄應の事跡の消息を道宣の『大唐內典錄』から推測し、『續高僧傳』の成立時期に基づき、

「『內典錄』撰於麟德元年、則應卒在麟德以前矣。『續高僧傳』撰於貞觀十九年……則應卒在貞觀以後」

と述べ、玄應が示寂したのは、唐の貞觀以後、麟德以前にかけての閒であると推定している[16]。しかしながら、貞觀(廿三年)に續く永徽元年から麟德元年までの閒には、實に十五年の時閒の隔りがあり、陳氏の玄應の示寂時期に對する推論には、なお精確さが缺けていた。こののち言語學者の周祖謨氏が、『玄應音義』卷第二十四、二十五所錄の『阿毘達磨俱舍論』『阿毘達磨順正理論』の兩經は、何れも玄奘が永徽五年七月に譯出したもので、『玄應音義』の成立は永徽末年と見られるため、

「玄應不卒於永徽末、卽卒於顯慶初」

となるとの見解を示している[17]。これは、玄應の示寂した時期の特定を幾分狹めたこととなったのではあるが、陳、周兩氏の見解は、何れも推論であり、資料的には裏附けが乏しいままであった。

ところで、これより先に神田喜一郎氏は、玄應が貞觀十九年以來玄奘の佛經譯場に參列し、譯經活動に加わっていることを詳考し、譯場での行狀をもとに、次のように推論を提示した。

「玄應は恐らく「大般若經」の完成を見ない中に龍朔元年の秋か、晚くとも龍朔二・三年の閒に示寂したものと思はれるのである[18]。」

このように、現存の限られた資料から玄應の示寂時期についての幾種かの推論が出されたのであるが、この問題については、諸資料を博搜し改めてそれらを點檢しながら、さらに詳しく檢討を進めなければならぬようである。

(1) 玄應の足跡 — 顯慶年間の動向

さて、〔**表二**〕中の『大毘婆沙論』(『說一切有部發智大毘婆沙論』) 巻第一の「譯場列位」には、玄應の名が「大慈恩寺沙門玄應正字」として確認できる。また、この『大毘婆沙論』の譯經時間については、『開元釋教錄』巻第八によれば、

「阿毘達磨大毘婆沙論二百巻、見内典錄。五百大阿羅漢等造。顯慶元年七月二十七日、於大慈恩寺翻經院、譯至四年七月三日畢 (畢)。沙門嘉尙、大乘光等筆受。」

とされている。從って、この摘記が正しければ、玄應は、この『大毘婆沙論』の譯經が行なわれた顯慶元年までは在世していたことが明らかとなろう。ただしこの經論の譯出年月については、列位沙門の所屬寺院名に、次記する『阿毘達磨發智論』(『說一切有部發智論』) の列位記と同様に、經論譯畢の時期に所屬した寺院名が見えることから、當時の列位に異動がないならば、玄應もこの年代までは在世したことになる。

玄奘の譯場で譯經事業にかかわる玄應の名は、上表の顯慶二年に『說一切有部發智論』(『阿毘達磨發智論』) の譯場列位中にも確認される(19)。この資料は、中國傳存の資料中には徴し得ないものであり、玄應の當時の狀況を究明する貴重な手がかりの一つともなる。因みに、神田喜一郎氏自身が玄應關係の論考を發表した後に發見したこの題記と「譯場列位」を引錄しておくこととしたい。

說一切有部發智論巻第一

顯慶二年正月廿六日於長安大内順賢閣三藏法師玄奘奉　詔譯

洛州天宮寺沙門玄則筆受	弘福寺沙門嘉尙筆受
西明寺沙門神察執筆	大慈恩寺沙門辯通執筆
同州魏代寺沙門海藏筆受	大慈恩寺沙門神昉筆受
大慈恩寺沙門大乘光筆受	大慈恩寺沙門逡玄綴文
大慈恩寺沙門靜邁綴文	西明寺沙門玄則綴文
西明寺沙門慧立綴文	大慈恩寺沙門義褒正字
大慈恩寺沙門玄應正字	大慈恩寺沙門惠貴證義
大慈恩寺沙門法祥證義	西明寺沙門慧景證義
大慈恩寺沙門神泰證義	大慈恩寺沙門善樂證義
大慈恩寺沙門普賢證義	大慈恩寺沙門明琰證義

神田氏は、この資料に關する所藏等の詳細を記述していないが、揭出圖版の後背に次のような解說を附している。

「ここに揭げたのは天平寫經說一切有部發智論巻一の末尾に存する譯場列位で、列名の中に「大慈恩寺沙門玄應正字」の一行が見られる。これによると玄應は、顯慶二年正月までは、少なくとも生存し、玄奘の譯場に在つて梵筴の翻譯事業に從事してゐることがわかる。最近わたくしの新らしく發見した貴重な資料で、本書の一八七頁、及び一九五頁の記事を補正することが出來る。」

『說一切有部發智論』(『阿毘達磨發智論』) については、『開元釋教錄』巻第八、及

び巻第十三（別錄之三）に詳細な記述が見られる[20]。これらによれば、この『説一切有部發智論』は、迦多衍尼子の手になる『阿毘曇八揵度論』のことで、最初に苻秦（前秦）の僧伽提婆共竺佛念が譯出し、次に玄奘が顯慶二年正月二十六日から顯慶五年五月七日にかけて、西京大内順賢閣、及び玉華寺において再譯出して、その名も『阿毘達磨發智論』と改めたものであることがわかる。『開元釋教錄』巻第八に記述された譯經時間、譯經の場所等は、神田喜一郎氏所揭の天平寫經の抄字と一致している。從って、この「譯場列位」中に「大慈恩寺沙門玄應 正字」が見えることから、玄應が少なくとも顯慶二年正月までは在世していたことは確實となろう。

ここで再言するが、この寫經の列位記にもまた、顯慶三年夏に完成した西明寺の寺名があり、玄應の在世年限を再考させるのである。『開元釋教錄』巻第八に見られる『阿毘達磨發智論』の譯經時間は「顯慶二年正月二十六日於西京大内順賢閣譯至五年五月七日於玉華寺畢」となっている。この「(顯慶) 五年五月七日」まで玄應が實際に譯場にいたか否かについては、現在、これを確認できる資料が見出せないため、論斷は不可能であるが、玄應が顯慶五年五月七日まで在世していたか否かを含めて、顯慶初年以降の玄應の足跡については、さらに傳世資料等にもとづき注意深く追跡をしなければならない

なお、上記の『説一切有部發智論』巻第一に抄寫されている列位記に見える沙門神察、玄則、慧立、慧景の所屬、止住した西明寺は、高宗・李治が皇太子の長子李弘の病氣平癒を祈願して亡兄濮王李泰の故宅を改めて營造した大寺で、その完成は顯慶三年夏六月十二日と傳えられている。

沙門神察は、蘇挺撰の「唐長安西明寺塔碑」(『文苑英華』巻第八五五 「碑」一二〔釋六〕)の文には、敕によりこの寺の上座に据えられた道宣律師と共に寺主として寺に入り、慧景については記述がないが、玄則は傳學として同じくこの寺に入っていることが記されている。

列位記に見える譯經の紀年と列位沙門の所屬、止住寺院との間には抄寫者の脳裏にあったものの影響が現われているかのようにも見られ、あるいは、抄寫者が、譯經の紀年のもとに先後を意圖的に接合して表記しているのかとも見られ、譯經の實時と列位記の表記時、及び譯出なった經論の抄寫整備時、またその轉寫時のずれには十分な注意を要する內情が含まれているようである。

(2) 玄應の著述 —『大般若經音義』撰述の有無

〈先學説と私見 — その1〉

神田喜一郎氏は、『玄應音義』以外に、『東域傳燈目錄』『注進法相宗章疏』等に記載される玄應の撰述とされる佚書について、「攝大乘論疏十巻」「辯中邊論疏□巻」「因明入正理論疏三巻」「成唯識論開發一巻」「大般若經音義三巻」を擧げ、これらを概説して玄應の事績の考察を進めた[21]。このうちの「大般若經音義三巻」について、

同氏は、

「尤も「東域傳燈目錄」には「大慧度經音義三卷」とあるけれども、慧度とは梵語の般若波羅蜜多を漢語に譯したもので、卽ち「大般若經音義」のことである。「大般若經」はこれ亦た言うまでもなく玄奘が龍朔三年に譯了した有名な六百卷に上る大部の經典である。玄應のこの音義は「一切經音義」とは別に單行したものと見えて、一切經音義の中には含まれてゐない。」(加點は筆者)

と述べ、『東域傳燈目錄』所錄の『大慧度經音義』三卷を玄奘が龍朔三年に譯了した六百卷の『大般若經』による『大慧度經音義』三卷と解釋している[22]。こうした梵漢譯語の解釋を發端とした神田氏の論考を契機として、玄應、及び『玄應音義』、また、日本における『大般若經音義』研究の論考が數多く生み出されることとなった。

さて、『東域傳燈目錄』などに見られる『大慧度經音義』三卷とは、玄奘が龍朔三年に譯了した六百卷の『大般若經』による『大般若經音義』なのであろうか。また、玄應が『大般若經音義』三卷を撰述した事實はあるのであろうか。この問題にかかわる事柄については、神田氏ののちに築島裕、沼本克明、池田證壽の諸氏が、それぞれに論考を發表している[23]。諸論考の要は、『東域傳燈目錄』などに掲出される『大慧度經音義』三卷が、玄奘の新譯した六百卷の『大般若經』によるか否かの解釋、換言すれば、玄應その人がその音義を撰述しているか否かの理解、考證にあった。

今それらの一部を示すと、先ず、築島裕氏が日本遺存の各種の『大般若經音義』の總覽を進め、先學の論考をおさえながら、各音義の特徵を論述していく中で、第一に玄應『大般若經音義』三卷を置き、「現存しないらしい」と記して、高山寺本『東域傳燈目錄』の表記により、「東寺」にこの音義があった可能性を述べ、この音義の存在を肯定的に扱い、『玄應音義』卷三所收の『摩訶般若波羅蜜經』音義とは別物との旨を綴った[24]のである。ついで、沼本克明氏が石山寺藏『大般若經音義』に關して、その注文を『玄應音義』と比較して、「非常に相似た注文に依って構成されている」として「本書は玄應が別著した大般若經音義を抄出するに依って成立したものではあるまいか」と推定するに至った[25]。

これに對して、池田證壽氏は、石山寺藏『大般若經音義』、及びこれと同種の來迎院藏『大般若經音義』を信行『大般若經音義三卷』にあたるものと認め、抽出語、及び注音の實態を大治本『玄應音義』等との閒で比較調查を進め、信行撰述の依據が『玄應音義』であったらしい、との結論を述べるに及んでいる。池田氏はさらに『玄應大般若經音義』の存在そのものを疑問視し、玄應の『大般若經音義』に關する記述が、中國文獻に見られないこと、玄應の沒年と『大般若經』譯出の年代により、玄應が『大般若經音義』を撰述したとすることは全く不可能となること、日本にみえる『玄應音義』の記述に不審な點があることから、玄應『大般若經音義』、乃至玄應『大慧度經音義』は、玄應の『摩訶般若波羅蜜經』に對しての音義と考えられる旨を表明することとなった[26]。

池田氏は、『東域傳燈目錄』の撰者永超と『注進法相宗章疏』撰者の藏俊とは同じ法相宗の學侶であり、血脈相承上兩者の關係が密接であることを考え、『注進法相宗章疏』中に記される「玄應の大般若經音義三卷は、藏俊の意改によるものでなかろうかと臆測されるのである。」と述べている。

沙門玄應が玄奘譯出の『大般若經』の音義を撰述したか否かについては、その生卒年の推定にかかわり是非の論が早くから出されている。この問題は、日本古寫經關連文獻中の『大慧度經音義』の內容の推定をめぐって、上述したように、玄奘新譯の『大般若經』の音義と見る神田氏らの見解や、これを舊譯の鳩摩羅什譯出の『摩訶般若波羅蜜經』の抄寫と見る池田氏の考證がそれぞれに行なわれていることにも關連している。

ここで、諸氏の論考を閱讀する中で、筆者が特に氣附いた玄應と『大般若經音義』に關する一、二の事柄についてさらに記述しておくこととしたい。

先ず、「慧度」、すなわち『大慧度經』とは何かについてである。これに關しては、新羅僧・元曉の『大慧度經宗要』中の次の文が注目される。

　「所言『摩訶般若波羅蜜』者皆是彼語。此土譯之云「大慧度」。由無所知無所不知故名爲「慧」。無所到故無所不到乃名爲「度」。由如是故無所不能能生無上大人能顯無邊大果。以此義故名「大慧度」。……」(『 』「 」印は、筆者加筆)

文中の「彼語」とは、彼の國、天竺の語すなわち「梵語」、「此土」とは、此の國すなわち「漢土」を指す。文中には「摩訶般若波羅蜜」はすべて梵語で、漢土(大唐國)ではこれを意譯して「大慧度」という、と記されている。因みにこの譯語の原語は「महा प्रज्ञा पारमिता सूत्र mahā prajñā pāramita sūtra」である。

ところで、玄奘が龍朔三年に譯了した六百卷の『大般若經』のうち、四百八十一卷は玄奘自身の手により新たに譯出されたいわゆる「新譯」で、これ以外のものは、玄奘が舊譯を基に改譯したものであり、「重譯」とされるものである。この「重譯」の部分には、漢代末以來、單行譯出された二十數種の般若經、例えば、西晉・無羅叉譯の『放光般若經』(二十卷)、西晉・竺法護譯の『光讚般若經』(十卷)をはじめ、後秦・鳩摩羅什によって漢譯された『摩訶般若波羅蜜經』(二十七卷、或いは、三十卷、または四十卷)も含まれ、般若經の「同本異譯」がすべて玄奘の六百卷『大般若經』に收められている。しかし、「摩訶般若波羅蜜」を指す意譯語、「大慧度」を冠する『大慧度經』の語は、玄奘が貞觀十九年から二十年にかけて譯出した『顯揚聖教論』卷第四に見られるだけで、後に譯出した『大般若經』には所用例が見られないのである。ここで元曉が譯した「大慧度」の原語を「摩訶般若波羅蜜」と記し、「摩訶般若波羅蜜多」乃至「大般若波羅蜜多」と綴っていないことに注目しておく必要があろう。「摩訶般若波羅蜜」は舊譯の語であるからである。

さて、『玄應音義』中の卷第三には、上揭の『放光般若經』『光讚般若經』と共に、『摩訶般若波羅蜜經』(四十卷本)の音義が收錄されているという事實がある。當然のことながら、これらの音義の撰述は、玄奘の新譯の六百巻『大般若經』が完成する以前の舊譯經を對象としたものである。因みに日本幕末、明治の閒に江戸の芝增上寺に住した古經堂主こと鵜飼徹定上人は、古寫經の蒐集と調査を行ない、自著を遺しているが、その著錄中に河内蘭光寺藏の『大般若經』巻第百九十八末尾の龍朔元年十月廿日の紀年のある「譯場列位」記を抄寫している。そこには「正字」職を行ない續けていた玄應の名が見られないのである。玄奘が顯慶五年正月一日から譯出しはじめた六百巻の『大般若經』にかかわる玄應の足跡が確認できないこととなれば、『東域傳燈目錄』に揭出される玄應撰とされる『大慧度經音義』三巻は、玄奘の新譯した『大般若經』による音義書ではない可能性が高まるであろう。池田氏の說く通り、『東域傳燈目錄』所記の玄應撰とされる「大般若經音義三巻」、乃至『注進法相宗章疏』所揭の「大般若經音義三巻」とは、玄奘新譯の『大般若經』によるものではないように推測される。

『東域傳燈目錄』に記される『大慧度經音義』の書名は、『大般若經音義』であったものが前記の元曉の論著名に引きずられて表示され、通行するに及んだものとも想像され、この書そのものが玄應の撰とするならば、『大般若經』とは別な舊譯四十巻本「摩訶般若波羅蜜經」の音義であったと推定してよいように思われる。若し玄應撰との表記が假託であり、それをそのまま記したものであったならば、この書そのものが、『大般若經』の譯出中、或いは、譯了後の音義書となり、甚だ貴重なものとなるが、これを確認させる資料は現在までに出現していない。

なお、『東域傳燈目錄』では、『大慧度經音義』の項に先置された書中に「大慧度經宗要一巻」との表記があり、そのもとに小字で「元曉撰依大品等」との文字が記されている。「等」との語は、大品を主としたもの以外にも依用のものがあることを示すと見られるが、表記中の「大品」とは「大品經」、卽ち『大品般若經』、鳩摩羅什譯『摩訶般若波羅蜜經』のことである。これについて、『開元釋教錄』巻第十九には、次の記述がある。

「摩訶般若波羅蜜經四十巻（亦云大品般若經、僧祐錄云、大品或二十四巻、或二十七巻、或三十巻）六百二十三紙。」

また、『大唐内典錄』巻第九には次の記述がある。

「摩訶般若波羅蜜經（四十巻或三十巻六百一十九紙）後秦弘始年羅什於常安逍遙園西明閣譯右一經。前後十譯。謂放光光讚道行小品。各有新舊。明度無極遺日抄品。重沓罕尋。擧前以統大義斯盡。玉華後譯大般若者。斯乃明佛一化十有六會。依會敷說六百許巻。可謂智度大道佛從來。智度大海無涯極。得在供養難用常行。故羅什譯論千巻有餘。秦人所傳十分略九。今則通貫彼此隨時制宜。」

いったい、玄應が音義を撰述した時、その對象經典をどのように表示しているのか、ここで改めてその情況を確認してみよう。貞觀十九年五月から帝詔によって玄奘主宰の譯場に「正字」役として參加した玄應は、その撰著『玄應音義』第二十一巻巻頭以降第二十五卷末尾まで、經文中の字句を抽出しその音義を記述しているが、それらの經典名については、玄奘の譯出した經典名に従うことを建前としているようであり、略稱することはあっても恣意的にその經典名を變更することは行なっていない。このことは『大慧度經音義』との書名が玄應のものでないことを示唆することとなり、『大般若經』すなわち『大般若經』の譯場に加わった形跡を確認することができない玄應が、『大慧度經』と意改された新譯『大般若經』の音義を殘したと見る推測は破綻を來たすこととなるわけである。なお、『東域傳燈目錄』には、『玄應音義』中の『俱舍論音義』部分を抽出したと見られる一卷本を記しているので、「大般若經音義三卷」は『摩訶般若波羅蜜經音義』を別行させたもののようにも推考することが可能となる。

〈先學說と私見 ― その2〉

ところで、近年、徐時儀氏が、神田氏の發言をもとに、『大般若經音義』(『大慧度經音義』)三卷とするものを玄應自身の撰述と見て、さらに、後晉の沙門可洪撰述の『大般若經』卷第五百五十の「翺翔」の語の注文(『新集藏經音義隨函錄』(K.1257)第一册(第五十五帙)所收)、「應和尙音義曰、飛也飛而不動曰騎也」をもとに、『慧琳音義』卷第一から卷第三に收錄された『大般若經』音義の第一卷から第三百四十九卷の部分に玄應が音義を施していたものと推定する見解を出している(27)。以下にこの徐氏の文を引くこととしよう。

「後晉沙門可洪所撰述〈新集藏經音義隨函錄〉卷一釋〈大般若經〉第五十五卷“翺翔”載“應和尙音義曰、飛而不動曰騎也”、檢慧琳『一切經音義』卷一至卷八釋〈大般若波羅蜜多經〉其中卷一至卷三釋該經第一至第三百四十九卷音義、由此可能推斷玄應至少曾撰有『大般若經』第一至第三百四十九卷音義。」

『大般若經音義』(『大慧度經音義』)三卷と記されているものが、玄奘新譯の『大般若經』全六百卷中の第一から第三百四十九卷にあたる部分の玄應撰述の音義である、と推斷する徐氏の論考の根據は、後晉・可洪の記す「應和尙音義曰、飛也飛而不動曰翔也」とした注文、及び『慧琳音義』所收の『大般若經音義』の卷次であるが、沙門可洪の記す「應和尙音義曰」、乃至「應和尙曰」の引用文については、その詳細を點檢する必要がある。ここで、徐氏の根據の一つともされる『可洪音義』卷一所收の『大般若經音義』中の掲出語「翺翔」について確認してみると、『高麗藏』所收の可洪音義には、第三十四帙『大般若經』卷第三百三十二、第四十二帙『大般若經』卷第四百五十二、第五十五帙『大般若經』卷第五百五十の三箇所にその注音義が示され、第五十五帙『大般若經』卷第五百五十の音義條にのみ「應和尙音義曰」の文字が記されているのが見える。

さて、この「翺翔」の語については、既知の玄應原撰の音義中にも、卷第一『法炬陀羅尼經』第一卷音義、卷第十一『正法念經』第十六卷音義、卷第二十二『瑜伽師地論』第十九巻音義の三箇所にその語の摘記が確認され、また、玄應の後に慧琳が『玄應音義』を含む音義を集成した『慧琳音義』にも、巻第三の『大般若經』第三百三十二巻、巻第五の『大般若經』第四百五十二巻、巻第六の『大般若經』第五百十七巻の三箇所に「翺翔」に對する音義がそれぞれ異なりを以て記されているのが檢出される。

これらの注音義の文の詳細については既刊の拙論で攷述してあるのでここでは再述しないが、對象經論の文字、辭句の釋解に問題がある時、可洪も慧琳もさまざまな先學の文言を援引して記すのである。殊に可洪は、首尾十載を經て綴撰した自編著の音義の序文に、

「洪倖依龍藏披覽衆經　方經律論傳七例之中　錄出難字二十五巻　……　異音切者總一十二萬二百二十二字」

と記し、さらに、

「所有諸師誤釋經裏謙文竝皆詳審是非註之。第内仍興嬥唱紀述、源由諸碩學洪儒。望不嗤於寡拙耳」

と綴り結んでいる通り、問題となるところには諸碩學洪儒のものを源として是非を註したということであり、この原據が直ちに當該の箇所についての諸先學の說であるとは記していないのである。

「翺翔」の語に關して言えば、可洪は、『大般若經音義』中にこれを三出させ、音と義、乃至音のみの注を施し、しかも『大般若經』巻第五百五十（高麗藏所收『新集藏經音義隨函錄』第五十五帙）の部位では、應和尙音義を引いてこれを詳述しているものの、その綴文には、反切の表記、注解の述語から見て、可洪自身が閲讀して知悉していた、先學沙門玄應が別經の下に記した音義の關連する部位を摘錄、援引したと推察させるところがあるのである。

可洪が引く玄應の音義については、『大般若經』巻第三百三十二及び同巻第五百五十中の「翺翔」の注文以外に、

○「或𠠝」（『大般若經』巻第五十三、四百十四、五百十七）の注文
　「應和尙云 宜作攫 九縛 居碧二反」「應和尙作俱縛反」

○「𠠝裂」（『摩訶般若波羅蜜經』巻第八）の注文
　「又應和尙音義云 宜作攫 九縛 居碧二反 爪摶也」

○「𠕋兜率陁」（『摩訶般若波羅蜜經』巻第十二）の注文
　「應和尙音義作𠕋兜 竝先安反 此云正喜 亦正知足也 兜率此云妙足」

○「有棍」（『摩訶般若波羅蜜經』巻第四十）の注文
　「應和尙云 轉絃者也」

○「是𧿒」（『光讃般若波羅蜜經』巻第七）の注文
　「應和尙音義以咤字替之 竹嫁反 非也」

などのものがあり、これらを通覽すると、可洪が、ほぼ原經典の當該箇所に附された先學玄應の言句を引いているさまと共に、『大般若經』の掲出語の注文に關しては、

これと同語の注文が見られる『玄應音義』中の巻第一所收『大方廣佛華嚴經』第五十八巻、同巻第三所收の『摩訶般若波羅蜜經』第八巻、同巻第九所收の『大智度論』第十八巻の各々の注文を適宜節略しつつ引錄しているさまが觀察されるのである。可洪は、經典の字句の音義の解說に、玄應の施注していなかった、或いは施注できなかったところにまで、別所の注文を移入して注音、語解を行なっていたと見られるのである。

こうした可洪引錄の玄應和尙の音義について、假にその音義のすべてが、玄應本人の手になる當該箇所についての純然とした音義そのものだとするならば、『大般若經』巻第五百十七や同巻第五百五十が譯出された當時、卽ち龍朔三年の春夏の時期に、玄應はいまだ在世して衆經音義の著作を進めていたことになり、次節にも述べるが、現在、把握できる資料から見て、『大般若經』巻第一百九十八以下の譯場列位記中にその名を缺く理由と共に、徐氏が推斷する『大般若經』巻第三百四十九までの音義を玄應が撰述したとする根據が冥蒙となってくるのである。結局のところ、玄應は、『大般若經』の譯出時の初期に在世していた可能性はあるものの、その音義は撰述してはいなかったように推測されるのである。

(3) 日本古寫經『大般若經』「譯場列位」から

さて、ここで、さらに、玄應が玄奘新譯の『大般若經』にかかわっていたか否かを點檢してみることとしよう。これは玄應の示寂時期の闡明とも深く關わる問題である。

さて、『大般若經』の譯出時間については、次のような二種の記述が見られる。

「至(顯慶)五年春正月一日起首翻大般若經……至龍朔三年冬十月二十三日功畢絕筆。合成六百巻。稱爲大般若經焉。」(『慈恩傳』巻第十)

「大般若波羅蜜多經、六百巻、顯慶五年正月一日、於玉華宮寺玉華殿、譯至龍朔三年十月二十日」(『開元釋教錄』巻第八)

玄應が、玄奘の譯場で最後に姿を見せるのは、『說一切有部發智論』(『阿毘達磨發智論』)の譯場である。この經論の譯出開始は、顯慶元年であり、譯了は、顯慶五年のこととされるが、〔**表二**〕に示した通り、顯慶二年の「譯場列位」に玄應の名が見えることから、玄應は、顯慶二年には在世していることが確認される。顯慶五年までの在世は不分明ではあるが、この頃まで在世していたことを考えることも可能ではあろう。では、その翌年の龍朔元年、或いはそれ以降に、玄應は在世していたのであろうか。この事跡の一部は、日本傳藏の古寫經すなわち、河内薗光寺藏『大般若經』巻第百九十八末尾の表記[28]、小川爲二郎氏舊藏(小川廣巳氏現藏)、第三回大藏會陳列目所揭の「譯場列位」を通して、朧にではあるが、推認できるところがある。因みに、『大正藏』などには收錄の見られない上述の資料、及び『本邦古寫經』圖版二[29]に揭出される太平寺舊藏和銅五年書寫の寫經資料〔**圖版 8** (491頁)〕を擧出しておくことにしよう。

大般若波羅蜜多經卷第百九十八

龍朔元年十月廿日於玉華寺玉華殿三藏法師玄奘奉　詔譯

大慈恩寺沙門　欽　　筆受

玉華寺　沙門　基　　筆受

玉華寺　沙門　光　　筆受

大慈恩寺沙門　慧朗　筆受

西明寺　沙門　嘉尙　筆受

大慈恩寺沙門　道測　筆受

弘福寺　沙門　神皎　筆受

大慈恩寺沙門　窺　　筆受

西明寺　沙門　玄則　綴文

大慈恩寺沙門　神昉　綴文

大慈恩寺沙門　靖邁　綴文

大慈恩寺沙門　詈通　證義

大慈恩寺沙門　神泰　證義

西明寺　沙門　慧景　證義

大慈恩寺沙門　慧貴　證義

專當官　經判官　司禮主事陳德詮

檢校寫經使司禮大夫　臣　崔元譽

太子少師弘文館學監修國史高陽郡開國公 臣 許敬宗等潤色監閱

大般若波羅蜜多經卷第二百卅二

龍朔元年十月廿日於玉華寺玉華殿三藏法師玄奘奉　詔譯

大慈恩寺沙門　欽　　筆受

玉華寺　沙門　基　　筆受

玉華寺　沙門　光　　筆受

大慈恩寺沙門　慧朗　筆受

西明寺　沙門　嘉尙　筆受

大慈恩寺沙門　道測　筆受

弘福寺　沙門　神皎　筆受

大慈恩寺沙門　窺　　筆受

西明寺　沙門　玄則　綴文

大慈恩寺沙門　神昉　綴文

大慈恩寺沙門　靖邁　綴文

大慈恩寺沙門　詈通　證義

大慈恩寺沙門　神泰　證義

西明寺　沙門　慧景　證義
大慈恩寺沙門　慧貴　證義
專當官寫經判官　司禮主事陳德詮
檢校寫經使司禮大夫　臣　崔元譽
太子少師弘文館學士監修國史高陽郡開國公臣許敬
宗等潤色監閲

大般若波羅蜜多經卷第三百卌八
龍朔二年於玉華寺玉華殿三藏法師玄奘奉
詔譯
大慈恩寺沙門　欽　　筆受
玉華寺　沙門　基　　筆受
玉華寺　沙門　光　　筆受
大慈恩寺沙門　慧朗　筆受
西明寺　沙門　嘉尚　筆受
大慈恩寺沙門　道則　筆受
弘福寺　沙門　神皎　筆受
大慈恩寺沙門　窺　　筆受
西明寺　沙門　玄則　綴文
大慈恩寺沙門　神昉　綴文
大慈恩寺沙門　靖邁　綴文
大慈恩寺沙門　詈通　證義
大慈恩寺沙門　神泰　證義
西明寺　沙門　慧景　證義
大慈恩寺沙門　慧貴　證義
專當寫經判官司禮主事陳德詮
檢校寫經使司禮大夫　臣崔元譽
太子少師弘文館學士監修國史高陽郡開國
公臣　許敬宗等閏色監閲
藤原宮御寓　天皇以慶雲四年六月
十五日登遐三光慘然四海遏密長屋
殿下地極天倫情深福報乃爲
天皇敬寫大般若經六百卷用盡酸割
之誠焉
和銅五年歲次壬子十一月十五日庚辰竟
用紙一十七張　　　北宮

龍朔元年十月譯出の『大般若經』巻第百九十八、同巻第二百卅二、及びその翌年の龍朔二年同巻第三百卌八の譯場列位には、それぞれ「筆受八人、綴文三人、證義四人」など計十七人の名が列記されているが、その中には、貞觀十九年五月以來「正字」大德として譯出の一欽を擔っていた玄應の名が見出せない。顯慶元年七月廿六日から始まる『阿毘達磨發智論』譯出の「譯場列位」に名を見せる玄應は、その翌年正月廿六日の同經の「譯場列位」に名を見せたあと、その後「譯場列位」の中にはその名を見せないのである。

かつて神田氏が考證の一部に記したように、玄應の著述に玄奘が龍朔元年五月十日から十三日に及び坊州玉華寺嘉壽殿で譯出した「辯中邊論」に關する疏があったことを記す『東域傳燈目錄』巻下の記事が誤りでないならば、その原本の存在は現在確認できぬ上、顯慶二年正月廿六日以降龍朔元年十月廿日以前の閒の「譯場列位」の遺文が未出であるが、玄應は龍朔元年の夏秋の候に示寂していた可能性が大と推測されることになろう。

ところで、神田氏は、玄應が『大般若經』譯出の初期に譯經に從事していたと見て、『東域傳燈目錄』記載の「大般若經音義三巻」は玄應のものと推論している[30]。しかし、果たしてそうであろうか。玄應が『大般若經』の譯出に參加していなければ、當然のことながら『大般若經音義』を撰述するはずがなく、玄應が撰述したものがないならば、後學の慧琳がそれを引錄援用することもできなかったわけである。もし玄應本人が『大般若經』譯出に少しくかかわり、僅かではあってもその音義を撰述していたならば、慧琳以下の後學はこれを援引などしていたものと推測される。ところが、『慧琳音義』には玄應撰述のさまざまな經典に關する音義の引錄があるにも拘らず、『大般若經』に關する玄應の音義の採錄が一條も見當たらないのである。

玄應は、玄奘の譯場に加わる以前の舊譯の諸經の音義と共に、玄奘新譯出の經典のうち、「正字」職として自らがかかわった諸經論の音義を取りまとめる中で遷化し、顯慶初年に譯出にかかわった毘曇部の大部經典二品については音義を遺すことができなかったようである。玄應の綴述した音義が、實質的には永徽末年で譯出が畢了した毘曇部の經論に關したものが最後となっている狀態は、玄應の『大般若經』(『大般若波羅蜜多經』)音義撰述の有無と彼の示寂年時を考察する上では、殊に注意すべきことと思われる。

玄應の示寂時期については、神田喜一郎氏が日本の古寫經中から發見した顯慶二年正月廿六日の譯出紀年の抄寫をもつ『說一切有部阿毘達磨發智論』巻第一末尾の「譯場列位」(この列位記と紀年の表記には抄寫時と譯出實時との差が含まれている。このことは注意を要す)、及び同氏が提示した『東域傳燈目錄』巻第一著錄の玄應撰とされる「辯中邊論疏」[31]、すなわち玄奘三藏が龍朔元年五月に譯出した『辯中邊論』についての疏、また鵜飼徹定上人所錄の天平寫經、すなわち玄奘が龍朔元年十月廿日に譯出した『大般若經』巻第一百九十八跋尾の「譯場列位」記をもって、龍朔元年夏秋の間と推定することとなった。

玄應法師は、玄奘三藏の譯經開始以前に字學の學德をもって斯界に周知されていて、のちに選ばれて玄奘三藏の譯經活動の一翼を擔い、大總持寺、大慈恩寺と玄奘三藏の膝下に暮らし、『大般若經』の譯了に際會することもなく、龍朔元年の夏秋の候に、大著『玄應音義』の綴稿をほぼ畢え、示寂したのではないかと思われる。

おわりに

玄奘法師の譯場に參加して、その譯經事業に關わった諸僧の消息は、古寫經の首・尾に記された「譯場列位」から先ず窺うことができる。この「譯場列位」記については、清末の書畫家・筑古自牧居士金邠こと金嘉穂が、

「…… 卷端必有列位、如譯語、筆受、潤色、撿挍者、必詳書之。所以昭明其由來、斯不虛、作鄭重謹敬之意也。乃後來造經、但存譯者一人、而其餘皆悉删去。曷爲哉、曷爲哉。飲水不知源、亦謬妄之一端也。」(鵜飼徹定編著『譯場列位』(文久三年成)序)

と慨嘆を籠めて評述している通り、後には、これが省却されることが殆どであったが、稀れに古鈔、轉寫經卷中には當時の譯經の事情を明かすこの記が殘されている。

幕末の佛家・鵜飼徹定上人は、古寺を探訪して、こうした「譯場列位」資料を數多く蒐集し、これを採錄、上梓しているが、この努力の賜物の編著は、往時の佛典漢譯の實態の研究を進める學術界に多大に裨益したのであった。

徹定上人の後には、田中青山居士や市島春城氏などが、こうしたものの摘錄を引き續き行ない著錄を殘している。そして更に、神田喜一郎氏が「譯場列位」資料を懸命に索搜し、これを用いて玄奘の譯場に正字職を戴いて活躍した字學大德玄應の事績を論究する道筋を拓いている。しかし、徹定上人や神田氏などによる「譯場列位」資料の蒐集は、時代の制約があって、後に大擧してほぼ全面的に公開されるに及ぶ敦煌・吐魯番文獻や日本古代の轉寫佛經を縱覽することがかなわなかった。このため、その研究には、少なからず不足するものがあった。

ところが、現在に至っては、諸先學の努力によって、敦煌・吐魯番新資料や日本古寫經を多樣な媒體を通して閲覽し、これを援用して研究を行なう環境が整い出している。本小文は、こうしたもとで、先學の驥尾に附して、玄奘法師の譯經に參與した譯經僧の實態を究明する試みを進めたものである。

本小文では、玄奘法師主催の譯場に加わった譯經僧の全てについて言及し得たわけではないが、『古今譯經圖記』や『開元釋經錄』などからは徵すことができなかった幾名かの僧侶の動靜の一斑を、主として「譯場列位」記に關する新舊の資料を用いて分明にし、また、その譯場の參加僧の一人であった玄應法師個人の行實の一端を攷述し得たようである。

沙門玄奘のもとには、當代屈指の學德豐かな沙門や、新銳の年少苾蒭が侍り、その

譯業を補佐しながら、その各々が、後世に影響を大いに及ぼす佛學、字學の著作を殘し、また、その次代への譯經、注疏の流れを擔った動きを遺している事實も存在している。敦煌・吐魯番文獻や日本傳藏の轉寫經典資料には、こうしたことを明かす手がかりも含まれているため、それらの資料の發掘とその具體的な着實な研究の進展が強く望まれる。

注

(1) 張娜麗「字學大德玄應法師事跡小攷」(『論叢 現代語・現代文化』Vol.7 筑波大學人文科學研究科 2011年10月)。

(2) 神田喜一郎「緇流の二大小學家——智騫と玄應——」(『支那學』第七卷第一號 昭和八年、『東洋學說林』弘文堂 昭和二十三年十二月再收、『神田喜一郎全集』第一卷「東洋學說林」同朋舍 昭和六十一年一月再々收 196頁)。
築島裕「大般若經音義諸本小考」(東京大學教養學部『人文科學科紀要』第21輯 (國文學・漢文學VI 昭和35年3月所收)。
沼本克明「石山寺藏の字書・音義について」(石山寺文化財綜合調査團編『石山寺の研究 一切經篇』法藏館 昭和53年3月所收 1017〜1042頁)。
池田證壽「上代佛典音義と玄應一切經音義——大治本新華嚴經音義と信行大般若經音義の場合——」(『國語國文研究』北海道大學國文學會 第64號 昭和55年9月所收 73〜74頁)。

(3) 『大唐大慈恩寺三藏法師傳』卷第六 (『大正藏』第50册 史傳部 No.2053 p.0253a〜)。なお、玄奘三藏の譯經、譯場についての研究には、小田義久「玄奘三藏の譯場」(『龍谷史壇』第56・57合刊號 1966年12月 79〜92頁)、米田雄介「聖語藏經卷と玄奘三藏」(『正倉院紀要』第23號 2001年3月 144〜126頁) などがある。

(4) 道宣撰『大唐內典錄』卷第五では、六十七部一千三百四十四卷、道宣撰『續高僧傳』卷第四では、總七十三部總一千三百三十卷、慧立撰、彥悰箋『大唐大慈恩寺三藏法師傳』卷第十では七十四部總一千三百三十八卷、冥祥撰『大唐故三藏玄奘行狀』では、七十五部總一千三百四十一卷、劉昫等編『舊唐書』卷第一百九十一では、七十五部、智昇編『開元釋經錄』卷第八では、七十六部一千三百四十七卷と記されている。これらには記述の時開差と非佛經を含むか否かという違いがある。なお、ここでは、靖邁撰『古今譯經圖記』卷第四 (『大正新脩大藏經』第55册 目錄部 No.2151 p.0367c) の記述「右除西域記總七十五部一千三百三十五卷」に據った。

(5) 曲軍鋒「玄奘法師在翻譯事業上的貢獻」(黃心川等主編『玄奘研究文集』中州古籍出版社 1995年12月 114〜122頁) 中に譯法への多少の言及が見られる。

(6) 『大慈恩寺三藏法師傳』卷第八、『廣弘明集』卷第二十二、『集古今佛道論衡』卷第四、『宋高僧傳』卷第十七「慧立傳」等參照。なお、呂才については、『舊唐書』卷第七十九 列傳第二十九「呂才傳」、『新唐書』卷第一百七 列傳第三十二「呂才傳」參照。

(7) 藤善眞澄『道宣傳の研究』(京都大學學術出版會 2002年5月13日 150頁〜) 第五章 晚年の道宣 四 西明寺上座 參照。

(8) 注 (3) 揭出米田雄介論文。なお、米田氏言及の「聖語藏」所藏の唐代寫經『阿毘達磨大毘婆沙論』卷第一百七十は尾題に「阿毘達磨大毘婆沙論卷第七十」と「一百」の字を落として書かれている。

(9) 『大唐大慈恩寺三藏法師傳』卷第七 (『大正藏』第50册 史傳部 No.2053 p.0259b〜)。

(10) 「瑜伽師地論」卷一所收の『高麗藏』正藏 初彫藏經部 大乘論K.0570第二十三張〜及び

『大正藏』第30册 瑜伽部上 No.1579 p.0283a～上載の中書令許敬宗「後序」參照。

(11) 石山寺一切經 第三十九函 1瑜伽師地論卷第一(譯場列位)(石山寺文化財綜合調査團編『石山寺の研究 一切經篇』法藏館 昭和53年3月31日 345頁)。

(12) 「年十五、貞觀三年出家、住豳州昭仁寺。…自強不息、通鏡今古。一坐北荒、二十餘載。…以文辯騰譽、致此徵延。永徽元年、舉以申省、依追參譯。」(『大正藏』第52册 No.2104 唐西明寺釋氏撰『集古今佛道論衡』卷丁「上以西明寺成功徳圓滿佛僧創入榮泰所期叉召僧道士入内殿躬御論場觀其義理事第二」p.0389c～)のように永徽元年より參譯したと記すものがあるが「譯場列位」記資料にはそれより早い貞觀十九年の譯出經論にその名が見えている。

(13) 注(1)拙論文。

(14) 貞觀二十一年二月二十四日の『大乘五蘊論』一卷の譯經時に「翻經沙門玄應」の表記があり、貞觀二十二年「内常侍觀自在題記」をもつ『瑜伽師地論』卷第一百の寫本(江府三緣山學黌藏と標記)にも「大總持寺沙門玄應正文」の表記がある(緣嶠南溪徹定著『古經搜索錄』坤)。玄應はこのように概ね玄奘の譯經場で「正字」役として活躍していたと見られる。なお、上記の『瑜伽師地論』卷第一百の「譯場列位」「後跋」を抄錄した徹定上人輯錄の別著『譯場列位』(「武州緣山古經堂藏」と標記)及びこれを轉錄したと見られる田中光顯氏の手錄『古經題跋隨見錄』卷第一(「武州緣山古經堂藏」と標記)には、玄應の職掌が「證文」と記されている。しかし、徹定上人の最初期の自筆著(『古經搜索錄』坤)によりこれは右行前項、前々項につられた誤記であると判斷される。

(15) 『高麗藏』正藏 初彫藏經部 所收K.1063『一切經音義』卷第二十四『阿毘達磨俱舍論』の音義については、卷第二十九で最後となっているが、「頗勒具那」條より以降が何れも同論卷第三十の語句であることが確認されるため、これは誤りであることが判明する。

(16) 陳垣『中國佛教史籍概論』(上海書店出版社 1999年3月 52～53頁)。

(17) 周祖謨「校讀玄應一切經音義後記」(『問學集』上册 中華書局 2004年7月 192頁)。

(18) 注(2)神田喜一郎書 196頁。

(19) 當該資料は、神田喜一郎氏が日本の古寫經中より發見したものであり、その原寫經を「東洋學説林」(『神田喜一郎全集』第一卷 同朋舍 昭和六十一年一月)で一枚の口繪として掲載している。この掲出寫眞によれば、尾題「説一切有部發智論卷第一」に續いて「譯場列位」の轉寫が見られる。

(20) 「阿毘達磨發智論二十卷、(見内典錄迦多衍尼子造、第二出與舊八揵度論同本、顯慶二年正月二十六日於西京大内順賢閣譯、至五年五月七日於玉華寺畢、沙門玄則等筆受)」。
「阿毘曇八揵度論三十卷(迦旃延子造、或二十卷三帙)、符秦罽賓三藏僧伽提婆共竺佛念譯(第一譯)。阿毘達磨發智論二十卷(迦多衍尼子造)二帙 大唐三藏玄奘譯(出内典錄第二譯)。右上二論同本異譯。柬是説一切有部對法藏之根本……」との記述が見られる。

(21) 注(2)神田喜一郎書 196頁。

(22) 注(2)神田喜一郎書 196頁。

(23) 注(2)築島裕、沼本克明、池田證壽論考。

(24) 注(2)築島裕論考。

(25) 注(2)沼本克明論考。

(26) 注(2)池田證壽論考。

(27) 徐時儀『玄應和慧琳一切經音義研究』(上海人民出版社 2009年12月 35頁)。

(28) 緣嶠南溪徹定著『古經搜索錄』乾坤 文久3年輯錄(昭和四十七年八月影印 東山學園)。

(29) 京都國立博物館編『守屋孝藏氏蒐集古經圖錄』二三五 圖版96(昭和三十九年三月)。

(30) 注(2)神田喜一郎書 195～196頁。

(31) 神田氏がはじめて擧げた玄應の著作と見られるもののうち、『成唯識論開發』については（注（2）神田喜一郎書 188～189頁)、「醴泉沙門玄應撰」と傳えられるが、表記される「醴泉」の語が、出自或いは本貫、または止住地を示す語、卽ち「醴泉縣」などを表わす語ではなく、止住寺名であり、これが假託等でないものであるとするならば、この沙門玄應は、字學大德の玄應と同名の後代の僧と判斷することも可能である。因みに、「醴泉寺」は隋代開皇十二年（592）建立の寺院で、玄奘三藏の譯經時期にはその名を現わさず、字學大德玄應が活躍した後の時代になってその名を大きく顯してきて、貞元年閒（785～805）には、當時の有力な翻經僧が住していることが確認される。例えば、貞元四年四月十九日の牒によれば、罽賓三藏沙門般若を中心に、光宅寺沙門利言、慈恩寺沙門應眞、西明寺沙門圓照、良秀が譯梵語、筆受、潤文を行なう中、證義を擔當した沙門超悟がここに止住している。

〔附表〕玄奘譯出經論一覧表

〔凡例〕

1．本一覧表は次の諸書を參照しそれらの記事に據って作成した。靖邁『古今譯經圖記』、道宣『大唐内典錄』、同『續高僧傳』、慧立・彥悰『大唐大慈恩寺三藏法師傳』、智昇『開元釋教錄』、圓照『貞元新定釋教目錄』、楊福廷『玄奘年譜』、「玄奘譯經年表」（豆丁網所揭）、閆小芬等『玄奘集編年校注』等。
2．一覧表は經論の譯出開始年代の先後によって排列し、譯出場所、主筆受僧を表記した。
3．「譯出時間」項下に〔 〕中に異傳を附記した。
4．「譯出場所」項の（ ）中の文字は、『開元釋教錄』所引の『大唐内典錄』の文に缺けるもの。
5．表中には譯出經論ではないが、帝敕により著述された『大唐西域記』も列記した。

〔張 娜麗　作表〕

排次	譯出時間	經論名稱	卷數	譯出場所	部別	大正藏冊/No.	主筆受僧	參考
1	貞觀十九年五月二日至九月二日〔歲暮方訖〕	大菩薩藏經	20卷	（西京）弘福寺翻經院	寶積部	11/310	智證	道宣證文 現編入大寶積經卷第三十五〈菩薩藏會第十二〉
2	貞觀十九年六月十日	顯揚聖教論頌	1卷	（長安）弘福寺翻經院	瑜伽部	31/1603	辯機	無著菩薩造
3	貞觀十九年七月十四日〔十九年丁卯（七月一日）當日譯了〕	六門陀羅尼經	1卷	（長安）弘福寺翻經院	密教部	21/1360	辯機	
4	貞觀十九年七月十五日〔至辛巳了〕	（佛說）佛地經	1卷	（長安）弘福寺翻經院	經集部	16/680	辯機	
5	貞觀十九年十月一日至貞觀二十年正月十五日〔歲暮方訖〕	顯揚聖教論	20卷	（長安）弘福寺翻經院	瑜伽部	31/1602	智證 等	無著菩薩造
6	貞觀二十年正月十七日至潤三月二十九日〔二十年正月甲子又譯……至二月訖〕	大乘阿毘達磨雜集論	16卷	（長安）弘福寺翻經院	瑜伽部	31/1606	玄頤 等	安慧菩薩揉造
*	貞觀二十年秋七月〔絕筆〕	大唐西域記	12卷	（長安）弘福寺翻經院	史傳部	51/2087	〔辯機〕	辯機等承旨綴輯
7	貞觀二十年五月十五日至貞觀二十二年五月十五日〔（二十年）又譯……（二十二年）夏五月甲午翻訖〕	瑜伽師地論	100卷	長安弘福寺翻經院	瑜伽部	30/1579	靈會、明濬 等	彌勒菩薩說
8	貞觀二十一年二月二十四日	大乘五蘊論	1卷	（長安）弘福寺翻經院	瑜伽部	31/1612	大乘光等	世親菩薩造
9	貞觀二十一年三月一日至貞觀二十三年六月十七日	攝大乘論釋	10卷	（長安）弘福寺翻經院	瑜伽部	31/1598	大乘巍、大乘林等	無性菩薩造
10	貞觀二十一年五月十八日至七月十三日	解深密經	5卷	（長安）弘福寺（翻經院）	經集部	16/676	大乘光	全本第二譯 與深密解脫經、佛說解節經、相續解脫地波羅密了義經等同
11	貞觀二十一年八月六日	因明入正理論	1卷	（長安）弘福寺翻經院	論集部	32/1630	知仁	商羯羅主菩薩造
12	貞觀二十二年三月二十日	天請問經	1卷	（長安）弘福寺翻經院	經集部	15/592	辯機	
13	貞觀二十二年五月十五日	勝宗十句義論	1卷	（長安）弘福寺翻經院	事彙部	54/2138	雲雋	慧月造
14	貞觀二十二年五月二十九日	唯識三十論頌	1卷	長安弘福寺翻經院	瑜伽部	31/1586	大乘光	世親菩薩造
15	貞觀二十二年十月一日	能斷金剛般若波羅蜜多經	1卷	坊州玉華宮弘法臺	般若部	5/220	杜行顗	第四出與鳩摩羅什等出者同本
16	貞觀二十二年十一月十七日	大乘百法明門論	1卷	北闕（紫微殿右）弘法院	毘曇部	31/1614	玄忠	世親菩薩造
17	貞觀二十二年十二月八日至二十三年六月十七日	攝大乘論釋	10卷	北闕弘法院 大慈恩寺（翻經院）	毘曇部	31/1597	大乘巍等	世親菩薩造
18	貞觀二十二年閏十二月二十六日至貞觀二十三年六月十七日	攝大乘論本	3卷	北闕紫微殿右弘法院	瑜伽部	31/1594	大乘巍	無著菩薩造
19	貞觀二十三年正月一日	緣起聖道經	1卷	北闕紫微殿右弘法院	經集部	16/714	大乘光	第六出與貝多羅樹下經同本
20	貞觀二十三年正月十五日至八月八日	阿毘達磨識身足論	16卷	北闕弘法院 大慈恩寺翻經院	毘曇部	26/1539	大乘光	提婆設摩訶阿羅漢造
21	貞觀二十三年二月六日	如來示教勝軍王經	1卷	大慈恩寺翻經院	經集部	14/515	大乘光	第二出與諫王經等同本
22	貞觀二十三年五月十八日	甚希有經	1卷	終南山翠微宮	經集部	16/689	大乘欽	第三出與佛說未曾有經同本

23	貞觀二十三年五月二十四日	般若波羅蜜多心經	1 卷	終南山翠微宮	般若部	8/251	知仁	第二出與摩訶般若大明呪經同本
24	貞觀二十三年七月十五日	菩薩戒羯磨文	1 卷	大慈恩寺翻經院	律部	24/1499	大乘光	出瑜伽論本地分中菩薩地
25	貞觀二十三年七月十八日	王法正理論	1 卷	大慈恩寺翻經院	瑜伽部	31/1615	大乘林	彌勒菩薩造
26	貞觀二十三年七月十九日	最無比經	1 卷	大慈恩寺翻經院	經集部	16/691	大乘光	第二出與隋譯希有較量功德經同本
27	貞觀二十三年七月二十一日	菩薩戒本	1 卷	大慈恩寺翻經院	律部	24/1501	大乘光	彌勒菩薩説 第三出瑜伽論本地分中菩薩地與曇無讖等出者同本
28	貞觀二十三年九月八日至十三日	大乘掌珍論	2 卷	大慈恩寺翻經院	中觀部	30/1578	大乘暉	清辯菩薩（聖天親）造
29	貞觀二十三年十月三日至十一月二十四日	佛地經論	7 卷	大慈恩寺翻經院	釋經論部	26/1530	大乘光	親光等菩薩造
30	貞觀二十三年十二月二十五日	因明正理門論本	1 卷	大慈恩寺翻經院	論集部	32/1628	知仁	龍樹菩薩造 初出與義淨出者同本
31	永徽元年正月一日	稱讚淨土佛攝受經	1 卷	大慈恩寺翻經院	寶積部	12/367	大乘光	第三出與羅什阿彌陀經同本
32	永徽元年二月一日	瑜伽師地論釋	1 卷	大慈恩寺翻經院	毘曇部	30/1580	大乘暉	最勝子等菩薩造
33	永徽元年二月三日至八日	分別緣起初勝法門經	2 卷	大慈恩寺翻經院	經集部	16/717	大乘詢	第二出與隋笈多緣生經同本
34	永徽元年二月八日至八月一日	說無垢稱經	6 卷	大慈恩寺翻經院	經集部	14/476	大乘光	第七出與羅什維摩經等同本
35	永徽元年五月五日	藥師琉璃光如來本願功德經	1 卷	大慈恩寺翻經院	經集部	450/14	慧立	第三出與笈多等出者同本
36	永徽元年六月十日	廣百論本	1 卷	大慈恩寺翻經院	中觀部	30/1570	大乘諶	聖天菩薩造
37	永徽元年六月二十七日至十二月二十三日	大乘廣百論釋論	10卷	大慈恩寺翻經院	毘曇部	30/1571	敬明等	聖天本護法菩薩釋
38	永徽元年九月十日至十一月八日	本事經	7 卷	大慈恩寺翻經院	經集部	17/765	靖邁、神皎 等	
39	永徽元年九月二十六日	諸佛心陀羅尼經	1 卷	大慈恩寺翻經院	密教部	19/918	大乘雲	
40	永徽二年正月九日	受持七佛名號所生功德經	1 卷	大慈恩寺翻經院	經集部	14/436	大乘光	
41	永徽二年正月二十三日至六月二十九日	大乘大集地藏十輪經	10卷	西京大慈恩寺翻經院	大集部	13/411	大乘光等	大集第十三分、與舊方廣十輪同本
42	永徽二年四月五日至永徽三年十月二十日	阿毘達磨顯宗論	40卷	大慈恩寺翻經院	毘曇部	29/1563	慧朗、嘉尚 等	眾賢造
43	永徽二年五月十日至永徽五年七月二十七日〔注①〕	阿毘達磨俱舍論	30卷	大慈恩寺翻經院	毘曇部	29/1558	元瑜	世親菩薩造 第二出與眞諦出者同本
44	永徽二年閏九月五日	大乘成業論	1 卷	大慈恩寺翻經院	瑜伽部	31/1609	大乘光	世親菩薩造 第二出與業成就論同本
45	永徽二年	阿毘達磨俱舍論本頌	1 卷	大慈恩寺翻經院	毘曇部	29/1560	元瑜 等	第二出與眞諦出者同本
46	永徽三年正月十六日至三月二十八日	大乘阿毘達磨集論	7 卷	大慈恩寺翻經院	瑜伽部	31/1605	大乘光、大乘雲等	世親菩薩造
47	永徽三年四月四日	佛臨涅槃記法住經	1 卷	大慈恩寺翻經院	涅槃部	12/390	大乘光	
48	永徽四年正月一日至永徽五年七月十日	阿毘達磨順正理論	80卷	大慈恩寺翻經院	毘曇部	29/1562	元瑜	眾賢造
49	永徽五年閏五月十八日	大阿羅漢難提蜜多羅所說法住記	1 卷	大慈恩寺翻經院	史傳部	49/2030	大乘光	
50	永徽五年六月五日	稱讚大乘功德經	1 卷	大慈恩寺翻經院	經集部	17/840	大乘光	初出與決定業障經同本
51	永徽五年九月十日	拔濟苦難陀羅尼經	1 卷	大慈恩寺翻經院	密教部	21/1395	大乘光	
52	永徽五年九月二十七日	八名普密陀羅尼經	1 卷	大慈恩寺翻經院	密教部	21/1365	大乘雲	
53	永徽五年九月二十八日	顯無邊佛土功德經	1 卷	大慈恩寺翻經院	華嚴經	10/289	大乘雲	華嚴經壽量品的異譯
54	永徽五年九月二十九日	勝幢臂印陀羅尼經	1 卷	大慈恩寺翻經院	密教部	21/1363	大乘雲	初出與妙臂印陀羅尼同本
55	永徽五年十月十日	持世陀羅尼經	1 卷	大慈恩寺翻經院	密教部	20/1162	神察	

56	顯慶元年三月二十八日	十一面神呪心經	1卷	大慈恩寺翻經院	密教部	20/1071	玄則	第二出與周耶舍崛多等出者同本
57	顯慶元年七月二十七日至顯慶四年七月三日〔注②〕	阿毘達磨大毘婆沙論	200卷	大慈恩寺翻經院	毘曇部	27/1545	嘉尚、大乘光 等	五百羅漢造
58	顯慶二年正月二十六日至顯慶五年五月七日	阿毘達磨發智論	20卷	西京大内順賢閣始譯（坊州）玉華寺譯畢	毘曇部	26/1544	玄則 等	第二出與舊八犍度論同本
59	顯慶二年十二月二十九日	觀所緣緣論	1卷	東都大内麗日殿	瑜伽部	31/1624	大乘光、(大乘雲)	第二出與無相思塵論同本
60	顯慶三年十月八日至十三日	入阿毘達磨論	2卷	大慈恩寺翻經院	毘曇部	28/1554	釋詮、嘉尚	塞建地羅造
61	顯慶四年四月十九日	不空羂索神呪心經	1卷	大慈恩寺翻經院	密教部	20/1094	大乘光	第二出與隋崛多等出者同本
62	顯慶四年七月二十七日至九月十四日	阿毘達磨法蘊足論	12卷	大慈恩寺翻經院	毘曇部	26/1537	大乘光等	大目建連（大採菽氏）造 沈玄明作序
63	顯慶四年閏十月	成唯識論	10卷	（坊州）玉華寺雲光殿	瑜伽部	31/1585	大乘基	護法菩薩造
64	顯慶五年正月一日至龍朔三年十月二十日	大般若波羅密多經	600卷	坊州玉華宮寺玉華殿	般若部	5.6.7/220	大乘光、大乘欽、嘉尚 等	佛於四處十六會說
65	顯慶五年九月一日至十月二十三日	阿毘達磨品類足論	18卷	（坊州）玉華寺雲光殿	毘曇部	26/1542	大乘光等	筏蘇蜜多羅（世友）造第二出與眾事分阿毘曇同本
66	顯慶五年十一月二十六日至龍朔三年十二月二十九日	阿毘達磨集異門足論	20卷	（坊州）玉華寺明月殿	毘曇部	26/1536	弘彥、釋詮 等	舍利子說
67	龍朔元年五月一日	辯中邊論頌	1卷	（坊州）玉華寺嘉壽殿	瑜伽部	31/1601	大乘基	彌勒菩薩造
68	龍朔元年五月十日至十三日	辯中邊論	3卷	（坊州）玉華寺嘉壽殿	瑜伽部	31/1600	大乘基	世親菩薩造 第二出與中邊分別論同本
69	龍朔元年六月一日	唯識二十論	1卷	（坊州）玉華寺慶福殿	瑜伽部	31/1590	大乘基	世親菩薩造 第三出與元魏智希、陳眞諦出者同本
70	龍朔元年七月九日	緣起經	1卷	（坊州）玉華寺八桂亭	阿含部	2/124	神皎	增一阿含經第四十六卷異譯
71	龍朔二年七月十四日	異部宗輪論	1卷	（坊州）玉華寺慶福殿	史傳部	49/2031	大乘基	世友（筏蘇蜜多羅）造 第三出與十八部論部異執論竝同本
72	龍朔三年六月四日	阿毘達磨界身足論	3卷	（坊州）玉華寺八桂亭	毘曇部	26/1540	大乘基	筏蘇蜜多羅（世友）造
73	龍朔三年十二月三日至八日	五事毘婆沙論	2卷	（坊州）玉華寺玉華殿	毘曇部	28/1555	釋詮 等	法救造
74	龍朔三年十二月二十九日	寂照神變三摩地經	1卷	（坊州）玉華寺玉華殿	經集部	15/648	大乘光	
75	麟德元年正月一日	呪五首經	1卷	（坊州）玉華寺玉華殿	密教部	20/1034	大乘光	

〔注①〕「聖語藏」所藏古寫經中には、「永徽六年五月廿五日大慈恩寺翻經院三藏法師玄奘奉　詔譯」との記載のある『說一切有部俱舍論』(『阿毘達磨俱舍論』) 卷第三、石山寺所藏一切經中には「永徽六年五月廿日大慈恩寺翻經院三藏法師玄奘奉　詔譯」との記載のある『說一切有部俱舍論』(『阿毘達磨俱舍論』) 卷四が存在している。

〔注②〕「聖語藏」所藏古寫經中には、「永徽六年八月廿日於長安大慈恩寺翻經院三藏法師玄奘奉　詔譯」との記載のある『阿毘達磨大毘婆沙論』(『說一切有部發智大毘婆沙論』) 卷一百七十が存在している。

敦煌寫本「醜女緣起」の依據する經典の再検討
──『賢愚經』と『雜寶藏經』の醜女說話をめぐって──

伊藤　美重子

はじめに　問題の所在

敦煌寫本「醜女緣起」と題する文獻がある。前世で辟支佛を供養していたが、その醜い姿を見て侮ったという悪業により、現世で醜い姿に生まれた王女が、前世の行いを悔いて佛に懺悔、祈願して美しい姿に生まれ變わるという物語である。「醜女緣起」のタイトルを持つのはP.3048のみであるが、他に同種の内容をもつ鈔本がS.2114v、S.4511rv、P.2945v、P.3592vの４點あり、首尾に缺落がありタイトルを缺くP.3592vを除く３點の鈔本ではそれぞれ首題が異なり、S.2114vは「醜女金剛緣」、S.4511rvは「金剛醜女因緣一本」、P.2945vは「金剛醜女緣」とある。多くの先行研究はこれらをみな同一のものとみなし、それらを校合して等しく「醜女緣起」と稱した。

P.3048と他の４點の關係について、近年、高井龍「「金剛醜女緣」寫本の基礎的研究」(『敦煌寫本研究年報』５、2011)は、王重民編『敦煌變文集』(人民文學出版社、1957)での「醜女緣起」の校合が内容の異なるS.4511とP.3048を中心に行われ、それ以後の項楚『敦煌變文選注』(巴蜀書社、1990)およびその增訂本(中華書局、2006)、黃徵・張涌泉『敦煌變文校注』(中華書局、1997)などの翻刻集でも踏襲されていることの問題を指摘し、各鈔本を検討してP.3048が先行する他の４點を書き換えている狀況について論述した。筆者は「敦煌寫本「醜女緣起」について―P.3048の特質―」(『お茶の水女子大學中國文學會報』34、2015)において、S.4511とP.3048における具體的な表現の差異を検討し、S.4511は醜女の婿となる王郎の心情を表現する部分が比較的多いのに對し、P.3048はS.4511には見えない醜女の心情を表現する韻文が多く加筆され、S.4511にあるト書きのような散文部分を少なくし物語の停頓を避け、より成熟した作品への改作を意圖していることを述べた。

そもそも敦煌の醜女緣起はどの經典に依據したのかという問題については、早くも傅芸子「《醜女緣起》與《賢愚經・金剛品》」(1943年、『藝文』３卷３期)、關德棟「《醜女緣起》故事的根據」(1946年12月19日上海《中央日報・俗文學》)[1]において、「醜女說話」が『賢愚經』卷二「波斯匿王女金剛品」と『雜寶藏經』卷二「波斯匿王醜女賴提緣」に載ることが指摘され、『賢愚經』のみが醜女の名を「金剛」とすることを根據として、「醜女緣起」は『賢愚經』に依據するとした。その後、楊靑「《醜女緣起》變文及其佛經原型」(『西北師大學報(社會科學版)』1996年第33卷第６期)では「醜女緣起」と『賢愚經』「波斯匿王女金剛品」の原文を比較検討し、經典との差異について指摘している[2]。

「醜女緣起」が『賢愚經』に依據することは、ほぼ定說になっているが[3]、荒見泰史「敦煌本『醜女緣起』考」(『白山中國學(東洋大學中國學會報)』4、1997)は、醜女說話を載せる文獻を比較して、佛教講義や唱導によく用いられた『法苑珠林』の引く『撰集百緣經』によるという說を提示した[4]。荒見氏は醜女說話が『撰集百緣經』『雜寶藏經』『賢愚經』『經律異相』『法苑珠林』の5書に載ることを指摘するものの、『雜寶藏經』を除いた4書の表記の差異を述べて結論づけたものである。他の多くの先行研究でも『雜寶藏經』に醜女說話が載ることを指摘するが、他の經典とは著しく異なる部分があるため、敦煌の「醜女緣起」の直接の典據としてみなされてこなかった。しかしながら『雜寶藏經』には他の經典には見られないプロットを持ち、それは敦煌の醜女物語に通底する重要なプロットとなっているのである。

本稿では醜女說話を載せる經典について再檢討したうえで、『賢愚經』と『雜寶藏經』の醜女說話の內容を照合し、敦煌の「醜女緣起」がどの經典のどのような內容に依據してどのように世俗化したのかについて考察する。

なお、本稿では佛典での醜女物語を「醜女說話」とし、敦煌寫本の醜女物語を總體として指す場合は「醜女緣起」とする。「醜女緣起」のタイトルはP.3048にのみ記されるタイトルではあるが、便宜的にこれを通稱として用いる。首尾完備する「醜女緣起」はS.4511とP.3048であり、兩者には表現の差異はあるものの物語の展開はほぼ同じであり、經典との比較にあたっては先行するS.4511を用いる[5]。敦煌寫本の引用は、誤字は(　)に訂正し、缺字は〔　〕に補う。

1．醜女說話を載せる佛典

醜女說話を載せる經典は「本緣部」に屬する次の三部の代表的な譬喩經典であり、內容的にも共通性を持つ。譯者の年代順に並べると次のようになる。

　吳支謙譯『撰集百緣經』卷八「波斯匿王醜女緣」(『大正藏』第4卷)
　元魏吉迦夜・曇曜譯『雜寶藏經』卷二「波斯匿王醜女賴提緣」(同上)
　元魏慧覺譯『賢愚經』卷二「波斯匿王女金剛品」(同上)

『撰集百緣經』は吳の支謙譯とあり、譯者の年代からみれば『撰集百緣經』の方が古いようにみえるが、出本充代「『撰集百緣經』の譯出年代について」(『パーリ學佛教文化學』8、1995)によると實際は『賢愚經』からの借用であると述べる。『撰集百緣經』は『賢愚經』に由來するのである。

多くの先行研究では、その內容の類似と醜女の名を「金剛」とすることから、「醜女緣起」は『賢愚經』によるとする[6]。出典とされる『賢愚經』について金岡照光は「「賢愚經」は梵本譯出の經典ではなく、河西の僧・曇學等八人の僧が于闐へ赴き、般遮于瑟會で說經を聞き、その胡語を記錄して歸り、高昌において漢語でこれを記して、元嘉二二年(四四五年)一書と爲したという『出三藏記集』卷二、及び僧祐撰「賢愚經記」(『出三藏記集』第九)を眞實とすれば、「賢愚經」自體、河西に流布する必然性をもっていたものと考えられる」と述べる[7]。

『雜寶藏經』は『出三藏記集』卷二によると宋明帝時の西域の高僧・吉迦夜が北魏延興2年（472）に曇曜と共譯し、梁の劉孝標が筆錄したとされる[8]。目錄によって卷數が異なり、『出三藏記集』『歷代三寶記』では十三卷、『開元釋經目錄』では八卷、現存本は十卷であり、卷立は異なるが、121篇の說話が收錄されている。本多至成『『雜寶藏經』の研究』（永田文昌堂、2012）では『雜寶藏經』に收錄されている說話の題材は幅廣く、僧侶のみならず在俗の信者などを含む多くの人々がこの經典に關與したと考えられると述べている（同書10頁)。『雜寶藏經』には世俗に傳わる當時の樣々な因緣譚、譬喩譚が含まれているのである。

敦煌文獻中に『雜寶藏經』の鈔本がいくつか存在し、敦煌寫本の『雜抄』と題する鈔本では『雜寶藏經』卷第一に載る「棄老國緣」の說話を殷代の說話として翻案したものを載せている。『雜寶藏經』は敦煌ではよく用いられP.3000「諸經略出因緣卷」と題する12種の因緣譚を略出する寫本には、そのうち11話が『雜寶藏經』に載る說話である[9]。「醜女緣起」の作者が『雜寶藏經』の醜女說話を參照しなかったとは考えにくい。

また、佛教類書の類にも醜女說話が收錄され、梁・寶唱撰『經律異相』卷三十四「波斯匿王女金剛形醜以念佛力立改姝顏二」(『大正藏』53所收)、唐・釋道世撰『法苑珠林』卷七十六「十惡篇第八十四之四」惡口部第八引證部（同上）には、「金剛醜女」の說話が收錄され、『經律異相』は「出賢愚經卷二」、『法苑珠林』は「百緣經云」とし[10]、ともに內容的には『賢愚經』と同じではあるが、『法苑珠林』の引く「百緣經」には、『賢愚經』の原文を適度に節略して、話の筋を明確にする意圖が見える[11]。

以上のように佛經類書を含めると醜女說話を載せる佛典は5種となる。

2．醜女說話の構成と佛典ごとの重點の違い

醜女說話は3種の經典と2種の類書に載せられ、5書ともおおむね次の7つの場面で構成される。なお本稿では經典の原文の引用には『大正藏』本を用いる[12]。各場面の起止を『賢愚經』原文の4字で（　　）內に記す。

①誕生：波斯匿王の夫人が醜い王女を產み、人目に觸れぬようひそかに育てる(如是我聞～而護養之)。

②婿探し：王は年頃になった醜女の婿として名門の貧者を探すように命じ、婿候補が王宮に連れてこられる（女年轉大～將至王所)。

③成婚：婿候補は醜女と知ったうえで結婚を承諾し、地位と財產を與えられ豪族らと交際するようになる（王得此人～共爲讌會)。

④宴會：宴席では婦人同伴であるが、婿だけが妻を伴わないことを怪しく思った諸人はその妻をみようと畫策し、婿を醉わせて家の鍵を盜んで見に行く(月月爲更～開其門戶)。

⑤祈願變身：醜女は醜い我が身を恥じ佛に救いを求め懺悔祈願すると、佛が現れ醜女は美しい姿に變わる。醜女の家に忍び込んだ諸人は、美女となった王女を見て宴席に戻り鍵を戻す（當於爾時～繫著本帶）。

⑥對面：婿は家に歸ると美しくなった妻に驚く。婿は妻をつれ王宮に行き、王は美女となった娘を見て歡喜する（其人醒悟～不能自勝）。

⑦說因緣：王は王女の因緣を聞こうと佛の所へ詣で佛はその因緣を說く（卽敕嚴駕～皆共奉行）。

『賢愚經』を含む5書における各場面の起止および敦煌寫本S.4511およびP.3048での起止を表にまとめる（表1）。なお敦煌寫本では醜女物語に入る前の導入部すなわち「入話」があるが、醜女物語本體の場面構成は經典と同じであり、經典との比較にあたり導入部は除くものとする(13)。

表1：各場面起止表

	①誕生	②婿探し	③成婚	④宴會	⑤祈願變身	⑥對面	⑦說因緣
撰集百緣經	佛在舍衛 ～而養育之	年漸長大 ～將來詣王	王見此人 ～共爲邑會	日月更作 ～欲觀其婦	當於爾時 ～會同各罷	其人還家 ～不能自勝	王卽告敕 ～歡喜奉行
賢愚經	如是我聞 ～而護養之	女年轉大 ～將至王所	王得此人 ～共爲讌會	月月爲更 ～開其門戶	當於爾時 ～繫著本帶	其人醒悟 ～不能自勝	卽敕嚴駕 ～皆共奉行
雜寶藏經	昔波斯匿 ～見皆恐怕	時波斯匿 ～將來詣王	王將此人 ～飲醼遊戲	每於會日 ～故數被罰	婦聞此語 ～繫著腰下	其夫覺已 ～情甚疑怪	將詣佛所 ～歡喜奉行
法苑珠林	昔佛在世 ～不令出外	年漸長大 ～覓得付王	王將屏處 ～共爲邑會	聚會之契 ～至家開門	婦疑非夫 ～繫鉤本處	其人還家 ～歡喜無量	將詣佛所 ～快樂無極
經律異相	佛在舍衛 ～得見之也	女年轉大 ～將至王所	向彼人說 ～共爲設會	月月更爲 ～開其門戶	時女心惱 ～鑰繫本帶	其人醒悟 ～王見歡喜	王及夫人 ～緣得解脫
S.4511	佛在之日 ～戶不曾開	於是金剛 ～速令引到	皇帝座想 ～業遇須要	於是貧仕 ～辱沒精身	公主既聞 ～作千嬌美	醜女既得 ～至心恭敬	於於是槍旗 ～淨輕如棉
P.3048	佛在之日 ～不令頻出	日來月往 ～速令引到	皇帝坐相 ～怕驚他驢	王郎既爲 ～也朝官至	娘子被王 ～作千嬌媚	醜女既得 ～拜心恭敬	於是槍旗 ～淨軟如棉

さらに5種の佛典とS.4511およびP.3048について、場面ごとの字數と割合の表を作成してどの場面に筆を費やしているかを比較する(14)。

表2：各場面字數割合表

	總字數 割合%	①誕生	②婿探し	③成婚	④宴會	⑤祈願變身	⑥對面	⑦說因緣
撰集百緣經	1367	93字	72	184	116	284	184	434
		6.80%	5.27	13.46	8.49	20.78	13.46	31.75
賢愚經	1503	123	68	192	108	343	188	481
		8.18	4.52	12.77	7.19	22.82	12.51	32.00
雜寶藏經	838	23	50	106	171	213	122	153
		2.74	5.97	12.65	20.41	25.42	14.56	18.26
法苑珠林	704	54	36	112	76	157	126	144
		7.67	5.11	15.91	10.80	22.30	17.90	20.45

經律異相	711	72	40	104	68	146	80	201
		10.13	5.63	14.63	9.56	20.53	11.25	28.27
S.4511	2919	395	525	635	332	370	321	299
		13.53	17.99	21.75	11.37	12.69	11.00	10.24
P.3048	2941	444	533	506	261	498	394	268
		15.10	18.12	17.21	8.87	16.93	13.40	9.11

表2から各書において字數が多い場面を順にあげると次の通りである。

『撰集百緣經』　説因緣・祈願變身・成婚・對面・宴會・誕生・婿探し
『賢愚經』　説因緣・祈願變身・成婚・對面・誕生・宴會・婿探し
『雜寶藏經』　祈願變身・宴會・説因緣・對面・成婚・婿探し・誕生
『法苑珠林』　祈願變身・説因緣・對面・成婚・宴會・誕生・婿探し
『經律異相』　説因緣・祈願變身・成婚・對面・誕生・宴會・婿探し
S.4511　成婚・婿探し・誕生・祈願變身・宴會・對面・説因緣
P.3048　婿探し・成婚・祈願變身・誕生・對面・説因緣・宴會[15]

『撰集百緣經』は先述のように先行の『賢愚經』を借用したものとされ、「宴會」と「誕生」の場面の順序が逆になるのを除けば、ほぼ同じ程度に各場面を引き繼いでいることがわかる。『賢愚經』を出典とする『經律異相』は、『賢愚經』での各場面をほぼ同程度に節略していることがわかる。『百緣經』を引用したとする『法苑珠林』では⑦説因緣よりも⑤祈願變身の場面に重點を置き、他の部分は『撰集百緣經』とほぼ同じである。『雜寶藏經』が⑤祈願變身に多く筆を割くのは『法苑珠林』と同じであるが、他ではあまり重點が置かれない④宴會の場面に多く筆が割かれて、この場面には特異なプロットが含まれ、『雜寶藏經』の醜女説話が他とは異なる系列に屬することが確認できる。

敦煌寫本S.4511では、經典では記述の少ない③成婚、②婿探し、①誕生の場面に多く筆を費やし、經典では重視される⑦説因緣にはあまり重點が置かれていないことがわかる。經典の記述が少ない部分には、加筆・改變の餘地が多く存在していたということでもある。

3.『賢愚經』巻二「波斯匿王女金剛品」と『雜寶藏經』巻二「波斯匿王醜女賴提緣」の各場面での比較およびS.4511での改變

『賢愚經』と『雜寶藏經』について場面ごとにその異同を檢討しながら、あわせてS.4511での改變の狀況について述べる。

(1) 誕生

『賢愚經』波斯匿王女金剛品と『雜寶藏經』波斯匿王醜女賴提緣の冒頭部の誕生の場面の全文を引き比較する。

如是我聞。一時佛在舍衞國祇樹給孤獨園、爾時波斯匿王最大夫人名曰摩利、時生一女字波闍羅、晉言金剛。其女面類極爲醜悪、肌體麤澁猶如駝皮、頭髪麤强猶如馬尾、王觀此女無一喜心、便敕宮内懃意守護、勿令外人得見之也。所以者何、此女雖醜形不似人、然是末利夫人所生、此雖醜悪當密遣人而護養之。

私はこのように聞く。佛が舍衞國祇樹給孤獨園におられた頃、時に波斯匿王の最大夫人で、名は摩利という者が娘を生み、字は波闍羅、晉の言葉では金剛という。その娘の顔は極めて醜悪、肌はがさがさ蛇皮のよう、髪はごわごわ馬の尾のようで、王はこの娘を見ると喜びの心もなく、宮内に命じていうに「ねんごろにお守りして、ほかの人の目に觸れぬように」。なぜなら、この娘は人とも思えぬ醜さだが、末利夫人の生んだ娘ということで、醜くともひそかに人をやり養育しなければならなかった。

『賢愚經』

昔波斯匿王有女、名曰賴提、有十八醜、都不似人、見皆恐怕。

昔波斯匿王に賴提という娘がおり、十八醜あり、人とは思えぬほどで皆恐れた。

『雜寶藏經』

『賢愚經』では夫人の名、王女の名、醜さの表現、醜女を幽閉して養育するという醜女說話の發端が丁寧に語られるのに對し、『雜寶藏經』のこの部分の全文はわずか23字で、醜さの表現は「十八醜」とあるのみで具體的な表現はなく、夫人は登場せず幽閉のことも記していない。

S.4511では夫人の名は記されないが、次の場面に娘の名が「金剛醜女」として登場する(16)。誕生の部分の字數は『賢愚經』の3倍以上にも增幅され、醜女の醜さの表現は『賢愚經』の表現を踏襲した上で、韻文により事細かにあげつらねられ、逆說的表現を多く用い滑稽さを增幅させている。王が王女を深宮に閉じこめておくよう命令するのも『賢愚經』に同じであり、醜女緣起が『賢愚經』に依據することが確認できる。S.4511の該當部分を引く(17)。

只守思量也大奇、朕今王種豈如斯。醜陋世閒人惣有、未見今朝悪相儀。
彎山倉縕縮如龜、渾身恰似野猪皮。任你丹靑心裏巧、綵色千般晝不成。
獸頭渾是可增(憎)見(貌)、國内計應無並比。若輪(論)此女形貌相、長大將身娉阿誰。
於是大王處分宮人、不得唱說、便遣送在深宮、更莫將來、休交朕見。云々。
女緣醜陋世閒希、遮莫身上掛羅衣。雙脚跟頭酸又脾、髪如惣(棕)樹一枝々。
看人左右和身轉、擧步何曾會禮儀。十指懺(纖)々如路柱、一雙眼似木堆(槌)梨。
公主全無窈窕、實是非常不少。上脣(18)半斤有餘、鼻孔竹同(筒)渾少(小)。
生來已雀(省)歡喜、見說三年一笑。覓他行步風流、却是趙十(士)襪襟。
大王見女醜形骸、常以夫人手託頣。憂念沒心求駙馬、慙惶須臾覓良謀(媒)。
雖然富貴居樓殿、恥辱房臥傾國容。敕下十年令鏁閉、深宮門戶不曾開。
まことに思えばなんとしたことか、朕の血筋がなぜこのように。醜きは世の人に総じてあるものの、今この悪相は未だ見ず。

背は縮こまり龜のよう、肌はまるでイノシシの皮のよう。たとえ繪に巧みであろうとも、色とりどりに描いてみても繪にならず。

野獸のような頭は實に憎々しく、この國に並ぶものなし。この娘の形相からすれば、年ごろになったら誰に嫁げようか。

そこで大王は宮人に、口外しないように、すぐに深宮に送り、連れ出すことのないように、朕の眼に觸れぬようにと命じた。云々。

この娘の醜さは世にもまれ、たとえ身に羅衣をまとってみても。足のかかとはひび割れがさがさ、髪はぱさぱさ棕櫚の枝のよう。

左右の人を見るときは體をひねり、歩く姿は禮儀にかなわず。指は細くて路柱のよう(19)、兩の眼は木槌梨に似る(20)。

王女にしとやかさのかけらもなく、誠にもって常ならぬことはなはだし。上脣は垂れさがり、鼻の穴は竹筒ほどの小ささ。

生まれてより喜ぶことなく、三年に一度しか笑わぬと聞く。歩く姿は風流で、趙の人の歩みにも似る(21)。大王は娘の醜い姿をみては、常に夫人と考え込む。必死に婿を探すのも悩ましく、すぐに良媒を求めるのも恥ずかしい。

富貴に生まれ樓殿に暮らすも、嫁に出すのも恥ずかしい傾國の容貌、敕命のもと十年閉じ込め、深宮の門を閉ざすように。

(2) 婿探し

この場面では年ごろになった娘の結婚を心配した王が、名家出身の貧者を婿候補として探すよう命じるのであるが、婿探しの方法が兩者で異なり、『賢愚經』では「便告吏臣、卿往推覓本是豪姓居士種者、今若貧乏無錢財者、便可將來」とあり、王が「吏臣」に命ずる形であるが、『雜寶藏經』では、「募於國中、其有族姓長者之子、窮寒孤獨者、仰使將來」とあり國中に「募(つのる)」つまり、おふれを出す形にしている。

醜女緣起は『賢愚經』と同様に王が臣下に命ずるのであるが、その前に娘の結婚を心配した夫人がしきりに王に婿探しを促すというプロットを加えている。S.4511に次のようにある。

大王若無意發遣、妾也不敢再言、有心令遣仕人、聽妾今朝一計。私地朝一宰相、交覓薄落兒郎、官職金玉與伊、祝娉爲夫婦。

大王がもし嫁に出すお氣持ちがないのなら私はもう何も申しませんが、嫁にやってもよいというお心があるのなら、今私に一計があります。ひそかに宰相に落魄した男子を探し出させ、その者に官職と財貨をあたえ夫婦にしましょう。

醜女の母である王の夫人は、『雜寶藏經』では全く登場せず、『賢愚經』では誕生の場面にのみ登場するだけであるが、醜女緣起の中では不憫な娘を持つ母として重要な役割を果たしている。また、醜女縁起ではこの場面で夫人の言葉に「姉妹三人共一〔般〕、端正醜陋結因縁。並是大王親骨肉、願王一納賜恩憐（姉妹三人はみな同じ、美醜は因縁によるもの。みな大王の實の娘、どうか同じように慈しみください）」とあり、經典には全く登場しない二人の姉を登場させ、經典の醜女說話を大王一家のホームドラマに仕立て直している。

（3）成婚

成婚の場面は『賢愚經』『雜寶藏經』とも同じプロットからなり、王は婿候補として連れてこられた貧者に、王女が醜いことを告げる。貧者はたとえ犬であっても受けますと結婚を快諾し、王は婿に宮殿を建ててやるので、妻を人目につかないように閉じ込めるよう命じ、以後、婿は豪族諸氏と宴を重ねるという展開になる(22)。

醜女縁起のほうは、成婚場面の描寫に最も多く筆をさき、「王郎」という名の婿候補が王に挨拶をし、そして着飾った王女が侍女に抱きかかえられながら登場し對面するというプロットを加える。王女との對面で、醜女の顏を垣間見た婿が卒倒し、やがて意識を取り戻すと、二人の姉が妹は容貌こそ悪いものの手先は器用、婿になれば地位も財產も心配ないととりなすという場面を加え、經典とは全く異なる一幕の喜劇に改變している(23)。

（4）宴會

宴會の場面では兩者では大きく異なる。『賢愚經』と『雜寶藏經』の原文を引く。

月月爲更、會同之時、夫婦俱詣男女雜會共相娛樂。諸人來會悉皆將婦、唯彼大臣恆常獨詣。衆人疑怪、彼人婦者、儻能端政暉赫曜絕、或能極醜不可顯現、是以彼人故不將來。今當設計往觀彼婦、卽各同心密共相語、以酒勸之令其醉臥、解取門鑰、便令五人往至其家開其門戶。

月日は過ぎ、會合の時には、夫婦同伴で男女が共に樂しんだ。諸人はいつも夫人を連れてきたが、この大臣だけは常に一人で來る。みなはいぶかり、その妻は端正で輝くばかりに美しいのか、あるいは極めて醜く人前には出せないので、連れてこないのかと怪しんだ。そこでその妻を見に行こうと畫策し、皆でひそかに婿を酒で醉いつぶして家の鍵を盜み、五人でその家に行き扉を開けようとした。

『賢愚經』

每於會日、諸長者子婦皆來集會、唯此王女獨自不來。於是諸人共作要言、後日更會仰將婦來、有不來者重謫財物。遂復作會、貧長者子猶故如前不將婦來、諸人便共重加謫罰。貧長者子敬受其罰。諸人已復共作要言、明日更會不將婦來、復當重罰。如是被罰乃至二三、亦不將來詣於會所。貧長者子後到家中語其婦言、我數坐汝爲人所罰。婦言何故、夫言諸人有要飮會之日、盡仰將婦詣於會所。我被王敕、不聽將汝以示外人、故數被罰。

會合の日には、もろもろの長者の息子とその妻たちが集まったが、ただ王女一人だけがやって來ない。そこで諸人は後日會合の際に夫人を同伴しない場合は、財物で償わせるという約束をかわした。再び會を開くと、貧しい長者の息子はやはり妻を伴わず、諸人は重い罰を加えた。貧しい長者の子は再びその罰を受け入れた。諸人はさらに明日の會で妻を連れてこなければ、また罰を與えるという。このように二回三回と罰せられたが、一向に連れてこなかった。貧しい長者の子は家に歸り、「私は汝のために度々罰せられている」と妻に告げた。妻は何故かと問うと、「諸人に宴會の日には妻を伴うように求められていたが、私は王から汝を他人に見せるなと命じられていたので何度も罰を受けた」と告げた。

『雜寶藏經』

『賢愚經』では、妻同伴の宴會に妻を同伴しないことを怪しみ、諸人が婿を醉わせ家の鍵を盜み取って、その妻を見に行くという單純なプロットであるのに對し、『雜寶藏經』では、諸人が妻を同伴しない婿に罰則が與えられ、同伴を强いられていることを婿が醜女に告白するというプロットを加えている。夫の告白を受けることで、自分の醜さが夫を苦しめていることを知り、醜女の苦惱は一層深まることになる。『雜寶藏經』のこのプロットは少し改變された形で敦煌の醜女緣起に受け繼がれている。

敦煌の醜女緣起では罰則を與えるのではなく、豪族諸氏により各自の邸宅での輪番の宴會が計畫され、自分の番がくるのを憂鬱な思いでいる夫に醜女がその理由を尋ね、夫は眞實を打ち明けるというプロットに改變している。S.4511の原文を引く。

諸官蜜（密）計相宜要〔看〕公主、遞互傳局流行屆到家中、事須妻出勸酒。〔諸官〕訝〔公主〕無形、積例皆見女出妻盡接座筵。日々不備歡樂、次第漸到王郎俳（排）備酒饌。雉（惟）憂妻貌不强、思慮恥於往還、遂乃精不安宿夜憂愁。妻見兒婿怨煩不免盤問。王郎被問遂乃於實諮告妻。

諸官は公主を見んと求めてひそかに畫策し、互いに順番で家に招いて妻にお酌をさせるように仕向けた。諸官は公主が姿を見せないのを不審に思っていたので、宴席では常に娘や妻が宴席に同席するのをためしとした。王郎は日々樂しまず、次第に王郎の順番が近づく。夫は妻の容貌が醜いことを憂い、皆とのつき合いを恥ずかしく思い、そして氣持ちがふさぎ常に憂鬱であった。妻は婿がうつうつとしているのを見て問いただした。問われた王郎は妻に眞實を打ち明ける。

醜女緣起では夫は諸氏の家での宴會では、美しい夫人たちのもてなしをうけたことを話し、自分の家で妻を客に會わせるのが恥ずかしいのだと告白した(24)。夫の告白により、わが身の罪深さが一層身に染みることとなり、醜女の心情に深い陰影を與える。醜女緣起は『雜寶藏經』の「罰則」を「輪番の宴會」という設定に變えて婿からの告白を導き出し、より現實的な設定のもとで、醜女の苦惱と悲しみを演出している。

『賢愚經』での諸人が婿を醉わせて鍵を盜み取り、醜女を見にゆくというプロットは、『雜寶藏經』では次の場面の中に加えられているが、醜女緣起ではこの鍵を盜むプロットは用いられていない。

(5) 祈願變身

この場面は佛が現出する重要な場面であり『賢愚經』『雜寶藏經』とも多く筆がさかれている。『賢愚經』では、夫に憎まれ幽閉されている我が身を嘆いて佛に救いを求める醜女の姿が描かれ[25]、その思いに佛が現出し醜女が變身する。變身の場面の原文を引く。

佛知其志卽到其家、於其女前地中踊出。現紺髮相令女見之。其女擧頭見佛髮相、倍加歡喜。歡喜情故敬心極深、其女頭髮、自然細軟如紺青色、佛復現面女得見之、見已歡喜面復端政。悪相麤皮自然化滅、佛復現身、齊腰以上金色晃昱、令女見之、女見佛身、益增歡喜。因歡喜故悪相卽滅、身體端嚴、猶如天女。

佛は醜女の志を知るとその家に到り、女の前で地中から躍り出る。紺髮相を現して女に見せる。女は首をもたげ佛の髮相をみて、ますます歡喜する。歡喜の情ゆえに敬心極めて深まり、女の髮はおのずと細く柔らかく紺青色となり、次に佛は顔を現し女に見せれば、女は歡喜し端正な顔となる。醜い容貌と荒れた肌はおのずと消えさり、佛が腰から上の金色の輝く姿を現し見せれば、女は佛の姿をみて一層歡喜する。歡喜の故に悪相はたちまち消え、端嚴な姿は天女のようである。

そして變身して美女となった醜女を五人が覗き見て、宴席に戻り鍵をそっと返すのである[26]。

『雜寶藏經』では先の宴會の場面で夫からの告白をうけて、一層の悲しみと慙愧の念で佛に救いを求める[27]。醜女の心に感じ佛が現れ、醜女が變身する場面は「佛感其心至從地踊出。始見佛髮敬重歡喜、己髮卽異變成好髮。次見佛額漸覩眉目耳鼻身口[28]、隨所見已歡喜轉深、其身卽變、醜悪都盡、貌同諸天（佛は醜女の心の至誠を感じて地より踊り出る。始め佛の髮をみて敬重歡喜すれば、その髮はたちまち異なり好ましい髮となる。つぎに佛の額を見て、眉目耳鼻口身體と見るごとに歡喜はますます深まり、その身はたちまち變じ醜悪はみな消えうせて、容貌は諸天と同じ）」とあり、『賢愚經』より簡單な記述になっている。

『雜寶藏經』はこの後に、『賢愚經』では宴會の場面に記されていた婿を酔わせて鍵を盜み見に行くというプロットを、この場面に記している[29]。

S.4511は經典の變身場面を少し簡略化し「金剛醜女歎佛已了、右繞三迊退座一面、佛已慈悲之力、遙金色臂指醜女身、醜女形容當時變改（金剛醜女が佛を讃嘆し終え、右に三周して退くと、佛は慈悲の力により、遙かに金色の腕で醜女を指せば、醜女の姿はたちまち變わる）」とある。それを改變したP.3048には具體的な變身の状況は描かれず、醜女の苦惱と懺悔が綿々と語られ、心情的な表現の加筆が多くなっている。

（6）對面

對面の場面では、宴會から歸り我が家に美女がいるのを不審に思った婿と美女となった醜女の短い會話が特徴的である。『賢愚經』での夫と妻の會話の部分を引く。

欣然問、「是何人」。女答夫言、「我是汝婦」。夫問婦言、「汝前極醜、今者何緣端政乃爾」。其婦具以上事答夫、「我緣佛故受如是身」。婦復白夫、「我今意欲與王相見。汝當爲我通其意故」。

喜々として問う、「そなたは誰か」。女は夫に答え、「私はあなたの妻です」と。夫は妻に問う、「汝は以前醜かったが、今はなぜそのように美しくなったのか」と。妻はつぶさにいきさつを話し、「私は佛にすがってこの身を受けました」と。妻はまた夫にいう、「私は王に會いたく思います。どうか王にその旨をお傳えください」と。

『雜寶藏經』のこの場面も夫婦の對話の內容は少し異なり、『賢愚經』には記されていない佛への祈願の原因が語られている。

怪而問之、「汝何天神女處我屋宅」。婦言、「我是君婦賴提」。夫怪而問之、「所以卒爾」。婦時答言、「我聞、君數坐我被罰、心生慙愧、懇惻念佛。尋見如來從地踊出、見已歡喜身體變好」。

怪しみ問うに、「どの天の神女が我が家にいるのか」と。妻は言う、「私はあなたの妻の賴提です」と。夫は怪しんで問う、「なぜそんな急に」と。妻は答えて、「私はあなたが私のせいで、何度も罰を受けているのを聞いて深く恥じ、まことの心で佛に念じていました。すると如來が地より踊り出て、そのお姿に歡喜すると良き姿に變わったのです」と。

醜女緣起でのこの部分の會話は『賢愚經』に近い表現ではあるが、佛に念ずる原因についても語られる點では『雜寶藏經』からも採取していると考えられる。S.4511の原文を引く。

敢得王郎入來不識。妻云道、「識我否」。夫云道、「不識」。「我是你妻。如何不識」。夫道、「娘子天生似獸頭、交我人前見便羞。今日因何頭正相、請君與我說來由」。妻語夫曰、「自居前時憂我身醜、妾生煩惱再三。禱況（祝）靈山世尊、深起慈悲便須加祐云、「我本前生貌不强、深慙日夜辱王郎、遙想釋迦三界主、不捨慈悲降此方」。

王郎は入ってきたが妻とはわからなかった。妻は、「私がわからないのですか」という。夫は、「わからない」という。「私はあなたの妻です。なぜわからないのですか」と。夫はいう、「わが妻は生まれつきの醜さで、人前に出すのは恥ずかしいほど。今なぜに美しいのか、そのわけを話してください」と。妻は夫に告げて、「嫁ぐまえよりわが身の醜さを憂い、懊惱することしきりでした。靈山の世尊に慈悲と加護を求め、『私の前世の醜さ故に、日々王郎を辱めていたことを深く恥じ、遙かに釋迦三界の主に想う、慈悲を惜しまずここに垂れんことを』と祈りました」といった。

(7) 説因緣

譬喩譚においては因緣を說く場面は重要であり、前掲表2でわかるように『賢愚經』では最も字數が多い。この說因緣の場面で、醜女が過去世において、長く辟支佛を供養していた長者の娘の生まれ變わりであることが明かされる。佛は、長者の長年の供養の故に娘は王家に生まれたが、辟支佛の醜さを輕慢したため醜い姿となり、佛に過ちを懺悔し許されて、美しく生まれ變わることができたと說き、波斯匿王の一行は佛の說く因緣果報の話を聞き信敬の念を生じ、佛教に深く歸依し歡喜奉行したと結ぶ(30)。

『賢愚經』はこの場面において『雜寶藏經』には記述のみえない辟支佛について多く筆をさいているのが特徵的である(31)。『雜寶藏經』は表2では祈願變身、宴會の場面の次であり、醜女の因緣はごく簡單に語られるが、因緣の內容自體は『賢愚經』と同じである(32)。

醜女緣起では因緣は誕生の場面にすでに明かされているので、この場面の字數は最も少なく、最後に散文と韻文で因果應報を說き佛への惡言を戒め、信心と布施の勸めで結ぶ。

以上各場面における『賢愚經』と『雜寶藏經』および敦煌の「醜女緣起」の內容と表現の差異を檢討した。敦煌の「醜女緣起」は『賢愚經』をベースに『雜寶藏經』のプロットも取り入れ、經典にはない二人の姉を配役に加え、夫人や婿の王郎の役柄を加味して現實的な王家のホームドラマに改變し、聽衆の關心を引き付けたのである。

おわりに

佛典の中の因緣譚・譬喩譚は世俗にもわかりやすい內容であり、六朝の頃より佛教への信仰を促す物語として、唱導の際に大いに利用されていたことは梁の慧皎『高僧傳』卷十三唱導論に記載される(33)。敦煌においても佛經を說く前段階として、あるいは佛教儀式の中、あるいは人寄せのための演藝の一つとして譬喩譚に基づきながら娯樂性を高めるために潤色・改變した物語が行われたと推測される。

敦煌の醜女緣起においては、出典となる經典をいくつか參照しながら、語りの場に應じて改變している。醜女の物語は『賢愚經』や『雜寶藏經』を參照しつつS.4511のように大王一家のホームドラマとしての改變がなされ、さらに醜女の心情を表現した韻文の朗詠を加え、P.3048のような、より情緒的な物語に改編したのである。

經典の醜女物語は當時の敦煌では廣く受け入れられていたようで、『賢愚經』波斯匿王女金剛緣品は繪畫化され、莫高窟第98號窟南壁に屏風繪として殘されている(34)。その畫面はおおよそ上から順に物語が展開し、醜女の姿は描かれることはないが、宴會の場面では醉って橫たわる婿の姿が描かれている。第98號窟は曹議金の功德窟として知られる大規模な窟である(35)。

「醜女緣起」は繪畫では表現されないことを、その場に應じた語り口で樂しませていたのであろう。

注

(1) 傅芸子、關德棟はともに周紹良・白化文編『敦煌變文論文錄』(上海古籍出版社、1982)收錄による。なお傅芸子の用いた「醜女緣起」は劉復『敦煌掇瑣』(中央研究院歷史語言研究所、1925)に收錄するP.3048の翻刻に基づく。

(2) 楊靑は『敦煌變文集』收錄の「醜女緣起」を用いる。

(3) 岩本裕「緣起の文學」(『東方學』30、1965)、川口久雄「金剛醜女變文と日本の說話文學」(『敦煌の仏教物語』上、敦煌よりの風、第3冊(明治書院、1999)所收、初出『漢文教室』59、1962)もその說を踏襲している。

(4) 那波利貞「俗講と變文」(『唐代社會文化史研究』創文社、1974、所收。原載『佛教史學』2,3,4號、1950)ですでに、中唐時代に廣く行われた『撰集百緣經』を直接の典據と推測する。

(5) 敦煌寫本「醜女緣起」の全體の構成や內容の詳細は拙稿「敦煌寫本「醜女緣起」について―P.3048の特質―」(『お茶の水女子大學中國文學會報』34、2015)を參照されたい。

(6) 大正藏本『賢愚經』は醜女の名について「字波闍羅、晉言金剛」とある。

(7) 金岡照光『敦煌の繪物語』(東方書店、1981)168頁。

(8) 『出三藏記集』卷二に「雜寶藏經十三卷闕」「付法藏因緣經六卷闕」「方便心論二卷闕」の三部について「宋明帝時、西域三藏吉迦夜、於北國以僞延興二年、共僧正釋曇曜譯出、劉孝標筆受。此三經並未至京都」とある。

(9) 那波利貞「俗講と變文」(前揭)ではP.3000の題簽に「諸經略出因緣卷」とあると記すが、この文字は紙背に書寫されている。敦煌研究院編『敦煌遺書總目索引新編』(中華書局、2000)ではこの鈔本を「雜寶藏經殘卷」と認定し、紙背文書を「"諸經略出因緣卷" 字樣及雜寫」とする。P.3000の第12話は「報恩經說忍辱太子捨心眼睛救父王病」とあり、『報恩經』からの略出であるため紙背に「諸經略出因緣卷」としたのであろう。荒見泰史『敦煌變文寫本的研究』(中華書局、2010)第二章第四節「敦煌的故事略要本目錄及年代」に『雜寶藏經』から抄錄する鈔本が4點載せられ、P.3000の鈔本も含む。

(10) 『大正藏』所收の『撰集百緣經』には醜女の名の記載はないが、『法苑珠林』の引く「百緣經」では、「末利夫人產生一女、字曰金剛」とある。

(11) 一例をあげれば『賢愚經』の醜女誕生の部分に「王觀此女無一喜心、便敕宮內懃意守護、勿令外人得見之也」を『經律異相』は同文であるが、『法苑珠林』では「王見不喜、敕閉深宮不令出外」とし、物語の展開を要領よく傳えている。

(12) 試みに敦煌寫本と『大正藏』所收の『賢愚經』と『雜寶藏經』の內容を確認すると、『賢愚經』卷一S.2879、S.4464、卷二P.4570、卷四S.3643、卷六S.4964、S.4468、『雜寶藏經』卷三S.4557、卷八S.4638、S.6925と『大正藏』の該當部分には、若干の文字の異同はあるが、內容において大きく異なる部分は見られない。

(13) S.4511入話原文「我佛當日爲求(救)門徒、六道輪迴、猶如載舡、般運衆生、達於彼岸。惣得見佛、今世足衣足食、修行時至、懃須發願。布施有多種因緣、一々不及廣讚。設齋歡喜、果報圓滿。若人呰子攢眉、來世必當醜面(75字)」。なおP.3048の入話には釋迦の本生譚や衆生濟度の話が加わり323字の長文となっている。

(14) S.4511、P.3048における字數は、鈔本上に表記された文字數で繰り返しの記號、小字での表記も含む。寫本上の削除や訂正の指示はそれに從う。明らかな脫字でも表記がない場合は數に入れない。

(15) P.3048の宴會の部分の醜女の心情を詠む韻文はS.4511と對照すると七言三句の脫文（21字）の可能性があり、それをデータに加えると說因緣と宴會の順序が變わる。

(16) S.4511の婿探しの場面冒頭「於是金剛醜女日來月往年漸長大」、祈願變身の場面「遙見金剛醜女」「金剛醜女歎佛已了」など。

(17) 日本語譯にあたっては、入矢義高編『佛教文學集』（中國古典文學大系60、平凡社、1975）、黃徵・張涌泉『敦煌變文校注』（中華書局、1997）、項楚『敦煌變文選注（增訂本）』（中華書局、2006）參照。引用韻文部分の押韻字は、最初の七言句では順に、「奇、斯、儀、皮、比、誰」で「成」は踏み落とし。次の七言句は、「希、衣、枝、儀、梨」、六言句は、「寃、少、少（小）、笑」、末句「櫟」は踏み落とし。續く七言句は韻が整わないが、二句目末尾「國容」はP.3048では「國財（才）」に修正され、「財、開」で押韻する。

(18) 原文「上脣有半斤有餘」の７字であるがこの部分は六字句からなり「上脣」の次の「有」は衍字として省く。

(19) 「路柱」の語は說因緣の場面に「兩脚出來如路柱」とあり、P.3048では二句とも「露柱」に作る。入矢注に「露柱は禪家の語錄に頻見する。法堂から僧堂の前庭に立ててある石柱らしいが具體的には未詳」とし、項楚は「卽閥閱、旌表門第的柱子」と注する。中村元『廣說佛教語大辭典』（東京書籍、2001）は「壁などについていない一本立ちの柱。佛殿の圓柱」とあり、いずれにしても圓筒形の太い柱のことで、ここでは醜女の指が太いことを表現したもので、前にある「纖々」の語は逆說的な諧謔表現であろう。以下の「覓他行步風流、却是趙十（士）襪櫟」「恥辱房臥傾國容」の句も同類。

(20) 項楚は「木槌梨、卽木槌、以其一頭漸大如梨形、故稱爲木槌梨」と注するが不明。どんぐり眼、あるいは垂れ目か。

(21) 『莊子』秋水篇「邯鄲之步」の話を踏まえた表現。「襪櫟」の「襪」は靴下の意、「櫟」は未詳であるが、P.3048に「却是趙士襪脚」とあるので、「步み」「足取り」の意とする。

(22) 『賢愚經』「正使大王以狗見賜、我亦當受。何況大王遺體之女、今設見賜奉命納之。王卽以女妻彼貧人。爲起宮殿舍宅門閤、令有七重。王敕女夫自捉戶鑰。若欲出行而自閉之。我女醜惡世所未有、勿令外人覩見面狀。常牢門戶幽閉在內」。
『雜寶藏經』「時長者子白王言、王所約敕、假使是狗猶尙不辭。何況王女而不可也。王尋妻之爲立宮室、約敕長者子言、此女形醜愼莫示人。出則鎖門入則閉戶、以爲常則」。

(23) 「醜女緣起」の成婚の場面は拙稿に詳しい。注（5）參照。

(24) S.4511「王郎遂向公主具說根由、我倒他家中、盡見妻妾數巡勸酒、對坐同娛若朝官赴我筵會、小娘子事須出來相見、我此事恥、所以憂愁怨恨自身、尋相不樂」

(25) 『賢愚經』「彼女心惱自責罪咎而作是言、我種何罪爲夫所憎。恆見幽閉處在闇室、不覩日月及與衆人。復自念言、今佛在世潤益衆生。遭苦厄者、皆蒙過度。卽便至心遙禮世尊、唯願垂愍」。

(26) 『賢愚經』「時彼五人開戶入內、見婦端政殊特少雙。自相謂言、我怪此人不將來往、其婦端政乃至如是。觀覩已竟還閉門戶、持其戶鑰、還彼人所繫著本帶」。

(27) 『雜寶藏經』「婦聞此語甚大慚愧、深自悼慨、晝夜念佛。於是後日更設醼會、夫復獨去婦於室內、倍加懇惻而發願言、如來出世多所利益、我今罪惡獨不蒙潤」。

(28) 『大正藏』での原文は「鼻身口」であるが、意味が通らない。ここは醜女が佛の姿を上から下へとみてゆく場面であり、「鼻口身」として譯出する。

(29) 『雜寶藏經』「諸長者子密共議言、王女所以不來會者、必當端正異於常人、或當絕醜是故不來。我等今當勸其夫酒令無覺知、解取鑰匙開門往看。卽飮使醉解取鑰匙、相將共往開門看之。見此王女端正無雙。便還閉門、詣於本處。爾時其夫猶故未寤、還以鑰匙繫著腰下」。

(30) 『賢愚經』「爾時王波斯匿及諸群臣、一切大衆、聞佛所說因緣果報、皆生信敬、自感佛前、以是信心有得初果、至四果者、有發無上平等意者、復有得住不退轉者。咸懷渴仰敬奉佛敎、歡喜遵承皆共奉行」。

(31) 『賢愚經』「時辟支佛、數至其家受其供養、在世經久欲入涅槃、爲其檀越作種種變、飛騰虛空、身出水火、東踊西沒西踊東沒、南踊北沒北踊南沒。坐臥虛空種種變現。咸使彼家覩見神足。卽從空下還至其家、長者見已倍懷歡喜。其女卽時悔過自責、唯願尊者當見原恕。我前惡心罪釁過厚。幸不在懷、勿令有罪也。時辟支佛聽其懺悔」。

(32) 『雜寶藏經』「佛告王言、乃往過去有辟支佛、日日乞食到一長者門前。時長者女、持食施辟支佛、見辟支佛身體麤惡而作是言、此人醜惡、形如魚皮、髮如馬尾。爾時長者女者、今王女是。施食因緣生於深宮、毀呰辟支佛故身體醜惡。生慚愧懇惻心故而得見我、歡喜心故身體變好。爾時衆會聞佛所說、恭敬作禮歡喜奉行」。

(33) 梁・慧皎『高僧傳』卷十三唱導「唱導者蓋以宣唱法、理開導衆心也。昔佛法初傳、于時齊集止宣唱佛名、依文致禮。至中宵疲極、事資啓悟。乃別請宿德昇座說法、或雜序因緣、或傍引譬喩」。

(34) 敦煌文物研究所編『中國石窟　敦煌莫高窟五』(平凡社、1982)に畫像が載る。敦煌研究院編『敦煌石窟內容總錄』(文物出版社、1996)によると第146號窟西壁にもある。

(35) 賀世哲・孫修身「瓜沙曹氏與敦煌莫高窟」(敦煌文物研究所編『敦煌研究文集』甘肅人民出版社、1982)參照。

(附記) 本稿は文部科學省科學研究費補助金(基盤研究C「日中說話比較に向けての敦煌文獻說話研究」課題番號：26370404)による研究成果の一部である。

敦煌文獻と傳存文獻の閒
—唐代の醫藥書『新修本草』と『千金方』を中心として—

岩 本 篤 志

はじめに

中華王朝や周邊國家における醫藥史に關わることを論ずる際、醫藥書は重要な史料のひとつである。實際、これまで多くの傳存の醫藥書が利用されてきた。

しかし、北宋以前に刋行されて、現在傳存する醫書を史料として使用する際、その多くが北宋期の校勘事業によって整理されたものであることに注意をはらう必要がある。

北宋・仁宗期に韓琦が、それまでの醫書に誤舛が多いこと、本草書の編集が不十分であることをあげ、校正・再編成を上言したこと（『資治通鑑長編』卷一八六、『玉海』卷六三）が契機となり、嘉祐二年（1057）、校正醫書局が設置された。まず『嘉祐本草』『圖經本草』が編纂され、つづいて英宗・治平三年（1066）『千金要方』（以下、『千金方』と記す）、同四年『外臺祕要』、神宗・熙寧元年（1068）『脈經』、同二年『（黃帝鍼灸）甲乙經』などの醫書校訂事業が行われることになった[(1)]。ただこの校正醫書局の登場に至るまでには同種の校訂事業の存在があった。このことについて、岡西爲人はこれを遡る校訂事業を、おおよそ次の三段階にわけた［岡西1957：183-184］。

1．太祖期：開寶六年（973）『開寶新詳定本草』、開寶七年（974）『開寶重定本草』
2．仁宗期：天聖四（1026）～五年（1027）『（黃帝內經）素問』『難經』『諸病源候論』校訂
3．仁宗期：景祐二年（1035）『（黃帝內經）素問』校訂

そしてこの一連の校訂事業の意圖を考察の對象として、「それが實行されやすいような諸條件が備わっていた」として、以下の三點をあげた[(2)]。

第一、當時の流傳本に誤脱が多く、本格的な校勘の必要が痛感されていたこと
第二、北宋歷代の諸帝が撫民政策の方法として、好んで醫療事業を取り上げたこと
第三、宋初以來急速に發展した印刷術の進步

これらの指摘はおおむね適切と考えられる。ただ、岡西も認めるように、實際に北宋の編集・校訂作業以前のテキストや本草書の原文との對比は容易ではない。なぜなら北宋期の校訂作業がおこなわれたことがわかる部分はきわめて限定的であり、宋以前の醫藥書については佚文しか殘っていないことが壓倒的に多いからである。

本稿では、敦煌本や日本に傳わった古寫本を用いることで、唐代の醫藥書の實態に迫ってみたい。

1.『新修本草』の事例

北宋期の『證類本草』(『經史證類備急本草』『經史證類大觀本草』、『政和新修經史證類備要本草』等の總稱)は、『嘉祐補注神農本草』(以下、『嘉祐本草』と略す)と『圖經本草』を合併したものである。『證類本草』誕生までにいたる過程はすでに先行研究に詳しく[岡西1977:86-92等]、廣く知られている。まずその概略を示しておこう。

『嘉祐本草』は、仁宗の嘉祐二年(1057)におかれた校正醫書局が最初におこなった編纂によるもので、『開寶重定本草』に新藥と新注を加えた形式をとった。その編纂に關わった掌禹錫らが藥圖の作成作業を企圖し、嘉祐六年(1061)、蘇頌によって完成に至ったのが『圖經本草』で、ともに仁宗期の敕撰書である。

現存する『證類本草』の冒頭には、『嘉祐本草』と『圖經本草』序文のほか、それ以前の『新修本草』の序文(唐本序)が併記されており、刋行の經緯の一端をうかがい知ることができる。

その『嘉祐本草』序(嘉祐補注總敍)には、漢代から唐代の『新修本草』に至るまでの歷史を述べた後、次のように記されている。

> 國朝開寶中、兩詔醫工劉翰、道士馬志等、相與撰集、又取醫家嘗用有效者一百三十三種、而附益之、仍命翰林學士盧多遜、李昉、王祐、扈蒙等、重爲刋定、乃有詳定、重定之目、竝鏤板摹行、由此、醫者用藥、遂知適從。(中略)
>
> 嘉祐二年八月、有詔臣禹錫、臣億、臣頌、臣洞等、再加校正。臣等亦既被命、遂更研覈。竊謂前世醫工、原診用藥、隨效輒記、遂至增多。

開寶年間に、劉翰、馬志らに命じて『開寶詳定本草』をつくらせたこと、それをまもなく、盧多遜、李昉、王祐、扈蒙らに修訂させ、『開寶重定本草』をつくらせ、詳定版、重定版それぞれの修訂個所を示した上で、刋行した。そして、嘉祐二年八月に、仁宗は掌禹錫、林億、蘇頌、張洞らに再校正を命じ、『嘉祐本草』の刋行へと至ったとある。

そして、この序に續いて、『嘉祐本草』を編纂するにあたり、以前の本草書をどのようにあつかったかが記され、『開寶重定本草』を軸としてそれに注と新藥を追加し、基本的に『開寶重定本草』の形式を踏襲したことが記される(この部分の史料は省略した)。このように先行の本草書の構成および記述をふまえた上で、新しい情報を加え、時に分類し直し、また異說を加えるという手法が用いられた『嘉祐本草』と前の本草書との關係は、その序文に明確に示されているようにみえる。

以上の典籍の相互關係の概略を示せば、次のようになる(『嘉祐本草』から『證類本草』に至る關係は複雜だが、省略して示した)。

『新修本草』—『開寶詳定本草』—『開寶重定本草』—『嘉祐本草』—┬—『證類本草』
『圖經本草』—┘

圖1　本草書間の關係

また、『證類本草』の冒頭には、嘉祐六年（1061）に刋行された『圖經本草』（蘇頌）の序も掲げてあり、そこに次のような一文がある。

> 恭惟、主上以至仁厚德、函養生類、一物失所、則爲之惻然、且謂札瘥薦臻四時代有、救恤之惠、無先醫術蚤歲、屢敕近臣、讎校岐黄内經、重定鍼艾兪穴、或範金揭石、或鏤板聯編、憫南方蠱惑之妖、於是作慶歷善救方以賜之、思下民資用之闕、於是作簡要濟衆方以示之、今復廣藥譜之未備圖。

この箇所から仁宗は醫書編纂事業を、廣く民衆を救う救恤策の一環として位置づけていることがよみとれる。

さて、これら序文に記されたように編集が行われたのだとすれば、北宋代の本草書の中にそれ以前の本草書、つまり唐代の『新修本草』や陶弘景の『本草集注』がそのまま含まれていることになる。

ところが全てにおいて前代の本草をそのまま繼承しているわけではないのである。

筆者はかつてこの點について、敦煌本『新修本草』の序例（杏雨書屋藏・羽40Rと北京國家圖書館藏BD122242の綴合）の内容を檢討する過程で論じた［岩本2011、岩本2015］。

その際、敦煌本に存在する「我大唐之王天下也、承秦漢澆醨之後、周隨塗［　　　　］將覆、重鉤庶類、再育含靈」から「尙未刋綜、有虧極療、毎切宸衷」の一段が、『證類本草』の唐本序（『新修本草』の序をそのまま傳えるものとされてきた）からすっぽり抜け落ちていることを指摘した。

そしてこの一段の由來について、次の鎌倉時代・永仁元年（1293）成立とされる惟宗時俊撰『醫家千字文注』所引『新修本草』序例の佚文を用いて解釋を展開した。

> 新修本草序曰、我大唐之王天下也。承秦漢澆醨之後、周隋塗炭之際、綴乾紐於已墜、正坤維於將覆。

この引用箇所は敦煌本『新修本草』序例が缺いていた部分（下線部）を補う。天平三年（731）書寫の奥書を持つ『新修本草』寫本（日本・仁和寺藏）は、遣唐使が持ち歸った寫本に由來するとみられるもので、殘念ながら現在では序例部分を佚している。惟宗家は代々、天皇の藥に關わる役職にあったから、惟宗時俊は宮中に傳わった『新修本草』の完本を實見することが可能であったと思われる。

そしてこの部分には「皇帝はあらゆる場所から藥材を收集可能であり、同時に醫方の極みを盡くして民の生命をすくう責務を負っている」ということが述べられている。

つまり、この箇所は唐の高宗が、それまでの陶弘景の『本草集注』を改訂增補する意義を説いた部分で、上記の『圖經本草』にみられる北宋・仁宗の意思を示す「主上以至仁厚德、函養生類」の一段と同様の意義を持っている。ところがおそらく北宋勅撰『開寶本草』の編纂の際に、唐・高宗の意思を示した部分はあっさり削除されたのである。

このように、北宋の本草編纂事業は皇帝の御心にかなうものであることが重要視された一方で、『新修本草』に關する唐朝の刋行意圖は無視された。これがその編集方法の實態である。つまり、北宋期の本草書の編纂事業は、古典をそのままに傳承し、後世に史料を傳えることにあったのではなく、古本草を北宋王朝の本草書の一部として活かすことに重心があったといえる。

では中華王朝による醫藥書編纂は唐またはその前驅である隋の時代にはじまったかといえば、そうでさえない。筆者がかつて指摘したように、醫藥書の國家編纂事業は、北魏・孝文帝期に端を發する。洛陽遷都以後の北魏の孝文帝は、父である皇帝が子である臣民の困難を救うという皇帝の資質を強く意識した。そして、その手段として、醫藥を重視し、技術者を側近にとりたてるという鮮卑王朝に由來した制度を醫局のひとつ（嘗藥・尚藥局）として普遍化したのである。もちろんその理念を遂行するのに、實態として醫事制度の規模の不足はあきらかであったが、政權が組織的に醫藥書を編纂するという事業はこうして初めて興された［岩本2001、岩本2015］。

そして、北宋期の醫藥書編纂が唐代の醫藥書の編纂意圖を記さないことと同様に、このような北魏期の醫事政策の理念は唐代の醫藥書や唐代編纂の史料に全く記されていない。

このように、醫藥書の序文は、その時代の編者の立場に限定された基本的な編集方針を示したものにすぎず、實際には序文に書かれていない前代の醫事政策について隠された史實が存在する。こうした實態は敦煌文獻や日本をはじめとした周邊國に傳わった傳存寫本との對比によってより明確となる。

2．『千金方』の事例

北宋の校正醫書局の設置後の英宗・治平三年（1066）、『千金方』の校訂がなされた。校訂者として高保衡、孫奇、林億の名が記された序文は、撰者孫思邈の功績を稱えつつ、その醫術を後世に傳えることの重要性を强調しているが、同じ校訂者三名による『黃帝鍼灸甲乙經』の序（神宗・熙寧二年（1069））に次のようにある。

　惜簡編脱落已多、是使文字錯亂、義理顛倒、世失其傳、學之者鮮矣。

唐代の醫疾令において、醫藥生が學ぶべき教科書として指定されたことさえあった『黃帝鍼灸甲乙經』は、北宋の頃になると寫本ごとに條文や文字の異同が多數存在し、内容を正確に把握することが困難になっていた様子がうかがえる。

また『千金方』校訂の翌年の治平四年（1067）に校訂された『外臺祕要』の序（孫兆の名が記される）には次のような一文がみえる。

　此方撰集之時、或得欽落之書、因其闕文、義理不完者多矣。又自唐歷五代傳寫其本、訛舛尤甚、雖鴻都祕府、亦無善本。

『外臺祕要』もまた『黄帝鍼灸甲乙經』同様、寫本ごとにその内容は著しく異なり、刋行當初の姿とはかけ離れた狀態にあった。そして宮中の典籍にさえ善本といえるものがなかったという。私撰の醫書として民閒に廣く傳わったといわれる『千金方』は『黄帝鍼灸甲乙經』や『外臺祕要』以上にその寫本閒の異同が大きかったものと推察される。

では現存の『千金方』の校訂過程を考える上で參考に値する敦煌寫本があるだろうか。現在のところ、敦煌文獻に孫思邈撰『千金方』が發見された例はない。しかし近年、比較的、似た内容をもつと指摘されるものがみつかっている。2009年に杏雨書屋が所藏をあきらかにした敦煌祕笈の一點、羽43である。羽43は粘葉裝で5面に文字が確認されており、その形態から敦煌文獻としては歸義軍期以降のものとみられる。その第一面は草書體に近い字體で書かれており、釋文は次のとおりである。

1　論云肺藏魄ミ藏者任ミ物ミ之情主肺爲上將
2　軍位立西方金爲五藏之華隨神往來謂
3　之魄並精出入謂之魄魄者主肺之藏也鼻爲
4　肺之官爲肺氣通於鼻能知自發香循
5　環紫宮中榮於髮外主於氣内主胸與
6　乳相當主辛重三斤二兩六葉兩耳凡八葉
7　主藏魄號魄藏隨節應會故云肺臟氣
8　其病卽鼻口張若實熱卽喘逆氣急
9　卽陽氣違若虛寒卽欬息下利少氣
10　卽陰氣違辯其源測其虛實萬不失一
11　凡籍氣於肺卽悲ミ卽傷魄矣

これについてはすでに陳明氏による研究が公刊されている［陳明2013：536-546］。陳氏はこの部分が孫思邈の『備急千金要方』巻十七・肺臟論第一の一部と似ていることを指摘したうえで、この釋文部分の後に續く「換鬚髮方」の序言に相當するとみなした。また、羽43の用語と張仲景『五臟論』(P.2115v)、『諸病源候論』、『備急千金要方』、『靈樞』、『素問』などの用語との類似性を指摘し、内容としては六朝隋唐期の醫術の傳統理論をこえるものでないとした。そして、『備急千金要方』巻十七との類似點はあるものの、それを書寫したものではなく、孫思邈と同時代かそれ以降の記述と結論した。

これに關する筆者の見解を先に述べれば、おおむね陳氏の指摘のとおりだと考える。しかし、陳氏はこの對比に、廣く流布している北宋校訂事業後の版本、すなわち宋改本を用いた(本稿ではとくに宋改本は『備急千金要方』と記す)。この點から次に異論を展開したい。

『千金方』には宋改本以外の系統に屬すと認められた古鈔本および刋本が存在する。

まず、このことについて先行研究に依據して概要を述べておきたい［宮下1989、小曾戸1989］。

『千金方』の刋本では、嘉永二年（1849）開板の江戸醫學館刋本が廣く流布している。たとえば、人民衛生出版社が1955年に第一版を刋行した『備急千金要方』がその影印である。これは江戸時代に米澤藩上杉家所藏の金澤文庫本を用いて覆刻したものである。また、上杉本は現在では南宋刋本と認められているが、その冒頭に高保衡や孫奇、林億らの序文が付されていることから北宋期の校訂を經た、所謂、宋改本であることは閒違いない。なお、江戸醫學館刋本には刋行時に補正が加えられており、南宋刋本（上杉本）の姿そのままでさえない。

しかし、『千金方』には、この宋改を經ていない所謂、未宋改本が二種存在する。ひとつはやはり13世紀南宋刋『新雕孫眞人千金方』（以下、『新雕』とする）であり、もうひとつは日本の和氣（半井）家に傳わった古鈔本の『眞本千金方』（以下、『眞本』とする）である［オリエント出版社1989］。和氣家は平安時代から宮中の醫藥に擕わった家柄で、『眞本』については遣唐使が持ち歸った本を書寫したものである可能性が指摘されている(3)。

前者、南宋刋本『新雕』は明の黄丕烈・淸の陸心源の手を經て、現在は日本の靜嘉堂文庫に所藏されている。本刋本については黄丕烈・陸心源ともに林億らの校訂を經ていない未宋改本であることを認めており、さらに小曾戸は、それが未宋改本ながら南宋刋本であることをあきらかにしている。つまり北宋の林億らの校訂作業後にも、民閒に流布した未宋改本をもちいた坊刻本が刋行されていたことになる。

そしてこれら未宋改本の存在により『千金方』の宋改本と未宋改本にどれほどの異同があるかはまだ仔細に檢討されてはいないものの「すさまじいほどの異同」［小曾戸1989］があることもわかっている。未宋改本は北宋期の校勘事業を評價するうえでの重要な史料ということになる。

以上の先行研究による知見をふまえると、羽43と『千金方』の類似性および關係性を分析するには、江戸醫學館刋本『備急千金要方』ではなく未宋改本の『新雕』または『眞本』を用いるのが最適である。ところが、『新雕』は巻六～十、巻十六～二十を缺いており、『眞本』は巻一部分以外を缺く。つまり羽43と對比すべき『千金方』巻十七・肺臟論第一に相當する部分が現存しない。ただ『千金方』の巻十一～二十は、未宋改本でも宋改本でも、各巻が五臟五腑（六腑から「三焦」を除いた十臟腑）の各臟腑に關する論を展開する部分にあたっている。したがって、『新雕』の現存する巻十一から十五の臟腑論のいずれかに焦點を當てることで、未宋改本と宋改本の書式を對比することは不可能ではない。

そこで次に、羽43と『備急千金要方』巻十七・肺臟論第一（肺藏方肺臟脈論第一）の對比とあわせて、『新雕（孫眞人千金方）』巻十五・脾臟論第一と『備急千金要方』巻十五・脾臟論第一（脾藏方脾臟脈論第一）を對比する。

表1　羽43と『備急千金要方』巻十七の對比

○敦煌祕笈・羽43（部分）	●『備急千金要方』巻十七・肺藏方肺臟脉論第一、唐・孫思邈撰　宋・林億等校正（宋改17）
① 論云、肺藏魄、魄藏者任物之情。主肺。	I 論曰、肺主魄。魄藏者任物之精也。
② 爲上將軍、位立西方金、爲五藏之華、隨神往來謂之魄、並精出入謂之魄、魄者主肺之藏也。	II 爲上將軍、使在上行。所以肺爲五臟之華蓋。竝精出入謂之魄、魄者肺之藏也。
③ 鼻爲肺之官、爲肺氣通於鼻、能知自發香。	III 鼻者肺之官、肺氣通於鼻、鼻和則能知香臭矣。
④ 循環紫宮中、榮於髮、外主於氣、内主胸、與乳相當、主辛。	IV 循環紫宮、上出於頰・於鼻、下廻肺中、榮華於髮。外主氣、内主胸、與乳相當、左乳庚、右乳辛、
⑤ 重三斤二兩六葉、兩耳凡八葉。	V 肺重三斤三兩、六葉兩耳、凡八葉。有十四童子七女子守之。
※對應箇所無し	VI 神名鴻鴻、
⑥ 主藏魄、號魄藏。隨節應會、故云肺臟氣。	VII 主藏魄、號爲魄藏、隨節應會、故云肺藏氣。（中略）
※右記の一部が②に反映	VIII 秋脉如浮、秋脉肺也、西方金也。萬物之所以收成也。（中略）
⑦ 其病、卽鼻口張、若實熱卽喘逆、氣急卽陽氣違、若虚寒卽欬息、下利少氣。卽陰氣違辯、其源測其虚實、萬不失一、凡籍氣於肺卽悲、悲卽傷魄矣。	IX 扁鵲曰、肺有病則鼻口張、實熱則喘逆、胸憑仰息。其陽氣壯則夢恐懼等。虚寒則欬息、下利少氣。其陰氣壯則夢涉水等、肺在聲爲哭、在變動爲欬、在志爲憂、憂傷肺、精氣幷於肺、則悲也。

比較すると次のことがいえる。①～⑤とI～Vはその内容、文章の配列ともに酷似しているが、VIの部分、すなわち臟器の「神名」に關する記述は羽43にはない。續いて⑥とVIIはやはり酷似する。また、⑦の「其病」の一段は、IXの「扁鵲曰」の一段と内容的に似ている。また②にはVIIIに記された用語「西方金」などに一致が見られる。

では次に『新雕孫眞人千金方』巻十五・脾臟論第一と『備急千金要方』巻十五・脾臟論第一を對比してみる。

表2　『新雕』巻十五と『備急千金要方』巻十五の對比

○『新雕孫眞人千金方』巻十五・脾臟論第一（新雕15）	●『備急千金要方』巻十五・脾藏方脾臟脉論第一、唐・孫思邈撰　宋・林億等校訂（宋改15）
a 論曰、脾藏者意、意者、存憶之志。脾主土。	A 論曰、脾主意。脾臟者意之舍。意者存憶之志也。
b 爲諫議大夫、並四臟之所受、存變、謂之思、因而遠慕、謂之慮、因慮而處物、謂之智、智從而生、謂之意、意者主脾之臟也。※排列に若干の差異あり	B 爲諫議大夫。並四臟之所受。心有所憶、謂之意、意之所存、謂之志。因志而存變、謂之思、因思而遠慕、謂之慮、因慮而處物、謂之智。意者脾之臟也。
c 口脣者脾之官、脾氣通於口、和則能知五味。故云、口爲戊、舌爲巳。	C 口脣者脾之官。脾氣通於口、口和則能別五穀味矣。故云、口爲戊、舌脣爲己。
d 循環土腑、上出頤頰、候於脣、下廻脾中。榮華於舌、外主肉、内主味。	D 循環中宮、上出頤頰、次候於脣、下廻脾中。榮華於舌。外主肉、内主味。
e 脾重二斤三兩。	E 脾重二斤三兩、扁廣三寸、長五寸、有散膏半斤、主裹血溫五臟。
※對應箇所無し	F 神名俾。
f 主臟營秩祿、號爲意臟、隨節應會、所謂脾臟志々	G 俾主臟營秩祿、號爲意臟、隨節應會、故曰、脾臟

合意在氣爲噫在液爲涎。	營、營含意。(中略)
g 扁鵲曰、脾有病、則色萎黃、實則舌本强直、虚則多癖、善呑注利、又精氣幷於脾、則肌澁、恐懼而不解、則傷於精、精傷則骨萎、骨萎則病精。是五臟主不可傷、傷則土失而陰虚、虚則元氣之、脾氣象土、與胃合爲腑。	H 扁鵲曰、脾有病、則色痿黃、實則舌本强直、虚則多癖、善呑注利、其實若陽氣壯、則夢飲食之類、脾在聲爲歌、在變動爲噫、在志爲思、思傷脾、精氣幷於脾則饑、音在長夏。病變於音者、取之經。恐懼而不解、則傷精、精傷則骨痠、痿厥。精時自下、則病精。是故五臟主藏精者也、不可傷、傷則守失、而陰虚、虚則無氣、無氣則死。

以上を比較すると次のことがいえる。a〜eはA〜Eにその内容、文章の配列ともに酷似しているが、Fの部分、すなわち臓器の「神名」に關する記述は『新雕』にはない。續くfとGの段は酷似する。また、gの「扁鵲曰」の一段も、Hの「扁鵲曰」の一段と内容的に似ている。

すると、羽43と未宋改本の『新雕』にはほぼ同様の項目が記され、書式に類似性がみいだされることになる。また以下のような宋改本にはない特徴で共通する。

（1）『備急千金要方』巻十七のⅥ（神名鴻鴻）、巻十五のF（神名俾）にみられるような臓腑に對應した神名がない。

（2）『備急千金要方』のHやⅨにみられる「扁鵲曰」（または「其病」ではじまる箇所、内容はほぼ同じ）ではじまる一段は羽43と未宋改本では各巻の比較的前部に位置する。一方、HやⅨの前にはかなり長い字數がさかれているが上記の表では便宜上、省略しており、羽43や『新雕』と比較すると當該の部分（「扁鵲曰」以下）はずっと後方に置かれている。

したがって、羽43は未宋改本『千金方』の内容構成ときわめて近く、その引用である可能性が高いといえる。

表3　表1と表2の構成の對比

羽43	宋改17	新雕15	宋改15	共通點
①	Ⅰ	a	A	
②	Ⅱ	b	B	
③	Ⅲ	c	C	
④	Ⅳ	d	D	
⑤	Ⅴ	e	E	
−	Ⅵ	−	F	（1）
⑥	Ⅶ	f	G	
(②)	Ⅷ			
⑦	Ⅸ	g	H	（2）

ただこれは書式の相似のみによる推測で、未宋改本『千金方』の引用と斷定する決定的な證據ではなく、同種の文章が別途流布していた可能性を否定するものではない。

その意味で「孫思邈と同時代かそれ以降の記述である」という先行研究の指摘には同意できる。

ただ、以上の比較からわかるように、羽43の冒頭の記述は、先行研究の指摘以上に未宋改本『千金方』と酷似する。このような敦煌本の記述例は、北宋期の校勘事業の實態を探求する上でも、また唐代の本來の醫書の姿を知る上で重要な事例のひとつとなろう。

唐末まで、知識や情報は口傳でなければ、寫本形式の媒體によって流通した。その媒體の性格上、必ずしも撰者の意圖通りの形で知識が流通していたわけではない。多くの人が何度も書き繼ぎ、場合によってはその一部のみを抜き書きすることによって、後世に傳えられてきたのである。ところが北宋期に印刷術が廣く普及し始めると、知識や情報を刋行者の意圖に近い形で廣く安定的に流通させることが可能となった。

北宋の古典醫書の校訂作業は、多數の異なる寫本から撰者の意圖を讀み解きつつ、同時に刋行當時の目的にかなう古典醫藥書の基準を生み出すものであった。その傳存形態は一般の史書とは大きく異なり、校訂者の意圖がとくに強く反映されていることに注意せねばならない。

おわりに

以上、述べてきたことをまとめると次のとおりである（一部に前稿の主張を含む）。

1　北宋の太祖から神宗期におこなわれた醫藥書編纂・校訂事業は、唐以前から傳存した醫書の史料的性格を考える上で見逃すことが出來ない事業である。

2　『新修本草』については、敦煌本と『證類本草』の對比から、北宋期の本草書編纂の意圖と實態をうかがうことができる。唐朝・北宋朝のいずれにおいても、前代の王朝の醫藥書編纂校訂事業を、編纂者個人の作業以上に評價しない傾向が見うけられる。

3　北宋の醫藥書編纂・校訂事業は、實際には北魏の醫藥書編纂事業に由來するものと位置づけられる。またその根底には、北魏・孝文帝期に皇帝は民を救うべき資質をもつという理念が強く意識され、その後に繼承されていったことがある。

4　『千金方』については、敦煌文獻に未宋改本に近い文章が確認できる。この『千金方』の類似文と未宋改本の檢討は、今後、北宋期の醫藥書校訂事業と唐代の醫藥書の原貌の探求に貢獻すると考える。

今後、『千金方』などその他の醫藥書の校訂手法などについて、さらに檢討をすすめる必要がある。また敦煌文獻と日本古寫本の研究をさらに深化させていくことは、魏晉南北朝隋唐史研究に新たな發見をもたらす可能性があると考える。

注

(1) ［岡西1957］［岡西1959］［岡西1965］［岡西1977］のほか、多くの先行研究がこのことに多方面から言及している。例えば、［尚・林・鄭1989：204-238］、［傅維康1990：222-225］、［廖・傅・鄭1998：297-301］がある。

(2) ［浦山2014］は、北宋の醫書校訂について、岡西の一連の研究をふまえて、諸醫藥書の序跋および歴代書目を用い、とくに『黄帝内經素問』の校訂事業を中心に検討を加えている。ただし敦煌本の類には言及していない。

(3) ［郭2004］および［松岡等2008］など未宋改本の存在をふまえて發表された論考があるが、敦煌本は扱っていない。

引用文獻

【中文】

陳明　2013 「西域出土醫學文書的文本分析」、同著『中古醫療與外來文化』、北京、北京大學出版社、pp.524-552。

傅維康　1990 『中國醫學史』、上海、上海中醫學院出版社。

廖育群・傅芳・鄭金生　1998 『中國科學技術史』第13卷、醫學卷、北京、科學出版社。

尚志鈞・林乾良・鄭金生　1989 『歷代中藥文獻精華』、北京、科學技術文獻出版社。

【日文】

岩本篤志　2001 「北齊徐之才『藥對』考」、『東洋史研究』第60卷第２號、pp.29-57。

岩本篤志　2011 「『新修本草』序例の研究――敦煌祕笈本の檢討を中心に――」、『杏雨』第14號、pp.292-319。

岩本篤志　2015 『唐代の醫藥書と敦煌文獻』東京、角川學藝出版。

浦山きか　2014 「北宋の醫書校訂について」、同著『中國醫書の文獻學的研究』、東京、汲古書院、pp.255-288。

岡西爲人　1957 「宋代の醫書校勘について」、『日本醫史學雜誌』７卷４號、同著『中國醫書本草考』、大阪、南大阪印刷センター、前田書店、1974年、pp.183-186。

岡西爲人　1959 「宋代校勘醫書の種類」、『醫譚』第37號、前揭『中國醫書本草考』、pp.186-192。

岡西爲人　1965 「宋代の醫書校勘に關する二、三の知見」、『生活文化研究』第13冊、篠田統先生退官記念論文集、前揭『中國醫書本草考』、pp.192-200。

岡西爲人　1977 『本草概說』、大阪、創元社。

オリエント出版社　1989 『新雕孫眞人千金方・眞本千金方』、東洋醫學善本叢書12、大阪、オリエント出版社。

郭秀梅　2004 「唐代における『千金方』の形跡」、『日本醫史學雜誌』第50卷第１號、pp.146-147。

小曾戶洋　1989 「『千金方』・『千金翼方』書誌概說」、『千金方研究資料集』、東洋醫學善本叢書15、大阪、オリエント出版社、pp.17-39。

松岡尚則・山下幸一・栗林秀樹・牧角和宏・山口秀敏　2008 「『千金方』――遣唐使將來本の書寫について――」、『日本醫史學雜誌』第54卷３號、pp.231-238。

宮下三郎　1989 「日本へきた孫思邈」、『千金方研究資料集』、東洋醫學善本叢書15、大阪、オリエント出版社、pp.3-16。

磯部武男氏所藏「朋友書儀」斷簡について（再論）
――「敦煌祕笈」及び中村不折舊藏吐魯番寫本「朋友書儀」との關係をめぐって――

丸山　裕美子

序言

1998年夏の唐代史研究會夏期シンポジウムにおいて、私は、日本・静岡縣の磯部武男氏が所藏する敦煌文書（吐魯番文書を含む）についてごく簡単な紹介をし、そのうちにそれまで知られていなかった「朋友書儀」（以下、磯部本「朋友書儀」と稱する）の斷簡があることを紹介した。その際、磯部本「朋友書儀」は、8世紀に遡る寫本で、敦煌寫本「朋友書儀」の中原版ともいうべきものであることを指摘した(1)。

その後、2005年になって、日本・臺東區立書道博物館が所藏する中村不折舊藏の敦煌・吐魯番文獻が『中村不折舊藏禹域墨書集成』三巻として公開・出版されたが(2)、そのうちの「月令」と名付けられた斷簡集成（巻中所收、中國の部［D］史料文書類、130）が、「月儀」「朋友書儀」を含んでいることを、2010年に王三慶氏が指摘した(3)。2012年には吳麗娛・陳麗萍兩氏が詳細な分析を加え(4)、ついで2014年に王三慶氏もこの寫本（王三慶氏は「月儀書」とする）についての再検討と從來の「朋友書儀」「月儀」との比較研究を發表した(5)。

中村不折舊藏「朋友書儀」（あるいは「月儀書」、本稿では「朋友書儀」の名稱を用いる）は、吐魯番出土のものであるが(6)、吳麗娛・陳麗萍兩氏は、磯部本「朋友書儀」と共通する性格をもつことを指摘した(7)。王三慶氏は磯部本について全く觸れないが、中村不折舊藏「朋友書儀」が磯部本と極めてよく似ていることは、一見して明らかである。

吳麗娛・陳麗萍兩氏の研究によると、中村不折舊藏「朋友書儀」は、4種にグループ分けすることができる。吳麗娛・陳麗萍氏は、そのうちの第一種が磯部本「朋友書儀」に相似するとし、第一種の四月部分の釋文を磯部本「朋友書儀」の四月部分と對照している。しかし私は、むしろ、第四種の方が、磯部本に酷似していると思う。そしてこの第四種と磯部本「朋友書儀」とは直接接續すると考えられるのである（詳しくは後述）。

かつて磯部本「朋友書儀」を含む磯部氏所藏資料を紹介した際には、その來歷について推測するにとどめていた。その後、張娜麗氏によって詳細な調査がなされ、これらは羽田亨氏が入手、整理した「敦煌祕笈」に關連するものであることが明らかになった(8)。さらに2009年以降、武田科學振興財團杏雨書屋が所藏する敦煌寫本＝羽田亨收集「敦煌祕笈」が陸續と公開され(9)、この「敦煌祕笈」に關する研究が格段に進展した[10]。

本稿では、あらためて、磯部本「朋友書儀」について、その來歴を「敦煌祕笈」に關する研究成果を踏まえて再檢討し、その上で、中村不折舊藏「朋友書儀」との接續を含む關係を明らかにしたい。

このたび、磯部氏から、磯部本「朋友書儀」について、新しく鮮明な畫像データをいただくことができた。磯部氏のご厚情に感謝しつつ、考察をすすめたい。

1．磯部武男氏所藏の敦煌文獻（吐魯番文書を含む）と「敦煌祕笈」

敦煌文獻はそのほとんどが大部のコレクションとしてイギリス・フランス・ロシア・中國・日本に所藏されている。それらについては目錄が出版され、寫眞も鮮明なものが次々に提供されて、20世紀初頭以來多くの研究が積み重ねられてきた。「最後の寶藏」[11]と稱される杏雨書屋所藏の「敦煌祕笈」も2013年をもって、全ての寫眞が公開された。しかし個人が所藏する資料に關しては、學界に未紹介のものもまだ存在する。膨大な量のコレクションに比すれば、ごくわずかの斷片であるとはいえ、その重要性は決して劣るものではない。

私は1998年７月の唐代史研究會夏期シンポジウムにおいて、靜岡縣の磯部武男氏所藏の敦煌文獻（吐魯番文書を含む）４點を紹介したが、その際にはまだ實見せず、磯部氏からご好意により送られた寫眞による簡單な紹介にとどまった。その後同年８月８日に、磯部氏のご自宅を訪れ、原物を閲覽させていただくことができ、先に紹介した４點だけでなく、30點以上の斷片が一括してあることを知った。これらのうち、先に紹介した４點と、他に便麥曆１點については、寫眞と釋文及び若干の考察を加えて1999年に發表した（前稿）。

その後、先述のように、張娜麗氏によって、磯部氏所藏文獻の詳細な調査がなされた。ここでは張氏の調査結果を『敦煌祕笈』で確認しつつ、磯部氏所藏文獻の素性を明らかにしておく。

張娜麗氏によれば、磯部氏所藏文獻には、付屬品として11點の封筒、９點の包み紙（「敦煌祕笈」の印字のある便箋を含む）、また「京都帝國大學文學部」の便箋があった[12]。

11點の封筒には、表面に「一三六　裏打反古／經濟文書／寺院倉庫關係」「二六四　陀羅尼（名稱不明）／佛說因果經　裏張反古紙」「二七九　佛說无常經／裏張反古」「三四三　裏張反古／律と經文」「三九五　裏張／變文？　一片酒破曆／觀無量壽經借經文？」「三九九ヨリ　裏張反古」「六三六　佛說天地八陽神呪經／裏張反古」などと書かれている。これらの封筒の裏面には、「京都市寺町通姉小路上ル／竹苞書樓　佐々木惣四郎」と書かれたものがあり、江戸時代から續く老舖の古書店で當主は代々佐々木惣四郎を名乘った竹苞書樓の關與がうかがえる[13]。

一三六・二六四・二七九・三四三・三九五・六三六の數字は、藏書の整理番號で、

「佛說因果經」「佛說无（無）常經」「佛說天地八陽神呪經」は、その番號に對應する典籍と推測される。張娜麗氏は『李木齋（李盛鐸）目錄』と照合し、六三六を除くすべてのものが一致することを指摘された。

これを近年公開された『敦煌祕笈』で確認してみると、二六四は羽二六四「佛說善惡因果經」(原題名「佛說因果經一卷」)、二七九は羽二七九「佛說無常三啓經」(原題名「佛說無常經一卷」)であって完全に一致する。そして、三四三は羽三四三「大般若波羅蜜多經卷第百三十」(原題名「殘經卷」)、三九五は羽三九五「菩薩總持法殘缺」「崇濟寺禪師滿和尚撰了性句幷序」「澄心論」「修心要論」の４種を張り繼いだもの(原題名「殘經疏」)であるが、佛典名を確定できなかったため、「律と經文」「變文？」と記されたものであろう。

「敦煌祕笈」のうち羽一～四三二は李盛鐸舊藏であり、高田時雄氏によると、それらは1935年に李盛鐸の息子である李滂から、武田藥品工業の創始者である五代目武田長兵衛氏の資金援助により、羽田亨氏のもとに入った(14)。羽田亨氏の「敦煌祕笈目錄」によれば、羽四三三～六七〇は「新增目錄」、羽六七一～七三六は「短篇及段簡五十種」であり、李盛鐸舊藏の敦煌文獻を入手後、精力的に敦煌文獻の收集が行われていたことが知られる(15)。

『李木齋（李盛鐸）目錄』と一致しなかった「六三六　佛說天地八陽神呪經」は、『敦煌祕笈』羽六三六「佛說天地八陽神呪經」(原題名「佛說天地八陽神呪經」)でこれも經典名は一致する。李盛鐸舊藏ではなく、「敦煌祕笈目錄」のいう「新增部分」にあたる。ただし『敦煌祕笈』によると「德化李氏凡將閣珍藏」の印記がある。この印は李盛鐸の藏書印であるが、僞造印が多いことで知られ(16)、また敦煌文獻には原則としてこの印を用いることがないとされる。「敦煌祕笈目錄」には「昭和十五年購於江藤氏」とあるとのことで、「江藤氏」とは骨董商の江藤濤雄（長安莊）を指し、「敦煌祕笈」の羽五九一～七三六はすべて江藤濤雄からの購入である(17)。磯部氏所藏の「六三六」と記された封筒には、「〈左官工事一式請負竝ニ防火改修工事請負〉京都市椹木町通室町東入／北村喜三郎／昭和十五年八月廿日」「請求書在中」と書かれており、昭和15年（1940）の購入という記述に矛盾しない。

また張娜麗氏によると、磯部氏所藏の敦煌寫本の付屬品のうち、「京都帝國大學文學部」便箋の一つには「富岡第十善見律裏」の記述がある。「富岡」は富岡謙藏を指し、「敦煌祕笈目錄」によれば、羽五〇一～五五〇が「富岡氏所藏」である。『敦煌祕笈』で確認してみると、羽五一〇は「摩訶僧祇律大比丘戒本（原題名「善見律一卷」)である。「第十」は富岡謙藏から讓渡されたものの第十＝羽五一〇＝「善見律」ということでぴったり一致する。

以上を要するに、磯部氏所藏の斷簡類は、羽田亨氏收集の「敦煌祕笈」から離れたものであることが明白である。それらの多くは「裏打反古」「裏張反古紙」「裏張反古」「裏」とあることから明らかなように、裏打ち紙であった。

私が以前に調査させていただいた際には、ちいさな文書片は封筒に入れられており、無地片もあった。斷片はいずれも微細で、形狀はさまざまであるが、人爲的に切斷されているものも多く、他の敦煌文獻の同類のものと同じく、經典の補修紙として裏に貼付されていたもの、あるいは襯紙（裏打ち）を、近代の修補の際に剝がし取ったものと推定される。經典の破損したものの修補には、丈夫で良質な官私文書の反古が使われたのであり、これらの斷片はまぎれもない敦煌文獻である。

さて、磯部本「朋友書儀」は、斷片とはいえ比較的大きな斷簡で、封筒ではなく、折り本に貼り込まれていた。この斷簡の他にも 2 點やや大きめの斷簡があり、それらももとの所有者（おそらく羽田亨氏）によって、折り本に貼られたらしい。これらには番號や經典名が書かれておらず、裏打ちだった――大きいので經帙などの補強紙だった可能性がある――としても、どの寫本の裏打ちだったのかは不明である。

これら折り本に貼り込まれた比較的大きな斷片 3 點のうち、「朋友書儀」以外の 1 點は佛典で、池田溫先生のご教示によると、唐初の法琳の『破邪論』の一部である。もう 1 點は聖曆二年（699）の文書で、これも池田先生のご教示によれば、吐魯番文書である可能性が高いとのことであった。

1935年（羽田氏が入手したのは1936年）から1942年12月にかけて收集された總計736點の「敦煌祕笈」は、1938年に京都大學の總長となった羽田亨氏の總長室で保管されていたが、アジア太平洋戰爭の激化にともない、1945年に京都大學總長室から兵庫縣の山間に疎開した[18]。修補の際に剝がされた斷片は別置されており、これが疎開することなく、羽田亨氏のもとにあり、後に流出して、磯部氏所藏となったものと考えられよう。

ここで注目したいのは、「敦煌祕笈」のうち、羽四三二までの李盛鐸舊藏のものは敦煌文獻であることが明らかであるが、それ以外のもののなかに吐魯番出土のものが含まれていることである[19]。磯部本「朋友書儀」と同じく、折り本に貼り込まれた聖曆二年の文書が吐魯番文書だとすると、この磯部本「朋友書儀」も吐魯番出土のものであった可能性がある。

とくに羽五六一「唐西州交河郡都督府物價表」は、新疆の財務官人であった梁素文の舊藏で、1928年に京都大學の清野謙次氏の所藏となり、その後1939年に羽田亨氏に賣却されたことが判明している[20]。そして、書道博物館の中村不折舊藏文獻のなかには、梁素文舊藏のものが少なからず含まれている。「月令」と名付けられた、中村不折舊藏「朋友書儀」も實は、梁素文の舊藏なのである。

2．敦煌寫本「朋友書儀」について

敦煌寫本「朋友書儀」については、夙に那波利貞氏がその內容について紹介され――その際にはまだ「朋友書儀」という名稱は知られていなかったが[21]――、ついで郭長城氏が專論を著し[22]、ほぼ同時に周一良・趙和平兩氏による研究も出された[23]。

さらに、吳麗娛氏[24]や王三慶・黃亮文氏[25]が考察を深め、私も日本における書儀の受容を考察し、また東アジア世界の文字文化に月儀・書儀が果たした役割について論じてきた[26]。

2014年には、吳麗娛氏が、「朋友書儀」に關する詳細な研究史整理と問題提起を行い[27]、また王三慶氏もこれまでの「朋友書儀」「月儀」についての研究をまとめ、さらにその日本への影響を論じる著書を出した[28]。

敦煌文獻のなかで、書儀は100點を越える。これまでの先行研究が明らかにしてきたように、ほとんどが９世紀半ばから10世紀、中唐から五代末の書寫であり、同一の殘簡の遺存が多いという特徴がある。佛教都市である敦煌の寺學において、『千字文』や『太公家教』などの幼學書とともに、暗誦・書寫されたものらしく、文字も雜で稚拙なものが大半である。ところが磯部本「朋友書儀」は、整った字體で丁寧に書寫されており、書體からは８世紀に遡る印象を受ける。

また敦煌の書儀は、いわゆる「吉凶書儀」が壓倒的に多い。周知のように、書儀は大きく分けて二種ある。「月儀」から派生した往來物の起源となる往復書簡文例集と、書札禮を記す總合書儀との二つである（この他に「表狀箋啓書儀」を別に分けて三種に分類する見解や「僧尼書儀」を分ける考え方もある）。そして敦煌の書儀においては、前者に分類されるものとして「朋友書儀」があり、後者として「吉凶書儀」がある。敦煌の「吉凶書儀」は、趙和平氏の分析によれば、「杜氏書儀」「鄭氏書儀」「張氏書儀」の三系統が認められ、９世紀の敦煌社會では「張氏書儀」の系統が最も普及していたらしい。一方、敦煌本「朋友書儀」は基本的には同一系統の異本、抄本とみなされてきた。

さて、敦煌寫本「朋友書儀」は、吳麗娛氏による整理では、16點ある[29]（中村不折舊藏「朋友書儀」は吐魯番寫本なので除き、磯部本「朋友書儀」もここでは除いておく）。かつて趙和平氏が整理された際には、P.2505、P.2679、P.3375、P.3420、P.3466、P.4989v（別本）、S.361v、S.5472、S.5660v、S.6180、S.6246v、貞松堂本、上海圖書館本の13點が「朋友書儀」として指摘されていた。その後『俄羅斯科學院東方研究所聖彼得堡分所藏敦煌文獻』（上海古籍出版社、1992～2001年、以下『俄藏敦煌文獻』）が全17册で完結し、張小艷氏によって新たにДx.5409とДx.10465が「朋友書儀」であることが確認され[30]、さらに黃亮文氏によって、P.3715vも「朋友書儀」とされた[31]。なお上海圖書館本は、その存在だけ指摘されているものの、『上海圖書館藏敦煌文獻』にも見えず、王三慶・黃亮文氏によれば、現在は所在不明のようであるから[32]、當面考察の對象にすることはできない。

周一良氏や趙和平氏の研究によれば、「朋友書儀」は三つの部分よりなる。まず「辯秋夏春冬年月日」で始まる時候の常套句を列記した部分があり（一）、次に「十二月相辯文」とあって、月ごとの書簡文例が十二月の順に「答書」とペアで載せられる書儀の正文というべき部分があり（二）、その後にまた別に「朋友相命（念）」という十二月の書簡文例が擧げられている（三）。（三）部分の殘存する寫本はわずか4點で、いずれの寫本も完全でなく、しかも寫本閒の異同も多いため、（二）との相違はあまり明確ではない。ただ（三）は（二）を簡略にして文例を增したと考えられること、（二）が邊境に勤務する官人が內地の朋友と交わす具體的な內容になっているのに對し、（三）は一般的な朋友閒の通信文例とみなせることが指摘されている。

16點のうち、三つの部分全てが殘る寫本は、S.5660vのみである。ただしS.5660vは上部が各行一様に8字分以上缺けている。

題名の殘るものは5點で、うち4點は「書儀一卷」とあり、S.6180のみ「朋友書儀一卷」とあって、これを「吉凶書儀」と區別して便宜上の書名として代表させている。

今回、本稿を爲すにあたって、再度すべての寫本を寫眞版で確認してみた。すると、P.3420とP.3466が接續することは、以前から指摘されてきたが、新たに、S.6246vとДx.5409・Дx.10465が同じ寫本の斷簡である可能性が高いことに氣づいた。界線が同じく、內容的にもつながるものと考えられる。

またP.3715vとP.4989vは他の寫本との異同が大きく、別本とされるので、いわゆる敦煌寫本「朋友書儀」は、所在不明の上海圖書館本を除くと、10種（13點）ということになる。以上をまとめ、磯部本及び中村不折舊藏の吐魯番寫本を加えると、以下の表のようになる。

表　敦煌・吐魯番寫本「朋友書儀」一覽

	所藏番號	表題	(一)「辯秋夏春冬年月日」	(二)「十二月相辨文」	(三)「十二月朋友相念」	備考
1	P.2505	「書儀一卷」	○	○ ＊7月途中まで	×	S.3375と同系統
2	P.2679	×	×	○	×	
3	P.3375	「書儀一卷」	○	○ ＊7月途中まで	×	S.2505と同系統
4	P.3420	×	×	○ ＊3月～11月	×	P.3466と接續
5	P.3466					P.3420と接續
6	P.3715v					4行のみ、別本？
7	P.4989v					11月・12月のみ、別本
8	S.361v	×	×	×	○ ＊1月～3月	左から右に逆に書寫、895年？
9	S.5472	×	×	○ ＊6月途中から	○ ＊4月途中まで	册子
10	S.5660v	×	○ ＊前缺、上部缺	○ ＊上部缺	○ ＊上部缺	上部缺
11	S.6180	「朋友書儀一卷」	○ ＊冒頭3行、下部缺	×	×	表題と冒頭3行のみ
12	S.6246v	×	×	○ ＊1月・2月部分下部のみ	×	Дx.10465・Дx.5409と接續？、界線あり
13	貞松堂本	「書儀一卷」	○ ＊冒頭、下部缺	×	×	下部缺
14	上海圖書館本	?	?	?	?	所在不明
15	Дx.5409	×	×	○ ＊2月・3月部分下部のみ	×	Дx.10465・S.6246vと接續？、界線あり
16	Дx.10465	裏に「書儀一卷」	○ ＊上部缺	○ ＊1月下部のみ	×	S.6246v・Дx.5409と接續？、界線あり
17	磯部本	×	×	×	○ ＊3月～5月部分	吐魯番
18	書道博物館本				○ ＊1月～3月部分	吐魯番、他に別種の書儀を含む

磯部本「朋友書儀」は、(三)の三月から五月部分に相當する。この部分が殘るのはS.5472とS.361v、S.5660vの３點のみである。ただしS.361vは左から右へと逆方向に書かれた寫本でしかも正月から三月前半までしか殘らないので、磯部本とはほとんど重ならない。S.5472は四月部分前半までしか殘存せず、S.5660vは上部を缺いている。比較できる文字はごくわずかであるが、次に釋文を揭げて、比較してみよう。

3．磯部本「朋友書儀」と敦煌寫本「朋友書儀」

まず磯部本「朋友書儀」の釋文を揭載する。今回あらためて釋讀し、點を打ち、前稿で提示したものから一部訂正してある。

〔前缺〕

1．[　　　　　　　　]□季春
2．[　　　　　　]面、若爲□□、今省經遠、不接修
3．[　　　　　]長難曉、同杯共飲、由自傾心、況乃
4．[　　　　]□度、今因往信、略附音符、如有廻魚
5．[　　　　]卽日　四月　孟夏　漸熱 極熱
6．初臨[　　　　]林樹驚清、看花斂色、高棲興酒
7．遠[　　　　]差(羞)看霍燕、蘭菌[　　　　]
8．清[　　　]鳴、空中吟嚮、孟夏漸熱、不審[　　]如何
9．也、但〔某〕乙頻問執事、不奉廷參、聊附空心、馳懷在意、田
10．農至重、不可失時、來往之閒、爺人疎隔、同居至室、由
11．自懸心、況在官司、情懷抱恨　五[月]　仲夏　熱已熱
12．□□[　　　　　　　　]水、雲光影熱
13．[　　　　　　　　]起復消除、況

〔後缺〕

次に、この部分に對應する敦煌寫本「朋友書儀」の釋文を揭載する。S.5472とS.5660vによるが、先にもふれたように、S.5472は四月部分前半までしかなく、S.5660vは上部數字分を缺いている。ただしS.5660vは比較的整った書體で丁寧に書かれていること、また四月後半以降は磯部本を除けばS.5660vしかないことを考慮し、S.5660vの行に合わせて釋文をつくってみた。また文意をとりやすくするために、三月・四月・五月の全文をあげ、磯部本と對應する部分をゴチックで示す。校訂はS.5472をAとし、S.5660vをBとして作成した。異體字は通用字の字形で表記している。S.361vは三月前半を殘すが、磯部本と重ならず、異同も多いのでここでは用いない。

三月季[1]春極[2]暄、　離情已久、憶想

馳深、結友在懷、未盈延奉、慟陽戀節、春景含輝、柳散[3]臨池、花開務[4]裏、群飛蝶翼、妙響鳴琴、群飛鴻鴈、逐節追涼、鸞子新歸、在於花翠、鳥飛蝶翼、遊蕩花藂、

鳴鳳未翔、思朋命侶、迎春海酒、聚樂無⑤方、妙響鳴琴、何彎杯酒⑥、季春極暄、
不審體内如何、某乙有經王事、不獲修函、承⑦意慮綞、霄長難曉、同杯共飲、由自
煩身。況修阻鄉開、塞外闊悶、失發⑧清迷、今因有信、略寄單行、幸垂記錄⑨
四月孟夏漸熱、　　初臨夏節、光影隨時、林樹競青、春風斂色。高樓興酒、遠望
驚鴻、在室追涼、羞看雙鸞、蘭薗新菓、盡復競新、百鳥音鳴、空中⑩聲嚮
孟夏漸熱、不審體内如何、某乙頻遭某事、不獲致參、聊謝高⑪心、馳⑫懷在⑬意、來往
之情、益近疎隔。□居別室、由自懸心、況在異域、能不思念、中心遙遙、未蒙延屈
□別既久、傾仰增深、怨積恆山、悲盈隴水、雲光影熱、碧柳
□體、雲驚空裏、起復霄除、旱早隨勝、蘭芳無栖、驚歸
□思朋命侶、林池變影、三恨無雙、接袖傳杯、戀空思友
□起柏桃花、那爲守死、併糧結友、逝懷此思、某乙之情不離
□多不述

①「季」、B作「孟」、Aによる。　②「極」、B作「盛」、Aによる。　③「散」、B作「放」、Aによる。　④「務」、B作「矜」、Aによる。「霧」か。　⑤「無」の下、A「清謌」あり、Bによる。　⑥「何彎杯酒」四字、B作「何開良□」、Aによる。　⑦「承」、A作「永」、Bによる。　⑧「失發」、Aなし、Bによる。　⑨「幸垂記錄」四字、B作「孤陋寡聞、愚蒙等屑」、Aによる。　⑩「中」、Aなし、Bによる。　⑪「高」、B作「空」、Aによる。　⑫「馳」、B作「驅」、Aによる。　⑬「懷在」、B作「在懷」、Aによる。

一部に語句の書き換えが認められるものの、四字句の構成はほぼ對應している。そして興味深いのは、すでに前稿で指摘したことだが、磯部本２行目の「今省經遠、不接修□」が、S.5472・S.5660vでは「有經王事、不獲修函」になっていることである。「經遠」であれば、一般的な表現であるが、「有經王事」となると、唐・田令(33)のいう、

諸因王事沒落外蕃不還、……

が思い浮かぶ。皇帝の命を受けて外蕃の地に赴任している狀況を指すことになる。

また磯部本11行目の「況在官司、情懷抱恨」が、S.5472・S.5660vでは「況在異域、能不思念、中心遙遙、未蒙延屈」となっている點、磯部本９行目の「但〔某〕乙頻問執事、不奉廷參」が、S.5472・S.5660vでは「某乙頻遭某事、不獲致參」となっている點、磯部本９～10行目の「田農至重、不可失時」という語句が、S.5472・S.5660vでは除かれている點である。

「況在官司、情懷抱恨」であれば中央の役所勤めで通用する表現であるのに、「況在異域、能不思念、中心遙遙、未蒙延屈」となっていることは、つまり「異域」＝邊境の地における「中心」に對する感情の吐露ということになる。同樣に、「問執事」や「廷參」ということばは官廳への出仕と關わるが、「遭某事」「致參」にはそうしたニュアンスがない。「田農」が除かれているのも、農業に關わることがない職務を思わせ

る。

吳麗娛氏は敦煌寫本「朋友書儀」の作者を、豐州・靈州地域で水運に從事する兵卒であろうとされているが、首肯できる推測だと思う。あらためて、磯部本「朋友書儀」は、敦煌寫本「朋友書儀」のもとになった中原版の書儀といってよいであろう。

4．磯部本「朋友書儀」と中村不折舊藏吐魯番寫本「朋友書儀」の接續

さて、中村不折舊藏の吐魯番出土「朋友書儀」については、吳麗娛・陳麗萍兩氏、王三慶氏の紹介と研究に詳しい。もっとも、王三慶氏は「朋友書儀」とは呼ばず「月儀書」と稱している。

吳麗娛・陳麗萍兩氏によれば、この「月令」と名付けられた史料は、A～Pの16片から成り、そのうち、D、E、F、G、H、I、J、L、Oの９斷簡が書儀の類である。そしてこれらは４種にグループ分けすることができ、第一種はE_{6-11}→G→H→J_{1-4}→I→O、第二種はJ_{5-39}、第三種はJ_{39-42}→F_{1-9}、第四種はF_{10-13}→L→Dのように配列されるという。

第一種は題名はないが、磯部本「朋友書儀」や敦煌寫本「朋友書儀」の第三部分に相似し、第二種は「十二月□□□〔朋友相？〕問書」と題され、敦煌寫本「朋友書儀」の第二部分の答書に類似し、第三種は「問知友深患書」「答問患重書」で、日本の正倉院に傳來した『杜家立成雜書要略』の「問知故患書」と同一の性格のものであり、第四種は「〔十二月〕相文一卷」と題し、第一種と同じく敦煌寫本「朋友書儀」の第三部分に近いとされる。

吳麗娛・陳麗萍兩氏は、第一種の四月部分の釋文を磯部本「朋友書儀」の四月部分と對照しているのだが、使われている語句・表現はほとんど一致しない。様式としては確かに似ているのだが、敦煌寫本「朋友書儀」と磯部本「朋友書儀」の用語の一致と比べると、ほとんど別物である。むしろ、第四種の方が、磯部本に近似している。寫眞を比べると筆跡も同じである。

中村不折舊藏吐魯番寫本「朋友書儀」第四種のD斷簡は天が殘っており、この釋文は、

1．□
2．漸喧、不審夫子
3．承、憶戀□懷、胥
4．阻隔鄕閭、途迎夫
5．請乞通問、不具
6．□□□光影隨時
7．□□□□□□□□涼

となるが、これをさきほどの磯部本にあてはめてみる。すると、內容的に接續が確認されるだけでなく、寫眞によると、６行目の「初」は殘畫でぴったり一致する（圖

〈492頁〉）。

そこで、あらためて1～7行部分の釋文を作成すると、次のようになる。

1．□　　　　　　　　　　　　　　　　　　　　　　□季春

2．漸喧、不審夫子□面、若爲□□、今省經遠、不接修

3．承、憶戀□懷、霄長難曉、同杯共飲、由自傾心、況乃

4．阻隔鄕閭、途迎夫度、今因往信、略附音符、如有廻魚

5．請乞通問、不具、卽日　四月　孟夏　漸熱 極熱

6．初臨□□、光影隨時、林樹鶯淸、看花歛色、高棲興酒

7．遠□□□、□□□涼、差（羞）看霍燕、蘭蘭□□

以上、磯部本「朋友書儀」は、吐魯番出土の中村不折舊藏「朋友書儀」の第四種と接續することが明らかとなった。中村不折舊藏「朋友書儀」第四種は、F_{10-13}→L→Dの順で接續する。標題として「相文卷一本」とあり、正月～三月部分が3斷簡に分れ、斷片的に殘る。ここに磯部本が接續することによって、正月～五月分が缺失は多いものの、殘ったことになる。

正月～三月部分については、吳麗娛・陳麗萍兩氏が敦煌寫本「朋友書儀」と比較しているので、ここでは磯部本との接續によって、より多くの文字が讀み取れるようになった四月分について、敦煌寫本「朋友書儀」と竝べておく。上に磯部本、下にS.5472とS.5660vによる釋文を記す。四字句の一致がさらに明確に認められるであろう。

四月　孟夏 漸熱 極熱 初臨□□、光影隨時、林樹鶯淸、看花歛色、高棲興酒、遠□□□、□□□涼、差看霍燕、蘭蘭［　　　　］淸［　　　　］鳴、空中吟嚮、孟夏漸熱、不審［　　　］如何也、但乙頻問執事、不奉廷參、聊附空心、馳懷在意、田農至重、不可失時、來往之閒、益人疎隔、同居至室、由自懸心、況在官司、情懷抱恨

四月　孟夏漸熱、　　初臨夏節、光影隨時、林樹競靑、春風歛色、高樓興酒、遠望驚鴻、在室追涼、羞看雙鸞、蘭蘭新菓、盡復競新、百鳥音鳴、空中聲嚮、孟夏漸熱、不審體內如何、某乙頻遭某事、不獲致參、聊謝高心、馳懷在意、來往之情、益近疎隔、［　　　　］居別室、由自懸心、況在異域、能不思念、中心遙遙、未蒙延屈

結語

『臺東區立書道博物館所藏中村不折舊藏禹域墨書集成』及び『敦煌祕笈』の公刊により、磯部本「朋友書儀」が、敦煌寫本ではなく、吐魯番寫本の書儀であることが明らかになった。磯部本「朋友書儀」は、中村不折舊藏「朋友書儀」のD斷簡と接續する。8世紀の寫本とみてよく、吐魯番には少なくとも4種の「朋友書儀」（あるいは「月儀」）があり、これらはその內容・書體から、いずれも中原に普及していた書儀・月儀とみられる。敦煌寫本「朋友書儀」は、こうした書儀・月儀を集成し、かつ敦煌

の地で使用されるにふさわしいように表現をかえて編集されたものである。

磯部本「朋友書儀」は、おそらく梁素文舊藏の吐魯番文獻であり、いったん羽田亨氏のもとに入り、その後、磯部氏の所藏にいたったものと判斷される。書道博物館の中村不折舊藏の吐魯番文獻については、1935年前後に白堅が賣買を仲介したことが指摘されているが(34)、『敦煌祕笈』の吐魯番文獻については、1928年に梁素文から清野謙次氏に賣却され、1939年に清野謙次氏から羽田亨氏に讓渡されたとされる(35)。梁素文の蒐集した吐魯番寫本「朋友書儀」がどのような經緯で、中村不折氏と羽田亨氏との所藏に分かれたのかなど、不明な點もあるが、その檢討は他日を期したい。

また、「月儀」と「朋友書儀」の關係、系譜やその普及の問題、ひいては「書儀」の分類についての再檢討など、今後考察を深めるべき課題も多いが、ひとまず擱筆する。

注

(1)　丸山裕美子「靜岡縣磯部武男氏所藏敦煌・吐魯番資料管見」（『唐代史研究』２、1999年、口頭發表は1998年）。以下「前稿」と稱する。

(2)　磯部彰編『臺東區立書道博物館所藏中村不折舊藏禹域墨書集成』（二玄社、2005年）。

(3)　王三慶「《中村不折舊藏禹域墨書集成》「月儀書」研究」（『慶賀饒宗頤先生九十五華誕敦煌學國際學術研討會論文集』、2010年　＊學會抄錄）、後に王三慶『敦煌吐魯番文獻與日本典藏』（新文豐出版公司、2014年）に修正を加えて收錄。

(4)　吳麗娛・陳麗萍「中村不折舊藏吐魯番出土《朋友書儀》研究――兼論唐代朋友書儀的版本與類型問題――」（黃正建主編『中國社會科學院敦煌學回顧與前瞻學術研討會論文集』上海古籍出版社、2012年）。

(5)　王三慶「再論《中村不折舊藏禹域墨書集成・月令》卷之整理校勘及唐本「月儀書」之比較研究」（『成大中文學報』40、2013年）。

(6)　注（2）書の解說によると、題簽に「吐魯番出土唐人墨蹟　宣統辛亥嘉平月　素文所藏　四十四號」とあるとのことである（卷下、p.366）。「素文」は新疆の財務官僚であった梁素文を指す。鍋島稻子「不折舊藏寫經類コレクションについて」（注（2）書所收）も參照。

(7)　吳麗娛・陳麗萍注（4）論文、p.184、p.186、p.189附１として磯部本と敦煌寫本第三部分、吐魯番寫本第一種の四月分の比較を行っている。

(8)　張娜麗「羽田亨博士收集「西域出土文獻寫眞」について」（『お茶の水史學』50、2006年）。

(9)　武田科學振興財團杏雨書屋編『敦煌祕笈　目錄册』武田科學振興財團（2009年）及び同『敦煌祕笈　影片册』一～九（武田科學振興財團、2009年～2013年）。以下『敦煌祕笈』とし、コレクションの名稱としての「敦煌祕笈」と區別する。

(10)　「敦煌祕笈」についての概說としては、岩本篤志「杏雨書屋藏「敦煌祕笈」槪觀――その構成と研究史――」（『西北出土文獻研究』８、2010年）が詳細で有益である。なお『敦煌祕笈』出版後の研究史については、陳麗萍・趙晶「日本杏雨書屋藏敦煌吐魯番文書研究綜述」及び陳麗萍・趙晶「日本杏雨書屋藏敦煌吐魯番文書研究論著目錄（2009-2013）」（ともに郝春文編『2014敦煌學國際聯絡委員會通訊』上海古籍出版社、2014年）が網羅的で至便である。

(11)　榮新江「追尋最後的寶藏――李盛鐸舊藏敦煌文獻調査記――」（『辨僞與存眞――敦煌學論集――』上海古籍出版社、2010年）など。

(12) 張娜麗注（8）論文、pp.14～18。以下の張氏の引用はすべてこれによる。

(13) 佐々木竹苞樓の關與については、高田時雄「明治四十三年（1910）京都文科大學清國派遣員北京訪書始末」（『敦煌吐魯番研究』 7、2004年）に指摘があり、後述の「敦煌祕笈目錄」においても、羽四三三以降のものは、「購於佐々木」と記されているものが多い。

(14) 高田時雄「李滂と白堅——李盛鐸舊藏敦煌寫本日本流入の背景——」（『敦煌寫本研究年報』創刊號、2007年）。

(15) 「敦煌祕笈目錄」については、落合俊典「羽田亨稿「敦煌祕笈目錄」簡介」（郝春文編『敦煌文獻論集——紀念敦煌藏經洞發現一百周年學術研討會論文集——』遼寧人民出版社、2001年）、同「敦煌祕笈目錄（第443號到670號）略考」（『敦煌吐魯番研究』 7、2004年）、及び高田時雄「日藏敦煌遺書の來源と眞僞問題」（『敦煌寫本研究年報』 9、2015年）を參照。

(16) 藤枝晃「「德化李氏凡將閣珍藏」印について」（『學叢』 7、1985年）は、京都國立博物館所藏の守屋孝藏コレクションに捺された「德化李氏凡將閣珍藏」印について、僞造印であることを主張した。「敦煌祕笈」に捺された「德化李氏凡將閣珍藏」印については、岩本篤志「敦煌祕笈所見印記小考——寺印・官印・藏印——」（『内陸アジア言語の研究』28、2013年）に詳細な檢討がある。

(17) 高田時雄注（15）「日藏敦煌遺書の來源と眞僞問題」を參照。

(18) 落合俊典注（15）「羽田亨稿「敦煌祕笈目錄」簡介」、古泉圓順「書後」（『敦煌祕笈　目錄册』）を參照。

(19) 例えば梁素文（新疆の財務官僚）が蒐集していた羽五六一「唐西州交河郡都督府物價表二十片」や、王樹枬（新疆の行政官）が蒐集していた羽六〇九「大智度論」他などは、確實に吐魯番出土の文書・寫本である。

(20) 『敦煌祕笈』の梁素文の舊藏文獻については、岩本篤志注（16）論文、pp.149～152に詳しい。

(21) 那波利貞「中唐以後に於ける書儀類の編纂流行に就きて」（『唐代社會文化史研究』創文社、1974年）。

(22) 郭長城「敦煌寫本朋友書儀試論」（『漢學研究』 4 - 2 、1986年）。

(23) 周一良「敦煌寫本書儀考（之二）」（『敦煌吐魯番文獻研究論集』 4 、1987年）及び趙和平「敦煌寫本《朋友書儀》殘卷整理及研究」（『敦煌研究』1987年 4 期）。ともに周一良・趙和平『唐五代書儀研究』（中國社會科學出版社、1995年）に所收。以下に言及する周氏、趙氏の朋友書儀に關する見解は、これらによる。なお趙和平『敦煌寫本書儀研究』（新文豐出版公司、1993年）に諸本を校訂した翻刻があり、近年出版された趙和平『趙和平敦煌書儀研究』（上海古籍出版社、2011年）にも「敦煌寫本《朋友書儀》殘卷整理與研究」は收錄されている。

(24) 吳麗娛『唐禮摭遺』（商務印書館、2002年）。

(25) 王三慶・黃亮文「《朋友書儀》一卷研究」（『敦煌學』25、2004年）。

(26) 丸山裕美子「書儀の受容について——正倉院文書にみる「書儀の世界」——」（『正倉院文書研究』 4 、1996年）。丸山裕美子「敦煌寫本「月儀」「朋友書儀」と日本傳來『杜家立成雜書要略』——東アジアの月儀・書儀——」（土肥義和編『敦煌・吐魯番出土漢文文書の新研究』東洋文庫、2009年、修訂版2013年）。なお2009年初版時には、實見していなかったロシア・サンクトペテルブルクのIOM所藏の索靖「月儀帖」斷簡について、2010年 9 月にДx.4760・Дx.5748・Дx.6025・Дx.6048の閲覽調査を行った。また蔡淵迪「俄藏殘本索靖《月儀帖》之綴合之研究」（『敦煌吐魯番研究』12、2011年）が公刊され、Дx.6009もまた索靖「月儀帖」であることが指摘された。2013年の修訂版にはこれらの成果を盛り込んである。

(27)　吳麗娛「關於敦煌《朋友書儀》的研究回顧與問題展説」(『敦煌吐魯番研究』14、2014年)。
(28)　王三慶注（3）『敦煌吐魯番文獻與日本典藏』。とくにその第三章「中國書儀文獻在日本的藏製及發展」。
(29)　吳麗娛注（27）「關於敦煌《朋友書儀》的研究回顧與問題展説」論文の注（2）。ただしこのうちДx.5490とあるのはДx.5409の誤植である。
(30)　張小艷『敦煌書儀語言研究』(商務印書館、2007年)。
(31)　黃亮文「法・俄藏敦煌書儀相關寫卷敘錄」(『敦煌學輯刊』2010年２期)。
(32)　王三慶・黃亮文注（25）「《朋友書儀》一卷研究」、及び王三慶注（3）『敦煌吐魯番文獻與日本典藏』、p.148。
(33)　宋家鈺「唐開元田令復元研究」(天一閣博物館・中國社會科學院歷史研究所天聖令整理課題組『天一閣藏明鈔本天聖令校證　付唐令復原研究』中華書局、2006年）による。
(34)　榮新江「李盛鐸藏敦煌寫卷的存僞」(榮新江注（11）書所收)、高田時雄注（14）論文など。
(35)　岩本篤志注（16）論文、pp.149～152。

中古時期における瑞應圖書の源流
――敦煌文獻と日本寫本の總合考察――

余　欣（山口正晃譯）

はじめに

古來、中國における學術と政治の根底には陰陽災異の學というものがある。かつてはこのテーマについて「書誌學」の方面、すなわち版本や著錄・流布の狀況からアプローチすることが多かった。近年ではこれとは別に政治文化史の側面から、片言隻句を取り上げて强引な解釋を施し、讖緯思想の逸文と實際の政治事件との閒に何らかの對應關係を見出だしてその結果を詳細に說明しようとするものもあるが、やはり表面的な研究といわねばならない。こうした研究はたとえそれが見事な文章で書かれていたとしても、逆に「その言說が論理的であればあるほど、ますます往時の學說の眞相から遠ざかる」というもどかしさを讀者に與えずにはおかない[1]。

そこで本稿では、古典籍に著錄されている瑞應圖書と尊經閣藏『天地瑞祥志』の寫本を中心としつつ[2]、敦煌本の『瑞應圖』および『白澤精怪圖』をも含めてその一部始終を明らかにし、そこから手掛かりを得て漢唐閒の瑞應圖書をめぐる知識社會史に檢討を加え[3]、知識體系の內容およびテキストの言語環境から出發して、中古時期における瑞應圖書の成立過程および知識－信仰－制度という一連の構造を重ねて描き出してみたい。さらに言えば、こうして「知識體系の內聖外王史」の研究を通じて[4]、この種の文獻に見られるいくつかの核心的問題を解決し、併せてその中國學術史における價値をも出來るかぎり示してみたい。

1．瑞應圖書の成立―唐以前における各種符瑞典籍の源流―

(1) 符應說の學術上のルーツ

瑞應圖書は、瑞祥を描いた圖像およびそれを說明する文章から成るものであるが、その出現は中國傳統の符應說のルーツと極めて深い關係を有する[5]。

いわゆる符應とは、簡單に言えば天命を豫め示したり、あるいは天命に應じて現れる神祕的な現象もしくはその「物」のことである。符應說のルーツは陰陽五行の學にあり、中でも特に鄒衍という人物が重要な鍵を握っている[6]。戰國末期、陰陽五行に關する樣々な學說を統合して完成させるうえで最も中心的な役割を果たした人物こそが鄒衍であり、彼の事蹟は『史記』孟子荀卿列傳に見える[7]。

> 騶衍、國を有（たも）つ者の益（ます）ます淫侈にして、德を尙び大雅の之を身に整え、施して黎庶に及ぼすがごときなること能わざるを睹（み）、乃ち深く陰陽の消息を觀て怪迂の變・終始・大聖の篇十餘萬言を作す。其の語は閎大にして經（つね）ならず、必ず先ず小物を

> 驗べ、推して之を大にし、無垠に至る。先ず今より以上黃帝に至るまでを序するに、學者の共に術ぶる所、大いに世の盛衰を並ね、因りて其の禨祥度制を載せ、推して之を遠くし、天地の未だ生ぜず、窈冥にして考えて原ぬるべからざるに至るなり。先ず中國の名山・大川・通谷・禽獸・水土の殖やす所・物類の珍とする所を列べ、因りて之を推して海外の人の睹る能わざる所に及ぼし、天地の剖判して以來、五德の轉移し、治に各おの宜しき有り、而して符應は茲のごときなるを稱げて引く。

ここで鄒衍について「深く陰陽の消息を觀て怪迂の變を作す」「禨祥度制（吉凶の豫兆と制度）」と記されているのは注目に値する。天文・律曆・占候の術を陰陽家の學說として理論化したことから瑞祥災異の說が始まったことが讀み取れよう。

これと似たような內容は他にも、たとえば『史記』曆書に[8]、

> 其の後戰國並びに爭い、國を彊くし敵を禽にするに在りては、急を救い紛を解くのみにして、豈に斯（曆數）を念う遑あらんや。是の時獨り鄒衍有り、五德の傳に明らかにして、消息の分を散じ、以て諸侯に顯わる。

とあり、また『漢書』藝文志にも次のようにある[9]。

> 五行とは、五常の形氣なり。『書』に云く、「初一に五行と曰い、次二に羞みて五事を用うと曰う」と。進みて五事を用いて以て五行に順うを言うなり。貌・言・視・聽・思心失われ、而して五行の序亂れ、五星の變作る。皆律曆の數より出でて分れて一と爲る者なり。其の法も亦た五德の終始より起こり、其の極を推せば則ち至らざる無し。而して小數家此に因りて以て吉凶を爲して、世に行われ、寖く以て相い亂る。

これらの記述は、符應觀のルーツが陰陽五行說にあること、そして陰陽五行の槪念は遙か太古における四季の移り變わりに對する認識、すなわち時空と人事の關係に對する理解に基づいていることを物語っている。陰陽五行の觀念がいつ頃發生したのかよく分かっていないが、河南濮陽西水坡遺跡のM45號墓からは蚌（カラス貝）の貝殼を盛って象った龍虎や天體圖などが發掘されており、遲くとも仰韶文化の頃には既にその原型が成立していたと考えられる[10]。

陰陽五行・瑞祥怪異に關する知識から觀念、そして信仰に至る體系は、初期の方術・博物學の傳統にその端を發しているため、博物學を構成する基盤の一部をなしていると見なすことができる[11]。一部の研究者は瑞祥と災異と精靈とそれぞれ區別するべきだと考えているようだが、博物學の傳統から見れば、『山海經』に言うところの「禎祥變怪（瑞祥怪異）」というのは一個の總體的な槪念であって、何らかの兆しが表れる現象もしくはその物をもっぱら指し、決して吉凶禍福に基づいて分類したりはしない。ちょうど、シャーマニズムや占いが黑白兩面を併せ持っているようなものである。だからこそ『漢書』藝文志はこの手の典籍を著錄する際に『禎祥變怪』と題しているのである。

李瑞春によると、瑞應圖は魏晉期にかけて發展し、瑞祥と災異と雙方の記錄すべき品目の種類が增加したため、徐々にそれぞれ分けて記錄されるようになり、そうして瑞應圖は祥瑞に關わる事物およびその解釋のみをもっぱら記載する典籍になっていったという[12]。しかしこの說には一考の餘地があり、祥瑞のみを專門に記載する瑞應圖はおそらく未だかつて成立したことはない。たとえば『宋書』五行志に引く「瑞應圖」には五色の大鳥の羽孽（鳥や蟲の異常現象；譯者注）が含まれるほか[13]、敦煌本の『瑞應圖』もまた「發鳴」といった災異に滿ち溢れている。このように實際には、各種の「祥瑞志」や「瑞應圖」の類はすべて災異や怪異をも含んでおり、純粹に祥瑞のみを記した「瑞應圖」はおそらく存在しない。從って、本稿での議論は「禎祥變怪」のあらゆる局面に及ぶであろう。

陳槃の『古讖緯研討及其書錄解題』第一章「秦漢之閒所謂"符應"論略」は、古代における符應の起源を理解するうえでとても參考になる。その末尾には「符應說源於古代史官」の表が附されており、符應の最も重要な來源として「鄒衍の書」に言及している。史官は實際のところ、古代における巫覡にルーツがあり、符應說の淵源と深い關係があろう[14]。顧頡剛はかつて、戰國秦漢時代における儒者の方士化と方士の儒者化というテーマを提示した[15]。李零もまたこれと似たような言い方で、「賭卜同源（賭け事と占いは元は同じ）」「藥毒一家（藥と毒は紙一重）」と述べる[16]。要するに、大多數の中國傳統の知識人は複雜な精神構造を備えており、一方では士大夫としての一面を持って儒者たる性格を示すものの、同時にまた雜多な（俗な）知識・技術や興味を追求する一面をも併せ持ち、甚だしきは符應のような不可思議な働きをすら求めることもあり、しかもこの兩面は「和衷共濟（心を合わせて助け合う）」ことを不可能とはしない。なんとなれば、彼らの見る所、「小術」の中には往々にして「大道」が含まれているからである。

（2）戰國以降における現實政治の需要による符應說の推進

符應說に大きな發展をもたらしたのは、戰國以降における現實的な政治的需要である。これは『史記』天官書からはっきりと讀み取れる[17]。

> 太史公古の天變を推すに、未だ今を考うべき者有らず。蓋し略ぼ春秋二百四十二年の閒を以て、日蝕三十六、彗星三たび見れ、宋襄公の時星の隕つること雨のごとし。天子は微にして、諸侯は政に力め、五伯代りて興り、更ごも主命を爲す。是よりの後、衆は寡を暴し、大は小を幷す。秦・楚・吳・越は夷狄なるも、彊伯と爲る。田氏は齊を簒い、三家は晉を分かち、竝びに戰國と爲り、攻取に爭う。兵革更ごも起き、城邑數しば屠らる。因りて饑饉疾疫の焦苦を以て、臣主共に憂い患い、其れ禨祥を察し星氣を候うこと尤も急なり。近世十二諸侯七國相い王となり、從衡を言う者踵を繼ぎて、皐・唐・甘・石は時務に因りて其の書傳を論じ、故に其の占驗は米鹽より凌雜なり。

『史記』天官書は言うまでもなく天文學史における極めて重要な史料ではあるが、充分な研究がなされているわけではない[18]。我々はここにある「攻取」「兵革」「飢饉」「疾疫」といった言葉が、とりもなおさず符應説を推進する重要な要素であることに注意しなければならない。實際のところ、農業・戰爭・疾病といった事柄は、遙か古代より占いの最も重要な關心事であり、それらが合わさって符應説の勃興を促したのである。

(3) 六朝隋唐における「瑞應圖」の變遷

瑞應に關連する圖書が次第に發展していった結果、やがて「瑞應圖」という名を持つ專門の著述が出現するようになる。おそらく漢代以降にはこの手の著作はすでに存在しており、魏晉期に孫柔之がそれらを合わせて一篇として、ようやく規範が定まった。『隋書』經籍志には次のようにある[19]。

『瑞應圖』三卷、『瑞圖贊』二卷［原注：梁に孫柔之『瑞應圖記』・孫氏『瑞應圖贊』有り、各おの三卷、亡し。］

また『玉海』に引く『中興館閣書目』は次のように記す[20]。

『符瑞圖』二卷、陳の顧野王撰す。初め世に傳わるは『瑞應圖』一篇、周公の製する所と云う。魏晉の閒孫氏・熊氏之を合わせて三篇と爲すも、載する所叢（おお）く舛（たが）う。野王其の重複するを去り、益して圖緯を采り、三代より起こし、梁武帝の大同中に止むるまで、凡そ四百八十二目、時に援據有らば、以て注釋を爲す。（『玉海』卷200所引）

ここで「周公の製する所」云々と述べているのは、當然假託しているのであって、周公や孔子に假託することは敦煌文獻でもよく見られる。但し、假託とはいえ、この手の著作には共通する一つの「祖本」が存した可能性を指摘することはできるだろう。こうした著作は、錯誤・重複している箇所が少なからずあるものである。なぜならば、これらは筋道を立てて緻密な分析を加えるために編纂されたものではなく、手っ取り早く參照するために編まれたハンドブックだからである。

上述した諸家の「瑞應圖」の中で最も重視すべきは、當然孫氏のそれである。歷代の著述は多くこの『孫氏瑞應圖』を引用し、典據としている。たとえば『初學記』『開元占經』『稽瑞』『太平御覽』『説郛』『廣博物志』などは最も頻繁にこれを引用している。ここから、『孫氏瑞應圖』の影響を最も深く受けている文獻は二種あるといえよう。一つは天文や星占、吉祥怪異に關する書物で、瑞應の原理を利用することに重點を置いている。いま一つは類書であり、こちらは瑞應の知識を吸收することに重點を置く。したがって、『孫氏瑞應圖』は隋唐の頃に散逸してしまったけれども、上述した各種の典籍によってその內容の一斑を窺うことは可能である。清代の儒學者である馬國翰や葉德輝が輯本を作っているが、前者は百二十一條、後者は百四十餘條を集める。兩者ともに崔豹の『古今注』に「孫亮流離（るり）の屛風を作り、鏤（ほ）りて瑞應圖を作ること、凡そ一百二十種」とあるのに據って、多くの瑞應品目があるのは、同じものの異稱や様々なバリエーションである、と述べる。しかし、孫亮が見た「瑞應圖」と『孫氏瑞應圖』がどのような關係にあるのか判然としておらず、しかも一百二十という數字は實數ではなく（詳細は後述）、したがって彼らも必ずしもこの點に拘っているわけではないと見たほうがよいだろう(21)。現代では李瑞春が一百三十餘條を輯佚したが、その數は清儒の成果を越えているとは言い難く、しかも同種の瑞應を重複して數えており、清儒が作った體裁を亂してさえいる(22)。

『孫氏瑞應圖』は諸家の最も稱贊するところであり、諸家「瑞應圖」のルーツでないとはいえ、ちょうど『易經』の「貞下起元」のように、本書のおかげで瑞應の學は大きな廣がりを見せることになったのである。『隋書』經籍志によれば、この書を作ったのは孫柔之であり、南朝梁のときに世に出されたものである。上引『中興館閣書目』では周公が撰した「瑞應圖」がルーツであると稱しており、これ自體は假託の說ではあるが、ただ本書には必ず基づくものがあったことを物語っている。そしてその「基づくもの」は漢代にまで遡りうる。すなわち「兩漢の閒における瑞應の書」、特に朝廷が各種瑞應を調べるために修訂して用いた官修の「瑞應圖」がそれである(23)。魏晉期には、知識體系の發展ロジックと社會的、政治的狀況が對應していたため、瑞應の學は一時的に盛況を呈し、各種官撰・私撰の「瑞應圖」が少なからず出現した。『孫氏瑞應圖』はこのような背景のもと、世に出されたのである。同時期には『熊氏瑞應圖』や庾問『瑞應圖』、顧氏『符瑞圖』のように類似の著述が他にもある(24)。『孫氏瑞應圖』はこれらの中でも比較的早くに書かれてはいるが、ただこれが特に出色とされる理由はむしろ、その豐富かつ詳細に收められる瑞應の記事、つまり各種「瑞應圖」を總合した範本である點にこそ求められるべきであろう。漢代に消滅の危機に瀕し、あるいは秩序を失って混亂に陷った瑞應の學は、まさしく『孫氏瑞應圖』によって生き延びることができ、さらには系統だった姿を取るようにさえなったのである。したがって後世の文獻は、本書と同じく「瑞應圖」の系統に屬する唐代の『天地瑞祥志』や敦煌本「瑞應圖」であろうが、あるいは『開元占經』や『太平御覽』のようなそれ以外の著作であろうが、いずれにせよ瑞應に關する知識を引用する際には多く本書に基づいている。ここから、『孫氏瑞應圖』が要となっていることの一斑を見て取ることができよう。

『孫氏瑞應圖』は唐代以前における最も重要な「瑞應圖」の一つであり、逸文もまた最も多く殘されている。我々は本書を通して唐以前における「瑞應圖」に書かれていた文章が持つ特徴を知りうる。ただ殘念なのは、各家による輯本のいずれも圖がないことであり、これによって我々の理解も一定の制約を受けざるを得ない。輯本から判斷すると、『孫氏瑞應圖』に載せられた瑞應の記事は非常に多く、しかもかなり整った構造を持っており、いずれも天人相關の論理によって瑞應と人事が對應している。そしてその文章には特に變わった點はなく、前の時代を振り返れば漢代における讖緯の文章とも重複しており、後の時代を見やれば唐代における各種の現存する「瑞應圖」と比較しても顯著な違いはない。ここから、「瑞應圖」類の著述が前の時代から後の時代へと受け繼がれていく中で、特に大きな變更は加えられていないと言ってよいだろう。これは一方では、歴代同じような語句を踏襲しており、字句のうえで時代による差異がないということでもあり、また他方では瑞應と人事の對應關係の原理についてもまた、輕々に改變するはずがない、ということでもある。唯一變化が見られるのは瑞應の種類であり、これは歴代增加してゆき、新しい瑞應の品目がたえず加えられている。したがって、『孫氏瑞應圖』が他の諸家より優れているのは、その文辭が秀でているからでもなく、また原理が目新しいからでもない。おおよそこれら瑞應の事物は多く空想の產物であり、ひたすら文辭と原理を固定してこそ、それが「眞實」であることが維持されるのであり、そうしなければ、つまり空想によって創り出された事物に對してその敍述をころころ變えてしまっては、眞實味は失われ人々に疑いを持たせることになってしまう。したがって、『孫氏瑞應圖』の優れた點は、博捜・網羅した品目の數が極めて多く、またその內容も詳細でかつ體裁も整っていることにあると言うべきである。

宋人の陳振孫の『直齋書錄解題』卷10には[25]、

『瑞應圖』十卷、名氏を著さず。案ずるに、『唐志』に孫柔之『瑞應圖記』・熊理『瑞應圖譜』各三卷、顧野王『符瑞圖』十卷、又た『祥瑞圖』十卷有り。今此の書、名は孫・熊と同じく、而れども卷數は顧と合す、意うに其れ野王の書ならんか。其の閒亦た多く孫氏を援(ひ)きて以て註を爲す。『中興書目』に『符瑞圖』二卷有り、著を定めて野王と爲す。又た『瑞應圖』十卷有り、作者を知らずと稱す。天地の瑞應諸物を載せ、類を以て門を分かつ。今書して爾(これ)を正さんとするも、未だ果して野王なるや否やを知らず。又た或いは王昌齡と題すと云うものあり。李淑『書目』に至りては、又た直ちに以て孫柔之と爲し、其れ昌齡と爲すは或いは知るべからずとす。而れども此の書多く孫氏を引けば、則ち決して柔之に非ず。又た恐るらくは李氏の書は別の一家ならんか。

とあり、宋人が「瑞應圖」を著錄した時點ですでに、その淵源については不明となっていたことが分かる。

陳槃は『古讖緯硏討及其書錄解題』の「附錄」において、歴代「瑞應圖」と名のつくものの著錄について總括している[26]。ここで指摘しておかねばならないのは、瑞應圖の撰述には、時代の氣風というものがあって、竝び立つ諸家による著述は大同小異たるを免れない部分もあるが、だからといって、ある一つの確實に分かるものを取り上げてそれを全體に敷衍すべきではない、ということである。

ここで、今まで述べ來ったことがらについて總括しておきたい。

まず第一に、鄒衍による符應說は、陰陽五行の學說理論が具體的に結實した產物であり、そこで創り出されたものの多くは、古の史官に源を持つ。昔にあっては、史官というものは一切の「知識」を所藏する收藏庫ともいうべく、神怪の說も同様であった。ゆえに書籍に記されるあらゆる人神變怪の說は、ほとんどが史官の記錄として殘されてきた。こうした古の史官による符應說は、一に巫祝、二に占候、三に歷史書という三つの側面について考察しなければならない（陳槃說）。

第二に、中國古代の知識―信仰―制度を一貫した視野に收めて論じる必要性について。史官は神祕文化およびその技術の傳承者であると同時に管掌者でもあり、したがって禮典・博物・方術・瑞應の學はいずれも史學の範疇に統合することができる。符應は、史學研究には缺かせない要素であるということである。

そして第三に、符應の學は鄒衍から始まったが、その學を受け繼いだ弟子たちおよび後世の方士が名利を世に求め、出世せんがために、絕えずこの學問を擴充してゆき、ついには言辭がびっしりつまった書を成すに至った（『漢書』藝文志には『禎祥變怪』一種、凡そ二十一卷、という著錄があり、これによりこの手の專門書が存在しているだけでなく、それが非常に繁雜で大部なものでもあることを知りうる）(27)。「瑞應圖」はこの「學と術」の發展という文脈の中に見られる一つの典型例なのである。

2．瑞應圖書の唐代における傳習
―『天地瑞祥志』の知識體系と觀念構造―

先に引用した史志の著錄によれば隋唐期には各種の瑞應圖書が傳承されていたはずだが、しかしそれらは現存していない。日本で發見された『天地瑞祥志』は、嚴密にいえば唐代の「瑞應圖」ではなく、祥瑞・災異・星占・雜占に關する文獻を專門に集めた一つの類書にすぎない。しかしながら、この書を通じて我々は瑞應圖書の唐代における傳習狀況を知ることができ、またそこからこの手の知識體系がどのように組み立てられていったのか、その樣式を窺うこともできるのである。

(1)『天地瑞祥志』概觀

『天地瑞祥志』二十卷、唐の麟德三年（666）太史薩守眞撰す。本書は中國國內には傳存せず、『舊唐書』經籍志・『新唐書』藝文志および歷代の私家藏書目錄など、いずれにも著錄されていない(28)。ただし『日本國見在書目錄』卌四「天文家」には「『天地瑞祥志』廿」と著錄されており(29)、また『通憲入道藏書目錄』第一百七十櫃「月令部」にも本書の記載があり(30)、さらには『日本三代實錄』『扶桑略記』『諸道勘文』中にもしばしば引用される(31)。現存している、東京の前田育德會尊經閣文庫所藏の九卷の鈔本は貴重な唐代の佚籍と稱するに堪えうるものである。

『天地瑞祥志』に關しては現在なおいくつかの論爭がある。たとえば作者の薩守眞について、薩という姓は唐人の中には極めて少ないため、薩は薛の誤りではないかと考える學者がいる(32)一方で、薩守眞は新羅の人だと主張する者もいる(33)。また、もう一つ疑問とされているのが唐の麟德三年という年號の問題である。というのは、麟德という年號は二年で改元しており三年は存在しないからである。これは、情報の傳達に遲滯があり、改元したことが傳わらないうちに書かれた可能性が考えられる。ただしいずれにせよ、文章の書き方や大量の唐代の俗字、さらには文中に反映されている觀念から見て、本書が唐鈔本であるのは疑いを容れない。

(2)『天地瑞祥志』の版本

尊經閣本は鈔寫された年代が比較的遲く、江戸時代の貞享三年（1686）ではあるが、朝廷に代々仕えた陰陽道の土御門家が唐鈔本から書寫したものと考えられる。このほかに、二種のテキストがある。

一つは京都大學人文科學研究所が所藏する昭和七年（1932）の鈔本。このテキストは實際には尊經閣文庫本の臨本であり、その書風から察するに、著名な天文學史研究者であった新城新藏の手になるものではなかろうか。京大本の字體や字配りは尊經閣本と全く同じであり、尊經閣本の誤りもそのまま引き繼いでいるが、そうした箇所では朱色の附箋を貼って校正しており、一定の參考價値がある。ただし結局のところは「影鈔本」であり、オリジナルからは程遠いと言わざるをえない(34)。

二つ目は金澤市立玉川圖書館が所藏する加越能文庫の文化七年（1810）鈔本。ただしこれは『天文要錄』・『六關記』と合わせて一册となっており、『天地瑞祥志』についてはわずかに15行を存するのみである。

中國國内にも若干の影印本がある。薄樹人主編『中國科學技術典籍通彙・天文卷四』(35)および高柯立主編『稀見唐代天文史料三種』に收められる影印本(36)であり、これらは國家圖書館が所藏する京大鈔本のコピー本をさらに影印したもので、尊經閣本の元の姿からはかなり遠ざかってしまっている。

よって、純粹なテキスト系統としては唯一、尊經閣本しかない。

(3)『天地瑞祥志』の學術價値

『天地瑞祥志』の學術價値については、以下の四點から論じることができる。

（１）本書は祥瑞・災異に關する多くの資料を集めている。符命瑞祥は荒唐無稽な迷信と見られることが多いため、長い間ずっと中國の歷史に攜わる人々から輕視されてきた。中國古代の祥瑞についての全面的な研究は、いまだに深化しておらず、系統的な展開もなされていないのである。特に符瑞の說が最も流行した中古時代に關して、政治文化史であろうと學術思想史であろうと、關連する議論はまだまだ十分に展開されてはいない。この點に關して、問題意識の他にもう一つ重要な原因となっているのが、祥瑞に關する系統的な古籍がほとんど世に殘っていない、ということである。これに對して本書は、祥瑞および中古政治史の研究を深く、廣く切り開くために、新しい材料と新たな問題を提供してくれるのである。

（２）學術史の視點から見ると、盛唐の頃に知識・信仰や禮制を集大成する潮流が生まれ、高宗以降は關連する大部の著作が次々と世に出されるようになり、やがて玄宗の時に最高潮に達した。たとえば『大唐開元禮』・『大唐郊祀錄』・『唐六典』・『文館詞林』・『三教珠英』・『新修本草』・『開元占經』・玄宗御注の『孝經』・『金剛經』・『道德經』など、いずれもこのような學術的な流れの中で世に問われたと見なすことができる(37)。これらは中古時代における社會と學術の發展が一つの臨界點に達したことを示す産物であり、『天地瑞祥志』もまた、この流れの中で生み出されたものなのである(38)。

（3）本書は天文・雜占に關する文獻の佚文を大量に引用しており、その分野は星占から天占・地占・月占・日占・五星占・恆星占・流星占・客彗星占や雲氣風雨雷電霜雪などの氣象にまつわる雜占、また夢占や物怪占等々に及んでおり、それらの中には『史記』天官書・『晉書』天文志や『開元占經』などの傳世文獻、『天文要錄』（本書と同じく尊經閣所藏）などの日本に殘存する唐代の佚書、また馬王堆帛書『五星占』や銀雀山漢簡の星占書・敦煌本『占雲氣書』や『瑞應圖』および星占文書といった出土文獻と互いに例證しあうものも少なくなく、中國古代の術數史・天文學史に對して重要な意義を持っている。

（4）本書の中ではまた封禪や郊祀に關連する唐代の祠令も引用されている。唐代法制史を研究するうえで唐令の持つ價値は自明であるが、ただしほとんど散逸してしまっている。日本の學者によって佚文が集められたりもしたが、やはりまだまだ不十分であった。近年になって、天一閣藏明鈔本『天聖令』が公刊され、唐令の研究は新たな段階へと進むことになった(39)。本書に殘された唐令の佚文と『天聖令』、およびロシア所藏の唐令あるいは式の殘卷を總合的に研究すれば、必ずや唐代法制史に新たな活力を注入することになるだろう。

(4)『天地瑞祥志』の知識體系と觀念構造

a．編輯の契機

薩守眞は自ら、編纂に至った事の起こりについて述べている(40)。

> 臣百姓守眞啓す、性を稟くること愚瞢にして、開悟する所無し。伏して令旨を奉るに、使（も）し祇みて讀誡を承くれば、預め災孽を避けん。一人に慶び有らば、又た安んず。是を以て、臣は廣く諸家の天文を集め、圖讖災異を披攬し、類聚有りと雖も、而れども□□相い分かつ。事目は多しと雖も、而れども條貫を爲さざるなり。……今其の要を鈔撰し、之に從うべきを庶（こいねが）うなり。

ここで「廣く諸家の天文を集め、圖讖災異を披攬し」、「今其の要を鈔撰し」と述べているのは、その撰述の發端を反映しており、こうした說明は中古時期における同類の著作、特に類書や「要抄」の中によく見られる(41)。

b．薩守眞が述べる天文符應の觀念構造と學術上の文脈

これは主に『天地瑞祥志』の序文部分に現れている[42]。

昔庖犧の天下に王たるに在りてや、象を觀て法を察し、始めて八卦を畫き、以て神明の德に通じ、以て天地の情に類す。故に『易』に曰く、「天は象を垂れ、聖人之に則る」と。此れ則ち天文を觀て以て變を示す者なり。『書』に曰く、「天の聰明は我が民の聰明に自う」と。此れ明らかに人文を觀て以て化を成す者なり。然らば則ち政教は人理に兆し、瑞祥は天文に應ず。是の故に三皇は德に邁み、七曜は軌に順い、日月に薄蝕の變無く、星辰に錯亂の妖靡し。高陽は乃ち南正の重に命じて天を司らしめ、北正の黎をして地を司らしめ、帝嚳は三辰を序す。唐虞は羲和に命じ、欽みて昊天に若わしむ。夏禹は『洛書』に應じて、之を『洪範』に陳ぶ、是れなり。殷の巫咸、周の史佚に至りては、格言は遺記せられ、今に於いて朽ちず。其れ諸侯の史は、則ち魯に梓愼有り、晉に卜偃有り、鄭に裨竈有り、宋に子韋有り、齊に甘德有り、楚に唐昧有り、趙に尹皐有り、魏に石申有り、皆天文を著すを掌る。暴秦書を燔き、六經は殘滅するも、天官星占は存して毀たれず。漢の景・武の際に及び、好みて鬼神に事え、尤も巫覡の說を崇め、既に當時の尙ぶ所と爲り、妖妄此れに因りて浸く多し。哀・平已來、之に圖讖を加え、擅に吉凶を說く。是を以て司馬談父子は繼ぎて『天官書』を著し、光祿大夫劉向は『鴻（洪）範』を廣め、『皇極論』を作す。蓬萊の士は海浮の文を得て、『海中占』を著す。大史令郗萌・荊州牧劉表・董仲舒・班固・司馬彪・魏郡太守京房・大史令陳卓・晉の給事中韓楊等は、竝びに天地災異の占を修む。各おの雄才を羨み、互いに干戈を爲す。臣案ずるに、『晉志』に云く、巫咸・甘石の說は、後代の宗とする所なり、と。皇世の三墳・帝代の五典をば、之を經と謂うなり。三墳の既に陳べられ、五典の斯く炳らかなる、之を緯と謂うなり。三聖を歷するは淳と爲し、夫子已後は澆と爲し、澆浪は薦りに臻り、淳風は永く息む。故に墳典の經は、往年に棄てられ、九流の緯は、茲の日に盛行す。緯は經に如かざれども、既に典籍に在り、庶わくば泯沒せしめ、經文遂に聖世に昭晰たらんことを。

我々が注目すべきは、このくだりでは先ず『易』や『書』といった經典を引用していることであり、この體裁・構成は、『漢書』五行志や『五行大義』などの陰陽五行・祥瑞災異に關連する著作と極めて近い。こうして強い神聖性を持つ經典に近づけることによって、自らの神聖性をも高めようとしているのである。この序文から、傳統的な天文符應觀念の學術上の文脈をおおよそ見て取ることができよう。この中で『海中占』に言及しているが、この書名は甚だ誤解を招きやすく、中國海上交通史や科學技術史の研究者たちはこぞって、これを天文を航海に利用するための航海術に關する占いの書と理解し[43]、李零なども『漢書』藝文志を讀解する際にやはりこのように解釋しているのだが[44]、實際にはこれは完全なる誤解である[45]。序文はまた京房にも言及するが、彼の傳世の著作は多く疑問が持たれており、京房という人物に關するイメージもまた多くは後世作り出された部分がある。さらに序文では「緯は經に如かず」とも述べているが、實際には、漢以後において經學と緯學の關係は一定しておらず、時にはかえって緯の地位が經を超えることすらあったのである。

c.『天地瑞祥志』の編纂體裁

『天地瑞祥志』の編纂體裁についても、薩守眞の敍述はきわめて分かりやすい(46)。

守眞日月の光耀に憑りて、圖諜を前載に観るに、言は陰陽に渉り、義は瑞祥を開き、纖分の悪（要に作るテキストもあり）も隠す無く、秋毫の善も必ず陳ぶ。今明珠を龍淵に拾い、翠羽を鳳穴より抽(ぬ)き、類を以て相い從え、成して廿卷と爲す。物の山海に阻まれ、耳目の未だ詳らかならざる者は、皆『爾雅』・『瑞應圖』等に據り、其の形色を畫き、兼ねて四聲を注し、名づけて『天地瑞祥志』と爲すなり。所謂瑞祥とは、吉凶の先見、禍福の後應にして、猶お響きの空谷に起き、鏡の質形を寫すがごときなり。

この記述から、『天地瑞祥志』の編纂體裁が大枠として、物の名稱や形、聲訓などは『爾雅』に、また瑞祥の圖と文については『瑞應圖』に、と二つの傳統を合わせたところにあることが、容易に見て取れよう。

d.『天地瑞祥志』の本文構成

ここで、『天地瑞祥志』における「鸞」の刻畫を例にとって、その本文がどのように構成されているのか、見てみたい(47)。

○　鸞、力官の反し、平。

『孫氏瑞應圖』に曰く、「鸞鳥は、赤神の精、鳳皇の佐なり。鳴中の五音、喜べば則ち鳴き舞う。人君行出して客（容）有り、進退に度有り、祭祠宰人（民）に咸な敬讓禮節有り、親疎に序有らば、則ち至る」と。一に曰く、「心に鐘律を識り、調わば則ち至り、至らば則ち鳴き舞いて以て之を知らしむ」と。郭璞曰く、「形は雞のごとし」と。見(あらわ)るれば則ち天下安寧たり。『春秋孔演圖』に曰く、「天子官守賢を以て擧ぐれば、則ち鸞野に在り」と。『孝經援神契』に曰く、「德鳥獸に至らば、則ち鸞儛わん」と。『尚書中候』に曰く、「周公政を成王に歸し、太平なれば、則ち鸞鳥見るるなり」と。詩。魏の嵆叔夜の「秀才に贈るの詩」に曰く、「雙鸞景曜に匿れ、翼を太山の崖に戢(おさ)む。首を抗(あ)げて朝露に嗽ぎ、晞陽に羽儀を振るわす。長鳴して雲中に戯れ、時下蘭池に息う」と。魏の王粲の詩に曰く、「翩翩として飛ぶ鸞鳥、獨り遊びて因る所無し。毛羽は野草を照らし、哀鳴は清雲に入る。我尚(ねが)わくば羽翼を假せられ、飛びて爾の形身を覩んことを。願わくば春陽の會に及び、頸を交えて遘うこと慇懃ならん」と。

基本的にまず『瑞應圖』を引用し、次いで各種の緯書（特に多いのが『孝經援神契』『春秋運斗樞』『尚書中候』(48)）を引き、その後に詩文がくる。この構成は、類書から踏襲していると言うべきであろう。

3．圖像と本文―瑞應圖の視覺文獻としての系譜―

寫本における本文と圖像の製作については、これまであまり注意が拂われていなかった。拙著『博望鳴沙』で、筆者はかつて寫本時代における圖と文の關係について考察を加えたことがある(49)。瑞應圖は、典型的かつ傳承過程のはっきりしている傳統的視覺文獻の一つと見なすことができる。この問題を檢討することは、寫本の製作や流布と知識の傳習との關係を理解するうえで役に立つであろうし、ひいては知識體系が成立してゆく過程についても理解を深められるであろう。

(1) 早期の瑞應圖書

漢代の正史や文學作品の中に、早期の瑞應圖書の痕跡をいくつか見出だすことができる。例を擧げると、『漢書』武帝本紀では(50)、

六月、詔して曰く、「甘泉宮の內中に芝を產するに、九莖にして葉を連ぬ。上帝博く臨み、下房に異ならず、朕に弘休を賜う。其れ天下に赦し、雲陽郡の百戶ごとに牛酒を賜え」と。芝房の歌を作る。

とあり、ここで述べられている「芝房の歌」が撰される發端となったのは、祥瑞を稱揚する歌である。あるいはまた『漢書』禮樂志には(51)、

齊房に草を產するに、九莖にして葉を連ぬれば、宮童異を效(しら)べ、圖を披き諜を案ず。玄氣の精、此の都に回復し、蔓蔓として日に茂り、芝は靈華と成る。

とあり、「圖を披き諜を案ず」とあるのはまさしく、なにがしかの瑞應圖書を參照して調べているのである。また『後漢書』肅宗孝章帝紀には次のようにある(52)。

論に曰く、……在位すること十三年、郡國上(たてまつ)る所の符瑞、圖書に合(かな)う者は百千所を數う。烏呼、懋(さかん)なるかな。

「圖書に合う」というのは明らかに、符瑞と瑞應圖書とが合致するという意である。さらにまた司馬相如の『子虛賦』は次のようなものである(53)。

臣聞くならく楚に七澤有りと。嘗て其の一を見るも、未だ其の餘を覩ざるなり。臣の見る所、蓋し特だ其れ小小なる者のみ、名を雲夢と曰う。雲夢とは、方九百里、其の中に山有り。其の山は則ち盤紆すること岪鬱、隆崇すること嵂崒、岑巖は參差(しんし)たり、日月は蔽われ虧き、交錯して糾紛し、上は青雲を干(おか)す。罷池陂陁し、下は江河に屬(つら)なる。其の土は則ち丹青・赭堊・雌黃・白坿・錫碧・金銀、衆色炫燿し、龍鱗を照爛す。其の石は則ち赤玉・玫瑰・琳瑉・琨珸・瑊玏・玄厲・碝石・武夫なり。其の東には則ち蕙圃・衡蘭・芷若・穹窮・昌蒲・江離・麋蕪・諸柘・巴且有り。其の南には則ち平原廣澤有り、登降し陁靡し、案衍壇曼、緣るに大江を以てし、限るに巫山を以てす。其の高燥には則ち葴析・苞荔・薛莎・青薠を生ず。其の埤溼には則ち藏莨・蒹葭・東蘠・彫胡・蓮藕・觚盧・奄閭・軒于を生ず。

衆物之に居り、勝げて圖くべからず。其西には則ち涌泉・清池有り、激水は推移し、外は夫容蔆華を發し、内は鉅石白沙を隱す。其の中には則ち神龜・蛟鼉・毒冒・鼈黿有り。其の北には則ち陰林・巨樹・楩柟・豫章・桂椒・木蘭・檗離・朱楊・樝梨・梬栗・橘柚の芬芳たる有り。其の上には則ち宛雛・孔鸞・騰遠・射干有り。其の下には則ち白虎・玄豹・蟃蜒・貙豻有り。

「衆物之に居り、勝げて圖くべからず」とは、雲夢澤の瑞祥の物があまりにも多すぎるため、全部は描ききれないことを述べている。「子虛賦」は誇張を竝べたてることに最大限の力を注いでいるような代物ではあるが、ただしここで描かれている瑞祥品目の多さは、瑞應圖書の編纂が盛んになっていたことと何らかの關連があるのかも知れない。

また『後漢書』列傳30下、班固傳では班固の「典引篇」を引用している(54)。

是を以て鳳凰は來儀して羽族を觀魏に集め、肉角は毛宗を外囿に馴らし、緇文皓質を郊に擾れしめ、黃暉采鱗を沼に升らしめ、甘露は宵に豊かなる草に零り、三足は茂れる樹に軒翥す。若し乃ち嘉穀靈草、奇獸神禽、圖に應じ牒に合い、祥を窮め瑞を極むる者、坰牧に朝な夕なに、邦畿に日ごとに月ごとに、方州に卓犖し、要荒に羨溢す。

これに顏師古が注をつけている(55)。

『尚書』に曰く、「鳳凰來儀す」と。元和二年の詔に曰く、「乃者鳳凰・鸞鳥比りに七郡に集まる」。羽族とは群鳥の之に隨うを謂うなり。觀魏とは、門闕なり。肉角とは麟を謂うなり。伏侯『古今注』に曰く、「建初二年、北海にて一角獸を得たり、大なること麕のごとく、角の耳の閒に在る有り、端に肉有り。又た元和二年、麒麟陳に見るるに、一角にして、端は葱の葉のごとく、色は赤黃なり」と。樱は馴なり。緇文皓質とは騶虞を謂うなり。『說文』に曰く、「騶虞は、白虎にして黑文、尾は身よりも長し」と。『古今注』に曰く、「元和三年、白虎彭城に見る」と。黃暉采鱗とは黃龍を謂うなり。建初五年、八黃龍の零陵に見るる有り。『古今注』に曰く、「元和二年、甘露河南に降り、三足の烏、沛國に集まる」と。軒翥とは上下に飛翔するを謂うなり。嘉穀とは、嘉禾なり。靈草とは、芝の屬なり。『古今注』に曰く、「元和二年、芝沛に生じ、人の冠の大なるがごとく、坐する狀」と。章和九年の詔に曰く、「嘉穀は滋生し、芝草の類、歲月に絕えず」と。奇獸神禽とは白虎・白雉の屬を謂うなり。建初七年、白鹿を獲たり。元和元年、日南は生犀と白雉を獻ず。言うこころは、瑞圖に應じ、又た史諜に合うなり。坰牧とは、郊野なり。卓犖とは、殊絕なり。羨、音は以戰の反し。

これら「圖に應じ牒に合い」「瑞圖に應ず」「史牒に合う」といった表現は明らかに、符瑞を描いた圖牒を參照していることを指している。同じく班固傳では「白雉詩」というのも引用する(56)。

靈篇を啓きて瑞圖を披き、白雉を獲て素烏を效す。［師古注：靈篇とは河洛の書を謂うなり。『固集』は此に篇に題して云く、「白雉素烏歌」と。故に兼ねて「素烏を效す」と言うなり。〕皓き羽を發きて翹英を奮い、容は絜朗にして於淳精なり。［師古注：皓は、白なり。翹は、尾なり。『春秋元命包』に曰く、「烏は陽の精なり」と。〕皇德を章らかにして周成に侔しく、永えに延長して天慶を膺けん。［師古注：章は、明なり。侔は、等なり。『孝經援神契』に曰く、「周の成王の時、越裳は白雉を獻ず」と。慶は讀みて卿と曰う。〕

ここで「靈篇を啓きて瑞圖を披く」とあるのは先の「典引篇」と同じく、やはり人々が調べるための瑞應圖書があったことを物語っている。

符瑞が出現するのは往々にして、支配の正當性がそれほど確立されていないときであることに注意すべきである。したがって漢唐閒では王莽、孫吳、武周期などが符瑞の最も多い時期なのである。

(2) 吉祥圖像の表現形式

吉祥圖像を表現する形式としては、主に以下のものがある。

a．石刻畫像

吉祥圖のルーツは『河圖』『洛書』にまで遡りうるはずであるが、石刻に描かれた靈異の動物については殘念ながら詳細は分からない。最初期の吉祥圖は、想像するに金石に彫られたか、はたまた竹帛に描かれたか、いずれにせよ將來の考古學的發掘成果に期待したい。現存する最も早期の吉祥圖像は、漢代の武梁祠に代表される(57)。武梁祠の吉祥刻石は、ほとんどが標題を有するのみで、たまに簡單な說明文の附されたものもあるが、典據等まで記していないという點で『天地瑞祥志』に比べて遙かに簡略といわざるをえない。神鼎や麒麟といった畫像を例に取ると、兩者の違いが分かりやすい。葉德輝は『瑞應圖記敍』の中で『瑞應圖』と武梁祠に刻された吉祥圖との關係に言及しているが、これによれば『瑞應圖』の類が撰述されるのは漢儒の學に端を發すると指摘し、あわせて「孫氏は梁代の人であるが、その圖と（武梁祠刻石）の閒には確かに繼承關係がある」と推測している(58)。この說そのものは極めて偏った意見ではあるが、ただ漢代畫像石の吉祥圖像に注目した最も早い見解ではある。その後、松本榮一もまた孝堂山・武梁祠・李翕碑といった石刻の瑞應圖資料に着目し、これらが瑞應圖の發端であると認めている(59)。こうした見解については考慮すべきであろう。

先に述べたごとく、吉祥圖像の發生は河圖洛書にまで遡るはずであり、漢代よりもさらに古いはずではあるが、ただ現存する最も古いものは僅かに漢代畫像石があるのみである。漢代畫像石と瑞應圖書の關係は、史料の闕により確たることは言い難い。可能性としては以下のことが推測される。

一、畫像石の畫像・標題は瑞應圖書に由來するが、圖像をより重視したがために文字は省略された。

二、上記とは逆に、畫像石の啓發を受けて瑞應圖書が編纂された。

前者の可能性の方がやや大きいように思うが、兩者が互いに影響を及ぼしあっていた可能性もある。いずれにせよ、孫柔之の『瑞應圖』が、この手の圖書の形式がだいたい固まったことのメルクマールとなろう。

寫本の瑞應圖書と同様、石刻の吉祥圖像もまた祥瑞のみならず凶兆をも含んでいる。武梁祠の「徵兆石三」には「鳥の鶴のごときもの有り、□□□喙（くちばし）、名は□□、其れ鳴きて自ら（叫ぶ）。□動ずる有り」や「□□□身長尾□□□有り、名づけて法□□と曰い、（行かば）則ち其の尾を銜え、之を（見れば）則ち民に凶あり」とある(60)。これらはいずれも凶兆の圖像である。

b．琉璃屏風

『古今注』巻下「雜注第七」には「孫亮流離（るり）の屏風を作り、鏤（ほ）りて瑞應圖を作ること、凡そ一百二十種」とある(61)。馬國翰『玉函山房輯佚書』は瑞應圖の條目でこの記事を引用して考察している(62)。孫亮が命じて刻させた一百二十種というのは實數ではなく、「萬物」の意味を含んでいるか、もしくはこれらの中からいくつかを選んで刻させただけと見るべきであり、この記事を以て三國時代における祥瑞の正確な類目の全てであるなどと鵜呑みにしてはならない。

崔豹の『古今注』は必ずしも史書として信頼のできる代物ではないけれども、そこに記されている歴史上の情報は時として當時のありのままの情景を我々に傳えてくれることがあり、そこに疑いを挾むべきでない。たとえば、『漢武洞冥記』に載せる、前漢武帝元封三年に大秦國が花蹄牛を貢納してきたという記事(63)を、張星烺『中西交通史料滙編』では「兩漢時期中國與歐洲之交通」の章に收錄し、次のように解說する。「この記事について考えてみるに、舊來の史書には採用されていないが、これが事實であるのは疑いを容れない。……元封三年に大秦國が送ってきた貢使が、漢朝の使者と一緒に來た人物ではないなどとどうして言えようか（一緒に來たにちがいない）。……一見根據のないように見えても、必ずしもその全てが荒唐無稽な虛構ばかりとは限らないのである」と(64)。孫亮が瑞應の琉璃屏風を彫ったことについても、以下のように考えられるだろう。

一、琉璃の屏風を製作する原料およびその彫刻技術は、あるいは海外から傳わったものかも知れない。孫吳時期の航海技術と對外交通は非常に發達しており(65)、有名な事例としては康泰と朱應が海南諸國に出使し、歸國後に『吳時外國傳』や『扶南異物志』などを撰したことがある。これらの書物はすでに散逸してしまっているものの、僅かに殘されている佚文からでも十分に當時の盛況が見て取れる(66)。考古發掘により見つかっている中國早期のガラス製品の多くは珠あるいは器や皿ではあるが(67)、だからといってそれらより大きなガラスの屏風を製作・使用することがなかったと斷言することはできまい。

二、まさしく琉璃が非常に珍しい舶來品であるからこそ、孫亮は屛風を製作して瑞應圖を彫りこみ、そうして政權の正統性と自らの威德を顯彰しようとしたのであり、したがってこの屛風は實際のところ見せつけるための道具としての性質を持った政治的な藝術品ともいえる。

三、琉璃の屛風に刻まれた瑞應圖は、必ずや視覺效果を狙っているはずであるが、ある種の瑞應は圖像で表現するのには適していないため、鳥獸草木蟲魚のように、ただ描きやすいもののみ描いたのに違いない。つまり天象瑞異の類は、非常に細かく彫るのには繁雜でしかも見た目が單調になり、極めて表現するのが難しいため、こうした圖案は彫られなかったに違いない。

c．壁畫

後漢の王延壽の「魯靈光殿賦」には次のようにある(68)。

> 爾らば乃ち棟を懸け阿を結び、天窓に綺疏あり。……神仙は棟閒に岳岳たり、玉女は窓を闚いて下のかた視る。忽ち瞟眇として以て響像、鬼神の髣髴たるがごとし。天地を圖畫し、群生を品類す。雜物奇怪、山神海靈。其の狀を寫載し、之を丹靑に託す。千變萬化し、事各おの形を繆（たが）う。色に隨い類を象り、曲（つぶさ）に其の情を得たり。

この賦では靈光殿の壁面に各種神仙靈異の圖が描かれているさまが描寫されており、こうしたものの性質は吉祥變怪の壁畫に區分してよいだろう。漢唐の長安や洛陽といった都市の宮殿や寺觀の壁畫で現在まで殘っているものは皆無であり、殘っているものといえば往々にして石窟寺であるために、壁畫といえば全て石窟にあるかのような錯覺を覺えてしまうが、實際には最もきらびやかな壁畫は宮殿の中にあったはずであり、そしてそうした壁畫の題材に吉祥圖が選ばれた例も少なくなかったであろう。

賀世哲は以前、莫高窟の佛教壁畫の中にある瑞應圖像について考察を加えた際、第290窟の佛傳圖に見られる瑞祥の表現が顧野王『符瑞圖』の流傳を體現していることを指摘したが、これは目下のところ圖像學の視角から北周の瑞應思想を考察した唯一の專論といってよい(69)。この研究では、佛教を題材とする壁畫もまた瑞應圖を表現する形式の一つであり、中國傳統の瑞應圖と佛教の瑞像が結合した痕跡が認められることが指摘されている。

d．絹紙繪畫

張彥遠の『歷代名畫記』卷3には(70)、

> 『符瑞圖』十卷、行日月楊廷光、竝びに孫氏・熊氏の圖を集む。

とある。「行日月楊廷光」は「起日月揚光（「日月揚光」の句より說き起こす、の意）」とすべきである。『天地瑞祥志』卷一「目錄」によれば卷二には「天」が、卷三には

「光」がそれぞれあって、兩巻ともに現存していないものの、描くことのできる瑞應である點およびその配列順序から考えて、張彥遠が見たという『符瑞圖』と一致する。この文章の誤りは、寫本時代における轉寫の繰り返しの過程で生じる錯誤の典型例である。さらに、この畫の巻帙は十巻もの多きに達しており、あるいは繪畫の作品としての符瑞圖は圖書としての符瑞圖とは異なるのかも知れない。推測するに、繪畫作品の場合は圖をより精密に描くことに重きを置くぶん、畫贊はやや簡略になり、場合によっては標題を記すのみのこともあったのではなかろうか。

(3) 敦煌本『瑞應圖』

フランスのパリ國立圖書館所藏の敦煌文獻、P.2683「瑞應圖」は上段に彩色圖が描かれ、下段にその畫像に對する解說が書かれており、いわゆる「圖經」「圖贊」の類のものである。現存部分に描かれている圖は二十三幅、ただしそれ以外にも項目のみ書かれて圖が無かったり、また文章はあるが圖の無いもの、もしくは一つ一つの圖と文章が嚴密に對應していない部分などもある。主な內容は龜・龍・鳳凰の部である。文中に引用される經史諸子の典籍および古佚の讖緯・符瑞の書は非常に多く、たとえば『禮記』・『大戴禮』・『文子』・『淮南子』・蔡伯喈の『月令章句』・『魏文帝雜事』・『括地圖』・『春秋演孔圖』・『龍魚河圖』・『尚書中候』・『春秋運斗樞』・『春秋元命苞』・『孝經援神契』・『禮斗威儀』・『禮稽命徵』・『孫氏瑞應圖』など、輯佚や校勘のうえで極めて高い價値を有する。

敦煌本「瑞應圖」については既に、小島祐馬・王重民・陳槃・張鐵弦・松本榮一・饒宗頤・戴思博（Catherine Despeux）・竇懷永や鄭炳林など、國內外の學者が多くの研究をものしてきたが(71)、ただこの寫本と『天地瑞祥志』の比較研究については誰も手をつけていないようである。敦煌本「瑞應圖」は、『天地瑞祥志』よりも描かれる繪畫の水準が比較的高いこと、また引用典籍もかなり多いこと、の二點が容易に指摘できるが、それ以外では更に以下のような特徵を擧げることができる。

（1）現存部分では一つ一つの類目につき非常に多くの圖像・贊文の項目が立てられていることから、原書本來の巻數はかなり大部なものであったと考えられる。

（2）圖は多く重複しており、これは諸說を出來るだけ廣く集めようとした結果と考えられるが、ただ多くは舊書に若干のアレンジを加えたのみでほぼそのまま踏襲しており、しかもそのような轉寫を繰り返すうちに本來の姿を失ってしまい、さらに全く整理の手を加えていないために亂雜のうちに正確さが失われてしまっているのである。たとえば龍の部には「交龍」「天龍」「青龍」「赤龍」「黃龍」「玄龍」「蛟龍」「神龍」「黑龍」「白龍」などが列擧されている。このうち、現存部分では黃龍の條目が最も多く存するが、最も興味深いのは、二幅の黃龍の畫像が、どちらも精妙な出來榮えで神々しくも嚴然たる姿で描かれており、しかも圖の下に書かれる贊文はどちらも大同小異であるのだが、構圖は全く異なっている。恐らくこれはそれぞれ異なる底本から同じ「黄龍」の條目を鈔寫したことによるのではなかろうか。

（3）贊があって圖が無い、あるいは圖と贊文の位置にずれが生じているといった現象が多くあるのは、或いは文章を書いた後、時間もしくは經濟的な理由によりふさわしい繪師を見つけられなかったか、または文章の書き手と繪を描いた者とが意思の疎通を圖れていなかったことを物語る。中古時代において圖入りの書籍を作成するには、多くの場合まず文章を書き、そのあとで圖畫を配するため、圖を書くスペースが足りなかったり位置がずれるといった現象はしばしばあった。これもそうしたミスであろう。

（4）敦煌本「白澤精怪圖」

敦煌本「白澤精怪圖」は物の怪についての彩色圖贊であり、S.6162とP.2682の二種の寫本がある。P.2682は表裝された七紙からなる卷物で、前半四紙は上下二段に分かたれ、各段それぞれ左に圖、右に文という形で1組となる圖贊がいくつか配されており、後半三紙には文はあるが圖は無い。S.6162はペリオ本の前半四紙と類似する。各研究者の關心はそのテキストに集中し、圖と文の關係に言及しているものは少ない。「白澤精怪圖」の先行研究としてはまず松本榮一が擧げられるが(72)、近年では游自勇や佐々木聰も多くの論文を提出している(73)。現在のところ、この寫本の定名・綴合・內容にはなお檢討すべき問題點があり、この手の吉祥怪異の圖書における圖と文の製作實態については、今後より一層の研究の進展が待たれる。

目下のところ分かっているのは、こうした圖を伴った吉祥怪異の圖書は、六朝から唐宋にかけて非常に流行していたということである。製作の流れとしては、まず文字を先に書いてスペースを空けておき、後から繪師が彩色繪畫を施して完成する。そのため、文のみ存して圖が無いという現象が起こりうる。敦煌本「瑞應圖」も「白澤精怪圖」もどちらにせよ、繪を描く者と鈔寫する者とは同一人ではなく、場合によっては時代を隔てる可能性すらある。鈔本の年代は唐代、「瑞應圖」の圖像が出來上がったのはそれよりやや早く、あるいは六朝時代の作品とも考えられるが、文章は六朝から唐にかけてしばしば改變を加えられてきた可能性がある。「白澤精怪圖」の鈔本はその流傳過程において散逸してしまったが、唐末五代の人物がそれらを蒐集した際に自己の判斷で表裝を新たにしてしまったため、現在の配列はオリジナルのそれとは異なってしまっている。これら精怪圖書を撰した目的は「志怪」のためではなく、また先秦の「咎を詰る」ための巫術が中古時期にかけて變化したものとも言いきれず、そうではなくして「五行志」の具象化として理解すべきであり、その性質は實は「瑞應圖」と重なるのである。

4．瑞應圖の機能—神經瑞牒の現實への應用と支配の正當性の構築—

符應とはある種の政治的な方術であって、符應と政治の關係については以下の三點から論じることができる。

（1）『洛書』には「王者の瑞は則ち之を圖（えが）く」[74]とある。瑞應圖書が經典としての地位を獲得し、權威を備えるのはまさしくこの言葉によるものと言わねばならない。

（2）符應は國家の祭祀、歴史の記述、天命の宣揚といった方法を經て制度の中に取り込まれるため、實質上一つの政治方術と言うべきものである。したがって符應が系統化された學説となってゆく過程というのは、實は國家がその統治の正當性を構築してゆく過程と表裏一體の關係にある。これが民閒では、吉祥怪異の雜學という形で傳わっていた。

（3）符應は政治文化の重要な要素であるのみならず、時代の空氣をも體現しており、その時代の息吹や脈動をここから感じ取ることも可能である。制度や社會が變遷してゆくプロセスやその趨勢を認識し、指摘することのほかに、目に見えない深層にある、歴史を動かす大小さまざまな波の發生源や、知らず知らずのうちに移り變わってゆく天命や世の中の道理といった事柄について、より活き活きと探求するために、この切り口からアプローチできるのではないかと期待している。

現在の政治文化史研究においては、往々にして一つの祥瑞災異を以てそれがある特定の歴史上の事件と關連することを論證し、政治の背後で働いている各種の「力」を示すことに重きを置きがちだが、このようなやり方では、うまく説明できればできるほど、讀む人の心に疑惑を生じさせてしまう。我々は、ある種の觀念がどのように政治生活に影響を與えたのかを探求すべきであり、それは必ずしも、强いて人に理解してもらうような確固とした説をなす必要はない。本節では試みに、制度化されたもの—制度化されてはいないが暫定的に設置されたもの—そこから新たに制度化されたものという、互いに連關運動する三つのプロセスから、符應と政治の相互關係について見てゆきたい[75]。

(1)「瑞應圖」の傳統—瑞應か否かを朝廷が判定する根據として—

瑞應圖書の最も主要な機能は、瑞應か否かを判斷する根據である。この機能は「吳禪國山碑」の中に極めて直接的な形で現れる[76]。

> 其の餘の飛行の類、植生の倫の、古より觀る所希にして、命世殊に奇なるも、瑞命の篇に在らざる者、稱（あ）げて數うべからざるなり。

碑文で「瑞命の篇に在らざる者、稱げて數うべからざるなり」と述べているのは、朝廷が瑞應を判斷する典據として「瑞應圖」の類の圖書を使用していたことを物語っている。

(2) 唐代律令體制下における制度化

唐前期の重要な特徴は二つある。一つはその世界帝國としての性格、いま一つは完備された律令體制が形成され、文書主義が極めて盛行したことである。實のところ、安史の亂の前において中國の歴史の趨勢は一つの臨界狀態に到達しており、唐帝國は制度・經濟・文化の各領域において等しく「自己撞着」の困難な狀況に直面しており、開元という年號は頗る興味深いもので、「開元」と言いつつも殘念ながら「元（はじめ）を開く」ことにはならなかった。とはいえ、天寶十四載の前における律令制社會の構造は唐朝が殘した最も貴重な遺產と言うべきであろう。

「瑞應圖」に基づく符瑞の判斷は、唐帝國の律令體制の背景の下に次第に制度化された。『唐會要』巻28「祥瑞上」に引く「儀制令」には次のようにある(77)。

諸そ祥瑞の麟鳳龜龍の類のごときは、圖書に依りて大瑞なれば、卽ち隨いて表奏し、其の表は惟だ瑞物の色目及び出處を言うのみにして、苟にも虛飾を陳ぶるを得ず。廟に告げて頒下せし後、百官賀を表す。其れ諸瑞は竝びに所司に申し、元日に以聞せよ。其れ鳥獸の類、生きながら獲る者有らば、之を山野に放ち、餘は太常に送れ。若し獲べからず、及び木連理の類にて、生くる有らば、卽ち圖書を具えて上進せよ。詐りて瑞應を爲す者は、徒二年。若し災祥の類にして、史官實對せざる者は、黜官すること三等。

この史料によって我々は、祥瑞認證の手續きおよびその制度上の規定について、おおよそ次のようにまとめることができる。すなわち、上表―告廟―皇帝による確認―百官による祥瑞に對する祝賀の上表、というものである。この令文では、もし「詐りて瑞應と爲」したら、その事情に應じて樣々な程度の刑罰を受けることになる、とわざわざ記してあるが、これもまた制度化されたことの一つと言えよう。このほかに、『全唐文』には、非常に多くの士大夫による祥瑞の上表を見ることができるが、これらは決して皇帝に媚びへつらっているのではなく、百官が上表するのは祥瑞を認證する手續きの一環だからであって、これもまた制度化された規定によるものなのである。

ここで祥瑞を獻上する上表に關わる史料を見てみよう。まずは崔融の「爲涇州李刺史賀慶雲見表」を示す(78)。

臣某言す。伏して詔書を奉るに、上武殿に御するに、慶雲の日に映ゆる有り、辰巳の閒に見るれば、肅みて休徵を奉り、抃躍に勝えず。中賀。臣聞くならく諸そ『瑞應圖』に曰く、「天下太平なれば、則ち慶雲見る。大子大孝なれば、則ち慶雲見る」と。伏して惟えらく皇帝陛下は早朝に宴坐し、庶政に憂勞し、遠く肅まざる無く、邇く懷わざる無く、神感は潛かに通じ、至誠は上に格る。涼秋中月、滯雨は旬を移し、天心合して喜氣は騰り、陽德動きて愁陰は歇む。文章は鬱鬱とし、惠日照りて彩を成す。花艸は蓬蓬とし、晴風搖れて散ぜず。復た紫雲の漢皇の殿に來り、白雲の殷帝の房に入ると雖も、其の優劣を校ぶるに、疇か以て喩れりと爲さん。臣運は休明を奉り、榮れは刺擧を沾し、千年の多幸、已に河水の清むるに逢い、百辟相い歡び、重ねて叢雲の曲に偶う。悚躍の至るに任えず、謹みて某官を遣わして表を奉り慶びを稱えて以聞す。

この上表では「瑞應圖」を引用し、その體裁は嚴格で整然としており、當時の瑞應制度が完備していたことを物語っている。

また「沙州都督府圖經」(P.2005)巻3には李無虧が五色の鳥の瑞應を上表したことが記されている(79)。

右、大周天授二年一月、百姓陰嗣鑑、平康鄕の武孝通の園内に於いて五色の鳥を見たるに、頭上に冠有り、翅尾は五色、丹觜にして赤足なり。州の官人百姓を合わせて竝びに前み往きて看見たるに、群鳥之に隨い、靑・黃・赤・白・黑の五白色具備し、頭上に冠有り、性は甚だ馴善たり。刺史の李無虧表奏して稱すらく、「謹みて『瑞應圖』を檢べたるに、曰く、『代樂鳥なる者は、天下に〔道〕有らば則ち見るるなり』と。止だ武孝通の園内に於いて、又た陰嗣鑑のみ之を得たり。臣以爲えらく、陰とは母道、鑑とは明なり、天顯…。」

この瑞應の上表は武則天と關係がある。つまり、武則天が支配の正當性を主張するための大量の根據を、敦煌は提供していたのである。ここに見える「陰嗣鑑」「平康鄕」「武孝通園」といった言葉には修飾の意味合いが極めて濃い(80)。

上に擧げた二篇の進表を讀み解くことにより、次のことが言えるだろう。すなわち、祥瑞を實際に認定する過程において、必ず『孫氏瑞應圖』などの權威ある「瑞牒」に基づき、虛僞ではないことを調べたうえで、はじめて上奏できる。だからこそ中央と地方とに關わらず、祥瑞を獻上する上表文では必ずそうした典據を引用するのである。通常引用される典籍は、『白虎通』『瑞應圖』『晉中興書』から『孝經援神契』などの各種緯書にまで及ぶ。歸義軍期以前における沙州も例外ではない。武周時期、刺史の李無虧による祥瑞の上奏表では一通ごとに必ず、「謹みて『孫氏瑞應圖』を按ずるに」と稱しているのである。

(3) 制度の規定以外の運用

瑞應を認定する手續きの中で、制度にはなかったものがやがて固定化されて制度となるということがよくあり、これをここでは「制度の凝固過程」と呼ぶことにする。

もし「瑞牒」に記載されていなければ、柔軟に對應して、一般的には追加認證という方法を取って典册に記す。たとえば權德輿の「中書門下賀興慶池白鸕鷀表」には次のようにある(81)。

臣某等言す、伏して承るに陛下去月九日を以て興慶池の龍堂に幸し、人の爲に祈雨す。忽ち一白鸕鷀の池上に見(あらわ)れ、衆鸕鷀前後に羅列し、御舟を引くがごとき有り。明日の夕、甘雨遂に降る。伏して惟えらく陛下子のごとく元元に惠み、躬ら庶政に勤む。茲の時澤を念い、禱祈に虔む。陛下如傷の誠を以て、上は元貺に感じ、列祖發祥の地に在りて、下は靈禽を下す。潔白なる異姿、翻飛して列を成す。天意に應ずるがごとく、以て宸衷を承く。陰雲を一夕に簇(あつ)め、沛澤を千里に灑ぐ。捷は影響を均しくし、慶は公私に浹(あまね)し。昔周は白翟を致すに、徒らに遐邇に稱し、漢は赤雁を歌い、亦た郊廟に薦む。豈に今日の至誠に感ずるに比べんや。瑞牒の無き所、蒸人何をか幸わん。伏して望むらくは史册に宣付し、將來に昭示せんことを。臣等位を鼎司に備え、百歡の賀を倍す。欣慶抃躍の至るに任うる無く、謹みて表を奉じ賀を陳べて以聞す。

禮部では季節ごとに記錄した祥瑞を史館に送って國史に採錄するのが、もともとの規定の內容である(82)。但しこうした「史に入るに堪うる者」というのは、瑞應圖書による判定が求められる。これに對して、もし「瑞牒の無き所」であれば、大臣による表奏を經て、皇帝が「之に從う」というやり方で認定を加え、さらに「史册に宣付し、將來に昭示」することになる。この意味において、「史册に宣付」するのは制度の枠外にある祥瑞を記錄して制度の中に取り込む手段の一つなのである。

さらに、張說の「爲留守奏慶山醴泉表」には次のようにある(83)。

臣某言す、臣聞くならく至德は洞く微かなれども、天鑑は遠からず、休徵は景に祕さるるも、時和は則ち見る。是に知る、綿き代と曠しき曆のうち、慶牒・祥經あり、帝王に必ず感ずるの符有り、神靈に虛しく應ずるの瑞無きことを。伏して惟えらく、天册金輪聖神皇帝陛下金鏡もて天を禦ぎ、璿衡もて政を考え、欽みて元象の若くし、宏く蒼氓を濟う。茂功は大造と混じて成り、純化は陽和と俱に扇ぎ、朝は百神之れ職を樂しみ、宅は萬國之れ歡心す。嘉氣は內に充ち、淫雨は外に息む。豈に貔風紀月の草、列べて階除に莳え、儀簫銜籙の禽、相い戶閣に鳴くのみならんや。固より禎を厚載に發き、貺を泉源に抽き、元德の潛通を表し、黃祇の昭報を顯す有り。臣六月二十五日に於いて部する所の萬年縣令鄭國忠の狀を得たるに稱すらく、去る六月十四日、縣界の霸陵鄉に慶山の見れ、醴泉の出づる有り、と。臣謹みて戶曹參軍孫履を差して直ちに山中の百姓に對して檢問し狀を得たり。其の山は平地に湧拔し、周回は數里、三峰を列置し、齊高は百仞なり。山見るるの日、天青くして雲無し。雷雨の遷徙するに異なり、崖岸の騫震するに非ず。炊爾は隆崇にして、巍然として蓊鬱たり、阡陌は舊のごとく、草樹は移らず。益地の詳圖を驗ぶるに、太乙の靈化を知る。山南に又た醴泉三道有り、引きて三池に注ぎ、流れを分ちて潤に接し、山に連なりて浦に對し、各おの深さ丈餘、廣さ數百步なり。味色は甘潔、特に常泉と異なり、仙漿を軒后に比え、愈疾を漢代に均しくす。

臣謹みて『孫氏瑞應圖』を按ずるに曰く、「慶山は、德茂なれば則ち生ず」と。臣又た『白武(虎)通』を按ずるに曰く、「醴泉は、義泉なり。以て老を養うべく、常に京師に出づ」と。『禮斗威儀』に曰く、「人君土に乘りて王となり、其の政太平なれば、則ち醴泉湧く」と。『潛潭巴』に曰く、「君臣德に和し、道度中に協えば、則ち醴泉出づ」と。臣竊かに五行を以て之を推すに、六月は土王、神は未母の象に在るなり。土は宮君の義を爲すなり。水は智爲り、土は信爲り、水の土に伏すは、臣の道なり。水は金に相けらる、子の佐けなり。今土は月王を以てして高く、水は土製よりして靜かなり。天意若みて曰く、母王・君尊、良臣・

> 善相は、仁の化して理を致し、德の茂にして時平かなるの應なりと。臣又た以えらく山は爲に國を鎭め、水の實つるは人に利し、縣に萬年の名有り、山は三仙の類を得たり。此れ蓋し金輿・景福、寶祚・昌圖のごとく、邦は不移の基を固くし、君は無疆の壽を永にするものなり。永昌よりの後、茲の辰まで、地寶は屢しば昇り、神山は再び聳え、未だ岩を連ね慶を結び、泌を竝べ甘を疏し、群瑞の區を同にし、二美の擧を齊しくするに若かず、古今を高視するに、曾て擬うる議無し。信に紀元を以て號を立て、廟に薦めて郊に登り、億齡に彰賁し、萬宇に愉衍すべし。臣辱けなくも京尹を司り、忝けなくも留臺に寄り、西夏の疲人を牧し、東蕃の餘寵を荷い、鴻露に遊泳し、明神に震悚す。禧祉は歸する有り、光は茲の部を啓き、喜睹・殊觀は、實に恆流より百く、一隅に踊躍し、雙闕に馳誠す。伏して史館に宣付し、朝廷に頒示せんことを請う。鳧藻の至るに任うる無く、謹しみて某官を遣わし圖を繪きて奉進せしめん。

ここでは「醴泉」が出たという瑞應について述べており、これは古代における神泉が病を治すという信仰と關係がある。上表文では「臣謹みて戸曹參軍孫履を差して直ちに山中の百姓に對して檢問して狀を得」て、閒違いのないことを確認してから、繼いで「伏して史館に宣付し、朝廷に頒示せんことを請」い、また「謹みて某官をして圖を繪きて奉進せしめ」たとあるが、これもまた制度外のものが固定化して制度に組み込まれる一つの圖式を示している。

こうした圖式には下から上に奉るものと上から下にくだすものと二つのパターンがある。つまり、臣下が「圖を繪きて奉進」し、もともと神經瑞牒にはなかった祥瑞を正式なものとして組み込むこと以外に、皇帝や皇后が繪師に命じて描かせたものを百僚に示す、ということもあったのである(84)。

> (景龍二年二月)皇后自ら言えらく、衣箱中の裙上に五色の雲の起こる有れば、畫工をして之を圖かしめ、以て百僚に示し、乃ち天下に大赦せん、と。……乙酉、帝、后の服に慶雲の瑞有るを以て、天下に大赦す。内外五品已上の母妻には各おの邑號一等を加え、妻無き者は女に授くるを聽す。天下の婦人八十已上は、鄕・縣・郡等の君を版授す。

この二つのパターンはどちらも、瑞應圖書を模倣している點に共通性があり、新たな祥瑞を描いて天下に廣く示し、そうすることによって「瑞應圖」と同等の效力を持たせているのである。

注

(1) 中國古代における瑞祥の「書誌學」と政治文化史研究の學術史については、筆者は拙稿「符瑞與地方政權的合法性構建:歸義軍時期敦煌瑞應考」(『中華文史論叢』2010年第4期、pp.325-378)で詳しく振り返っておいたので、參照されたい。また、金霞「兩漢魏晉南北朝祥瑞災異研究」(北京師範大學博士學位論文、2005年)、胡曉明「符瑞研究:從先秦到魏晉南

北朝」（南京大學博士學位論文、2011年）、李瑞春「中古『瑞應圖』的文獻學研究」（首都師範大學碩士學位論文、2014年）がある。

(2) 2009年10月、復旦大學で筆者が中心となって「中古中國共同研究班」を起ち上げたが、その檢討課題の一つに『天地瑞祥志』に對する校注作業と研究があり、その成果は影印編・資料編・研究編に分けて出版する豫定である。本研究班のメンバーである孫英剛博士はこうした作業の中で得たアイデアについて、會讀の成果を利用しつつ研究を進め、そうして發表してきた論文を集めて『神文時代：讖緯・術數與中古政治研究』（余欣主編『中古中國知識・信仰・制度研究書系』第二輯之一、上海古籍出版社、2014年）を出版している。

(3) 陳槃は比較的早くから讖緯・瑞祥研究の價値に注目し、その解題およびテキストの考證について極めてすぐれた見解を打ち出しており、現在の學界で議論されているテーマ、枠組み、史料の扱いなどはいずれも基本的に陳槃の說を越えるものはない。『瑞應圖』の諸本については、陳槃『古讖緯研討及其書錄解題』（上海古籍出版社、2010年）のpp.597-628を參照。その他の『瑞應圖』に關する個別の研究については、以下、その都度紹介することとする。

(4) ここで言う「知識體系の內聖外王史」なる言葉は、筆者が考え出した概念であり、その趣旨を說明すれば以下のごとくなる。知識體系というものがどのような經典化の過程を經てその天命の解釋に關する神聖性と權威を確立したのか、さらにそれがどのように觀念體系や信仰の實踐、そして政治機構に對して影響を及ぼして、ある特定の時代の政治文化や制度を作り出す要素となりえたのか、という問題を探求する。この「神聖性・權威の確立」と「政治文化・制度を創り出す要素」という二つの事柄は互いに絕えず影響を及ぼしあうものである。その過程を、ここでは喩えて「內聖外王」と言っているのである。（譯者注：「內聖外王」の語は『莊子』を出典とし、內面は聖人、外面は王者、すなわち聖人が王者となって內なる德を外に施す、の意。）

(5) ここで用いる「符應」という表現は、行論の便宜のために用いる大まかな概念であって、決して瑞祥・怪異あるいはその符文を嚴密に區別したものではなく、また時代による發展の經緯をふまえたものでもないことをお斷りしておく。

(6) 金霞は瑞祥災異の思想が根本的には占卜に起源を持つと主張し、胡曉明は符瑞思想のルーツを占卜や物占、トーテム崇拜に求める。兩者の說にはまだ不十分な點があるように思われる。金霞の說は「兩漢魏晉南北朝祥瑞災異研究」（p.11）に見え、胡曉明の說は「符瑞研究：從先秦到魏晉南北朝」（pp.18-34）に見える。

(7) 『史記』卷74、孟子荀卿列傳（北京、中華書局、點校本二十四史修訂本、2013年）、p.2834（精裝本）。

騶衍睹有國者益淫侈、不能尙德、若大雅整之於身、施及黎庶矣、乃深觀陰陽消息而作怪迂之變・終始・大聖之篇十餘萬言。其語閎大不經、必先驗小物、推而大之、至於無垠。先序今以上至黃帝、學者所共術、大並世盛衰、因載其禨祥度制、推而遠之、至天地未生、窈冥不可考而原也。先列中國名山大川、通谷禽獸、水土所殖、物類所珍、因而推之、及海外人之所不能睹。稱引天地剖判以來、五德轉移、治各有宜、而符應若茲。

(8) 『史記』卷26、曆書、p.1498（精裝本）。

其後戰國並爭、在於彊國禽敵、救急解紛而已、豈遑念斯哉。是時獨有鄒衍、明於五德之傳、而散消息之分、以顯諸侯。

(9) 『漢書』卷30、藝文志。北京、中華書局、點校本、1964年、p.1769。

五行者、五常之形氣也。『書』云、「初一曰五行、次二曰羞用五事。」言進用五事以順五行也。貌、言、視、聽、思心失、而五行之序亂、五星之變作。皆出於律曆之數而分爲一者也。其法亦起五德終始、推其極則無不至。而小數家因此以爲吉凶、而行於世、寖以相亂。

(10) 馮時『中國天文考古學』(社會科學文獻出版社、2001年)、pp.278-301參照。

(11) 拙著『中古異相——寫本時代的學術・信仰與社會』(上海古籍出版社、2011年)、pp.7-22、同『敦煌的博物學世界』(甘肅教育出版社、2013年;實際に出版されたのは2014年5月)、pp.5-8參照。

(12) 李瑞春『中古「瑞應圖」的文獻學研究』、p.6參照。

(13) 『宋書』卷32、五行志。「案『瑞應圖』、大鳥似鳳而爲孽者非一、疑皆是也」(北京、中華書局、點校本、1974年、p.943)。なお、五色の大鳥については孫英剛『祥瑞抑或羽孽:漢唐閒的"五色大鳥"與政治宣傳』(『史林』2012年第4期、pp.39-50)參照。

(14) 陳槃「秦漢之閒所謂"符應"論略」(同氏著『古讖緯研討及其書錄解題』所收、pp.1-96)の「符應説源於古代史官」表(p.96)。

(15) 顧頡剛は次のように述べる。「私は、兩漢における經學の骨幹は「統治集團の宗教」——統治者が自己の身分を飾り立てるための宗教——を創り出すことにあるように感じる。最高の主宰者が上帝であろうと五行であろうと、各皇帝はみな自分こそが「眞の天子」であると證明する方法を持っている。つまり、儒者や官吏というのも結局は皇帝が天に代わって道を行うのを助けるために用意された孔子の孫弟子たちなのである。皇帝は儒者たちを利用して自分に有利な宗教を創り出し、儒者たちもまた皇帝を利用して彼ら自身にとって有利な宗教の普及に努める。皇帝の需要があればいついかなるときでも、儒者たちは何でも提供する。彼らが提供するものは、表面上はいずれも聖經や聖傳から出てきたように見えるが、實際にはむしろ全て方士式の思想から借りてきたものなのである。試みに、前漢武帝以後はなぜ方士がほとんど姿を消したのか問うてみよう。もともと儒者であった者たちのほとんどは既に方士化しており、方士たちは政治權力を獲得するためにこぞって儒者の仲閒に入ってしまったからである。」同『秦漢的方士與儒生』(上海、群聯、1955年)p.9。

(16) 李零『中國方術續考』(北京、東方出版社、2000年)pp.20-38。

(17) 『史記』卷27、天官書、p.1595(精裝本)。

太史公推古天變、未有可考于今者。蓋略以春秋二百四十二年之閒、日蝕三十六、彗星三見、宋襄公時星隕如雨。天子微、諸侯力政、五伯代興、更爲主命。自是之後、衆暴寡、大幷小。秦・楚・吳・越夷狄也、爲彊伯。田氏簒齊、三家分晉、竝爲戰國、爭於攻取。兵革更起、城邑數屠。因以饑饉疾疫焦苦、臣主共憂患、其察禨祥候星氣尤急。近世十二諸侯七國相王、言從衡者繼踵、而皐・唐・甘・石因時務論其書傳、故其占驗凌雜米鹽。

(18) 主な研究としては以下のものがある。朱文鑫『史記天官書恆星圖考』(北京、商務印書館、1927年)、劉朝陽「『史記・天官書』之研究」、「『史記・天官書』大部分爲司馬遷原作之考證」、それぞれ李鑑澄・陳久金編『劉朝陽中國天文學史論文選』(鄭州、大象出版社、2000年)のpp.39-104およびpp.105-119に收錄、高平子『史記天官書今注』(臺北、中華叢書編審委員會、1965年)。

(19) 『隋書』卷34、經籍志(北京、中華書局、點校本、1973年)、p.1038。

『瑞應圖』三卷、『瑞圖贊』二卷[原注:梁有孫柔之『瑞應圖記』・孫氏『瑞應圖贊』各三卷、亡。]

(20) 王應麟『玉海』卷200「祥瑞」所引『中興館書目』(京都、中文出版社、影印宋元刊本、1986年再版)p.3772。『符瑞圖』二卷、陳顧野王撰。初世傳『瑞應圖』一篇、云周公所製、魏晉閒孫氏、熊氏合之爲三篇、所載叢舛。野王去其重複、益採圖緯、起三代、止梁武帝大同中、凡四百八十二目、時有援據、以爲注釋。

(21) 瑞應の事數に關する議論については、より詳しくは陳槃『古讖緯研討及其書錄解題』

pp.601-607參照。

(22) 李瑞春『中古「瑞應圖」的文獻學研究』pp.24-39。

(23) 陳槃『古讖緯研討及其書錄解題』pp.599-600、李瑞春『中古「瑞應圖」的文獻學研究』pp.9-10。

(24) 李瑞春は沈約『宋書』符瑞志・蕭子顯『南齊書』祥瑞志や魏收『魏書』靈徵志といった文獻をも魏晉期における「瑞應圖」類の文獻の中に數えるが、筆者はこの見方には贊同しかねる。というのは、これらが「瑞應圖」という名稱を含んでいないといった單純な理由ではなく、「瑞應圖」類の文獻は必ず次の二つの條件を滿たしていなければならないと考えるからである。それは、瑞應の說明と、それを描いた圖畫があることである。正史の符瑞志には文章はあるけれども圖は無く、したがって「瑞應圖」類の文獻に含めるのは難しい。これに對して後文で言及する『天地瑞祥志』は「瑞應圖」と名付けてはいないが、文と圖を併せ持っており、したがって「瑞應圖」類の文獻とみなすことができる。

(25) 陳振孫『直齋書錄解題』卷10「雜家類」(上海、上海古籍出版社、1987年) pp.304-305。

『瑞應圖』十卷、不著名氏。案、『唐志』有孫柔之『瑞應圖記』・熊理『瑞應圖譜』各三卷、顧野王『符瑞圖』十卷、又『祥瑞圖』十卷。今此書、名與孫・熊同、而卷數與顧合、意其野王書也。其閒亦多援孫氏以爲註。『中興書目』有『符瑞圖』二卷、定著爲野王。又有『瑞應圖』十卷、稱不知作者。載天地瑞應諸物、以類分門。今書正爾、未知果野王否。又云或題王昌齡。至李淑『書目』、又直以爲孫柔之、其爲昌齡或不可知。而此書多引孫氏、則決非柔之矣。又恐李氏書別一家也。

(26) 陳槃『古讖緯研討及其書錄解題』pp.597-628。

(27) 『漢書』卷30藝文志、p.1772。

(28) 『天地瑞祥志』に關する先行研究は「書誌學」の方面に集中している。主な成果としては以下のものがある。中村璋八「天地瑞祥志について——附、引書索引」(『漢魏文化』第7號、1968年、pp.90-74所載。のち、同著『日本陰陽道書の研究』(增補版)、東京、汲古書院、2000年、pp.503-509に再錄)、太田晶二郎「『天地瑞祥志』略說——附けたり、所引の唐令佚文」(『東京大學史料編纂所報』第7號、1972年、pp.1-15所載。のち、同著『太田晶二郎著作集』第1册、東京、吉川弘文館、1991年、pp.152-182に再錄)、薄樹人主編『中國科學技術典籍通彙・天文卷四』(鄭州、河南教育出版社、1993年)の篇首にある孫小淳による解題、水口幹記「『天地瑞祥志』の基礎的考察」(『日本古代漢籍受容の史的研究』東京、汲古書院、2005年)第Ⅱ部、pp.177-406、水口幹記・陳小法「日本所藏唐代佚書『天地瑞祥志』略述」(『文獻』2007年第1期、pp.165-172)。占卜の觀念や技術についての檢討は、目下のところあまり多くない。わずかに水口幹記「關於敦煌文書(P2610)中風角關聯條的一個考察——參考『天地瑞祥志』等與風角有關的類目」(『風起雲揚——主屆南京大學域外漢籍研究國際學術研討會論文集』北京、中華書局、2009年、pp.578-589)があるのみである。

(29) 藤原佐世『日本國見在書目錄』(『續群書類從』第三十輯下「雜部」、訂正三版、東京、續群書類從完成會、1985年) p.16。

(30) 長澤規矩也・阿部隆一編『日本書目大成』第1卷(東京、汲古書院、1979年) p.85。

(31) 太田晶二郎「『天地瑞祥志』略說——附けたり、所引の唐令佚文」pp.1-2,8-9。

(32) 中村璋八がまずこの說を唱え、太田晶二郎がそれを繼承した。前掲二氏の論考參照。

(33) 權德永「『天地瑞祥志』編纂者に對する新しい視角——日本に傳來した新羅天文地理書の一例」(『白山學報』52、1999年。水口幹記『日本古代漢籍受容の史的研究』に轉載、pp.191-194)。趙益・金程宇はこの見解を全面的に受け入れている。趙益・金程宇「『天地瑞祥志』若干重要問題的再探討」(『南京大學學報』(哲學・人文科學・社會科學) 2012年第3

期、pp.123-132）。

(34) テキストの譯注についての成果として、金容天・李京燮・崔賢花「『天地瑞祥志』第一」（『中國史研究』第25輯、2003年、pp.253-286）、金容天・崔賢花「『天地瑞祥志』譯注（2）」（『中國史研究』第45輯、2006年、pp.387-416）がある。しかしこの譯注で用いた底本は京都大學人文科學研究所藏本（文中では東京大學に誤る）であってあまり良くないため、錄文に字の誤りが多く、また注釋にも特に創意工夫のあとは見られない。

(35) 薄樹人主編『中國科學技術典籍通彙・天文卷四』（鄭州、河南教育出版社、1993年）。

(36) 高柯立主編『稀見唐代天文史料三種』（北京、國家圖書館出版社、2011年）。

(37) いわゆる盛時における典籍の編纂や、禮樂を制定するといったことは、歷代各朝ほぼすべてに見られる現象ではある。しかし唐前期に現れた各領域における總括の動きと、それを受けてさらに發展させようとする壯大な試みは、ある種の政治的な要求を體現しているだけでなく、學術的な自覺をも表現しており、こうした情景は他の時代には見られない。もちろんここでは、大まかな流れについての見解を述べるだけにとどめ、壯大な理論を構築したり、あるいは細部にわたって論證を加えたりするつもりはない。

(38) 筆者はかつて學生時代に試みに書いた「『唐六典』修纂考」の中で、次のような見解を提出した。すなわち、唐代前期、中古中國はあらゆる局面においてすでに臨界點に達しており、安史の亂はそれを突破しようとして失敗した反動である、と。この文章はその十數年後に修正を加えたうえで公刊した。朱鳳珠・汪娟編『張廣達先生八十華誕祝壽論文集』（臺北、新文豐出版公司、2010年）pp.1161-1200。

(39) 天一閣博物館・中國社會科學院歷史研究所編『天一閣藏明鈔本天聖令校證』（北京、中華書局、2006年）。

(40) 『天地瑞祥志』卷一「條例目錄」、尊經閣文庫本。

臣百姓守眞啓、稟性愚嗇、無所開悟。伏奉令旨、使祗承譴誡、預避灾孽。一人有慶、又（乂）安。是以、臣廣集諸家天文、披攬圖讖災異、雖有類聚、而□□相分。事目雖多、而不爲條貫也。……今鈔撰其要、庶可從口（之）也。

(41) 寫本時代には群書から要點のみを拔粹して新たに編纂しなおした「雜抄」「要抄」の類が少なからず存在していた。實のところ、これは中古時期における撰述の主要な形式の一つでもあった。こうして撰述された文章では通常、原文をそのまま引用することはなく、省略や改變をしばしば加える。その結果、編寫の體裁にせよ文章の風格にせよ、すべて編撰者の意圖と潛在的な要求がそこに體現されることになる。こうした書籍の創作過程と傳播の經路についての研究は、當然重要な課題となるであろう。

(42) 『天地瑞祥志』卷一「條例目錄」、尊經閣文庫本。

昔在庖羲之王天下也、觀象察法、始畫八卦、以通神明之德、以類天地之情。故『易』曰、「天垂象、聖人則之。」此則觀乎天文以示變者也。『書』曰、「天聰明、自我民聰明。」此明觀乎人文以成化者也。然則政教兆於人理、瑞祥應乎天文。是故三皇邁德、七曜順軌、日月無薄蝕之變、星辰靡錯亂之妖。高陽乃命南正重司天、北正黎司地、帝□（嚳）序三辰。唐虞命羲和、欽若昊天。夏禹應『洛書』、而陳之『洪範』、是也。至於殷之巫咸、周之史佚、格言遺記、於今不朽。其諸侯之史、則魯有梓愼、晉有卜偃、鄭有裨竈、宋有子韋、齊有甘德、楚有唐昧、趙有尹皐、魏有石中（申）、皆掌著天文。暴秦燔書、六經殘滅、天官星占存□（而）不毀。及漢景武之際、好事鬼神、尤崇巫覡之說、旣爲當時可尙、妖妄因此浸多。哀・平已來、加之圖讖、檀（擅）說吉凶。是以司馬談父子繼著『天官書』、光祿大夫劉向廣『鴻（洪）範』、作『皇極論』。蓬萊士得海浮之文、著『海中占』。大史令郗萌、荊州收（牧）劉表・董仲舒・班固・司馬彪・魏郡太守京房・大史令陳卓、晉給事中韓楊等、竝修天地災異之占。各羨雄才、互爲干戈。臣案、『晉志』云、巫咸、甘石之說、後代所宗。皇世三墳・帝代五典、謂之經也。三墳旣陳、五典斯炳、謂之緯也。歷於三聖爲淳、夫子已後爲澆、澆浪薦臻、淳風永息。故墳典之經、見棄於往年、九流之緯、盛行乎茲日。緯不如經、旣在典籍、庶令泯沒、經文遂昭晰於聖世。

(43) たとえば孫光圻『中國古代航海史』(北京、海洋出版社、1989年) pp.170-172や、章巽『中國航海科技史』(北京、海洋出版社、1991年) pp.78-81など。

(44) 李零『蘭臺萬卷：讀「漢書・藝文志」』(北京、三聯書店、2011年) p.177。

(45) 本書に關しては近年、日本の學者が輯佚の作業を完成させ、關連する文獻とあわせた研究を行っている。前原あやの「『海中占』の輯佚」(『關西大學東西學術研究所紀要』第46卷、2013年、pp.73-124)、前原あやの「『海中占』關連文獻に關する基礎的考察」(『關西大學中國文學會紀要』第34卷、2013年、pp.73-93)。

(46) 『天地瑞祥志』卷一「條例目錄」、尊經閣文庫本。

守眞憑日月之光耀、觀圖諜於前載、言涉於陰陽、義開於瑞祥、纖分之惡 (要或本作之) 無隱、秋毫之善必陳。今拾明珠於龍淵、抽翠羽於鳳穴、以類相從、成爲廿卷。物阻山海、耳目未詳者、皆據『爾雅』・『瑞應圖』等、畫其形包 (色)、兼注四聲、名爲『天地瑞祥志』也。所謂瑞祥者、吉凶之先見、禍福之後應、猶響之起空谷、鏡之寫質形也。

(47) 『天地瑞祥志』卷一八「禽總載」、尊經閣文庫本。

○ 鸞、力官反、平

『孫氏瑞應圖』曰、「鸞鳥、赤神之精、鳳皇之佐。鳴中五音、喜則鳴舞。人君行出有客 (容)、進退有度、祭祠宰人 (民) 咸有敬讓禮節、親疎有序、則至。」一曰、「心識鐘律、調則至、至則鳴舞以知之。」郭璞曰、「形如雞。」見則天下安寧。『春秋孔演圖』曰、「天子官守以賢擧、則鸞在野。」『孝經援神契』曰、「德至鳥獸、則鸞儛。」『尙書中候』曰、「周公歸政於成王、太平、則鸞鳥見也。」詩。魏嵇叔夜「贈秀才詩」曰、「雙鸞匿景耀、戢翼太山崖。抗首嗽朝露、晞陽振羽儀。長鳴戲雲中、時下息蘭池。」魏王粲詩曰、「翩翩飛鸞鳥、獨遊無所因。毛羽照野草、哀鳴入淸雲。我尙假羽翼、飛覩爾形身。願及春陽會、交頸遘慇懃。」

(48) 現存している九卷で數えると、『孝經援神契』が全部で14條、『春秋運斗樞』が8條、『尙書中候』が7條となっている。

(49) 余欣『博望鳴沙――中古寫本研究與現代中國學術之會通――』(上海古籍出版社、2012年) pp.15-28。

(50) 『漢書』卷6、武帝紀。p.193。

六月、詔曰、「甘泉宮內中產芝、九莖連葉。上帝博臨、不異下房、賜朕弘休。其赦天下、賜雲陽都百戶牛酒。」作芝房之歌。

(51) 『漢書』卷22、禮樂志。p.1065。

齊房產草、九莖連葉、宮童效異、披圖案諜。玄氣之精、回復此都、蔓蔓日茂、芝成靈華。

(52) 『後漢書』卷3、肅宗孝章帝紀 (北京、中華書局、1965年) p.159。

論曰、……在位十三年、郡國所上符瑞、合於圖書者數百千所。烏呼懋哉。

(53) 『漢書』卷57上、司馬相如傳上。pp.2535-2536。

臣聞楚有七澤。嘗見其一、未覩其餘也。臣之所見、蓋特其小小者耳、名曰雲夢。雲夢者、方九百里、其中有山焉。其山則盤紆岪鬱、隆崇律崒、岑巖參差、日月蔽虧、交錯糾紛、上干靑雲。罷池陂陁、下屬江河。其土則丹靑・赭堊・雌黃・白坿・錫碧・金銀、衆色炫燿、照爛龍鱗。其石則赤玉・玫瑰・琳瑉・琨珸・瑊玏・玄厲・礝石・武夫。其東則有蕙圃・衡蘭・芷若・穹窮・昌蒲・江離・蘪蕪・諸柘・巴且。其南則有平原廣澤、登降陁靡、案衍壇曼、緣以大江、限以巫山。其高燥則生葴析・苞荔・薛莎・青薠。其埤溼則生藏莨・蒹葭・東蘠・彫胡・蓮藕・觚盧・奄閭・軒于。衆物居之、不可勝圖。其西則有涌泉清池、激水推移、外發夫容陵華、內隱鉅石白沙。其中則有神龜・蛟鼉・毒冒・鼈黿。其北則有陰林・巨樹・楩柟・豫章・桂椒・木蘭・檗離・朱楊・樝梨・梬栗・橘柚・芬芳。其上則有宛雛・孔鸞・騰遠・射干。其下則有白虎・玄豹・蟃蜒・貙犴。

（54） 『後漢書』卷40下、班固傳下。p.1382。
是以鳳凰來儀集羽族於觀魏、肉角馴毛宗於外囿、擾緇文皓質於郊、升黃暉采鱗於沼、甘露宵零於豐草、三足軒翥於茂樹。若乃嘉穀靈草、奇獸神禽、應圖合牒、窮祥極瑞者、朝夕坰牧、日月邦畿、卓犖乎方州、羨溢乎要荒。

（55） 『後漢書』卷40下、班固傳下。p.1383。
『尚書』曰、「鳳凰來儀。」元和二年詔曰、「乃者鳳凰・鸞鳥比集七郡。」羽族謂群鳥隨之也。觀魏、門闕也。肉角謂麟也。伏侯『古今注』曰、「建初二年、北海得一角獸、大如麕、有角在耳閒、端有肉。又元和二年、麒麟見陳、一角、端如葱葉、色赤黃。」櫌馴也。緇文皓質謂騶虞也。『說文』曰、「騶虞、白虎黑文、尾長於身。」『古今注』曰、「元和三年、白虎見彭城。」黃暉采鱗謂黃龍也。建初五年、有八黃龍見于零陵。『古今注』曰、「元和二年、甘露降河南、三足烏集沛國。」軒翥謂飛翔上下也。嘉穀、嘉禾。靈草、芝屬。『古今注』曰、「元和二年、芝生沛、如人冠大、坐狀。」章和九年詔曰、「嘉穀滋生、芝草之類、歲月不絕。」奇獸神禽謂白虎白雉之屬也。建初七年、獲白鹿。元和元年、日南獻生犀・白雉。言應於瑞圖、又合于史諜也。坰牧、郊野也。卓犖、殊絕也。羨、音以戰反。

（56） 『後漢書』卷40下、班固傳下。p.1373。
啓靈篇兮披瑞圖、獲白雉兮效素烏。［師古注：靈篇謂河洛之書也。『固集』此題篇云、「白雉素烏歌。」故兼言「效素烏。」］發皓羽兮奮翹英、容絜朗兮於淳精。［師古注：皓、白也。翹、尾也。『春秋元命包』曰、「烏者陽之精。」］章皇德兮侔周成、永延長兮膺天慶。［師古注：章、明也。侔、等也。『孝經援神契』曰、「周成王時、越裳獻白雉。」慶讀曰卿。］

（57） 巫鴻著、柳揚・岑河譯『武梁祠——中國古代畫像藝術的思想性』（北京、生活・讀書・新知三聯書店、2006年）、pp.91-124。

（58） 葉德輝「輯孫柔之瑞應圖記一卷」（『觀古堂所著書』、光緒乙亥（1875）春二月長沙葉氏郎園刋本）。

（59） 松本榮一「敦煌本瑞應圖卷」（『美術研究』第184號、1956年）、pp.113-115。

（60） 巫鴻『武梁祠—中國古代畫像藝術的思想性』pp.262-263。

（61） 崔豹撰、王根林校點『古今注』卷下「雜注」（上海古籍出版社編『漢魏六朝筆記小說大觀』）p.247。

（62） 馬國翰『玉函山房輯佚書』（揚州、廣陵書社、2004年、影印版）p.2866。

（63） 『漢武洞冥記』「元封三年、大秦國貢花蹄牛。其色駁、高六尺、尾環遶、角端有肉、蹄如蓮花、善走、多力。［飼以木蘭之葉、使方國貢此葉。此牛不甚食、食一葉、則累月不飢。］帝使輦銅石、以起望仙宮、跡在石上、皆如花形、故陽關之外［有］花牛津。時得異石、長十丈、高三丈、立於望仙宮、因名龍鍾石。武帝末、此石自陷入地、惟尾出土上、今人謂龍尾墩［是］也。」王國良『漢武洞冥記研究』（臺北、文史哲出版社、1989年）pp.67-68。

（64） 張星烺著、朱傑勤校訂『中西交通史料滙編』（北京、中華書局、1977年）pp.16-17。

（65） 章巽主編『中國航海科技史』（北京、海洋出版社、1991年）p.112。

（66） こうした中國海外交通史の重要史料についてはすでに次の二つの輯佚本がある。渡部武「朱應・康泰の扶南見聞錄輯本稿——三國吳の遣カンボジア使節の記錄の復原——」（『東海大學紀要・文學部』第43輯、1985年）pp.7-28。康泰・朱應撰、陳佳榮輯『外國傳』（香港海外交通史學會、2006年）。

(67)　安家瑤「中國的早期玻璃器皿」（『考古學報』1984年第4期、pp.413-447）、安家瑤「鑲嵌玻璃珠的傳入及發展」（『十世紀前的絲綢之路和東西文化交流』北京、新世界出版社、1996年、pp.351-367）、干福熹等『中國古代玻璃技術的發展』（上海科學技術出版社、2005年）、干福熹「中國古代玻璃的起源和發展」（『自然雜誌』第28卷第4期、2006年、pp.187-193）。

(68)　『文選』卷十一「宮殿」（北京、中華書局、1977年）pp.170-171。

爾乃懸棟結阿、天窓綺疏。……神仙岳岳於棟閒、玉女闚窓而下視。忽瞟眇以響像、若鬼神之髣髴。圖畫天地、品類群生。雜物奇怪、山神海靈。寫載其狀、託之丹青。千變萬化、事各繆形。隨色象類、曲得其情。

(69)　賀世哲「莫高窟第290窟佛傳畫中的瑞應思想研究」（『敦煌研究』1997年第1期、pp1-5）。

(70)　張彥遠著、俞劍華校釋『歴代名畫記』（上海、上海人民美術出版社、1964年）p.82。

『符瑞圖』十卷、行日月楊廷光、竝集孫氏・熊氏圖。

(71)　小島祐馬「巴黎國立圖書館藏敦煌遺書所見錄（六）」（『支那學報』第7卷第1號、1933年、pp.107-120）、王重民『巴黎敦煌殘卷敍錄』（北平圖書館、1936年、葉四背～葉五背、同氏『敦煌古籍敍錄』北京、商務印書館、1958年、pp.167-169所收）、陳槃「敦煌鈔本〈瑞應圖〉殘卷」（『史語所集刊』第17本、1948年、pp.59-64所收、のち同『古讖緯研討及其書錄解題』pp.609-628に再錄）、張鐵弦「敦煌古寫本叢談」（『文物』1963年第3期、pp.9-11）、松本榮一「敦煌本瑞應圖卷」（『美術研究』第184號、1956年、pp.113-130）、饒宗頤「敦煌本〈瑞應圖〉跋」（『敦煌研究』1999年第4期、pp.152-153）、Catherine Despeux, “Auguromancie”, Marc Kalinowski（ed.）, *Divination et société dans la Chine Médiévale. Une etude des manuscripts de Dunhuang de la Bibliothèque nationale de France et de la British Library*, Paris: Bibliothèque nationale de France, 2003, pp.432-436, 458-461、竇懷永「敦煌本〈瑞應圖〉讖緯佚文輯校」（張涌泉・陳浩主編『浙江與敦煌學――常書鴻先生誕辰一百周年紀念文集――』杭州、浙江古籍出版社、2004年、pp.396-406）、鄭炳林・鄭怡楠「敦煌寫本P.2683〈瑞應圖〉研究」（樊錦詩・榮新江・林世田主編『敦煌文獻・考古・藝術綜合研究：紀念向達先生誕辰110周年國際學術研討會論文集』北京、中華書局、2011年、pp.493-514）。鄭炳林は敦煌本を庾氏《瑞應圖》と見ているが、確たる證據はない。ただし、この見解は當たらずといえども遠からず、恐らく六朝人の手になると見ることについては、問題ないであろう。

(72)　松本榮一「敦煌本白澤精怪圖卷」（『國華』第65編第5册、1956年、pp.135-147）。

(73)　游自勇「敦煌本〈白澤精怪圖〉校錄――〈白澤精怪圖〉研究之一――」（『敦煌吐魯番研究』第12卷、上海古籍出版社、2011年、pp.429-440）、游自勇「〈白澤圖〉與〈白澤精怪圖〉關係析論――〈白澤精怪圖〉研究之二――」（『出土文獻研究』第10輯、北京、中華書局、2011年、pp.336-363）、修訂稿「〈白澤圖〉與〈白澤精怪圖〉關係析論」は余欣主編『存思集：中古中國共同研究班論文萃編』（上海古籍出版社、2013年）pp.248-282に收錄、游自勇「〈白澤精怪圖〉所見的物怪――〈白澤精怪圖〉研究之三――」（黄正建主編『中國社會科學院敦煌學研究回顧與前瞻學術研討會論文集』上海古籍出版社、2012年、pp.200-220）、佐々木聰「法藏〈白澤精怪圖〉（P.2682）考」（『敦煌研究』2012年第3期、pp.73-81）、修訂稿は余欣主編『存思集：中古中國共同研究班論文萃編』、pp.283-299に收錄。

(74)　この言葉が元々どこに出典があるのかは分からないが、唐代においては例えば『全唐文』卷863「白氏碑記」のように、廣く引用されている。

(75)　本稿を修正しているときに、孟憲實の新作「略論唐朝祥瑞制度」（東方學研究論集刊行會編集『高田時雄教授退休紀念　東方學研究論集（中文分册）』京都、臨川書店、2014年、pp.189-204）を拜讀することができた。孟氏はこの論考でもっぱら祥瑞の等級づけや、お上への報告・確認、そして表賀する手續き、また祥瑞資料の保存といった問題について檢討しており、制度の枠組みに重きを置いた研究となっている。これは、制度と非制度との往復プロセスや、實際の政治の場面における利用などに重きを置く本稿とは異なっている。讀者にはあわせて一讀せられたい。

(76) 趙彥衞撰、傅根清點校『雲麓漫鈔』（北京、中華書局、1996年、p.118）、趙明誠撰、金文明校證『金石錄校證』（桂林、廣西師範大學出版社、2005年、p.342）。

其餘飛行之類、植生之倫、希古所覿、命世殊奇、不在瑞命之篇者、不可稱而數也。

(77) 王溥『唐會要』卷28「祥瑞上」（北京、中華書局、1955年、p.531）。

諸祥瑞若麟鳳龜龍之類、依圖書大瑞者、卽隨表奏、其表惟言瑞物色目及出處、不得苟陳虛飾。告廟頒下後、百官表賀。其諸瑞竝申所司、元日以聞。其鳥獸之類、有生獲者、放之山野、餘送太常。若不可獲、及木連理之類、有生、卽具圖書上進。詐爲瑞應者、徒二年。若災祥之類、史官不實對者、黜官三等。

この文章はまた『唐六典』（李林甫撰、陳仲夫點校、北京、中華書局、1992年、pp.114-115）にも見えるが、文字に若干の異同があり、おそらく『唐六典』が引用する際に改變を加えたものと思われる。

(78) 『全唐文』卷218（北京、中華書局、1983年）pp.2203下-2204上。

臣某言。伏奉詔書、上御武殿、有慶雲映日、見於辰巳之閒、肅奉休徵、不勝抃躍。中賀。臣聞諸『瑞應圖』曰、「天下太平、則慶雲見。大子大孝、則慶雲見。」伏惟皇帝陛下早朝宴坐、憂勞庶政、遠無不肅、邇無不懷、神感潛通、至誠上格。涼秋中月、滯雨移旬、天心合而喜氣騰、陽德動而愁陰歇。文章鬱鬱、惠日照而成彩。花艸蓬蓬、晴風搖而不散。雖復紫雲來漢皇殿、白雲入殷帝房、校其優劣、疇以爲喻。臣運奉休明、榮沾剌舉、千年多幸、已逢河水之清、百辟相歡、重偶叢雲之曲。不任悚躍之至、謹遣某官奉表稱慶以聞。

(79) 李正宇『古本敦煌鄉土志八種箋證』（蘭州、甘肅人民出版社、2008年）pp.56-57。なお、「顯」字の下に脫文がある。

右、大周天授二年一月、百姓陰嗣鑑於平康鄉武孝通園內見五色鳥、頭上有冠、翅尾五色、丹觜赤足。合州官人百姓竝前往看見、群鳥隨之、靑・黃・赤・白・黑五白色具備、頭上有冠、性甚馴善。刺史李無虧表奏稱、「謹檢『瑞應圖』曰、『代樂鳥者、天下有〔道〕則見也。』止於武孝通園內、又陰嗣鑑得之。臣以爲、陰者母道、鑑者明也、天顯。」

(80) 歸義軍時代の祥瑞と政治文化に關しては、拙論「符瑞與地方政權的合法性構建——歸義軍時期敦煌瑞應考——」（『中華文史論叢』2010年第４期、pp.325-378）で詳しく檢討したが、その中で「沙洲都督府圖經」の問題にも言及した。曹麗萍はこれを基にさらに研究を進めている。曹麗萍「敦煌文獻中的唐五代祥瑞研究」（蘭州大學碩士學位論文、2011年）參照。このほかにも、關連する研究成果として介永强「武則天與祥瑞」（趙文潤・李玉明主編『武則天研究論文集』太原、山西古籍出版社、1981年、pp.160-167）や、林世田「武則天稱帝與圖讖祥瑞——以S.6502〈大雲經疏〉爲中心——」（『敦煌學輯刊』2002年第２期、pp.64-72）、また金瀅坤・劉永海「敦煌本〈大雲經疏〉新論」（『文史』2009年第４輯、pp.31-46）などがある。

(81) 『全唐文』卷484、pp.4948下-4949上。

臣某等言、伏承陛下以去月九日幸興慶池龍堂、爲人祈雨。忽有一白鸕鷀見於池上、衆鸕鷀羅列前後、如引御舟。明日之夕、甘雨遂降者。伏惟陛下子惠元元、躬勤庶政。念茲時澤、虔於禱祈。以陛下如傷之誠、上感元貺。在列祖發祥之地、下降靈禽。潔白異姿、翻飛成列。若應天意、以承宸衷。簇陰雲於一夕、灑沛澤於千里。捷均影響、慶浹公私。昔周致白翟、徒稱遐邇。漢歌赤雁、亦薦郊廟。豈比今日感於至誠。瑞牒所無、蒸人何幸。伏望宣付史冊、昭示將來。臣等備位鼎司、倍百歡賀。無任欣慶抃躍之至、謹奉表陳賀以聞。

(82) 『唐會要』卷63「史館上」(北京、中華書局、1955年) pp.1089-1090。

(83) 『全唐文』卷222、pp.2241下-2242上。

臣某言、臣聞至德洞微、天鑑不遠、休徵祕景、時和則見。是知綿代曠曆、慶牒祥經、帝王有必感之符、神靈無虛應之瑞。伏惟天册金輪聖神皇帝陛下金鏡禦天、璿衡考政、欽若元象、宏濟蒼氓。茂功將大造混成、純化與陽和俱扇、朝百神之樂職、宅萬國之歡心。嘉氣內充、淫雨外息。豈貔風紀月之草、列蒔於階除、儀簫銜籙之禽、相鳴於戶閣而已。固有發禎厚載、抽貺泉源、表元德之潛通、顯黃祇之昭報。臣於六月二十五日得所部萬年縣令鄭國忠狀稱、去六月十四日、縣界霸陵鄉有慶山見、醴泉出。臣謹差戶曹參軍孫履直對山中百姓檢問得狀。其山平地湧拔、周回數里、列置三峰、齊高百仞。山見之日、天青無雲。異雷雨之遷徙、非崖岸之騫震。炊爾隆崇、巍然蓊鬱、阡陌如舊、草樹不移。驗益地之詳圖、知太乙之靈化。山南又有醴泉三道、引注三池、分流接潤、連山對浦、各深丈餘、廣數百步。味色甘潔、特異常泉、比仙漿於軒后、均愈疾於漢代。

臣謹按『孫氏瑞應圖』曰、「慶山者、德茂則生。」臣又按『白武(虎)通』曰、「醴泉者、義泉也。可以養老、常出京師。」『禮斗威儀』曰、「人君乘土而王、其政太平、則醴泉湧。」『潛潭巴』曰、「君臣和德、道度協中、則醴泉出。」臣竊以五行推之、六月土王、神在未母之象也。土爲宮君之義也。水爲智、土爲信、水伏於土、臣之道也。水相於金、子之佐也。今土以月王而高、水從土製而靜。天意若曰、母王君尊、良臣善相、仁化致理、德茂時平之應也。臣又以山爲鎭國、水實利人、縣有萬年之名、山得三仙之類。此蓋金輿景福、寶祚昌圖、邦固不移之基、君永無疆之壽。自永昌之後、迄於茲辰、地寶屢昇、神山再聳、未若連岩結慶、竝泌疏甘、群瑞同區、二美齊舉、高視古今、曾無擬議。信可以紀元立號、薦廟登郊、彰賁億齡、愉衍萬宇。臣辱司京尹、忝寄留臺、牧西夏之疲人、荷東蕃之餘寵、遊泳鴻露、震悚明神。禧祉有歸、光啓茲部、喜睹・殊觀實百恆流、踊躍一隅、馳誠雙闕。伏請宣付史館、頒示朝廷。無任鳧藻之至、謹遣某官繪圖奉進。

(84) 『舊唐書』卷7、中宗本紀(北京、中華書局、點校本、1975年) pp.145-146。

(景龍二年二月) 皇后自言、衣箱中裙上有五色雲起、令畫工圖之、以示百僚、乃大赦天下。……乙酉、帝以后服有慶雲之瑞、大赦天下。內外五品已上母妻各加邑號一等、無妻者聽授女。天下婦人八十已上、版授鄉・縣・郡等君。

史料紹介

東洋文庫におけるIOM RAS所藏非佛教漢語文書の整理と考察

吉　田　章　人

はじめに

ロシア科學アカデミー・サンクトペテルブルク東方文獻研究所（Institute of Oriental Manuscripts of the Russian Academy of Sciences。以下、IOM RASもしくはIOM）より東洋文庫に將來されたマイクロフィルムには、漢語を含めた11種類の諸言語の文獻が含まれている。それらの諸言語についてはそれぞれ假目錄が作成されているが(1)、そのうち、東洋文庫中央アジア・イスラム研究室（梅村坦・庄垣内正弘・吉田豊・ヤークプ＝アブドゥリシド、以下ウイグル班とする）『東洋文庫所藏　St. Petersburgウイグル文字・ソグド文字・マニ文字寫本マイクロフィルム假目錄［第1稿］』（財團法人東洋文庫(2)、2002年。以下、『假目錄』）はウイグル文字の文獻を中心とし、ソグド文字・マニ文字の文獻も收錄している。ここに含まれる文獻の一部は、ウイグル語文獻については庄垣内正弘氏・梅村坦氏・松井太氏・Peter Zieme氏、ソグド語文獻については吉田豊氏をはじめとする諸氏によって檢討され、すでに少なからず研究成果が發表されている(3)。一方、『假目錄』に收錄された文獻のなかにはこれらに加え、漢語文獻も少なからず含まれており、それらの多くが、ウイグル・ソグド文字面と表裏をなしている。しかしながら、そうした漢語文獻については「ウイグル・ソグド語文獻」としてカテゴリーされているため、これまであまり顧みられることがなかった。

そこで、東洋文庫研究部中央アジア研究班（代表：土肥義和、以下敦煌班）では、2009年度から『假目錄』をもとに、漢語文獻の有無を確認し、漢語文獻が含まれるmicrofilm番號およびそのコマ順を對照した目錄を作成するとともに、各文獻の出典の特定やその錄文の記錄作業を行ってきた。そうした整理作業過程における成果の一端は、これまで內陸アジア出土古文獻研究會で3度の報告を行い(4)、また漢語による非佛教經典について、土肥義和代表『內陸アジア出土4～12世紀の漢語・胡語文獻の整理と研究』（平成22～24年度科學研究費補助金（基盤研究（C））研究成果報告書（課題番號22520727）、平成23・24年度分冊、財團法人東洋文庫、2013年。以下、『報告書』）において紹介した(5)。

漢語文獻に關する目錄についてはすでに一通り作成濟みであり、その多くが『大正新脩大藏經』（以下、『大正藏』）に收錄された佛教經典であることがわかっている。また、ウイグル班において梅村坦氏・Peter Zieme氏らを中心に前出『假目錄』の改訂・增補作業が行われており、データベース「IOM所藏ウイグル文書目錄――東洋文庫藏マイクロフィルムより――」（以下、『IOM 目錄』）を作成中である（2017年3

月現在)。漢語文獻に關する整理作業の成果も、この『IOM 目錄』に反映されている。本稿において、ウイグル語文獻の内容について觸れる際、『假目錄』の情報とともに、ウイグル班におけるその改訂作業中（『IOM 目錄』作成作業）に得られた情報も加えることがある。ただし、これらはあくまでも作業途中のものであり、確定事項ではないことを斷っておく。

前述の『報告書』では、非佛教經典および有紀年文獻14點について、表に擧げて錄文を紹介し、その一部については若干の説明を附した。本來はこれらの畫像を掲載すべきであるが、利用上の制約があり、10數點の畫像を１度に示すのはむずかしい。

そこで本稿では、ウイグル語・ソグド語文獻中の漢語文獻の收錄狀況を示した上で、『報告書』で取り上げた非佛教經典および有紀年文獻14點の形狀と文字の配置狀況を示した概念圖を提示したい。さらに、『報告書』による紹介後、SI Kr. IV 692の８つの小斷片のなかにも籍帳と思われるものが含まれていることがわかった。本稿では、それらの斷片についても併せて紹介する（圖４參照）。

なお、本稿でいう「漢語文獻」とは漢字を含む文獻すべてを指す。したがって、漢字混じりのウイグル文のように正確には漢語文獻ではないものも含まれている(6)。一方、ウイグル文字で書かれた漢語というケースも存在するが(7)、これについては含まれていない。

１.『假目錄』に收錄されているマイクロフィルムの內譯

まず、漢語文獻の收錄狀況を示しておく。『假目錄』にはマイクロフィルム全30リールが收錄されている。そのうち、漢語文獻が含まれているのは21リールである(8)。また、作業過程で『假目錄』では〈Film absent〉となっているものの一部が、Reel334（以下、R○という表記とする）に該當することがわかったので、これを加えた22リールを作業の對象とした。その內譯は以下の通りである。（　）內は備考。

R2 ・・・・・漢語文獻有り
R17－22・・・漢語文獻有り（R20は３點(9)、R22は２點のみ）
R23－26・・・非漢語文獻のみ
R27・・・・・漢語文獻有り（R19との重複が多い）
R28－29・・・非漢語文獻のみ
R30・・・・・漢語文獻有り（漢字１字を含む文獻１點のみ）
R31・・・・・非漢語文獻のみ
R32・・・・・漢語文獻有り（１點のみ）
R33－34・・・非漢語文獻のみ
R35－44・・・漢語文獻有り（R40は４點のみ）
R47・・・・・漢語文獻有り（４點のみ）
R334 ・・・・漢語文獻有り（『假目錄』未收錄）

2．漢語文獻の收錄狀況

以下、漢語文獻を含むものに關する概要である。同一の文書が、同一リール內で2コマ以上にわたって收錄された場合は1點として數えている。一方、同一文獻であっても、複數のリールに重複して收錄されている場合はそれぞれ1點ずつで數えた(10)。また、同じ文獻番號であっても、接合ミスや貼り合わせなどによって複數の內容を含む場合などもある。そのため、點數についてはあくまでも概算によるものである。このほか、同一リールに收錄された文獻が必ずしもすべて「ウイグル・ソグド語文獻」として扱われているわけではない。例えば、R2の總コマ數322點のなかには文獻整理番號がTangで始まる文獻が存在し、これらは西夏文字文獻である。それらについては、『假目錄』の收錄對象にはなっていないため、本報告においても檢討對象としなかった。以上の諸點について斷っておく。

［文獻整理番號(11)について］

SI＝西域 Serindia

SI Kr.＝西域出土 Krotkov 收集品［Kr.、2Kr.、3Kr.、4aKr.、4bKr.］

SI K＝西域出土 Kokhanovsky 收集品

SI M＝西域出土 Malov 收集品［M、4M］

SI MA＝西域出土 Malov 收集品の再發見（1993年）

SI O＝西域出土 Oldenburg 收集品

SI Uig＝西域出土ウイグル文文書（出所不明）

SI P＝西域出土 Prilozheniya 收集品

表1　漢語文獻の收錄狀況

Reel No.	總コマ數(12)	漢語文獻點數	內容及び文獻整理番號
R2	322	38點	漢語・ウイグル語（SI Kr.、SI 2Kr.、SI 4bKr.等）
R17	223	83點	漢語・ウイグル語（SI Kr.）
R18	209	66點	漢語・ウイグル語（SI Kr.、SI 3Kr.）
R19	256	133點	漢語・ウイグル語（SI Kr.）
R20	74	3點	漢語・ウイグル語・ソグド語（SI Kr.）
R21	238	73點	漢語・ウイグル語・ソグド語（SI Kr.）
R22	243	2點	漢語・ウイグル語（SI Kr.）
R27	342	75點	漢語・ウイグル語（SI Kr.）
R30	444	1點	漢語?・ウイグル語（SI Kr.）
R32	202	1點	漢語・ウイグル語（SI Kr.）
R35	402	62點	漢語・ウイグル語（SI Kr.）
R36	409	48點	漢語・ウイグル語（SI Kr.）
R37	391	73點	漢語・ウイグル語（SI Kr.）

R38	526	150點	漢語・ウイグル語（SI 2Kr.、SI 3Kr.等）
R39	502	79點	漢語・ウイグル語（SI Kr.、SI 4bKr.、SI Uig等）
R40	450	4點	漢語・ウイグル語（SI MA）
R41	281	24點	漢語・ウイグル語（SI Kr.、SI 2Kr.、SI O、SI 4M等）
R42	10	14點	漢語・ウイグル語（SI Kr.、SI 2Kr.）
R43	267	35點	漢語・ソグド語・ウイグル語・マニ語（SI Kr.、SI O等）
R44	95	28點	漢語・ソグド語（SI Kr.、SI K.、SI 3Kr.、SI O等）
R47	18	4點	漢語・ウイグル語（SI Kr.、SI 4aKr.、SI P等）
R334	357	193點	漢語・ウイグル語（SI 4bKr.等）

漢語文獻總計1189點

前述したように、こうした漢語文獻のほとんどが佛教經典であり、『大正藏』によってある程度特定可能である(13)。斷片閒の接合や關係性を檢討するとき、こうした漢文面が大きな役割を果たしており(14)、また近年では各國に分藏された西域出土文獻が國をまたいで接合することも確認されている(15)。そうしたことからもこれらの全體的な一覧表を提示することは有益な作業といえるだろう。しかし、上記のごとく漢語文獻のみに限定しても1000點以上あり、紙幅の都合上、全體の一覧表を掲載することは困難である。そこで、以下、漢語文獻のなかでも非佛教關係史料を整理作業による成果の一部として紹介したい。

3．非佛教關係史料について

以下に擧げる非佛教關係史料については、1點を除いてすでに一度『報告書』において示している。ただし、そこでは非佛教關係史料の一覧表を擧げ、表中に錄文を示したにすぎない。そこで今回は、その形狀を表した上に錄文を配し、文字の配置狀況を明らかにすることで、より正確な文獻の狀態を示したい。また、『報告書』において示した表は、若干の修正を加えた上で、本文の最後に附表として擧げることとした（附表1・附表2）。

なお、『假目錄』では原則としてウイグル文字やソグド文字で書かれた面を表面（recto、Rと表記）、漢字で書かれた面は裏面（verso、Vと表記）となっている。本稿でもそれに從っている。

［凡例］

・本報告は現史料からではなく、東洋文庫が所藏するマイクロフィルムの畫像をもとにしているため、すでに論文等で公表されたものを除けば、各斷片の實寸は不明である。したがって、文獻ごとのサイズの違いは實際のサイズを反映したものではない。また、SI Kr. IV 654（圖1）のように表裏兩面を示しながら、表と裏で大きさが異なっているものあるが、これは文字の配置狀況を重視したためである。

・史料によっては下から紙が貼りつけられているため、文獻の形がはっきりしない場合もある。その場合は文字の配置狀況などから判斷し、點線で示している。
・各圖には、文獻番號とともに文獻の內容をタイトルとして附ける。漢文面（部分）については漢字で表記し、ウイグル面（部分）には『假目錄』の表記に從い、アルファベットで示している。なお、漢文・ウイグル文ともに內容は暫定的なものであり、確定ではない。
・錄文の缺損部分については[　]、文字が確認できるものの缺損等により判讀困難なものについては□、そのほか筆者が判讀できなかったものについては■とした。また、文獻の狀態や書質の關係ではっきり讀み取れない文字については、戶のように文字を□で圍んでいる。◆は字が塗りつぶされていることを示す。
・錄文は本文・表中では、武周新字を除いて基本的に本字を用いる。一方、圖中では極力文書本來の表記となるよう、俗字・異體字をそのまま用いたところもある。

1）籍帳(16)

まず、籍帳もしくはそれに類すると思われる史料から見ていくことにしたい。以下に擧げる文獻は、R面・V面ともに漢文史料であることが多く、ウイグル語等の胡語はほとんど見られない。

・SI Kr. IV 654［SI 5376］（圖１）

SI Kr. IV 654は、R面・V面ともに漢語文獻である。

V面（圖１―２）は６行にわたる永業田に關する文書で(17)、１字１字が小さく、また行間が比較的廣く、「交河」（２行目）という地名や「斯越磨寺」（３行目）という寺院名が見える。特徴としては、２行目の「永業」の右下にやや小さめな字で「常田」という注記が見えることや、「人」の字が武周新字「𤯔」で書かれている（４～６行目）ことなどが擧げられる。また、「貳拾柒𤯔」（４行目）のように大字を用いているものと、「六十步」（１行目）・「二畝」（２行目）のように小字を用いているものとが混在している。

R面（圖１―１）も漢語文獻であり、『大唐內典錄』卷第八・歷代衆經見入藏錄第三（『大正藏』第55册 No. 2149　306頁 a 14～25行目）に該當する。ただし、２行目の「右三經十卷同帙一■八十二紙」・４行目の「右三經九卷同帙二■紙」は『大正藏』にはなく、また５行目の「文殊現…」は『大正藏』では「文殊師利現…」である。

・SI Kr. IV 815［SI 5440］（圖２）

SI Kr. IV 815も、R面・V面ともに漢文が見える。

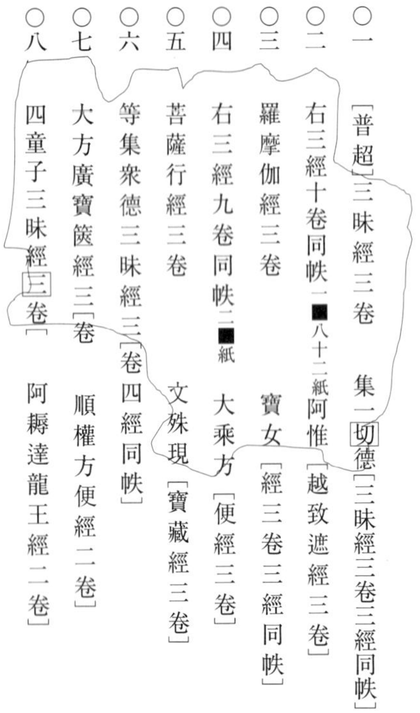

〇一 [普超]三昧經三卷　集一切德[三昧經三卷三經同帙]
〇二 右三經十卷同帙一■八十二紙阿惟[越致遮經三卷]
〇三 羅摩伽經三卷　寶女[經三卷三經同帙]
〇四 右三經九卷同帙二■紙　大乘方[便經三卷]
〇五 菩薩行經三卷　文殊現[寶藏經三卷]
〇六 等集衆德三昧經三[卷四經同帙]
〇七 大方廣寶篋經三[卷　順權方便經二卷]
〇八 四童子三昧經三卷[　阿耨達龍王經二卷]

大唐内典錄卷第八

圖1—1　SI Kr. IV 654（R）

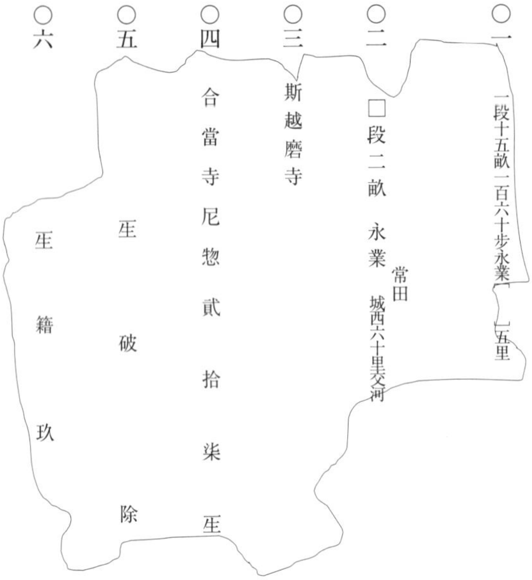

〇一 一段十五畝一百六十步永業[　]五里
〇二 □段二畝　永業　常田　城西六十里交河
〇三 斯越磨寺
〇四 合當寺尼惣貳拾柒厓
〇五 厓　破　除
〇六 厓　籍　玖

籍帳

圖1—2　SI Kr. IV 654（V）

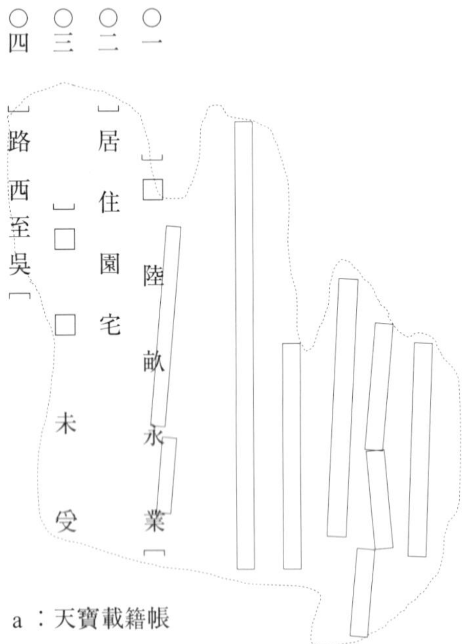

a：天寶載籍帳

b：Dharani（?）

圖2—1　SI Kr. IV 815（R）

※□はウイグル文

大般涅槃經卷第十七

圖2—2 SI Kr. IV 815（V）

R面（圖２―１）は、４行の漢文と６行のウイグル文が同一面に書かれている。ここでは便宜上、漢文部分をａ、ウイグル文部分をｂとした。漢字の一部がウイグル文によってつぶされていることから、漢文部分（a）が書かれた後にウイグル文部分（b）が書かれたことがわかる。ｂについて、『假目錄』では「Uig.」とのみであったが、『IOM目錄』では「Dharani(?)」としている。

漢文部分（a）については、「永業」（１行目）・「居住園宅」（２行目）・「未受」（３行目）といった文字を讀み取ることができる。『假目錄』（130頁）の備考欄にすでに記されている通り、未受田文書を利用してウイグル文が書かれたものであろう。また、４行目には「路西至」と見えることから天寶六載（747）以降の籍帳と考えられ、西州のものと推察される(18)。前出のSI Kr. IV 654（V）（圖１―２）では、畝數は「二畝」（２行目）と小字で表記されていたが、このSI Kr. IV 815では「陸畝」（１行目）と大字で表記されている。

V面（圖２―２）は６行の漢語文獻であり、２行目には「念誦文」とある。３行目以降は『大般涅槃經』卷第十七・梵行品第八之三（『大正藏』第12册 No. 374　466頁b17～24行目）もしくは『大般涅槃經』卷第十六・梵行品之三（『大正藏』第12册 No. 375　709頁a12～17行目）に該當すると思われるが、その場合、語彙や１行の字數が一致しない。１行目は文字の右側が大きく缺損しているために判讀できないが、おそらく３行目とはつながらないだろう。

・SI O 52a［SI 3163/1］（圖３）

SI O 52a はR面・V面とも漢語文獻である。

R面（圖３―１）は８世紀ごろのものと考えられ、「戶主（もしくは男など）＋人名＋漢數字（小字）」という形式で列擧されている。漢數字には單位がなく、何の數を指すかは不明である。２行目から４行目は行間が詰まっているが、３行目は形式が異なり、他の行より字が小さいことから、後から書き加えられたものであろう。３行目は「交善亮田十七畝東渠西白川社南渠北渠赤談」を１行とみなすべきだが、１行には書ききれず、「赤談」の２字が２行目の下部に及んでいる。

４行目には、「戶主大女」の語も見えることから西州のものと推察される(19)。上記２例とは違い、３行目を除けば、土地に關する記述は見えない。戶口帳の類や、數字が土地を表すものだとすれば、稅のかかる土地區畫を示した文書の可能性も考えられる。京都國立博物館編集『特別展覽會　シルクロード　文字を辿って―ロシア探檢隊收集の文物』（京都國立博物館、2009年）には「丁口配田簿」として寫眞が揭載されており、「各丁に割り當てた土地の面積を記した文書であろう」と指摘されている(20)。あるいは、點籍樣の類か。ただし、池田溫氏(21)らによって取り上げられた「唐西州高昌縣崇化郷點籍樣」は行間がかなり廣く、「丁男一」のように人名が見えないといった違いがあり、漢數字も人數を表すものであるため、ここでは可能性を指摘するにとどめ

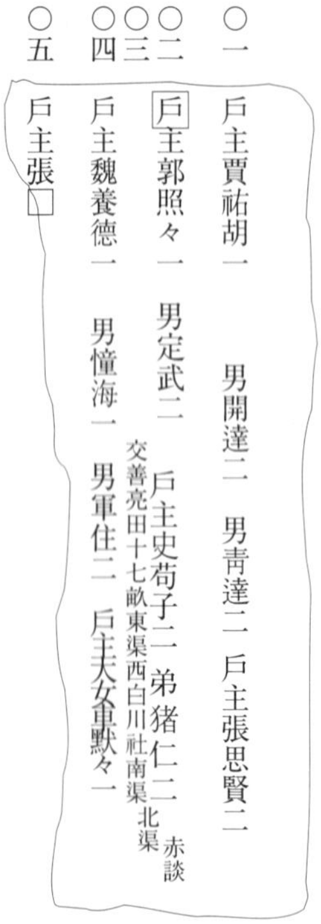

戸口帳

圖３－１　SI O 52a（R）

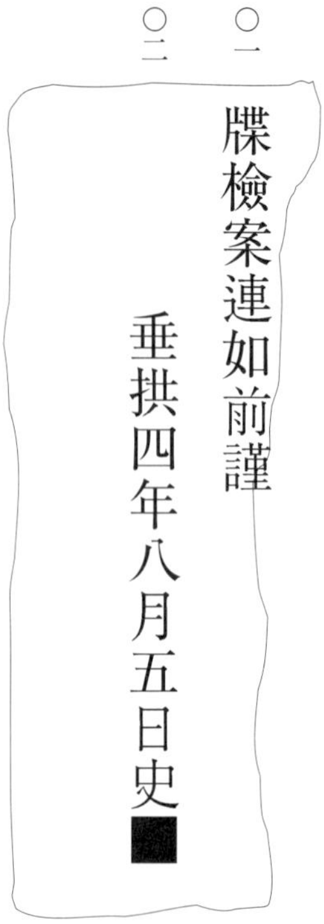

牒末尾

圖３－２　SI O 52a（V）

る。

V面（圖３―２）は、「垂拱四年八月五日」と書かれた文書である。「垂拱四年」は688年にあたる。前述したようにR面が８世紀だとすれば、V面が書かれた後に、R面が作成されたと考えられる。「牒検案連如前謹」とあることから、牒の末尾部分にあたる。書寫年代が特定できる史料であるが、牒の内容部分は殘っていない。

・SI Kr. IV 692［SI 5605］（圖４）

SI Kr. IV 692は、表裏兩面ともに漢文史料である。８つの斷片で構成されているが、各斷片に特に番號がついていないため、便宜上R面（圖４―１）の左上から順にa～hの番號をつけた。R面は８斷片すべてに文字が見えるが、V面（圖４―２）についてはc、d、eの３斷片のみ文字が見える。８斷片のR面・V面の内容については、表２の通りである。

まず、R面（圖４―１）について、表２で示したようにa、b、f、g、h(22)は『大正藏』によって特定可能な佛典であり、aとfについては同じ『大般涅槃經』巻第十八に該當し、接合はしないものの同一文書であった可能性が高い。一方、g・hは全く異なる佛典である。上部に廣めの餘白を持つgは『大般涅槃經』巻第二十五に該當し、hは『優婆塞戒經』巻第六に該當している。bは佛典の目錄類。『大周刊定衆

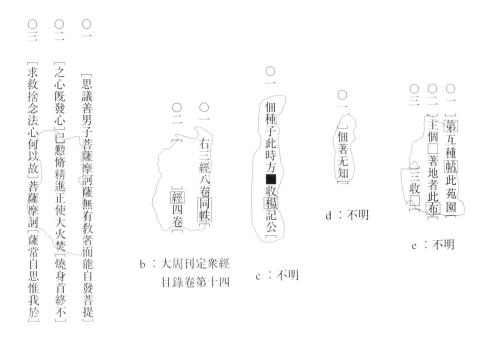

〇一 「思議善男子菩薩摩訶薩無有教者而能自發菩提」
〇二 「之心既發心」已懃脩精進正使大火焚「燒身首終不」
〇三 「求救捨念法心何以故」菩薩摩訶「薩常自思惟我於」

a：大般涅槃經卷第十八

〇一 右三經八卷同帙」
〇二 「　」經四卷「

b：大周刊定衆經目錄卷第十四

〇一 佃種子此時方■收楊記公「

c：不明

〇一 」佃著无知「

d：不明

〇一 」第五種帖此苑園」
〇二 」主個□著地者此布「
〇三 」三收□「

e：不明

〇一 之心既發「心已勤修精進正使大火焚燒身首終不」
〇二 求救捨念「法心何以故菩薩摩訶薩常自思惟我於」

f：大般涅槃經卷第十八

〇一 名涅槃「善」男「子槃者言有無有之義乃名涅」
〇二 槃槃「名」和「合無和合義乃名涅槃槃者言苦」
〇三 無苦之義「乃名涅槃善男子斷煩惱者不名」

g：大般涅槃經卷第二十五

〇一 「爲失財若畏作役若爲身命」若爲利養若爲
〇二 「愛心而受禁」戒既受戒已心生疑惑是名汚

h：優婆塞戒經卷第六

圖4－1　SI Kr. IV 692 (R)

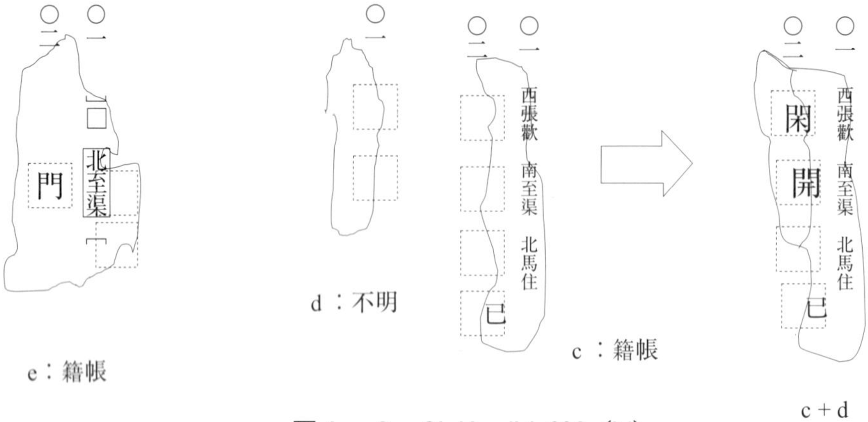

圖4—2　SI Kr. IV 692（V）

※ ⬚ 部分は草書體

表2　SI Kr. IV 692［SI 5605］

	R/V	行數	内容	『大正藏』	錄文	備考
a	R	3	大般涅槃經卷第十八・梵行品第八之四	第12册 No. 374　471頁 a 12～13行目	［思議善男子菩薩摩訶薩無有教者而能自發菩提］／［之心既發心］已懃脩精進正使大火焚［燒身首終不］／［求救捨念法心何以故］菩薩摩訶［薩常自思惟我於］	fと同一文書の可能性あり（接合はしない）
	V					
b	R	2	大周刋定衆經目錄卷第十四（見定流行人藏目卷下）？	第55册 No. 2153　471頁 c 11行目？	右三經八卷同帙／［　　　］經四卷	『大唐内典錄』の可能性もあるか？
	V					
c	R	1	不明		佃種子此時方■收楊*1記公［	dと接合の可能性あり
	V	1	籍帳		［　　　］西張歡　南至渠　北馬住*2［	
d	R	1	不明		佃著*3无知	cと接合の可能性あり
	V		不明		草書體の墨書きあり	
e	R	3	不明		第*4互種*5帖此苑園／主佃■著*6地*7者此布	
	V	1	籍帳	／	［　　　］□　北至渠［	
f	R	2	大般涅槃經卷第十八・梵行品第八之四	第12册 No. 374　471頁 a 11～13行目	之心既發［心已勤修精進正使大火焚燒身首終不］／求救捨念［法心何以故菩薩摩訶薩常自思惟我於］	aと同一文書の可能性あり（接合はしない）
	V					
g	R	3	大般涅槃經卷第二十五・光明遍照高貴德王菩薩品第十之五	第12册 No. 374　514頁 c 21～24行目	名涅槃［善］男［子槃者言有無有之義乃名涅］／槃槃［名］*8和［合無和合義乃名涅槃槃者言苦］／無苦之義［乃名涅槃善男子斷煩惱者不名］	
	V					
h	R	2	優婆塞戒經卷第六・尸波羅蜜品第二十三	第24册 No. 1488　1065頁 b 22～24行目	［爲失財若畏作役若爲身命］若爲利養若爲／［愛心而受禁］戒既受戒已心生疑惑是名汚	
	V					

＊1 「攝」？
＊2 「偉」？「住」だとすれば、人名の可能性が考えられ、「住」のあとにもう1字あった可能性もある。
＊3 「者」？「若」？
＊4 「揮」？
＊5 「宋」？
＊6 「者」？「若」？
＊7 「犯」？
＊8 畫像を見る限り、この部分は空白であるが、『大正藏』をもとに補った。

經目錄』巻第十四に相當するか、SI Kr. IV 654 (R)(圖1—1)のように『大唐内典錄』の可能性もある。これら佛典の背面(V面)はいずれも文字がないが、未使用であったかどうかは斷片であるため確定しがたい。c、d、eは草書に近い書體であり、判讀できない字が少なくない。錄文は一應のものである。「佃」「佃種」などの字句があることから、田地に關する文獻の可能性があるが不明。あるいは、佛典の釋文か。

一方、V面(圖4—2)についてはc、d、eのみ文字が確認できる。cとeについては、草書體の大きめな字で上書きされているためわかりにくいが、cでは「西張歡　南至渠　北馬住」(1行目)、eでは「北至渠」(1行目)とあり、どちらも籍帳でSI Kr. IV 815 (R)(圖2—1)と同樣に西州のものと考えてよい。dは單獨でははっきりとした文字を確認することができないが、cと接合させることで草書體の門がまえの2文字が確認できるようになる。1文字目はおそらく「閑」であろうか。2文字目は「開」を當てたがはっきりしない。あるいは「關」の可能性もある。また、cの2行目下部に「已」の字が見えるが、「閑開(關?)」とのバランスから左半分が缺損している可能性が高い。おそらくは「閑開(關?)□𠮵」と4文字であったと思われる。

eにも草書體の字が3文字見えるが判讀できなかった。うち1文字は門がまえであろうか。前述したように、cとdは接合する。また、eはcと接合する可能性もあるが確定しがたい。いずれにしてもc、d、eは同一文書とみて差し支えないだろう。

2) 破歷(23)

以下に擧げる史料は、「破歷」と呼ばれる支出帳簿の類と思われるものである。その背面はウイグル文であり、『假目錄』では佛教關係史料と推測されている。これらはいずれも4bKr.の文獻番號を持つものである。あるいはその何點かは同一文獻であるかもしれないが、いずれも小さな斷片であり不明。時期はいずれも10世紀ごろと推測されるが、時期を特定できる記述は確認できない。

・SI 4bKr. 106 [SI 3890](圖5)

V面には「十四日支趙願」(3行目)・「支畫匠酒壹㪷」(4行目)等が見え、酒の支出が「日付+支(24)+受取人+酒量(25)」という形式で記錄されていたものであろう。1行目から2行目にかけては、1行の字數が不明であるため確定しがたいが、おそらくは「[……酒○]升。去四[月○日……至○月○日……]斷、除兩[箇月小盡中閒○日、計用酒(酒量)]」([ ]は缺損部分、○は漢數字)と書かれていたのであろう(26)。

R面は6行のウイグル文で、『假目錄』によれば「Buddhist」。

破歷（10C）

圖5　SI 4bKr. 106（V）

・SI 4bKr. 112［SI 3896］（圖６）

SI 4bKr. 112は２片あるため、便宜上ａ、ｂとした。R面はａが３行、ｂが２行のウイグル文で、『假目錄』には「Buddhist?」とするが、『IOM目錄』では「Buddhist」。

V面はともに漢語文獻であるが、どちらも２行７文字の漢字しか確認できない小斷片である。ａは「黃麻」（１行目）・「酒壹瓮」（２行目）といった語が見え、ｂは「梳匠酒壹㪷」（１行目）とある。前出SI 4bKr. 106（V）（圖５）とは異なり、「支」字や日付は見えないが、ともに酒量が書かれており、やはり破歷であろう。V面（漢文面）を見る限り、２片は同一文書であった可能性が考えられるが、後述のSI 4bKr. 105（V）（圖９）のように、２つの斷片が內容的に無關係である場合もあり、斷片同士の關係は確定しがたい。

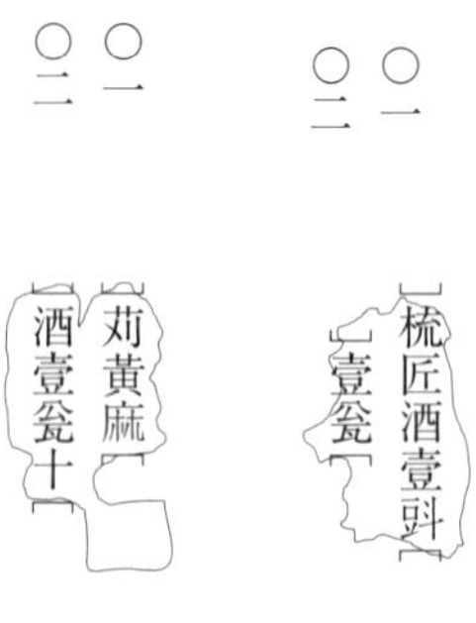

a　　　　b

a・b：破歷（10C）

圖6　SI 4bKr. 112（V）

・SI 4bKr. 118［SI 3900］（圖７）

V面は４行からなる漢語文獻で、「酒伍」（１行目）・「酒壹」（４行目）という酒量を示したと思われる語や「七月十二日」（２行目）という日付も見えることから、酒に關する破歴であろう。R 面は 6 行のウイグル文で、『假目錄』によれば「Buddhist」。

〇一 ［星］等酒伍
〇二 七月十二日
〇三 玖瓮壹□
〇四 錢子酒壹

破歴（10C）

圖 7　SI 4bkr. 118（V）

以上のSI 4bKr. 106・SI 4bKr. 112・SI 4bKr. 118は、いずれも酒の支出を示した破歴と考えられる。これらの斷片が本來同一文書であったかどうかは不明であるが、同様の性格を持つ文書であろう。このほか、SI 4bKr. 93とSI 4bKr. 105についても確定はしがたいものの、破歴の可能性があるので、あわせて紹介しておきたい。

・SI 4bKr. 93［SI 3881］（圖 8）

V 面が「伍升支莊客李富」（1 行目）・「廿日」（2 行目）とあり、「酒」の文字は見えないものの、これも支出を記した破歴と考えられる。R 面は 2 行のウイグル文で、『假目錄』によれば「Buddhist」。

〇一 伍升支莊客李富
〇二 廿日

破歴（10C）

圖 8　SI 4bKr. 93（V）

・SI 4bKr. 105［SI 3888／SI 3889］（圖 9）

SI 4bKr. 105は 2 つの斷片を含んでおり、便宜上 a と b とに分けた。2 片いずれも R 面がウイグル文、V 面は漢語文獻である。

V 面は 4 行のもの（a）と 3 行のもの（b）とがある。a の 1・2 行目の文字は判讀しがたいが、3・4行目には「月十六日」（3行目）・「箇月小盡」（4行目）という日付に關する記述が見える。破暦だとすれば、4行目はSI 4bKr. 106と同様に、「［去（日付）……、至（日付）斷、除］□箇月小盡、中［閒〇日、計用酒（酒量）］」とつづくと考えられる。

一方、bは佛典である。『正法華經』巻第四・往古品第七（『大正藏』第9册 No. 263 93頁 a 14～17行目）に該當し、aの斷片とは內容的にまったく關係がないようである(27)。

R 面は a が7行、b が3行のウイグル文で書かれており、『假目錄』によれば「Buddhist?」。

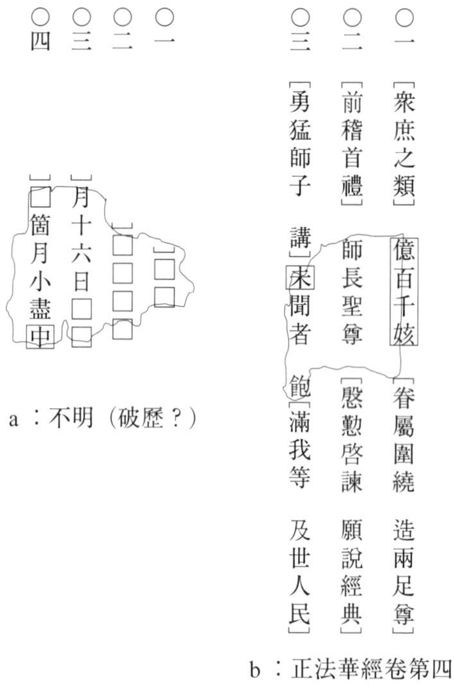

圖9　SI 4bKr. 105（V）

3）法律文書

以下のSI 4bKr. 128・SI 4bKr. 130・SI 4bKr. 168は缺損部分が多く、具體的な內容は不詳であるが、SI 4bKr. 168には、「准法科罪」（圖12、6行目）と見えることから、法律に關する文書であろう。これらは唐式の法律文書と推測され、本來は一つの文書であった可能性がある(28)。その背面はいずれもウイグル文の佛教關係史料とされており、SI 4bKr. 130（aの部分、後述）とSI 4bKr. 168のウイグル面については接合する可能性も考えられる(29)。

・SI 4bKr. 128［SI 3906］（圖10）

V面は3行の漢語文獻であるが、1行目は缺損しており、判讀できない。2行目には「州長官」という語が見える。R面は5行のウイグル文で、『假目錄』によれば「Buddhist」。

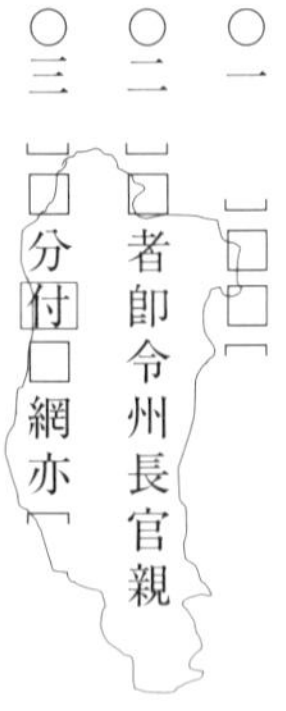

法律文書

圖10　SI 4bKr. 128（V）

・SI 4bKr. 130 ［SI 3982］（圖11）

SI 4bKr. 130は、大小2つの斷片からなり（大きい斷片をa、小さい斷片をbとする）、どちらもR面はウイグル語文獻、V面は漢語文獻である。

大きめの斷片aのV面は7行の漢文からなるが、7行目は缺損しており、判讀できない。箇條書きの形式で書かれており、「郊廟」（2行目）や「音聲人」（6行目）などの語が見える。小さめの斷片bのV面は2行の漢文からなるが、1行目は缺損しており、文字の左側部分しか殘っていない。特定はできなかったものの、佛教經典であることは疑いないだろう。R面は2片ともにウイグル文でそれぞれ12行、4行が確認できる。『假目錄』によれば「Buddhist」。

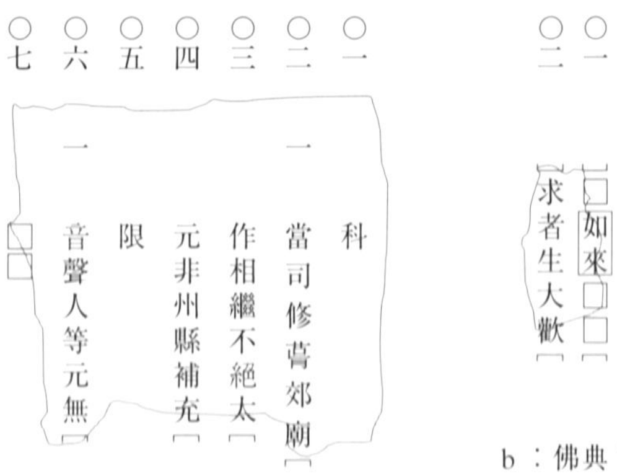

b：佛典？

a：法律文書

圖11　SI 4bKr. 130（V）

・SI 4bKr. 168 ［SI 4075］（圖12）

SI 4bKr. 168は、R面がウイグル語文獻、V面が漢語文獻である。

V面は8行が確認できるが、1行目は大きく缺損しており、わずかに2文字が判讀できる程度である。上部に廣めの餘白があり、SI 4bKr. 130（V）（圖11）のように、箇條書きで書かれたものの一部か。「曹司」（2行目）・「當番人」（3行目）・「音聲人」（5行目）などの語句が見える。R面は20行のウイグル文で、『假目錄』では「Buddhist」。

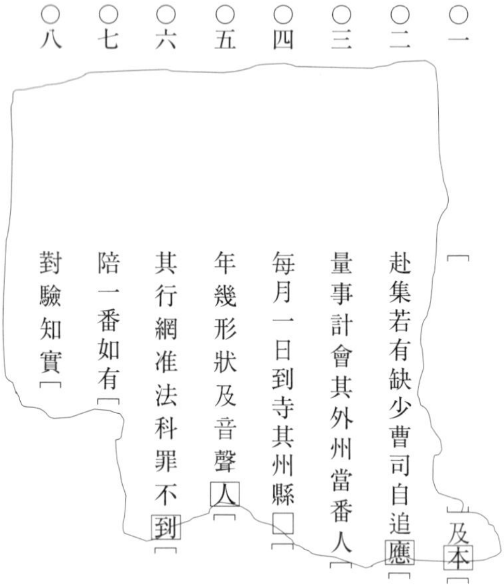

法律文書（8C）

圖12　SI 4bKr. 168（V）

前述したように、SI 4bKr. 130（aの法律文書部分）とSI 4bKr. 168とは接合する可能性があり、だとすれば以下のような狀態となる。

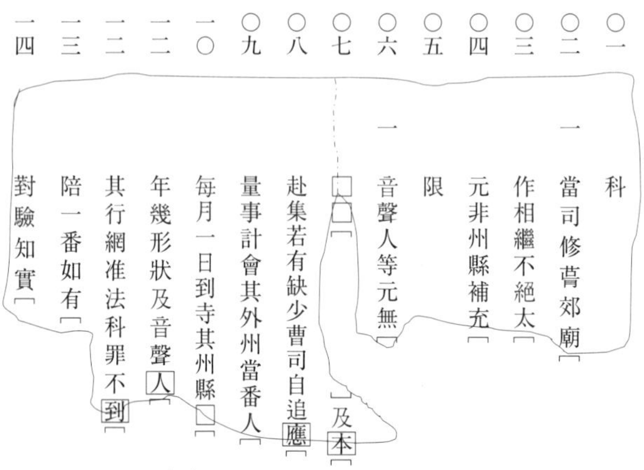

SI 4bKr. 168（V）　　SI 4bKr. 130（V）

圖11＋圖12　SI 4bKr. 130（V）＋SI 4bKr. 168（V）接合豫想圖

4）その他

以下は、上記の籍帳・破歷・法律文書のいずれにも含まれないが、佛教關係史料ではないと考えられるものである。

・SI Kr. IV 90［SI 1771］（圖13）

R面は13行の漢字混じりのウイグル文で(30)、『假目錄』では「Buddhist with Chin.」。

V面が漢文であるが、２つの紙が貼り合わされており、それぞれに書かれた漢文の向きが異なっている。ウイグル文を書く際に貼り合せて再利用したものであろう。便宜上ａ、ｂとつける。ｂの最終行にａが重なっていることから、ｂの上にａが貼りつけられたことがわかる。また、ａ・ｂともに底部に界線がある。文獻の性格については不詳。ｂに見える「虛皇」（２行目）は道教の神であるので、道教關係史料か。

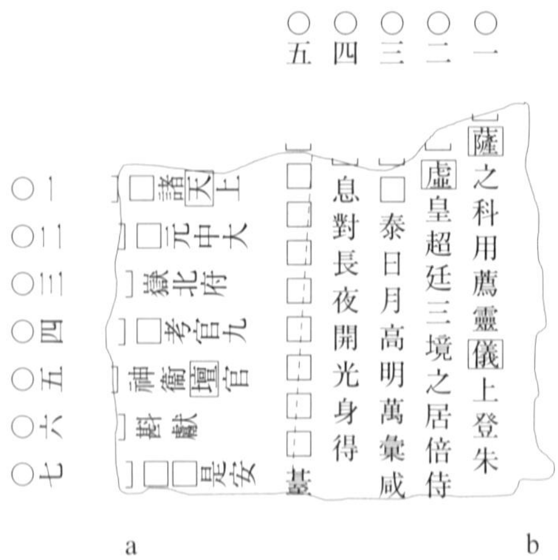

a・b：不明

圖13　SI Kr. IV 90（V）

・SI Kr. IV 666 ［SI 5382］（圖14）

吐魯番直隸撫民府發行證である。3行目の「吐魯番直隸撫民府」・「衙門」、5行目の「臨投」と「去外封」との間にある「不」は墨書きであり、そのほかの字は印刷である。また、『假目錄』によると印刷部分は靑字である。中央部分が黑くなっているため、畫像では判讀できない文字が數文字ある。また圖の左下にある點線部分は印が押されていることを示したものであるが、文字は判讀しがたい。「吐魯番廳」が「吐魯番直隸廳」となったのが1855（咸豐5）年なので(31)、それ以降に發行されたものか。R20とR37に重複して收錄されているが、いずれにも背面の畫像はない(32)。

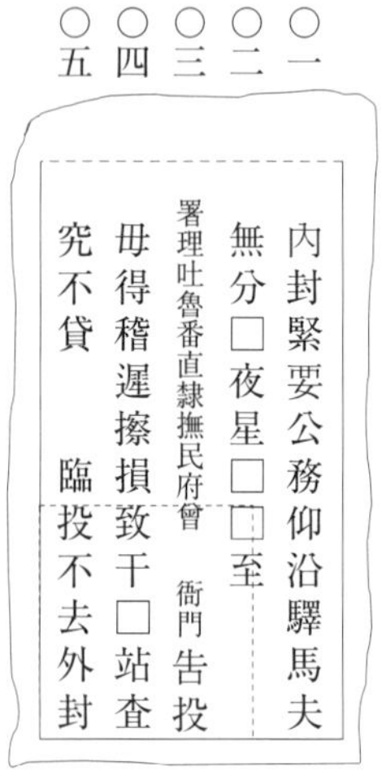

吐魯番直隸撫民府發行證

圖14 SI Kr. IV 666（R）

以上のように、非佛教關係史料14點を簡單に紹介した。小さな斷片が多く、具體的な書寫年代や內容の分からないものがほとんどである。また、實見したものではないため、本來必要な寫本情報を缺いている。こうした條件において、書寫年代が書かれた史料は貴重なものといえよう。最後に、非佛教關係史料とはいえないが、紀年のある文書について取り上げておくこととしたい。

4．有紀年文書

これらの史料は斷片が多く、書寫內容から書寫時期を特定できるものはほとんどない。そのなかで、前章で擧げたSI O 52a（V）は「垂拱四年（688）八月五日」と書かれた書寫時期が特定できる數少ない史料である。このような年代が書かれた文書には、ほかに2例、SI Kr. IV 807とSI 4bKr. 71とがある（附表2）。

・SI Kr. IV 807［SI 5399］（圖15）

R 面はウイグル語文獻、V面は漢語文獻である。V面は罫線があり、上下には界線もある。「无量壽佛經下　佛陀難提供養經」（5行目）と書かれ、「承玄三年（430）六月」（7行目）という紀年があり、また「敦煌[33]」（7行目）と記されていることから、書寫された時期・場所の特定が可能である。「无量壽佛經」は「無量壽經」のことと考えられるが、經文として確認される4行の文は現行の「無量壽經」には合致する箇所がない。無量壽經には漢譯5本が現存するとされ、奧書に「阿彌陀佛國」と見えることから『大阿彌陀經』系の寫本の可能性があるが[34]、合致するところはない。強いて言えば、『大寶積經』卷第六十に相當する部分が多く見られる[35]。ただし、1行目には一致するところが見いだせず同定できない。今後留意が必要である。R面は、文獻の中央部に2行のウイグル文のみが見える。『假目錄』では「Buddhist（Colophon?）」としていたが、『IOM目錄』では「Dharani」。

〇一　「」□阿難及餘无量天聲
〇二　「」□乾闥婆阿脩羅迦樓羅緊
〇三　那□摩睺羅伽人非人等聞經歡喜信受奉
〇四　行
〇五　无量壽佛經下　　佛陀難提供養經
〇六　　一校
〇七　承玄三年六月廿日歲在午比丘佛陀難提於敦煌官齋㓻減衣鉢之餘
〇八　寫此无量壽佛經願持是功德施一切◆无量衆主其有諷誦者至
〇九　阿烏國安樂世界阿彌陀佛國不墮三途之中直往生无量壽佛前□
一〇　侯妙法心无退轉疾成无上正眞之道　菩略自一校
一一　■■施寫

無量壽佛經下＋奥書

圖15　SI Kr. IV 807（V）

・SI 4bKr. 71 ［SI 4062］（圖16）

SI 4bKr. 71も、R 面がウイグル語文獻、V面が漢語文獻である。

V 面については、最終行に「龍朔二年九月上旬」(11行目) と書かれている。「龍朔二年」は662年である。このことは、すでに荒川正晴氏によって「交河縣主簿麹明倫」などの語が見えることとあわせて紹介されている(36)。また、R 面に書かれたウイグル語文獻については梅村坦氏によってすでに釋讀されており、R 面・V 面兩方の畫像も掲載されている(37)。R 面の14行からなるウイグル語文獻は(38)、梅村氏によれば、寸法は縦26cm、横28cmで、人身賣買と銀借用の事實を示す文獻であるという（『IOM 目錄』では Contract (slave, silver))。また、V 面の11行目にもウイグル文字が見える。梅村氏はR面の14行目と連續するとし、松井太氏はR面とは無關係に書かれた題記とする(39)。

V 面の 1 行目には「華經卷第十」という文字が見え、奥書の内容から「妙法蓮華經卷第十」であったことがわかる。現行の『妙法蓮華經』には卷八までしか存在しておらず、この「妙法蓮華經卷第十」がどのような經典であったのか興味深い(40)。『妙法蓮華經』については、このほかに「妙法蓮華經卷第九」とのみ書かれた文獻 SI 4bKr. 4［SI 4020］（V）が存在する（圖16補 1)(41)。殘念ながら、いずれも經典部分は殘っていない。また前述したように、本史料には「麹明倫」という人名が見える。麹氏は 6 世紀から 7 世紀前半にかけて交河地方の高昌國の王族であり、高昌國滅亡後も依然として在地社會で一定の地位を保證されていたとされる。この麹氏については、SI 4bKr. 63［SI 3966］（V）に、「大陀羅尼來世成［佛道］／大通方廣經卷上／左衛將軍領宿衛事麹弟」とあり、「麹弟」という人物名が見える（圖16補 2)(42)。

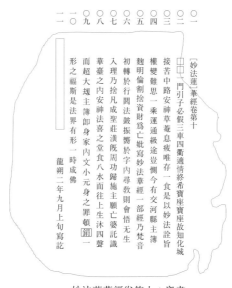

〇一 ［妙法蓮］華經卷第十
〇二 □□一門引子必假三車四衢適情終希寶座寶座故知化城
〇三 接苦中路安神草菴息疲唯存一食是以妙法詮旨
〇四 權變難思一乘運通級途豈惻今有交河縣主簿
〇五 麹明倫割捨資財爲亡妣寫妙法華經一部經乃梵音
〇六 初轉於行闍法皷振嚮於字内尋教則會悟无生
〇七 入理乃捨凡成聖莊潰既周功歸施主願亡婆託識
〇八 華臺之内安神法喜之堂食八水而往上生沐四聲
〇九 而超大刧主簿卽身家内文小元身之罪頓［錮］一
一〇 形之福斯是法界有形一時成佛 ［　　　］
一一 龍朔二年九月上旬寫訖

妙法蓮華經卷第十＋奥書

圖16　SI 4bKr. 71（V）

※［　　　］はウイグル文

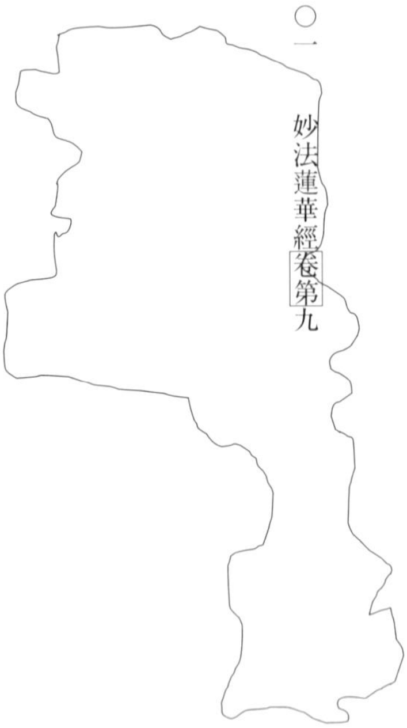

妙法蓮華經卷第九（題目のみ）

圖16補 1　SI 4bKr. 4（V）

○一 大陀羅尼來世成[佛道]
○二 大通方廣經卷上
○三 左衛將軍領宿衛事麴弟

大通方廣經卷上

圖16補 2　SI 4bKr. 63（V）

※ウイグル文25行は省略

5．むすびにかえて

以上、IOM RASから東洋文庫に將來されたマイクロフィルム中の「ウイグル・ソグド語文獻」に含まれている漢語文獻について、籍帳・破歴・公文書、さらに紀年の書かれた文書などを紹介した。これらは小さな斷片が多く、それ自體が有益な情報を含んだものとはいいがたいが、その內容を示すことによって、今後の研究の一助となれば幸いである。

また、本稿では整理對象とした漢語文獻の大部分を占める佛教經典についてはほとんど觸れなかった。前述した通り、その多くが『大正藏』所收の經典と合致している。これらは佛典研究のほか、文獻の接合關係を知る上でも必要な情報となりうるものである。多くが斷片であるなかで、複數斷片の接合が確認できれば、單なる小斷片が史料として活用できうる可能性を廣げるものとなるだろう。一方、一部にはまとまった文字數を有しているにもかかわらず、特定できなかった佛教關係文獻も存在する。そのうちの1つが、SI Kr. IV 647［SI 5372］である（圖17）。佛教經典は通常1行17字であるが、この文獻は1行20～26字であり、13行278字（重文符號も含む）からなる。しかしながら、『大正藏』では特定できなかった。本生譚の形式を持つ文獻と考えられるが、現段階では檢討するに至っていない。このような文獻の紹介については今後の課題としつつ、本稿のむすびとしたい。

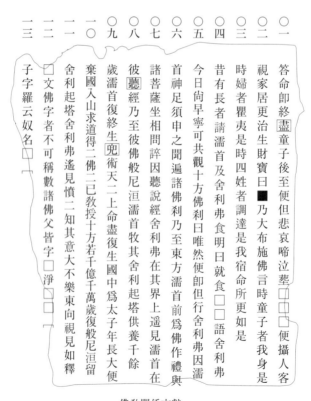

答命卽終盡童子後至便但悲哀啼泣埊□□□便攝人客
視家居更治生財寶曰■乃大布施佛言時童子者我身是
時婦者瞿夷是時四姓者調達是我宿命所更如是
昔有長者請濡首及舍利弗食明曰就食□□語舍利弗
今日尙早寧可共觀十方佛刹曰唯然便卽但行舍利弗因濡
首神足須申之閒遍諸佛刹乃至東方濡首前爲佛作禮與
諸菩薩坐相問誶因聽說經舍利弗在其界上遥見濡首在
彼聽經乃至彼佛般尼洹濡首牧其舍利起塔供養千餘
歲濡首復終生兜術天二上命盡復生國中爲太子年長大便
棄國入山求道得二佛二已教授十方若千億千萬歲復般尼洹留
舍利起塔舍利弗遙見憒二知其意大不樂東向視見如釋
□文佛字者不可稱數諸佛父皆字□淨□□┌
子字羅云奴名□┌

佛教關係文獻

圖17　SI Kr. IV 647（R）

6．附表

最後に、附表として本稿で取り上げた史料について表としてまとめておく。前述したように、附表1・2はすでに『報告書』に掲載したものである。ただし、『報告書』は一般に公刊されるものではないため、今回は一部加筆・修正を加えた上で再度掲載する。附表1・2の表記については、以下の凡例の通りである。また、本稿で取り上げた史料のうち、破歴については附表3に、人名については附表4にまとめた。

〔凡例〕

・リール／齣順數については、表裏兩面ともに加えたものである（表・裏の內譯については『假目錄』參照）。

・錄文の缺損部分については［　］、文字が確認できるものの缺損等により判讀困難なものについては□、筆者が判讀できなかったものについては■とした。そのほか、文字が確定しがたいものは文字の後に（？）をつけた／は改行を意味する。

・背面は、SI Kr. IV 815を除き、R面である。ウイグル文書である場合は『假目錄』の表記を利用し（Buddhistなど）、漢文については佛典名を記した。

・同一文獻番號に、2片の漢語文書がある場合、1片が佛教經典であっても表のなかに加えた（1點としては數えていない）。一方、SI O 52aのように表裏ともに非佛教關係史料と考えられる場合は各1點として數えている。

附表1　非佛教關係史料

文獻番號	リール／齣順數	行數	內容	錄文	背面	備考	
SI Kr. IV 90 [SI 1771]	R35/145-146	5	不明	[　　] 薩之科用薦靈儀上登朱／[　　] □虛皇超廷三境之居倍侍／[　　] □□泰日月高明萬彙咸／[　　] □息對長夜開光身得／[　　] □□□□□□□□□臺	Buddhist with Chin.、13行（ウイグル文と漢文が混合）	『假目錄』104頁 2種類の寫本が貼り合わされされている	圖13
		7	不明	[　　] □諸天上／[　　] □元中大／[　　] 嶽北府／[　　] □考官九／[　　] 神衞壇(？)官／[　　] 斟獻／[　　] □□是安			
SI Kr. IV 654 [SI 5376]	R2/75-76 R37/269-270	6	籍帳	一段十五畝一百六十步永業　[　] 五里／常田／□段二畝　永業　城西六十里交河 [　／斯越磨寺／合　當　寺　尼　惣　貳拾　柒　𤯔／□𤯔　　破除／𤯔　籍　□	大唐內典錄卷第八・歷代衆經見入藏錄第三、8行	『假目錄』125頁 武周新字「𤯔」（人）あり	圖1—2
SI Kr. IV 666 [SI 5382]	R20/68-70 R37/286-289	5	吐魯番直隸撫民府發行證	內封緊要公務仰沿驛馬夫／無分□夜星□□至／署理吐魯番直隸撫民府曾　衙門告投／毋得稽遲擦損致干□站査／究不貸　　臨投不去外封	背面なし	靑字印刷・墨で記入・右上に大印あり（『假目錄』125頁より）	圖14
SI Kr. IV 815 [SI 5440]	R38/33-34	4	天寶載籍帳	□　陸　畝　永　業／居　住　園宅／□　□　未　受／路　西至□	大般涅槃經卷第十七・梵行品第八之三、6行	『假目錄』130頁 同一面に漢文4行とウイグル文6行とがある	圖2—1
		6	「Dharani（?）」				

SI 4bKr. 93［SI 3881］	R334/223-224	2	破歷（10C）	［　］伍升支莊客李富［／［　］廿日［	Buddhist、2行	『假目錄』147頁	圖 8
SI 4bKr. 105［SI 3888／SI 3889］	R334/242-245	4	不明（破歷？）	［　］□□［／［　］□□□□［／［　］月十六日□□［／［　］□箇月小盡中［	Buddhist?、7＋3行	『假目錄』148頁 2片あり	圖 9
SI 4bKr. 105［SI 3888／SI 3889］	R334/242-245	3	正法華經卷第四	［衆庶之類］億百千姟［眷屬圍繞　造兩足尊］／［前稽首禮］師長聖尊［慇懃啓諫　願說經典］／［勇猛師子　講］未聞者　飽［滿我等　及世人民］	Buddhist?、7＋3行	『假目錄』148頁 2片あり	圖 9
SI 4bKr. 106［SI 3890］	R334/246-247	4	破歷（10C）	［　］升去四［／［　］斷除兩［／［　］十四日支趙願□［／［　］支畫匠酒壹㪷［	Buddhist、6行	『假目錄』148頁	圖 5
SI 4bKr. 112［SI 3896］	R334/256-257	2	破歷（10C）	［　］苅黃麻［／［　］酒壹瓮十［	Buddhist、3＋2行	『假目錄』148頁（背面は『IOM目錄』より）2片あり	圖 6
SI 4bKr. 112［SI 3896］	R334/256-257	2	破歷（10C）	［　］梳匠酒壹㪷［／［　］壹瓮［	Buddhist、3＋2行	『假目錄』148頁（背面は『IOM目錄』より）2片あり	圖 6
SI 4bKr. 118［SI 3900］	R334/269-270	4	破歷（10C）	［　］星（？）等酒伍［／［　］七月十二日［／［　］玖瓮壹□［／［　］錢子酒壹［	Buddhist、6行	『假目錄』148頁	圖 7
SI 4bKr. 128［SI 3906］	R334/283-284	3	法律文書（8C）	［　］□□［／［　］□者卽令州長官親［／［　］□分付（？）□網亦［	Buddhist、5行	『假目錄』148頁	圖10
SI 4bKr. 130［SI 3982］	R334/285-288	7	法律文書（8C）	科／一　當司修葺（？）郊廟［／作相繼不絕太［／元非州縣補充［／限／一　音聲人等元無［／□□［	Buddhist、12+4行	『假目錄』148頁 2片あり（公文書は箇條書き）	圖11
SI 4bKr. 130［SI 3982］	R334/285-288	2	佛典？	［　］□如來□□［／［　］求者生大歡［	Buddhist、12+4行	『假目錄』148頁 2片あり（公文書は箇條書き）	圖11
SI 4bKr. 168［SI 4075］	R39/6-7 R334/344-345	8	法律文書（8C）	［　］及本（？）［／赴集若有缺少曹司自追應［／量事計會其外州當番人［／每月一日到寺其州縣［／年幾形狀及音聲人［／其行網准法科罪不到（？）［／陪一番如有［／對驗知實［	Buddhist、20行	『假目錄』150頁	圖12
SI O 52a（R）［SI 3163/1］	R41/171	5	戶口帳	戶主賈祐胡一　男開達二　男靑達二　戶主張思賢二／戶主郭照々一　男定武二　戶主史苟子二　弟猪仁二／交善亮田十七畝東渠西白川社南渠北渠赤談／戶主魏養德一　男憧海一　男軍住二　戶主大女車默々一／戶主張□［	R41/172參照	『假目錄』150頁	圖 3
SI O 52a（V）	R41/172	2	牒末尾	牒檢案連如前謹／垂拱四年八月五日史■	R41/171參照	「垂拱四年」は688年	圖 3

附表 2　有紀年文書

文獻番號	リール／齣順數	行數	內容	錄文	背面	備考	
SI Kr. IV 807［SI 5399］	R38/29-30	11	無量壽佛經下＋奥書	［　］□阿難及餘无量天聲／［　］□乾闥婆阿脩羅迦樓羅緊／那□摩睺羅伽人非人等聞經歡喜信受奉／行／无量壽佛經下　佛陀難提供養經／一校／承玄三年六月廿日歲在午比丘佛陀難提於敦煌官齋割減衣鉢之餘／寫此无量壽佛經願持是功德施一切◆无量衆生其有共諷誦者至／阿烏國安樂世界阿彌陀佛國不墮三途之中直往生无量壽佛前□／矦妙法	Dharani、2行	『假目錄』130頁（背面は『IOM目錄』より）「承玄三年」は430年 ◆は塗りつぶし	圖15

				心无退轉疾成无上正眞之道　菩略自一校／[redacted]施寫			
SI 4bKr. 71 ［SI 4062］	R2/114-115 R334/172-173	11	妙法蓮華經卷第十+奥書	［妙法蓮］華經卷第十／□□一門引子必假三車四衢適情終希寶座故知化城／接苦中路安神草菴息疲唯存一食是以妙法詮旨／權變難思一乘運通級途豈惻今有交河縣主簿／麴明倫割捨資財爲亡妣寫妙法華經一部經乃梵音／初轉於行閩法皷振嚮於字内尋教則會悟无生／入理乃捨凡成聖莊潰既周功歸施主願亡婆託識／華臺之内安神法喜之堂食八水而往上生沐四聲／而超大刧主簿卽身家内文小元身之罪頓銷(？)一／形之福斯是法界有形一時成佛／(ウイグル文)　龍朔二年九月上旬寫訖	Contract (slave, silver)、14行	『假目錄』146頁(背面は『IOM目錄』より)「龍朔二年」は662年	圖16

附表3　酒破歴關連表

	行目	月	日	受取人	酒量	事項	
SI 4bKr. 106	3	?	十四日	趙願	?	］十四日支趙願□［	圖5
	4	?	?	畫匠	壹㪷	］支畫匠酒壹㪷［	
SI 4bKr. 112a	2	?	?	?	壹瓮十□	］酒壹瓮十［	圖6
SI 4bKr. 112b	1	?	?	梳匠	壹㪷	］梳匠酒壹㪷［	
	2	?	?	?	壹瓮	］壹瓮［	
SI 4bKr. 118	1	?	?	星(?)等	伍□	］星(?)等酒伍［	圖7
	2	七月	十二日	?	?	］七月十二日［	
	3	?	?	?	玖瓮壹□	］玖瓮壹□［	
	4	?	?	錢子	酒壹	］錢子酒壹［	
SI 4bKr. 93	1	?	?	莊客李富	伍升	］伍升支莊客李富［	圖8
	2	?	廿日	?	?	］廿日［	
SI 4bKr. 105a	3	□月	十六日	?	?	］月十六日□□［	圖9

附表4　人名表

文獻整理番號	人名	身分・官職等	文書の性格	
SI 4bKr. 63	麴弟	左衛將軍領宿衛事	大通方廣經	圖16補2
SI 4bKr. 71	麴明倫	交河縣主簿	妙法蓮華經奥書	圖16
SI 4bKr. 93	莊客李富		破歴	圖8
SI 4bKr. 106	趙願		破歴	圖5
SI O 52a (R)	賈祐胡	戶主	戶口帳(?)	圖3
〃	［賈］開達	男(賈祐胡の子)	〃	〃
〃	［賈］青達	男(賈祐胡の子)	〃	〃
〃	張思賢	戶主	〃	〃
〃	郭照々	戶主	〃	〃
〃	［郭］定武	男(郭照々の子)	〃	〃

〃	史苟子	戶主	〃	〃
〃	〔史〕猪(？)仁	弟（史苟子の弟）	〃	〃
〃	魏養德	戶主	〃	〃
〃	〔魏〕憧海	男（魏養德の子）	〃	〃
〃	〔魏〕軍住	男（魏養德の子）	〃	〃
〃	車默々	戶主大女	〃	〃
〃	張［	戶主	〃	〃

注

(1)　これらの假目錄の作成狀況については、十時淳一・石野智大「サンクト・ペテルブルク東洋學研究所所藏漢語文獻番號・コマ數對照假目錄について」（土肥義和代表『敦煌・トルファン漢語文獻の特性に關する研究』平成18～20年度科學研究費補助金（基盤研究(C)研究成果報告書、2009年）參照。また、マイクロフィルムの閲覽や資料の利用については、佐藤次高「サンクト・ペテルブルグ東洋學研究所所藏內陸アジア出土文書のマイクロフィルム公開について」（『東洋學報』第83卷第4號、2002年）および梅村坦「東洋文庫所藏のサンクトペテルブルグ古文書マイクロフィルムについて」（『歴史と地理　世界史の研究』210號、山川出版社、2007年）參照。

(2)　現・公益財團法人東洋文庫。

(3)　例えば、庄垣内正弘『ロシア所藏ウイグル語文獻の研究』（京都大學大學院文學研究科、2003年）、梅村坦「ペテルブルグ所藏ウイグル文書 SI 4bKr. 71 の一解釋――人身賣買および銀借用にかかわる文書――」（『內陸アジア言語の研究』XVII、2002年）、松井太「シヴシドゥ・ヤクシドゥ關係文書とトヨク石窟の佛教敎團」（森安孝夫編『中央アジア出土文物論叢』朋友書店、2004年）、Zieme, Peter. "'Toyın körklüg' : An Old Uigur Buddha Poem". (『內陸アジア言語の研究』XXVIII、2013年）、吉田豊「佛教ソグド語斷片研究（2）」（『西南アジア研究』第75號、2011年）など。

(4)　吉田章人「東洋文庫にて整理確認濟みのマイクロフィルム中の胡漢文書について」（內陸アジア出土古文獻研究會3月例會、2011年3月12日）、同「サンクトペテルブルク東洋學研究所藏ウイグル・ソグド系佛經寫本について―阿含經系寫本を中心として―」（內陸アジア出土古文獻研究會1月例會、2013年1月19日）、同「サンクトペテルブルク東洋學研究所藏非佛教漢語文書の整理について」（內陸アジア出土古文獻研究會6月例會、2015年6月6日）。

(5)　吉田章人「サンクトペテルブルク東洋學研究所藏ソグド・ウイグル文獻中の非佛教漢語史料管見」（土肥義和代表『內陸アジア出土4～12世紀の漢語・胡語文獻の整理と研究』（平成22～24年度科學研究費補助金（基盤研究（C））研究成果報告書（課題番號22520727）、平成23・24年度分册、財團法人東洋文庫、2013年）。

(6)　漢字混じりのウイグル文については、『假目錄』では「Uig.（もしくはBuddhistやColophonなどの內容）with Chin.」というような形式で表記されていたが、『IOM 目錄』では「文字／Script」「言語／Language」「內容／Contents」という3つの項目を設定し、それぞれ「Uig. with Chin.」「Uighur」「Buddhist」といった形になっている。

(7)　『假目錄』では「Chinese by Uig.」とのみ表記されたが、『IOM 目錄』では「文字」：Uig.・「言語」：Chineseとした上で、「內容」についてもできる限り記錄するよう努めている。

(8)　『報告書』では20リールとしたが、『IOM 目錄』作成作業において、R32に收錄された

SI Kr. II 3/129 （V）が漢語文獻であることが判明したため、新たにR32を附け加えた。なお、SI Kr. II 3/129 （V）は「大方廣佛華嚴經卷第五十三・入法界品第三十四之十」（『大正藏』第9册No.278　737頁b13～15行目）と推定される。

(9)　この3點のうち、2點はR41にも收錄されており、もう1點もR37にも收錄されている。

(10)　これは、漢語文獻の內容を記錄する際、リールごとに作業を行ったためである。一方、『假目錄』では文獻番號を基準としており、同一文獻番號であれば複數のリールに重複して收錄されている場合でも併せて1點とみなしている。ただし、『IOM目錄』は別々に項目を立てて作業している。

(11)　文獻番號について、現在は新たに「SI ＋（數字）」という形式の文獻番號が附けられており、最近の研究ではこちらを使われている場合もある。一方、『假目錄』は從來の文獻番號で記されており、現在作業中の『IOM目錄』では兩方を併記する形を取っている。したがって、本稿では「SI Kr.…」といった從來の文獻番號を基本とし、新番號は［　］內に記すことにする。

(12)　『假目錄』では、寫本が撮影されているコマのみにコマ順番號を附している。本稿でもそれに從う。

(13)　出典の特定に關しては、インターネット上で公開されている東京大學の大正新脩大藏經テキストデータベース（SAT、http://21dzk.l.u-tokyo.ac.jp/SAT/）や臺北の中華電子佛典協會（CBETA、http://www.cbeta.org/）等を參考にすることができる。本稿では、前者を利用している。

(14)　例えば、SI 3Kr. 14とSI 3Kr. 15とはそれぞれ2斷片（SI 3Kr. 14-1、SI 3Kr. 14-2）、3斷片という複數の斷片に分割されているが、漢文面がいずれも『摩訶般若波羅蜜經』卷第八もしくは『大智度論』卷第五十五に該當することから接合關係が明らかになる（庄垣內正弘前揭注（3）著書、116～117頁參照）。

(15)　例えば、SI Kr. IV 220は大谷7122およびベルリンCh/U6294と接合することが判明している（百濟康義、ヴェルナー・ズンダーマン、吉田豊『イラン語斷片集成　大谷探檢隊收集・龍谷大學所藏中央アジア出土イラン語資料――解說篇――』法藏館、1997年、16頁・26頁參照）。また、小口雅史・片山章雄兩氏の調査によってフィンランド國立圖書館にあるフィンランド隊の收集品と旅順博物館にある大谷探檢隊の收集品のなかで接合するものがあることも確認されている（『朝日新聞』2013年7月3日および小口雅史・片山章雄「在歐吐魯番出土文字資料の斷片接續から見えるもの――ヘルシンキ・マンネルヘイム斷片コレクションを主たる素材として――」（『唐代史研究』第18號、2015年）參照）。

(16)　籍帳研究については、池田溫『中國古代籍帳研究――概觀・錄文――』（東京大學出版會、1979年）參照。

(17)　吉田豊「トルファン出土ソグド語文書斷片の接合――Dx文書の整理によせて――；(付) 新出の江南マニ教繪畫と敦煌漢文文獻」（東洋文庫・內陸アジア出土古文獻研究會7月例會口頭發表、2011年7月23日）において、寺院の土地記載に關するものであることが指摘されている。

(18)　池田前揭注（16）著書によれば、「天寶三載以前は田土四至に「道」を使用するに對し、同六載以後はみな「路」を使用する」（64頁）とし、また「西州で「至某」を頻用するに對し、沙州では「至」を用いない」（65頁）とする。

(19)　池田前揭注（16）著書は、「西州のみ「大女」を冠した女戶主がみえる」とする（65頁）。

(20)　同書92頁（高田時雄・辻正博執筆）。なお、同書に本文書が掲載されていることは、速水大氏のご教示による。

(21) 池田溫「神龍三年高昌縣崇化鄉點籍樣について」(栗原益男先生古稀記念論集編集委員會編『中國古代の法と社會　栗原益男先生古稀記念論集』汲古書院、1988年。のち池田溫『唐史論攷——氏族制と均田制——』汲古書院、2014年に再錄)。

(22) 佛典については、字體から唐以前、6世紀もしくは7世紀に書かれたものと考えられる。

(23) 酒の破歷については、施萍亭「本所藏《酒帳》研究」(『敦煌研究』創刊號、1983年)、施安昌「故宮藏敦煌己巳年樊定延酒破歷初探」(『故宮博物院院刊』2000年第3期、2000年)、坂尻彰宏「大英圖書館藏五代敦煌歸義軍酒破歷：S八四二六」(『大阪大學大學院文學研究科紀要』第50卷、2010年)など參照。

(24) 施萍亭前揭注(23)論文によれば、破歷に見える表記として「迎、設、看、供、支」があり、訪れた使節のために酒席を設ける際には「迎」や「設」、滯在中の使節に對する酒席の場合は「設」や「看」(「設」のほうが「看」より盛大)、儀禮的な意味合いではない通常の酒席は「供」を用い、それ以外で酒を必要とする場合に「支」を用いる。なお、本稿で取り上げる史料では「支」のみである。

(25) 酒量の單位について、本稿で取り上げる史料では「瓮、㪷、升」が見える。1瓮＝6㪷(約36リットル)、1㪷＝10升(約6リットル)、1升＝10合(約0.6リットル)(施萍亭前揭注(23)論文參照)。

(26) 施萍亭前揭注(23)論文をもとに推測。

(27) SI 4bKr. 40［SI 3865］、SI 4bKr. 98［SI 3973］、SI 4bKr. 107［SI 3891］はいずれも『正法華經』卷第四・往古品第七で、bの斷片と接合する可能性がある。

(28) 唐式の法律文書とされる3點の漢文面については、內陸アジア出土古文獻研究會6月例會(2015年6月6日)報告の際に、速水大氏よりSI 4bKr. 130→SI 4bKr. 168→SI 4bKr. 128の順になる可能性があるというご指摘をいただいた。

(29) 『IOM目錄』作成作業におけるPeter Zieme氏からのご教示による。]ayu[č]og......ın yalın ın quとつながる可能性があるという。čogın yalınは「光輝く」という意味。

(30) R面に見える漢字は「啓」(8行目)・「在眞」(11行目)・「前」(13行目)。

(31) 牛平漢主編『清代政區沿革綜表』(北京：中國地圖出版社、1990年、504頁)參照。

(32) 『假目錄』によれば、もともと背面は利用されていない。

(33) 敦煌は、「燉煌」と表記されることもあるが、SI Kr. IV 807では「敦煌」と書かれている。「敦煌」の表記が見られるのは6世紀以降とされ(土肥義和氏のご教示による)、だとすれば本史料の「承玄三年(430)六月」の紀年と合致しないが、詳細は不明。

(34) 無量壽經については、藤田宏達『淨土三部經の研究』(岩波書店、2007年)、三谷眞澄「ドイツトルファン隊收集の初期無量壽經寫本」(『佛教學研究』第70號、2014年)など參照。

(35) 『大正藏』の該當箇所は以下の通りである(以下は、SATによる)。□に圍んだ部分がSI Kr. IV 807 (V)の經典部分と合致する。

T0310_.11.0350c15：說是經已。彼一切菩薩。及諸比丘比丘尼。優
T0310_.11.0350c16：婆塞優婆夷。天龍夜叉乾闥婆阿修羅迦樓
T0310_.11.0350c17：羅緊那羅摩睺羅伽人非人等。聞佛所說。皆
T0310_.11.0350c18：大歡喜。信受奉行
T0310_.11.0350c19：大寶積經卷第六十

(36) 荒川正晴「ヤールホト古墓群新出の墓表・墓誌をめぐって」(『シルクロード學研究』Vol.10、2000年、165〜166頁)。なお、荒川氏は吉田豊氏よりご教示を受けたと明記している(同168頁注(14))。

(37) 梅村前揭注(3)論文。また、松井前揭注(3)論文でも取り上げられており、ここでも

兩面の畫像が掲載されている（49～53頁）。

(38) 梅村氏によれば、12行目までと13行目以下との二つの部分に分けられ、13行目・14行目は12行目までとは別筆。また12行目までも同じ筆跡である可能性はあるが、人身賣買の事實を示す1～4行と銀借用の事實を示す6～11行という二種類の内容に分かれており、5行目がその兩者を結びつけ、12行目がしめくくっているという（梅村前掲注（3）論文、207頁）。

(39) 梅村前掲注（3）論文、207頁・松井前掲注（3）論文、53頁。梅村氏はこの一文を "mn tïyuq-luγ inčgä ärti" と讀み（梅村前掲注（3）論文、205頁）、「私ティユクルグが點検したもの」と譯す（同206頁）。一方、松井氏はこの一文を "män tïyoq-luγ sävinč irik" と讀み（松井前掲注（3）論文、49頁）、「私、トヨクの人セヴィンチが心を痛め［つつ］」と譯し（同51頁）、このような表現は「漢文佛典にウイグル文題記が記される際」に頻出するという（同53頁）。なお、『IOM 目錄』では「Colophon」（V面ウイグル文部分）。

(40) こうした佛典類（特に未特定のもの）の整理については、岡田文弘氏（東京大學大學院生）にご協力いただいた。また、SI 4bKr. 71については、岡田文弘「サンクトペテルブルク東洋學研究所藏ウイグル・ソグド系佛經寫本について――西州交河縣龍朔二年（662）寫「妙法蓮華經卷第十」の性格をめぐって――」（東洋文庫・内陸アジア出土古文獻研究會1月例會口頭發表、2013年1月19日）において檢討されている。

(41) R334/9-10、R面はBuddhist、3行（『假目錄』144頁）。

(42) R2/81-82およびR334/153-154、R面はLetter、24行（『假目錄』146頁）。本文に擧げたV面は、3行の漢文が25行にわたるウイグル文によって上書きされている。

圖 版 一 覽

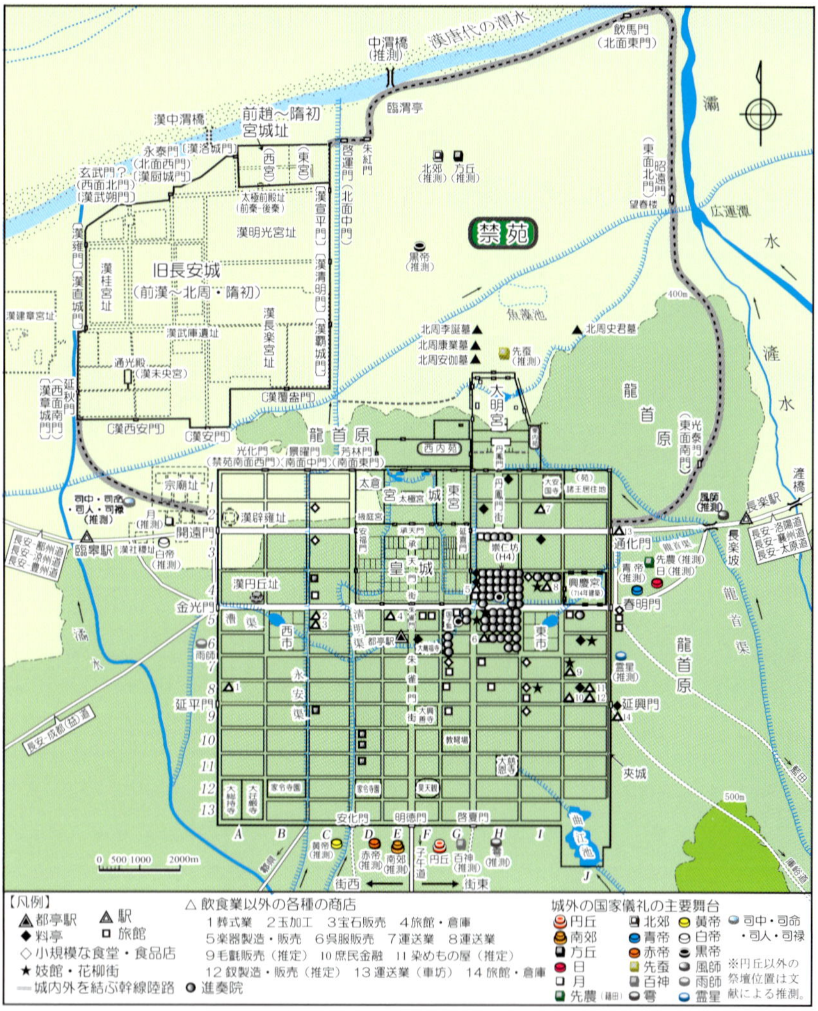

図1唐長安城の進奏院と商業施設の立地

【出典】本図は、妹尾達彦「隋唐長安城と関中平野の土地利用－官人居住地と墓葬地の変遷を中心に－」同編『都市と環境の歴史学〔増補版〕第3集』（八王子・中央大学文学部東洋史学研究室、2015年）56頁図11「唐代長安城内の別荘・家廟・豪邸・商業施設の分布」を改図。

坊名（位置）	唐代長安進奏院名称（『長安志』と『唐両京城坊考』にもとづく）
務本坊（G5）	西川進奏院（剣南西川節度使・成都府）斉州進奏院（平盧節度使・青州）
崇義坊（G6）	興元進奏院（山南西道節度使・興元府）鄜坊進奏院（鄜坊節度使・鄜州）易定進奏院（義武節度使・定州）
長興坊（G7）	鎮州進奏院（成徳節度使・鎮州）
永興坊（H3）	鳳翔進奏院（鳳翔節度使・鳳翔府）　陳許進奏院（忠武節度使・許州）　湖南進奏院（湖南観察使・潭州）
崇仁坊（H4）	東都進奏院（東都畿都防禦使）河南進奏院（東都畿都防禦使）商州進奏院（金商都防禦使・金州）汝州進奏院（東都畿都防禦使・汝州）汴州進奏院（宣武節度使・汴州）淄青進奏院（平盧節度使・青州）淮南進奏院（淮南節度使・揚）兗州進奏院（兗海観察使・兗州）太原進奏院（河東節度使・太原）幽州進奏院（盧龍節度使・幽州）塩州進奏院（朔方節度使・塩州）豊州進奏院（豊州都防禦使・豊州）滄州進奏院（横海節度使・滄州）天徳進奏院（天徳軍都防禦使・天徳）荊南進奏院（荊南節度使・江陵府）宣歙進奏院（宣歙観察使・宣州）江西進奏院（江西観察使・洪州）福建進奏院（福建観察使・福州）広州進奏院（嶺南節度使・広州）桂州進奏院（桂管観察使・桂州）安南進奏院（安南経略使・交州）邕州進奏院（邕管経略使・邕州）黔南進奏院（黔州観察使・黔州）
平康坊（H5）	同州進奏院（同州防禦使・同州）華州進奏院（潼関防禦使・華州）河中進奏院（河中節度使・河中府）河陽進奏院（河陽三城節度使・？）襄州進奏院（山南東道節度使・襄州）徐州進奏院（武寧節度使・徐州）魏州進奏院（魏博節度使・魏州）涇原進奏院（涇原節度使・涇州）霊武進奏院（霊武節度使・霊武）夏州進奏院（夏綏節度使・夏州）昭義（潞府）進奏院（昭義節度使・昭義）浙西進奏院（浙西節度使・潤）浙東進奏院（浙東節度使・杭州）容州進奏院（容管経略使・容州）
宣陽坊（H6）	邠寧進奏院（邠寧節度使・邠州）東川進奏院（剣南東川節度使・梓州）振武進奏院（振武軍節度使・単于都督府）鄂州進奏院（鄂岳観察使・鄂州）
勝業坊（I4）	陝府進奏院（陝虢観察使・陝州）鄭滑進奏院（鄭滑節度使・滑州）
道政坊（J5）	東平進奏院（天平節度使・鄆州）

圖２呂大防「長安圖」（部分）

□は官人・親王・公主宅、□は仏寺、□は道觀と太清宮（大寧坊）、□は川・水渠・池・陂を示す。

【出典】本圖は，胡海帆「北京大學図書館蔵呂大防「長安圖」殘石拓本的初步研究」（『唐研究』21巻、2015年）にもとづき，妹尾達彦「都城圖中描繪的唐代長安的城市空間－以呂大防「長安圖」残石拓片圖的分析爲中心－」（『張廣達先生八十華誕祝壽論文集上冊』臺北・新文豊出版公司、2010年）243頁圖５「呂大防「長安圖」拓本残存部分」を訂補したものである。

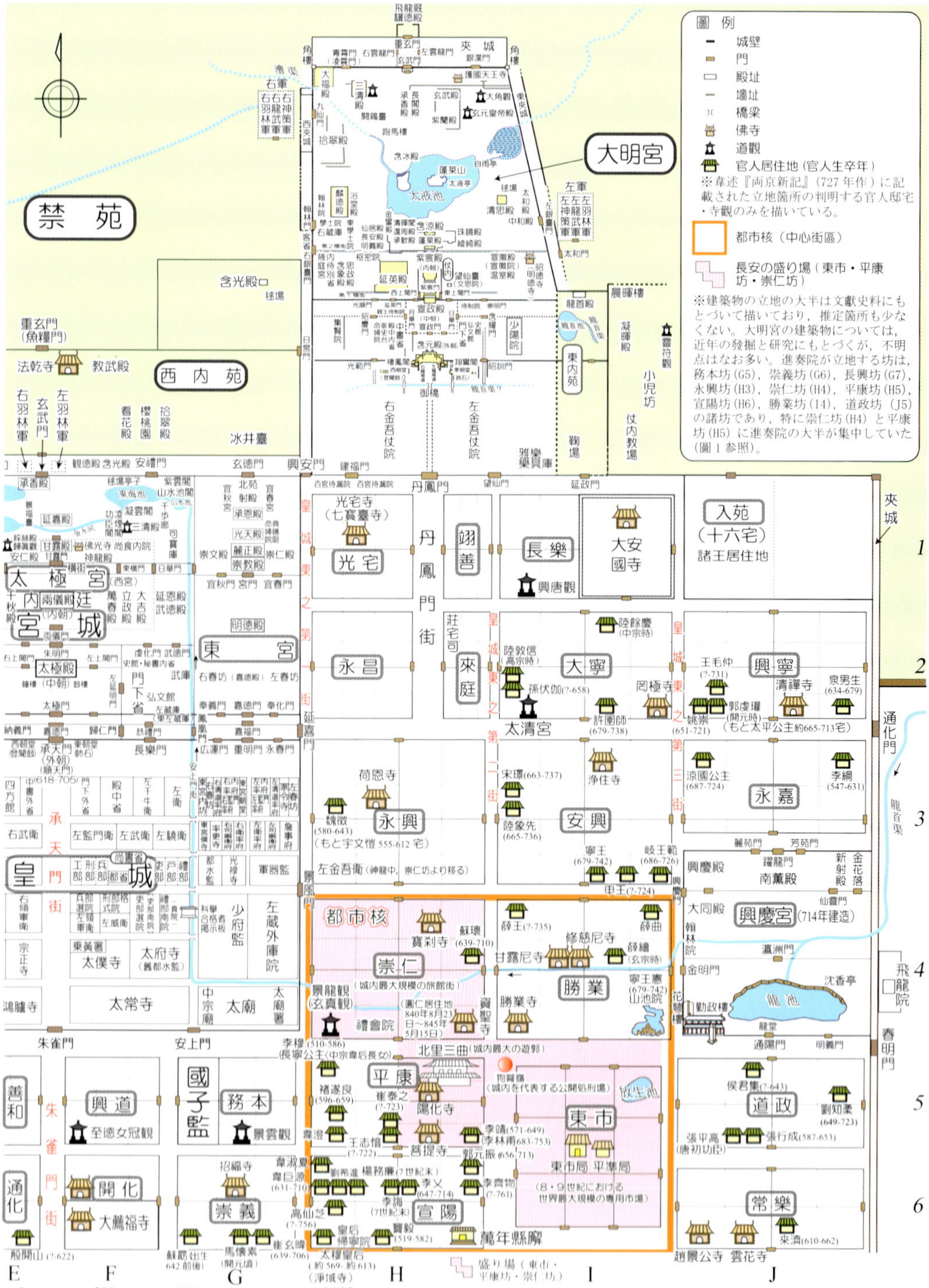

圖３ 唐長安街東中北部の都市核と大明宮・皇城（妹尾 2017）

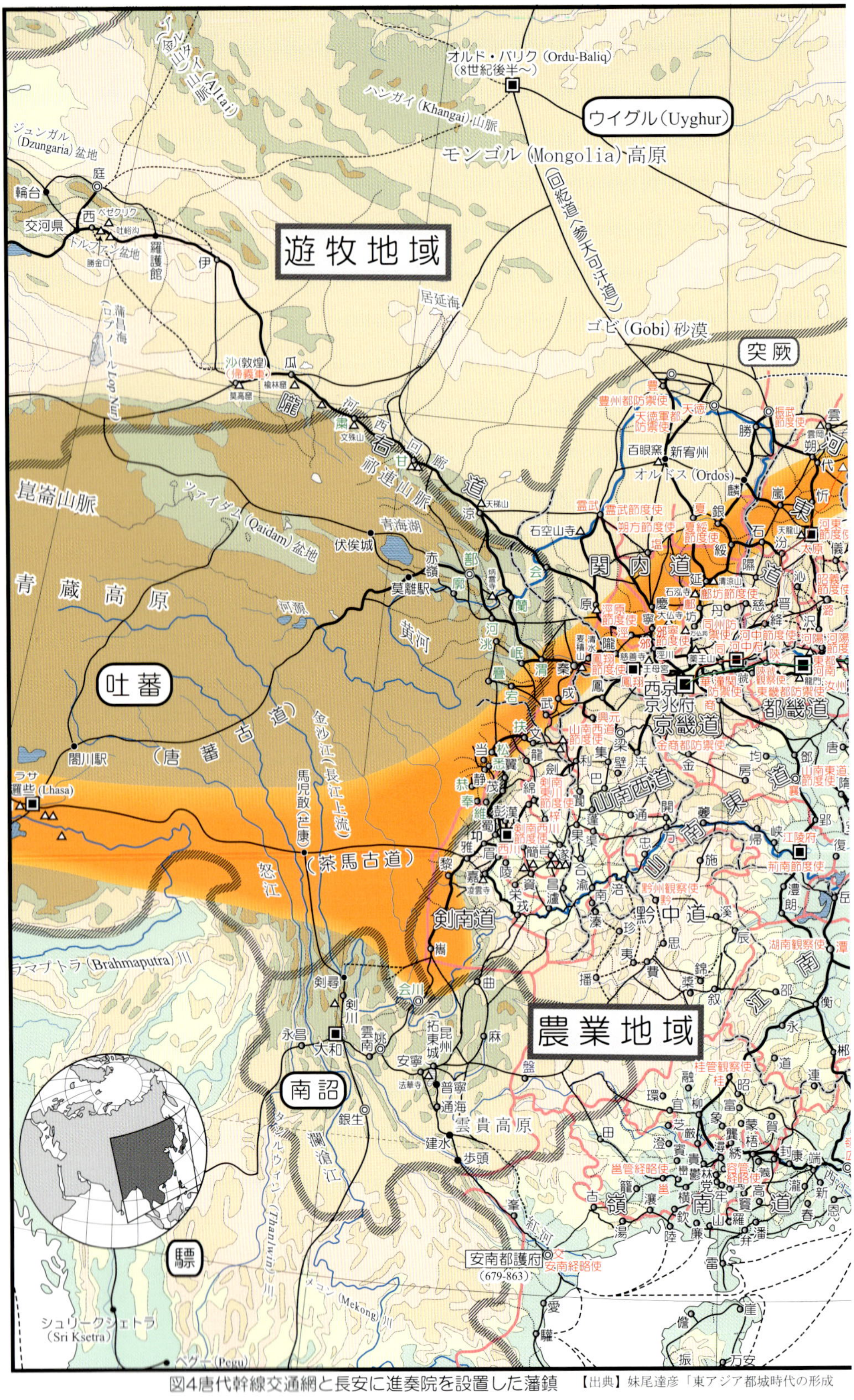

図4唐代幹線交通網と長安に進奏院を設置した藩鎮　【出典】妹尾達彦「東アジア都城時代の形成

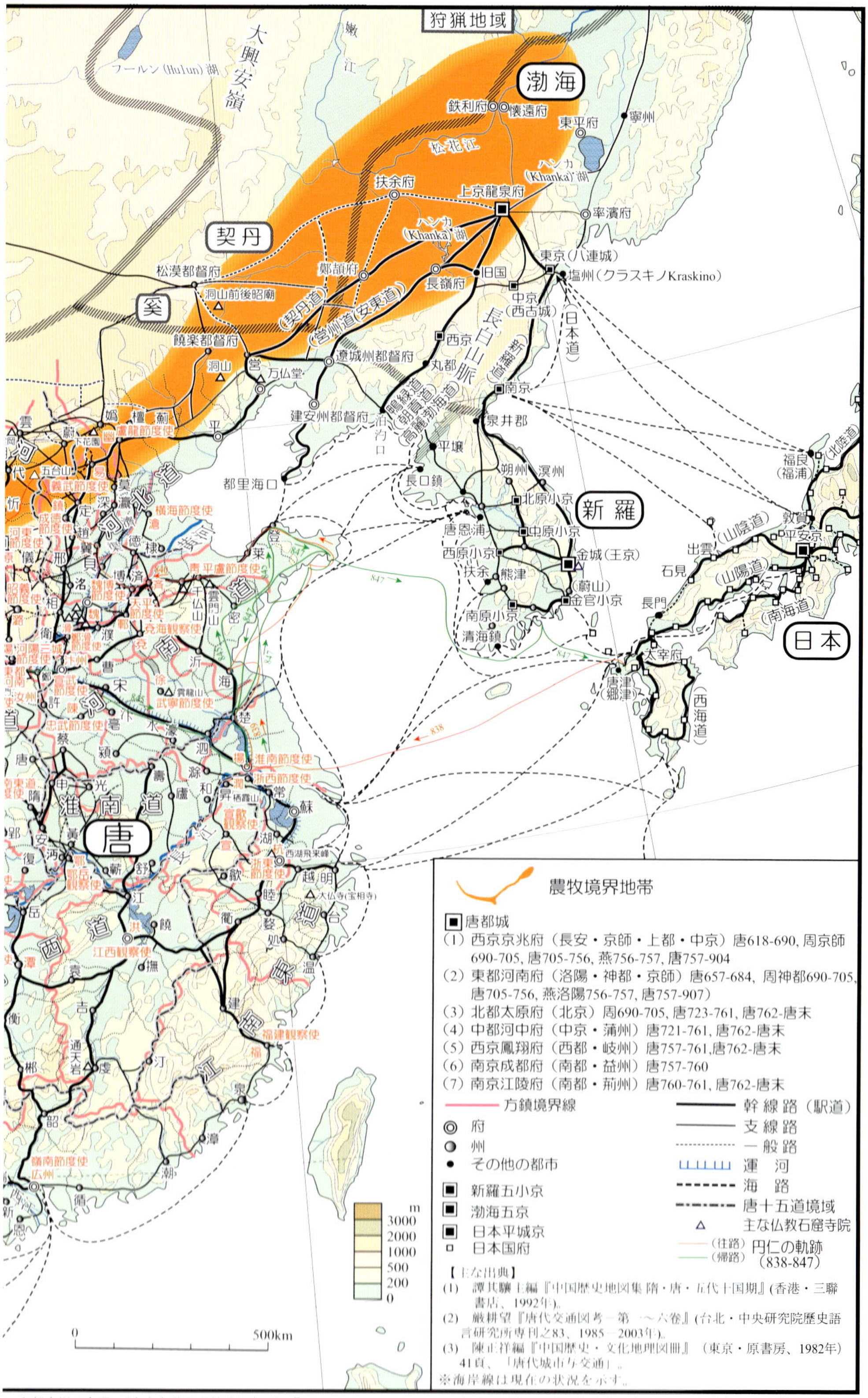

と都市網の変遷」（中央大学人文科学研究所編『アフロ・ユーラシア大陸の都市と国家』東京・中央大学出版部、2014年）134-5頁図21改図。

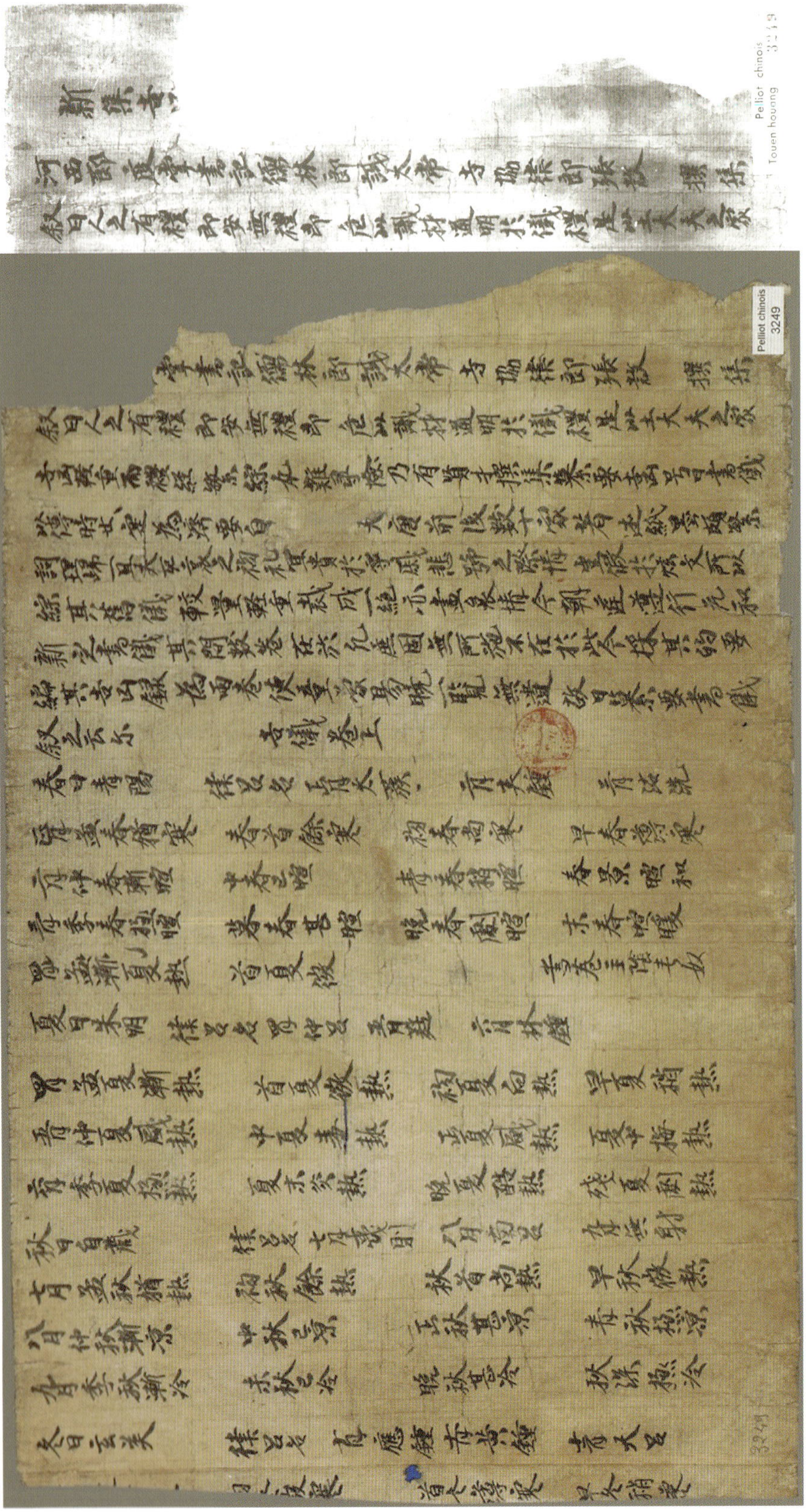

P3249R

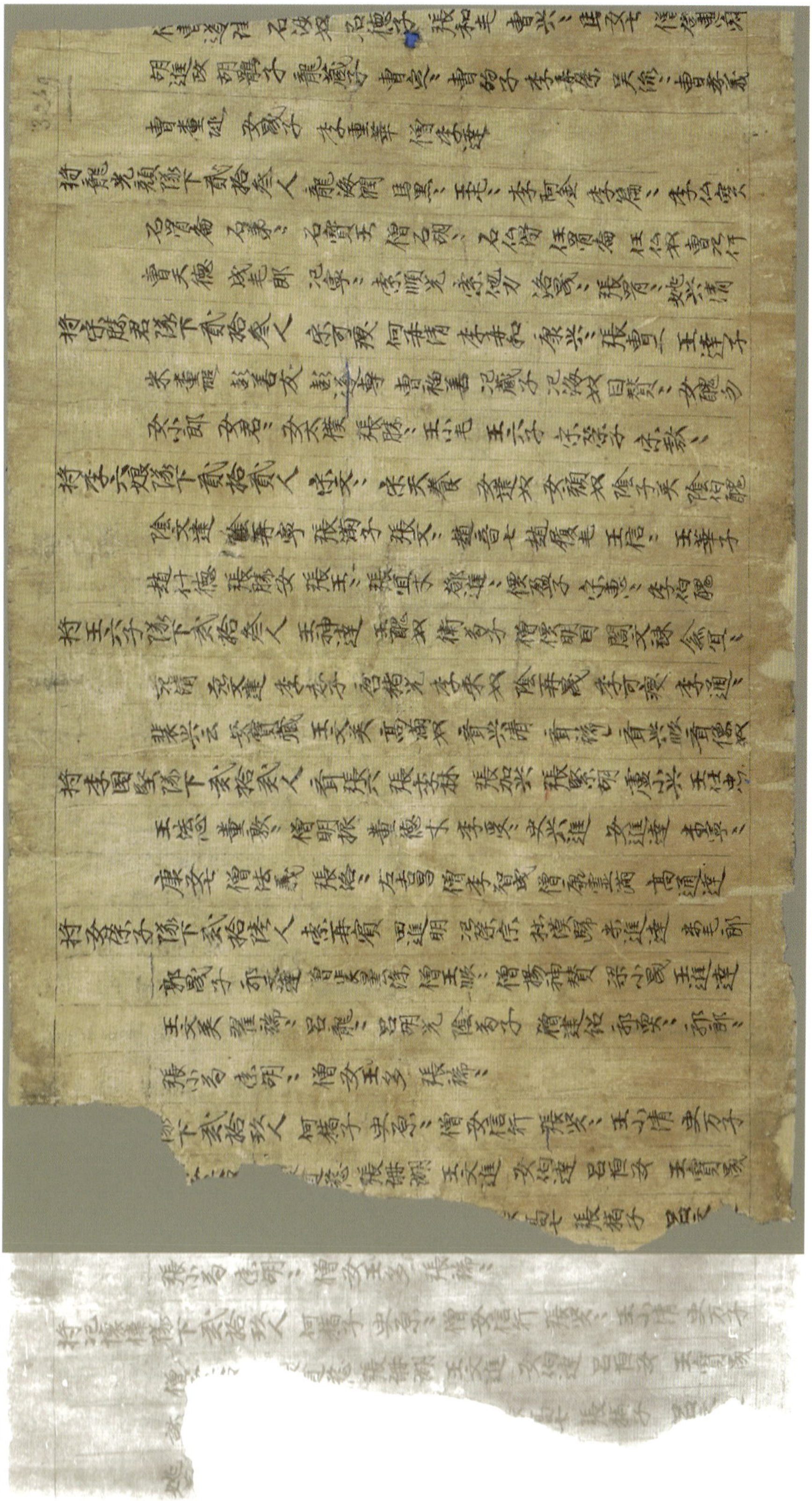

P3249V

圖３　莫高窟第205窟東壁北側

中央：第２身「……墨釐諸軍事□瓜州……□□忠
一心供養」(曹元忠)
左：第３身（男兒）
［寫眞撮影：敦煌研究院文物數字化研究所］

圖４　莫高窟第205窟東壁南側

中央：第３身「姪男延敬」
［寫眞撮影：敦煌研究院文物數字化研究所］

圖５　楡林窟第19窟甬道南壁

右：推誠奉國保塞功臣勅歸義軍節度特進檢校太
師兼中書令譙郡開國公曹元忠
左：男將仕郎延祿
『中國石窟 安西楡林窟』圖63より

圖 7　莫高窟第98窟東壁北側

右：敕受汧國公主是北方大迴鶻國聖天可汗……
（曹議金の正妻・聖天公主）

左：〔題記消滅〕（曹議金の娘、ウイグル可汗阿咄欲の可敦）

『中國石窟 敦煌莫高窟』第 5 卷、圖12より。

圖 8　莫高窟第98窟東壁南側

左：大朝大寶于闐國大聖大明天子（Viśa' Saṃbhava）

右：大朝大于闐國大政大明天册全封至孝皇帝天皇后曹氏（曹議金の娘、Viśa' Saṃbhava の妻）

『中國石窟 敦煌莫高窟』第 5 卷、圖13より。

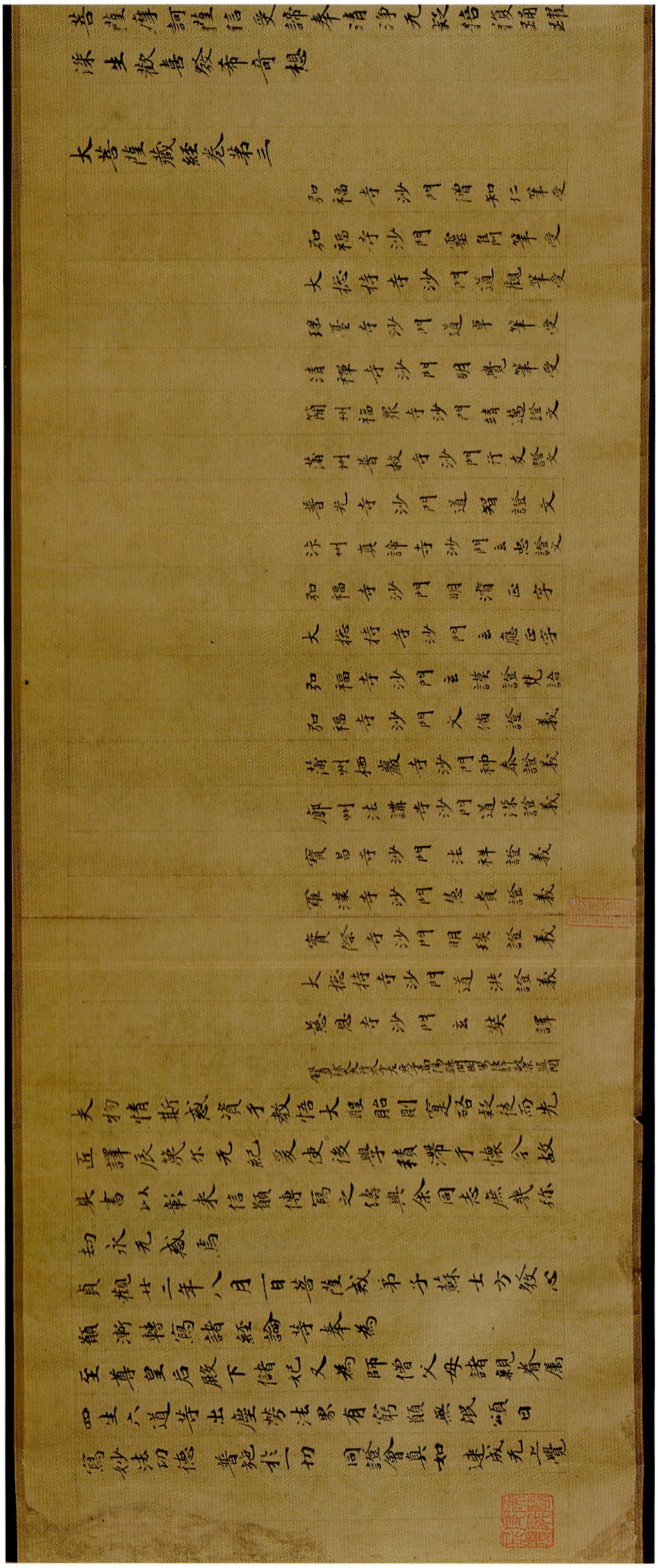

圖版１　『大菩薩藏經』巻第二　末尾（中國國家圖書館所藏）〈陳季侃氏舊藏〉〔敦煌寫經〕

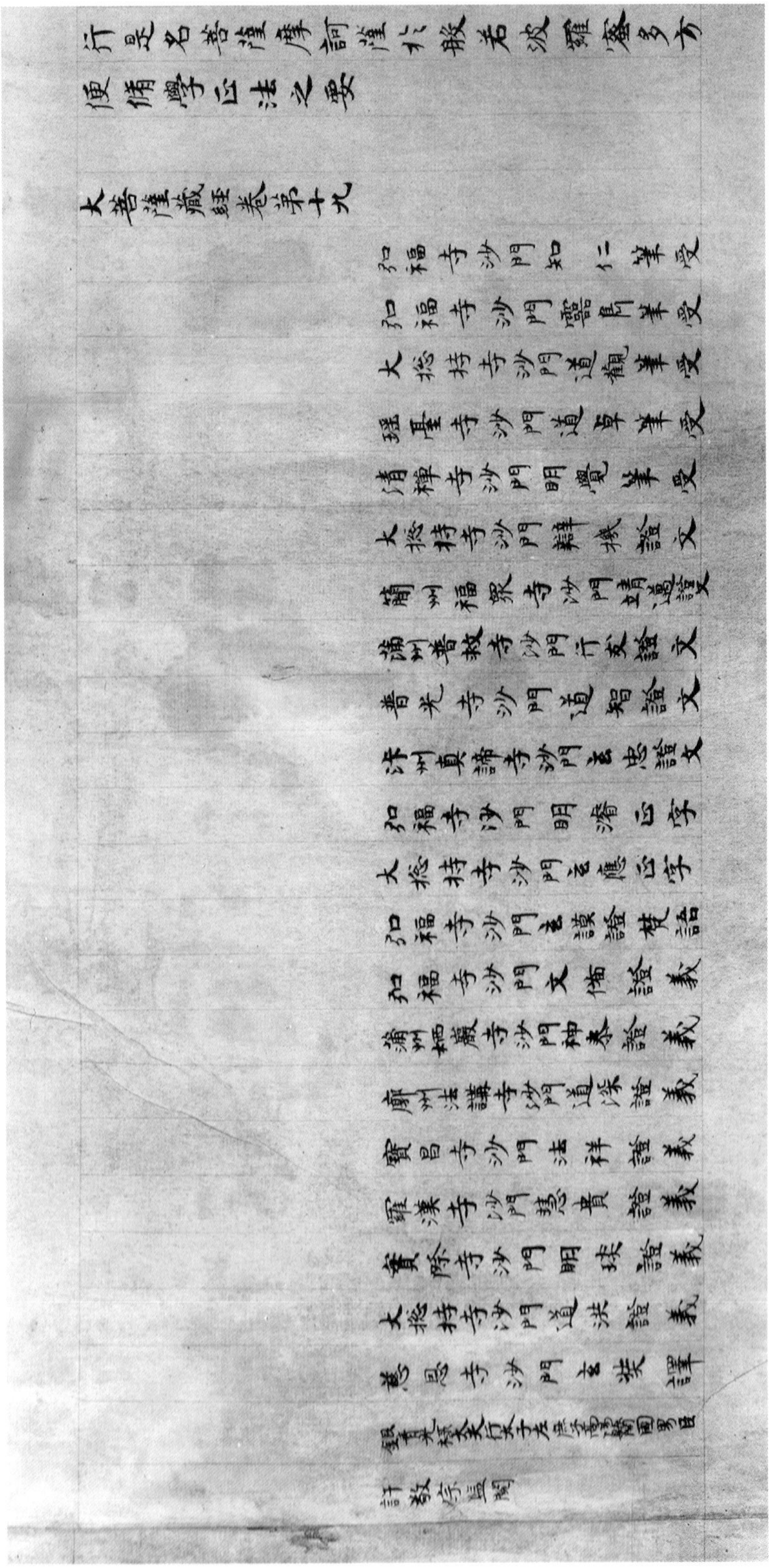

圖版２　『大菩薩藏經』卷第十九　末尾〔京都國立博物館所藏〕〈守屋孝藏氏蒐集〉〔敦煌寫經〕

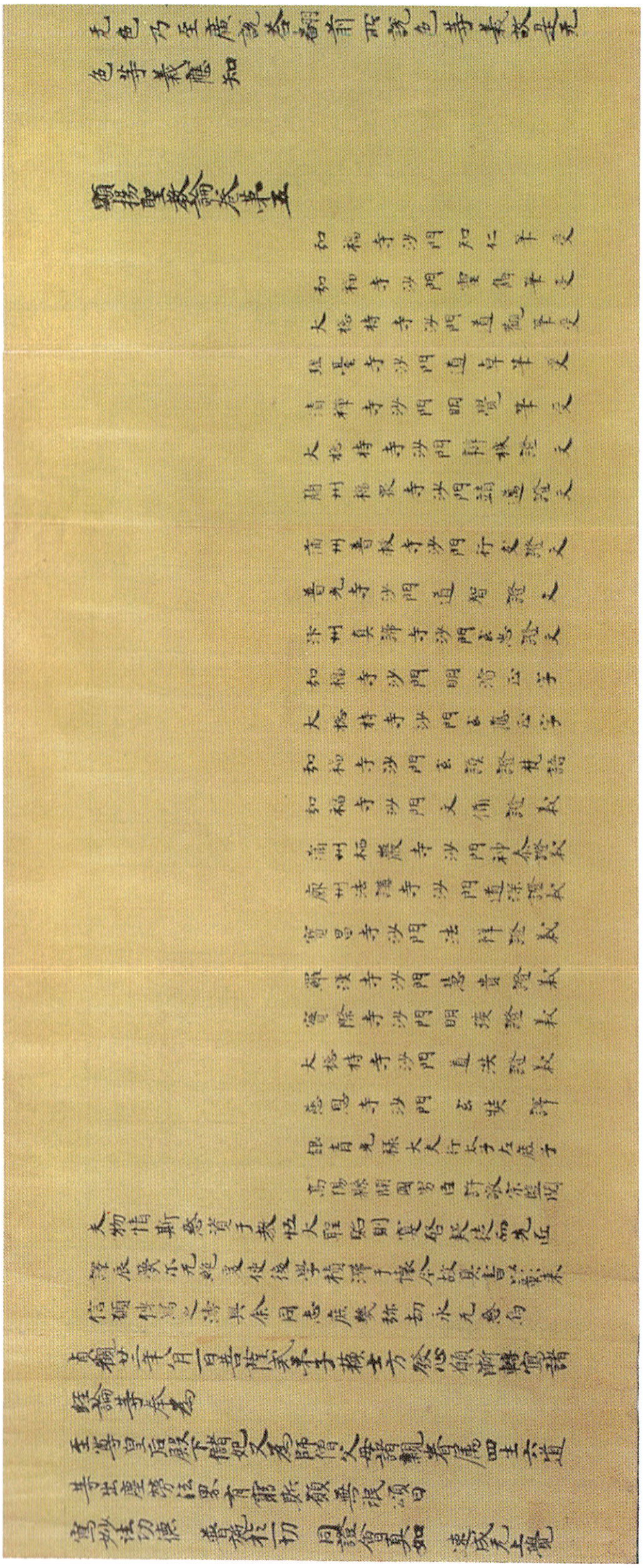

圖版3　『顯揚聖教論』卷第五　末尾〈藤井有鄰館所藏〉〈李盛鐸氏舊藏〉〔敦煌寫經〕

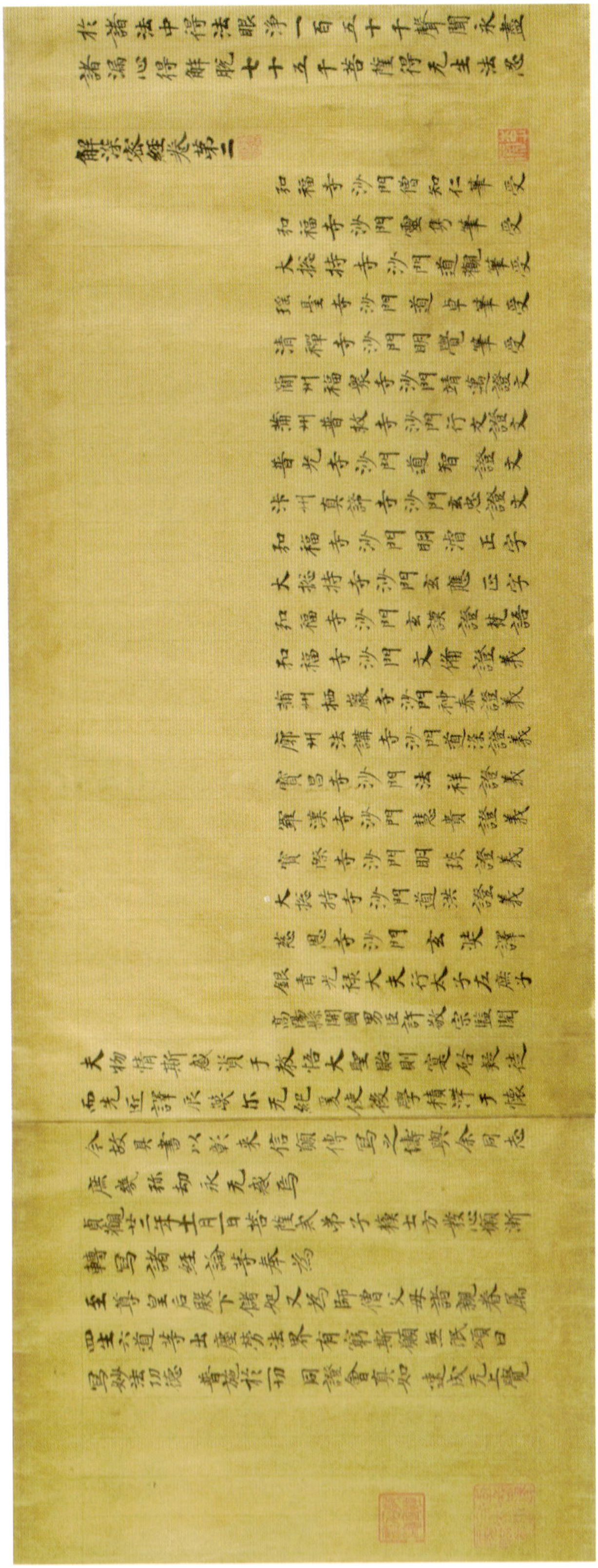

圖版４ 『解深密經』巻第二 末尾（公益財団法人武田科学振興財団蔵）〈李盛鐸氏舊藏〉〈羽田亨氏獲得〉〔敦煌寫經〕

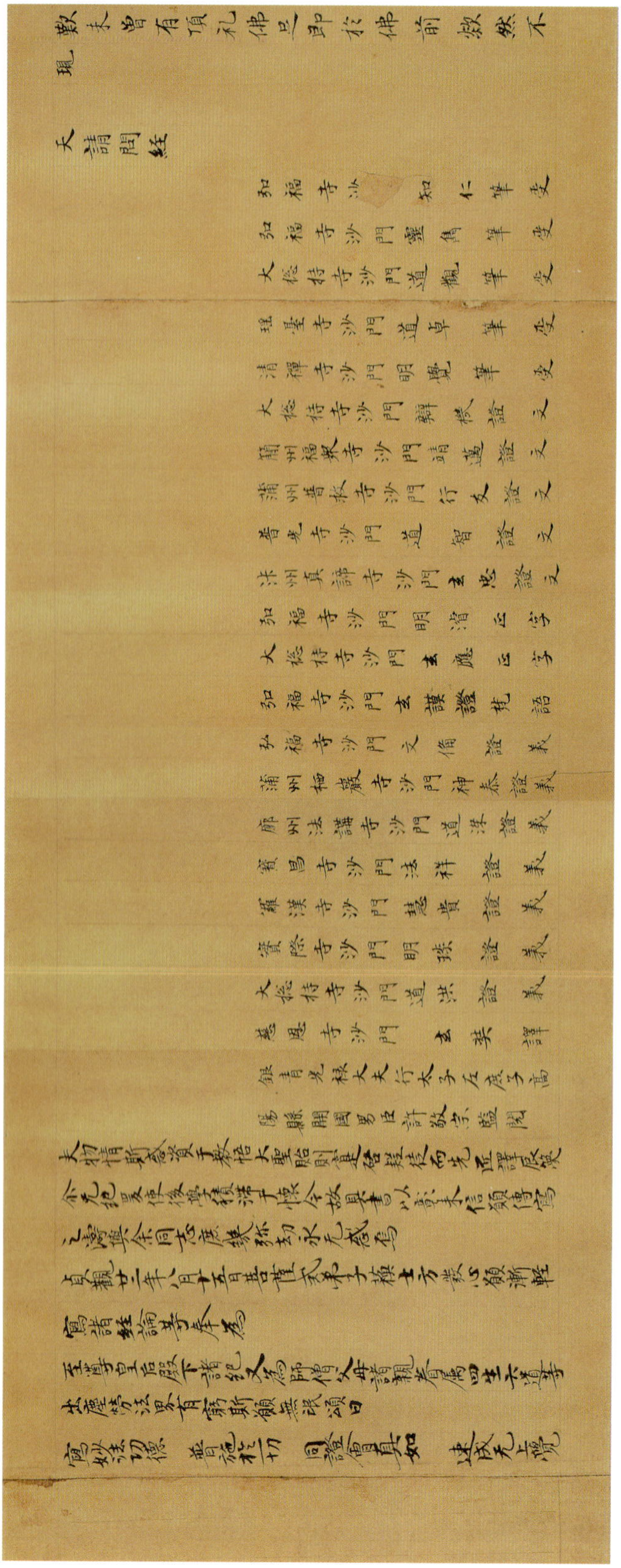

數未曾有頂禮佛足已即於佛前欻然不
現
天請問經
弘福寺沙門知仁筆受
弘福寺沙門靈雋筆受
大總持寺沙門道觀筆受
瑤臺寺沙門道卓筆受
清禪寺沙門明覺筆受
大總持寺沙門辯機證文
簡州福聚寺沙門靖邁證文
蒲州普救寺沙門行友證文
普光寺沙門道智證文
汴州真諦寺沙門玄忠證文
弘福寺沙門明濬正字
大總持寺沙門玄應正字
弘福寺沙門玄謨證梵語
弘福寺沙門文備證義
蒲州栖巖寺沙門神泰證義
廓州法講寺沙門道深證義
寶昌寺沙門法祥證義
羅漢寺沙門慧貴證義
實際寺沙門明琰證義
大總持寺沙門道洪證義
慈恩寺沙門玄奘譯
銀青光祿大夫行太子左庶子高
陽縣開國男臣許敬宗監閱

圖版5　『天請問經』末尾（書道博物館所藏）〈中村不折氏蒐集〉〔敦煌寫經〕

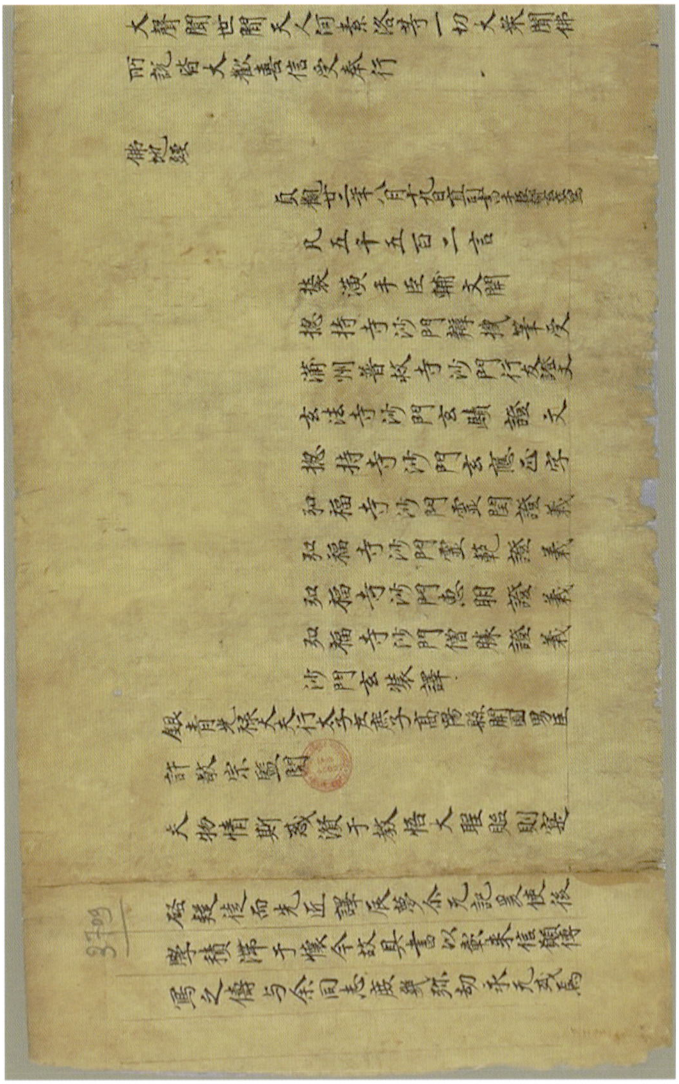

圖版6　『佛地經』末尾（フランス國家圖書館所藏）〈Pelliot蒐集〉〔敦煌寫經〕

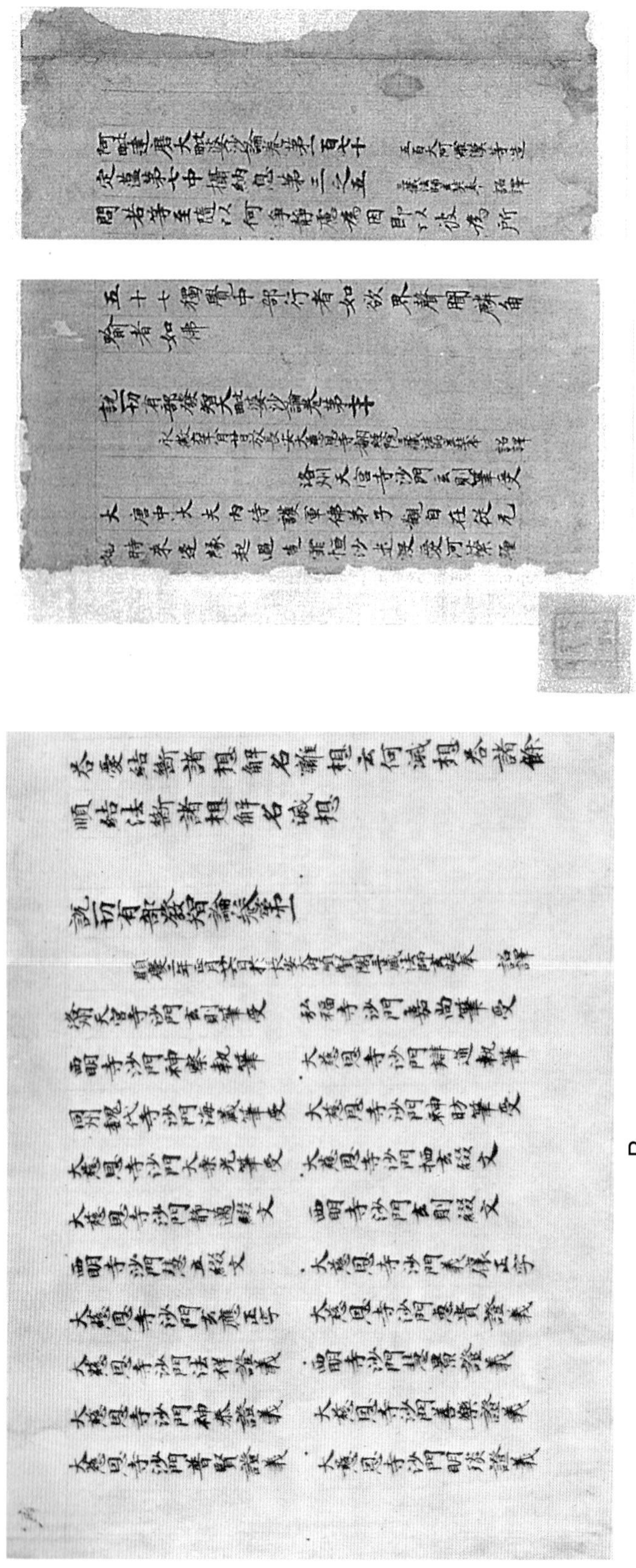

A

B

圖版 7　A『說一切有部發智大毘婆沙論』卷第一百七十（聖語藏）〈聖語藏傳來〉〔唐代寫經〕　右：劈頭　中：末尾　左：紙背押印
B『說一切有部發智論』卷第一　末尾（神田喜一郎氏發見）〔天平寫經〕

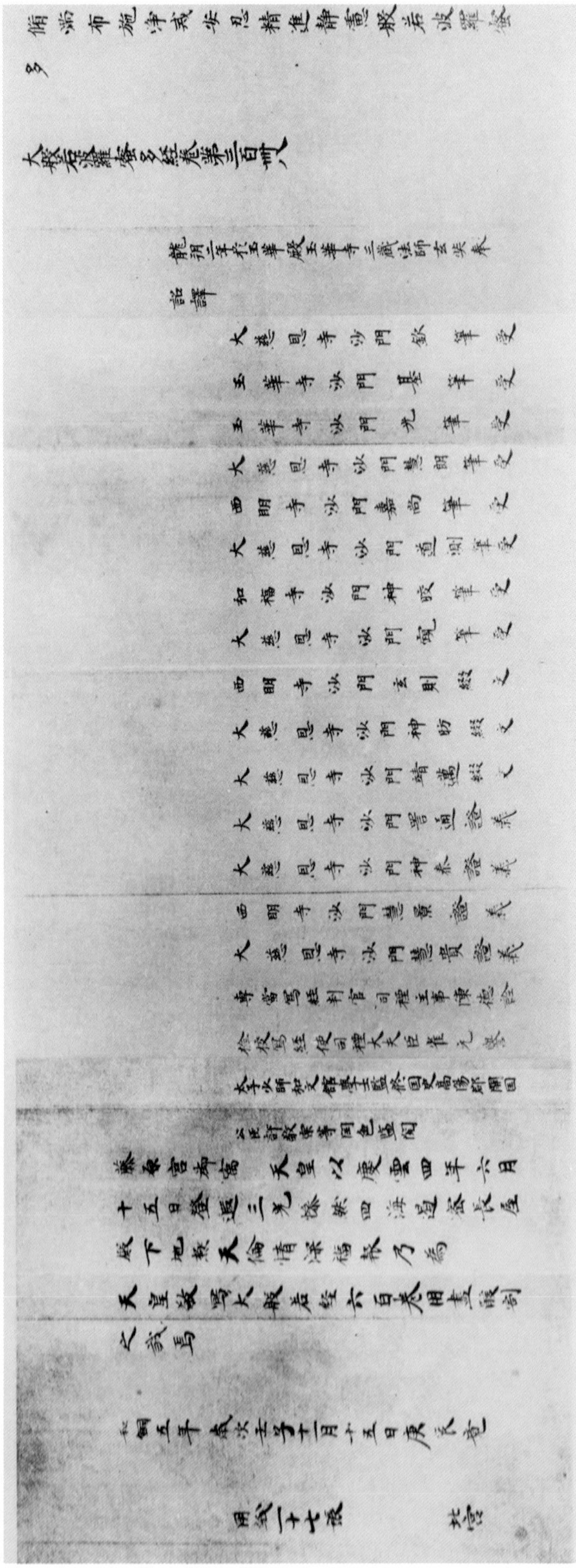

圖版８『大般若波羅蜜多經』巻第三百卌八　末尾（滋賀縣　太平寺所藏）〈太平寺傳來〉〔和銅經〕

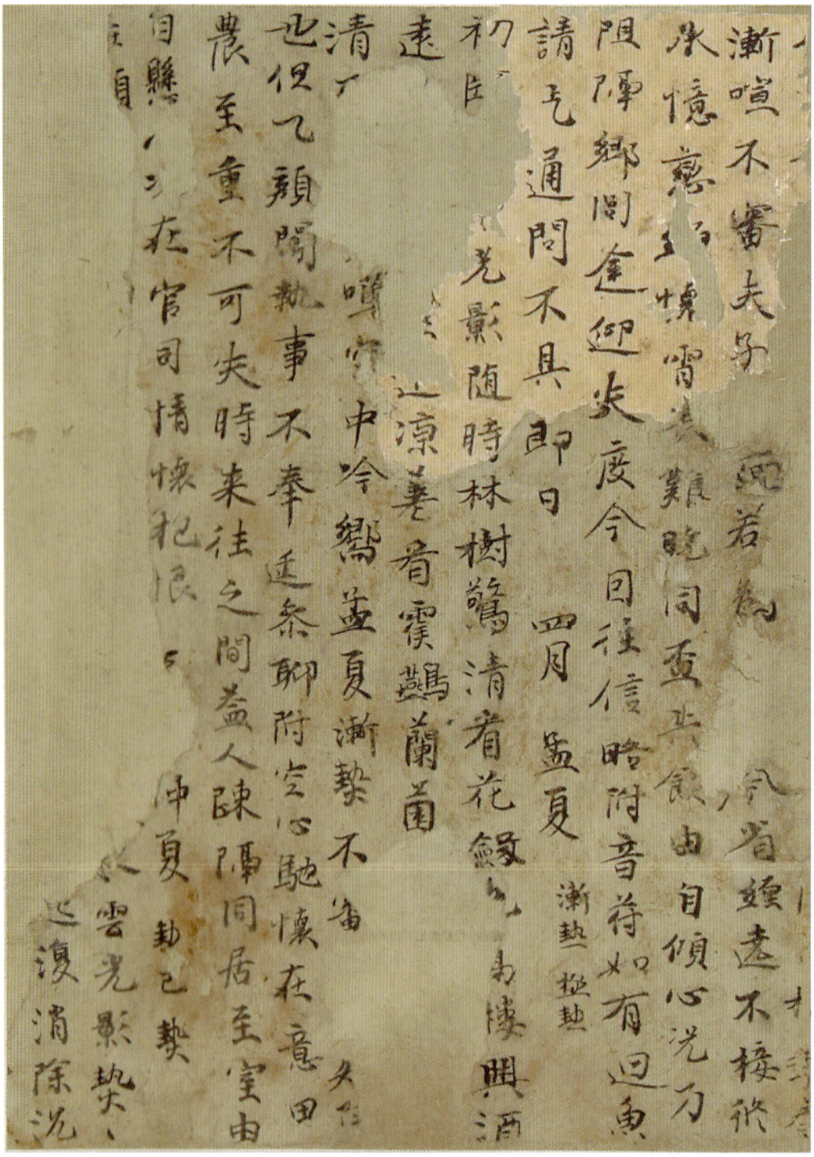

(作圖は法政大學大學院生原京子氏、作圖協力：中村威也氏)

圖　磯部本「朋友書儀」＋中村不折舊藏「朋友書儀」D斷簡

(磯部本は磯部氏提供の寫眞、中村不折舊藏「朋友書儀」D斷簡は『臺東區立書道博物館所藏中村不折舊藏禹域墨書集成』中、p.284上段による)

圖版出典一覽

圖版06（フランス國立圖書館所藏敦煌文書　P.3249r）
http://idp.bnf.fr/image_IDP.a4d?type=loadRotatedMainImage;recnum=169718;rotate=0;imageType=_M

圖版07（フランス國立圖書館所藏敦煌文書　P.3249v）
http://idp.bnf.fr/image_IDP.a4d?type=loadRotatedMainImage;recnum=182587;rotate=0;imageType=_M

圖版08
敦煌研究院編『中國石窟　安西榆林窟』平凡社、1990年、圖版63

圖版09
敦煌文物研究所編『中國石窟　敦煌莫高窟』第5卷、平凡社、1982年、圖版12、圖版13

圖版10（中國國家圖書館所藏敦煌文書　BD14560）
http://idp.nlc.cn/database/large.a4d?recnum=143690&imageRecnum=458482
http://idp.nlc.cn/database/large.a4d?recnum=143690&imageRecnum=458483
http://idp.nlc.cn/database/large.a4d?recnum=143690&imageRecnum=458484
http://idp.nlc.cn/database/large.a4d?recnum=143690&imageRecnum=458485

圖版11
京都國立博物館提供データ（特觀No.2016-0721）

圖版12
藤井有鄰館學藝部編『有鄰館精華』藤井齊成會、1985年

圖版13
武田科學振興財團杏雨書屋編『敦煌祕笈　影片册一』武田科學振興財團、2009年、pp.94-95、羽008－16

圖版14
磯部彰編『臺東區立書道博物館藏　中村不折舊藏　禹域墨書集成』中、文部科學省科學研究費特定領域研究〈東アジア出版文化の研究〉總括班、2005年、pp.24-25、圖版071「天請問經」

圖版15（フランス國立圖書館所藏敦煌文書　P.3709）
http://idp.bnf.fr/image_IDP.a4d?type=loadRotatedMainImage;recnum=170295;rotate=0;imageType=_M

圖版16
神田喜一郎『神田喜一郎全集』第1卷「東洋學說林」圖版、同朋舍出版、1986年

圖版17（東京大藏會編『本邦古寫經』1917年）
http://dl.ndl.go.jp/view/jpegOutput?itemId=info%3Andljp%2Fpid%2F965985&contentNo=7&outputScale=1
http://dl.ndl.go.jp/view/jpegOutput?itemId=info%3Andljp%2Fpid%2F965985&contentNo=8&outputScale=1
http://dl.ndl.go.jp/view/jpegOutput?itemId=info%3Andljp%2Fpid%2F965985&contentNo=10&outputScale=1

圖版18
磯部彰編『臺東區立書道博物館藏　中村不折舊藏　禹域墨書集成』中、文部科學省科學研究費特定領域研究〈東アジア出版文化の研究〉總括班、2005年、p.284、上段、圖版130「月令」。

特に明記していないものは、執筆者の作成・撮影による。

執筆者一覽（含翻譯者、2017年３月末現在）

伊藤　敏雄	大阪教育大學教育學部教授
町田　隆吉	櫻美林大學人文學系教授
關尾　史郎	新潟大學人文社會教育科學系フェロー・東洋文庫研究員
王　　素	故宮博物院研究員・故宮博物院古文獻研究所所長
河内　桂	東京女子學院高等學校非常勤講師
荒川　正晴	大阪大學大學院文學研究科教授・東洋文庫研究員
土肥　義和	國學院大學名譽教授・東洋文庫研究員
劉　　安志	武漢大學歷史學院教授
速水　大	國學院大學文學部兼任講師
妹尾　達彦	中央大學文學部教授・東洋文庫研究員
古瀨　奈津子	お茶の水女子大學基幹研究院人文科學系教授
石田　勇作	明治大學文學部兼任講師
赤木　崇敏	四國學院大學文學部准教授
吉田　豐	京都大學大學院文學研究科教授・東洋文庫研究員
松井　太	大阪大學大學院文學研究科准教授・東洋文庫研究員
朱　　玉麒	北京大學歷史系暨中國古代史研究中心教授
西村　陽子	東洋大學文學部准教授
張　　娜麗	元筑波大學准教授
伊藤　美重子	お茶の水女子大學基幹研究院人文科學系教授
岩本　篤志	立正大學文學部准教授
丸山　裕美子	愛知縣立大學日本文化學部教授
余　　欣	復旦大學歷史學系教授
山口　正晃	大手前大學總合文化學部准教授
吉田　章人	新潟大學經營戰略本部教育戰略統括室特任助教

編集委員（*世話人）

荒川　正晴
石塚　晴通
岡野　誠
片山　章雄
氣賀澤　保規*　元明治大學文學部教授・東洋文庫研究員
妹尾　達彦
關尾　史郎
土肥　義和

敦煌・吐魯番文書の世界とその時代

2017年4月21日　初版第2刷発行

編　者　土肥義和・氣賀澤保規

発行者　槇原　稔

発行所　公益財団法人　東洋文庫
〒113-0021　東京都文京区本駒込2丁目28番21号

発　売　株式会社汲古書院
〒102-0072　東京都千代田区飯田橋2丁目5番4号

印刷者　富士リプロ株式会社

ISBN978-4-7629-9565-1　C3022